ANDO SACRI ROMANI IMP. MONARCHIS SEMPER AVGVSTIS ETC. DICAVIT CASPAR VOPELIVS
EVROPÆ
PONTVS EVXINVS
MÆOTIS
PALVS
TARTARIA
SCYTHIÆ
LITVANIA
GOTHIA
HADRIA
Mittellendig Meer
TERRA
EGYPTIACVM
LIBYCVM MARE
Libya deserta
MARE RVBRVM
SINVS ARABICI PARS
ASIA
CYRENES

L'EUROPE

Jean-Baptiste Duroselle
de l'Institut

HISTOIRE DE L'EUROPE

*Une initiative européenne
de Frédéric Delouche*

Conseillers scientifiques :
Juan Antonio Sanchez Garcia Sanco,
Sergio Romano, Keith Robbins,
Karl Dietrich Erdmann

FRANCE LOISIRS
123, boulevard de Grenelle, Paris

Cartographie : Eckart Schwalm et Kartographisches Institut, Gütersloh

Réalisation : Dieter Lang et Margarete Schwind
Documentalistes : Elisabeth Lezius, Max Oberdorfer
Maquette et Production : Wolfgang Mudrak

Le volume contient 565 illustrations et 43 cartes

Cet ouvrage est paru à la Librairie Académique Perrin sous le titre :
l'Europe Histoire de ses peuples.

Edition du Club France Loisirs, Paris,
avec l'autorisation de la Librairie Académique Perrin

Photocomposition : Nord Compo
Photogravure : Brennerstudio, Munich
Impression et Reliure : Mohndruck Graphische Betriebe GmbH, Gütersloh
ISBN 7242-5144-X
Numéro d'éditeur 19423
Dépôt légal : Septembre 1991
Imprimé en Allemagne

Remerciements

Depuis cinq ans, j'ai le grand plaisir et le privilège de participer à la réalisation d'une idée toute simple : la publication, pour le plus large public, d'une histoire de l'Europe en un volume, histoire considérée dans une perspective européenne et non nationale.

Cet ouvrage est publié simultanément par plusieurs pays d'Europe.

Si j'ai eu l'initiative de cette entreprise, ce sont tous mes partenaires qui m'ont permis de la mener à bien et qui m'ont appris tant de choses sur l'Europe et sur l'édition.

Je tiens à leur exprimer ici ma plus vive gratitude.

Sans Jean-Baptiste Duroselle, nous n'aurions jamais pu envisager ce projet. Son enthousiasme et sa science lui ont donné vie. Je l'en remercie profondément. Grâce à Bertelsmann Lexikon Verlag, sans qui nous n'aurions jamais pu aboutir, le projet a pris corps.

J'exprime ma reconnaissance à Günther Hadding, directeur général, et à ses collaborateurs : Margarete Schwind, directeur de la rédaction, et Wolfgang Mudrak, directeur de la production, qui, avec la participation de Dieter Lang, ont mis au point la maquette, les illustrations, les légendes et les cartes pour toutes les éditions. Je souhaite aussi remercier tous ceux qui, dans chaque pays, ont participé activement à l'entreprise, en particulier François-Xavier de Vivie et Thérèse-Marie Mahé, des Éditions Perrin (Paris) ; Anthony Lacey et Judith Flanders, de Penguin Viking (Londres) ; Emiliano Martinez et Mauricio Santos, d'Aguilar el Pais (Madrid) ; Mario Andreose et Carla Tanzi, de Fabbri Bompiani (Milan) ; Ib Askholm, de Lademann (Copenhague) ; Lisbeth de Vries, de Kosmos (Utrecht) ; Karsten Diettrich, de France Loisirs (Paris) ; Manfred Grebe, de Circulo de Leitores/Dom Quixote (Lisbonne).

Merci à tous nos conseillers historiques, le professeur Karl Dietrich Erdmann, le professeur Keith Robbins, l'ambassadeur Sergio Romano, le professeur Juan Antonio Sanchez Garcia Sanco, pour leurs observations, leurs commentaires et leur participation inestimable à cette entreprise. Merci aux membres de la Commission européenne, grâce auxquels j'ai découvert la réalité de l'Europe moderne, pour l'intérêt qu'ils ont apporté à un projet par définition sujet à controverse, mais qui, je l'espère, contribuera d'une façon ou d'une autre à une réflexion sur l'avenir de l'Europe.

Enfin et surtout, merci à ma femme pour ses encouragements constants, notamment lorsque le navire semblait en panne ou menacé par la tempête.

Frédéric Delouche.

1 Qu'est-ce que l'Europe ?

2 La Préhistoire de l'Europe

3 La grande époque des Celtes

4 L'Antiquité : la sagesse grecque et la grandeur romaine

5 Les quatre premiers siècles de la conquête chrétienne en Occident

6 La grande époque des Germains

7 Charlemagne, roi d'Europe ?

8 L'Europe assiégée

9 L'apogée de la chrétienté occidentale (XIIe - XIIIe siècle)

10 Vers une Europe des États (XIVe - XVe siècle)

11 Renaissance, Réforme et expansion de l'Europe (XVIe siècle)

12 Absolutisme, libertés, cosmopolitisme

13 La grande révolution occidentale et la désillusion

14 Napoléon ou la fausse Europe de la conquête

15 Un phénomène européen : la révolution industrielle

16 L'Europe, le romantisme et les nations

17 Vers la catastrophe européenne (1871-1914)

18 L'Europe se détruit elle-même (1914-1945)

19 La résurrection et les espoirs de l'Europe

C'est pour essayer de mieux comprendre les Européens que nous avons entrepris ce voyage à travers le temps. Nous avons essayé de découvrir s'il peut exister une communauté européenne et quelle est son étendue.
Nous avons pris à bras-le-corps plus de cinq mille années d'Europe, et nous avons tenté de les ajuster bout à bout. Est-ce une entreprise historique ou une tentative politique ? Le lecteur en jugera.
Historique ? Oui, s'il s'agit d'accomplir la tâche humble et difficile de l'historien, qui est de **chercher la vérité,** si difficilement accessible lorsque apparaissent les hommes. « Qu'est-ce que la vérité ? » disait Ponce Pilate. Or il existe, pour le passé, une évidente vérité de l'événement, car le passé est figé, bloqué à jamais. Et « une même chose ne peut pas à la fois être et ne pas être ». Le véritable historien ne s'occupe pas de propagande. L'histoire ne saurait être « engagée ». Ce livre est un ouvrage d'histoire. Quelles que soient les faiblesses humaines de celui qui l'a écrit, de ceux qui l'ont conseillé, ils ont tendu de toutes leurs forces à ne dire que ce qui leur apparaissait comme vrai.
Politique ? Là est le point intéressant de notre entreprise. Disons que, dans tout ce gros volume, nous n'en avons pas fait, mais que, **in fine,** nous ne voulons pas cacher notre attirance vers une Europe se donnant progressivement une unité politique. Les cheminements en sont lents et complexes, les voies d'accès probablement multiples. L'Europe se fera ou ne se fera pas. Elle sera ce que nous la ferons.
Mais il fallait bien nous poser la question de savoir, empiriquement, si une telle Europe regroupée faisait partie des possibilités historiques. Tel est l'objet du livre. Comme il nous paraît que l'Europe existait avant ses nations, notre attirance pour elle se trouve non pas « justifiée » — il ne s'agit pas d'une question morale —, mais « validée » par l'histoire. En ce sens, notre entreprise est bien politique.
Il reste que cette tentative — une des premières, croyons-nous, faite en la matière, et portant sur la plus longue durée crédible — n'a d'autre objet que de susciter questions, observations — fussent-elles critiques —, rectifications, adjonctions. Qu'il nous soit donc permis d'énumérer, sous la forme de dix propositions « philosophiques », si l'on veut, un cadre à ce débat. Il nous paraît :
1° Que contrairement au passé, irrévocablement figé, l'avenir, en une large mesure, reste libre. Les hommes peuvent donc agir sur leur avenir, surtout s'ils sont nombreux à agir dans le même sens et à partager librement la même volonté et la même vision des choses. Autrement, à quoi servirait cette possibilité qui appartient à tous les hommes et qu'on appelle **l'action** ?
2° Que la construction de l'Europe est d'autant plus « naturelle », « réaliste », « authentique », **que la communauté européenne existe,** de façon d'abord embryonnaire, depuis des temps reculés, puis de plus en plus élaborée, et cela malgré les guerres, les conflits, le sang, les larmes.
3° Que chaque « culture » européenne doit être préservée, car elle enrichit l'ensemble, **et même qu'elle doit être développée,** encouragée, stimulée. Et, à ce sujet, il apparaît clairement que de bonnes relations politiques permettent à chaque Européen :
— de garder amoureusement sa propre culture,
— mais de connaître mieux celle des autres.
4° Qu'aucune des régions européennes, qu'aucun des épisodes de la chronologie européenne ne peut être analysé sans l'apport de tous les Européens. Nous sommes le résultat des civilisations mégalithiques — ibères, ligures, celtiques, italiotes, germaniques, vikings —, d'une formidable influence grecque, d'une encore plus formidable influence biblique et chrétienne. Que des notions telles que mégalithes, routes et monuments romains, liberté communale, art roman, cathédrales, universités, navigation, industrie, droits de l'homme ont été l'essence même de l'Europe !

5° Que les quatres siècles où l'Europe a dominé le reste du monde ont également été ceux où elle s'est le plus entre-déchirée (rivalités territoriales, nationales, impériales—Empires d'outre-mer). **Qu'il est donc excellent pour les Européens que le reste du monde se soit libéré de l'Europe.**

6° Que le nationalisme et le morcellement de l'Europe en Etats-nations est un phénomène relativement récent, peut-être passager, certainement pas irréversible. La destruction des empires et les ruines liées au nationalisme ont été accompagnées par l'échec du totalitarisme et le triomphe (largement acquis en 1974-1975) de la démocratie libérale en Europe occidentale. Cette démocratisation a permis aux esprits de commencer à surmonter l'instinct nationaliste. Nous espérons qu'à la suite des impressionnants sursauts populaires, la démocratisation des Etats de la « nouvelle Europe centrale », et même de l'URSS et des républiques qui la composent — avant tout la république russe —, aura le même effet bénéfique.

7° Que la « perestroïka », ou restructuration en URSS, entraîne cette nouvelle Europe centrale à se débarrasser des contraintes — intérieures et extérieures — d'un communisme qui n'a pas vu ses postulats vérifiés par le courant de l'histoire.

8° Qu'en conséquence l'**Europe,** dont les frontières occidentales, taillées par les mers et les océans, sont à la fois précises et complexes, **peut pacifiquement et légitimement marcher vers l'est,** les frontières avec l'URSS nous paraissant actuellement marquer une limite que nous espérons provisoire.

9° Que, si l'on cherche à définir l'originalité essentielle de l'Europe, on s'aperçoit qu'elle a d'abord été — en tout cas du XVe siècle au milieu du XXe siècle — **le centre le plus créatif du monde.** Cela est dû à son morcellement géographique, qui a multiplié les incitations à l'adaptation et donc à la découverte. Cela est également dû au fait que dans la chrétienté européenne, ni les papes ni les empereurs n'ont gagné. L'Europe a donc échappé et à la théocratie (cf. l'Iran des ayatollahs), et au césaropapisme (les tsars, chefs politiques et religieux de l'ancienne Russie relayés par le parti communiste totalitaire, avec ses « tsars rouges » : Staline, Brejnev...).

10° Que l'Europe, avec ses prolongements propres, a été la zone où sont nées et où petit à petit se sont développées la tolérance et la liberté. Bien loin de nous l'idée absurde d'une supériorité intellectuelle ou morale de l'**individu** européen sur les autres. Bien plus loin encore l'idée d'une quelconque supériorité raciale, doctrine qui nous a valu les malheurs de l'hitlérisme, et qui n'a pas le moindre fondement scientifique. Mais pour diverses raisons historiques successives que ce livre a tenté d'analyser, nous avons constaté en Europe la naissance, puis le développement de gouvernements aux pouvoirs limités par la loi (Vikings, Communes, Pays-Bas, Angleterre, Révolution française, etc.). Nous avons constaté en Europe l'acquisition des libertés, l'effort vers une justice moins arbitraire, une plus grande pitié face aux châtiments et à la torture, finalement la tolérance.

Jean-Baptiste DUROSELLE.
Frédéric DELOUCHE.

Le texte de cette introduction est signé de Jean-Baptiste Duroselle et de Frédéric Delouche. Le premier est l'auteur du volume. Le second, outre les idées et les conseils qu'il a donnés, a fait en sorte que l'Europe, histoire de ses peuples *paraisse simultanément en huit langues, et qu'elle constitue ainsi une sorte de « première » dans l'édition. La collaboration entre l'« auteur » et l' « inspirateur » du projet s'est montrée si constante, si efficace et si amicale que ce livre n'aurait pu exister, ni atteindre son objectif historique, politique, moral et social sans une étroite communauté d'idées et de valeurs entre l'un et l'autre.*

1 Qu'est-ce que l'Europe ?

I. Une Europe au dessin étrange et à la géographie originale

De tous les continents, l'Europe est bien le plus mal dessiné, le plus étranger à toute représentation géométrique : l'Australie est un vaste rectangle; l'Amérique deux énormes triangles reliés par une sorte de ruban, l'Afrique un énorme croissant massif autour du golfe de Guinée, l'Asie un gigantesque rectangle. Sans doute l'Asie, accolée vers l'ouest à d'autres continents, possède-t-elle une sorte de périphérie fantaisiste avec, au sud, trois grandes presqu'îles (Arabie, Inde, Indochine), à l'est, une succession d'archipels, des Kouriles au Japon, aux Philippines et à l'Indonésie.

L'Europe découpée et asymétrique. L'Europe, elle, est un prolongement de l'Asie, massive à l'est, de plus en plus gracile au fur et à mesure qu'on se déplace vers l'ouest. Mais ce vague triangle, qui part à l'est d'une base artificiellement délimitée (les monts Oural, et au sud, le fleuve Oural, qui relie les monts à la mer Caspienne), prend des formes hallucinantes au fur et à mesure qu'il se rapproche de l'Atlantique. Au sud, l'Europe est délimitée selon un axe ouest-est par la Méditerranée, une mer « continentale » (c'est-à-dire reliée à l'océan par un simple détroit, ici Gibraltar). La côte européenne face au sud est composée de trois péninsules, elles-mêmes aussi différentes l'une de l'autre qu'il est possible : le carré espagnol et portugais, la « botte » italienne, les digitations sinueuses du Péloponnèse grec. Au nord, une autre mer continentale, beaucoup plus petite, la Baltique, s'enfonce dans une direction sud-ouest-nord-est. L'entrée, par les « détroits danois », est un passage compliqué entre la vaste presqu'île nord-est-sud-ouest, qui est occupé par la Suède et la Norvège face au sud, et, face au nord, le Danemark, avec la péninsule effilée du Jutland, assortie d'un archipel. La Méditerranée est la limite sud de l'Europe. La Baltique est au contraire un « lac européen » avec la Suède et la Norvège au nord, et au sud le Danemark et l'Allemagne. Si l'on trace une ligne de la frontière soviéto-norvégienne, au-delà du cap Nord, jusqu'à Cadix au sud de l'Espagne, on constate bien, de part et d'autre de vastes presqu'îles, de grandes îles et une masse continentale que domine l'Allemagne (arbitrairement découpée). Mais les formes sont totalement divergentes. Seule la péninsule Ibérique, qui ressemble à un carré et la France, célèbre Hexagone, ont une allure géométrique. Mais comment comparer la Scandinavie avec l'Italie, les îles Britanniques avec la Corse, la Sardaigne et la Sicile ?
Le dessin de l'Europe occidentale est aussi imprévu, aussi aberrant, aussi déchiqueté que possible.

La latitude tempérée. L'Europe occidentale, à l'exception de son extrême nord (le Norrland norvégien, suédois, voire finlandais), est une zone parfaitement tempérée. Le méridien qui divise en moitiés égales l'hémisphère Nord est le 45ᵉ degré. Notre zone est un peu décalée par rapport à lui. Ainsi, un tiers de la France, presque toute l'Italie, l'Espagne et le Portugal, la Grèce se trouvent au sud. Tous les autres pays sont au nord.
Le 50ᵉ de latitude nord, qui passe au sud des îles Britanniques, laisse au nord la Belgique flamande, les Pays-Bas, la plus grande partie de l'Allemagne et les pays scandinaves (tous pays essentiellement de

1 *« Europe » apparaît aux Grecs pour la première fois : métamorphosé en taureau, Zeus enlève la fille du roi des Phéniciens en Crète. Fresque murale de Pompéi.*

langue germanique), nous apparaît comme beaucoup plus important. Nous verrons dans ce livre qu'en Europe occidentale *on peut parler de gens du Nord et de gens du Sud*. C'est, approximativement, le 50ᵉ parallèle qui les sépare.

Mosaïque de paysages. On peut faire trois mille kilomètres dans les grandes plaines des États-Unis, dans la forêt russe, dans les campagnes et les steppes d'Ukraine, dans de vastes zones forestières de l'Amazonie et de la silve équatoriale zaïroise, dans les grands déserts subtropicaux, dans les montagnes d'Asie centrale et des Andes sans que le paysage change sensiblement.

Au contraire, en Europe occidentale, il est difficile de parcourir plus de cent kilomètres sans que le paysage varie avec une extrême netteté. On a là un véritable *musée géologique et archéologique* de chaînes très anciennes, comme en Écosse et en Scandinavie, en France et en Allemagne, de chaînes « récentes », telles les Pyrénées, les Alpes, de fossés d'effondrement comme ceux du Rhône et du Rhin, de vastes bassins sédimentaires, de hauts plateaux calcaires, de plaines de montagnes et de plaines côtières, de volcans dont certains sont encore en activité (Italie du Sud), de forêts de types variés. La péninsule Ibérique est l'illustration parfaite de cette grande variété : Luis Diez del Corral n'écrivait-il pas que cette péninsule est « la négation même de la monotonie » ?

Les climats. Les latitudes différentes imposent des systèmes de végétation profondément variés. L'existence d'un courant chaud sud-nord, le Gulf Stream ou « dérive nord-atlantique » le long de la côte ouest jusqu'au nord de la Norvège accroît encore les contrastes.

Le climat atlantique, doux et pluvieux avec précipitations maximales en hiver, le climat continental plus rude avec précipitations maximales en été, le climat méditerranéen, très sec en été, pluvieux aux intersaisons, le climat quasi polaire de toundra à l'extrême nord, tout cela constitue une sorte de tissu bariolé presque unique dans le monde sur d'aussi petites étendues. Sur le plan des productions agricoles, l'Europe occidentale n'atteignant pas les zones de climat subtropical,

2

3

4

5

Paysages européens : **2** *Les « trois créneaux » dans les Dolomites.* **3** *Glen Shee, en Écosse.* **4** *Toundra, au nord de la Finlande.* **5** *La Sierra de los Filabres en Espagne.*
Carte 1, à gauche : *physionomie géographique de l'Europe, péninsule de l'Asie – des côtes déchiquetées, une mosaïque de paysages.*

6

7

8

9

elle ne peut produire ni dattes, ni café, ni coton, ni thé, ni cacao. Elle est au contraire, pour l'élevage, une des régions les mieux adaptées du monde.
Si donc existe ou se forme une unité de l'Europe occidentale, c'est celle d'une *mosaïque*, non celle d'une vaste fresque aux larges surfaces de mêmes couleurs.

Conclusion : une géographie originale qui a influencé les hommes. On peut donc tirer quelques conclusions fondamentales qui montrent l'influence de la géographie sur les groupes humains, sans qu'il y ait « déterminisme », car l'imagination des hommes trouve mille formes d'adaptation aux conditions naturelles.
De l'extrême longueur des côtes, de leur découpage, de nombreux ports naturels qu'on y trouve, se dégage l'idée que les Européens *ont pu devenir d'excellents marins, des commerçants sur de longues distances, des explorateurs.* Pensons, en particulier, aux Grecs, puis aux Vikings, à la Hanse, aux Italiens, Portugais, Espagnols, Anglais, Hollandais. Du climat modéré adouci par le Gulf Stream, on peut tirer la conclusion que l'agriculture en a largement bénéficié. Par ailleurs, la culture des céréales a été favorisée de manière considérable par le dépôt d'un limon brunâtre et très fertile, le loess, apporté sur nombre de plateaux d'Europe occidentale par des vents violents qui ont balayé les poussières des moraines laissées par les grands glaciers. La seule zone européenne non tempérée est le Norrland norvégien et le Norrland suédois, peu peuplés (quelques Lapons et quantité de rennes) mais riches en mines et en centres d'industries hydroélectriques.
L'observation des logements, des outils agricoles, des objets domestiques en Europe permet d'émettre l'hypothèse que l'esprit créateur des Européens a été stimulé par ce morcellement.
La limite ouest de l'Europe étant maritime, que dire de sa frontière orientale ? Elle est un prolongement de l'Asie. Faute de frontière naturelle évidente, on tend à la fixer arbitrairement ou en fonction de traditions humaines. On a opté, de nos jours, pour les monts Oural (environ deux mille neuf cents kilomètres nord-sud), puis par le cours moyen et inférieur du fleuve Oural qui s'étend jusqu'à la Caspienne, par cette mer, ensuite par la Crête du Caucase, par la mer Noire et enfin par les détroits turcs.

6 *Le Rhin à Kaub, et le château Gutenfels, en Allemagne.* **7** *Dunes sur la côte de la mer du Nord.* **8** *Falaises en Algarve, au Portugal.* **9** *Fumée jaillissant de l'Etna, en Sicile.*

II. La communauté européenne n'est ni raciale ni linguistique

L'Europe occidentale ne se caractérise pas par une unité raciale et la transition avec ce que nous avons appelé l'Europe centrale est pour ainsi dire imperceptible.

Pluralité des races. Nous n'avons pas à faire ici de l'anthropologie, science aux réponses encore incertaines. Au surplus, les caractéristiques visibles des corps humains, couleur de la peau, des yeux, des cheveux, taille, forme du crâne, etc., ne nous sont connues que dans la mesure où nous possédons des descriptions écrites ou des portraits. Or, pour la préhistoire, nous ne sommes en présence que d'ossements, souvent peu nombreux.
Nous dirons dans le prochain chapitre ce qui nous paraît essentiel dans la période « paléolithique » (depuis 35 000 ans environ) jusqu'au « néolithique », puis aux métaux. Mystérieuses phases d'invasions successives et multiples. Plusieurs questions viennent à l'esprit à ce sujet. Les envahisseurs se sont-ils fondus dans la masse des peuples conquis ? Les ont-ils dominés ? Les ont-ils absorbés ? Les invasions ont-elles été un phénomène lent ? Se sont-elles produites de façon brutale ? Le problème des invasions est important pour comprendre la configuration de l'Europe et nous nous y attarderons par la suite. Remarquons simplement, dans l'immédiat, que dans les sépultures appelées dolmens, on a découvert deux types de crânes, ceux, allongés, dits dolichocéphales et ceux, droits, dits brachycéphales, preuve que, dès cette époque, l'Europe occidentale était déjà peuplée de races mêlées.

La « grande race » blanche. La seule évidence est que l'Europe occidentale est une zone de race blanche, très peu atteinte par les invasions mongoles et qui ne voit s'installer des Noirs et des Jaunes, par une immigration d'un type nouveau, qu'après la fin de la Seconde Guerre mondiale. L'anthropologue Jean Poirier distingue, de manière plus précise, trois grands groupes échelonnés du nord au sud : « a) un groupe septentrional méso-dolichocéphale et blond, la race nordique ; b) un groupe brachycéphale cen-

10

11

12

13

14

15

16

17

18

19

20

21

Habitants d'Europe : **10** *Islande ;* **11** *Frise ;* **12** *Suède ;* **13** *Angleterre ;* **14** *Flandres ;* **15** *France ;* **16** *Autriche ;* **17** *Roumanie ;* **18** *Pologne ;* **19** *Italie ;* **20** *Crète ;* **21** *Espagne.*

tral avec une race blonde, la race est-européenne et quatre races brunes, les races alpine, dinarique, anatolienne et touranienne ; c) un groupe méridional, dolichocéphale et brun, avec les trois races méditerranéenne, sud-orientale et indo-afghane. A cet ensemble, il faut ajouter une dernière race, localisée à l'extrême est de l'Asie, la race aïnou ».

Conséquences du mélange des races. De cette vue générale, qui nous présente un vaste brassage millénaire, nous pouvons tirer deux conclusions. Les théories datant du XVIIIe siècle selon lesquelles la classe noble appartiendrait à une race de conquérants et le peuple à celui des conquis ne repose sur aucun fondement. Plus absurdes et dangereuses encore sont les thèses selon lesquelles il existerait une hiérarchie de valeurs entre « races inférieures » et « races supérieures », thèses que l'on trouve chez Gobineau, Vacher de Lapouge, Houston Stewart Chamberlain, etc. Les travaux des anthropologues montrent que les races sont égales et que les différences sont individuelles.
Lorsqu'une théorie de la suprématie d'une race est adoptée par un homme politique habile et sans scrupules comme Adolf Hitler, elle aboutit à des conclusions néfastes : création d'« espace vital » au détriment des races inférieures, préservation de la pureté de la race supérieure par extermination des races corruptrices, etc.
L'affirmation de Hitler – la supériorité des grands Aryens blonds – devient absurde lorsqu'on découvre que les races mélangées engendrent plus de cerveaux exceptionnels que les races « pures », celles-ci n'étant finalement que des groupes isolés.

Avant les Indo-Européens. Tous les Européens occidentaux parlent, de naissance, des langues appartenant à la grande famille dite indo-européenne, à l'exception du petit groupe des Basques (nord de l'Espagne et une partie du département français des Basses-Pyrénées). Linguistes et archéologues ne sont pas d'accord sur les origines de cette langue basque, la plus vieille d'Europe. Autres langues n'ayant aucun rapport avec les langues indo-européennes : la langue finno-ougrienne parlée par quatre-vingt-dix pour cent de la population finlandaise, l'estonien et le hongrois.

Les Indo-Européens. L'origine commune des Indo-Européens est probablement l'actuel Iran et les régions voisines. Une branche seulement d'entre eux gagna l'Europe occidentale. Les Celtes furent les premiers, avec les Italiotes, dont ils étaient, au début, peu séparés, et avec les Grecs qui, eux, ne s'étendirent pas sur de vastes territoires.

Celtes. Certains Celtes (les Goidels) atteignirent l'Irlande. D'autres (les Brittones), la Grande-Bretagne.
A ce moment, ils occupaient à peu près toute l'Allemagne actuelle. Certains allèrent en Espagne : ce furent les Gaulois qui se mêlèrent aux Ibères. Plus tard, des Gaulois conquirent la plaine du Pô (Gaule cisalpine) et certains s'installèrent même en Anatolie (les Galates). A l'est du Rhin, ils se mêlaient aux Germains, venus du nord.

Romains. Les Italiotes furent d'abord les ancêtres des Latins qui fondèrent Rome, puis des Ombriens. La puissance de Rome amena les pays qu'elle occupera, Gaule, partie sud de la Grande-Bretagne, Espagne, Portugal, à abandonner les langues celtiques pour le latin, lequel donna en Europe occidentale quatre grandes langues : italien, portugais, espagnol et français, auxquelles il faut ajouter le catalan, le provençal, l'occitan, etc.

Germains. L'arrivée des Germains, surtout à partir du IIe siècle ap. J.-C., fit perdre aux îles Britanniques et le latin et le celtique (celui-ci reste parlé dans plusieurs dialectes irlandais, le gaélique en Ecosse, le dialecte de l'île de Man, les dialectes gallois. Les Cornouailles abandonnèrent le celtique au XVIIIe siècle).
La situation linguistique actuelle de l'Europe, déjà largement dessinée au IXe siècle, peut se résumer ainsi :
– Pays du Nord (tous de langue germanique) : Suède, Norvège, Danemark (Scandinaves) ; Britanniques ; Néerlandais, Allemands et Autrichiens, qui parlent la même langue allemande ; Suisses alémaniques qui parlent un dialecte allemand mais écrivent l'allemand. L'Irlande cherche à redevenir un pays de langue celtique mais la langue parlée est l'anglais. La Belgique a un peu plus de la moitié de sa population parlant flamand, c'est-à-dire néerlandais.
– Pays du Sud de langue latine, sauf la Grèce : Portugal, Espagne, France, Belgique wallonne, Suisse romande et Italie.
Si la division linguistique suit à peu près le tracé du 50e parallèle, il en est de même pour la division religieuse : les pays du Nord étant essentiellement protestants à l'exception de l'Irlande et de la Belgique flamande, ceux du Sud étant catholiques, sauf, à l'extrême sud-est, les « orthodoxes » (Serbes, Grecs, Roumains, Bulgares). Le mot « Europe » n'a aucune signification magique.

22

23

L'Amérique. Il faut de l'imagination pour trouver, dans le nom même d'un pays, un sens profond : qu'il suffise d'évoquer l'Amérique. On a donné à cet immense continent un nom tiré du prénom de l'un des navigateurs européens qui l'ont atteint, l'Italien Amerigo Vespucci, de Florence, né en 1441, la même année que Christophe Colomb.
L'Amérique s'appelle ainsi parce que les parents de Vespucci choisirent Amerigo

24

Représentation issue de la Grèce Antique, enlèvement d'« Europe » : **22** *sur un bas-relief du temple Y de Selimut (Sicile) réalisé vers 590 av. J.-C. et* **24** *sur un vase (collection de la villa Giulia, Rome). – Pour l'historien Hérodote (***23** *copie romaine d'un buste d'Hermès datant du IVe siècle av. J.-C.) l'Europe représentait déjà une partie de la Terre.*

comme prénom pour leur fils, et parce que celui-ci avait le sens de la publicité. Pour l'Europe, elle paraît également bien plus due au hasard qu'à la logique.

La demi-déesse Europe entre Grèce et Troie. Le mot « Europe » apparaît dans la langue grecque. Mais il est encore absent des célèbres épopées attribuées à Homère : *l'Iliade* (guerre de Troie) et *l'Odyssée* (retour mouvementé de l'un des chefs grecs de Troie, Ulysse, vers sa patrie, Ithaque). D'après Hésiode (fin du IXe siècle ou VIIIe siècle), la demi-déesse Europe était soit l'une des dix mille filles de l'Océan soit, plutôt, la fille du roi de Phénicie (actuelle côte de la Syrie, du Liban et de la Palestine), Agenor, et la sœur de Cadmus. C'était donc une Asiatique.
D'après la mythologie, Zeus en devint amoureux et, pour l'enlever, il prit la forme d'un taureau et l'emporta vers notre continent.
De lui, elle eut trois fils, Minos qui créa le célèbre « labyrinthe » en Crète, Eaque et Rhadamanthe qui furent les juges des Enfers. La tradition voulait que Cadmus soit parti pour la Grèce, à sa recherche, et, à cette occasion, ait apporté aux Grecs l'*alphabet*, que les Phéniciens venaient d'inventer (en stylisant à l'extrême l'écriture dite cunéiforme des Assyriens).
De ce mythe, on peut sans doute retenir qu'il exprimait la rivalité entre la Grèce et Troie. Cette ville, célèbre par les épopées mais parfaitement historique, était située en Asie, immédiatement au sud des Dardanelles. Une série de rapts se succédèrent : Io, fille d'Argos, fut enlevée par les Phéniciens. L'enlèvement de la Phénicienne Europe fut une vendetta des Grecs qui s'emparèrent aussi de Médée. Alors, le Troyen Pâris – un Asiatique – après avoir été choisi par trois déesses, Héra, Aphrodite et Athéna, comme juge de leur beauté, donna le prix à Aphrodite, la Vénus des Romains. Pour le récompenser, celle-ci lui facilita l'enlèvement de la belle Hélène, épouse du Grec Ménélas, roi de Lacédémone. C'en était assez: les Grecs allèrent assiéger Troie et, après dix années, avec l'aide d'Athéna, vexée de ne pas avoir été choisie par Pâris comme la plus belle, finirent par conquérir la ville par la ruse et par la détruire. Cet ensemble de légendes, mêlées à des bribes d'histoire, donnerait à notre continent des origines bien scabreuses.

De la personne à la géographie. Pourquoi avoir choisi Europe pour désigner notre territoire ?
Citons plutôt un homme fort intelligent, le premier des vrais historiens, le Grec Hérodote, qui vécut de 484 à 406 av. J.-C., fit beaucoup de voyages et manifesta une extraordinaire curiosité d'esprit.
A la fin du VIIIe siècle av. J.-C., dans le poème d'un contemporain d'Hésiode, « Hymne à Apollon Pythien », on voyait apparaître l'Europe non plus comme une femme mais comme un nom géographique. L'auteur évoque « ceux qui vivent dans le riche Péloponnèse, et ceux de l'Europe et tous ceux des îles baignées par les vagues ». L'Europe, c'est donc alors le nord de la Grèce continentale, excluant la presqu'île du Péloponnèse et les îles. Entre le VIIIe siècle et le Ve, le mot a pris une extension beaucoup plus grande. Les Grecs, nous dit Hérodote, « divisent la terre en trois parties, Europe, Asie, Libye (aujourd'hui l'Afrique) ». Pour lui, l'Europe se prolonge très loin vers le nord, bien audelà du Danube, dans des régions baignées par la mer du Nord. Au nord-est, elle va jusqu'au fleuve Tanaïs *(Don)* et au *Palus Maeotis* (mer d'Azov). Il s'agit donc là d'une Europe moins vaste que celle que nous avons précédemment définie. Mais pourquoi ce nom d'Europe ? Hérodote commente son ignorance avec beaucoup d'humour : « Je ne peux deviner pourquoi la terre qui est une, à trois noms, tous trois de femmes... et je ne peux retrouver les noms de ceux qui ont ainsi divisé le monde, ni où ils ont trouvé ces appellations. [...] Le plus curieux, c'est que la Tyrienne Europe était de naissance asiatique, et n'est jamais venue vers cette terre que les Grecs appellent maintenant Europe, mais seulement de Phénicie et de Crète en Lycie. [...] Nous utiliserons les noms établis par la coutume. »

Étymologie incertaine. L'étymologie du mot n'apporte pas de réponse satisfaisante. L'explication la plus souvent donnée est celle-ci. En grec, l'adjectif *eurus* signifie large, et le nom *ops* signifie œil, face, vision.
« Zeus euruopè », c'est Zeus qui voit loin. Au féminin, Europe serait une femme aux grands yeux, avec un beau regard, un beau visage. Tout cela est certes flatteur mais n'explique rien.
Autre hypothèse : les mots Asie et Europe dériveraient de la langue akkadienne (Mésopotamie) où le mot *asu* veut dire « surgir » et *erebu* « entrer ». Le premier signifierait l'orient où se lève, où « surgit » le soleil. Le second désignerait l'occident où il décline et se couche. Que dire en somme sinon que le mot *Europe* dérive d'une succession de hasards historiques, aussi contingents que ceux par lesquels on a baptisé l'Amérique selon Vespucci.

III. L'histoire a créé une véritable Europe

Les phases communautaires. Dès l'époque néolithique, de 4 000 à 2 000 environ, on constate sur une large partie du quadrilatère l'existence de monuments mégalithiques et notamment de dolmens qui sont des tombes. Il en sera

25

25 *Naissance de l'Europe dans l'Antiquité : la carte du monde de Ptolemeus (vers 100-160 ap. J.-C.), imprimée par Lienhart Holl en 1482.*

question de nouveau par la suite. Mais remarquons déjà d'une part que tous les autres sites où l'on rencontre ces grosses pierres sont très éloignés du domaine européen, d'autre part que pour réaliser de si formidables travaux, il a fallu une philosophie commune de la mort, une religion commune et une technique commune également pour débiter, transporter et ériger ces énormes blocs de roches.

A titre d'exemple, voici une liste de phases historiques communautaires de divers types, religieux, politiques... et de diverses intensités :

– Phase des mégalithes : vers 4000 – vers 2000.
– Phase des Celtes : VIe-Ier siècle av. J.-C.
– Civilisation grecque, gréco-latine, puis Empire romain, du VIe siècle av. J.-C. au IVe siècle ap. J.-C.
– Phase des Germains : Ve-VIIIe siècle ap. J.-C.
– Empire de Charlemagne cherchant des liens avec l'Empire byzantin.
– Chrétienté occidentale (rompant avec les Grecs) : X^e^-XIe siècle.
– Phase des cathédrales gothiques : XIIe-XVe siècle.
– Phase de la Renaissance : XVIe siècle (malgré les divisions liées à la Réforme et à la Contre-Réforme).
– Phase de la domination coloniale, commerciale, technique, scientifique, industrielle sur le reste du monde (sauf l'Asie du Nord). Seuls les pays d'Europe occidentale ont eu des colonies maritimes jusqu'au XXe siècle. On notera que, dans chaque cas, la Communauté n'est pas tout à fait totale. L'Irlande, la Scandinavie, l'Allemagne à l'est du Rhin échappent à la domination romaine. Les Scandinaves ne sont envahis ni par les Celtes ni par les Romains, tout en commerçant intensément avec eux. L'Irlande n'est atteinte que de façon limitée par les Germains.

Influences communes. L'Europe occidentale a subi tellement *d'influences communes* qu'elle peut par moments se comparer à un vaste creuset.

Les influences principales sont celles des Celtes, peuple agricole par excellence, des Romains qui apportent l'écriture, le droit, l'administration, et qui apprennent à développer la vie urbaine et les moyens de circulation. Directement, mais surtout par les Romains, l'art, la littérature, les mathématiques, l'astronomie, la philosophie grecques s'étendent sur l'Occident.

Quant à l'influence germanique, elle se fait sentir dans le domaine de l'exercice du pouvoir, dans le rôle de la femme mais aussi dans le développement de la métallurgie, dans l'apport d'une nouvelle stratégie, dans l'usage du cheval, etc.

L'influence judéo-chrétienne joue aussi un rôle dominant, en particulier celui de la papauté romaine. La rupture entre Grecs et Latins est l'un des phénomènes principaux qui marquent l'Occident et certainement le plus durable. Parmi ces groupes qui ont exercé une certaine influence sur l'Occident, certains d'entre eux ont été absorbés par lui, comme les Vikings qui deviendront, en partie, les Normands. D'autres n'ont pas été assimilés du tout, comme les Arabes.

Les contradictions internes. Notre volume n'entend nullement minimiser tout ce qui agit contre l'unité et, en particulier, la diversité des langues (grec, langues, latines, germaniques, dialectes luxembourgeois, alsacien, suisse alémanique...), la coupure religieuse entre catholiques romains et églises protestantes. Chaque pays a ainsi sa propre personnalité. Il est à noter que celle-ci est *fort peu d'origine raciale*. Ne minimisons pas non plus les guerres incessantes. On remarquera qu'elles se sont développées précisément dans les siècles de grandeur politique de l'Europe, du XVIe au XXe siècle. La conquête des empires d'outre-mer a été, peut-être, une source de richesse. Mais elle a contribué à la naissance du nationalisme et à son exagération. Les guerres en ont été de plus en plus terribles, avec leur apogée au XXe siècle, *à tel point que les guerres de 1914-1918 et de 1939-1945 ont brisé la prépondérance européenne*.

Le soudain changement de 1945. Depuis 1945, on constatera :
– qu'il n'y a plus de guerre interne à l'Europe occidentale et même qu'il ne peut plus y en avoir ;
– que cette fin des guerres coïncide avec : l'établissement, par d'autres que par les Occidentaux, d'une frontière rigide dite *rideau de fer* ; l'écroulement rapide des *empires d'outre-mer* ; la *démocratisation* de toutes les nations d'Europe occidentale (complétée depuis 1974 et 1975) ; le *déclin du nationalisme*, voire le développement d'un « esprit européen » non plus seulement inconscient et historique, mais devenu conscient et volontaire.

L'Europe et la naissance de la pitié. Sans faire de comparaisons optimistes avec d'autres communautés, chinoise, russe ou arabe, par exemple, au fur et à mesure des chapitres, nous noterons les progrès incontestables accomplis par les Européens dans le sens de la pitié, de l'égalité, de l'humanité. Ainsi le lent déclin de l'esclavage puis du servage, la dignité croissante de la femme avec l'apparition de l'amour courtois, la lutte contre l'injustice, l'erreur judiciaire (Voltaire), la cruauté de la justice pénale (cf. *Des délits et des peines* du Milanais Cesare Beccaria en 1764). Citons aussi la naissance et le développement des « Déclarations des droits », l'apparition des idées de souveraineté nationale, de souveraineté populaire, de liberté, de démocratie. Pensons à la naissance de l'idéal social, sous ses diverses formes, socialisme, christianisme social... Bien entendu, il ne s'agit pas d'une progression régulière. L'Europe occidentale n'a pas été à l'écart de phases de régression aboutissant à d'indicibles horreurs, inquisition, supplices, bûchers de sorcières, populations « passées au fil de l'épée », terreur, exploitation du prolétariat industriel, génocides, nazisme, etc.

La grande phase du leadership et des déchirements (XVe-XXe siècle). L'Europe détient la primauté sinon de la culture au sens littéraire et artistique, du moins au sens de la richesse créatrice des intelligences. La révolution industrielle est un phénomène anglais d'abord puis européen, dû aux succès du commerce et à l'accumulation de capitaux. En fait, depuis le XIe siècle, l'Europe occidentale était à l'abri des *invasions*.

Carte 2, ci-dessous : *la multiplicité des peuples et États correspond à la multiplicité des paysages – l'Europe d'aujourd'hui.*

2 La Préhistoire de l'Europe

I. L'Homme avant l'Europe

Rien n'est plus fascinant que la découverte de nos origines. On a fait, sur ce sujet, de fabuleux progrès depuis vingt-cinq ans.

On pensait, avant 1939, 1) que l'homme descendait du singe, 2) que son apparition, au terme d'une mutation, avait pris place vers 300 000 ou 400 000 ans avant notre ère, dans la période de réchauffement qui avait séparé les deux dernières glaciations (Riss et Würm) du Quaternaire, période dans laquelle nous vivons et qui a débuté il y a environ deux millions d'années.

Après la découverte, en 1924, au Botswana, d'un crâne fossile dénommé *australopithecus africanus* (singe austral africain) et de nombreux restes d'australopithèques dont ceux de la célèbre Lucie, jeune australopithèque femelle trouvée en 1974, les paléontologistes se ruèrent à la recherche de l'homme fossile. On détermina ainsi qu'à côté de l'australopithèque, certains ossements appartenaient à une espèce *différente* qu'on appela *praecanthropus* (Pré-homme) puis *homo habilis* (homme capable de fabriquer). Au surplus, on put à peu près dater les plus anciens australopithèques d'environ huit à neuf millions d'années avant notre ère et les plus anciens hominiens (hommes) à deux millions huit cent mille ans, puis à quatre, voire cinq millions.

L'homo habilis. Physiquement, l'*homo habilis* présente quelques différences avec les deux espèces connues d'australopithèques. Il mesure entre 1,20 m et 1,40 m. Il pèse 30 à 50 kg. Sa capacité crânienne varie de 500 à 800 cm³. Il a le front beaucoup plus haut que l'australopithèque. Il est tout à fait omnivore et presque totalement bipède.

L'australopithèque africain et l'*homo habilis* qui en descend selon toute probabilité ont bien un ancêtre commun avec les grands singes primates: orang-outang, gorille, chimpanzé. La branche des singes et celle des hominidés (êtres à *forme humaine* et non encore hominien) se sont séparées il y a sans doute trente millions d'années.

Mais la différence fondamentale, irréductible, entre tous les animaux et l'*homo habilis,* si primitif soit-il, c'est, chez le second, la capacité de créer et, pour commencer, d'inventer des procédés pour accroître son confort, et des outils pour mieux se défendre et s'emparer de sa nourriture. Tout animal est doué, outre l'instinct, d'une certaine intelligence. Il *sait* des choses. Mais l'homme sait, au surplus, raisonner sur ce qu'il sait, se donner des buts, chercher et parfois trouver des moyens nouveaux pour atteindre ces buts.

« Le développement du cerveau et l'élargissement de l'omnivorie conduisent l'homme à la mise en place des grands traits d'une structure sociale ; l'homme s'organise en petites communautés qu'il installe sur des territoires et dans des habitations qu'il aménage ; il cueille et chasse, taille la pierre, l'os, la dent, la corne et probablement le bois... et les progrès qu'il fait dans ce sens, il les enseigne à ses enfants, thésaurisant, par-dessus l'acquis instinctif, les premières données de la connaissance », nous dit Yves Coppens. Sa défense est l'intelligence.

II. L'arrivée de l'homme en Europe

L'homo erectus. Comment cet homme qui a vécu en Afrique est-il venu s'installer en Europe ? L'*homo habilis* fut remplacé par une sous-espèce, l'*homo erectus* ou homme debout, à la capacité crânienne plus développée. C'est lui qui envahit l'Europe méditerranéenne et, du fait de la dernière glaciation, se can-

26 *L'Europe mégalithique : Stonehenge, lieu de culte, dans la plaine de Salisbury, au sud de l'Angleterre (3ᵉ/2ᵉ millénaire avant J.-C.).*

Tableau des civilisations du paléolithique supérieur ou âge du Renne (34 000 - 8 000 avant J.-C.)

Année	*Civilisations*	*Traits caractéristiques de l'outillage*	*Art*	*Religion*	*Habitat*
	Moustérien				
34 000 **32 000**	**Chatelperronien** (dernier Neandertal) s'apparente au Moustérien	Utilisation de l'ocre rouge, éléments de parure			Cabanes rectangulaires (grotte de Cueva Mora, Espagne) Cabanes ovales (Tibava en Slovaquie) Campements avec fosses
30 000					
27 000 **26 000**	**Aurignacien**	Apparition de l'outillage en os très diversifié	Animaux très schématisés, figurations sexuelles masculines et féminines	Sépultures avec vêtements et parures	Tentes circulaires (Arcy s/Cure)
	Gravettien (ou Périgordien ancien)	Pointes avec lame, outils en ivoire de mammouth, parures très variées avec ivoire	Gravures, peintures, sculptures Statuettes féminines en ivoire ou pierre		Structure très uniforme : grandes cabanes arrondies ceinturées de pierres parfois groupées
20 000					
19 000 **16 000**	**Solutréen**	Apogée de la taille de la taille de la pierre (pointes à crans, pointes en feuilles de laurier), 1res aiguilles à chas	Peintures d'animaux en cavernes Sculpture monumentale et 1rs bas-reliefs		
15 000					
	Magdalénien	Burins, petites lamelles, gros développement de l'industrie osseuse (sagaie, harpon)	Bisons d'argiles **Apogée de l'art paléolithique** (plus de 150 grottes ornées connues aujourd'hui) **Lascaux, Niaux, Altamira**		Semblable au Gravettien avec campements de chasseurs
10 000					
8 000	**Azilien**	Petits grattoirs circulaires	Déclin de l'art préhistorique		

27

28

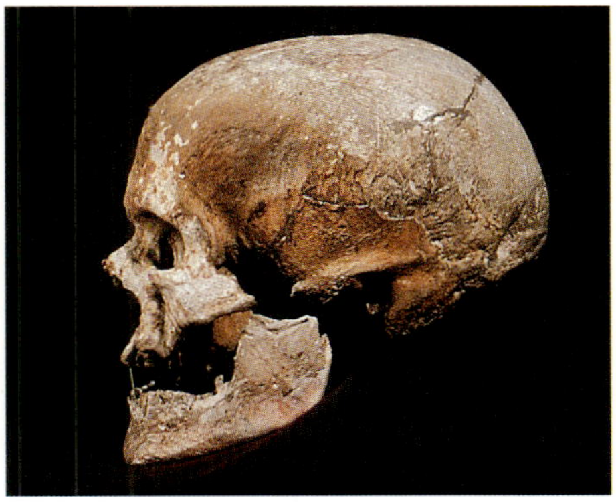

29

Les premiers hommes : **27** *L'australopithecus africanus (environ 4 millions d'années) ;* **28** *L'homme de Neandertal – culture du Moustérien ;* **29** *L'homme de Cro-Magnon – ancêtre de l'homme d'aujourd'hui*

tonne vers le sud. Au fur et à mesure du recul des glaciers, il remontera vers le nord. L'expansion commence un peu avant 1,5 million d'années. Elle a laissé des traces à divers endroits dont nous ne retiendrons que les plus importants et les plus connus: *Chilhac, Mauer, Tautavel, Terra Amata, Swanscombe, Gibraltar* et *Neandertal.*

Chilhac. C'est à Chilhac, en Auvergne, dans l'arrondissement de Brioude, qu'on a trouvé les traces les plus anciennes d'une implantation humaine en Europe : elle date de 1 800 000 ans. Il s'agit de cinq outils, les plus vieux actuellement connus en Europe, rappelons-le, humbles cailloux qui portent la trace d'une volonté humaine, d'un travail humain destiné à un but précis: la chasse. Bien sûr, les représentants de l'*homo erectus* peuvent nous apparaître primitifs et malhabiles mais que de chemin parcouru de l'Afrique jusqu'à Chilhac ! Que de milliers de campements ou de logis plus durables ont disparu ou n'ont pas encore été découverts !

Mauer. Le second nom à retenir est Mauer, village du Bade-Wurtemberg, en Allemagne, non loin de Heidelberg. On découvrit là, à côté d'une faune fossile comprenant l'« éléphant antique », le « rhinocéros étrusque » et le « tigre à dents de sabre », une mandibule humaine datant de 650 000 ans. Elle a dû appartenir, selon les archéologues, à un adulte masculin d'environ quarante ans. Mais 1 150 000 ans, soit cinq cent soixante-quinze fois l'ère chrétienne, se sont écoulés entre l'homme de Chilhac et celui de Mauer. Songeons à ces dizaines de milliers de générations d'hommes primitifs, peu nombreux, menacés, souffrant certainement de famine et d'une effroyable mortalité, face à une nature au pouvoir des prédateurs et frayant lentement le chemin de l'humanité en Europe.

Tautavel. Il y a également bien peu de temps que l'on connaît l'homme de Tautavel, au sud de la France, dans le Roussillon, près de Perpignan. A partir de 1964, des fouilles scientifiques conduites par Henry de Lumley-Woodyear, professeur au Muséum d'histoire naturelle de Paris, permirent de découvrir plus de vingt sols d'habitats préhistoriques. Mais la découverte la plus sensationnelle date du 22 juillet 1971 : la plus grande partie du crâne d'un homme d'environ vingt ans avec une capacité crânienne de 1150 cm^3. A ce jour, on a exhumé une cinquantaine d'éléments humains. La date est comprise entre 650 000 et 450 000. L'homme de Tautavel est un *homo erectus,* comparable à ceux découverts à Java, en Chine, en Afrique et dans le reste de l'Europe (Hongrie, Allemagne, Italie, Royaume-Uni).
Ni à Mauer, ni à Tautavel, ni dans aucun des sites antérieurs à 400 000, on ne trouve des traces de feu.

Le feu : Terra Amata, Verteszöllös, Torre in Pietra. Or la plus prodigieuse de toutes les inventions fut la maîtrise du feu. Terra Amata se trouve à Nice, sur les pentes du mont Boron. C'est à la partie supérieure du dernier des trois niveaux d'occupation humaine, datés de 600 000 à 380 000, qu'apparaissent des silex brûlés. A Verteszöllös, en Hongrie, à une soixantaine de kilomètres de Budapest, dans un site archéologique daté entre 450 000 et 350 000, à Torre in Pietra et Castel di Guido au nord de Rome, dans un sol daté de 430 000, les traces de feu sont également nombreuses.
A partir de 350 000 et 300 000, période interglaciaire, les foyers aménagés sont présents partout.
Voilà comment un archéologue imagine la vie de l'homme, à cette époque marquée par « un véritable bouleversement psychique » et par « un rapide développement des structures sociales » : « Dans l'habitat, autour du foyer, au cours des longues soirées d'hiver, les chasseurs vont conter leurs exploits, prévoir la chasse du lendemain, évoquer les souvenirs lointains de quelques héros de chasse fabuleuse et ainsi vont renforcer les liens qui unissent la famille, la tribu... Ainsi dès cette époque vont se développer de grandes traditions culturelles régionales, sources de diversité et de pluralisme chez les hommes. »

Swanscombe. C'est à partir de 300 000 environ, également en période interglaciaire, que l'*homo erectus* pénètre en Angleterre. On en a trace dans des gisements dont le plus septentrional est celui de Pontnewydd, dans le pays de Galles qui semble n'avoir été habité que de façon intermittente par de faibles populations de chasseurs. Mais le plus beau site est Swanscombe, sur la Tamise, à 50 km en aval de Londres. On a pu reconstituer la moitié postérieure du crâne d'un jeune individu de vingt ans, probablement de sexe féminin, crâne plus développé que celui de l'homme de Tautavel. Il y a progrès. On se rapproche de l'homme moderne. Nous sommes là à environ 280 000 ans.

Neandertal, la sépulture et la religion. Alors que la plupart des sites que nous avons mentionnés constituent des découvertes très récentes, celle du crâne de Neandertal date de 1856. Neandertal est un ravin proche de Düsseldorf, en Allemagne. On retira d'une petite grotte une calotte crânienne et quelques os de membres. D'autres crânes néandertaliens, un peu postérieurs, furent découverts en Espagne, au Portugal, en Italie, en Yougoslavie, en France, en Belgique, en Allemagne et confirment bien que nous sommes en face d'un homme très semblable à l'homme moderne mais pourtant inachevé gros crâne, à cause des os, mais capacité crânienne interne assez limitée.

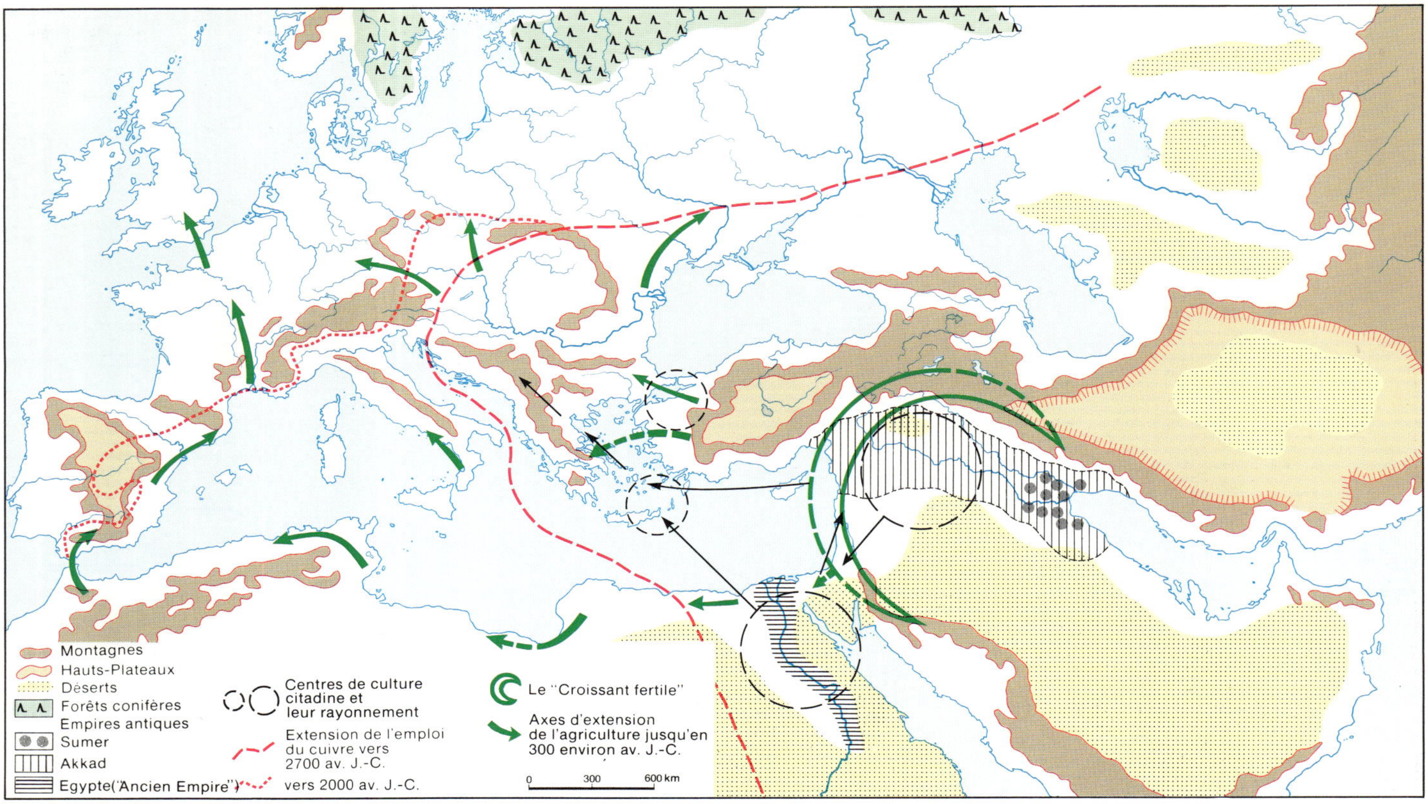

L'invention des sépultures. On n'a pratiquement aucun signe sûr de sépultures avant l'homme de Neandertal. Les rares restes humains sont parsemés au milieu des ossements d'animaux.

A partir d'environ 100 000 ans, on voit apparaître dans certains sites des amas d'os calcinés qui semblent avoir été ainsi disposés pour des raisons rituelles, mais on trouve également d'incontestables sépultures, où les corps humains allongés ou légèrement repliés bénéficient d'un traitement spécial.

On ne saurait exagérer l'importance de cette nouvelle pratique. La sépulture indique la première apparition de la métaphysique : ces hommes peu instruits, face à une nature capricieuse et à des phénomènes soit bienfaisants, soit terribles, devaient utiliser leurs pouvoirs de raisonnement en cherchant l'explication dans des forces surnaturelles et inconnues.

Mais lier l'existence possible d'un monde transcendant à la survie, sous une forme quelconque, après la mort, est bien le problème que l'humanité, y compris celle de nos contemporains, se pose avec angoisse.

Conclusion. S'il est difficile de se faire une idée sur ce que représentent dix mille, cent mille, un million d'années, sur le laps de temps, soit trois cent mille ans, qui sépare les hommes de Mauer et ceux de Swanscombe, il est tout aussi difficile de s'imaginer ces familles progressant lentement, ne se rencontrant que rarement, inventant aussi très lentement des perfectionnements pour leurs outils, ces petits groupes d'hommes qui ont découvert le feu « à peu près simultanément » – l'incertitude porte sur des millions d'années cependant ! – en Europe, et en Chine puisqu'on a découvert à Chou Koutien, des foyers contemporains de ceux dont il a été précédemment question.

Autrement dit, notre vaste territoire a été parcouru par de petits groupes d'hommes qui pourraient bien avoir été nos ancêtres, sans aucune certitude, mais qui étaient trop peu nombreux pour constituer un tissu social permettant de parler d'une Europe primitive.

III. La naissance de l'art en Europe

Cro-Magnon : *sapiens sapiens*. Pour l'*homo habilis,* on comptait en millions d'années. Pour l'*homo erectus,* en centaines de milliers, pour le néandertalien en dizaines de milliers. Or, entre 40 000 et 34 000 se produit un événement d'une extraordinaire portée : l'apparition de l'*homo sapiens sapiens,* ou encore homme de Cro-Magnon, ou encore homme moderne,

Cartes 3 et 4 : *Histoire du monde à l'âge de pierre - La culture mégalithique en Europe.*
30 *Naissance de l'art en Europe : la « Vénus de Willendrof » (haute Autriche), sculpture en pierre calcaire de l'Aurignacien.*

30

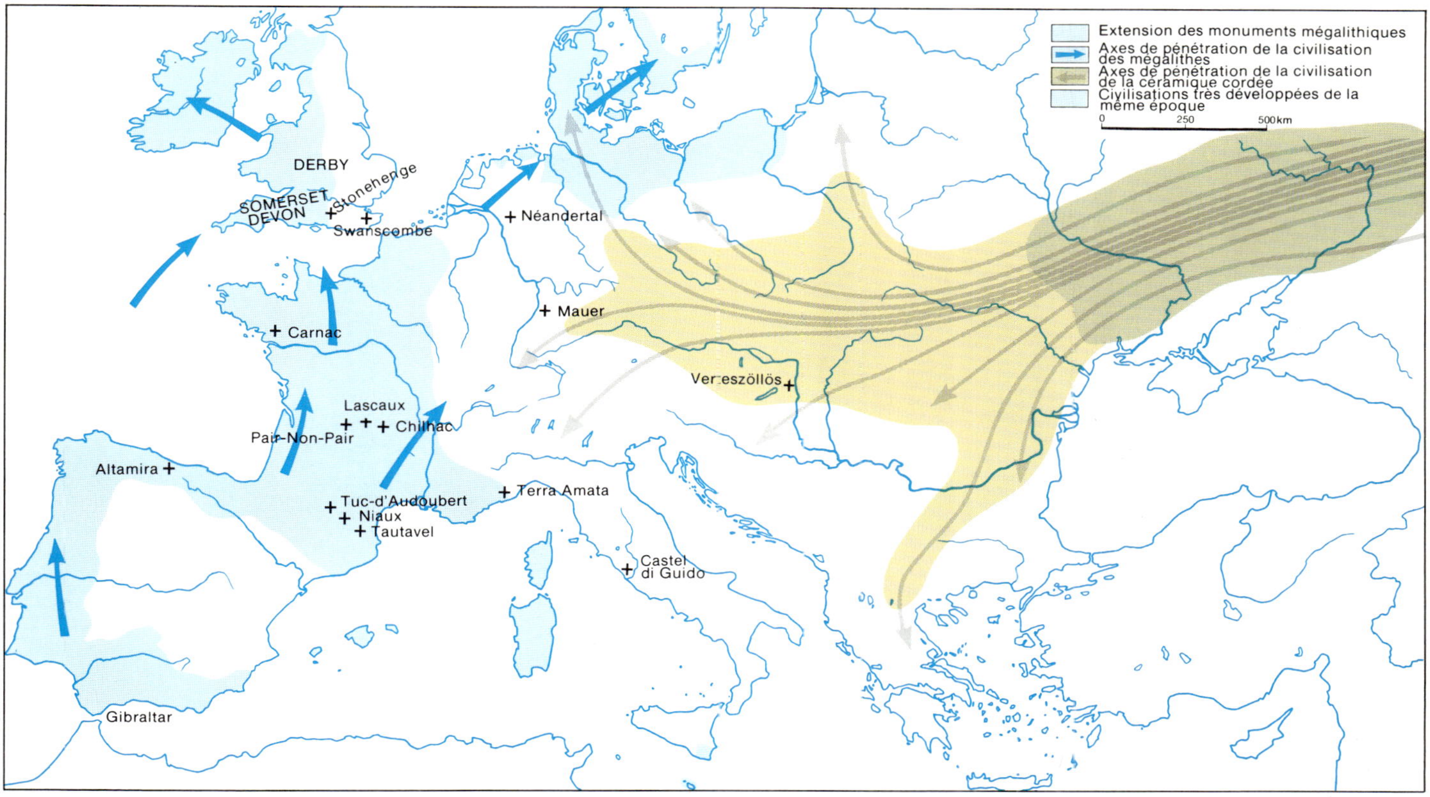

car nous sommes exactement du même type que lui. Désormais, nous ne comptons plus que par milliers d'années. Henry de Lumley-Woodyear écrit au sujet de l'homme de Cro-Magnon : « Avec l'homme de Cro-Magnon, robuste chasseur de fière allure et de front haut, se développent pendant plus de vingt-cinq millénaires, de l'Atlantique à l'Oural et de la Baltique à la Méditerranée, les grandes civilisations des peuples chasseurs du Paléolithique supérieur... De nouvelles acquisitions viennent enrichir le patrimoine culturel de l'humanité...
Mais la principale acquisition culturelle de l'Homme moderne est l'invention de l'Art : gravures, peintures, sculptures, qui témoigne du développement de la pensée symbolique. »

La naissance de l'art. Tout paraît donc indiquer qu'avec l'homme moderne, l'art a fait son apparition.
La passionnante naissance de l'art s'étale sur vingt-six mille ans, treize ères chrétiennes! Pourtant, ce ne sont plus ces rares familles presque animales qui errent, isolées, dans l'espace hostile pendant l'immense phase de l'*homo erectus*.
Vingt-six mille ans, cela suppose de grands mouvements dont nous ignorons tout, des changements de types humains malgré des traits communs. Cela suffit pour nous retirer toute certitude sur le point de savoir si ces peuples sont tous nos ancêtres directs.
Même en tenant compte du fait que les fouilles ont été beaucoup plus poussées, beaucoup plus méthodiques en Europe occidentale que partout ailleurs, il est indéniable que l'art a pris naissance à la fois dans notre secteur et au Sahara.

Lascaux et Altamira. Le premier cheval dessiné sur une muraille est celui de Pair-non-Pair, dans la région de Bordeaux. Mais il faut attendre encore douze à quinze mille ans pour avoir les chefs-d'œuvre du Magdalénien (une des étapes du Paléolithique supérieur, ainsi nommée d'après le site de la Madeleine en Dordogne).
Parlons d'abord de la grotte de Lascaux, découverte par hasard en septembre 1940, mesurant cent cinquante mètres de long, creusée dans un calcaire jaunâtre du crétacé. En deux « galeries », on dénombre cent cinquante animaux et signes peints, et, en plus, huit cent cinquante gravés et gravés-peints.
On peut les dater à 15 000 ans. On sait que les maladies de la roche provoquées par la venue massive des touristes ont obligé à en interdire l'accès.
Autre chef-d'œuvre : la grotte d'Altamira, « la chapelle Sixtine de l'art paléolithique », découverte en 1879 par D. Marcellino de Santuola sur la commune de Santillana del Mar, non loin de Santander, en Espagne. Son plafond peint, polychrome, occupe une voûte de dix-huit mètres sur neuf. On y voit quinze bisons aux postures variées, un grand cheval, trois biches datant de 13 000 ans.
De cette époque datent aussi les peintures de la grotte de Niaux, dans l'Ariège, situées – et c'est là une particularité – à deux kilomètres de l'entrée. Sont représentés plus de cent animaux. Également dignes d'intérêt sont les bisons de la grotte du Tuc d'Audoubert, modelés dans de l'argile, découverts peu avant 1914 par les trois fils du comte Begouen, célèbre préhistorien toulousain de l'époque.
On notera enfin la relative rareté des sites du Paléolithique supérieur dans les îles Britanniques, où ils sont concentrés dans quelques grottes du Derby, du Somerset et du Devon, en Scandinavie et en Allemagne du Nord. On est alors en pleine période glaciaire, ce qui rend les pays du nord de l'Europe tout à fait inhabitables.

Art et religion. On ne peut que rendre hommage à ces créateurs d'autrefois : il a fallu qu'ils trouvent le sens de l'image, celui du symbole mais aussi des techniques pour représenter sur une surface un univers à trois dimensions, pour trouver l'ocre, en modifier les teintes par la cuisson, dessiner et graver.
Il est hors de doute que l'impulsion a dû

31

32

33

être fortement liée à la religion : peut-être certains de ces animaux sont-ils des dieux, certains des signes des prières ou des incantations. Cette symbolique religieuse était associée à la représentation de scènes de chasse que les groupes humains, restés très petits, pratiquaient eux-mêmes en se plaçant, sans doute, sous la protection d'êtres transcendants.

Deux remarques s'imposent à l'esprit : notons d'abord à quel point nous sommes éloignés de ces chasseurs devenus artistes et que nous ne pouvons savoir si nous descendons d'eux ou d'immigrés plus tardifs.

Notons aussi que si l'Europe occidentale paraît se trouver à la tête du progrès vers 12 000 et 13 000, il n'en sera plus de même dans les dix mille ans qui suivent. *La révolution néolithique, la plus grande de toutes, se fera au Moyen-Orient et non en Europe de l'Ouest.* Elle ne gagnera notre région qu'avec un retard de plusieurs milliers d'années.

IV. L'Europe distancée lors de la révolution néolithique

La révolution néolithique au Moyen-Orient. Voici que, vers 8 000 ans, le pôle le plus actif de la civilisation, qui, à l'époque de l'art rupestre, paraissait installé à l'ouest de l'Europe, en France et en Espagne, s'éloigne de nos régions et se situe au Moyen-Orient. C'est là qu'apparaît la civilisation « néolithique » qui, sous ce nom insuffisant (outils de roche nouvelle, qui serait de la roche polie et non taillée), constitue en réalité le plus formidable progrès de l'histoire humaine : la découverte de l'*agriculture* et de l'*élevage* ainsi que de la *poterie* et bientôt du *tissage*.

De la cueillette à la production. On songe à l'effort intellectuel extraordinaire qu'il a fallu déployer, à l'esprit créateur impatient de réussir pour découvrir 1) la relation entre la graine et la plante ; 2) la possibilité, à condition d'admettre un délai, de produire avec des graines une récolte de graines plus abondante que la semence fournie, autrement dit pour accroître considérablement les capacités d'approvisionnement des humains. On a procédé de la même façon avec les animaux, la chèvre, le chien, le mouton puis la vache. Selon les auteurs britanniques, l'homme passa ainsi d'une société de *food gatherers,* récoltant la nourriture, à une société de *food producers,* produisant de la nourriture.

La population et les premières villes. Avec ces nouveaux moyens d'alimentation, la population augmente énormément. On estime aujourd'hui que l'humanité comptait dix millions d'individus à la fin du Paléolithique supérieur. Elle aurait atteint 100 millions vers 1000 av. J.-C. Le signe le plus net de ce remarquable accroissement, c'est l'apparition de la vie collective en bourgades, voire en petites villes. La première cité connue dans l'histoire du monde est Jéricho, qui date de 8850, couvrira bientôt cinq hectares et sera entourée de tours de dix mètres de haut. Mentionnons aussi Mallaha, dans la haute vallée du Jourdain. La révolution néolithique a jailli pour des raisons obscures en Mésopotamie, en Anatolie, à Chypre. Elle va se répandre lentement, d'abord vers l'ensemble du Moyen-Orient et l'Égypte, ensuite vers l'Europe, mais aussi vers l'Asie du Sud-Est et de l'Est jusqu'à l'Indonésie.
C'est vers 4 000 que le Néolithique atteint la côte de l'Atlantique. Il est venu par les côtes méditerranéennes où une certaine navigation existait déjà.
Une autre route fut celle du Danube. C'est au même moment l'épanouissement prodigieux de la civilisation dans une zone dont le Moyen-Orient est le centre. Vers 3500-3300 naissent les premières écritures mondiales : le cunéiforme de Sumer et Akkad en Mésopotamie et les hiéroglyphes d'Égypte. C'est vers 2600 la construction de la pyramide de Chéops, la plus gigantesque. La peinture murale, la taille de la pierre, la sculpture, notamment en bas-relief, la symétrie des constructions, l'apparition de l'angle droit dans l'architecture, tels sont les signes les plus visibles du progrès scientifique et technique. Le point culminant de ce progrès sera atteint par les Égyptiens et par les Mésopotamiens, au deuxième millénaire av. J.-C., avec l'équitation, le char, la roue.

L'Occident retardataire. Que devient l'Occident dans ces années 4 000-2 000 ? A la différence de l'Europe du Sud-Est qui subit avec atténuation l'influence du Moyen-Orient, l'Europe de l'Ouest est parfaitement isolée. On n'y trouve aucune trace d'importation des objets précieux ou des armes perfectionnées qui se fabriquent autour de la Méditerranée orientale. Et l'industrie de l'Occident est trop fruste par comparaison, pour que le problème d'importation se pose aux Orientaux. Et pourtant, isolée, retardée par rapport aux centres du progrès, l'Europe occidentale et centrale va connaître pendant un millénaire et demi une singulière unité, celle que représente la *civilisation des mégalithes.*

34

35

Chefs-d'œuvre de peintures rupestres en Europe occidentale à l'époque du Magdalénien : Animaux peints provenant des grottes de **31** *Altamira, la « chapelle Sixtine de l'art paléolithique » en Espagne,* **32** *Niaux (Ariège) et* **33** *Lascaux (Dordogne), en France. - Centre de la culture mégalithique en Europe, l'île de Malte, en Méditerranée :* **34** *Écuelle en terre cuite, 2500 avant J.-C. ;* **35** *Temple néolithique de Muadjadra, 3270-2400 avant J.-C.*

Les mégalithes, civilisation commune de l'Europe occidentale. Au milieu du quatrième millénaire, vers 3600, apparaissent les grosses pierres. Informes, non taillées, elles se présentent sous forme de pierres levées ou menhirs, de cercles ou doubles cercles de pierres ou cromlechs, d'alignements de menhirs, sur une file ou sur un nombre de files parallèles et enfin de tables de pierre ou dolmens. Ceux-ci se présentent à nos yeux soit à nu, au-dessus du sol, soit recouverts d'une accumulation de petites pierres (gal-gal) ou de terre (tumulus). Dans ce cas, une galerie, partant d'une ouverture extérieure, conduit vers le dolmen central. On ne sait pas encore si les dolmens à nu n'étaient pas tous revêtus de gal-gals ou de tumuli : les archéologues sont d'avis différents sur ce point. Le fait certain est que les dolmens, quelles qu'en soient les formes, même si elles s'altèrent en simples galeries couvertes, sont des tombes collectives pour un nombre limité d'individus, probablement des chefs ou des hommes importants. Ils sont souvent riches en objets divers, comme les cromlechs, alors qu'on n'a jamais rien trouvé au pied des menhirs. Mais toutes ces constructions ont exigé de l'homme un immense effort qui implique un caractère religieux.

Les mégalithes et l'Europe occidentale. La carte 4 montre que la zone des monuments mégalithiques s'inscrit dans le grand quadrilatère de l'Europe occidentale. Cela signifie-t-il qu'il n'y ait pas de monuments mégalithiques ailleurs qu'en Europe occidentale ? On en trouve beaucoup en Transcaucasie, en Éthiopie. Ils sont très rares et apparaissent comme une curiosité sans lien évident avec l'Europe en Iran, au Pakistan, en Inde centrale, en Indonésie. Ils sont nombreux mais postérieurs de mille à mille cinq cents ans aux mégalithes occidentaux en Inde du Sud, en Mandchourie, en Corée, au Japon, en Océanie. Ainsi, on peut maintenir qu'après quelques manifestations au Moyen-Orient vers le IVe millénaire, le mégalithisme a pénétré, on ne sait comment, en Europe occidentale. Par voie de terre ? En longeant les côtes ? Toujours est-il que les premiers dolmens en âge se trouvent sur les côtes du Portugal et sur celles de la Bretagne française. Ils dateraient de 3 600 environ. Citons ceux de Barnevez, Guennoc dans le Finistère et Kercado à Carnac.

Avant ces dolmens, il existait des tombes, telles celles des îles de Teviec, Hoedic, attestant un début d'élevage et dans lesquelles les humains sont inhumés par six ou sept, en position accroupie, sous des tas de pierres sèches. Est-ce l'origine des dolmens ?

A l'autre extrémité de notre période, vers 2000, la civilisation mégalithique atteint son apogée à Stonehenge, entre Bristol et Southampton, en Grande-Bretagne. Là, d'énormes pierres levées, alignées en forme de quadrilatères, paraissent développer les limites d'un lieu sacré. De 3500 à 2000, c'est une longue période mais une période de singulière unité.

36

37

38

Monuments mégalithiques en Bretagne : **36** *Menhirs de Carnac.* **37** *Statue d'un homme, à Rodez,* **38** *Le dolmen de Rondossec – La civilisation des gobelets campaniformes.* **39** *Gobelet décoré provenant d'Altdorf (basse Bavière), vers 2000 avant J.-C. : devant, deux défenses de sanglier, amulette d'un mort.*

Les mégalithes : communauté technique et métaphysique. Qu'il y ait deux mille dolmens dans les îles Britanniques, cinq mille en France, trois mille au Danemark, etc., implique inéluctablement deux faits de civilisation :

1) Lorsque au lieu d'ensevelir les corps dans une tombe creusée dans le sol, on édifie, au prix d'énormes efforts, une lourde structure au-dessus du sol, c'est que l'on est poussé par une motivation à caractère religieux. On l'a précédemment signalé. Cette puissante motivation, c'est ce que certains appellent « idée mégalithique ». Elle répondait à un culte des morts, à une croyance en un au-delà, en certaines forces divines que représentent peut-être les menhirs. Bref, *il existe sur une très vaste zone, et pendant plusieurs centaines d'années, une philosophie et une religion largement communes.*

2) Pour construire menhirs et dolmens, il a fallu des techniques précises, à une époque où la roue était inconnue et où la traction animale n'existait pas. On a des preuves, çà et là, que certains blocs de plusieurs tonnes ont été déplacés de plusieurs kilomètres. Le grand menhir de Locmariaquer, en Bretagne, brisé aujourd'hui, atteignait vingt mètres de haut et pesait trois cent soixante tonnes. D'autres approchent de dix mètres et pèsent quarante à soixante tonnes. Et si, dans les champs de menhirs, on a affaire à des pierres plus petites, elles ont été groupées par centaines, voire par milliers, comme à Carnac dans le Morbihan. Ces constructions nécessitaient une population dense qui devait uti-

39

40

41

42

La civilisation des champs d'urnes. **40** *Détail d'un vase cultuel en métal doré d'Ezelsdorf (Franconie), vers 1300 avant J.-C. – les symboles de roues et de disques indiquent un culte du soleil.* **41** *Urnes funéraires, 1200-850 avant J.-C.* **42** *Tombe creusée du Néolithique en Irlande, vers 2000 avant J.-C.*

liser des cordes, des billes de bois, des coins de bois, tracer des rainures, tirer profit de pentes ou pratiquer le transport par eau comme à Stonehenge.

Vu l'extension géographique de ces mégalithes, il a bien fallu qu'existent une communication et une collaboration technique entre régions concernées, ce qui confirme la vague communauté religieuse. Pour avoir une idée de la main-d'œuvre nécessaire à de tels travaux, estimons qu'il faut mille hommes environ pour faire avancer d'un kilomètre par jour une dalle de cinquante tonnes.

3) A ces constructions religieuses frustes mais difficiles à réaliser, *ne correspond pas, à l'époque mégalithique, une architecture civile importante.* L'outillage voit apparaître des haches polies. Des ateliers spécialisés se constituent et par conséquent un commerce s'instaure. Nous voyons, par exemple, de 3200 environ à 2700, s'étendre sur l'Armorique, la Grande-Bretagne et le Sud la poterie dite de Chassay, en Saône-et-Loire, puis celle de Lagozza. Un peu plus tard, la civilisation dite Seine-Oise-Marne est caractérisée par la dispersion d'armes très aiguës en silex. Vers 2000, la culture dite des « gobelets campaniformes », gobelets en forme de cloches, connaît une certaine extension. Les hommes de l'époque des mégalithes vivent dans des villages rectangulaires, dans des maisons elles aussi rectangulaires, sauf en Grande-Bretagne où l'on trouve surtout des villages en cercles.

On peut imaginer de petits empires, voire l'esclavage. Mais même dans le monde mégalithique très dense de la Bretagne, la population n'est évaluée par les spécialistes qu'à un maximum de cent mille habitants : or la Bretagne est un peu plus grande que la Belgique.

Quels sont nos liens avec les hommes des mégalithes ? Ces hommes, mus par de fortes convictions religieuses, disposant de techniques sommaires, couvrent de lourdes pierres l'espace occidental de l'Europe, ignorant qu'au Moyen-Orient, leurs contemporains sont nettement plus avancés qu'eux, que les Égyptiens déplacent des pierres encore plus grosses, les taillent, les assemblent, les sculptent. Or, sur les mégalithes, l'art rupestre est vraiment médiocre, la peinture rupestre est oubliée depuis longtemps, alors que ces mêmes Égyptiens l'ont retrouvée, perfectionnée.

Lente disparition des dolmens. Les champs d'urnes. A partir de 2 000 - 1 850 av. J.-C., cette civilisation va brusquement disparaître. Aux tombes monumentales et aristocratiques vont succéder, venues de l'est, des « tombelles » individuelles, un peu plus tard des « champs d'urnes », chacune de ces urnes contenant les restes incinérés d'un être humain.
Nous conclurons avec l'historien allemand Karl-Ferdinand Werner : « L'unité de l'" idée mégalithique " est difficilement niable. Il ne s'agit ni d'un peuple, ni d'une civilisation qui aurait eu partout les mêmes caractères, mais bien d'une idée assez forte pour inciter les hommes d'il y a cinq mille ans, à des milliers de kilomètres de distance, à honorer leurs morts et certains aussi de leurs dieux d'une façon très semblable, sinon identique. Cela nous laisse rêveurs en ce qui concerne les communications qui s'étaient établies, même si leur expansion demeurait lente. »
Bien des auteurs, aujourd'hui, admettent *l'hypothèse que les hommes des mégalithes, qui vont peut-être devenir les préceltiques, Ligures, Ibères, etc., constituent la masse de nos ancêtres. Or, cette masse n'est pas un ensemble racial.* Dans les sépultures mégalithiques, on trouve des types raciaux différents à crâne bombé ou dolichocéphales et à crâne court ou brachycéphales, plus nombreux dans les massifs alpestres.

V. A la recherche des métaux : or, cuivre, bronze

On a vu les hommes du Paléolithique tailler d'admirables outils de silex, de quartz ou quartzite. Puis, on en est venu à des haches polies. Dans le domaine de l'art, on est parti à la recherche de pierres aux belles couleurs, plus ou moins aisées à tailler. Or les métaux peuvent servir aussi bien à la chasse, à la guerre qu'à la décoration. On ne sait pas très bien comment l'humanité a connu les métaux. L'homme s'est d'abord servi de l'or qui existe à l'état « natif », puis du cuivre qui est presque toujours combiné à d'autres corps. Il a utilisé ensuite le bronze et, ensuite encore, le fer dont il a sans doute eu connaissance par des météorites.

43

44

45

L'âge du bronze : **43** *Char culturel avec disque solaire et cheval (bronze et métal doré) provenant des marais de Trundholm, sur l'île Seeland, au Danemark - trace la plus ancienne de l'existence d'une roue à rayons dans le nord de l'Europe, vers 1400 avant J.-C.* **44** *Figurine de bronze du Danemark, vers 800-400 avant J.-C.* **45** *Épées de bronze, 1250-850 avant J.-C.*

Paléométallurgie. Aujourd'hui, la « paléométallurgie » est une science qui se propose, entre autres, de reconstituer la naissance de l'artisanat, puis de l'industrie métallurgique dans le monde. C'est elle qui nous confirme que l'or et le cuivre ont été les premiers métaux utilisés (le cuivre dès le deuxième millénaire av. J.-C., en Anatolie) et selon les mêmes méthodes. Ce qui a exigé de grands perfectionnements dans l'usage du feu pour parvenir à leur fusion, en particulier la découverte du charbon de bois et l'invention de soufflets perfectionnés.
Le bronze, alliage de cuivre et d'étain dont on s'aperçut vite qu'il fondait à plus basse température que le cuivre, qu'il pouvait donc être coulé plus facilement que le cuivre pur et dont la résistance mécanique était supérieure, apparaît entre 4000 et 3000, en même temps que les alliages d'argent et d'or. Cela se passe surtout en Égypte. Les Européens occidentaux ont reçu le cuivre puis le bronze. Remarquons avec Piggott : « Comme pour les débuts de l'agriculture, les origines de la métallurgie non ferreuse semblent se situer dans une région restreinte du Proche-Orient, non pas par manque de sources de matières

premières à l'extérieur de cette zone, mais à cause du tempérament traditionnellement créateur des sociétés susceptibles d'innover... Et de fait l'Égypte, qui développa très vite une industrie perfectionnée pour la métallurgie du cuivre... manqua toujours de ressources en produits de base, à l'exception du désert du Sinaï. La Mésopotamie elle aussi doit importer son minerai. Notre métallurgie aurait aussi bien pu commencer en Irlande ou en Ibérie, si ce n'est que la paysannerie de ces régions manquait de précocité sur le plan technologique. »

Le bronze en Europe centrale puis occidentale. L'Europe centrale va prendre le premier rang dans la métallurgie du bronze vers 1500 av. J.-C. grâce à l'existence simultanée, dans l'actuelle Tchécoslovaquie de mines de cuivre et de mines d'étain. Les invasions complexes qui se produisent alors n'y sont pas étrangères. Elles introduisent en Europe du Sud, Espagne, Portugal, Italie, Sardaigne, Sicile, sud de la France, les « hommes des haches de bataille », peut-être originaires de la Russie du Sud (vers 1800 av. J.-C.). Eux-mêmes et d'autres envahisseurs, les proto-Celtes, les proto-Latins, les proto-Germains sont des Européens. La fabrication du bronze s'étend peu à peu : c'est qu'il y a des mines d'étain surtout en Cornouailles mais aussi, en plus petits gisements, sur les côtes atlantiques de la France, du Cotentin à la Gironde.
On fabrique : 1) de part et d'autre de la Manche; 2) en Irlande; 3) grâce aux mines

Céramique de Chypre : **46** *Plats de marbre, cruche à bec et idole, 2700-2500 avant J.-C.* **47** *Idole féminine, 1400-1200 avant J.-C.*

46

47

48

de cuivre des Alpes, en Pologne, Allemagne du Sud, en Bavière et en Alsace, dans le Jura et la Suisse méridionale, dans la vallée du Rhône; 4) dans une zone dépourvue de minerai : le sud de la Scandinavie et l'Allemagne du Nord, enrichies par le commerce de l'ambre et ainsi susceptibles d'acheter des minerais ; 5) la culture de l'Argde (ancien nom d'Almera), influencée par la Méditerranée orientale.

A l'âge du bronze. Le grand commerce. Donc il existe des routes – au moins des pistes – un commerce fortement organisé d'armes, de poteries, d'objets d'art, car l'art, presque entièrement disparu au Néolithique (en tout cas pour la peinture), réapparaît vigoureusement partout. Au commerce de proche en proche se superpose un très lointain négoce. Bientôt apparaissent à l'Est les « peuples de la mer » et les ancêtres des Grecs. On voit naviguer des pirogues taillées dans un seul tronc (bateau du pont d'Ancenis), des bateaux à lattes de bois (North Ferriby, Yorkshire), des barques à armature de bois recouvertes de cuir (Écosse, pays de Galles). On suit les rivières mais certains bateaux sont assez solides pour affronter l'Atlantique et la voile fait alors son apparition. Les lourds vaisseaux vénètes de la guerre des Gaules en dérivent certainement. Sur terre, les transports se faisaient à cheval et par chariot.

Les métallurgistes. Donnons une idée de la production des métallurgistes d'alors. Pour prendre l'exemple de la seule Armorique, on y a trouvé 23 700 haches de bronze à douille. Admettons qu'il y en ait eu trois fois plus, soit 75 000, chacune représentant 200 g, le total atteint 15t de bronze travaillées en un millénaire.

L'habitat. On connaît mal l'habitat, au voisinage sans doute des tumuli: camps circulaires, enclos, grandes cabanes rectangulaires, probablement de rondins et de branchages, couvertes de paille. On connaît quelques camps fortifiés. Curieuse conséquence du culte des morts avec les champs d'urnes : on ignore presque tout du caractère anthropologique des hommes de l'âge du bronze puisqu'on n'en trouve que les cendres.

Chasse et cueillette. Elles continuent à fournir une bonne part de la nourriture : l'homme utilise à cet effet des pièges, des poignards et des pointes de lances, des arcs et des flèches, des trappes, des lacets, des filets qu'on a retrouvés en grand nombre dans les lacs suisses. On chasse les bovidés sauvages, le cerf et le sanglier. On pêche avec des hameçons de bronze, qui abondent également dans les lacs suisses. On ramasse les fruits de mer.

Agriculture. L'agriculture, décelable grâce à la « palynologie », science des pollens, est bien sommaire avant l'arrivée des Celtes. On pratique le défrichage par le feu. Les principales céréales sont le blé et l'orge et on a trouvé des « meulons » à broyer le grain. On cultive le lin, on élève

49

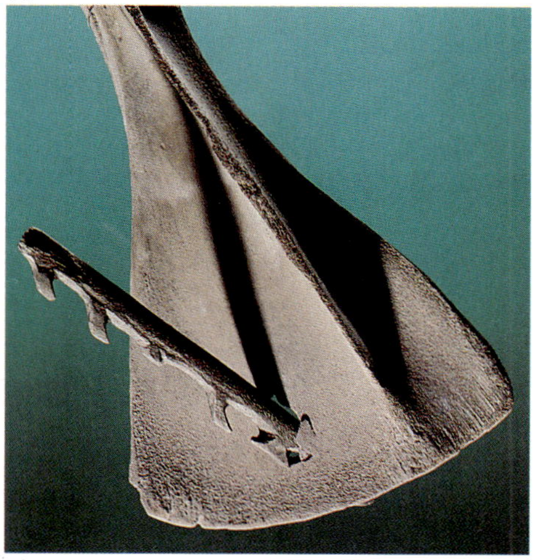

50

Colonies du néolithique tardif. **48** *Bories, près de Gordes, en Provence – les bergers les utilisaient encore il n'y a pas longtemps comme abris pour leurs troupeaux.* **49** *Constructions sur pilotis reconstituées, sur le lac de Constance.*
La chasse à l'âge de bronze. **50** *Harpon en omoplate de renne.* **51** *Dessin gravé dans une roche à Bohuslän, en Suède, 1500 avant J.-C.*

51

de petits chevaux, des cochons à moitié sauvages, des moutons, des chèvres.

Artisanat. Les artisans étaient des fondeurs, charpentiers, menuisiers, bourreliers, tisseurs de lin. A la fin du bronze apparaissent les marais salants et la fabrication de sel marin.

Les guerriers et la relative égalité. Audessus des autres groupes, les *guerriers,* comme partout, ont dû jouer un rôle essentiel. Pourtant, semble-t-il, dans ces sociétés du bronze, leurs funérailles ne donnent pas l'occasion de construire de grands monuments (sauf à l'époque du bronze ancien). « La société [...] demeurait très communautaire au Bronze final ; le soldat n'était qu'un rouage de même valeur que le prospecteur, le forgeron, le potier, le pasteur ou le laboureur. Dans ce monde de commerce et d'échanges, seul le marchand pouvant accumuler trésors et bronzes [...] devait trancher au-dessus de la communauté. »

3 La grande époque des Celtes

I. La grande famille des Indo-Européens

Du VIIIe au Ier siècle av. J.-C., une vaste partie de l'Europe occidentale est dominée par un ensemble de peuples qu'on appelle globalement les Celtes. La carte ci-dessous les montre à leur apogée.

Du Ier siècle av. J.-C. au IVe siècle ap. J.-C., un autre peuple se substituera à eux comme dominateurs de notre région, les Italiotes, par l'intermédiaire de la conquête romaine. A partir du IVe siècle ap. J.-C., un troisième groupe de peuples, les Germains, fera exploser en quelque sorte l'Empire romain d'Occident.

Nous, Européens du XXe siècle, sommes d'abord le produit des influences successives, civilisation des mégalithes, civilisation des Celtes, civilisation latine qui diffuse l'admirable civilisation grecque, civilisation germanique, beaucoup plus tard civilisations slaves. Celles-ci constituent notre substance même, moins sur le plan racial qui est très secondaire que sur le plan de la langue et de la civilisation.

De nos ancêtres des mégalithes, nous ne connaissons même pas le nom. Tout au plus, peut-on dire qu'ils coïncident avec ces peuples qu'on appelait les Ligures au nord et les Ibères au sud. Des Celtes, nous connaissons le nom par l'histoire. Le grand historien grec, Hécatée de Milet, au début du Ve siècle av J.-C., note l'existence, à côté de la Ligurie, d'une zone qu'il appelle la Celtique.

Le phénomène indo-européen. L'expansion celte s'inscrit de façon relativement tardive au sein d'un phénomène beaucoup plus ample : celui de la différenciation d'une vaste famille linguistique, les Indo-Européens ou Aryens.

L'hypothèse la plus communément admise de nos jours – on l'a vu – est qu'ils sont originaires du sud de l'Asie centrale ou de l'Iran, qu'ils avaient une langue à peu près commune mais qu'au fur et à mesure de leurs départs séparés vers d'autres lieux, ces langues se sont fortement différenciées, quelques racines seules étant communes à toutes (voir le tableau concernant les exemples « mère », « trois »), d'autres racines se retrouvant chez certains groupes de langues et non chez d'autres.

Le schéma ci-dessous indique les grandes familles de langues aryennes. Il permet de voir comment se situent les langues de l'Europe occidentale (zone grisée).

Quant aux courants d'expansion, ils sont d'une part très complexes, car les peuples celtiques sont divisés en nombreuses tribus, rarement immobiles, d'autre part très lents, ce qui explique la diversification. Les mouvements vont durer du XVe siècle av. J.-C. au XIe siècle ap. J.-C. Enfin, il faut croire qu'ils sont massifs lorsque les nouveaux arrivants finissent par imposer leur langue aux populations indigènes.

Aryas, Hittites et peuples de la mer. Parmi les grands courants indo-européens, hors d'Europe, il faut mentionner les *Aryas* et, bien avant eux, les *Hittites* dont la très nette supériorité provient de l'écriture hiéroglyphique et cunéiforme.

Puis voici une autre branche, destinée à un magnifique avenir culturel : à partir de 1230 av. J.-C. environ, l'Empire égyptien, alors en tête de la civilisation, commence à subir les attaques de « peuples de la mer » venus du nord. Depuis la fin du IIIe millénaire, se sont en effet installés à l'ouest de l'Asie Mineure, en Grèce, en Crète, en Italie du Sud, des peuplades dites « égéennes », ancêtres des Grecs, avec leurs vagues successives d'Achéens, de Doriens, de Phrygiens, de Mycéniens, etc.

Lorsque, du VIe au IVe siècle av. J.-C. les Grecs seront devenus le centre le plus étincelant de la civilisation mondiale, les Celtes auront, eux aussi, leur apogée, plus humble certes, mais d'un intérêt essentiel pour nous. Car, si la Grèce est l'une de nos sources intellectuelles, pour nous Euro-

52 *Aurige celte. Détail d'un bas-relief en bronze de la période hallstattienne, basse Autriche, 400 avant J.-C.*

		VIIIe siècle av. J.-C.	*VIIe siècle av. J.-C.*	*VIe siècle av. J.-C.*
Bretagne	**MONDE CELTE** **Bronze ou chalcolithique en Europe Occidentale** **DÉBUTS DE LA CIVILISATION DE HALLSTADT**	Arrivée des Goïdels en Irlande, des Brittones en Grande-Bretagne		
Péninsule Ibérique			Celtes en Espagne **654** Fondation d'Ebyzos (Ibiza)	Navigateurs grecs sur les côtes d'Espagne
Gaule Transalpine			vers **620** Fondation de Massalia par les Grecs	
Gaule Cisalpine				
Étrusques	**ITALIE**	Arrivée des Ombriens et Italiotes Étrusques en Italie centrale		Guerres étrusques contre Romains et colons grecs
Rome		**753** Date légendaire de la fondation de Rome alors sous domination étrusque		**509** Rome se libère des Étrusques
« Grande Grèce »		Colonisation de l'Italie du Sud et de la Sicile (« Grande Grèce »)		**535** Bataille navale d'**Alalia** (défaite grecque). Luttes entre Carthage et Grecs de Sicile Les Carthaginois franchissent le Détroit Périples d'Hannon (Afrique) et Himilcon (Iles Cassitéridas)
Carthage	**MÉDITERRANÉE ORIENTALE** **Peuples de la mer et ancêtres des Grecs**			
Macédoine et Grèce		**776** Début des Olympiades ; colonisation en Italie du Sud et Sicile		**510** Chute de la tyrannie athénienne
Orient			**612** Babyloniens et Mèdes prennent Ninive	**586** Nabuchodonosor prend Jérusalem **559** Conquêtes perses (Cyrus)

DÉBUTS DE LA CIVILISATION DE LA TÈNE

Ve siècle av. J.-C.	*IVe siècle av. J.-C.*	*IIIe siècle av. J.-C.*	*IIe siècle av. J.-C.*	*Ier siècle av. J.-C.*
				2 expéditions de César en Bretagne
Les Carthaginois dominent la côte Sud de l'Espagne (Cadiz) Conquête du S.-E. de la péninsule		**237** Hamilcar Barca débarque à Cadix, conquiert le S.-E. de l'Espagne la Sierra Morena Hasdrubal fonde Carthagène **218** Hasdrubal attaque Sagonte et va jusqu'au Sud de l'Italie	Conquête de l'Espagne (sauf centres de résistance) Les Romains débarquent à **Ampurias** **144-133** Dernière guerre *celtibère* (Numance 133. Résistance des *Lusitaniens)*	**80-71** Pacification des Pyrénées. La Défaite de Sertorius par Pompée **27-19** Soumission du Nord de la Péninsule ibérique.
	332-312 Voyage du massaliote Pythéas		**125-118** Conquête de la Gaule narbonnaise	**58-51** César conquiert la Gaule "chevelue"
Pénétration des Celtes dans la plaine du Pô (Gaule cisalpine)		**229-218** Gaulois vaincus Rome prend la plaine du Pô	**113-101** Invasion puis défaite des Cimbres et des Teutons	
		241-224 Rome conquiert l'Étrurie.		
	390 Prise de Rome par les Gaulois. **343-291** Conquête de l'Apennin et de la Campanie	**241** Fin de la 1re guerre punique. Conquête Sicile, Sardaigne, Corse. Conquête Étrurie Conquête Plaine du Pô **218-201** 2e guerre punique Conquête de l'Espagne	**172-146** Reconquête de la Gaule cisalpine **146** Conquête de la Grèce **125-118** Annexion de la Gaule narbonnaise Début de la pénétration en Asie	**98-88** Guerre sociale. Rome contre les Italiens. En 88 ils reçoivent le droit de cité.
	348 Traité Rome-Carthage	**241** Fin de la 1re guerre punique **218-201** 2e guerre punique **201** Hannibal vaincu à Zama par Scipion	**149-146** 3e guerre punique Carthage détruite **107** Guerre contre Jugurtha en Afrique	
490 Début des guerres médiques (**489** Marathon - **481** Salamine) **431-404** Guerre du Péloponnèse. Défaite d'Athènes.	**359-336** Philippe de Macédoine **336-323** Alexandre	Les "diadoques" successeurs d'Alexandre	**146** Rome conquiert la Grèce	
		298 Gaulois en Bulgarie puis en Macédoine et Grèce. - **278** Sac de Delphes. Conquête de l'Orient Mercenaires gaulois en Égypte et chez les Séleucides et les Lagides	**129** Les Parthes vainquent les Séleucides **129** Provinces d'Asie (héritage d'Attale, roi de Pergame)	**67-63** Victoires de Pompée en Orient

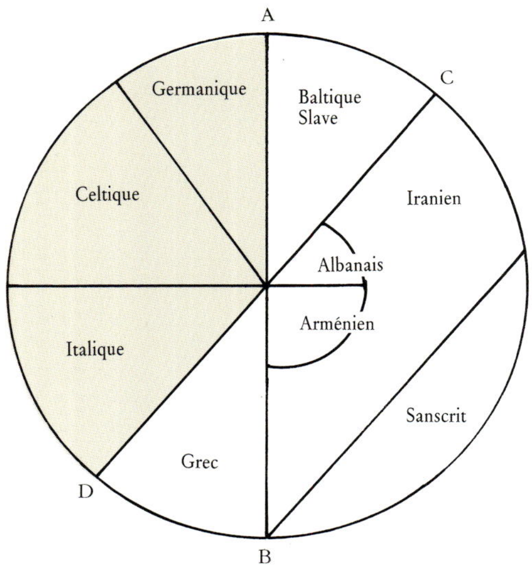

☐ *Langues où 100 se dit* Centum ☐ *Langues où 100 se dit* Satem

(D'après Meillet, Dialectes européens, p. 100. Cité par Henri Hubert, Les Celtes et l'expansion celtique, t.I, p. 65).

— La ligne AD distingue à droite les langues où le chiffre cent dérive de satem *et à gauche celles où il s'apparente à* centum.

— La ligne CD sépare deux groupes de langues marquées par de plus grandes parentés.

LE MOT FRANÇAIS MÈRE

Sanscrit	Grec	Latin	Arménien	Tokharien	Vieil Irlandais	Gaulois	Allemand	Anglais	Italien	Espagnol
matār	μήτηρ	mater	mayr	māсar mādhar	mōder	matres matrebo	mutter	mother	madre	madre

LE MOT FRANÇAIS TROIS

Sanscrit	Grec	Latin	Arménien	Tokharien	Vieil Irlandais	Gaulois	Allemand	Anglais	Italien	Espagnol
tri	τρεις	tres	yerek		tri	tri	drei	three	tre	tres

péens communautaires les Celtes sont nos ancêtres presque partout.

II. L'âge du bronze et les premiers Celtes

Les tombes nouvelles. Nous avons déjà évoqué, avant les mégalithes, des tombes individuelles à squelettes repliés, puis les mégalithes et notamment les dolmens avec galgals et tumuli, de 3 600 à 2 000 environ. Au début du bronze, les tombelles individuelles enterrées font leur apparition. Et, avec les premiers proto-Celtes, les tumuli réapparaissent. Des tertres plus petits en général que les galgals des mégalithes recouvrent des tombes individuelles cette fois enterrées.

L'incinération et les champs d'urnes. A la fin du bronze, une véritable révolution s'opère dans le mode d'ensevelissement des morts. A l'inhumation, on voit, à partir de 1 250 av. J.-C., se substituer l'incinération. Elle existait dans l'actuelle Hongrie bien avant cette date. C'est ce qu'on a appelé la « civilisation des champs d'urnes », dont il a déjà été question.

Ces urnes sont groupées en cimetières, sur des terrains plats. On les trouve en Europe centrale, en Allemagne du Sud, dans la France de l'Est, du Centre et du Midi, particulièrement nombreuses en Bour-

54

Les « peuples de la mer » , ancêtres des Grecs
53 *Départ de la flotte, peinture d'une villa de Santorin, l'antique Théra, vers 1300 avant J.-C.*

54 *A partir de 500 avant J.-C., des tribus celtes s'installèrent dans la plaine du Pô : bas-relief en terre cuite, Civita Alba (Italie), 200 av. J.-C.*

gogne et en Champagne. Cette civilisation, relativement égalitaire dans la mort, « est une culture de paysans attachés au sol, sans grande ouverture sur le monde extérieur », comme la définit Hatt.
Or, cette arrivée des hommes des « champs d'urnes » atteint l'Italie du Nord au XIe siècle av. J.-C., la Gaule au IXe siècle, le sud de la France au VIIIe siècle et l'Espagne peu après. Ce qui constitue un retard considérable par rapport à la Grande-Bretagne où la crémation paraît avoir existé dès 2 000 comme une solution de rechange à d'autres traitements des morts, et où l'influence de l'Europe centrale ne semble guère s'être exercée.
Les proto-Celtes garderont longtemps, jusqu'au Ve siècle av. J.-C., sauf pour leurs chefs, ce système de sépulture plus accessible que les coûteux dolmens. Il y a là *comme une démocratisation de la mort.*
Par ailleurs, tandis que la civilisation des mégalithes, bien qu'elle eût connu la navigation, avait ignoré les brillantes civilisations, techniquement très supérieures, de l'Égypte et de la Mésopotamie, tout à fait contemporaines, voici qu'au IIe millénaire, la porte s'ouvre sur l'Orient.

III. La découverte du fer

Les Hittites et le fer. La technique du fer est plus complexe que celle du cuivre et du bronze. Le seul avantage est que les gisements de minerai de fer sont beaucoup plus abondants.
C'est probablement au XVe siècle av. J.-C. que les Hittites commencèrent à produire du fer en quantités appréciables. Dans les siècles qui suivent, la fabrication du fer s'étend vers l'ouest. Elle atteint la Grèce et la Crète vers le IXe siècle av. J.-C. En Europe continentale, elle apparaît avec la civilisation des champs d'urnes, donc avec les proto-Celtes : de même en Italie du Sud.
Mais c'est seulement au VIIe siècle qu'elle se développe à une grande échelle en Europe centrale avec la fabrication de longues épées. La méthode alors utilisée ne changera guère à l'époque des Romains, sauf en Scandinavie, et il faut attendre le Moyen-Age pour que des progrès substantiels soient réalisés, sous l'influence de l'Inde et de Damas, où apparaît vraiment la production non plus du fer mais de l'acier.

Les avantages du fer. Ce qui importe, c'est moins la victoire de l'épée de fer contre le bouclier de bronze que la fabrication d'outils qui vont transformer les possibilités de la construction navale et de

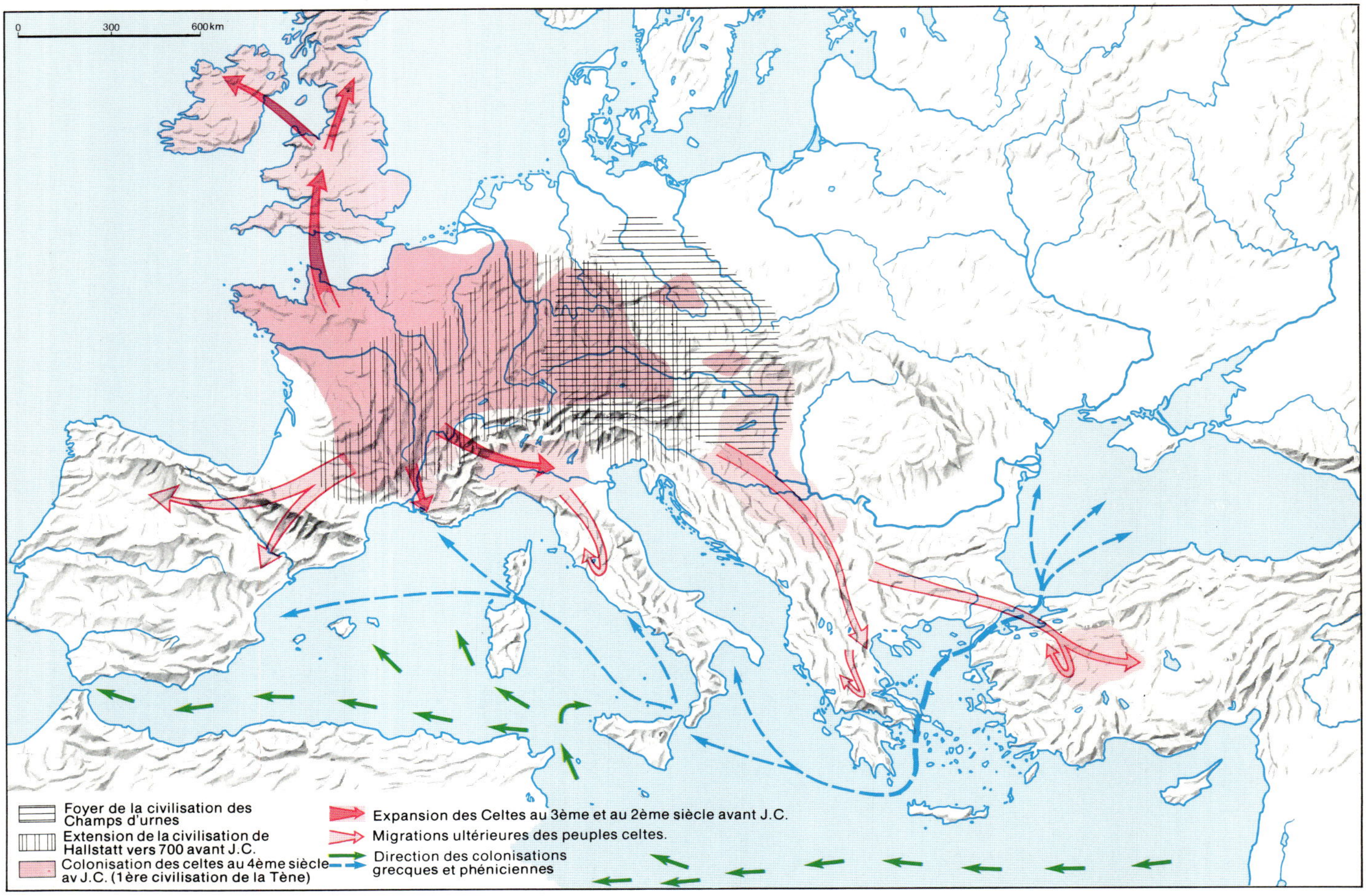

Carte 5 : *La civilisation celte.* **55** *Industrie celte de la période hallstattienne : hotte provenant d'une mine en Autriche.*

55

l'agriculture. Tandis qu'en zone méditerranéenne, on va continuer de labourer les champs peu profondément avec des araires à soc de bois, on adopte dans les grands et riches plateaux et plaines du Nord la charrue à soc de fer et à roues, qui laboure mieux mais se retourne moins aisément, ce qui explique le dessin des champs « ouverts et allongés » de l'*open-field* caractéristique du nord de la Loire, de la Belgique, du sud de l'Angleterre, d'une large partie de l'Allemagne, à moins que ceux-ci ne datent que du XIe siècle, quand apparut la charrue à deux socs.

Les archéologues ont divisé cet âge de fer, qui, pour notre zone, coïncide avec le triomphe des Celtes, en deux grandes phases :

1) du VIIe siècle à environ 500-450 av. J.-C., le premier âge du fer ou âge de Hallstatt, du nom d'une bourgade autrichienne,

2) de 450 av. J.-C. à la conquête de la Gaule par les Romains, environ 50 av. J.-C., le deuxième âge du fer ou âge de la Tène, du nom d'une bourgade suisse.

Ce sont, l'une et l'autre, des périodes d'une importance considérable pour l'histoire de l'Europe occidentale.

IV. Le premier âge du fer–Hallstatt ou l'éveil de l'Occident

S'il fallait donner un nom à la période qui va du VIIIe au Ve siècle avant notre ère, nous l'appellerions volontiers « l'éveil de l'Occident ». Cette époque est, pour l'évolution de la civilisation gauloise, absolument capitale. « En effet, les Celtes d'une part entrent alors dans l'histoire, et d'autre part se créent une forme d'art, une civilisation qui leur est propre », écrit Jean-Jacques Hatt. Cette civilisation est alors très hétérogène et elle est due à l'irruption de multiples influences étrangères et de multiples variétés régionales.

Les invasions des Celtes. D'Europe centrale, les Celtes sont poussés vers l'ouest par une invasion de cavaliers venus du sud de la Russie. Sous l'influence de ceux-ci, les Celtes adoptent un nouvel harnachement des chevaux et le char de combat léger à deux roues. Bien plus, ils apportent le fer et possèdent de longues épées

56

59

57

58

La civilisation hallstattienne : **56** *Scène de banquet, bas-relief en bronze de Slovénie, vers 600 avant J.-C.* **57** *Miroir en bronze richement orné, Desborough, Grande-Bretagne* **58** *Figurine de porteur d'un gisant en bronze provenant de la sépulture du prince celte d'Eberdingen-Hochdorf, à Ludwigsburg, Baden-Wurtemberg. La sépulture fut construite entre 550 et 500 avant J.-C.* **59** *Reconstitution du char à quatre roues avec caisse et timon de la chambre funéraire du prince celte d'Eberdingen-Hochdorf. Le char était revêtu de pièces métalliques ornées.*

de ce métal particulièrement adaptées pour la guerre de cavalerie.

Italie du Nord. L'invasion va durer jusqu'au ve siècle. Elle présente une allure désordonnée faite d'avancées dans toutes les directions. La civilisation celtique de Hallstatt s'étend vers la Tchécoslovaquie à l'est, vers l'Allemagne au nord, vers la France et notamment vers la vallée du Rhône et l'Aquitaine, vers toute la moitié nord de l'Espagne. Aux environs de 500 av. J.–C., un flot d'immigrants celtiques traversent les Alpes vers l'est et s'installent dans la plaine du Pô, dans la Gaule dite cisalpine. Ils prennent Rome en 390 av. J.–C.
Certains d'entre eux passent en Grèce où ils pillent Delphes au passage et en Anatolie où on les appelle les Galates, nom apparenté à une de leurs branches, les Gaulois.

Iles Britanniques. Certaines branches s'étendent vers le nord-ouest et notamment vers les îles Britanniques. Deux voyages se succèdent Le premier est celui des Goidels qui vont jusqu'à l'Irlande et s'y installent durablement. Ils se mêlent à la population indigène et lui imposent leur langue celtique. Le deuxième voyage est celui des Brittones (d'où *British, Britain,* Bretagne) qui envahissent la Grande-Bretagne dont le nom préceltique était Albion, mot indo-européen se rattachant au latin *albus* (blanc). Les Bretons utilisent le fer à partir du milieu du VIe siècle av. J.-C.

Rareté des Celtes en Europe du Nord. On notera que les Celtes n'ont point atteint ou très peu l'actuel Danemark, les régions septentrionales de l'Allemagne et la Scandinavie du Nord. Là, est en train de se développer lentement une autre grande famille d'Indo-Européens, les Germains.
On notera aussi qu'au sud de la plaine du Pô et au-delà de l'Apennin, les Celtes, malgré diverses incursions tardives, se heurtent aux Etrusques, population venue, semble-t-il, du nord-est, aux Italiotes et aux Grecs qui s'installent alors en Italie du Sud et en Sicile.

Les tombes à chars. Alors que vers 900 av. J.-C. les cimetières étaient encore totalement constitués de champs d'urnes, on voit apparaître entre 800 et 750 av. J.-C., c'est-à-dire avec les débuts de Hallstatt, une nouvelle pratique mortuaire : les tumuli et fossés circulaires. Ces fossés ne sont « que des fosses à sacrifices, destinées à permettre une communication entre les hommes et les puissances souterraines, protectrices des morts et dispensatrices de richesses ». Ces tombes, d'abord peu garnies de mobilier, vont s'enrichir à la fin du VIIIe siècle.
On peut alors parler de « tombes de chevaliers ». Les morts qu'on a découverts étaient ensevelis avec des pièces de harnachement, des mors de chevaux et les exemples les plus anciens de telles inhumations se situent en Bavière et en Hon-

grie, mais n'oublions pas non plus les découvertes de Court-Saint-André en Belgique, de Sesto Labule en Italie du Nord, de Mailhac dans le Languedoc et de Vix-les-Joyeuses en Bourgogne. Les contacts existant alors entre Bourgogne et Flandres annoncent et expliquent peut-être la Grande Bourgogne du XVe siècle ap. J.-C.
Avec les armes et les harnachements apparaissent les chars. D'abord les gros chars à quatre roues, puis, plus légers, sous influence étrusque et illyrienne, des chars à deux roues que les Hittites et les Égyptiens utilisaient mille ans auparavant. Ce qui veut dire qu'une classe nouvelle, celle des chevaliers, côtoie la masse paysanne et les commerçants. A l'époque de la Tène, s'ajouteront aux richesses funéraires de merveilleux bijoux d'or, d'argent et de bronze, comme on le verra par la suite.

La naissance du grand commerce. Dès la fin du VIIIe siècle av. J.-C. quantité de découvertes récentes l'attestent, arrivent, en plein continent, des objets fabriqués dans les régions méditerranéennes, principalement en Étrurie, en Italie du Nord, en Grèce. Patiemment, les archéologues reconstituent les axes de ce commerce qui suppose sur le continent un tracé de routes, en tout cas de pistes, et par mer la création de multiples comptoirs, entrepôts.

Routes continentales. Sur le continent, on distingue plusieurs grandes voies principales. L'une part du Languedoc, puis, à partir du VIe siècle, de Marseille, alors appelée Massalia. Elle remonte la vallée du Rhône, de la Saône, bifurque d'un côté vers l'Europe du Nord et vers la Grande-Bretagne, de l'autre vers l'Armorique. La deuxième grande route rejoint la Suisse, par les cols des Alpes, puis l'Alsace.
Une autre est celle du Danube. Des Balkans, en suivant le fleuve, on la remonte jusqu'au seuil aboutissant à la vallée du Rhin où elle rejoint les autres itinéraires.

Routes maritimes et peuples de l'alphabet. Les routes maritimes sont plus intéressantes encore. Trois peuples marins se disputent les côtes occidentales de la Méditerranée, voire celles de l'Atlantique. Ce sont, de manière successive ou simultanée, les Phéniciens, puis leur colonie de Carthage, les Grecs et les Étrusques.
Outre le perfectionnement de leurs navires, ces trois peuples possèdent alors une admirable richesse : l'alphabet, inventé par les Phéniciens.
Cet alphabet, on le voit utilisé pour la première fois sur un sarcophage datant du XIIIe siècle av. J.-C.

60 *Bateau celte d'Irlande, pour la haute mer.*

Les alphabets grec, étrusque, latin, plus tard cyrillique, en dérivent.
Ces peuples instruits n'avaient pas inventé la grande circumnavigation. Les hommes des mégalithes naviguaient, comme nous l'avons vu, notamment entre la Grande-Bretagne et l'Armorique, entre l'Armorique et le nord de l'Espagne. Au début du bronze, il y eut même une sorte de paroxysme du commerce naval, comme en témoigne l'extraordinaire dispersion de ce qu'on appelle les « cratères en forme de cloches » ou « campaniformes » ou encore, selon les Anglais, *bell-beaker civilization*. Avec l'âge du fer, la navigation prend une importance considérable.

1° Phéniciens, Grecs puis Étrusques mais ceux-ci de façon plus limitée et dans la seule Méditerranée créent des comptoirs.
2° A partir de ces comptoirs, on se lance vers l'intérieur par route et vers l'Atlantique par mer.

Ce sera le cas du Carthaginois Himilcon, puis du grec massaliote Pythéas qui, entre 332 et 312, fait un vaste périple en mer du Nord.
Quant à la nature du commerce, on voit que les Européens occidentaux ont importé de la poterie, des bijoux, des armes, des boucliers, des fibules mais aussi du sel et fait important des amphores de vin. L'arrivée du vin et bientôt la culture de la vigne vont devenir l'un des grands traits de la civilisation occidentale. Détail intéressant : les Celtes inventèrent les tonneaux de bois cerclés de fer, beaucoup plus pratiques que les amphores méditerranéennes.
Que pouvaient exporter les Occidentaux ? Essentiellement de l'ambre, provenant en majeure partie de la Baltique, très appréciées en bijouterie antique, du cuivre et de l'étain. Ils devaient également vendre des esclaves, préfiguration de la traite des Africains à l'époque moderne.

V. Le deuxième âge du fer : la brillante civilisation de la Tène

Entre 500 et 450 av. J.-C. apparaît au sein du monde celtique « plus au nord, entre Meuse et Main-Neckar, une civilisation très originale, très nouvelle, très personnelle, qui entretient des relations avec l'Est euroasiatique et le monde méditerranéen, tout en étant parfaitement autonome. Cette civilisation conquérante deviendra celle de la Tène », pour citer une fois de plus J.J.-Hatt.

L'originalité de l'âge de la Tène. La liaison avec Hallstatt est évidente : aristocratie foncière, tombes à chars, paysannerie aisée, artisanat habile. Mais tout y devient plus brillant et plus riche. L'aristocratie est plus nombreuse, dans les tombes on trouve des chars à deux roues mais aussi des objets parfois somptueux. Les paysans paraissent plus aisés : ils utilisent la charrue à roue et non plus l'araire. On cultive des prairies pour l'élevage, avec des faux de fer. Ainsi, on pratique un « élevage plus rationnel grâce aux réserves de foin », comme le fait remarquer J.-J. Hatt.
Richesse et explosion démographique s'accompagnent de défrichages étendus.
Dans le domaine de l'art, on remarque que les objets étrusques pullulent mais qu'un art tout à fait indépendant et également splendide prend naissance. C'est alors que se produisent les invasions de l'Italie du Nord. Toute une partie du monde celtique comprise entre l'Océan, la Manche, le Rhin, les Alpes, la Méditerranée et les Pyrénées prend le nom inventé par les Romains de *Gaule*. Au-delà des Alpes, c'est la Gaule cisalpine des Romains, précédemment mentionnée.
C'est également à partir du IVe siècle que se développe un mouvement d'urbanisation.
Finalement, alors que les Celtes de Hallstatt se présentaient comme des groupes régionaux morcelés, Hatt souligne que « la civilisation de la Tène est dès son origine, homogène, nationale, conquérante ».
Ne nous attardons pas sur la classification chronologique de l'âge de la Tène et, selon notre point de vue européen, tentons de rechercher tout ce qu'il y a de global.

Villes et campagnes. Les Celtes ont déjà de petites villes. Il en est de deux sortes.

61 *Reconstitution d'une maison de l'époque de la Tène, Roggendorf, basse Autriche : foyer, chaudron et ustensiles de cuisine.*

61

62

64

63

65

A l'intérieur, ce sont des forteresses qui se ressemblent énormément de la Bohême à l'Armorique. Près de la côte méditerranéenne, on voit se développer de vraies villes gréco-romaines, dont un bel exemple est Glanum, à côté de Saint-Rémy-de-Provence.

Les maisons, presque toujours en bois, sont généralement rectangulaires, sauf en Grande-Bretagne où la forme circulaire est toujours restée dominante.

Un peuple de paysans. Les Celtes ont été principalement des *paysans*. L'agriculture a nettement progressé depuis les hommes des mégalithes. Les Celtes possèdent la faucille mais inventent une espèce de moissonneuse à lames de fer dont Pline l'Ancien, au Ier siècle ap. J.-C., nous a laissé une description.

Ils créent, nous l'avons vu, la charrue à roue à l'origine de la structure agraire en champs ouverts. Mais le bocage existe aussi, avec habitat plus dispersé et parcelles entourées soit de murs de pierre sèche, soit de haies végétales, soit de vastes talus surmontés d'arbres et d'arbustes.

L'Irlande, les Cornouailles, le pays de Galles, toute la France de l'Ouest, en règle générale tous les pays où l'élevage bovin l'emporte sur l'agriculture, possèdent cette structure de bocage.

Une autre preuve de cette prédominance agricole réside dans le nombre de mots celtiques qui, dans une langue latine comme le français, ont été directement adoptés du celtique : charrue, soc, morne, glaise, lande, breuil, bruyère, javelle, gla-

Époque de la Tène : **62** *Parures en or et ambre jaune, 500 avant J.-C.* **63** *Cruches et vases en argile, 450-250 avant J.-C.* **64** *Casque doré, 400 avant J.-C.* **65** *Statuette de cheval à tête d'homme, 440 avant J.-C.*

ner, arpent, chemin et finalement le mot agricole par excellence, blé, qui vient du celtique *bladum*. Les autres langues européennes possèdent également des mots d'origine celtique mais en moins grand nombre.
Les Celtes sont un vaste groupe de peuples apparentés mais pourtant différents les uns des autres et dont la religion apparaît comme une branche originale d'une vaste famille de religions indo-européennes.
Ils connaissent l'écriture, mais ne semblent pas avoir eu de *littérature écrite*. Socialement, ils ont été ainsi répartis : d'abord une classe de *guerriers* et au-dessus d'eux, les « chevaliers » aux tombes glorieuses. Il y a eu aussi les marchands aux horizons professionnellement plus larges. Près d'eux des prêtres, les druides, peut-être aussi poètes *literati* et guérisseurs.
L'esclavage n'existait guère sauf par la vente des esclaves aux gens riches du Sud méditerranéen. *Peut-être les druides introduisaient-ils une certaine douceur dans une civilisation brutale de guerriers.* Et pourtant, on sait par les sources littéraires postérieures qu'il y avait des sacrifices humains.

Les dieux gaulois. On ne connaît vraiment les dieux gaulois qu'après la conquête romaine.
Le panthéon gaulois va alors être assimilé progressivement, mais artificiellement, au panthéon romain. On perçoit l'existence d'une déesse-mère, de dieux d'outre-tombe et, au-dessus la triade formée par Esus, Teutatès, Taunis, peut-être même un dieu suprême qui pourra devenir un dieu unique.

VI. L'« horizon » des Celtes

Vision du monde : pas de nation celte ni gauloise. Il serait absolument anachronique de croire qu'à travers leur diversité, les Celtes sentaient si peu que ce soit une solidarité celtique. Leur bloc principal, à partir de la Tène, à savoir les Gaulois, n'avait pas davantage cette solidarité nationale avant la lettre.
Que se produisit-il lorsque le roi arverne Vercingétorix entreprit la lutte contre Jules César ? Il existait sans aucun doute une profonde xénophobie, une haine de la domination par l'étranger mais il n'existait vraisemblablement pas de « patrie » gauloise : il y avait alors des peuplades dont certaines essayaient de dominer les autres. Ce fut le cas de celle des Arvernes.
La coalition que réunit Vercingétorix comprend dans l'ensemble tous les peuples de l'Atlantique et du centre de la Gaule, entre

66 *La religion des Celtes : maquette d'un char cultuel de l'époque hallstattienne découvert à Merida, en Espagne.*

66

67

68

la Seine et la Garonne. Elle s'agrandit après la victoire de Vercingétorix à Gergovie. Il est hors de doute que cette coalition devant le danger n'aurait pas tenu en cas de victoire. Les Gaulois étaient mus par une tendance conquérante, « impérialiste ».

Influence grecque directe. Les Celtes ont une vision beaucoup plus précise du monde oriental qu'on ne pourrait l'imaginer.
Dès le VIe siècle av. J.-C., l'influence grecque a été telle que l'on retrouve, même à l'intérieur du pays, des mots d'origine grecque généralement techniques : météorologie, navigation, pêche, greffe. La puissante influence que la civilisation grecque exercera plus tard, *via* Rome, sur l'Europe occidentale, est donc précédée par une phase où les Grecs sont apparus bien avant la conquête romaine. L'historien Hatt explique ainsi la facilité avec laquelle les diverses parties du monde celtique conquises par les Romains se sont assimilées à la culture gréco-romaine.

Apparition des Germains. Les Celtes ont eu à se préoccuper des Germains. Ceux-ci apparaissent, au nord et au nord-est à l'époque de la Tène. Les diverses tribus dont on parle alors, Suèves, Marcomans, font pâle figure auprès des Celtes. Quant aux Cimbres et aux Teutons qui envahissent l'Italie du Nord en 113 av. J.-C. avant d'être écrasés par un général romain une dizaine d'années plus tard, certains historiens se sont demandé s'ils étaient réellement de purs Germains, leurs chefs portant des noms celtiques.
Sur le plan racial, les Germains sont sans doute plus grands et plus blonds en moyenne que les Gaulois. Mais ceux-ci se teignent les cheveux en rouge pour la guerre, la distinction est donc parfois subtile. Et, une fois de plus, le racisme apparaît bien comme un mythe, d'autant plus que Celtes et Germains n'eurent guère de peine à s'assimiler les uns aux autres, surtout après la victoire de César sur les Gaulois et l'occupation romaine qui incita ces derniers à émigrer vers l'est.

Ce qui reste des langues celtiques. A la différence des flots ultérieurs italiotes et romains, qui ont donné naissance à presque toutes les langues parlées en Europe, les langues celtiques n'ont laissé que des dialectes locaux, en plus des mots qui ont subsisté en particulier dans notre langue.
Ces dialectes, on les entend en Bretagne, en Écosse, dans le pays de Galles, dans l'île de Man, en Irlande. Là, le cas est un peu particulier : si, partout ailleurs, ces dialectes sont menacés, la langue celtique est devenue langue nationale depuis l'indépendance de l'État.
C'est dans les noms de lieux que l'on trouve les traces celtiques les plus profondes. Cela est valable surtout en Irlande, en Grande-Bretagne, en France. Mais l'expansion est beaucoup plus large. Le maximum de densité des mots celtiques se trouve en Allemagne occidentale, entre le Rhin et le Danube. Tous les affluents de droite du Rhin, du Neckar à la Lippe, ont des noms celtiques. Donnons quelques exemples : la finale *dun* semble signifier lieu élevé ou forteresse. Lugdunum a donné Lyon, mais pensons aussi à Châteaudun, à Verdun. La finale *briga* signifie également forteresse : mentionnons Conimbriga, aujourd'hui Coimbra au Portugal. La finale *magos* signifie plaine et est conservée dans Duromagus-Dormagen près de Düsseldorf, Novromagus-Neumagen près de Trèves, Rigomagus-Remagen près de Coblence, Nijmegen aux Pays-Bas. L'exemple le plus intéressant est celui de l'eau. En celtique, *dubro* ou *dubra,* d'où le nom de rivières actuelles ou de villes voisines de ces cours d'eau : la Douvre dans le Calvados, la Dobra, affluent de la Sella en Espagne, le Vernoublan (de *verno-dubra),* rivière fribourgeoise. Cours d'eau se dit *renos* ou *rinos,* d'où est né le mot Rhin.

Le grand bouleversement. Selon certains historiens de l'Antiquité à nos jours, l'invasion des Celtes a été l'une des plus grandes migrations de l'histoire européenne. Hérodote parle des Celtes au Ve siècle. Il les situe

69

Les divinités gauloises s'assimilèrent peu à peu aux dieux romains. **67** *Masque en bronze d'une divinité, Manching (Bavière), vers 150 avant J.–C.* **68** *Tête en bronze de la déesse celte Rosmerta, épouse de Mercure, Mainz-Finten, IIe siècle après J.-C.* **69** *Stèle cultuelle de Pfalzfeld, vers 450 avant J.-C.,* **70/71** *Médailles celtiques courbes, dites « à l'arc-en-ciel », Ier siècle avant J.-C., découvertes à Messkirch, Bade-Wurtemberg. Au XIXe siècle, elles servaient encore de porte-bonheur. On pensait qu'elles se trouvaient, pendant l'orage, là où commençait l'arc-en-ciel. Cette désignation remonte à l'époque des humanistes.*

le long du Danube, mais, malheureusement, il place les sources de ce fleuve... à l'est des Pyrénées.
L'historien André Aymard a tenté de caractériser ces vastes migrations : « Elles bouleversèrent le peuplement de certaines régions. Elles détruisirent ou, au moins affaiblirent les empires, par exemple la puissance étrusque. Elles jetèrent le trouble et la terreur dans des sociétés depuis longtemps sédentaires et des civilisations très évoluées. » Il évoque « l'impression d'affolement traduite en Italie et surtout dans le monde hellénistique. Le monde civilisé d'alors éprouva, brièvement, le même sentiment tragique de sa fragilité devant la barbarie déchaînée qu'il éprouvera plus tard devant la ruée des grandes invasions contre l'Empire romain... Il semble s'être agi, le plus souvent, non pas du déplacement d'un peuple entier, ou même d'une tribu, mais du départ de bandes successives dans des directions différentes... conduites par des chefs nobles, emmenant avec elles femmes et enfants sur des chariots, ces bandes poussaient à l'aventure, n'hésitant pas à déloger celles qui les avaient précédées, ne négligeant pas les occasions de pillage, mais cherchant surtout des terres où s'installer, prêtes à les conquérir par la force et le massacre, comme à les obtenir par des accords négociés ».

Conclusion. Au moment que nous avons atteint - fin du bronze, début du fer - il existe dans l'ensemble de l'Europe occidentale, telle que nous l'avons définie, une population néolithique, puis du bronze qui se confond peut-être avec les Ligures et les Ibères mentionnés plus tard par les Anciens. Mais, pendant près de deux mille ans, ce territoire va être l'objet d'invasions; Invasion est un terme complexe et ambigu, qui recouvre aussi bien *l'attaque rapide d'une armée qui se retire après le pillage ; l'attaque d'une armée qui prépare, par le massacre ou l'esclavage du vaincu, l'établissement de sa propre population* sur les terres conquises ; ou enfin la *lente immigration d'un peuple qui, au bout de quelques décennies, peut l'emporter en densité sur la population primitive ou rester minoritaire.* Il peut exister soit une *cohabitation,* soit une *assimilation.*

70

71

Nous sommes presque tous membres de communautés issues du mélange d'au moins deux ou trois grands groupes. Les plus purs » seraient à l'ouest les Irlandais, descendant des néolithiques, puis de Celtes et affectés plus tard par des invasions germaniques limitées et, finalement, par la conquête anglaise. De même les Scandinaves, qui ont échappé et aux invasions des Celtes dont ils ont pourtant subi l'influence culturelle et à celle des Romains. De même au Portugal où aux néolithiques se sont adjoints des Celtes, surtout à l'époque de Hallstatt, puis des Romains qui en ont fait la province de Lusitanie. Les Germains, Alains puis Suèves, y joueront un rôle relativement secondaire.
Pour l'Angleterre, au sens strict du terme, la France avec la Wallonie et la Suisse romande, l Allemagne avec l'Autriche et la Suisse alémanique, l'Italie et l'Espagne, le mélange, avec des « proportions » diverses, a été intime. Il est donc aussi inadmissible, sur le plan historique, de voir Mussolini assimiler l'Italie du XXe siècle à l'Empire romain que de dire, comme l'a fait l'historien français Ferdinand Lot, que la défaite du Gaulois (ou du Celte) Vercingétorix à Alésia en 52 av. J.-C. a été « la plus grande catastrophe de notre histoire ».
Notons, au passage, que le mot *Galli,* c'est-à-dire « Gaulois », est, de l'aveu de Jules César, le vocable par lequel les Romains désignaient une vaste population qui se qualifiait elle-même de Celtes. C'est également Jules César qui limite à peu près la Gaule au Rhin. Rappelons que le monde celte s'était étendu sur toute l'Europe occidentale et centrale d'où ils furent peu à peu refoulés par les Germains.
Il faut à tout prix éviter cette erreur de l'esprit qu'on appelle anachronisme et qui consiste à attribuer au passé lointain des sentiments – ici le sentiment national – qui y étaient totalement ignorés. C'est le grand historien romantique Michelet qui a trouvé la formule la plus juste, applicable à tous nos pays de l'Occident : « La race, je ne la vois plus, je ne sais plus ce que ce mot signifie, le jour où commence la véritable histoire de la France. Gaulois, Germains, Romains et Francs, sont des noms d'êtres disparus et de ces êtres, de leur sang, de leurs éléments physiques, il ne reste rien de sensible dans notre vie nationale. Prenez garde en prononçant ce mot de race qu'il ne soit un prétexte à justifier par le passé et à continuer dans l'avenir les haines, les jalousies et les querelles du présent. »

4 L'Antiquité : la sagesse grecque et la grandeur romaine

La stupéfiante conquête romaine

Etrusques, Grecs, Gaulois, Carthaginois. Entre les invasions celtiques et les invasions germaniques, un petit peuple d'origine italiote, concentré dans le centre de l'Italie, va, en l'espace de trois siècles, conquérir celle-ci tout entière, de l'arc alpestre au nord jusqu'aux extrémités de la botte et jusqu'aux îles. Il a trouvé, en face de lui, quatre grands groupes de civilisations : les Étrusques, en Toscane et en Ombrie, les Grecs de la « Grande Grèce » dans le sud de l'Italie et dans une partie de la Sicile, les Gaulois dans la plaine du Pô et dans les Alpes, enfin les Carthaginois en Sicile et en Sardaigne.

Alors qu'au Ve et au IVe siècle, les Gaulois ont momentanément conquis Rome et sans doute aussi les Étrusques, ce petit peuple va réaliser la plupart de ses conquêtes au IIIe siècle av. J.-C. En 200 av. J.-C., Rome, avec ses alliés latins, tient toute l'Italie, elle-même ayant déjà entrepris sa première expédition hors d'Italie.

Si Rome a pu parvenir à cette situation de domination, c'est parce qu'elle a vaincu Carthage au cours des Guerres puniques, mais la menace commerciale, militaire de Carthage demeure. Mais, à l'est, les Grecs, groupés en diverses confédérations successives, et leurs cousins plus frustes, les Macédoniens, ne voudront pas laisser battre impunément les Grecs installés en Italie.

Les Macédoniens. Au IVe siècle, la Macédoine produit deux des plus grands conquérants de l'histoire humaine : Philippe de Macédoine (360-336) et son fils Alexandre (336-323). Or, la grande conquête d'Alexandre s'est faite en Orient, vers les Empires réputés riches, cultivés, civilisés et non vers des Occidentaux moins attirants. Que les Romains passent de leur côte adriatique à celle d'en face, qu'ils soient attirés par les divers morceaux de l'Empire d'Alexandre et d'abord par la Macédoine et la Grèce, cela est bien naturel. Parallèlement aux Guerres puniques, on assiste donc aux Guerres illyriennes : les Romains traversent pour la première fois l'Adriatique en 229. Ensuite aux Guerres de Macédoine. C'est au cours de l'une d'elles qu'en 167, mille Grecs achéens (du Péloponnèse) sont déportés en Italie. Parmi eux, l'un des plus grands historiens de l'Antiquité, écrivant en grec, Polybe.

Polybe. On ne peut écrire une histoire de l'Europe sans parler de Polybe. Polybe, le principal historien, par son *Histoire*, de cette irrésistible conquête romaine dont il a été le témoin bien placé. Il est également le symbole même de l'irruption culturelle grecque dans le monde romain. « La Grèce conquise a conquis son sauvage vainqueur », a-t-on écrit. Cette Grèce n'a atteint jusqu'alors notre monde que par l'installation de colonies côtières comme Massalia-Marseille, mais elle n'y a jamais exercé une souveraineté étendue. Voilà qu'elle va, par l'intermédiaire du monde romain, devenir une des principales composantes de notre civilisation commune.

Polybe, c'est aussi un homme de réflexion qui a su expliquer pourquoi, entre toutes les métropoles possibles, Rome a réussi à conquérir une large partie du monde connu.

Polybe naquit entre 210 et 208 av. J.-C. Il appartenait à cette majorité des Grecs qui n'avaient jamais admis l'union entre les ci-

72 *Résidence impériale romaine : péristyle avec îlot et pavillon de la villa Hadrienne à Tivoli, construite entre 126 et 134.*

	Ier siècle ap. J.C.			*IIe siècle ap. J.-C.*			
Dynasties	Julio-Claudienne (27 av. J.-C. - 68 ap. J.-C.)		Flaviens (69-96)	Antonins (96-192)			
Empereurs	Auguste (27 av. J.-C.- 14 ap. J.-C.) Tibère (14-37)	Caligula (37-41) Claude (41-54) Néron (54-68)	Galba, Othon, Vitellius, Vespasien Titus (79-81) Domitien (81-96)	Nerva (96-98) Trajan (98-117) Hadrien (117-138)		Antonin (138-161) Marc-Aurèle (161-180) Commode (180-192)	
Ensemble de l'Empire	55 Meurtres de Britannicus 59 et d'Agrippine 64 Incendie de Rome			131 Publication de l'Edit perpétuel (humanisation du droit)			
Italie							
Gaule	69 Révolte de Vindex		70 Répression de la révolte de Civilis				
Bretagne	43 Début de la conquête de la Bretagne par Claude						
Péninsule ibérique							
Rhétie Champs décumates	Vitellius à l'armée du Rhin		74 Conquête des Champs décumates				
Norique Panonie Dacie			85 Guerre contre les Daces	101-107 Annexion de la Dacie			
Grèce Orient Afrique	40 Annexion de la Mauritanie 51-63 Guerres contre les Parthes (Corbulon) 66 Vespasien commande l'armée de Palestine		70 Titus prend et détruit Jérusalem	105-106 Annexion de la province d'Arabie	114-117 Echecs de Trajan contre les Parthes Soulèvement juif	132-135 Révolte juive de Koseba Jérusalem devient Aelia Capitolina	162 Début des offensives parthes
Pays européens hors de l'Empire	9 Le Germain Arminius écrase Varus					166 Offensives des Germains sur le Danube. Campagnes de Marc Aurèle qui meurt à Vienne	
Chrétiens	28-30 Mort de Jésus Conversion de saint Paul 64 Première grande persécution					177 Martyrs de Lyon (Grénée Blandine)	

IIIe siècle ap. J.C. — *IVe siècle ap. J.-C.*

Sévères (193-235)		235-284 Anarchie militaire		284-305 Dioclétien et la Tétrarchie	305-363 Dynastie constantinienne
Septime Sévère (193-211) Caracalla (211-217)	Elagabal (218-222) Sévère Alexandre (222-235)	Dèce (248-251)	Valérien Gallien	286 Dioclétien, Maximien (Augustes) 293 Constance Chloé, Galère (Césars)	Constantin (306-337) Constantin II (337-361) Julien (361-363)
212 Edit de Caracalla étendant la citoyenneté romaine à tout l'Empire		Crise économique Coups d'État constants. Révoltes. Sécessions frontières et limes violés	275 Mur d'Aurélien autour de Rome	324 Mort de Licinius	306 Constantin proclamé Auguste 311 Mort de Galère 330 Inauguration de Constantinople
		258 Alamans en Italie du Nord			
208-211 Septime Sévère combat en Bretagne. Meurt à York.		258-268-273 Postumus puis Tetrian gouvernent Gaule, Bretagne, Espagne.			
		296 Soumission de la Bretagne			
235 Ax. Sévère et sa mère assassinés à Mayence		273 Champs décumates et Dacie définitivement abandonnés. Les Francs pénètrent en Espagne			
				294-296 Rétablissement des frontières du Danube et du Rhin	
217 Combattant les Parthes Caracalla est assassiné	224 L'Empire perse remplace l'Empire parthe 231-232 1re guerre contre les Perses	238 Empereurs africains Gordien I, II, III 244-249 Philippe l'Arabe empereur	262-272 Indépendance de Palmyre (Zénobie) 284 Paix aux Perses	297-298 Dioclétien contre la Perse	330 Constantinople 363 Julien meurt dans une expédition contre la Perse
		268-278 Invasion générale			348 Ulfila évêque des Goths 357 Julien bat les Alamans à Strasbourg et est proclamé César
		250 Persécution de Dèce	258 Persécution de Valérien	303-305 Grande persécution de Dioclétien	312 « Edit de Milan » (tolérance) 314 Concile d'Arles 325 Concile de Nicée

73

74

75

tés et qui s'étaient déclarés profondement hostiles à la conquête macédonienne.
Sa famille était aisée, républicaine, antimacédonienne et sa ville de Mégalopolis avait adhéré à la confédération achaïenne où son père jouait un rôle important. Il n'admirait que les Achéens, détestait les Béotiens, les Macédoniens, les Aitoliens, les Athéniens, voire les Spartiates. Il reçut une formation surtout politique et militaire, bien plus que philosophique et littéraire.

Rome pénètre en Grèce. Dès 196, la Confédération achaïenne, au nord du Péloponnèse, s'était alliée aux Romains contre Philippe V de Macédoine. Les légions romaines occupèrent alors la Grèce pendant plusieurs années et se retirèrent en 194 av. J.-C., chargées de butin mais sans, pour le moment, annexer le pays. C'est toutefois le début d'un irrésistible processus. Les Romains, d'ailleurs, pénétrèrent en Asie, pour soutenir le roi de Pergame (ville qui donna son nom au parchemin ou pergamon, destiné à remplacer le papyrus).
Il se peut que Polybe ait participé à la campagne dans un contingent achaïen. Il fut, en 170, l'un des chefs de la Confédération, mais, à ce moment, les Romains rejetèrent l'alliance et prirent comme otages un millier de notables achaïens parmis lesquels Polybe. Il est alors déporté en Italie de 167 à 150 av. J.-C. Ce fut l'occasion pour lui d'observer les choses romaines et de savoir se faire estimer d'importants hommes d'États et généraux romains, comme Paul-Émile, vainqueur de la Macédoine, Scipion Émilien, vainqueur de Carthage et le célèbre Caton.
Polybe sut comprendre et reconnaître la supériorité de Rome sur les cités grecques. Aussi accepta-t-il, en 147 av. J.-C., d'aider Scipion Émilien dans la troisième et dernière Guerre punique qui se termina par l'anéantissement de Carthage.
Ensuite, Polybe fit un voyage sur les côtes atlantiques, du Portugal au Maroc, il se dirigea en Égypte, en Syrie et en Cilicie et mourut vers 126 av. J.-C., après son ami Scipion Émilien qu'il avait su si judicieusement conseiller.

Les causes de la supériorité romaine selon Polybe. De toutes les observations qu'il a faites en tant que témoin, il faut retenir l'importance de l'explication multiforme qu'il donne de ce phénomène historique inouï qu'est la conquête romaine, à partir d'une ville parmi les autres : rappelons-le, c'est la conquête par Rome de l'Illyrie, de la Macédoine, de la Grèce et même d'une partie de l'Asie Mineure,

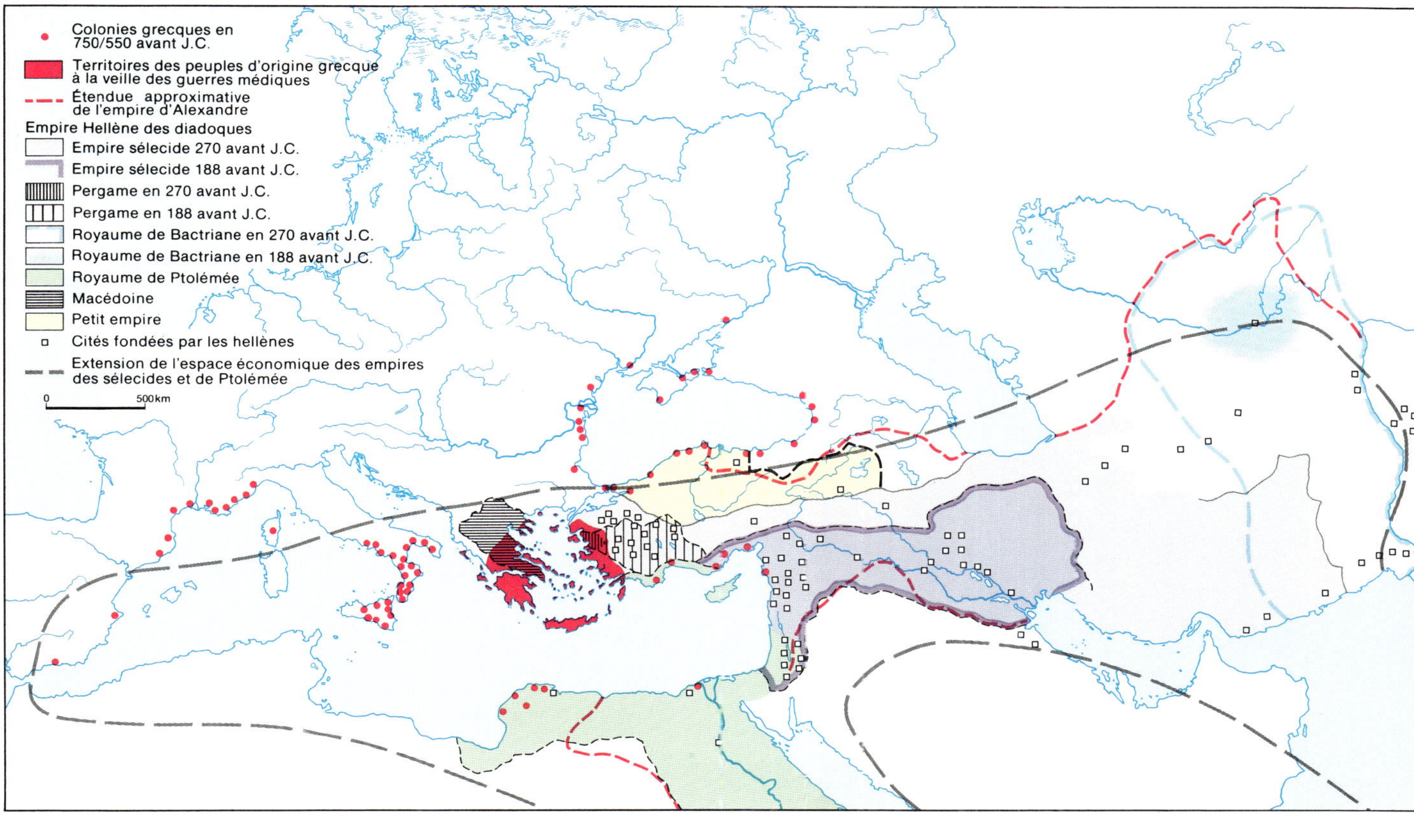

76

Carte 6 : *Monde grec et hellénisme.* **73** *Alexandre le Grand : détail d'une mosaïque de Pompéi, copie d'une peinture grecque du IVe siècle avant J.-C. représentant la bataille d'Issos (333 avant J.-C.) entre Alexandre et Darius, le roi des Perses.* **74** *Art étrusque : peinture murale de la tombe au léopard dans la ville étrusque de Tarquinia (Latium, Italie), 500 avant J.-C.* **75** *Architecture grecque : le temple de Poséidon au cap Sounion, 500 avant J.-C.* **76** *Mythologie romaine : tête de la louve nourricière de Romulus et Remus, statuette de bronze, 500 avant J.-C.*

d'une partie de l'Espagne et de l'actuelle Tunisie ainsi que de la côte de l'actuelle Algérie.
Comment explique-t-il cette supériorité ? Puisque Latins, Grecs, Étrusques et Carthaginois connaissent l'alphabet, il ne s'agit pas ici d'une supériorité de culture ou de technique industrielle : « Se pourrait-il qu'on soit assez borné, assez indifférent, écrit-il au début même de son *Histoire*, pour refuser de s'intéresser à la question de savoir comment et grâce à quel gouvernement l'État romain a pu, chose sans précédent, étendre sa domination à presque toute la terre habitée, et cela en moins de cinquante-trois ans ? » La comparaison peut être faite avec les Perses, mais ceux-ci échouèrent toujours lorsqu'ils sortirent des limites de l'Asie. Avec les Lacédémoniens, leur domination fut éphémère.
Avec les Macédoniens ? Ils ne tentèrent jamais de conquérir la Sicile, la Sardaigne et l'Afrique. Polybe conclut : « Ce fut en partant d'une fort juste estimation de leurs possibilités qu'ils conçurent et exécutèrent leur projet de domination mondiale » (I, préface, 1 à 4).
Polybe, le sachant, insiste sur l'exceptionnelle bravoure des soldats romains, sur la supériorité de la légion romaine par rapport à la phalange grecque et aux troupes souvent mercenaires de Carthage : « Les victoires des Carthaginois ne furent pas dues à la supériorité de leur armement ou de leur formation de combat, mais à l'habileté et à la perspicacité d'Hannibal... Quand les Romains eurent trouvé un général aussi capable qu'Hannibal, le résultat ne se fit pas attendre et la victoire leur revint » (LXVIII, I, 28).
Mais la véritable cause de la supériorité romaine, c'est la Constitution, l'ensemble des institutions du pays, affirme Polybe (LIII, I, 2).
Cette constitution, qui n'a cessé de s'améliorer, présente la singularité d'être à la fois monarchique, aristocratique et démocratique. Les consuls sont de vrais monarques.
Tous les magistrats, sauf les tribuns, leur sont soumis. Pour la guerre, leur autorité est presque souveraine.
Le Sénat est l'aristocratie. Il a toute autorité sur le trésor public et sur toutes les affaires extérieures.
Le peuple a aussi une part des plus importantes. « Seul il a autorité pour conférer des honneurs ou infliger des châtiments. » C'est lui qui élit les consuls et les magistrats.
Polybe conclut ainsi : « Dans toutes les situations critiques, un parfait concert s'établit entre les trois pouvoirs, si bien qu'on

ne saurait trouver un meilleur système de gouvernement.
Quand survient une menace extérieure qui les concerne tous et qui les force à accorder leurs vues et à collaborer entre eux, l'État se trouve mû par une telle somme d'énergies que rien de ce qui est nécessaire n'est négligé... Tout le monde reste à sa place... *Cette Constitution manifeste une efficacité irrésistible* » (souligné par nous, L VI, V, 18).

On verra, en examinant la chronologie n°1, par quel processus complexe s'est développé le territoire soumis aux Romains, processus alliant un grand dessein, la continuité politique, et le sens de l'Empire.

Durée et écriture. L'influence gréco-romaine et l'influence judéo-chrétienne ont marqué une large partie de l'Europe d'une empreinte probablement plus profonde que d'autres éléments déjà étudiés comme l'influence des Ibères, des Ligures, voire des Celtes ou que nous examinerons, telles celles des Germains, des Vikings, des Sarrasins, des Slaves et des Byzantins. Cela est dû au fait que la *conquête romaine a été durable*.
Elle est une accumulation patiente de victoires et de succès diplomatiques, entrecoupés d'échecs mais menée avec une admirable constance.
Si ont été exclus de cette conquête l'Irlande, l'Écosse du Nord, la Scandinavie, l'Allemagne, sauf dans sa partie sud-ouest dite des *Champs décumates*, et, naturellement les pays slaves, ils ont connu l'influence romaine par le commerce et les mouvements de populations.
Rome a dominé l'Italie sur le plan politique, mais aussi pour quatre siècles la Gaule, pour deux siècles et demi la Grande-Bretagne, pour cinq siècles et demi une grande partie de l'Espagne, pour trois siècles et demi le reste de l'Espagne et du Portugal.
Outre la durée, il y a eu l'*écriture*. Grâce aux Grecs et aux Carthaginois, les Romains se sont composé l'écriture alphabétique la plus simple de toutes. Utilisée d'abord pour les archives et quelques inscriptions funéraires ou autres, l'écriture est devenue le support de la littérature, sous influence grecque, nous allons en parler. Certes, les Gaulois, les Scandinaves ont eu des ébauches d'écritures différentes et les Étrusques un système assez perfectionné mais ils les ont réservées à des usages secrets, religieux par exemple, ou pratiques, en particulier aux comptes.

78

79

80

77

77 *Peinture murale romaine : portrait d'une jeune fille tenant des tablettes en bois et un crayon, dite Sappho, Pompéi.*
78 *Forum romanum – le centre du monde romain. A droite, les trois colonnes de marbre du temple de Castor et Pollux, en arrière-plan, l'arc de Titus.*
79 *Les Grecs, maîtres de Rome et de l'Europe moderne : le poète tragique Sophocle (496-406 avant J.-C.), copie romaine d'un bronze grec, 100 après J.-C.*
80 *Le philosophe Aristote (384-322 avant J.-C.).*
81 *L'Homère de Rome, poète de* l'Enéide *et des* Bucoliques, *Virgile (70-19 avant J.-C.).*
82 *Un maître de la prose latine, représentant de la culture politique romaine, Cicéron (106-43 avant J.-C.).*
83 *L'éducation à Rome : à l'école, Neumagen, IIIe s. après J.-C.*

En revanche, ni les uns ni les autres n'ont eu de littérature écrite avant d'utiliser, pour restituer de vieilles légendes transmises par la tradition orale, l'écriture romaine devenue celle de tout l'Occident.

L'influence grecque. Le contraste est admirable entre Grecs et Romains. Les premiers ont bénéficié pendant des siècles d'un véritable génie spirituel et intellectuel.

Aux origines de leur histoire, ils possèdent déjà *l'Iliade* et *l'Odyssée.* Ils ont inventé, peut-on dire, la pensée philosophique et la science fondamentale, par opposition aux attitudes utilitaristes des anciens Orientaux. Ils ont créé ensuite le théâtre tragique avec Eschyle, Sophocle et Euripide, le théâtre comique avec Aristophane, l'histoire érudite avec Hérodote et Thucydide.

Socrate, ses disciples Platon et Xénophon, puis Aristote, donnent d'éclatantes démonstrations de ce que peut être la dialectique avec le genre tout à fait original du dialogue.

Et, pourtant, dans ce prodige d'intelligence et de goût, les Grecs n'ont pas réussi à s'unir. Les cités luttent entre elles et tombent aisément sous les coups des Macédoniens, comme on l'a vu, et des Romains. Le Romain conquiert pendant plusieurs siècles, territoire après territoire, sans avoir l'embryon d'une littérature. Culture éblouissante chez les Grecs, éblouissante efficacité politique chez les Romains.

Mais on ne peut conquérir la Grèce sans être civilisé par elle. « La Grèce conquise civilisa son sauvage vainqueur. »

Dès le IVe siècle av. J.-C., soit un siècle après les très grands écrivains grecs du Ve siècle, l'hellénisme arrive à Rome d'abord parce que l'intelligentsia romaine apprend la langue grecque, ensuite par la littérature. Artistes et écrivains grecs commencent à chercher fortune à Rome où ils supplantent les Étrusques.

Ce que l'on peut dire, c'est que la littérature latine, dans tout son éclat, c'est-à-dire à partir du Ier siècle av. J.-C., dérive largement de l'exemple grec, qu'elle atteint une force extraordinaire avec des prosateurs comme Cicéron, Tacite, des poètes comme Horace, Virgile, Lucrèce, Ovide. Sénèque, philosophe ou plutôt moraliste, le poète Lucain, qui ont tant marqué la littérature latine, sont, eux, d'origine espagnole. En fait, ces origines n'ont plus guère de sens. Le pouvoir assimilateur du système a fait ses preuves.

En dehors de l'Italie, l'influence grecque est complexe. 1°) Il y a le rayonnement, non négligeable, des colonies grecques avant la conquête ; 2°) vient l'influence des Grecs à travers Rome ; 3°) dans le haut Moyen Age, où, à partir du Ve siècle, les Occidentaux n'apprennent plus la langue grecque, les Grecs, surtout Aristote, plus que Platon, surtout les philosophes et les techniciens, plus que les poètes et les littérateurs, sont connus par des traductions latines incomplètes et inexactes ; 4°) à partir du XIIe et du XIIIe siècle affluent les traductions arabes de textes grecs, surtout à travers l'Espagne. Citons ici, à titre d'exemple, l'École des traducteurs de Tolède ; 5°) c'est au XVe et au XVIe siècle que réapparaît la connaissance de plus en plus scientifique du grec.

Marseille et la Gaule. Avant même les Romains, les navigateurs grecs et, en particulier, ceux de Massalia-Marseille, fondée en 600 av. J.-C., ont étendu leur influence sur tout le bassin ouest de la Méditerranée et à l'intérieur des terres, dans la vallée du Rhône, à l'est et au sud de l'Espagne, au sud des îles Britanniques. A Marseille, on parlait le grec, le latin et le gaulois : ce fut un grand centre d'attrait pour des Gaulois qui venaient y acquérir une instruction supérieure. Sinon, c'est à travers le latin que le monde occidental a absorbé la culture grecque.

Des Grecs, toutes les civilisations occidentales ont tiré le sens de l'abstrait, le rationalisme, la science pure et l'usage de la raison discursive.

L'éducation à Rome et son influence sur l'Europe actuelle. Connaissant l'écriture, ayant le don de l'administration, les Romains ne cherchaient pas seulement à éduquer les jeunes aristocrates mais à avoir le plus grand nombre possible de jeunes gens sachant lire et écrire. Après la conquête de la Grèce, toute l'instruction se fit sur le modèle hellénique. Certains instruisaient eux-mêmes leurs enfants, d'autres les envoyaient terminer leurs études en Grèce, les Romains très aisés employaient des précepteurs, souvent grecs, esclaves, affranchis ou hommes libres.

Très vite, on vit se développer des écoles

81

82

83

où l'on apprenait à lire, mais où l'on inculquait aussi l'amour de la patrie et où se pratiquait l'apprentissage de la vie publique. Le dévouement à l'État devait être total. L'instituteur était soit un homme instruit qui créait sa propre école, soit le maître d'un esclave capable d'exercer ces fonctions. On enseigna d'abord en grec puis, de plus en plus fréquemment, en latin. Il y eut même des manuels scolaires latin-grec.

L'enseignement secondaire était réservé à une élite qui apprenait la grammaire, l'analyse logique mais surtout les auteurs. L'explication de textes, la « métrique » des poèmes, l'art oratoire faisaient partie des exercices principaux. Il est étrange de songer que le jeune bourgeois européen du XIXe siècle, à la culture humaniste, se penchait sur les mêmes textes que le jeune Romain mille huit cents ans auparavant.

Un détail vaut d'être signalé : pour éviter les dangers de la rue aux filles, voire aux garçons, les gens aisés les faisaient escorter par un « esclave accompagnateur », en grec *paedagogos* (pédagogue) !

« Partout des gymnases, des fontaines, des propylées, des temples, des ateliers, des écoles », écrit au IIe siècle un écrivain mineur, Aelieu Aristide. C'est la grandeur romaine. Cependant, tandis qu'André Aymard parle du « déclin de l'esprit scientifique », Henri Marrou écrit que « la philosophie reste grecque ainsi que la science ».

Ce sont les invasions germaniques qui détruisent ce système, sauf en Italie où les écoles se maintiennent un siècle de plus : les Lombards finiront par les détruire. Si les invasions peuvent être qualifiées de barbares, c'est bien par la disparition des écoles. Les nouvelles écoles qui s'établiront autour des monastères puis des évêchés et des paroisses n'ont plus rien à voir avec celles dont nous venons de parler. Par leur répartition géographique, elles suivront la carte des paroisses, c'est-à-dire de l'évangélisation des campagnes au VIe siècle, ne s'établissant que rarement aux lieux des villas gallo-romaines. Ce sont des écoles chrétiennes, rendues nécessaires pour le recrutement des prêtres. *Or, ce sont ces écoles paroissiales et non les écoles romaines qui sont à l'origine de nos écoles actuelles.*

Les arts. Dans le domaine des arts, il y a eu, par périodes, un effort intense pour retourner au classicisme, c'est-à-dire aux Anciens et pour retrouver, dans l'apport antique, des règles et des mesures. Bien qu'adopté par les États-Unis et établi par les colonisateurs à travers le monde entier, le style néoclassique est européen et son origine est gréco-romaine. Ainsi, le style architectural Renaissance abandonne le Gothique flamboyant et rétablit nombre de motifs antiques. Le « classique » qui lui succède imite l'Antiquité comme la colonnade du Louvre de Claude Perrault, alors que le « baroque » se révolte à nouveau contre son excès de géométrie. Mais c'est dans la deuxième moitié du XVIIIe siècle et au début du XIXe siècle que l'on imite le plus les bâtiments et temples tels le Panthéon de Soufflot, la Madeleine à Paris, avec tout l'ensemble de la place de la Concorde, tels aussi les arcs de triomphe, Marble Arch à Londres, porte de Brandenbourg à Berlin, arc du Carrousel et arc de l'Étoile à Paris, Puerta di Alcala à Madrid, œuvre de l'architecte Francisco Sabatini.

Pensons aussi qu'à la Renaissance, on se remet à étudier le grec : Ronsard a lu *l'Iliade* d'Homère en deux jours, et la jeune princesse anglaise Elizabeth, future reine d'Angleterre, a été nourrie de culture grecque.

84

Le droit romain, l'État et la famille

La Res publica. L'État, Rome, au début une cité, gouvernée par une oligarchie – les citoyens étaient une minorité des habitants – s'est étendue à d'immenses territoires. Avec la Constitution de la petite République, on pouvait conquérir, non gouverner. Fallait-il, à l'oligarchie, substituer le despotisme ?

Les Romains, dès le début de l'Empire, inventèrent une autre solution : la *Res publica* qu'il faut prendre ici dans son sens large d'« État ». Les empereurs étaient ceux qui – en principe avec l'appui des dieux – gouvernaient cette « personne morale » qu'était l'ensemble des possessions et leurs habitants. La *Res publica* survivait à la mort d'un empereur.

Avec la dissolution de l'Empire, au Ve siècle, l'État disparaît. Mais l'idéal reste présent et dès qu'on essaie de consolider un empire ou un royaume, les clercs, passionnés de Rome, tentent avec plus ou moins d'habileté d'en copier les institutions.

Le droit romain. *Le droit.* Les Romains, bien plus que les Grecs, ont été d'incomparables législateurs et surtout ils ont eu le sens du *droit*, considéré comme un ensemble cohérent, rationnel, qui se donne pour but de créer une société juste, dans laquelle l'individu jouit pleinement de ses biens, à condition d'être du sexe masculin, chef de famille et homme libre.

Depuis la *Loi des XII tables* datant des environs de 450 av. J.-C. mais dont on n'a jamais rien retrouvé, les Romains ont multiplié recueils et formulaires.

A ce droit ancien, le grand juriste allemand Rudolf von Ihering, dans son livre

85

84 *La vie quotidienne dans la Rome impériale telle qu'on se la représentait au* XIX*e siècle : l'atrium d'une villa, eau-forte, vers 1827. L'armée romaine :* **85** *Brevet militaire d'un légionnaire à Rätien, vers 140 après J.C.* **86** *Légionnaires traversant le Danube, détail de la colonne de Trajan, 113 après J.-C.* **87** *Maquette du camp romain de Zwentendorf, Basse-Autriche, construit pour une cohorte de 500 hommes, Ier siècle après J.-C.*

L'Esprit du droit romain, reconnaît deux qualités essentielles : d'abord la précision, la fermeté, l'exactitude éliminant l'arbitraire du juge.
D'autre part, la garantie de la liberté, considérable mais réservée au citoyen, homme libre et père de famille.
Sous l'Empire, les traités écrits se multiplient mais la codification d'ensemble, celle dont on fera un usage continu, jusqu'à nos jours, est très tardive : code de Théodose II en 438, écrit lors des invasions d'Attila, *Corps de droit civil (Corpus juris civilis)* de Justinien, comprenant le code de 529, suivi du *Digeste* ou *Pandectes*, des *Institutes* et des *Novelles*.

La politique. L'historien Sir Moses Finley, Britannique d'origine américaine, a cru pouvoir ajouter une autre influence durable des Gréco-Romains sur l'Occident. Ils ont, dit-il, inventé la *politique*. De fait, les élections, les campagnes électorales, les débats, le rôle de l'éloquence, les partis ou du moins les factions, la propagande, dite *captatio benevolentiae*, tout cela a existé dans les cités de l'Ancienne Grèce et dans la République romaine.
Si l'on appelle politique les jeux électoraux, alors l'Occident en a puisé les modèles principalement en Grèce et à Rome.
Mais si la politique est la science du pouvoir et, dans la pratique, l'action qui conduit à la conquête du pouvoir ou d'une partie du pouvoir, alors elle est aussi ancienne que les communautés humaines et beaucoup plus que les Grecs et les Romains.
L'Empire romain a donné d'autres exemples, ceux de trois institutions permanentes : l'armée, l'administration et les impôts.

L'armée permanente. On devine l'importance de l'armée et pour la conquête et pour la défense d'un si gigantesque territoire. L'Empire romain est une « monarchie militaire ». Elle fonctionne avec le système d'une armée de citoyens qui, peu à peu, va devenir une armée de métier. C'est à l'époque de César, en effet, que la légion se transforma en corps permanent. Le service, en principe de seize ans, pouvait aller au-delà. Certains ont servi plus de trente ans. Aussi, à défaut de pouvoir se marier, ils prenaient des concubines qui finirent par avoir un statut spécial.
Les soldats recevaient une solde qui variait suivant le corps auquel ils appartenaient et des primes.
Il leur était versé une retraite sous forme de dotations en argent ou en terres et dispensé des décorations.
L'étranger, le pérégrin, qui servait comme soldat devenait citoyen romain.
L'entraînement était rude : marches, courses, saut, nage, tir à la cible, escrime, équitation, voltige. En temps de paix, le soldat bâtissait des camps, des aqueducs, des temples, des ponts, ou bien il assé-

86

87

chait les marais, participait à la construction des fameuses routes qui firent du monde romain un extraordinaire réseau terrestre complétant une importante circulation maritime.

L'armée était composée des légions, équivalentes à de petites divisions, divisées en dix cohortes, chacune comprenant trois manipules, elles-mêmes composées de deux centuries chacune. Aux légions venaient s'ajouter de nombreuses troupes auxiliaires et des alliés.

Sous le haut Empire, avec une population de 80 millions d'habitants, le total de l'armée romaine est de quatre cent mille hommes, ce qui s'avérait insuffisant et amenait des déplacements difficiles et dangereux.

Aussi, pour éviter ces mouvements, on opérait un recrutement local qui faisait de chaque armée régionale, Bretagne, Rhin, Danube, Espagne, Afrique, Orient, un ensemble de plus en plus différent des autres.

Cette armée était solidement hiérarchisée, avec des sous-officiers et des officiers, et l'Empereur avait autour de lui un grand état-major de *comites*, d'où est venu le nom de compagnon puis de comte. Cette armée symbolise Rome de manière admirable et c'est pour cela que nous nous y sommes un peu attardés.

Les soldats apprenaient la discipline, le combat, ils apprenaient l'effort, l'esprit de solidarité : ils passaient des années ensemble, on l'a vu, et, de la sorte, ils étaient en mesure de se connaître.

En se battant, ils savaient ce qu'ils pouvaient attendre de ceux qui les entouraient. Mais tout cela ne serait rien s'il n'existait pas – au moins jusqu'au début du IIIe siècle – un patriotisme, une force morale, à tous les niveaux de commandement.

Tous les textes de la littérature latine vont dans ce sens et l'on devine quelle formidable influence ils vont exercer sur les armées du XIXe siècle, à l'époque du nationalisme.

Cette armée n'était pas destinée à détruire : elle devait tenir les frontières fortifiées par des *limes*, soit 9 000 km en tout pour le limes rhénan, 2 700 pour celui du Danube, 2 000 pour celui de l'Orient, 2 500 en Afrique. Partout, sauf à Carthage et à l'égard du peuple juif qui fut dispersé, à condition que le calme règne, les Romains se sont montrés tolérants, pratiquant soit l'assimilation, soit le protectorat, respectant – on peut le dire – les diverses nationalités.

L'administration permanente. Au Ier siècle, les cités gardent leurs franchises. Il existe d'ailleurs une grande souplesse et une grande variété de magistratures et de régimes : le haut Empire est un système urbain. La perte des libertés municipales, au IVe siècle, aboutira à la ruine de nombreuses villes.

Notons l'existence d'assemblées provinciales qui peuvent transmettre à l'empereur des plaintes contre le gouverneur.

Il n'y a pas lieu, ici, de décrire les détails et l'évolution de l'administration. Notons seulement le vocabulaire, adapté de nos jours, pour tant de charges, d'institutions et de fonctions : magistratures, édiles, questeurs, gouverneurs, préfets, légats, cité, province, prétoire, sénat, censure, tribuns, etc.

Ces survivances sont naturellement plus évidentes dans les langues romanes que dans les langues germaniques.

Les impôts permanents. L'organisation fiscale des Romains a été également remarquable. Rome devint une énorme place financière, unique marché des capitaux, exclusivement importatrice. En revanche, les provinces furent exploitées sans vergogne, du moins jusqu'à l'Empire. Aussi, ce système financier dut-il être modifié pour supprimer cette inégalité. D'ailleurs, cet immense Empire, avec son armée soldée avec régularité, sa puissante administration, avait besoin d'une organisation fiscale sans défaillance.

Les impôts étaient directs et indirects.

En tant qu'impôt direct, on comptait d'abord l'impôt *foncier*. Sous Auguste, on fit un premier recensement de la population, celui qui devait amener les parents de Jésus à Bethléem, et on entreprit un cadastre, travail gigantesque qui ne fut terminé que sous Trajan (98-117). On avait aussi l'impôt personnel ou *capitation*. Impôt foncier et capitation étaient des impôts sur le revenu. Il existait aussi un impôt sur le capital, soit un vingtième sur les héritages.

Parmi les impôts indirects, le principal était la douane. Il n'y avait guère de douane extérieure, car l'Empire se suffisait à lui-même. Mais on avait dessiné des lignes douanières intérieures. En outre, un impôt sur les transactions commerciales avait été institué.

En principe, il y a deux caisses centrales, l'une alimentée par les impôts d'Italie et des provinces sénatoriales ou *aerarium* –

88

89

caisse sénatoriale – l'autre, le *fiscus* ou caisse impériale, qui, de plus en plus, absorbe toutes les ressources. On voit apparaître un homme des comptes, *arationibus,* sorte de vice-ministre des Finances, assisté d'un nombreux personnel d'affranchis et d'esclaves.
Dans chaque province, un procureur financier s'occupe des questions fiscales. Car, désormais, le système de la ferme disparaît, remplacé par ce que nous appelons la « régie », c'est-à-dire la perception directe.

91

La famille et le droit. L'une des caractéristiques du droit romain est d'avoir établi un statut des hommes : c'est l'un des chapitres du *Digeste*. Les hommes ne sont pas égaux, à la différence de la loi juive et du christianisme. Les esclaves, pris à la guerre ou nés d'une femme esclave, n'ont pas la personnalité juridique. Leurs maîtres peuvent en disposer, les frapper, les tuer. Ils ne peuvent ni être propriétaires ni ester en justice.
Les étrangers se divisent en Latins qui ont le droit de contracter mariage avec des Romains et en Pérégrins, qui n'ont pas ce droit, saut par privilèges exceptionnels.
Les personnes libres autres que le père de famille n'ont pas non plus la citoyenneté. Les fils l'acquièrent lorsqu'ils fondent une famille. Les femmes jamais. Elles passent

Grandes routes romaines. **88** *Chariot de Carinthie (abbatiale Maria Saal), Ier s. après J.-C.* **89** *Borne milliaire dans le Pustertal, Tyrol sud.* **90** *Pièces de monnaie romaine de l'époque de la République, trouvées à Ried, dans le Vorarlberg.* **91** *L'art du portrait à la fin de l'époque républicaine : la famille de L. Vibius, relief de sarcophage.*

90

de l'autorité du père ou d'un oncle ou d'un cousin lorque le père est mort à celle de leur mari.
Ainsi, la famille romaine classique est infiniment plus dure que celle des Celtes ou des Germains, comme nous le verrons. L'Européen d'aujourd'hui s'est libéré de cette pesante structure familiale romaine, même si celle-ci avait connu quelques assouplissements à partir de la fin de la République, comme l'affranchissement, un nouveau type de mariage permettant aux femmes de garder leur fortune.

Le droit de propriété absolu. Un autre caractère du système est le droit de propriété absolu, *dominium ex jure quiritum*, c'est-à-dire propriété selon le droit romain – le mot français « domaine » vient de *dominium.*
Le Code civil de Napoléon s en inspirera. Toutefois, beaucoup de terres échappent à ce type de propriété : terres « publiques » apportées par la conquête, terres « communes », etc.

Le droit romain à travers les siècles. Ce qui fera le succès du droit romain dans toute l'Europe, c'est moins son contenu inégal, cruel, violent que l'admirable précision de ses stipulations.
Tout d'abord, en Occident, le droit romain s'effondre au profit des différentes lois des peuples germaniques.
On connaît assez bien les lois des Goths et surtout leur coïncidence avec le droit romain en Italie et en Espagne. La minorité d'origine germanique observait ses propres lois, tandis que les Latins et les Hispano-Latins suivaient le droit romain. C'est le système de la *personnalité des lois.* On connaît également bien la *loi salique* des Francs où ce n'est pas l'individu qui compte mais la famille.
Pendant tout le haut Moyen Age, « le droit est presque entièrement coutumier ; tout droit savant, systématisé, a disparu », écrit Jacques Ellul.
Dans certains pays, telle l'Angleterre, le droit romain ne réapparaîtra plus et la *Common Lax*, tout à fait originale, l'emporte définitivement.
Ailleurs, il se produit un étrange phénomène. L'application du droit par les juges continue à se faire selon le droit coutumier : des traités sont publiés sous le nom de *coutumiers*, précisément. Mais les universités et la « doctrine » n'adoptent que le droit canon, celui de l'Église, et le droit romain.
Poursuivons à travers les siècles. La Renaissance, dès la fin du XVe siècle, conforte l'étude scientifique du droit romain. C'est une affaire typiquement européenne. L'un des noms les plus prestigieux liés à cette étude est celui de Jacques Cujas, hé à Toulouse en 1522, mort en 1590, professeur à Valence et à Bourges.
Au XVIIIe siècle, le droit romain donne lieu à des recherches en Allemagne et en Hol-

lande. Au XIXe siècle, l'un des plus brillants chercheurs dans ce domaine sera l'Allemand Frédéric-Charles de Savigny, professeur à Berlin de 1818 à 1842, puis ministre du gouvernement prussien. Savigny, suivant en cela Montesquieu, estime que le droit doit être étudié historiquement. Son grand ouvrage de 1815, *Histoire du droit romain au Moyen Age*, est la meilleure synthèse des faits que nous venons d'évoquer.

On ne peut s'empêcher de comparer ces résurgences successives du droit romain avec celles de l'architecture romaine mentionnées ci-dessus.

L'Empire romain, facteur d'assimilation.

Il n'est pas question de faire ici un résumé de l'histoire romaine entre 31 av. J.-C., date à laquelle Octave devient le seul chef du monde romain, en battant Antoine à la bataille navale d'Actium et 476 ap. J.-C., année où le Germain Odoacre se débarrasse du dernier empereur d'Occident. La chronologie nous mènera jusqu'au IVe siècle. Là, la conversion de Constantin au christianisme change profondément les données.

***Res publica* et non-royauté.** Octave devenu Auguste, c'est-à-dire le plus excellent de tous, ne veut pas rétablir la royauté romaine qui jouit d'une funeste réputation. Mais il cherche, comme le font tous les monarques, à établir l'hérédité. On ne peut la proclamer directement. La méthode consiste à s'associer le successeur héréditaire pendant qu'on règne encore.

On voit ainsi se succéder la dynastie julio-claudienne fondée par Octave, la dynastie flavienne, celle des Antonins avec Trajan, Hadrien, Antonin dit le Pieux, Marc Aurèle, Commode, qui couvrira tout le IIe siècle, époque à laquelle l'Empire romain est à son apogée.

Quelles conquêtes ont été ajoutées à celles de la République et de César ? La Bretagne jusqu'à une ligne le long du premier étranglement, de la baie de Solway à l'ouest jusqu'à la banlieue de Newcastle à l'est, conquête marquée par la construction du mur dit d'Hadrien. Puis cette ligne est repoussée vers le nord, à travers l'Écosse, approximativement de Glasgow au Firth of Forth. En Germanie, il s'agit de la zone située entre la Lahn et le Danube. Mais c'est Trajan qui donne à l'Empire toute sa dimension. Évoquons-la pour l'Europe seule. Il fait la conquête de la Dacie, actuelle Roumanie, entre 101 et 107. On sait que ce pays gardera, malgré les invasions successives, une langue dérivée du latin.

Pour se faire une idée de l'étendue de l'Empire romain, citons cette chronologie commentée et établie par l'historien Léon Homo sur le règne d'Hadrien : « Hadrien pensait que le bon gouvernement de l'Empire exigeait la présence successive du souverain dans ses différentes régions. La personne de l'empereur contribuait beaucoup à l'unité impériale et c'était renforcer cette dernière que de la faire apparaître, en chair et en os, aux yeux de ses multiples populations.

Aussi Hadrien voyageait-il en chef d'État avec sa cour, véritable capitale ambulante, son conseil et les hauts représentants de son administration. Il fit à travers l'Empire quatre grands voyages, dont les deux plus longs, le second et le quatrième, se prolongèrent l'un et l'autre pendant cinq ans. En 117, au lendemain de sa proclamation, il traverse l'Asie Mineure, passe en Europe, inspecte lentement la frontière danubienne, séjourne quelque temps en Dacie et, après un an de voyage, arrive à Rome dans l'été de 118. Trois ans plus tard, en 121, il en repart pour la Gaule, visite les provinces de Rhétie et de Norique sur le haut Danube et de Germanie sur le Rhin, passe en Bretagne, traverse toute la Gaule pour gagner l'Espagne et la Maurétanie ; de là, il se rend directement par mer en Asie Mineure, vient passer à Athènes l'hiver de 125-126 et, par la Sicile, rentre à Rome. Pendant l'été de 128, il va

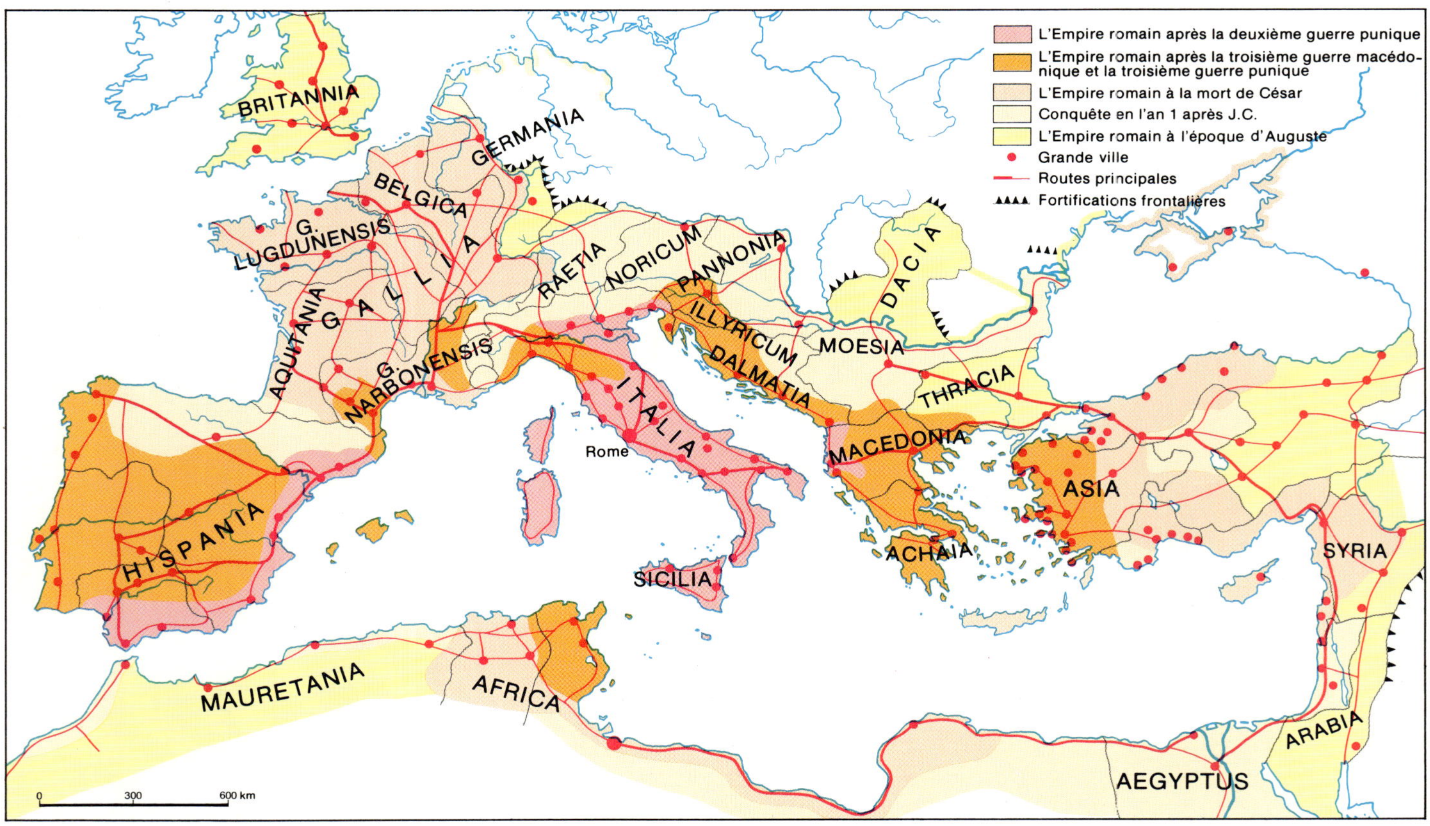

92

93

94

Carte 7. *A gauche, l'Empire romain et sa civilisation. Les empereurs romains :* **92** *Caius Julius Caesar (100-44 avant J.-C.)* **93** *Auguste (63 avant J.C. - 14 après J.-C.)* **94** *Trajan (53-117 après J.-C.) portant la couronne des citoyens, et sur l'épaule, l'égide à tête de gorgone, « bouclier foudroyant » de Zeus (Homère).*
Fortifications romaines : **95** *Le limes de Taunusstein (reconstitution).* **96** *Le mur d'Hadrien à Greenhead, Angleterre.*

95

96

visiter l'Afrique. Enfin, la même année il quitte de nouveau sa capitale pour son quatrième et dernier grand voyage. Il gagne Athènes, où il séjourne l'hiver de 128-129, l'Asie Mineure, la Syrie, Palmyre, la Palestine, l'Arabie et l'Égypte où il demeure longtemps et qu'il visite à loisir ; d'Égypte, il s'embarque pour Athènes, remonte vers le nord par la Grèce centrale, la Macédoine, la Mésie, la Dacie et revient passer encore un hiver, le troisième, à Athènes en 132-133.

En 133, l'insurrection de Judée le rappelle en Orient et l'année suivante il rentre à Rome. Hadrien jouit de ses voyages en touriste et il les utilise en empereur ; il visite les monuments célèbres, à Melissa, le tombeau d'Alcibiade, à Thèbes, le colosse de Memnon ; en 126, par un temps épouvantable, il fait l'ascension de l'Étna et, en 129, celle du mont Kasios en Cappadoce pour contempler le lever du soleil ; il chasse le lion en Libye.

A Athènes, il se fait initier aux mystères d'Éleusis. Chef d'État, il guerroie, par exemple en Palestine contre les Juifs révoltés. Il inspecte l'armée à Lambèse, en Afrique ; il passe en revue la IIIe légion Augusta et lui adresse un ordre du jour que l'épigraphie nous a en grande partie rendu. Il met les frontières en état de défense sur le Rhin, sur le Danube, en Dacie ; en Bretagne, il construit le retranchement qui a pris son nom. Il administre et il juge, réunit les assemblées provinciales, comme celle de Tarragone en Espagne, fonde des villes, telles Hadrianopolis, l'Andrinople actuelle, ou Aelia Capitolina, nom sous lequel il rebâtit Jérusalem ; il construit des édifices, la Maison carrée de Nîmes en l'honneur de Plotin, l'Olympieion, le Temple d'Héra, le nouveau quartier de l'Illissus, à Athènes ; à Péluse, il relève le tombeau de Pompée. En 134, dès son retour définitif en Italie, il commence sa somptueuse villa de Tibur où, pendant ses dernières années, il va revivre en souvenir les grands voyages qui ont tenu dans savie une place si considérable. »

Après un interrègne en 193, la dynastie des Sévères hérita d'un empire dont les défenses étaient affaiblies, et ne fit que l'ébranler encore davantage. L'armée prit un rôle excessif et Septime Sévère, en matant le Sénat, élimina l'utile contrepoids qu'on pouvait opposer aux militaires. Les émeutes devenaient incessantes à Rome, les légions, çà et là, se révoltaient et la dynastie des Sévères se termina par une période d'*anarchie militaire* qui dura cinquante ans, jusqu'en 285. Les barbares envahissaient l'Empire de toutes parts. Les empereurs, proclamés par les soldats, moururent tous assassinés, à une exception près : celle de Valérien qui avait eu la chance d'être fait prisonnier par l'ennemi. Une preuve des souffrances de la population à cette époque : la quantité de trésors cachés que leurs propriétaires ne purent jamais reprendre.

A aucun moment de l'histoire romaine, on n'en trouve autant. Usurpations et invasions durèrent jusqu'à l'arrivée au pouvoir de Dioclétien, en 285 et à sa décision de répartir le pouvoir de l'Empire en quatre zones : ainsi était instauré le système de la *Tétrarchie*.

L'assimilation. Bien qu'elle ait finalement échoué, la grande entreprise romaine fut de tenter l'*assimilation* des populations conquises. De Rome, la citoyenneté fut étendue au Latium puis à l'Italie puis à divers privilégiés ; Saül, devenu Paul, Juif de Tarse, était citoyen romain. L'opération fut achevée lors de l'édit de Caracalla, en 212, qui conférait la citoyenneté romaine à tous les hommes libres de l'Empire. L'assimilation se manifeste encore par la splendide unité architecturale. La voie romaine à larges dalles, les lignes de colonnes ou portiques, les temples imités des Grecs, les amphithéâtres se retrouvent partout, de Jérash en Jordanie à Alba Julia en Roumanie, sans oublier Nîme, Arles et Volubilis au Maroc.

97

Or, il paraît admis aujourd'hui qu'avec plus ou moins d'adresse, l'art romain resta le modèle jusqu'au Xe siècle et que la rupture créée par l'art roman puis gothique date seulement de cette époque.

Naturellement, l'assimilation réussit plus ou moins bien. La langue ne subsiste, sous des formes populaires diverses et en constante évolution, qu'en Gaule, en Italie et dans la péninsule Ibérique ainsi que dans la lointaine Dacie (Roumanie). Elle disparaît au VIe siècle, en Grande-Bretagne, au profit de la langue saxonne à laquelle se superposera, il est vrai, un énorme vocabulaire d'origine gallo-latine à la suite de la conquête normande de 1066. Quant au Danemark, à la Suède, à la Norvège et à l'Irlande, ils n'ont jamais connu la langue latine.

Le problème du latin langue d'Église vient évidemment à l'esprit : il sera examiné ultérieurement.

La vie quotidienne sur les fresques murales d'Herculanum, Rome et Pompéi : **97** *Scène d'habillage.* **98** *Une jeune fille verse du parfum.* **99** *Le marchand de pain, « maison du boulanger », Pompéi.*

Vision romaine de l'Europe

Avec la conquête romaine, le centre de gravité politique du monde méditerranéen s'est désormais déplacé vers l'ouest et se situe dans le ville européenne de Rome.

La connaissance du monde a progressé considérablement et nous pouvons, en consultant les géographes, nous en faire une idée précise.

L'Europe de Strabon. Strabon, Grec émigré à Rome, a écrit sa *Géographie* peu d'années avant l'ère chrétienne. Il fait de l'Europe une description plus détaillée et plus satisfaisante que celles de ses prédécesseurs, entre autres que celle de Polybe. Après avoir montré qu'elle se développe

98

99

en plusieurs promontoires et qu'elle a « la forme la plus irrégulière des trois continents », il a l'idée ingénieuse d'en donner une vue globale : « Je dois commencer par l'Europe, dit-il, parce qu'elle est à la fois variée de formes et admirablement adaptée par la nature au développement de l'excellence en hommes et en gouvernements, et aussi parce que, grâce à ses ressources, elle a contribué à l'amélioration des autres continents ».
Elle est habitable, sauf une petite région froide au nord du lac Maeotis (mer d'Azov) et dans la région du Tanaïs, c'est-à-dire du Don.
Strabon poursuit : la zone habitable se compose de montagne et de plaines. Dans les montagnes, la pauvreté règne naturellement, mais les habitants de ces régions, dès qu'ils sont bien administrés, se civilisent.
Il y a d'ailleurs à ce sujet un exemple privilégié, celui des Grecs. « Les Romains aussi ont conquis des nations qui étaient naturellement sauvages, à cause des régions qu'elles habitaient... Non seulement ils les ont fait communiquer les unes avec les autres, mais encore ils ont enseigné aux plus sauvages à vivre selon les règles du gouvernement ».
Pour Strabon, les plaines, au climat tempéré, sont souriantes, les hommes y sont pacifiques.
Ainsi, le caractère de complémentarité entre ces hommes et ceux des montagnes qui sont de courageux guerriers ne lui échappe pas. L'élément pacifique étant le plus nombreux, il a pu exercer son contrôle sur l'ensemble, comme cela a été le cas pour les Grecs, pour les Macédoniens et pour les Romains. « Et, pour cette raison, l'Europe est tout à fait indépendante des autres pays, en ce qui concerne à la fois la paix et la guerre. Elle est riche de métaux, de bétail, n'importe vraiment que des épices et des pierres précieuses » (II, 5, 26).
L'Europe comprend l'Ibérie, la Celtica, entres les Pyrénées et le Rhin, la Bretagne. A l'est, elle est coupée en deux par le Danube : sur la rive gauche du grand fleuve, les Germains, les Gètes, les Tyregètes, les Bastarniens, les Sarmates jusqu'au Don. Sur la rive droite, la Thrace, l'Illyrie, la Grèce. Fait intéressant : les Romains « tiennent presque toute l'Europe, excepté la partie qui se trouve au-delà de l'Ister et les parties bordant l'Océan entre le Rhin et le Tanaïs (Don) ».
Strabon ignore pratiquement deux zones : les pays scandinaves puisqu'il confond Baltique et Océan et la vaste plaine qui s'étend entre le fond de la Baltique et le Don. D'ailleurs, au moment où écrit Strabon, Rome a étendu son Empire en Europe bien plus qu'en Afrique, où elle ne détient alors approximativement que l'actuelle Tunisie, ou en Asie où elle possède l'ouest et le nord de l'Asie Mineure et une partie de la Syrie.

L'Europe de Pline l'Ancien. Pline l'Ancien a écrit son *Histoire naturelle* moins d'un siècle après Strabon. Les livres III et IV sont consacrés à l'Europe.
Le monde est divisé en trois parties : Europe, Asie et Afrique : « Je parlerai d'abord de l'Europe qui a engendré le peuple vainqueur de toutes les nations, qui est de beaucoup la plus belle des terres » (III, 1).
Pline connaît mal le Nord-Est. Après les Borysthènes et quelques autres peuples, il y a des Nomades, puis des Anthropophages, puis les Hyperboréens, nation heureuse, célèbre par des miracles fabuleux et où se trouvent les limites de la terre (IV, 26).
C'est avec Xénophon Lampsacenus que les limites de l'Europe se précisent vers le nord et qu on évoque la *Baltia* et la *Scan-*

100

101

dinavia. Le plus grand de tous les géographes antiques, Claude Ptolémée d'Alexandrie, dans la seconde moitié du IIe siècle de notre ère, améliore la connaissance de l'Europe mais croit encore que la Scandinavie est insulaire.
Mais quelles qu'aient été les connaissances géographiques, il faut bien reconnaître que la poursuite de la conquête romaine s'est faite indépendamment du concept géographique.
C'est la Méditerranée qui va servir d'axe et, sur le plan de la géopolitique, l'unité autour d'une mer n'est pas plus illogique que l'unité autour d'un vaste espace continental.
La géographie ne détermine rien de façon absolue. Les hasards de l'Histoire, qui amènent les hommes à modeler les dominations politiques, ont singulièrement plus de valeur.
La conquête romaine, pour plusieurs siècles, « détermine la destinée du monde méditerranéen... ce monde, Rome le crée en le conquérant », a écrit A. Aymard. Sont-ce des nécessités commerciales ? Est-ce la menace qu'ont fait peser sur la République romaine les monarchies hellénistiques ? Est-ce simplement l'attrait qu'exerce Cléopâtre sur César puis sur Antoine qui a déterminé l'avenir ? Toujours est-il que Rome s'empare de la côte sud de la Méditerranée de préférence à la Germanie, du Proche-Orient plutôt que les pays situés au nord du Danube, à l'exception de la Dacie, et encore faut-il attendre le règne de Trajan.

L'indifférence des écrivains.
Dans ces conditions, peut-on parler d'Europe « politique » ?
Assurément non. Et d'ailleurs, on parle bien peu de l'Europe. César n'en dit mot. Virgile ne l'évoque qu'épisodiquement et sans y attacher d'importance. De même Cicéron. Horace, Stace, Salluste, Tacite, Appien, saint Augustin.

Conclusion. Orient et Occident. Le problème est donc de savoir si, au moins à l'apogée, la solidarité romaine est, sinon parfaite, du moins satisfaisante, si le monde romain est « intégré » ou bien si l'on y constate des tensions et, notamment, des facteurs de « clivage » entre Occident et Orient.
La réponse est probablement complexe et elle ne doit pas être la même selon les siècles.
Sous Auguste, l'Orient vient d'être conquis. Les Occidentaux aiment à affirmer leur supériorité. C'est le cas de Virgile : pour lui, Énée est à la fois le symbole de l'union entre Orient et Occident, mais aussi celui de la suprématie occidentale. Ce n'est pas par hasard que, de Troie, il s'enfuit vers l'ouest. Où va-t-il aller en Occident ? En Afrique ? Non. Les charmes de Didon ne suffisent pas à l'y retenir. C'est en Europe qu'il débarque, qu'il s'installe et son choix est le symbole de la future bataille d'Actium où l'Occident avec Octave remporte la victoire sur l'Orient auquel Antoine s'est livré.
Un siècle plus tard, force est bien de penser que l'unité l'emporte sur la diversité. Les Orientaux affluent à Rome et, avec eux, leurs religions qui s'installent dans tout l'Empire. Le commerce se fait à l'échelle impériale. Routes et galères établissent des liens structuraux. les légions ne sont pas tout de suite recrutées sur place et même dans ce cas, elles se meuvent souvent d'un côté à l'autre de l'Empire. le droit de cité romain s'étend. Le droit, élaboré par des juristes de génie, est le même de la Syrie à la Bretagne pour les citoyens et, en 212, tous les hommes libres deviennent citoyens romains. L'essentiel est peut-être que l'Empire est un réseau de *civitates*, noyaux urbains qui dominent absolument les campagnes voisines. Ce sont les cités qui, bien plus que l'armée, créent la cohésion. Elles sont, en effet, le support d'une administration centralisée et solide. Le déclin de la cohésion coïnci-

102

Commerce et transports : **100** *Marchand de chevaux, Ier s. avant J.-C.* **101** *Bateau transportant du vin sur la Moselle, époque impériale romaine.* **102** *La Gemma Augustea (XIIe siècle environ) : en haut trône Auguste, près de la déesse Rome, à droite, Tibère ; en bas, des prisonniers barbares.*

dera avec le déclin des cités. De la Syrie à la Gaule, de l'Espagne à la Tunisie, on trouve les mêmes temples, les mêmes portiques, les mêmes aqueducs, les mêmes arènes. L' Empire est bilingue : on y parle le grec et le latin, par-dessus une mosaïque de langues locales qui ont perdu généralement tout rayonnement.

N'oublions pas, au surplus, que cette unité, malgré la crise profonde du IIIe siècle, dura quatra siècles en tout. Ce n'est pas l'Empire éphémère du conquérant, mais une réalité humaine profonde et unique sur le plan historique. Songeons, par comparaison, que les Empires coloniaux espagnol et portugais, les plus remarquables puisqu'ils ont transmis aux colonies les langues des métropoles, n'ont duré que trois cents ans au maximum. Que dire des Empires français ou même britannique.

L'Europe des Anciens était donc à cheval sur le Danube qui la coupait en deux, laissant la Romanité du sud, la Barbarie au nord. Le domaine politique des Anciens était à cheval sur la Méditerranée, entamant l'Europe au nord et l'Afrique au sud.

Personne ne discutait cette réalité historique.

Personne n'eût pu deviner qu'un déplacement allait lentement se produire, en six siècles de convulsions, et qu'une entité nouvelle, plus proche de la nôtre, allait naître au IXe siècle. Cette entité a été le résultat d'une double coupure Occident-Orient et Nord-Sud. Il fallait falloir, pour y parvenir, la ruine de l'Empire romain et bien d'autres vicissitudes.

5 Les quatre premiers siècles de la conquête chrétienne en Occident

I. Les aspects fondamentaux de l'influence judéo-chrétienne

Face à l'« histoire classique », il y a l'« histoire sainte ». Pendant longtemps, leurs liens restèrent mal établis, à tel point que la critique des textes au XIXe siècle, l'*exégèse*, est parfois allée jusqu'à nier les événements fournis par l'histoire sainte et non mentionnés par l'histoire classique, par exemple l'existence même de Jésus-Christ. Les études plus approfondies faites au XXe siècle et notamment celles qu'on a conduites sur les « manuscrits de la mer Morte », trouvés dans des poteries cachées au fond des grottes du désert palestinien, ont permis de multiplier les preuves et les liens. Il est incontestable qu'il existe un Jésus historique. C'est, par exemple, le titre d'un remarquable ouvrage publié en 1982 par Goalyah Corneeld : *The Historical Jesus*.
On sait qu'avec le personnage d'Abraham qui quitta Ur, en Chaldée, vers 1800 av. J.-C., en plein âge du bronze, commence l'histoire d'un « peuple saint » qui va prendre le nom du petit-fils d'Abraham, Jacob, devenu *Israël* après un combat qu'il eut en rêve contre un ange : Israël signifie en effet : « qui a lutté avec Dieu ».

La Bible. L'Ancien Testament. Tous les écrits relatifs à l'histoire de ce peuple adorant Yahvé, un dieu unique, peuple ardent, conquérant souvent vainqueur, parfois soumis, mais toujours indomptable, sont appelés la Bible, de Biblos, livre. La Bible est le livre saint des Israélites ou Hébreux ou Juifs, mot dérivé de Juda, un des fils de Jacob. Pour les chrétiens, c'est l'Ancien Testament. Dispersés à travers l'Europe et l'Afrique, surtout après la prise et la destruction par Titus de Jérusalem révoltée en 70 ap. J.-C., les Juifs de la diaspora auront, côte à côte avec les chrétiens, une existence souvent menacée. Ils exerceront, au cours des deux derniers millénaires, une appréciable influence *directe* sur l'Europe.
Mais c'est par l'héritage chrétien que le peuple élu constitue l'une des origines de notre histoire européenne. Devant Dieu, tous les hommes sont égaux.

Le Nouveau Testament. Le christianisme a été fondé en Palestine, à partir de la tradition judaïque, et comme un épanouissement de celle-ci, par un humble charpentier de Nazareth, Jésus. Lorsque au VIe siècle, le moine scythe Denys le Petit essaya de coordonner le nouveau calendrier chrétien avec le calendrier romain, après la naissance de Jésus-Christ, il se trompa de quatre ans, ce qui fait penser que Jésus de Nazareth est né en 4 av. J.-C.
Il fut baptisé dans le Jourdain par son cousin Jean-Baptiste à la pâque de l'an 28 et, après avoir prêché pendant trois ans, fut crucifié, probablement en avril 30 ap. J.-C., par ordre du procureur romain Ponce Pilate qui céda à la pression des notables juifs. Rappelons que la Palestine avait été annexée à Rome après avoir été conquise par Pompée en 64 av. J.-C.
Les quatre récits de la vie de Jésus qui composent les Évangiles (« bonne nou-

103 *Le christianisme victorieux : le Christ présente à Pierre les Tables de la Loi. Bas-relief du tombeau de Junius Bassus, Rome, 359.*

104

105

velle ») et les épîtres de saint Paul rapportent qu'il ressuscita le troisième jour et apparut plusieurs fois aux Apôtres et aux disciples dont il s'était entouré. Matthieu, l'un des évangélistes (XXVIII, 16-20), raconte qu'en Galilée Jésus se manifesta sur une montagne et leur dit : « Allez, et enseignez toutes les nations, les baptisant au nom du Père, du Fils et du Saint-Esprit, leur apprenant à garder tout ce que je vous ai prescrit. »

Cette phrase complétait l'enseignement de celui qu'on appelait le Christ, c'est-à-dire « oint », traduction grecque du mot « messie » en hébreu : celui qui viendrait sauver le peuple élu. Elle constitue vraiment la charte d'une société restée très vivace pendant près de deux millénaires et qu'on appelle l'Église.

C'est d'abord une humble secte dont les débuts sont racontés par le recueil les Actes des Apôtres. Elle ne recrute que parmi les Juifs.

Tout va changer avec la conversion, sur le chemin de Damas, d'un intellectuel, savant docteur en écriture sainte, Juif fervent qui jusqu'alors persécutait les chrétiens, citoyen romain. Nous l'avons déjà rencontré : son nom était Saül de Tarse et il prit celui de Paul.

Admirable penseur et écrivain auteur de quatorze épîtres, infatigable prédicateur et organisateur, il conçut la nouvelle religion comme s'adressant à tous les hommes, donc également aux « païens », à ceux que les traductions latines de la Bible appelaient les « Gentils ».

Son idée essentielle fut de remplacer le culte très méticuleux et rituel de certains Juifs par les préceptes qu'avait prêchés Jésus : amour entre les hommes, espoir de la vie éternelle.

Nous verrons plus loin par quels cheminements, géographique et social, le christianisme s'est lentement emparé de l'Empire romain, et ensuite comment il en a dépassé les frontières.

Le dogme et les mystères. Il faut rappeler ici quelques-uns des caractères essentiels du christianisme. Croyants ou incroyants, les Occidentaux, de nos jours, en sont encore profondément imprégnés. Il faut distinguer les « vérités » – le *dogme* – auquel le chrétien doit adhérer et les « préceptes » – la *morale* – qu'il doit suivre. Les dogmes essentiels sont le mystère de la Trinité, le mystère de l'Incarnation, le mystère de la Rédemption.

On comprendra d'abord que cette religion qui adopte toute la Bible juive et y ajoute le Nouveau Testament contienne tant de

Imagerie judéo-chrétienne : **104** *L'Arche de Noé, enluminure espagnole, 970.* **105** *La fuite de Paul de Damas, plaque d'émail, Angleterre, XIe siècle.* **106** *Scène de la légende de Jonas, mosaïque de pavement, cathédrale d'Aquilée (IVe siècle).* **Carte 8,** *à droite : les grandes religions dans le monde.*

106

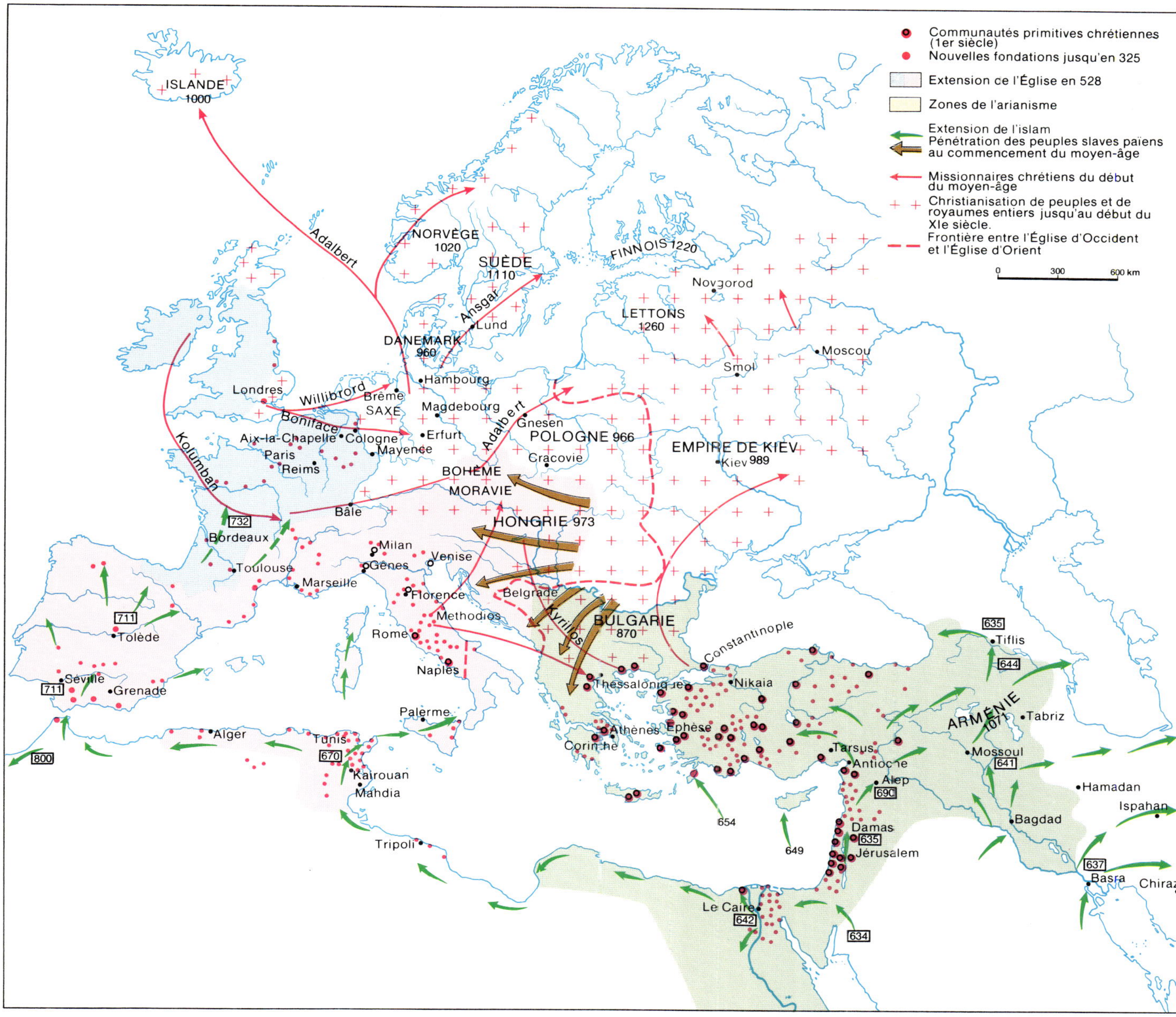

récits, d'épisodes, d'aventures, que toute l'imagerie occidentale, sculpture, peinture, vitrail, etc., y fait largement puiser son inspiration. Le serpent du Paradis terrestre, l'arche de Noé, Moïse recevant les Tables de la Loi, l'Annonciation d'un ange à la Vierge, le baptême du Christ, la Passion, la Résurrection font partie de notre décor quotidien, en tout cas de celui des centaines de milliers d'églises chrétiennes. Nous vivons dans ce monde de « merveilleux biblique » et de « merveilleux chrétien », auxquels s'ajoute, à certaines époques, l'utilisation du « merveilleux païen », c'est-à-dire de la mythologie grecque et romaine.

Il en va de même du culte chrétien, des cérémonies, des emblèmes, des costumes liturgiques, etc.

Ensuite, par son caractère profondément humain et par l'idéal qu'elle offrait face à une religion romaine liée à des dieux de mœurs douteuses, avec tous les défauts et les méchancetés des mortels, la religion chrétienne attira progressivement des foules ardentes.

Par une morale sexuelle rigoureuse si on l'applique totalement, mais assortie d'une grande capacité de pardon, elle devait bouleverser les mœurs, mais aussi l'économie mondiale.

Certes, elle ne pouvait supprimer immédiatement ni l'esclavage ni la guerre mais elle tentait de les adoucir. Et surtout par dévotion ou par remords de nombreux personnages faisaient aux autorités chrétiennes des dons qui finirent par les rendre riches.

D'où l'ambition et l'âpreté des réalistes cyniques, avides de jouir de ces biens beaucoup plus que de les utiliser au profit des intérêts de l'Église ou des pauvres.

Les hérésies sur Jésus, Dieu le Fils. Enfin, intellectuellement, la complexité des dogmes, surtout de la Trinité et de l'Incarnation, suscita des débats et des hérésies auxquels l'Église d'Orient fut infiniment plus sujette que celle d'Occident. Citons, par exemple, l'arianisme affirmant que Jésus est seulement un homme : il a débuté au IVe siècle et a duré trois siècles.

Le nestorianisme prétendait qu'en Jésus il y avait deux natures et deux personnes. Il s'étendit en Chaldée, en Perse, en Inde, où il en reste des traces. Il existait en Chine au XIIIe siècle, à l'époque du voya-

107

109

Les débuts du christianisme : **107** *Les trois rois mages, mosaïque de Sant'Apollinare Nuovo, Ravenne, v*[e] *siècle.* **108** *Inscription funéraire dans les catacombes romaines.* **109** *Le baptême du Christ, baptistère des arianistes, Ravenne, vi*[e] *siècle.* **110** *Les chrétiens suivaient les routes romaines : la via Appia.* **111** *Néron (37-68), persécuteur des chrétiens.* **112** *Persécutions sous Néron, gravure sur bois coloré, xix*[e] *siècle.*

108

geur Marco Polo. De la même façon, au ve siècle donc, naissait le monophysisme, selon lequel il y aurait en Jésus une seule nature, la nature divine mais qui maintenait, en même temps, l'idée d'une seule personne. L'idée qu'il y a bien deux natures mais une seule volonté constitue le monothélisme. Toutes ces hérésies orientales sont bien subtiles. Si, en Occident, elles furent moins nombreuses, elles étaient également moins fondées sur des considérations de dogme que sur des considérations de morale.

De telles préoccupations pourraient surprendre un esprit actuel. Mais ne nous étonnons pas que dans les siècles de foi intense où la science était peu développée, une grande partie des efforts intellectuels se fussent déroulés dans le cadre de la théologie, la « Science de Dieu ». On attachait une réelle importance à des problèmes qui préoccupent beaucoup moins les chrétiens modernes.

Le mot « hérésie » est lié à un principe qui s'impose très vite dans l'Église latine mais auquel l'Église grecque n'adhère qu'à demi : à savoir que la vérité est définie par la *Communion des Églises entre elles et surtout avec l'Église de Rome.* C'est-à-dire que les textes sacrés ne peuvent être interprétés que conformément à une Tradition impérative qui est élaborée par des réunions d'évêques ou conciles dont le premier fut celui de Nicée en 325, avec l'accord de l'évêque de Rome.

L'Église catholique. Les évêques *(episcopi)* sont les successeurs des Apôtres et l'évêque de Rome le successeur de saint Pierre que la tradition, non démentie par l'archéologie, fait mourir à Rome vers 65-66 ap J.-C. Jésus a dit à ce simple pêcheur appelé Céphas : « Tu es pierre, et sur cette pierre, je bâtirai mon Église. » La « Communion avec Rome », tolérée par l'Orient pendant quelques siècles, est le critère de vérité pour l'Occident : on emploie aussi le mot « catholique », en grec « universel ». Dans une lettre de saint Ignace Martyr, mort en 107, à l'église de Smyrne, on lit : « Là où est le Christ, là est l'Église catholique. » Les courants divergents deviennent hérétiques.

L'Église de Rome est celle de Pierre. Le savant docteur saint Irénée, né en Grèce, mais devenu évêque de Lyon, dans son livre *Contre les hérétiques*, écrit entre 175 et 189, défend la « tradition des Apôtres ». Chaque Église doit être en filiation avec eux, et plus spécialement « la plus grande et la plus ancienne, connue de tous, fondée et établie à Rome par les deux très glorieux apôtres Pierre et Paul... car c'est avec cette Église, en raison de l'autorité de son origine, que doit s'accorder toute Église ».

Par suite de cette exigence, l'Église orientale, grecque, slave pour certains éléments, rompra avec Rome au xie siècle, isolant ainsi au sud-est l'aire d'influence du catholicisme latin.

Au xvie siècle, contre l'accumulation des abus financiers et moraux, contre la volonté intransigeante d'une « tradition autoritaire » romaine, les Réformateurs créeront de nouvelles Églises où l'« autorité » sera remplacée par le « libre examen ».

Ce schisme du xie siècle a pour longtemps isolé l'Occident de l'Europe slave du Nord,

110

111

112

le culte latin des Grecs, Roumains, Bulgares et Serbes. Quant à la Réforme, qui n'atteint guère l'Église grecque, elle a au contraire coupé en deux, par une ligne ouest-est très approximative, l'Église latine occidentale. A ce moment, l'Europe qui avait à peu près coïncidé avec la chrétienté latine et occidentale va poursuivre une existence communautaire mais avec des formes nouvelles, moins religieuses, plus profanes.

II. L'expansion du christianisme en Occident

Pourquoi les petits groupes créés autour des Apôtres et des disciples de Jésus se sont-ils répandus à travers tout l'Empire romain, puis au-delà, au point qu'au IVe siècle, les empereurs se convertirent au christianisme ? Il ne faut pas croire que les hommes obéissaient exclusivement à leurs intérêts matériels. Certes si, pour les esclaves, le christianisme apportait à la fois une consolation momentanée et l'espoir d'être traités en égaux, pour les hommes importants, riches, il aboutissait nécessairement à des sacrifices. Or l'histoire nous montre qu'il a progressé aussi bien dans le palais impérial, voire dans la famille de l'empereur que dans les foules misérables de Rome et des grandes villes.

L'aspiration à un système de valeurs plus hautes trouva dans le christianisme le moyen de se satisfaire. Celui-ci fut « lancé », si on peut dire, par un homme que nous avons déjà rencontré, Paul de Tarse. Se produisit alors une extraordinaire implantation de petits groupes, engendrant eux-mêmes de nouvelles communautés.

On peut dire que le christianisme naissant a bénéficié à plein de la conquête et de l'administration romaines. D'abord, se répandant surtout dans la partie orientale de l'Empire, il eut également la chance que ses deux plus grands Apôtres, Pierre, chef de l'Église et Paul, premier et admirable missionnaire, soient venus en personne dans la capitale et y soient morts l'un et l'autre en martyrs.

Ensuite, l'Empire possédait un admirable réseau de routes, reliant les villes entre elles. La circulation y était organisée et généralement sûre. Le christianisme primitif suivit ces voies et se présenta donc comme un phénomène urbain.

Les premiers chrétiens d'Occident. Jésus étant mort vers l'an 30 ap. J.-C., quand la littérature païenne découvrit-elle les chrétiens ? Nous savons par Suétone qu'en 49, l'empereur Claude les confondait encore avec les Juifs. Il décida de les expulser parce que, disait-il, ils suscitaient des troubles « à l'instigation d'un certain Chrestos ». Dans les années qui suivent, les chrétiens se multiplièrent, mais la plupart des Romains allaient longtemps les confondre avec diverses sectes orientales aux coutumes orgiaques ou sanguinaires. En 64, l'empereur Néron fit, probablement par un ordre exprès, mettre le feu à Rome. Cherchant de prétendus coupables, il trouva les chrétiens. L'historien Tacite, dans les *Annales*, publiées en 117 ap. J.-C., a décrit les supplices dans lesquels sont morts nombre de ces chrétiens, de manière saisissante :

« Ni efforts humains, ni largesses du prince, ni cérémonies religieuses expiatoires, ne faisaient taire l'opinion infamante, d'après laquelle l'incendie avait été ordonné. Pour mettre fin à ces rumeurs, Néron supposa des coupables et fit souffrir les tortures les plus raffinées à ces hommes détestés pour leurs abominations et que le vulgaire appelait chrétiens. Ce nom leur vient de Christ, qui, sous Tibère, fut livré au supplice par le procurateur Pontius Pilatus.

Réprimée sur le moment, cette exécrable superstition perçait de nouveau, non seulement dans la Judée, berceau du mal, mais à Rome même, où tout ce qu'il y a partout d'infamies et d'horreurs afflue et trouve des partisans. On commença donc par saisir ceux qui confessaient leur foi, puis, sur leurs révélations, une infinité d'autres, qui furent bien moins convaincus d'incendie que de haine pour le genre humain.

On fit de leurs supplices un divertissement : les uns, couverts de peaux de bêtes, périssaient, dévorés par les chiens ; beaucoup, mis en croix, étaient, lorsque le jour avait disparu, brûlés pour éclairer la nuit. Néron avait offert ses jardins pour ce spectacle et donnait des jeux du Cirque, se mêlant au peuple en habit de cocher et conduisant un char. Ainsi, quoique ces hommes fussent coupables et eussent mérité les dernières rigueurs, les cœurs s'ouvraient-ils à la compassion, en pensant que ce n'était pas pour le bien public, mais à la cruauté d'un seul qu'ils étaient immolés » (*Annales*, l. XV, p. 44, trad. Henri Bornecque).

Les persécutions. Point de droit important : il semble bien que Néron ait décidé de punir de mort les chrétiens pour le seul fait d'être chrétiens. Ce qui nuisit le plus aux chrétiens fut leur refus de participer au culte de l'empereur divinisé. Or ce culte était le ciment même de l'Empire et de l'unité romaine. Il en résulta, de Néron, donc, en 64, à Dioclétien en 303-305, une série de persécutions, avec des périodes de détente et des zones plus épargnées que d'autres.

Y eut-il beaucoup de martyrs ? Certains auteurs chrétiens l'ont affirmé et ont même eu tendance à en multiplier le nombre, comme Tertullien dans son *Apologétique* de 197 ap. J.-C., Lactance, auteur au IVe siècle du livre *de la mort des persécuteurs*, Eusèbe de Césarée à qui l'on doit la première *Histoire ecclésiastique*.
Les persécutions furent plus répandues en Orient qu'en Occident. Mais, même en Occident et même sous le régime de l'empereur philosophe Marc Aurèle, il y en eut, dont celle de l'évêque Pothin de Lyon et de Blandine. La thèse de Tertullien, selon laquelle le martyre est « la semence du sang chrétien », fit qu'il y eut des volontaires du martyre. Mais ceux-ci étaient réprouvés par l'autorité religieuse et appartenaient à des sectes d'exaltés, voire d'hérétiques.

Les chrétiens de haut rang. Il est difficile de suivre la pénétration chrétienne dans les deux premiers siècles et de connaître les missionnaires, les propagandistes. Ceux-ci se réunissaient en secret, dans des souterrains ou catacombes où devait se développer un art nouveau.
Si la chrétienté de Rome est solidement établie dès le Ier siècle et si le christianisme se développe rapidement en Orient, en Grèce, en Égypte et en Afrique du Nord, il n'en est pas de même dans les parties occidentales de l'Empire, Espagne, Gaule, Bretagne et *a fortiori* dans les « terres barbares » comme l'Irlande et la Germanie. On notera que le relatif retard en Occident est dû notamment au fait que pendant cette première phase, la seule langue liturgique est le grec, que les petites gens ne comprennent pas.
Il faut attendre la fin du IVe siècle pour qu'un homme tout à fait éminent, saint Jérôme, né en Pannonie, actuelle Hongrie, vers 331, accomplisse l'effort prodigieux d'apprendre l'hébreu afin de traduire directement la Bible en latin. Son texte, la *Vulgate*, malgré quelques erreurs de détail, est si remarquable que l'Église d'Occident a continué de l'utiliser jusqu'au XXe siècle, après qu'au XVIe siècle, le Concile de Trente l'eut adopté comme « canonique ».

113

Italie. L'un des faits caractéristiques du IIe siècle et des débuts du IIIe est le très petit nombre des sièges d'évêque. En Italie, outre Rome, on connaît d'abord Milan et Ravenne. Vers 250, on voit apparaître Aquilée, un peu plus tard Vérone et Brescia. Tout cela concerne la haute Italie. En Italie péninsulaire, il semble que le nombre d'évêques se multiplie autour de Rome, notamment à Ostie, Porto, Albano, Tibur. Au début du IIIe siècle, Naples et Capoue ont leurs premiers évêques.
Une lettre du pape Corneille à Fabius d'Antioche donne une précieuse statistique pour la ville de Rome au milieu du IIIe siècle. Outre le pape, on y compte « quarante-six prêtres, sept diacres, sept sous-diacres, quarante-deux acolytes, cinquante-deux exorcistes, lecteurs et portiers, ainsi que mille huit cents veuves et indigents, ce qui permet d'évaluer à quarante mille âmes environ la population chrétienne de la ville ». Or, la population totale doit être proche d'un million d'habitants (il y a trois cent mille places assises au « Grand Cirque », cinquante mille au Colisée).
Par ailleurs, le fait que ce même pape ait

113 *Le bon berger, peinture murale dans la catacombe Priscilla, Rome.* **114** *Dioclétien, rénovateur de l'Empire et son co-empereur Maximien, colonnes de porphyre, Vatican.* **115** *L'Apôtre des Gaulois, saint Martin, fresque de Simone Martini, basilique de San Francesco, Assise, 1320.*

114

115

pu réunir un synode de soixante évêques en 251 prouve que la population chrétienne croît en densité dans les villes.

Gaule. En Gaule, on ne connaît, au IIe siècle, qu'un seul évêché : Lyon, encore que ses évêques, saint Pothin et saint Irénée soient des Orientaux. Tournus, Chalon, Autun ne vont pas tarder à avoir leurs propres évêques. Entre 200 et 250, l'épiscopat se développe au sud de la Gaule, dans la province de Narbonnaise. Une légende qui date de l'historien Grégoire de Tours (VIe siècle) dans son *Historia Francorum* raconte qu'en 250, sept évêques – sept est un chiffre mystique – partent de Rome pour aller fonder des évêchés à Tours, à Arles, à Narbonne, à Toulouse, à Clermont et à Limoges.
Au IIIe siècle, la Gaule est en pleine évangélisation. Et d'autres sièges apparaissent : Reims, Trèves, Vienne, Paris, Rouen, Sens, Soissons, Chalon, Bourges, Bordeaux.
Notons enfin que l'on compte vingt-huit évêchés en Gaule vers 325 et cinquante-quatre vers 375, le progrès s'étant dessiné surtout vers le nord-ouest et le nord-est, notamment en Rhénanie (Bâle, Strasbourg, Worms, Spire, Mayence).

Grande-Bretagne. Tertullien indique une pénétration du christianisme au début du IIIe siècle en Grande-Bretagne et, au IVe siècle, lors de la persécution de Dioclétien (303-306), il y a plusieurs martyrs. Autre signe de l'évangélisation de la Grande-Bretagne : la présence au concile d'Arles, en 314, de trois évêques bretons, ceux de Londres, de York et de Lincoln.

Espagne. L'Espagne a été très probablement abordée par saint Paul, peu avant sa mort, mais on manque totalement de sources sur la pénétration du christianisme dans cette région avant le milieu du IIIe siècle. Pourtant, on sait que l'organisation ecclésiastique de la péninsule Ibérique était déjà solide. La pénétration se faisait par les ports, et, comme ailleurs, atteignait d'abord les villes.
On a des preuves certaines que la persécution de Dioclétien frappa aussi les chrétiens espagnols. On sait aussi qu'au premier concile espagnol connu dans l'histoire – celui d'Illiberis, Elvira ou Grenade – au début du IVe siècle, assistèrent un évêque de Galice, deux de Tarraconaise, huit de la région de Carthagène, vingt et un de Bétique ainsi que trois de Lusitanie, actuel Portugal.

La tardive évangélisation des campagnes. La principale preuve de la tardive évangélisation des campagnes est la rareté des inscriptions chrétiennes dans les zones rurales. Au début du IVe siècle, beaucoup de paysans n'étaient pas convertis. Le mot *paganus* qui veut dire « paysan » a également donné « païen ». La conquête chrétienne des campagnes ne nous est connue, au IVe siècle, qu'en Gaule.
Un ancien officier, saint Martin, soutenu par l'évêque de Poitiers, fonda un monastère à Ligugé. Il devint, en 373, évêque de Tours et créa le monastère de Marmoutier. Là se formèrent de nombreux missionnaires prédicateurs. Martin, mort en 397, est ainsi connu comme l'« apôtre des Gaules ». Mais une œuvre semblable s'accomplit partout. A la fin du Ve siècle, il ne restait plus dans les campagnes européennes que quelques îlots païens.

III. L'Empire chrétien

On comprend qu'après avoir été, pendant trois siècles, en position dangereuse et exposée, menacés de persécutions, obligés de procéder aux cérémonies du culte avec la plus grande discrétion, les chrétiens ont dû accueillir avec enthousiasme la conversion des empereurs. Un tel phénomène supposait une population largement convertie pouvant exercer une pression sur le souverain. On peut ainsi imaginer une conversion personnelle avec toutes les conséquences que cela comporte pour des sujets d'un régime fort autoritaire. En réalité, il s'est agi d'une combinaison entre ces deux phénomènes. La conversion définitive des empereurs s'étale en effet sur une appréciable durée, entre 313 et 395.

Dioclétien. L'empire, terriblement éprouvé par les invasions et les désordres civils, au milieu du IIIe siècle, fut complètement restauré par Dioclétien (285-305). Il comprit que l'immensité des possessions romaines imposait une déconcentration du pouvoir et il divisa l'Empire d'abord en deux, puis chaque moitié elle-même en deux. Il avait ainsi créé la tétrarchie (du grec « gouverner à quatre »). Ce système permit de renforcer les frontières, de maîtriser les révoltes : de la sorte, l'Empire paraissait sauvé.

La persécution de Dioclétien. Aux débuts de la tétrarchie, les chrétiens, de plus en plus nombreux, ne furent pas inquiétés et leur culte était devenu à peu près public. Nombre d'entre eux occupaient des fonctions importantes dans l'administration, dans les magistratures municipales et provinciales. Également nombre de gestes et de procédures administratives impliquaient des cérémonies païennes, ce qui troublait les fonctionnaires chrétiens. Aussi, au concile des Églises espagnoles tenu à Elvira, actuelle Grenade, dont il a été précédemment question, s'efforça-t-on d'établir ce qui leur était permis ou défendu par la religion. Dioclétien, pressé par la majorité des hauts fonctionnaires restés païens, estima qu'il s'agissait là d'une dangereuse indiscipline. D'où une série d'édits contre les chrétiens et de persécutions. Ils furent éliminés de l'armée ; les assemblées du culte furent abolies. L'empereur décida de faire détruire les églises et les livres saints. La fonction publique et les dignités leur furent à leur tour interdites. On exigea des prêtres un sacrifice païen : tout refus était puni de mort. La persécution fut particulièrement violente en Orient, et, pour ce qui concernait l'Occident, en Italie, en Espagne et dans les provinces danubiennes. Il y eut beaucoup d'exécutions, beaucoup d'abjurations aussi, à l'exception de la Gaule et de la Bretagne.

Constantin. L'abdication, en 305, du grand réformateur Dioclétien aboutit à une longue guerre civile dont nous n'avons pas à donner de détails. Le fils de Constance Chlore, qui, dans le gouvernement à quatre, avait été chargé de la Gaule et de la Bretagne, fut proclamé Auguste par ses soldats, à la mort de son père en 306, et réussit à évincer ses adversaires. C'est à la bataille du pont de Milvius sur le Tibre, à quelques kilomètres en amont de Rome que la tradition attribue à Constantin une vision qui l'aurait amené à la conversion. Il aurait vu un étendard portant une croix et une inscription : *In hoc signo vinces* (« avec ce signe, tu vaincras »). Or, il semble bien que cette vision n'était pas chrétienne. Constantin ne se fit baptiser qu'à l'article de la mort, en 337, au surplus par un prêtre arien. Beaucoup plus importante est la série de mesures très favorables aux chrétiens, prises en principe avec l'accord de son beau-frère Licinius qui avait été empereur à ses côtés avant d'être éliminé. On appelle cette série, sans doute à tort, l'Édit de Milan (313). Les chrétiens redevenaient libres de pratiquer leur religion. Tous leurs biens confisqués par l'État leur étaient rendus, même s'ils avaient été aliénés. Plus tard, il fut décidé que les clercs seraient exemptés des charges publiques, puis des mesures de plus en plus sévères furent prises contre les païens. Comme on l'a dit, 313 est *la première année de la « paix de l'Église ». De*

persécuté, le christianisme passe à une position privilégiée. L'échec des persécutions, qui n'avaient pas réussi à freiner les progrès du christianisme, la pitié et le respect qu'inspiraient les martyrs, aboutissaient à un revirement total.
On vit les immeubles appartenant aux églises dispensés d'impôts fonciers, les églises autorisées à recevoir les legs. Le palais de Latran qui appartenait à la femme de Constantin fut donné à l'évêque de Rome. Grâce à la mère de l'empereur, des églises furent construites en Palestine, notamment à Bethléem, à Jérusalem : elles devinrent ainsi des centres de pèlerinages. On vit se dessiner sur les monnaies le monogramme chrétien. Une nouvelle forme d'affranchissement des esclaves apparut, l'« affranchissement devant l'évêque ». Le repos dominical fut prescrit.
Notons également une décision de Constantin qui devait avoir des conséquences incalculables pour ce qui nous intéresse, à savoir l'avenir de l'Europe occidentale : la transformation de la vieille ville grecque de Byzance en une « seconde Rome », Constantinople, où Constantin multiplia les constructions et qui fut dédiée à Dieu en 330. Établir une réplique orientale de Rome, située dans une position stratégique admirable, c'était préparer, au sein de l'Empire, mais aussi au sein de l'Église, une concurrence pouvant aboutir à la rupture.
Constantin, protecteur des chrétiens, considérait aussi qu'au-dessus même du pape, il était leur chef.

Le concile occidental d'Arles. Le concile d'Arles de 314 fut provoqué par Constantin et non par le pape. L'empereur mit la poste publique à la disposition des évêques et leur paya le voyage ainsi qu'aux prêtres et serviteurs accompagnateurs.
Quarante-six évêques, tous occidentaux, participèrent au concile. Les décisions ou « canons » qui y furent prises s'inscrivent dans la ligne de celles issues du concile d'Elvira-Grenade, dont il a été précédemment question. L'intérêt principal de ce concile est que, survenant après une persécution, au début de l'ère de tolérance, il autorise les chrétiens à devenir fonctionnaires et il excommunie au contraire les soldats qui se révolteraient contre l'autorité. Le service de l'État n'est donc plus impie, car, en fait, *le christianisme est devenu religion d'État.* Constantin donna d'ailleurs l'orientation de cette nouvelle ère pour les chrétiens en faisant élever ses enfants dans la religion chrétienne, en leur donnant comme précepteur l'écrivain Lactance que nous avons déjà rencontré et qui, dans son livre *De la mort des persécuteurs*, présentait ces morts comme d'épouvantables châtiments de Dieu. De plus, Constantin puisa dans l'Église certains de ses conseillers, dont le principal fut l'évêque de Cordoue.

Julien. A la mort de Constantin, en 337, le christianisme n'était pas encore définitivement victorieux. Une réaction païenne restait toujours possible : ce fut le cas sous le règne de Julien (361-363) qui résidait à Paris.
Julien, philosophe de tempérament, estimait que le paganisme avait l'avantage d'être une synthèse entre les doctrines les plus diverses et aussi d'être une doctrine « nationale » pour les Romains, tandis que

116

Le royaume chrétien : **116** *Bronze de l'empereur Constantin Ier, vers 330. Constantin décréta le christianisme religion d'État.* **117** *L'arc de Constantin à Rome, érigé en 312-315, après la victoire de Constantin sur Maxence au Pont-Milvius. La vision de la croix avant la bataille aurait conduit à la conversion de Constantin.* **118** *Hagiographie de Constantin : le baptême, peinture de l'école de Raphaël, Vatican. En réalité, Constantin a été baptisé sur son lit de mort, par un prêtre arien.*

117

118

le christianisme universel, cosmopolite, ne se souciait pas, en principe, des frontières. Malgré un début de persécutions, la marche en avant du christianisme se poursuivit.

L'arianisme. Autre danger pour le christianisme : l'arianisme dont nous avons parlé ci-dessus. Constantin avait été baptisé, on se le rappelle, par un prêtre arien, son troisième fils fut arien, le successeur de Julien protégea les ariens.
La conversion définitive de l'Empire au christianisme orthodoxe fut l'œuvre d'un empereur espagnol, né à Coca (Ségovie), Théodose, lequel rétablit de façon éphémère l'unité du vaste Empire mais assit de façon durable le triomphe chrétien.

L'unité de l'Occident par les évêques. L'Empire d'Occident étant devenu officiellement chrétien et l'évangélisation atteignant les campagnes et les villes, l'unité occidentale, sur le plan intellectuel, est assurée par le latin, langue d'Église.
Tous les évêques d'Occident écrivent en latin et le IVe siècle voit ainsi s'épanouir une remarquable génération intellectuelle chrétienne. Ces évêques combattent les hérésies d'Orient et d'Afrique et principalement l'arianisme qui menace aussi l'Occident, pourtant plus calme et moins apte au sophisme ou à la subtilité théologique. Parmi eux, citons l'évêque de Cordoue, Ossius, Grégoire d'Elvira, Maximin, évêque de Trèves, Hilaire de Poitiers, Ambroise, évêque de Milan qui refusa à l'empereur Théodose l'entrée de son église tant que celui-ci n'aurait pas fait pénitence de ses péchés.
De tous les Pères de l'Église latins, le plus grand fut un Africain, saint Augustin, Aurelius Augustinus, né en 354 à Tagaste, en Numidie, d'un père païen et d'une mère chrétienne, sainte Monique. Il nous raconte dans ses célèbres *Confessions* qu'il mena d'abord la vie dissipée des jeunes païens riches. Très cultivé, il enseigna la rhétorique à Tagaste, à Carthage et à Milan. C'est là qu'il rencontra saint Ambroise. Celui-ci, avec la complicité de sainte Monique, réussit à le convertir. La conversion fut totale. Il fut baptisé à l'âge de trente-deux ans.
Il abandonna son enseignement, retourna à Tagaste, distribua tous ses biens aux pauvres et mena une vie de prière, de jeûne et de pénitence. Ordonné prêtre par l'évêque d'Hippone (Bône), il devint lui-même évêque de cette ville en 395.
Son activité fut énorme, il fonda des monastères, prêcha, enseigna, secourut les pauvres, dirigea des conciles, lutta contre les hérésies. Ses écrits sont nombreux et remarquables.
Il ne croit pas au libre arbitre et n'est pas éloigné de la vision d'un Dieu qui, sachant tout, « prédestine » les hommes au salut ou à la damnation.
Deux exemples pour illustrer la portée de l'enseignement de saint Augustin : Luther, le grand réformateur, sera un moine augustin. Un siècle plus tard, Jansénius, évêque d'Ypres, fondateur de la tendance rigoureuse dite jansénisme, intitulera son livre l'*Augustinus*.

L'enrichissement de l'Église. Cette foi profonde a une autre conséquence : l'extrême enrichissement de l'Église qui devient en peu d'années la grande puissance économique. Les dons et les legs affluent. Ils servent à entretenir les prêtres, à bâtir les églises, à secourir les pauvres et les malades. L'Église devint très riche mais, en même temps, elle apportait au monde antique une notion nouvelle, la « pitié agissante ».

L'Église, refuge intellectuel : l'exemple de l'Irlande. Ce pays, peuplé de Pictes et envahi par les Scots, fut longtemps à l'abri des grandes invasions, tandis qu'on assistait à des raids sur toute la côte ouest de la Grande-Bretagne, en Cornouailles, dans le pays de Galles, dans le Devon. Il avait une civilisation originale et continuait à parler irlandais. La caractéristique essentielle de l'Irlande était son monachisme, fort rude. Les moines portaient la tonsure en croissant, étaient des missionnaires infatigables et courageux et parlaient un meilleur latin qu'ailleurs car, dans ce pays celte, le langage quotidien ne risquait pas de contaminer la langue de l'Église. Une partie de la culture occidentale trouva refuge en Irlande et le pape Grégoire le Grand y enverra de nombreux moines appartenant à la nouvelle règle de saint Benoît.

119 *Le combat contre l'arianisme : au concile de Nicée (325), Arius fut convaincu d'hérésie, sous la présidence de Constantin. Le concile condamna Arius au bannissement en Illyrie. Dix ans après, l'empereur le faisait revenir. Fresque d'un maître bulgare, couvent de Batschkovo, XIIe siècle.* **120** *L'empereur Théodose Ier convertit définitivement les Romains à la vraie foi chrétienne. Détail d'un plateau en argent, vers 388.* **121** *Le maître de l'Occident chrétien, Augustin, évêque d'Hippone, enluminure médiévale.*

119

120

121

IV. L'influence de la géographie ecclésiastique

Phénomène d'abord urbain – on l'a vu – le christianisme s'est implanté partout mais il l'a fait en s'adaptant aux circonscriptions civiles de l'Empire.

Rome et la papauté. Il y a d'abord Rome, capitale – plus tard seulement capitale de l'Occident – et l'évêque de Rome qu'on appelera le pape.
Même si Rome, conquise en 410 par le Germain Alaric après huit cents années triomphantes, perd son rôle de centre du monde, la papauté, au lieu de reculer, s'en trouve renforcée. Que, d'emblée, Pierre et Paul soient venus à Rome et y soient morts a constitué la chance fondamentale de l'Église et de l'Occident. Elle affermit son autorité, qu'elle proclame avec une force croissante. « L'apôtre Pierre en personne se survit dans l'évêque de Rome : si le pape porte le poids de tous ceux qui ont besoin de son appui, il ne doute pas que le bienheureux apôtre Pierre ne porte avec lui et en lui, ce poids formidable et qu'il ne protège celui qui est l'héritier de son administration. C'est-à-dire, investi de devoirs et de droits que l'évêque du siège apostolique en tant que tel, n'a pas en commun avec les autres évêques » (lettre du pape Sirice [385] citée par Mgr Batiffol, *le Siège apostolique*).
Pour prendre un exemple au début du Vᵉ siècle, le pape Innocent Iᵉʳ (402-417) traite de toutes les questions : affaires d'Orient, affaires de l'Illyricum, affaires d'Afrique mais aussi et surtout affaires d'Occident, Italie, Espagne, Gaule.
De partout, il reçoit des lettres d'évêques qui l'interrogent sur les problèmes de dogme, de discipline, de morale. « Qui ignore, écrit-il à un évêque, que ce qui a été enseigné par le Prince des Apôtres, Pierre, à l'Église romaine et y est encore aujourd'hui observé, doit être observé par tous ?... Il est d'ailleurs constant que dans l'Italie tout entière, les Gaules, les Espagnes, l'Afrique, la Sicile et les îles, nul n'a montré d'églises, sinon ceux que le vénérable apôtre Pierre ou ses succcesseurs ont faits évêques. »

Les circonscriptions du Vᵉ siècle. Au-dessous de Rome, il y a la division des provinces. Attachons-nous à l'organisation du Vᵉ siècle. A cette époque a été rédigée la *Notitia dignitatum* (liste des hautes fonctions). L'Empire y est divisé en deux, Orient et Occident. Chacun de ces deux Empires est lui-même divisé en deux préfectures, chaque préfecture en diocèses, chaque diocèse en provinces et chaque province en *civitates*. L'Empire d'Occident qui nous servira d'exemple comprend donc la Préfecture des Gaules et la Préfecture d'Italie.
La Préfecture des Gaules dont la capitale est Trèves est divisée en trois diocèses, celui de l'Espagne, celui des Gaules, celui de Bretagne. La Préfecture d'Italie a pour capitale Milan et les trois diocèses qui la composent sont ceux d'Italie, de Rome, d'Afrique. Or, l'Église a modelé ses circonscriptions sur celles de l'Empire. D'abord, chaque *cité* a son évêque avec des auxiliaires, les « chorévêques », qui s'occupent des campagnes. Nous parlerons plus loin des prêtres et des paroisses. Ensuite, chaque province a son évêque « métropolitain ». Ce sont, pour la Gaule, ceux de Mayence, Cologne, Trèves, Reims, Besançon, Lyon, Rouen, Tours, Sens, Bourges, Bordeaux, Auch, Narbonne, Aix, Vienne, Embrun, Moûtiers. Il faudra attendre longtemps avant que le mot « diocèse » s'applique à la circonscription de l'évêque, originairement la *civitas*.
La *civitas* est une circonscription essentielle : progressivement, son nom va devenir celui de la ville principale. Par exemple, la *civitas* des *Parisii*, Lutèce, devint Paris, la *civitas* des *Lugdunenses* Lyon et celle des *Trevesi* Trèves. Insistons donc sur le fait que les diocèses ne correspondent pas à des circonscriptions ecclésiastiques et remarquons aussi qu'en Orient il y aura quatre patriarches, ceux d'Antioche, d'Alexandrie, de Jérusalem et de Constantinople. L'Occident n'a que l'évêque de Rome.

La paroisse. Beaucoup plus importante pour l'Europe est la paroisse. Outre les parties des villes qui sont administrées par des prêtres, les campagnes, dès le VIᵉ et surtout le VIIᵉ siècle, sont parsemées de circonscriptions où les prêtres ont le droit de baptiser, d'enseigner et de célébrer la messe. On voit même apparaître des archiprêtres ruraux et des archiprêtres urbains.
Il y a souvent une église par *villa* mais beaucoup d'entre elles disparaissent et sont remplacées par des villages, une église par *vicus*, c'est-à-dire par bourg. Ces prêtres ou *presbyteri* relèvent de l'évêque.
Dès le VIIᵉ siècle, les églises créées par de grands propriétaires, des *potentes*, subissent l'influence de leurs fondateurs qui finissent par considérer les églises comme leur propriété personnelle, ajoutant en quelque sorte une « plus-value » à leur *villa*.
Aujourd'hui, le diocèse correspond à la circonscription de l'évêque, la paroisse à celle du curé, tout en dépendant de celle de l'évêque.
Mais, longtemps, les deux termes ont été utilisés indifféremment. Quant à la cité, elle est ville épiscopale.
Dans les pays qui ne furent jamais dépendants de l'Empire romain, les évêques s'installèrent généralement dans les villes ayant des remparts, comme Magdebourg, Hambourg. Ces villes étaient alors appelées *civitates*. Une ville avec des remparts mais sans évêque n'était pas une *civitas* mais un simple camp ou *castrum*.
La cité a une église cathédrale dont le nom du saint patron a largement influencé la toponymie de l'Europe occidentale.
Il faut remarquer que, dans certains pays, l'influence des circonscriptions romaines fut moins forte, comme en Espagne, du fait de la conquête musulmane.
La paroisse est une unité essentielle pour l'histoire de l'Europe. Les églises rurales constituent un tissu serré au IXᵉ siècle en Gaule et en Italie. Il s'en crée de nouvelles aux Xᵉ et XIᵉ siècles. En Allemagne, les églises rurales sont peu nombreuses au IXᵉ siècle ; elles se multiplient au siècle sui-

122

123

vant grâce à l’évangélisation et au défrichement. Le XIe siècle connut un semblable essor en Bohême, en Pologne, en Hongrie. *Les paroisses ont eu une immense influence sur l’Europe.* Elles sont à l’origine des communes qui encadrent notre vie. C’est dans les paroisses qu’avec les registres de baptêmes, de mariages et de décès est né l’état civil, même s’il a été laïcisé depuis. Chaque paroisse, de la Pologne au Portugal, de l’Irlande à la Sicile, de la Norvège à la Tchécoslovaquie, a son église, parfois même *ses* églises dans les pays où l’habitat n’est pas dispersé, en Italie par exemple. *Nous vivons dans une structure profondément marquée par la paroisse et par la commune.*

Conclusion. Pendant deux millénaires, un petit peuple oriental, le peuple hébreu, souvent appelé Israël, tantôt triomphant, tantôt écrasé, mais toujours intrépide, défendit sans concessions une religion monothéiste. Cette religion a subsisté jusqu’à nos jours malgré la dispersion – ou diaspora – de ses adeptes. Cette religion juive (du nom de Juda, l’un des fils de Jacob) ou israélite (le second nom de Jacob était Israël) a ainsi continué d’exercer une influence directe, notamment sur les Européens.

A la mort d’un prophète juif, Jésus de Nazareth, supplicié sous le procurateur Ponce Pilate, vers 30 ap. J.-C., ses Apôtres et disciples crurent en sa résurrection et, rompant avec la religion juive, créèrent ce qui fut au début une petite secte dont le principal propagandiste et théologien fut Saül, devenu Paul, Juif né à Tarse en Asie Mineure, bénéficiant du statut de citoyen romain.

En trois cents ans, cette petite secte, l’Église, dont le nom vient du grec *Ecclesia* qui signifie assemblée, conquit l’Empire romain, déborda de ses frontières avec l’ambition de devenir universelle, c’est-à-dire catholique, et transforma l’Europe. L'Église d'Orient avec « la deuxième Rome », Constantinople, joua de plus en plus un rôle particulier, acceptant difficilement la soumission au pape. La reconquête passagère de Justinien (VIe siècle) eut des effets en Italie du Nord. La superbe tradition grecque des mosaïques s'y perpétua. Ravenne, puis Saint-Marc de Venise en sont les plus célèbres exemples. Mais on s'achemina vers la rupture.

124

122 *L'unité de l'Occident à travers les évêques : le trône de l'évêque Maximien, à Ravenne, l'un des plus anciens évêchés d'Italie.* **123** *Iconographie de l'Église orientale : mosaïque du Christ, dans l'église Sainte-Sophie de Byzance, vers 560.* **124** *Le christianisme s'est enfin installé en Europe occidentale : scènes de la vie du Christ, enluminures de parchemin, VIIIe siècle.*

6 La grande époque des Germains

I. L'arrivée des Germains dans l'Europe

Germains et Celtes. De même que les Celtes avaient vécu côte à côte avec les Romains avant d'être conquis par eux, à l'exception du nord de l'Écosse et de l'Irlande, de même les Germains apparaissent parmi les préoccupations des Romains à l'époque d'Auguste. « Germain » est un mot introduit au Ier siècle av. J.-C. par l'historien grec Posidonios.

Lorsque, de 113 à 101 av. J.-C., partis du Jutland méridional et de la basse vallée de l'Elbe, les Cimbres et les Teutons envahissent la plaine du Pô et sont vaincus par Marius à Aix-en-Provence et à Verceil, il est fort possible qu'il s'agisse – on l'a vu – de Celtes et non de Germains. Les noms de leurs chefs sont en effet celtiques. Cette méprise serait due à Jules César qui, au moment où il conquiert la Gaule, utilise le mot *Germani* pour désigner des tribus, fortement celtisées, de la rive gauche puis de la rive droite du Rhin. En outre, il paraît très probable que certains dialectes celtes et germains présentaient des ressemblances, ce qui ne fit qu'ajouter à la confusion. D'ailleurs, après la conquête de la Gaule par César, de nombreux Gaulois s'exilent définitivement en Germanie.

Germains et Romains. On notera que tous les Germains ainsi nommés par les Latins ne se sont pas donné à eux-mêmes un nom général. On ne connaît les Germains que par des noms de peuplades, *Alamani* (Allemands ou *all men,* c'est-à-dire « tous les hommes », sans doute un regroupement variable de tribus). Le mot *Deutsch* n'apparaît que tardivement, au VIIIe siècle ap. J.-C. et désigne « les gens du peuple » sur le seul continent et non dans les îles Britanniques. On peut essayer d'adopter une classification linguistique de ces peuplades :

125 *Les Germains en Afrique : un Vandale à cheval, mosaïque d'une villa de Carthage, vers 500 après J.-C. Sous le règne de Genséric, les Vandales avaient conquis, en 429, la province romaine d'Afrique.*

1) Ceux qui avaient des dialectes nordiques. Le mot scandinave est d'origine savante. Les dialectes scandinaves sont à l'origine des langues scandinaves d'aujourd'hui.

2) Les dialectes estiques étaient employés par les Goths, les Burgondes, les Vandales.

3) Les dialectes westiques étaient ceux des Francs, des Alamans, des Bavarois, des Lombards, des Angles, des Saxons, des Frisons, d'où dérivent l'allemand, le néerlandais, l'anglais moderne.

Cette distinction n'est pas absolue.

On notera qu'à l'âge du bronze, une certaine civilisation annonçant les Germains part de la Scandinavie méridionale où les linguistes n'ont pourtant pas pu déceler de substrat « prégermanique ». Ils s'installent entre Oder et Weser puis en Poméranie et atteignent vers 800 av. J.-C. la Westphalie à l'ouest et la Vistule à l'est. Mais l'expansion celtique les exclut longtemps de l'actuelle Allemagne du Sud et de l'Europe centrale.

La frontière romaine et le *limes.* Ces peuples que César a arrêtés sur le Rhin (58-51 av. J.-C.) ont, à leur tour, arrêté les Romains avant de pénétrer dans l'Empire. Le *limes* romain, vraie barrière fortifiée, excellent sur le plan militaire, n'a pas empêché les brassages des populations, brassages qui furent sources d'invasion.

Aux Ier et IIe siècles ap. J.-C., jusqu'à l'empereur Marc Aurèle, la situation est calme. C'est sous Auguste, on s'en souvient, que les Germains ont écrasé les légions de Varus chargées de conquérir tout le pays jusqu'à l'Elbe. Les Romains sont alors réduits à occuper un triangle allant de la Lahn au Danube, couvrant la Forêt-Noire et le Jura souabe : ce sont les Champs décumates. Cela n'empêche pas l'influence romaine de se manifester en pleine période de paix. Des Germains passent au service des Romains comme mercenaires. Les plus riches se font donner une culture latine.

406 Grand franchissement du Rhin par les Barbares, notamment Suèves, Vandales, Alamans.

	Ve siècle après J.-C.		*VIe siècle après J.-C.*			
Église	**451** Concile de Chalcédoine condamne le monophysisme	**452** Entrevue entre le Pape Léon Ier et Attila	**536-537** Le Pape Sylvère hostile aux monophysistes déporté par Justinien	**585** Institution de la dîme	**590-604** Grégoire le Grand	
Empire d'Occident et Latins	**395** † de Théodose Honorius **(395-423)** **410** Prise de Rome par Alaric	**418** Création du système du *foedus* **423-455** Valentinien III	**Aetius** († 454) puis *Aegidrius* puis *Syagrius* tiennent une partie de la Gaule au nom de Rome	**455** Sac de Rome par Genséric **476** Fin de l'Empire d'Occident (Odoacre dépose Romulus Augustule)	**493** Zénon, empereur d'Orient, devient le principe souverain	
Celtes - Iles Britanniques	**407** Les soldats romains évacuent la Bretagne *Constantin III* débarque à Boulogne et essaie en vain de sauver la Gaule **430-440** Flux d'immigrants	**v. 435** Évangélisation de l'Irlande **429, 440-444** Saint Germain d'Auxerre en Bretagne alors celtique et Britannia romaine	**449** Installation des chefs Hengist et Hersa au Kent *Mérovée,* nom éponyme des Mérovingiens, *collabore avec Aegidius*	**450-600** Immigration de Grande-Bretagne vers l'Armorique *Fin Ve siècle* Jutes (Jutland) → Kent, Ile de Wight, Hampshire *Angles* (de la côte E), du Slevig (Angels), viennent avec les *Saxons*	**525-570** Invasions franques en Grande-Bretagne Grand rôle des monastères irlandais dans la vie culturelle	**596-597** Mission d'Augustin en Grande-Bretagne
Francs	**440** Les Francs attirent l'attention de leurs voisins. 2 groupes : Saliens et Rhénans **457** Childéric père de Clovis **481** Avènement de Clovis	**486** Syagrius battu et tué par Clovis à Soissons. Clovis épouse la Burgonde Clotilde **496** Conversion de Clovis	**507** Clovis bat les Wisigoths à Vouillé (Alaric II) **511** Mort de Clovis **v. 507-511** Loi salique **511** Un concile gaulois ferme les églises ariennes	Rois francs Théodebert, puis Théodebalt **530-537** Les Francs conquièrent le royaume burgonde, la Provence, la Thuringe	**v. 536** Protectorat franc en Alamanie **Clotaire** **v. 555** Protectorat francs en Bavière, Saxe **560** Apogée de la conquête franque **Austrasie, Neustrie**	Révolte de *Brunehaut* fille du roi wisigoth Athanagild et femme de Sigebert, roi des Francs de l'Est, et de *Frédégonde,* femme de Chilpéric, roi des Francs du Nord
Burgondes	**436** Destruction du royaume burgonde du Rhin	**443** Fondation du royaume burgonde de Genève (nouveau foedus) **472** Burgondes à Lyon	**480-516** Gondebaud, roi des Burgondes **v.501-515** La "Loi Gambetti"	**533-534** Union personnelle royaume franc-Burgondes *Assimilation*		
Ostrogoths puis Lombards		**473** Théodoric, roi des Ostrogoths en Dacie **475-483** en Mésie, Macédoine	**488** Départ des Ostrogoths pour l'Italie **493** Théodoric, maître de l'Italie (prend Ravenne) *Cassiodore* conseiller de Théodoric	**525** Boèce exécuté **526** Mort de Théodoric Influences ostrogothiques en Espagne : Theudis (531-548) et Theudisdin (548-549)	**552** Mort de Teia, dernier roi ostrogoth ***LOMBARDS*** **568** Les Lombards envahissent l'Italie	**572** Les Lombards prennent Pavie **574-584** Interrègne **590-616** Agilulf, roi des Lombards
Wisigoths	Entrent dans l'Empire **(376-378)** Alaric en Italie du N. **413** Wisigoths en Aquitaine (roi Athaulf) **418** Fondation du royaume de Toulouse (restent 80 ans en Aquitaine et 3 siècles à Narbonne)	**418-451** Théodoric Ier **453-454** "Foedus" pour les Wisigoths **453-466** Théodoric II **466-484** Euric, capitale Bordeaux	**477** Odoacre cède la Provence aux Goths **484-507** Alaric II, roi des Wisigoths **506** Le "Bréviaire d'Alaric"	**554** Tolède, capitale des Wisigoths **561** Le roi suève Théodinum devient catholique **568-586** Leovigilde roi des Wisigoths	**571-624** Les Wisigoths reconquièrent l'Andalousie sur les Byzantins **585** Annexion du royaume suève (Portugal)	**589** Le roi Récarède abjure l'arianisme
Autres peuples germains	**409** Vandales en Espagne. Alamans en Espagne battus par les Wisigoths	**428** Angles et Saxons en Grande-Bretagne **429** Vandales en Afrique **439** Genséric à Carthage	**440** Vandales en Sicile **449** "Hengist et Hersa" au Kent **455** Vandales en Corse, Sardaigne	**495** Naissance du Wessex **506** Dispersion des Alamans	**590** Évêché à Constance (Alamans)	
Empire d'Orient	**395-408** Arcadius **408-450** Théodose II	**474-491** Zénon empereur **491-518** Anastase empereur	**518-527** Justin empereur **527-565** Règne de Justinien Reconquête d'une partie de l'Occident	**533** Afrique, Tunisie **535** Italie, Espagne du Sud (de l'embouchure du Guadalquivir à celles du Jucar)	**536** Bélisaire à Rome Justinien décide de supprimer les Ostrogoths **582** Les Avars prennent Sirmium	**596-597** Début de la mission chrétienne en Angleterre (Augustin)
Barbares non germains	Les Huns en Pannonie Royaume nomade Puissance dirigeante du monde barbare **434** Attila, roi des Huns	**451** Les Huns en Gaule Bataille des Champs Catalauniques **452** Les Huns en Italie du Nord	**453** † Attila **482** 1e mention des Bulgares (en Ukraine) **v.503** Bulgares sur la Volga		**570** Les Avars en Pannonie	

VIIe siècle après J.-C.			*VIIIe siècle après J.-C.*		
			716 Le duc de Bavière Théodo fait appel au pape Grégoire II	**739** Charles Martel refuse de venir au secours du pape contre les Lombards	
627 Conversion d'Edwin, roi de Northumbrie († 633) suivi par Mercie, Essex, Kent			**704** L'Irlande se rallie au comput pontifical		
613-629 Clotaire II **629-639** Règne de Dagobert momentanément arbitre de l'Europe Décadence des Mérovingiens "Rois fainéants"	**657** Ebroïn, maire du palais de Neustrie Pepin d'Héristal, maire du palais d'Austrasie (aidé de saint Léger, évêque d'Autun)	**680** Mort d'Ebroïn Triomphe de Pépin **687** Victoire de Tertry	**709-712** Alamans sous la domination franque **714-719** Charles Martel prend le pouvoir en Gaule du Nord	**732** Charles Martel bat les Arabes à Poitiers **741** Mort de Charles Martel → Pépin le Bref et Carloman	
607 Agilulf converti au catholicisme **v. 626** Capitale lombarde à Pavie	**628-652** Rothan, roi des Lombards **640** Les Lombards prennent Gênes	**671** Abandon définitif de l'arianisme		**735** Liens Charles Martel - Lombards	**738** Luitprand aide les Francs contre les Sarrasins en Provence Menace lombarde sur Rome
612-621 Sisebut, roi des Wisigoths, anéantit l'enclave byzantine	**636** Mort d'Isidore de Séville **654** "Liber judiciorum" du roi Réceswinthe	**693-702** Restrictions au commerce des juifs en Espagne wisigothique	**711** Fin des royaumes wisigoths		
627 Conversion du roi de Northumbrie (Grande-Bretagne) Edwin	**678** Wynfrith d'York part pour évangéliser la Frise	**690-734** Wilibrord évangélise la Frise	**709-712** Charles Martel écrase les derniers Alamans **713-744** Luitprand roi des Lombards	**719** Boniface (Wynfrith) évangélise la Frise et la Thuringe	**722** Boniface évêque de Germanie **751** Les Lombards prennent Ravenne
610 Avènement d'Héraclius **617** Slaves devant Constantinople	**626** Avars devant Constantinople			**726** Début de la crise iconoclaste	
600 Slaves devant Salone	**600-650** Bulgares et Slaves dans les Balkans **v. 625** Samo, roi des Slaves de Bohême	**v. 680** Les Bulgares au S. du Danube occupent Mésie (sous la conduite du khagan Aspanich)	**711** Les Arabes conquièrent une grande partie de l'Espagne		

126

127

128

126 *La civilisation écrite des Germains : pierre runique au château Gripsholm au bord du lac Mälar en Suède, érigée vers 1050 après J.-C. L'inscription signifie : « Tola a dressé cette pierre pour son fils Harald et le frère d'Ingvar. Ils sont courageusement partis vers l'Est chercher de l'or. Ils ont donné [à manger] à l'aigle et sont morts dans le Sud, à Särkland. »*
127 *Colonie germanique à l'époque des migrations : essai de reconstitution au musée en plein air d'Oerlinghausen, dans la forêt de Teutobourg.*
128 *Souvenir des Huns en Europe : médaille à l'effigie d'Attila, roi des Huns de 434 à 453, datant du XVIe siècle ; collection de l'empereur Rodolphe II.*
Carte 9 : *les Germains – ennemis et héritiers de l'Empire romain.*

Le luxe romain est imité. Même les Scandinaves sont attirés par ce monde nouveau. Des routes commerciales vont jusqu'au Jutland occidental pour fournir l'Empire d'ambre.
Sur le plan de l'écriture alphabétique, il en apparaît une forme, les *runes,* au IIe siècle, au Danemark. Elle existera jusqu'au VIIe siècle en Germanie proprement dite, jusqu'au IXe siècle en Angleterre, jusqu'au XVe siècle en Scandinavie. Mais son rôle littéraire restera faible.

La vague d'invasion des IIe et IIIe siècles à l'ouest de l'Empire. On peut distinguer, chronologiquement, deux vagues d'invasion terrestre et une vague d'invasion maritime. Nous ne parlerons pas des invasions à l'est de l'Empire. La première vague terrestre commence au IIe siècle ap. J.-C., en 166, quand les Quades et les Marcomans pénètrent en Vénétie. Au IIIe siècle, des Germains pénètrent sur la rive gauche du Rhin après avoir emporté le *limes* en 254. Ils envahissent la Gaule. En 260 et en 270, les Alamans sont en Italie. Les Goths attaquent la Grèce et l'Asie Mineure. Dioclétien, l'empereur romain des grandes persécutions, réussit, à la fin du IIIe siècle, à arrêter enfin, par la force brutale, cette constante pénétration, source de grandes souffrances et de désordres.

La vague d'invasion des Ve et VIe siècles : les Huns. La deuxième vague, elle, ne sera pas arrêtée. Elle occupe les Ve et VIe siècles. Elle se produit sous l'effet d'une énorme pression exercée par un peuple non germanique, les Huns, habitants nomades des steppes au bord de la mer Noire. Ils attaquèrent les Goths d'Ukraine.

L'Empire romain, surtout celui d'Occident, crut possible de pactiser avec eux contre les Germains lorsque Goths, Francs et Burgondes se dirigèrent vers l'Italie et la Gaule.
Qui sont les Huns ? Sont-ils des Mongoloïdes ? C'est peu probable. On les a assimilés à ceux que les Chinois appelaient Hioung-Nou et qui semblent être des Blancs et non des Jaunes. Cette idée est aujourd'hui abandonnée. Les Huns sont-ils des pré-Turcs ? Ce n'est pas sûr.
Toujours est-il qu'ils sont apparus aux Occidentaux, dans l'Empire et hors de l'Empire, comme les pires barbares, tuant leurs vieillards, vivant à cheval, se nourrissant de viande crue.
Vers 425, ils s'installent en Pannonie, actuelle Hongrie. Leurs rois héréditaires, dont le plus connu est Attila, s'appuient sur une noblesse belliqueuse. Né en 395, Attila est au pouvoir en 434. Il négocie avec le Gaulois Aetius qui gouverne une large partie de l'Occident et, à partir de 451, brusquement, il cesse d'opérer contre l'Orient et fonce vers le Rhin qu'il franchit près de Mayence. Il ravage la Belgique, Metz, arrive à Orléans. Aetius, avec une armée de Francs, de Burgondes, de Gaulois et de Wisigoths, le bat aux « Champs Catalauniques », en Champagne. En 452, Attila envahit l'Italie du Nord et a une entrevue avec le pape Léon. Après sa mort, en 453, des querelles de succession affaiblissent les Huns qui disparaissent de l'histoire en 474. Malgré leur brutalité, ces invasions des Huns ont singulièrement moins d'importance que celles des Germains aux Ve et VIe siècles, que ces dernières aient été de brusques razzias, des conquêtes systématiques, ou une lente pénétration avec occupation d'une large partie du sol, disputé aux Romains et aux Celtes.

Vandales et Alains. On ne peut indiquer, dans le cadre de notre présentation, que quelques grandes lignes.

Dès 406, les Alains franchissent le Rhin. Ils pénètrent en Espagne en 409. En 414, on les signale sur le Rhône. Mais ils vont très vite se soumettre aux Wisigoths, en Espagne, aux Vandales en Espagne et en Afrique : les rois des Vandales portent le double titre de *rex Vandalorum et Alanorum*.

Les Goths. Beaucoup plus importants sont les Goths.
Il n'est pas impossible qu'ils soient venus de Scandinavie : deux peuples scandinaves porteront des noms semblables, Gutar de l'île de Gothard et Götar de Götaland, dans la moitié sud de la Suède ancienne. Pline et Tacite connaissent leur existence. Ils ont joui d'un immense prestige parmi les Germains.
Poussés par les Huns, les Goths s'installèrent comme réfugiés en Thrace, dans l'Empire. Les Ostrogoths ou Goths de l'Est ou encore Goths brillants et les Wisigoths ou Goths de l'Ouest ou Goths sages, furent convertis au christianisme à partir de 341 par l'évêque arien Ulfila qui connaissait très bien leur langue.
Les Wisigoths, après avoir menacé Constantinople (378 et 395), se précipitèrent ensuite vers l'Italie du Nord sous la conduite de leur chef Alaric. Celui-ci arriva devant Rome et réussit à bloquer Ravenne pourtant protégée par une zone de marécages. Le 24 août 410, Alaric entra à Rome dont la mise à sac dura trois jours. Scandale abominable à la fois pour l'Empire et pour le monde chrétien catholique. Alaric mourut à la fin de cette même année. Son beau-frère et successeur passa en Gaule, s'installa à Narbonne où les Goths restèrent trois siècles, à Toulouse et à Bordeaux. A Narbonne, il épousa une captive célèbre, fille de l'empereur romain Théodose Ier, Galla Placidia, dont le mausolée, à Ravenne, est peut-être le plus grand chef-d'oeuvre mondial de la mosaïque ancienne.
Maîtres de l'Aquitaine, les Wisigoths passèrent en Espagne mais ne réussirent pas à franchir le détroit de Gibraltar. Ils furent, par moments, au service de Rome.

Les Wisigoths en Espagne. La poussée des Francs allait réduire considérablement le royaume wisigoth. Sous le règne d'Euric (466-484), ce fut l'apogée du « royaume de Toulouse ». Euric étendit sa domination jusqu'à l'Auvergne au nord et renforça son pouvoir en Espagne au sud. En 507, à la bataille de Vouillé, les Francs repoussèrent les Wisigoths en Espagne et en Narbonnaise. C'en était fini du « royaume de Toulouse ». Toutefois, ils n'occupèrent pas toute la péninsule Ibérique : les Suèves, d'où vient le mot « souabe », avaient passé le Rhin en 406 et entrèrent en Espagne en 409. Ils créèrent un petit royaume qui s'étendit à la Galice et au nord du Portugal. Ils multiplièrent les incursions vers le sud, vers la Bétique et la Lusitanie. Sans cesse attaqué par les Wisigoths, le royaume suève fut conquis en 585 par le roi wisigoth Leovigilde.
Les Wisigoths avaient établi leur capitale à Tolède. Ils durent lutter contre les troupes de Justinien, ce grand empereur d'Orient qui tenta de reconstituer l'Empire romain dans sa totalité. Justinien réussit en Italie et en Afrique, se heurta aux Burgondes en Gaule, fit débarquer ses troupes, en 551, dans les anciennes provinces de Bétique et de Carthagène, entre les embouchures du Guadalquivir et du Jucar et au cap Saint-Vincent, au sud du Portugal.
Ce ne fut qu'en 628 que les Byzantins furent définitivement chassés d'Espagne par les Wisigoths qui, désormais, pendant quatre-vingt-dix ans, allaient la dominer, à l'exception du pays des Cantabres et des Vascons, c'est-à-dire du pays basque.

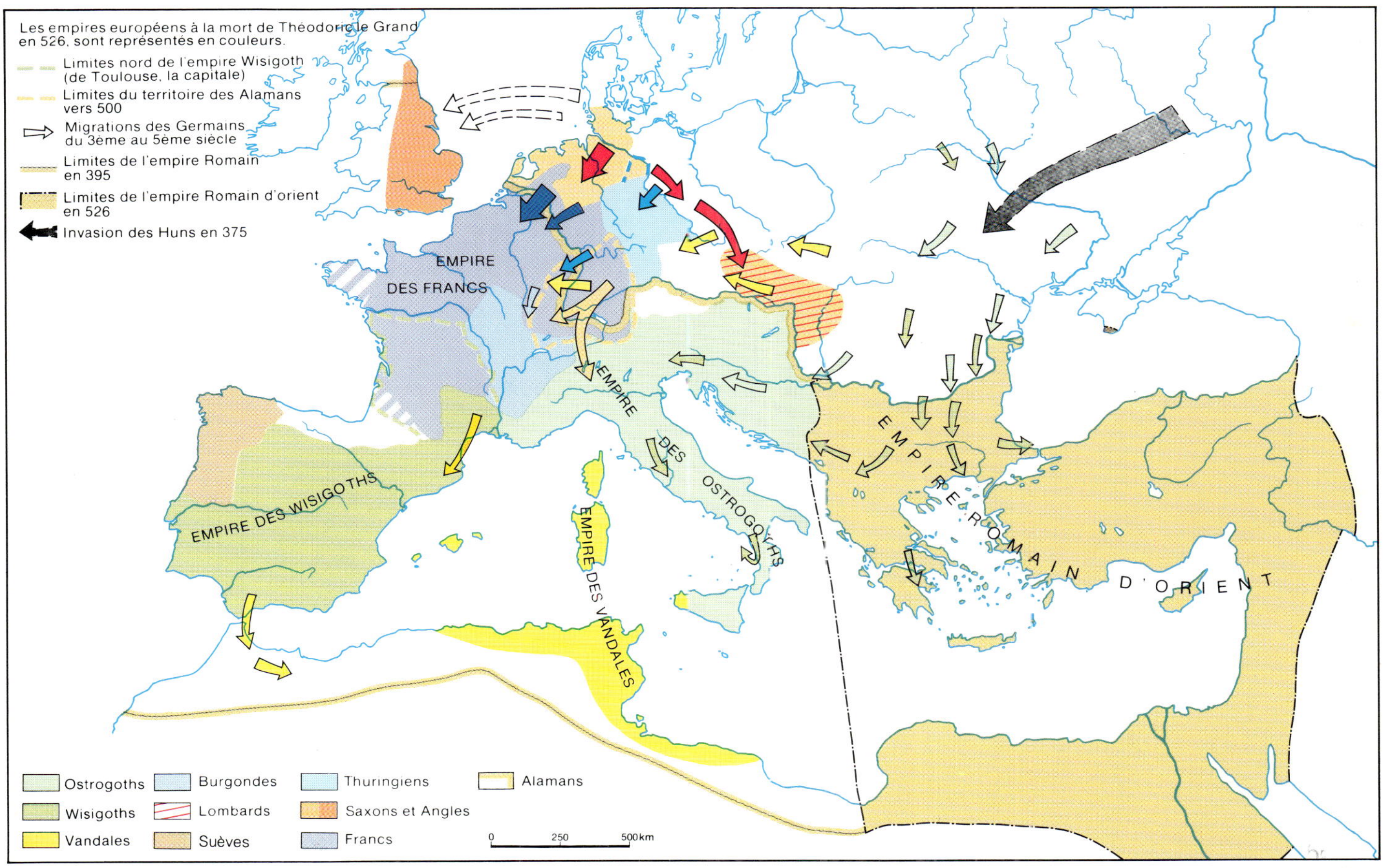

129

130

131

129 *Les rois Wisigoths en Espagne : une page du* Codex Vigilianus *de 976. Dans la rangée inférieure, le scribe et ses aides. Les Wisigoths furent convertis au catholicisme sous le roi Recarède 1er (règne : 586-601).* **130** *Artisanat ostrogoth : fibule en forme d'aigle, or 22 carats, anciennement serti de pierres précieuses.* **131** *Les Ostrogoths en Italie : palais du roi des Ostrogoths Théodéric (vers 453-526) à Ravenne sur une mosaïque de l'église Sant'Appolinare Nuovo, édifiée vers 500 sous Théodéric.*

Les Wisigoths – peut-être trois cent mille – s'entendirent en général bien avec les Hispano-Romains. Toutefois, cette entente se renforça lorsque au concile de Tolède, en 589, leur roi Récarède abandonna l'arianisme pour le catholicisme romain et lorsque le grand évêque Isidore de Séville fit l'éloge de « la nation des Goths ». Les terres allaient pour deux tiers aux Wisigoths, pour un tiers aux Hispano-Romains. Un véritable État fut créé avec une cour royale, l' *Aula Regia,* des provinces et des *civitates.* Mais, avant même la conquête musulmane de 711, le royaume, en proie au morcellement seigneurial, tomba au pouvoir des nobles.

Attardons-nous un peu sur Isidore de Séville, homme fort remarquable, né vers 560, mort en 636, originaire de la Bétique romanisée et catholique. Il « devait être au VIIe siècle la gloire de l'Église d'Espagne, le plus grand nom de l'Espagne chrétienne et le dernier des Pères de l'Église en Occident ». Son frère aîné avait été évêque de Séville et avait converti le roi wisigoth. L'érudition d'Isidore était encyclopédique et résumait à la fois la science antique et la doctrine chrétienne. Il s'intéressait à la chronologie, à la liturgie, à la philosophie, à la grammaire, à la théologie, à la physique, aux questions de constructions navales, aux costumes, à la cuisine, à l'histoire naturelle, à la cosmographie, à l'arithmétique. Il rédigea une *Histoire des Goths, des Vandales et des Suèves.* Il possédait une bonne bibliothèque mais il ignorait à peu près totalement le grec. Le VIIIe concile de Tolède, en 653, dit de lui : « Il a été le grand docteur de notre siècle, la gloire la plus récente de l'Église catholique,... et pour mieux dire encore le plus savant des hommes.» Certains ont estimé que son autorité même, pendant une grande partie du Moyen Age, a contribué à ralentir le progrès. C'est être sévère. Sa philosophie s'exprime dans ses trois livres de *Sentences.* Son chef-d'œuvre est probablement les *Étymologies* où il présente son système d'éducation. Certes, son influence sera immense sur la Renaissance carolingienne, sur saint Thomas, sur Dante qui parlera de « l'esprit ardent d'Isidore ». Enfin, soulignons qu'Isidore, dont la langue maternelle était le latin, se considérait bien plus comme espagnol que comme romain. Il se réjouit de voir les Wisigoths reprendre aux Byzantins la partie de l'Espagne qu'ils avaient conquise.

Les Ostrogoths en Italie. Les Ostrogoths ont eu une carrière moins durable mais plus brillante. Au moment de la bataille d'Andrinople, en 378, une partie des Ostrogoths vivait en Pannonie, actuelle Hongrie, sous le protectorat des Huns. Une autre partie, au service de l'Empire d'Orient, habitait les Balkans. Lorsque la puissance des Huns s'effondra, les Goths de Pannonie se rapprochèrent de l'Empire. Un neveu du roi, Théodoric, fut pris comme otage et passa neuf ans à Constantinople. Il monta sur le trône en 473 et resta connu sous le nom de Théodoric le Grand. Il s'empara d'une partie des Balkans alors que le dernier empereur d'Occident, sans enfant, était déposé, en 476, par Odoacre, roi de la tribu germanique, des Hérules. L'empereur d'Orient chercha à utiliser Théodoric pour chasser Odoacre. Partant de l'actuelle Bulgarie, avec une armée composite, Théodoric entra en Italie et, après quatre ans, réussit à faire assassiner Odoacre et sa famille. Il devint alors souverain d'Italie, rendu célèbre par son ministre, l'écrivain Cassiodore. Théodoric organisa l'Italie par un partage en deux administrations, l'une gothe, l'autre romaine, séparées mais dépendant toutes les deux de lui. Il fut accepté par les Romains et n'hésita pas à appeler les empereurs d'autrefois *majores nostri,* nos ancêtres. En 500, il fut intronisé à Rome et

prononça un discours dans lequel il dit : « Nous nous réjouissons de vivre sous le droit romain, que nous souhaitons défendre les armes à la main... A quoi bon avoir repoussé le désordre barbare, si ce n'est pour tirer des lois notre règle de vie ? »
Habile donc et prudent aussi puisqu'il ne revendiqua pas le titre même d'empereur. Installé à Ravenne, il embellit sa cour par de nombreuses constructions. Théodoric domina non seulement l'Italie mais aussi la Rhétie, à peu près la Suisse actuelle, le nord de l'Illyricum, la Dalmatie, une partie de la Pannonie, l'est de la Sicile et, après 511, la Provence. « C'est dans le domaine intellectuel que le règne brilla surtout. Il est dominé par trois noms, Eunodius, futur évêque de Pavie... Cassiodore, homme d'État avant de créer, dans son monastère de Vivarium, une sorte de conservatoire de la culture ; et surtout Boèce, le dernier esprit vraiment original qu'ait produit l'Antiquité, administrateur aussi, mais surtout philosophe et mathématicien imbu de culture grecque. » Ainsi est décrit par Lucien Musset ce règne important. Théodoric le Grand mourut en 526. Son mausolée est l'un des principaux monuments historiques de Ravenne.

Les Burgondes. Les Burgondes étaient originaires de la Baltique et de la Vistule. Ils venaient probablement de Scandinavie : il y a analogie, sans doute, avec Borgund en Norvège, situé sur la Sognefjord et l'île danoise de Bornholm qui vient de Borgundarholm.
Au IIIe siècle, les Burgondes avancèrent vers l'ouest, sans pénétrer dans l'Empire avant 400 ap. J.-C. En 406, la percée de nombreux peuples germaniques les amena à l'ouest du Rhin, en aval de Coblence. Ils restèrent trente ans en Rhénanie puis, repoussés par les Alamans, obtinrent des Romains de s'installer autour de l'actuelle Genève, en Sapandia – serait-ce là l'origine de « Savoie » ? Ils aidèrent Rome à lutter contre les Huns et contre les Suèves et en furent récompensés en s'étendant de Lyon aux Alpes maritimes : le roi trônait à Lyon, son héritier était installé à Genève.
Avec les Romains, ils entretinrent de bonnes relations, ce qui leur permit de se maintenir longtemps. Mais ils furent attaqués par les Goths au sud, par les Francs au nord qui finirent par absorber toute la Burgondie.

Les Alamans. Les Alamans, mot qui signifie « tous les hommes », comme on l'a précédemment indiqué, sont cités pour la première fois en 213. En 260, ils percent le *limes,* franchissent les Alpes et arrivent à Milan. Ce sont eux les habitants des fameux Champs Décumates qui vont du Neckar jusqu'au Rhin alsacien et au lac de Constance. Les étrangers les appellent les Alamans, ils préfèrent quant à eux l'appellation de Souabes. Au IVe siècle, ils multiplient les tentatives de poussée vers l'Alsace à l'ouest et vers Milan au sud. Au Ve siècle, ils jouent un grand rôle dans la percée des Germains en 406. Les Francs sont leurs principaux adversaires et, en 506, Clovis met fin à leur dynastie à la bataille de Tolbiac. La tradition veut qu'en reconnaissance de cette victoire Clovis se convertit au christianisme à Reims, une étape capitale dans l'histoire de l'Europe. Les Alamans se maintiennent cependant dans la plaine suisse et dans le Jura auprès de Besançon. Mais à partir de 536, ce peuple resté païen devient tributaire d'un duc franc d'Austrasie, partie est du royaume franc et, au VIIIe siècle, il finit par se fondre avec les populations germaniques de l'est du Rhin. En 590, un évêché est créé à Constance mais la conversion des Alamans n'en restera pas moins lente.

132 *Fouilles de tombeaux alémaniques à Hüfingen dans le Bade-Wurtemberg : de nombreux verres provenant de Rhénanie, de Bourgogne ou d'Italie. Hüfingen se trouvait au carrefour des voies commerciales romaines.* **133** *Amulettes païennes découvertes dans des tombes bajuvares : les coquilles de pourpre et les pierres, vraisemblablement en cristal de roche ou topaze, étaient portées par les femmes et les enfants.*

132

133

Les Bavarois. Les Bavarois ne sont cités pour la première fois qu'en 551. Ils se trouvent déjà sur leur territoire actuel et ne l'ont jamais quitté. Ils franchissent la crête des Alpes et arrivent sous le haut Adige. Les ducs bavarois ou agilalfingois vont être longtemps autonomes et il faudra attendre Charlemagne, en 788, pour qu'ils soient annexés au royaume franc.

Les Francs. Exception par rapport aux autres peuples germaniques, les Francs sont, avec les Wisigoths, les seuls à avoir pu constituer un royaume durable. Ils furent, a-t-on dit, « les principaux bénéficiaires des migrations ». Ils sont mentionnés d'abord en 241 puis en 257. En 286, on signale leur arrivée par mer. Leur langue est à l'origine du néerlandais. Leur nom deviendra celui des Français mais une large partie d'entre eux installés sur la rive droite du Rhin sont les ancêtres des Allemands d'aujourd'hui. Ils sont composés de quantité de petits peuples du Rhin inférieur, vivant, à l'origine, à proximité de la frontière romaine, dans la région de Cologne. Le groupe le plus important fut celui des Francs Saliens connus par leur loi salique. Mais il y a aussi ceux qui sont installés dans la *Francia Rivensis* ou Francie riveraine qui s'étend, vers 475-480, sur les deux rives du Rhin, de Mayence à Nimègue et sur la Moselle de Toul à Coblence. A travers les récits obscurs de Grégoire de Tours, au VIIe siècle, on connaît quelques-uns de leurs rois : Childéric, grand-père de Clovis, qui apparaît en 457, Mérovée, père de Clovis et « fondateur » de la dynastie des Mérovingiens qui durera deux siècles et demi. Mais Mérovée est plutôt « l'éponyme mythique » de la dynastie qu'un nom de personne.
La pénétration des Francs s'est faite par noyautage des légions romaines où ils étaient nombreux à s'engager et par occupation pacifique de certaines zones peu peuplées. C'est sous Constantin (324) que l'on voit apparaître dans l'armée romaine le premier officier supérieur franc. Combattant aux côtés des Romains, ils n'ont pas participé à la grande ruée de 406. Ils se contentèrent d'occuper les zones rhénanes et westphaliennes ou les *limes* abandonnés par l'Empire en plein écroulement.

Clovis et ses conquêtes. Clovis, né vers 465, monte sur son modeste trône vers 481 et va donner brusquement aux Francs

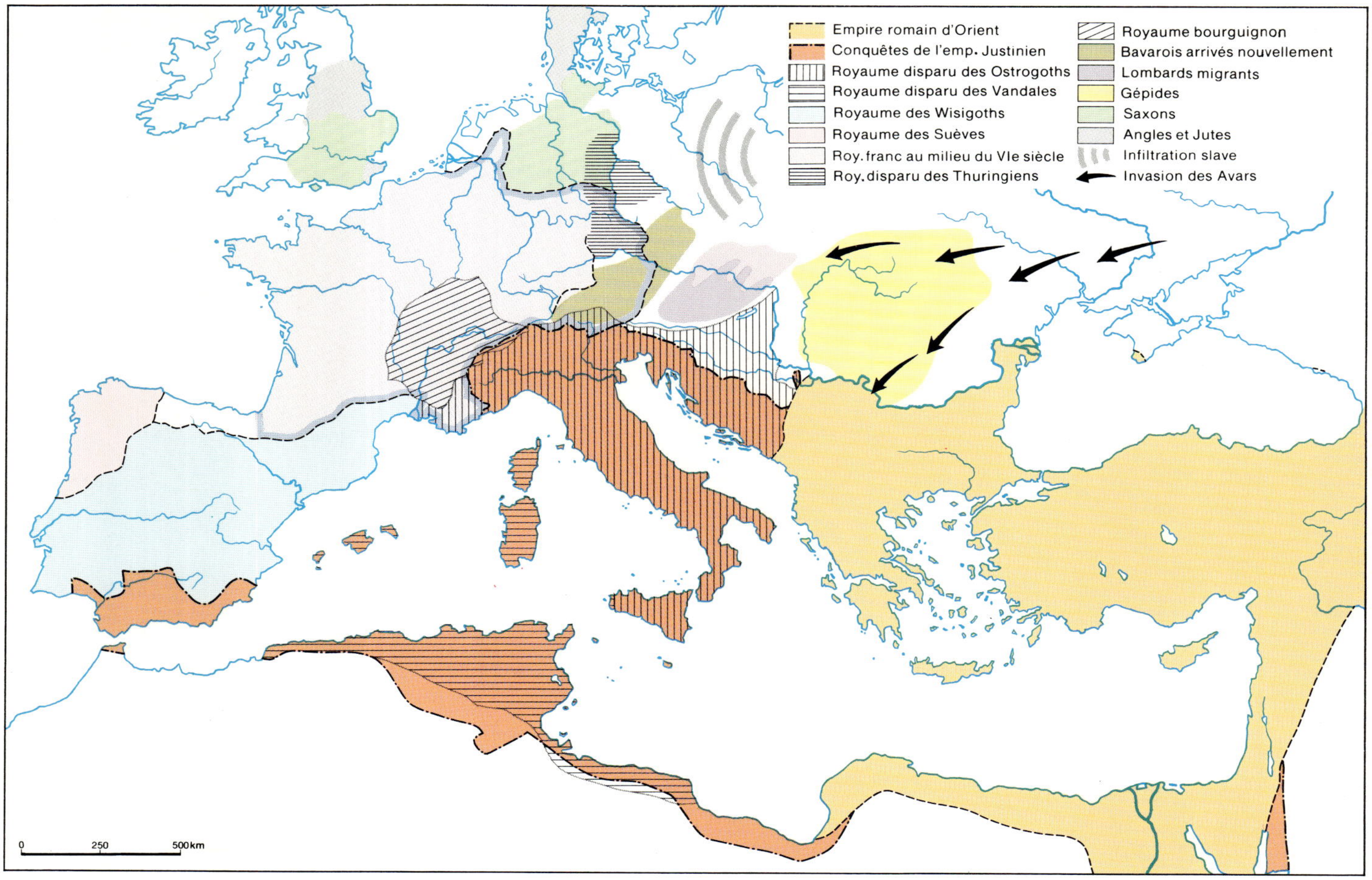

une notoriété et une puissance extraordinaires. La limite sud de ses possessions n'atteignait pas la ligne Verdun-Worms. Alors, Clovis commença par conquérir la zone comprise entre Seine et Loire jusqu'à Nantes, Tours, Orléans et le sud des Vosges. Puis il multiplia les campagnes vers l'est contre les Thuringiens et les Alamans, vers le sud contre les Burgondes et contre les Alamans, comme on vient de le voir. Revenons sur cet épisode important du baptême de Clovis : à la différence des Goths chrétiens, Clovis n'adopta pas l'arianisme. Cela lui valut les sympathies de la papauté romaine et lui attira surtout la fidélité de nombre de ses sujets, les Gallo-Romains chrétiens. Clovis remporta un grand succès décisif à la fin de sa vie : ce fut l'écrasement des Wisigoths à Vouillé, au sud de Tours, avec l'aide de son cousin, le roi de Cologne. Clovis occupa aussitôt Toulouse et Bordeaux.

La domination des divers peuples goths est alors bien curieuse : elle s'étend sur l'Italie où Théodoric règne jusqu'en 526 et sur l'Espagne. Mais les deux masses de territoires sont reliées par un couloir. C'est la Provence, des Alpes au Rhône, menacée par le royaume des Burgondes. A l'ouest du Rhône et jusqu'au-delà des Pyrénées, c'est la Septimanie, avec Narbonne qui restera longtemps, comme on l'a vu, un des grands centres wisigoths.

Clovis garda à son royaume la structure germanique. On notera qu'une coopération étroite s'établit, dans le sud du royaume franc, entre Germains et noblesse sénatoriale romaine. Celle-ci comprenait à peu près trois mille chefs de famille en Occident. La plupart désertèrent les villes du Nord, celles où pénétraient les Francs et se réfugièrent dans le Sud. D'après les noms, on remarque que les hauts fonctionnaires du nord de la Gaule, y compris les évêques, furent plutôt des Francs et qu'au Sud ce sont plutôt des Gallo-Romains ralliés. La fusion ne sera totale qu'au VIIIe siècle.

La conquête franque après Clovis. La conquête franque continua à se développer après la mort de Clovis, en 511. Le royaume burgonde fut annexé en 533-534, la Provence en 537. Seule la Septimanie resta aux Wisigoths, tandis qu'à l'extrême ouest, la basse Bretagne était indépendante. Enfin, notons d'énormes progrès vers l'est. La Thuringe fut soumise

Carte 10 : *la reconstruction de l'Empire.*
134 *Stèle franque de Niederdollendorf, VIIe siècle. le guerrier tient dans sa main gauche une épée, et il se peigne de la main droite (la chevelure est symbole de puissance vitale). Le serpent protège du mal.*

134

aux Francs vers 530 et devint un protectorat avec des ducs mais elle resta païenne. La partie rhénane de l'Alémanie fut soumise par Clovis, le reste par le roi de Metz, Théodebert, petit-fils de Clovis, en 555. L'Alsace et le Palatinat furent alors convertis mais non la Germanie au-delà du Rhin. Les Francs réussirent par moments à faire payer tribut : au nord aux Saxons, au sud aux Bavarois et même aux Lombards. Ce regroupement est peut-être lié à une menace qu'un autre groupe d'Indo-Européens, les Slaves, faisait peser sur l'Europe centrale jusqu'à l'Elbe.

135 *La « couronne de fer » des Lombards. Un anneau de fer, prétendument forgé à partir d'un clou de la croix du Christ, enserre l'intérieur de ce joyau en or.* **136** *Premières navigations des Germains : le bateau de Nydam-Moor, Schleswig nord, Danemark, vers 400 après J.-C.*

La reconquête partielle des Byzantins. La reconquête par l'empereur Justinien de l'Afrique, de l'Italie et du sud-est de l'Espagne ruina l'Italie. Cette reconquête, dont il a déjà été question ici, s'arrêta vers 560 et les Byzantins furent alors réduits à la défensive.

Les Lombards. L'invasion lombarde est la dernière et sans doute la plus dévastatrice des invasions germaniques.
Les Lombards venaient peut-être de Scandinavie. Leurs succès en Italie sont dus à l'habileté de certains de leurs rois : l'un d'eux, qui régna de 510 à 540, maria ses filles à des rois mérovingiens, un autre s'allia à l'empereur Justinien. Alboïn mérite l'attention : ce fut le grand souverain des Lombards. C'est lui qui, en 568, décida de quitter la Pannonie pour envahir l'Italie. Alboïn conquit la plus grande partie de la plaine du Pô avec Milan ruinée. Il mit près de trois ans à prendre Pavie et installa sa capitale à Vérone puis à Pavie. Ensuite, encerclant les possessions byzantines qui, vers 574, s'étendaient à travers l'Apennin de Mantoue à Ravenne, Rimini et Rome, les Lombards envahirent la Toscane et le Latium. Pendant un siècle, la lutte se poursuivit entre Lombards et Byzantins. L'anarchie fut effroyable. Pour un temps, l'Italie devint la « Langobardie ». L'exarchat de Ravenne, resté byzantin, prit, dès le VIIIe siècle, le nom de Romania, Romagne, qui a donc été gardé jusqu'à nos jours. C'est seulement en 770 que Charlemagne détruisit le royaume.

II. Les migrations maritimes des Germains

Les Germains arrivèrent aussi par mer.

La Grande-Bretagne, pôle d'attraction. La Bretagne romaine apparaît comme un pôle d'attraction pour les peuples beaucoup plus sauvages qui vivent à l'ouest et au nord de l'île, les Pictes et les Scots mais surtout dans l'Europe continentale du Nord-Ouest : Pays-Bas, Allemagne maritime, Scandinavie du Sud (côte du Jutland et Suède méridionale puis côte norvégienne).
De tels mouvements commencent au IIIe siècle, avec la peuplade mal connue des Hérules, lointains prédécesseurs des Vikings. Les uns – que nous n'étudierons pas ici – vont à l'est. Les autres attaquent la Gaule en 287 et en 409. Vers 456, ils débarquent en Espagne et pillent sur les côtes galiciennes et cantabriques. En 459, ils atteignent la Bétique. Ils essaient de s'allier aux Wisigoths contre les Francs puis ils disparaissent. Leur succèdent les Angles, les Saxons, les Frisons et les Jutes. Les Angles, *Anglii,* sont cités pour la première fois comme faisant partie d'un vaste groupe de peuples de l'Allemagne baltique, installés à la racine du Jutland. Peu après, Ptolémée évoque les Saxons, installés quant à eux au nord-ouest de l'Allemagne, du Holstein à la Weser, sur la mer du Nord. Les Frisons sont connus dès le Ier siècle. Les Jutes sont beaucoup plus obscurs et n'apparaissent dans les textes qu'à la fin du IIIe siècle. Pourquoi se lancer ainsi dans des expéditions navales – ou plutôt amphibies – doublement dangereuses par la mer et par la résistance des hommes ? On a évoqué l'évolution du niveau marin et la remontée de certaines terres libérées du poids des glaciers qui les enfonçaient. Une telle explication n'est pas plus décisive que la thèse des progrès de la navigation. Le seul navire, trouvé en 1859-1863, à Nydam, dans le Jutland du Sud et actuellement visible au musée de Gottorp, mesure 23 m de long. En chêne, ses planches sont unies par des clous de fer. Mais sa quille est réduite, il n'a pas de mât et se manœu-

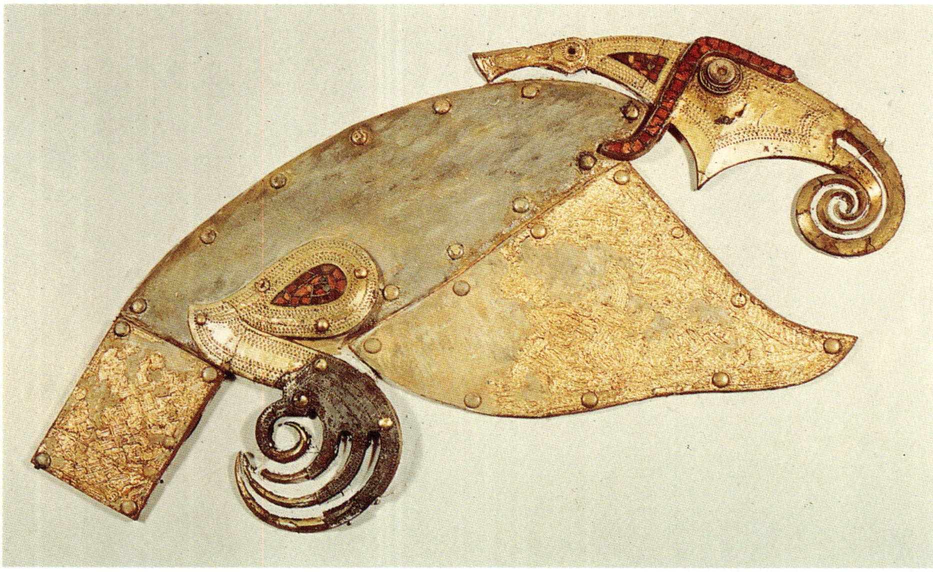

137

137 *Trouvé dans la tombe à navire de Sutton Hoo à Woodbridge dans le Suffolk, en Angleterre (VII*e *siècle), garniture de bouclier anglo-saxon en forme d'aigle. Des chercheurs ont établi un rapport entre cette sépulture et le roi du Kent Ethelbert.*

vrait donc à la rame. Il date d'environ 300-400 ap. J.-C. C'est un navire tout juste apte à longer les côtes. On est encore loin des Vikings.
L'explication fondamentale doit donc être, une fois de plus, liée à des mouvements de peuples poussant d'autres peuples à s'expatrier.

Angles, Saxons, Jutes et Frisons. Tandis que les Saxons dévastent toutes les côtes continentales ou insulaires de la mer du Nord, de la Manche et de l'Atlantique jusqu'à la Gironde, est construit, en Bretagne, une sorte de *limes* côtier, le *Litus Saxonicum,* à la fin du IIIe siècle. Partout, les habitants s'enfuient vers les forêts, laissant de nombreux trésors enterrés. Les Angles, les Frisons et les Jutes se contentent d'envahir la Bretagne, à partir de l'Est et du Sud. Les Frisons s'installent entre l'Ems et la Weser puis entre l'Elbe et l'Eider au IXe siècle à la place des Saxons que quelques-uns d'entre eux suivent en Bretagne : leur langue est en effet proche du saxon.
Les Jutes sont plus mal connus encore. Selon Bède le Vénérable (672-735), grand écrivain dont nous reparlerons, auteur d'une *Histoire ecclésiastique des Angles,* les Jutes auraient colonisé le Kent, l'île de Wight et une partie du Hampshire.
Les Angles, venus d'Angel, sur la côte est du Slesvig, ont une langue et une civilisation s'apparentant à celles des Saxons. Ils quittèrent tous le continent et le Danemark fut alors peuplé des Jutes non émigrés, de Danois, de Suédois, de Frisons mais aussi de Slaves non germains.

La pénétration par l'est. La carte de la Bretagne indiquera mieux qu'un long exposé la pénétration des Anglo-Saxons dans cette région, toujours en direction de l'ouest. Ils arrivèrent sans doute d'abord comme mercenaires au service des Romains luttant contre les Pictes et les Scots. Mais la vraie vague d'immigrants date de 430-440 ap. J.-C. et ne prend une importance massive qu'à partir de 500 ap. J.-C. La Bretagne est alors non seulement perdue pour l'Empire romain mais, au surplus, le commerce avec le continent s'arrête après 420. La plupart des petites villes existantes et des *villae* fortifiées sont progressivement détruites. Sur le littoral opposé, l'actuelle Belgique et le nord de la France, les Romains cédaient là aussi la place : les Francs s'installaient. Pays dépendant de Rome au IVe siècle malgré les usurpations, la Bretagne est, au Ve siècle, un pays celto-romain autonome. Puis il va devenir à l'ouest purement celte, à l'est anglo-saxon. Les appels lancés au général gallo-romain Aetius restèrent lettre morte, ce dernier étant aux prises avec les Huns.

La disparition totale des Bretons-Romains. Après 500, apparaissent des *royautés anglo-saxonnes*. Celles-ci, au VIIe siècle, ont fait en quelque sorte table rase. Sur le plan linguistique, l'anglais, à la différence du français, ne conserve que quelques rares mots d'origine celtique, quinze ou seize ainsi que quelques noms de lieu, Thames, London, York, Lincoln.
Le christianisme a disparu des zones non celtiques et ne réapparaîtra qu'après 597 lorsque arriveront des missionnaires envoyés par le pape Grégoire le Grand.
Mais ce monde nouveau entretient des rapports avec l'étranger dès le VIe siècle. Témoin une « tombe à navire » découverte en 1939 à Sutton Hoo (Suffolk). Sous un tumulus, il existe un navire de mer de 27 m de long sur 4,70 m de large et 1,50 m de profondeur. Or, cette tombe, où ne subsiste aucun reste humain, contient de l'argenterie byzantine, des bijoux, des armes, des monnaies d'or mérovingiennes du VIIe siècle et des monnaies scandinaves, surtout suédoises. Sur ce point, Lucien Musset a noté : « Rien ne prouve mieux que l'Angleterre anglo-saxonne n'était pas un monde isolé... mais que son aristocratie participait à tous les courants de la civilisation européenne. »
A ce moment, l'immigration venue par la mer a à peu près cessé. Le latin est vraiment oublié, abandonné et remplacé par une langue, l'*englix*. Les petits royaumes qui se forment, principalement le Wessex, la Mercie, la Northumbrie, avancent lentement vers l'ouest au détriment des Bretons de l'ouest de l'île ou « Domnonée ». On notera que le nouveau peuplement de l'Armorique, devenue la Bretagne française (du Ve au VIIe siècle), est lié à cette avance. Beaucoup de Celtes fuient par mer vers le sud. Les rois de Mercie établissent, face aux Celtes du pays de Galles, un vaste rempart de terre, l' *Offa's dyke*. Les anciens navigateurs ont abandonné la mer et sont devenus des paysans. Leurs villages, sauf dans le Kent où l'habitat est dispersé, ressemblent à ceux de la Basse-Saxe : maisons rectangulaires en bois, champs ouverts et allongés ou *openfield*, avec rotations culturelles obligatoires. Il faut attendre le IXe siècle pour que les liens culturels avec les vieux Saxons soient totalement rompus. Si la Grande-Bretagne présente une grande originalité par rapport à l'Europe continentale qui lui fait face, c'est parce que les invasions germaniques n'y ont pas été seulement une colonisation d'« encadrement » mais une colonisation « de peuplement ». Le pays est devenu totalement anglo-saxon, à l'exception du nord et de l'ouest de la grande île, restés entièrement celtes.

III. Les moines d'Occident

Ermites et cénobites. Dans un monde politiquement réduit en une poussière de petits pouvoirs locaux où les échanges se restreignent au profit de l'économie de « consommation », où le pouvoir civil se transforme en hiérarchie seigneuriale, où la hiérarchie religieuse séculière tombe parfois au pouvoir des laïques, l'apparition du monachisme occidental a été une extraordinaire manifestation d'union européenne. En effet, alors qu'en Orient domine, à cette époque, l'érémitisme, en Occident, on préfère rapidement le cénobitisme : d'un côté des hommes ou des femmes, des anachorètes qui, pour atteindre la sainteté, quittent les lieux habités, se retirent dans l'isolement, ne vivant que de dons apportés par les personnes pieuses du voisinage, de l'autre ceux qui ont opté pour la vie en commun (« cénobitisme » vient du grec « vie commune »).

Les règles monastiques, très dures, du Vᵉ siècle ne nous intéressent qu'indirectement ici. Mais à partir du VIᵉ siècle avec la règle de l'Italien saint Benoît de Nursie (Norcia) et celle de l'Irlandais saint Colomban, répandues dans tout l'Occident, nous sommes en présence d'un grand facteur d'homogénéité européenne ; l'activité des moines de ces deux règles présente en effet trois aspects : 1) la prière, 2) le travail intellectuel, 3) le travail manuel.

La prière, selon une règle qui oblige des milliers de moines, des centaines de couvents à suivre les mêmes usages (liturgie), contribue à répandre une forme de pensée religieuse, de « spiritualité » dans des pays très éloignés les uns des autres.

Le travail intellectuel fait des monastères, dans ces périodes difficiles les seuls centres subsistant de vie culturelle, avec quantité d'hommes sachant lire et écrire, recopiant pieusement les manuscrits, jouant leur rôle de chroniqueurs, faisant connaître l'histoire des diverses ethnies. Citons, par exemple, l'*Histoire des Francs* de Grégoire de Tours écrite vers 538, l'*Histoire ecclésiastique des Angles* de Bède le Vénérable, datant de 673-730, l'*Histoire des Goths, des Suèves et des Vandales* d'Isidore de Séville, de 590-636.

Le travail manuel consiste en défrichements, en drainages et assainissements de marais, en constructions qui sont rarement de pierre jusqu'au IXᵉ siècle, en travaux artisanaux qui connaissent de lents progrès. Les moines, aidés par des « frères servants », par des paysans, parfois relégués au statut de « serfs », jouent un rôle considérable dans l'économie agricole.

Saint-Benoît. Il faut maintenant dire un mot des deux plus grands fondateurs d'ordres, saint Benoît et saint Colomban. Comme nous le verrons par la suite, le monachisme, tout en observant des règles relativement semblables, penche vers l'une ou l'autre des directions suivantes : vers une certaine douceur de la règle, que ce soit celle de saint Benoît, ou celle, plus tard, de Cluny, ou celle encore des Jésuites de saint Ignace de Loyola, avec cette idée que pour défendre la foi et les intérêts de la religion, il faut être fort et par conséquent bien nourri. Ou bien vers l'austérité, source de sainteté : telle fut la règle de saint Colomban, postérieurement celle de Cîteaux, et, encore plus tardivement celle des trappistes.

Saint Benoît de Norcia, en Sabine (Italie centrale), n'est connu que par Grégoire de Tours qui écrivit en 599 un ouvrage : *De la vie et des miracles des pères italiens*. Il appartenait à une famille aisée, mena une vie d'anachorète dans une grotte à Subiaco. Il évolua vers le cénobitisme et s'installa au mont Cassin, entre Rome et Naples. C'est là qu'il rédigea sa célèbre règle qui synthétise de nombreuses règles italiennes. Au total, ces règles s'adressent à des hommes que la société de l'époque ne réussissait pas à faire vivre et à qui le monachisme offrait une humble carrière mais aussi la sécurité. Le pape Grégoire le Grand qui régna de 590 à 604 s'est peut-être préparé dans un monastère bénédictin. La règle bénédictine s'étendit à tout l'Occident. Elle pénétra en Angleterre avec Augustin de Canterbury, en Gaule, en Espagne grâce à Isidore de Séville et en Germanie au VIIIᵉ siècle.

138

Saint Colomban. L'Irlandais saint Colomban est né vers 540 à Leinster. Moine dans le célèbre monastère de Bangor, il fut pris à cinquante ans du désir d'aller évangéliser le monde et il partit pour la Gaule avec douze moines irlandais. Le roi de Burgondie lui offrit des terrains dans les Vosges. Il y créa plusieurs monastères parmi lesquels Luxeuil qui devint son centre. Il écrivit alors une règle extrêmement sévère et ascétique basée sur la pénitence, les fustigations, les jeûnes au pain et à l'eau. Il poursuivit la fondation de monastères dont certains sont restés très connus, comme Coutances en Normandie, Jouarre à l'est de Paris, Bregenz, Saint-Gall en Suisse – du nom d'un de ses compagnons irlandais –, Bobbio en Italie où il mourut en 615. Après sa mort, ses disciples furent très nombreux et créèrent d'autres monastères. Généralement, il s'agissait là de créations dues aux moines de Luxeuil qui y étaient en surnombre et devaient essaimer. Ce fut le cas de saint Wandrille en Normandie, de Corbie en Picardie et de Remiremont dans les Vosges.

En fait, la règle colombanienne, excessivement sévère, connut une lente absorption par la règle plus sage et plus douce de saint Benoît. Celle-ci, sous des formes diverses, traversera les siècles et existe encore de nos jours.

Finalement, papes et conciles prescrivirent de ne suivre que la règle de saint Benoît. Nombre de prières et de chants latins d'origine bénédictine sont encore utilisés dans l'Église romaine. D'autre part, on doit aux bénédictins non seulement les défrichements des terres cultivables, etc., dont il a été précédemment question mais aussi la création de nombreux villages agricoles, le développement de l'hôtellerie qui permettait de recevoir et de protéger les pèlerins et les marchands ainsi que de développer le commerce, et, dans le

138 *Saint-Benoît (vers 480-545) avec ses moines pendant le repas pris en commun à l'abbaye de Monte-Cassino. Détail de l'œuvre du Sodoma (1477-1549) « Le saint partage le repas avec les moines ». Abbaye Monte Oliveto Maggiore. Sur le mont Cassin, Benoît édicta sa règle monastique vers 530 où il faisait du travail régulier - travail manuel et activité intellectuelle - une obligation. Subtile et modérée, la règle des bénédictins s'étendit dans toute l'Europe. Dns le tableau du Sodoma, la règle est observée : le repas se prend en silence, un moine lit un ouvrage religieux d'édification. La nourriture spirituelle vient ainsi aux séculiers.*

domaine intellectuel, l'installation de bibliothèques, la copie de manuscrits, y compris ceux d'auteurs païens antiques, trop souvent grattés pour recevoir des textes sacrés.

L'Église d'Angleterre. Selon le grand théologien et écrivain Bède le Vénérable, le pape Grégoire le Grand, ayant vu sur un marché d'esclaves de Rome des jeunes gens d'une grande beauté, demanda qui ils étaient. Des Angles (Angli) lui fut-il répondu. Non, dit Grégoire, bien plutôt des anges (angeli). En tout cas, l'attention du pape se porta sur l'Angleterre qu'il voulut évangéliser en formant un clergé indigène. Il envoya une mission dirigée par Augustin, prieur d'un monastère de Rome. Vers Pâques 592, la mission débarqua à l'embouchure de la Tamise, dans le royaume de Kent, dont le roi Ethelbert était disposé à devenir chrétien. De fait, il se fit baptiser en 597. Ses sujets, par milliers, firent de même et l'Église d'Angleterre fut ainsi constituée, Augustin devenant archevêque de Cantorbéry, au-dessus des deux archevêques d'York et de Londres. C'est lui, on l'a vu, qui fut le premier à introduire la règle de saint Benoît et Cantorbéry fut la première fondation bénédictine. Suivirent Westminster, Peterborough, Ripon, Malmesbury, Hexham, Wearmouth, Jarrow où vécut Bède le Vénérable, Exeter d'où partit Wynfrith dit Boniface pour évangéliser la Germanie.

Mais côte à côte avec cette nouvelle Église anglo-saxonne, il restait des Bretons celtes au nord et à l'ouest du pays. Augustin aurait voulu instaurer une collaboration entre le clergé breton et le clergé anglais. Mais les Bretons restèrent intraitables tant était grande la haine entre les conquérants et les Celtes refoulés dans les zones moins accessibles. Au surplus, la liturgie et les coutumes des deux groupes étaient divergentes. En revanche, les autres royaumes anglo-saxons se convertirent à leur tour après le Kent et l'Essex. Ce fut le cas de la Northumbrie, de l'Est-Anglie, du Wessex et de la Mercie, enfin du Sussex.

Cette Église anglaise, aux débuts si difficiles, devait fournir à la chrétienté occidentale un de ses plus grands esprits : Bède (673-739). C'était un moine de Jarrow qui reçut la prêtrise en 702. Profitant de ce que le monastère de Wearmouth, où il résidait, avait reçu de Rome et de Gaule une magnifique collection d'ouvrages, Bède devint un des grands savants des VIIe et VIIIe siècles, un peu comme le pape Grégoire le Grand à la fin du VIe siècle et au début du VIIe siècle. De Grégoire nous avons de nombreux ouvrages et huit cent cinquante-huit lettres. De Bède, une masse d'écrits sur la rhétorique, la philosophie, la théologie. Les plus célèbres sont *l'Histoire ecclésiastique des Angles,* dont il vient d'être question, et qui s'étend jusqu'en 731 et un *Manuel de dialectique*.

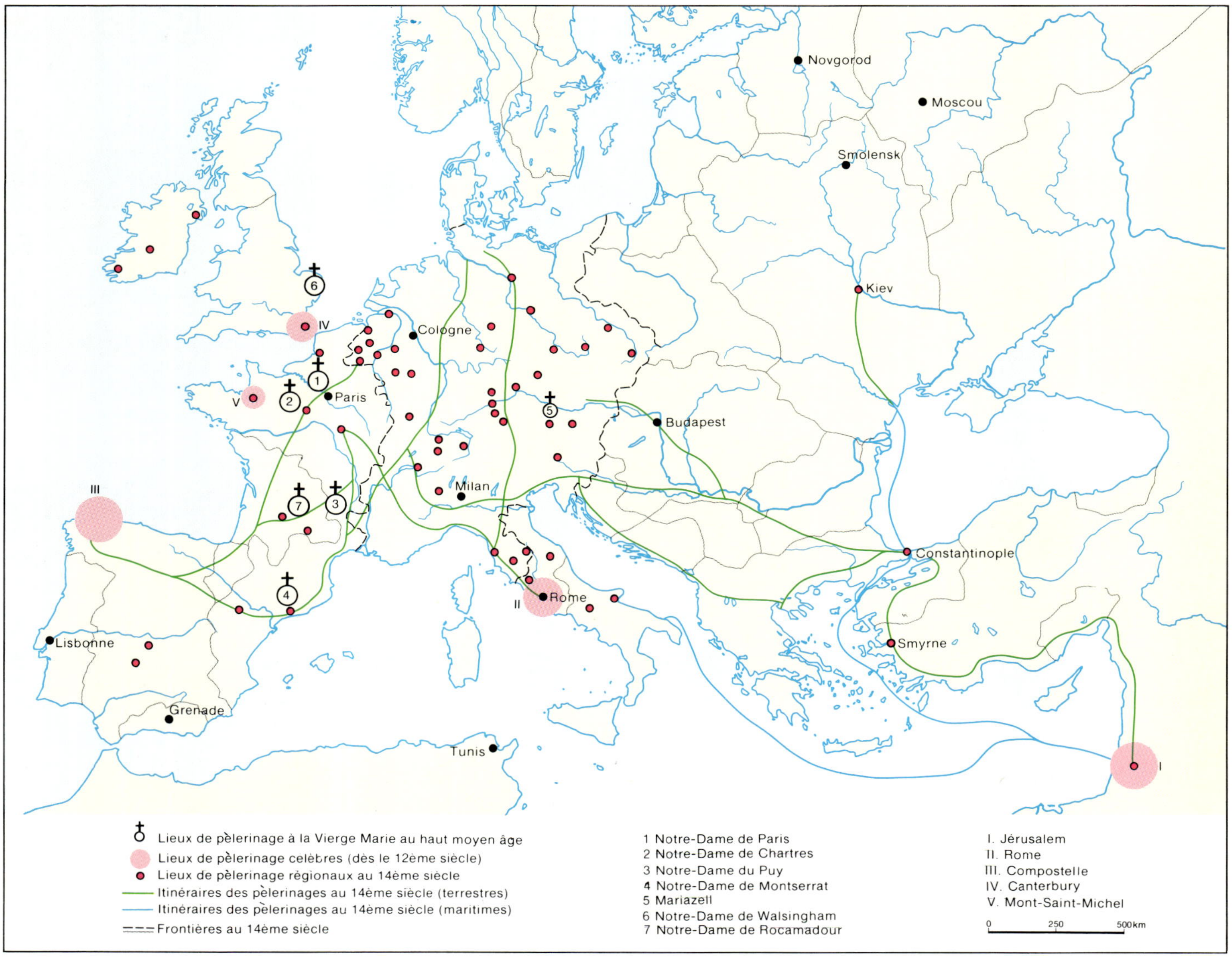

Les chrétientés celtiques. Repoussés à l'extrême ouest de l'Europe, les Celtes ont, par moments, et notamment au VIe siècle, jusqu'aux missions envoyées par Grégoire le Grand, vécu dans l'isolement total. Aussi se sont-ils donné diverses institutions particulières. D'abord l'ascétisme irlandais de saint Colomban, fondateur du grand monastère d'Iona qui consacra sa vie à l'Irlande, aux Pictes de l'Écosse et à l'Armorique et qui avait favorisé l'établissement, inconnu ailleurs dans la chrétienté, de monastères-évêchés. Leurs moines portaient une tonsure en croissant qui se distinguait de la tonsure ronde des moines romains.
Ils ne célébraient pas la fête de Pâques à la même date que les Romains. Aussi n'est-il pas étonnant que l'arrivée des missionnaires de Grégoire le Grand ait provoqué des frictions parfois sanglantes. Enfin, ces moines irlandais avaient la passion des voyages, comme saint Colomban et, plus légendaire, saint Brendan le Navigateur.

L'évangélisation des Pays-Bas et de l'Allemagne. Aux VIIe et VIIIe siècles, on assiste à une éclipse des missions byzantines. Le démembrement des chrétientés orientales, l'expansion foudroyante de l'Islam, les invasions et les guerres civiles eurent pour effet d'arrêter net le mouvement des missions qui avait été si brillant à l'époque de Justinien. Aux VIIe et VIIIe siècles, ce n'est plus en Orient mais en Occident que l'Église fit de nouvelles conquêtes et ce n'est plus Byzance qui en eut l'initiative. Les missionnaires occidentaux jouent, dans l'élaboration profonde d'une communauté européenne, un rôle d'une extrême importance. En répandant la foi de l'Occident et l'obéissance religieuse à Rome, ils ne détruisirent certes pas les langues et les coutumes locales. Mais ils apportèrent une philosophie commune et une langue, le latin, aux élites intellectuelles (généralement les clercs) ainsi qu'une attitude commune face à la vie dans les populations illettrées. L'un des aspects principaux du christianisme était la dureté de sa morale : les humains certes continuèrent à pécher mais ils avaient peur de Satan et de l'enfer et cela les amena au repentir, aux donations en faveur de l'Église et, par moments, à de grands élans de piété. Citons quelques-uns de ces personnages. D'abord saint Amand, mort en 679, originaire du Bas-Poitou, moine de saint Colomban puis pèlerin à Rome. Évêque à son retour en 629, il se lança dans la conversion de la Flandre actuelle et notamment de la région d'Anvers. Mais il voyagea également sur le Danube et dans les Pyrénées. Saint Colomban lui-même, partant de son couvent italien de Bobbio, s'efforça de convertir les Wendes, peuple slave de la Vistule. Son disciple saint Gall agit de même entre les lacs de Zurich et de Constance. Les Alamans, entre Bâle et Constance, furent convertis par un Écossais, saint Fridolin, ancien abbé de saint Hilaire de Poitiers puis fondateur de monastères en Rhénanie.

139

140

141

142

139 *L'église monastique irlandaise : ruines de l'église de Clonmacnoise à Shannon, l'un des plus célèbres monastères du Moyen Age. L'évêché fut fondé entre 544 et 548.* **140** *« Muiredach's Cross » à Monasterboice. Ces croix monumentales en pierre où sont représentés des personnages sont une sorte de « Bible en images » ; elles datent presque toutes des IXe et Xe siècles.* **141** *Saint-Boniface (vers 672-754), l'« apôtre des Allemands », donne le baptême. Miniature du sacramentaire de Fulda, IXe siècle.* **142** *Art irlandais et celte : saint Jean l'évangéliste, miniature d'un parchemin du VIIe siècle, Saint-Gall.*
Carte 11 : *La christianisation de l'Europe centrale.*

Willibrord et Boniface. Mais il faut surtout mentionner deux hommes remarquables. Willibrord, moine-prêtre venu du monastère de Ripon en Northumbrie, suivi de onze compagnons qui furent martyrisés, reçut les encouragements de la papauté pour prêcher entre Utrecht, Trèves et – sans succès – au Danemark.
Boniface s'appelait primitivement Wynfrith. Il est né vers 675 dans le Wessex près d'Exeter. En 716, il s'embarqua pour la Frise puis rejoignit Rome. En 719, le pape Grégoire II lui donna le nouveau nom de Boniface et le chargea d'une vaste mission d'évangélisation chez les païens. Il passa alors trois ans en Thuringe auprès de Willibrord. Il convertit ensuite plusieurs milliers de Hessois, ce qui lui valut d'être consacré évêque par le pape en 722. Il fut évêque puis archevêque de Germanie. Il obtint de grands succès dans l'évangélisation de la Bavière et il y fit fonder la célèbre abbaye de Fulda. Puis il repartit pour la Frise où il fut massacré par des païens en 754.

IV. Langues germaniques et romanes

En examinant les trois grandes vagues d'invasions, Celtes, Latins, Germains, nous constatons que la principale influence a été de caractère linguistique. Les Celtes ont d'abord conquis sur les populations plus anciennes, peut-être les Néolithiques, un énorme domaine s'étendant à peu près de l'Allemagne actuelle jusqu'à l'Irlande comprise. Ils ont largement atteint la péninsule Ibérique et toute la plaine du Pô au nord de l'Italie. En revanche, ils ne semblent guère avoir touché la Scandinavie sinon par leur commerce (cf. ci-dessous, chapitre VIII). La conquête romaine a joué un rôle linguistique énorme. En Occident, quatre langues d'État, chacune porteuse d'une culture séculaire et brillante, dérivent du latin : le français, l'italien, l'espagnol, le portugais ; s'y ajoutent les dialectes des langues d'oc, le catalan et, pour l'Europe centrale, le roumain.
Tout le reste de l'Europe occidentale, à l'exception des petites zones où se sont réfugiés les parlers celtes, a adopté des langues germaniques, à savoir l'allemand, l'anglais, le néerlandais, le danois, le norvégien, le suédois, auxquels on peut ajouter l'islandais, le dialecte des îles Féroé.

Le latin. Le latin dispose d'une magnifique écriture, la plus simple du monde. La naissance de cet alphabet date du VIe siècle av. J.-C. Au début, les Latins ont imité l'écriture des Étrusques puis celle des Grecs. C'est une seule langue qui est parlée par l'administration des conquérants dans toute la partie ouest de l'Empire : le grec l'emportera de plus en plus à l'est et la frontière entre les deux langues deviendra officielle.

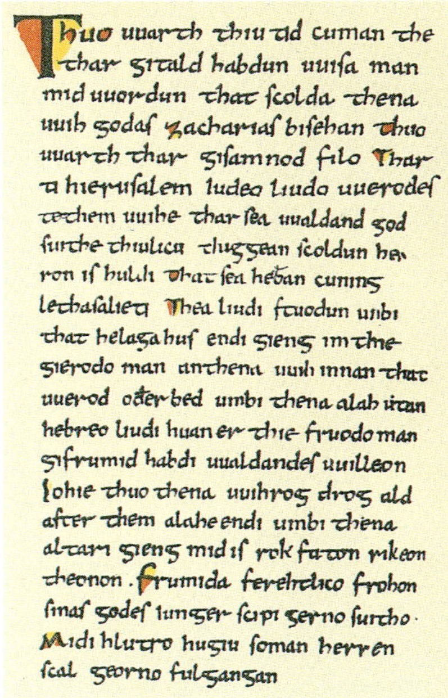
Thuo uuarth thiu tid cuman the
thar gitald habdun uuisa man
mid uuordun that scolda thena
uuih godas zacharias bisehan thuo
uuarth thar gisamnod filo That
a hierusalem iudeo liudo uuerodes
tethem uuihe thar sea uualdand god
furthe thiulico thuggean scoldun hea
ron is huldi that sea heban cuning
ledhalieta Thea liudi stuodun umbi
that helaga hus endi gieng im the
gierodo man antthena uuih innan that
uuerod oderbed umbi thena alah itan
hebreo liudi huan er the frumdo man
gifrumid habdi uualdandes uuilleon
Sohie thuo thena uuihrog drog ald
after them alahe endi umbi thena
altari gieng mid is rokfaton rikeon
theonon . frumida ferehtlico frohon
sinas godes iungen scipi gerno furtho
Midi hlutro hugiu soman herren
scal georno fulgangan

143

144

143 *Langues germaniques : fac-similé du* Heliand *en vieux saxon, histoire de la vie du Christ transcrite vers 830.* **144** *L'art de l'écriture chez les moines irlandais : page d'un psautier du VIIe siècle.* **145** *Latins, Valaques dans l'ancien duché de Bavière : Romains des fresques de saint Procule à Naturns, Tyrol sud, IXe siècle. A partir du Xe siècle, les îlots de langue romaine en contrée germanique disparurent presque totalement, les Romains s'intégrant à la population de la Bavière. Les habitants de l'Adige, dans le Tyrol, ont conservé jusqu'à maintenant leur langue rhéto-romane.*

Celtes, Grecs et Latins. Naturellement, ce n'est pas parce qu'une langue est celle d'une administration étrangère que la population va abandonner ses dialectes maternels, non écrits, mal écrits, peu écrits. On a, par exemple, trouvé en Gaule de nombreuses inscriptions celtiques. A partir du IIIe siècle av. J.-C., on voit apparaître des inscriptions gallo-grecques, liées à l'influence de la riche colonie grecque de Marseille *(Massalia)*. Apparaissent ensuite les inscriptions gallo-latines. Mais ces inscriptions gallo-grecques ou gallo-latines ne concernent *jamais* des textes littéraires. Il dut y avoir en Gaule une littérature orale. Nous n'en connaissons rien et ne pouvons que faire des hypothèses sur la littérature orale irlandaise que les moines ne transcrivirent qu'au VIe siècle ap. J.-C.
Avoir peu d'écriture, n'avoir aucune littérature implique qu'à l'école on sera obligé d'utiliser la langue du vainqueur, de l'occupant auquel, d'ailleurs, on s'assimile bien vite.

L'esprit d'assimilation des Romains. La langue du vainqueur, on doit l'utiliser également pour toutes les opérations intellectuelles, textes législatifs, contrats, comptes, correspondance, messages, textes religieux avec l'apparition du christianisme. Sur le plan religieux, avant même l'expansion du christianisme, une sorte de syncrétisme s'établit entre dieux celtiques et dieux latins, les Romains étant absolument privés de tout esprit de prosélytisme. Sur un plan plus général, et pour prendre l'exemple de la Gaule et de l'Espagne, puisque les Romains apportaient plus de confort, des bâtiments mieux construits, des routes, des spectacles de théâtre, des cirques, des sanctuaires, des jeux, pourquoi ne pas se rallier à eux ? Les légions qui occupent le territoire fournissent des ingénieurs qui construisent des aqueducs, des canaux et contribuent à l'enrichissement du pays. Il y a donc, au moment où les Germains vont se ruer vers la Gaule, l'Espagne, l'Italie, sans oublier la Grande-Bretagne, une large assimilation au latin. Les Bretons eux-mêmes restent profondément romanisés aux Ve et VIe siècles.

L'échec du latin en Grande-Bretagne. La Grande-Bretagne n'a été soumise par l'empereur Claude qu'en 43 ap. J.-C., cent ans après la conquête de la Gaule. La par-

145

tie Nord, habitée par des Pictes préceltiques et par des Scots, Celtes venus en partie d'Irlande, était séparée de la vaste région romaine par un *limes* aisé à défendre. Aussi l'écroulement progressif de l'Empire romain en Grande-Bretagne ne vint-il pas du nord mais de l'est et du sud, rappelons-le.

On peut estimer qu'en 410-420, par décomposition interne, par querelles locales, par l'impuissance de troupes romaines de plus en plus clairsemées, la Bretagne a cessé de dépendre de Rome. Les Germains s'installent dans l'actuelle Belgique. Les Saxons pénètrent en Bretagne et repoussent les Bretons vers l'ouest. Pour un temps, l'Angleterre proprement dite est coupée en deux par une ligne nord-sud.

Mais il est intéressant de noter que les centres de résistance aux Saxons, Écosse au nord, l'actuel Pays de Galles au centre (royaume irlandais jusqu'au Xe siècle), les Cornouailles au sud, continuent pour longtemps *à parler des langues celtiques et non le latin ; il a subsisté en Angleterre non des îlots romans mais des îlots celtiques.*

La romanisation y a donc été moins prononcée qu'en Gaule. Plus tard, à partir du XIe siècle, l'invasion des Normands romanisés introduira dans la langue germanique des milliers de mots latins utilisés parallèlement aux mots saxons et donnant ainsi à la langue anglaise un immense vocabulaire.

La Germanie non conquise par Rome. Les peuples germaniques ont transmis leurs langues à tous les pays du nord de l'Europe mais selon ces processus différents.

En Scandinavie, dans la Germanie continentale à l'est des Champs Décumates, *il n'y eut jamais de conquête romaine*, on l'a vu. Même si, grâce au commerce et aux échanges, l'influence romaine ne fut pas absente de ces régions, elle restait bien trop diluée pour que cela aboutît à une extension de la langue latine.

En Grande-Bretagne, dans les Pays-Bas, les Romains avaient dominé mais insuffisamment pour empêcher des invasions particulièrement denses d'aboutir à une transformation linguistique.

La ligne de partage. Pourtant, les Germains envahirent aussi tout le reste de l'Europe occidentale aujourd'hui latine. Il faut croire que sur le plan numérique ils étaient trop faibles. *L'explication générale du phénomène langues latines-langues germaniques est liée à la densité réciproque des deux groupes.* Dans le détail, quantité de facteurs ponctuels ont pu jouer. Il suffit de suivre la ligne de partage linguistique, sur le continent, pour s'en rendre compte.

« Elle partait alors de Boulogne-sur-Mer (le roman a progressé depuis jusqu'à Dunkerque), filait vers l'est en direction de Lille (laissant Saint-Omer aux Germaniques), puis au nord de Tournai ; elle coupait ensuite parallèlement à la Sambre et à la Meuse, à environ 30 km au nord, franchissait la Meuse entre Liège et Maastricht et aboutissait à l ouest d'Aix-la-Chapelle. De là, par un angle brusque, elle tournait vers le sud, droit à travers l'Ardenne jusqu'au sud-ouest d'Arlon (germanique), puis s'incurvant à nouveau, elle contournait Metz par le nord-est (visiblement un centre de résistance romane) pour atteindre le Donon. Plus loin, dans les Vosges, où son tracé capricieux laissait au roman plusieurs des hautes vallées alsaciennes, et dans la porte de Bourgogne, le contact se faisait non plus avec des dialectes franciques, mais avec l'alemanique » (Lucien Musset).

Nous mentionnons au passage l'hypothèse fondée sur la toponymie selon laquelle des îlots romans se maintinrent quelque temps au nord-ouest de Bruxelles et autour de Tongres, Maëstricht, Aix-la-Chapelle, dans l'Eifel et dans les campagnes autour de Trèves. Inversement, certains auteurs pensent que les langues germaniques se seraient étendues jusqu'à la Loire et qu'il aurait existé un bilinguisme du VIe au IXe siècle, suivi par une reconquête romane totale. Par exemple, au nord d'une ligne Abbeville-Versailles-Nancy, on trouve des noms de lieu en « bais », correspondant à « bach » en allemand et venant du mot franc *baki*, le ruisseau. Comme Gambais à l'ouest de Paris, Rebais en Brie qui correspond à Rossbach et Marbais en Hainaut, qui correspond à Marbach. Surtout, l'influence franque se manifesta dans le renouvellement des noms de villages, ce qui concerne la moitié des communes de France ! et dans le renouvellement presque total des noms de personnes.

La frontière linguistique entre roman et alaman est nette, du Donon dans les Vosges au Grand Saint-Bernard. Elle devient beaucoup plus floue et mobile à partir du haut Valais, à l'avantage du germanique. Les anciennes provinces de Rhétie, Norique, voient la romanité disparaître complètement. Curieusement, à l'est de l'Europe entourée de Slaves et de Bulgares, la Dacie, Roumanie actuelle, conquise tardivement par Trajan, va garder sa langue latine.

Une reconquête romane, datant de la fin de l'époque carolingienne, s'observe aussi en Armorique devenue la Bretagne française. Nous savons aujourd'hui que la limite entre pays de langue bretonne, avec cinq dialectes, et les pays dits « gallos », coupe la péninsule en deux par une ligne sud-sud-est/nord-nord-ouest, de 15 km à l'est de Vannes jusqu'à Saint-Brieuc. Nous savons aussi que les noms commençant par Tré (le hameau), Lan (l'ermitage) et Plou (la paroisse) datent tous de la période comprise entre le Ve et le VIIIe siècle. Or, sur une bande de plus de 100 km de large à l'est de la ligne actuelle, on trouve une grande quantité de noms bretons, commençant par Tré, Lan et Plou.

Traces du germanisme. Dans l'ensemble de la zone latine, parcourue bien des fois par des expéditions germaniques et finalement dominée par des royaumes dits « barbares », les traces de germanisme sont très différentes selon les pays.

Portugal. Pour le Portugal, la trace des Suèves est presque nulle, ce qui a permis à Lucien Musset d'écrire : « Rien de notable n'eût été changé à l'histoire si les Suèves d'Espagne n'avaient jamais existé. » Cinq ou six mots seulement de la langue des Suèves sont passés en portugais.

Espagne. En Espagne, l'apport des Vandales qui ne firent qu'y passer pour s'installer en Afrique fut également très faible. L'État vandale d'Espagne, au début du ve siècle, semble s'être réduit à une occupation militaire escortée de pillages.

En revanche, l'Espagne est restée profondément marquée par les Wisigoths. Ils furent, avec leurs cousins les Ostrogoths, les seuls qui aient cherché à favoriser la vie intellectuelle.

Des Goths viennent les pratiques européennes du sacre et de l'onction royale. A l'époque de la *Reconquista* contre les musulmans, les Goths furent salués comme les grands fondateurs et ancêtres de l'« hispanité ».

De nombreux noms de personne, comme Aldefonsus, Alvarus, Fredenardus, Rodericus, quelques noms de lieu, près de Burgos et de Ségovie, viennent des Goths. L'Espagne des Goths était très attachée aux grands auteurs romains d'avant la chute de l'Empire. Au contraire, très cloisonnée, elle paraît ignorer les cultures contemporaines, Cassiodore et Boèce en Italie, par exemple, ou les Francs. L'œuvre monumentale d'Isidore de Séville (évêque de 601 à 635), *Histoire des Goths,* apporte la preuve de ces lacunes.

France. Ce que laissent les Francs, notamment en Gaule, c'est d'abord le nom que celle-ci va prendre : *Francia,* et ensuite garder dans des limites plus restreintes : la France. Mais ceci n'est qu'un signe d'immenses apports.

Le cas des Francs est en effet particulier. Ils sont les seuls dont l'œuvre dure à travers l'ensemble du haut Moyen Age. Les Goths d'Espagne sont anéantis par les Arabes, le royaume ostrogoth de Théodoric par les Byzantins et par les Lombards, le royaume lombard par les Francs et les Byzantins.

En revanche, les Francs réussissent à unifier par épisodes une grande partie de la Gaule sous les Mérovingiens puis les Carolingiens. La fusion entre les deux

146

147

148

146 *Les Germains, admirateurs de la culture romaine : le Vandale Stilichon, maître du royaume d'Occident, avec lance, épée et bouclier, en consul, en 400 ; près de lui son épouse Serena, la nièce de l'empereur Théodose, avec son fils Euchère. Tablette en ivoire, trésor de la cathédrale de Monza, vers 400 après J.-C.* **147** *Traces des Wisigoths en Espagne, la salle royale Santa Maria de Naranco à Oviedo, VIIIe/IXe siècle.* **148** *Art chrétien des Lombards : reliure de l'évangéliaire de la reine Théodelinde en or avec incrustations de perles et de pierreries, première moitié du VIIe siècle.*

« races » devient totale, contrairement aux mythes racistes du XVIIIe siècle où l'on prétendait que la noblesse d'épée aurait été de race franque, les roturiers de race gallo-romaine.

La France, dont le concept, comme nation, apparaîtra bien des siècles plus tard, se trouve être, dans des limites géographiques un peu élargies intégrant le pays wallon et la Suisse romande, un mélange inextricable de plusieurs ethnies et civilisations.

Outre les Néolithiques qui sont peut-être le fond principal, la France est un composé de Celtes (les Gaulois), de Romains et de Germains (les Francs).

Italie. Par sa position géographique, l'Italie n'a pas eu la même unité politique et, après le Ve siècle, il faut attendre le XIXe siècle pour qu'elle atteigne à l'unité. On a estimé à soixante-dix mots, dans le vocabulaire de la vie pratique, les termes goths qui ont passé dans la langue italienne. Sur le plan toponymique, ce sont surtout les mots en « engo » de la Lombardie actuelle : Marengo, Gottolengo, Offanengo.

Quant à l'apport des Lombards, il est plus maigre encore : « adolingus », « noblealdio », « demi-libre ». Il faut dire que contrairement aux Goths, les Lombards furent très durs à la population latine. Ils confisquèrent des terres, massacrèrent les propriétaires ou les réduisirent à l'état de pauvres métayers.

On notera que l'Italie fut appelée, du VIIe au IXe siècle, la Langobardie, notamment par les Byzantins. Par opposition, une partie de l'exarchat de Ravenne qui résistait aux Lombards fut appelée *Romania* (Romagne). Au IXe siècle, le nom d'Italie réapparut.

Conclusion. Le Ier siècle avant Jésus-Christ constitue une sorte de symbole. C'est le moment où les Celtes, conquis en bonne partie par les Romains, cessent de jouer le rôle politique qu'ils avaient tenu depuis le VIIIe siècle av. J.-C. C'est aussi la période où apparaissent les Germains. Ceux-ci, perceptibles au cours des siècles qui suivent, émergeant au IIIe siècle ap. J.-C., vainqueurs de l'Occident au Ve siècle, ont leur grande époque du Ve au IXe siècle. Mais il faut prendre à leur sujet bien des précautions.

Germani-Germains, c'est d'abord le nom, apparu au Ier siècle av. J.-C., que l'on donne à certaines tribus d'Europe centrale.

Or, très souvent, celles-ci parlent encore des langues celtes. Les vrais Germains sont *ceux qui parlent des langues germaniques*. A partir du IVe siècle, cela devient évident.

C'est donc après mainte invasion, mainte incorporation de Germains dans les légions romaines que *les Germains, en soixante-dix ans, de 404 à 476, détruisent l'Empire romain d'Occident*. S'installent sur la partie continentale de l'Empire Francs, Burgondes, Wisigoths, Ostrogoths, Vandales et Suèves, dans l'archipel britannique : Angles, Jutes, Saxons et Frisons.

On peut se représenter la chronologie de la façon suivante : deux vastes invasions de peuplades relativement grossières, mais habiles, évolutionnistes et influentes, celles des Celtes et des Germains, séparées par une période de civilisation écrite, intellectuelle, brillante, vigoureuse, héritée en partie des Grecs, celle des Romains. Le caractère fruste de la population germanique fait que la chute de l'Empire romain d'Occident apparaît comme un retour à la « barbarie ».

Nous avons voulu montrer que cette conception est très simpliste : l'apport des Germains à l'Europe est immense dès les origines.

149 *Renovatio Imperii – reconstruction de l'Empire : le pape Léon III sacre Charlemagne empereur le jour de Noël en l'an 800, à Rome. Miniature des* Grandes Chroniques de France, *1472.*

7 Charlemagne, roi d'Europe ?

I. L'avènement des Carolingiens.

Le morcellement. Les successeurs de Mérovée et surtout de Clovis, dits Mérovingiens, dominent un *Regnum Francorum* tantôt unifié sous le même souverain, tantôt partagé, mais considéré comme unique et divisé en trois « parties » : Neustrie ou *Francia* de l'Ouest, Austrasie à l'est s'étendant jusqu'au cœur de l'actuelle Allemagne, Bourgogne au centre-sud, dominée par des Francs et non plus par des Burgondes. Au même moment, l'Espagne constitue la *patria Gothorum,* patrie des Wisigoths. L'Italie est âprement disputée entre les Lombards germaniques et les Byzantins dont l'apogée se situe au VIe siècle, lorsque Justinien, on l'a vu, va jusqu'à reconquérir des territoires en Afrique et en Espagne. A partir de 711, le brillant royaume des Wisigoths sera victime de l'invasion islamique (cf. chapitre suivant).

Mais il y a d'autres patries. La Scandinavie, berceau des Germains, est en train, par le perfectionnement des navires, de constituer le peuple des Vikings (cf. chapitre suivant).

Dans l'actuelle Allemagne, on trouve autour des Francs d'Austrasie, des Saxons et des Frisons au nord, des Bavarois et des Alamans au sud, puis des Slaves (cf. chapitre suivant). Enfin, il y a les îles Britanniques, l'Irlande purement celtique, la Grande-Bretagne, morcelée en petites principautés, Scots, Celtiques au nord et à l'ouest et de petits royaumes angles, saxons, à l'est. Les grands perdants, dans l'île, sont les Bretons-Romains. A la différence des Gallo-Romains dont la langue résistera à toutes les invasions, les Bretons-Romains disparaissent, ce qui n'implique évidemment pas l'oubli du latin, langue liturgique, langue des intellectuels, seule langue écrite à une époque où le grec a à peu près disparu en Occident.

Face à ce morcellement périphérique, bientôt compliqué encore par de nouvelles vagues d'invasion, il existe une puissance montante, le royaume des Francs – rappelons-nous qu'il regroupe une bonne partie de la France et de l'Allemagne actuelles.

Le royaume des Francs mérovingiens. Le récit de l'ascension franque et, avec elle, de l'avènement des Carolingiens, est évidemment d'une extrême complexité. Deux phénomènes contradictoires se manifestent : la montée de l'esprit unitaire autour des maires du Palais et le développement de « nationalités régionales ». K.F. Werner écrit : « La dynastie mérovingienne a régné pendant deux cent soixante-trois années sur lesquelles soixante-douze seulement ont vu un seul roi à la tête du *regnum Francorum.* Si on ne compte pas les cinquante-deux ans de rois sans puissance à la fin de la dynastie (les « rois fainéants »), il ne reste guère que vingt années. En revanche, l'Austrasie a eu son propre roi pendant cent trente-huit années, la Neustrie pendant cent dix-neuf, la Bourgogne pendant quarante-neuf, tout en formant une union avec la Neustrie pendant soixante-neuf années. Cette durée nous explique la force de l'implantation des unités que nous retrouverons plus tard : la Bourgogne, la Lotharingie, la France du Nord. »

Major Domus ou Maire du Palais. A partir du VIIe siècle, le pouvoir échappe progressivement au roi en faveur du *Major Domus.*

Depuis 700, il y a un seul roi, neustrien, pour tout le royaume. Il y a un *Major Domus* pour l'Austrasie, un autre pour la Neustrie. Ils appartiennent cependant à la même dynastie, car le système devient héréditaire. On a donc un roi, *rex,* qui « règne », qui détient l'*auctoritas,* pouvoir mystique et un Maire du Palais, *princeps,* qui « gouverne », c'est-à-dire qui détient la *potestas.*

	VIIIe siècle ap. J.-C.			*IXe siècle ap. J.-C.*		
Papauté	**731** Grégoire III condamne l'iconoclasme byzantin **v. 775** Alliances Francs et papauté contre les Lombards		**795** Le pape Léon III	**799** Lettre d'Alcuin à Charlemagne sur la crise de la papauté et de l'Empire **805** Idée de fusion entre les deux empires		
Empire				**800** Charlemagne couronné empereur à Rome		
Francs	**732** Victoire de Ch. Martel à Poitiers **741** Mort de Charles Martel **747** Pépin le Bref seul Maire du Palais	**751** Pépin élu roi des Francs à Soissons **754** Pépin sacré par le pape Étienne II Mort de Pépin le Bref	**771** Charlemagne seul roi des Francs (mort de Carloman) **774** Charlemagne roi des Lombards	**779** Charlemagne impose la dîme	**812** Paix avec les Byzantins **814** Mort de Charlemagne	**833** Déposition de Louis le Pieux **843** Partage de Verdun
Germanie	**754** Mort de saint Boniface	**783-785** Conquête de la Saxe par Charlemagne	**794** Le duc Tassilon de Bavière capitule après une longue lutte **799** Déportation des Saxons		**v. 807** Fondation de Hambourg	
Europe centrale et orientale			**796** Charlemagne soumet les Avars			
Iles Britanniques	**735** Mort de Bède le Vénérable	**757** Offa, roi de Mercie	**793** Premières incursions scandinaves en Angleterre (Lindisfarne)			**840-841** Danois en Grande-Bretagne (Essex, Kent, Hampshire, Dorset)
Scandinavie	Suédois contre Goths du Göthaland Norvégiens aux Shetland	Orcades, Færoe puis Islande	Suédois ou Varègues vont jusqu'au Dniepr	**v. 800** Mort du roi danois Harald Ier → Harald et Roric Conquête de l'actuelle Hollande (Duurstede)	**819-820** Loire **v. 820** Premières incursions normandes en Gaule	**835** Danois à Amiens **841** Danois sur la Seine **843** Danois sur la Loire
Espagne	**756** Fondation de l'émirat omeyyade d'Espagne	**759** Prise de Narbonne par Pépin le Bref	**778** Défaite des Francs à Roncevaux après l'échec de la marche sur Saragosse et Pampelune	**797** Visite à Aix-la-Chapelle d'Abd Allah et du roi de Galice et Asturies	**801** Les Francs prennent Barcelone	**811** Les Francs enlèvent Tortosa
Italie	**751** Les Lombards prennent Ravenne **754** Expédition de Pépin contre les Lombards	**756** Les Lombards assiègent Rome	**774** Charlemagne roi des Lombards (capitulation de Didier à Pavie)	**830-831** Les Arabes prennent Palerme	**840** 1er traité de paix et commerce entre Venise et l'Empire carolingien	Les Arabes prennent Bari
Byzance	**726** Début de la querelle des images. Léon III dit l'Isaurien empereur depuis 717 **740** Mort de Léon III. → Constantin V dit « Copronyme » envahit 7 fois le territoire bulgare	**775** Mort de Constantin V → Constantin VI enfant **797** L'impératrice Irène renverse son fils Constantin VI		**802** Irène renversée par son premier ministre, Nicéphore **812** Mission byzantine à Aix-la-Chapelle et paix	**825** La Crète aux Musulmans	

C'est Pépin II, Maire du Palais d'Austrasie, à l'extrême fin du VIIe siècle, qui prend réellement le pouvoir, après avoir combattu au nord les Frisons et les Saxons. Son fils naturel, Charles (*Cearl* en anglo-saxon, *Charal* en ancien haut allemand, *Kerl* en nouveau haut allemand, *Karl* en allemand moderne : « soldat brave »), surnommé plus tard Martel, le marteau, battit les Neustriens en 719, assura sa domination sur toute l'Austrasie, poursuivit les Saxons jusqu'à la Weser, conquit Utrecht sur les Frisons.

Il mit également au point une méthode qui devait le faire détester par maint homme d'Église, mais qui permettait de lever dans l'immense royaume une puissante armée. Il distribua à nombre de ses nobles et hommes libres l'usufruit de terres d'Église. En échange de cet avantage, dit « bénéfice », le « vassal », au lieu de payer un « cens », fournirait un guerrier, son armement, son cheval. Ainsi Charles et ses successeurs purent-ils disposer d'une véritable armée de métier. Son fils Pépin III dit le Bref et son petit-fils Charlemagne régularisèrent ce système en donnant une compensation à l'Église sous forme du paiement d'un cens par l'usufruitier. Charles Martel ne cessa, jusqu'à sa mort, en 741, d'asseoir et d'étendre la domination théorique des « rois fainéants » de la dynastie mérovingienne, en réalité la sienne puisque, en 737, il gouverna seul, sans roi. Il construisit des fortifications, des routes du type romain en Allemagne, des relais de chevaux fournis par des « colons » établis sur les terres confisquées à l'ennemi. Hesse, Franconie, Thuringe entrant dans le système ainsi que l'Alémanie, le *Nordgau* en Bavière où il facilita l'évangélisation par l'Anglais saint Boniface dont nous avons déjà évoqué l'activité. Il pilla l'Aquitaine et écrasa les Arabes à Poitiers, il massacra les Frisons révoltés avec une grande brutalité, en 734. Il conquit la Provence en 739 avec l'aide des Lombards.

Son fils Pépin le Bref, après s'être débarrassé progressivement du pouvoir de son frère Carloman, poursuivit la même politique mais en insistant sur l'appui de l'Église. Il protégea les papes contre les Lombards. Cela lui permit de remporter deux succès incomparables :

1) *l'unification,* une fois de plus, mais de façon plus solide, entre Austrasie et Neustrie.

2) *la déposition en 751 du dernier roi mérovingien,* la déclaration par le pape que le titre royal lui revenait, l'élection par l'assemblée des grands, l'onction donnée par saint Boniface, enfin le couronnement par le pape, venu en France en 754, avec, au surplus, le titre de Patrice des Romains. En échange, il fit donation au pape, en cette même année 754, de la ville de Rome et, en principe, de toute l'Italie.

Pépin le Bref fut enterré, en 768, dans la basilique de Saint-Denis, laissant à ses fils Charles et Carloman II mission de construire une église plus grande et plus belle.

150

La dynastie des Carolingiens. **150** *Le vainqueur des Sarrasins Charles Martel (vers 688-741) ; il possédait depuis 737 la souveraineté absolue sans avoir le titre de roi. Gravure sur bois de la* Chronique du monde *de Hartmann Schedel, Nuremberg, 1493.* **151** *Le fils de Charles Martel, père de Charlemagne, Pépin le Bref (vers 714-768). Il fit aux papes le « cadeau de Pépin », créant les États pontificaux. Miniature du sacramentaire de Metz.*

151

II. Charlemagne

Voici maintenant Charles, le plus grand de tous, d'où le surnom *magnus, magne,* accolé à son nom en français et adapté en anglais et qui devient *Carlomagno* en italien, *Karl der Grosse* en allemand, etc. Il monte sur le trône en 768 avec son frère qui meurt trois ans plus tard. Charles est seul maître.
En bien des sens, il est un homme génial. Il possède les qualités du chef de guerre, habile et infatigable, du diplomate avisé et imaginatif. Sa grande piété, qui ne l'empêche pas de succomber aux tentations de la chair et n'adoucit guère son esprit de vengeance, fait que, comme son père, il reçoit l'appui constant du pape. Il n'est pas l'« empereur à la barbe fleurie » de la légende et se contente d'une forte moustache. Mais il aura sa légende, « champion de la Foi » pour les Français, « fondateur des institutions » pour les Allemands. Certains en feront même un saint, ce qui l'eût fort surpris.

Le conquérant. K.F. Werner le décrit ainsi : « On le voit guerroyer, payant de sa personne pendant plus de trente ans : pour ne citer que les points extrêmes, il passe la Garonne en 769, il est à Rome en 773-774, en France en 776, au-delà des Pyrénées en 778 ; il est encore à Rome en 781, à Capoue en 787. Il est au-delà de l'Elbe sur la Baltique en 789, en Hongrie en 791, sur la côte atlantique puis à Rome en 800, à Spolète en 801, à Salzbourg en 803. Une ou plusieurs fois par an, il est en Saxe. On ne reverra cela qu'avec Napoléon. » Attardons-nous sur quatre grandes conquêtes de Charlemagne.

L'Italie. D'abord, il protège le pape contre le duc des Lombards qui attaquait Ravenne et se dirigeait vers Rome. Il s'empare de la Lombardie, le duc des Lombards capitule en 774, Charles se fait consacrer roi des Lombards et abandonne au pape l'Italie centrale à laquelle il ne renonce pas entièrement.

L'Allemagne. Ensuite, les conquêtes se font au nord et au sud de l'Austrasie franque, en Allemagne. Au nord, c'est un pays à peu près païen, la Saxe alors comprise entre l'Ems et l'Elbe et au sud, Charlemagne s'enfonce jusqu'à la Hesse. Ces conquêtes durent trente ans. Elles furent cruelles. Louis Halphen note, à ce sujet : « Un capitulaire (décret) féroce ne laisse aux habitants le choix qu'entre la cuve baptismale et le glaive du bourreau. » Son œuvre n'est achevée qu'en 804. Il touche alors au Danemark.

Les Marches de l'Est. La Bavière est très différente. C'est un pays chrétien. Le duc doit abdiquer en 794, Charles le fait tonsurer et enfermer au monastère de Jumièges, oblige sa femme et ses deux filles à se faire religieuses et ses deux fils à devenir moines.
Il convient de protéger ces nouvelles acquisitions. Cela explique l'installation des Francs dans les Marches frontières : au sud-est, Charles écrase les Avars et les repousse sur le Danube, il envahit l'actuelle Hongrie, fait du *khaghan,* chef supérieur des Avars, son vassal qui doit se convertir au christianisme et il établit son influence à l'est de l'Elbe sur des populations slaves qui deviennent ses tributaires et ses alliés.

L'Espagne. Troisième direction de conquête : l'Espagne. Charles aurait voulu l'annexer. L'expédition de 778 vers Pampelune et Saragosse fut un échec total. C'est au retour que son arrière-garde commandée par Roland ou Hroland, préfet de la Marche de Bretagne, dont la légende a fait son neveu, fut écrasée à Roncevaux et massacrée par des Gascons. Charlemagne réussit seulement à créer au sud des Pyrénées une Marche en Catalogne, à s'installer à Barcelone et Tortosa, à jouer un rôle actif dans la diplomatie de la péninsule. Il appuya le roi chrétien de Galice et d'Asturie qui s'empara en 798 de Lisbonne. Un prétendant musulman à la couronne de Cordoue fit le voyage d'Aix-la-Chapelle pour solliciter son appui.

La hiérarchie. Finalement, on trouve autour de l'Empire une Marche de Bretagne (Vannes, Nantes, Rennes). Cette Marche, créée en 778, fut confiée au célèbre Roland. Une Marche d'Espagne, une Marche du Frioul, des Marches avar, souabe, wende, danoise. Dans les Marches, le général en chef, duc ou comte et l'armée d'occupation exercent la totalité du pouvoir. Les comtes, venus de toutes les parties de l'Empire, doivent une fois par an venir auprès de Charlemagne. Chaque année, des sujets nombreux, censés représenter tout le royaume, se réunissent en un « plaid général » (*placitum generalis :* assemblée générale). Des inspecteurs itinérants, les *missi dominici* ou envoyés du maître, parcourent les régions et donnent des ordres au nom de Charles. La hiérarchie ecclésiastique, grâce aux évêques, théoriquement élus par le peuple et par le

152

153

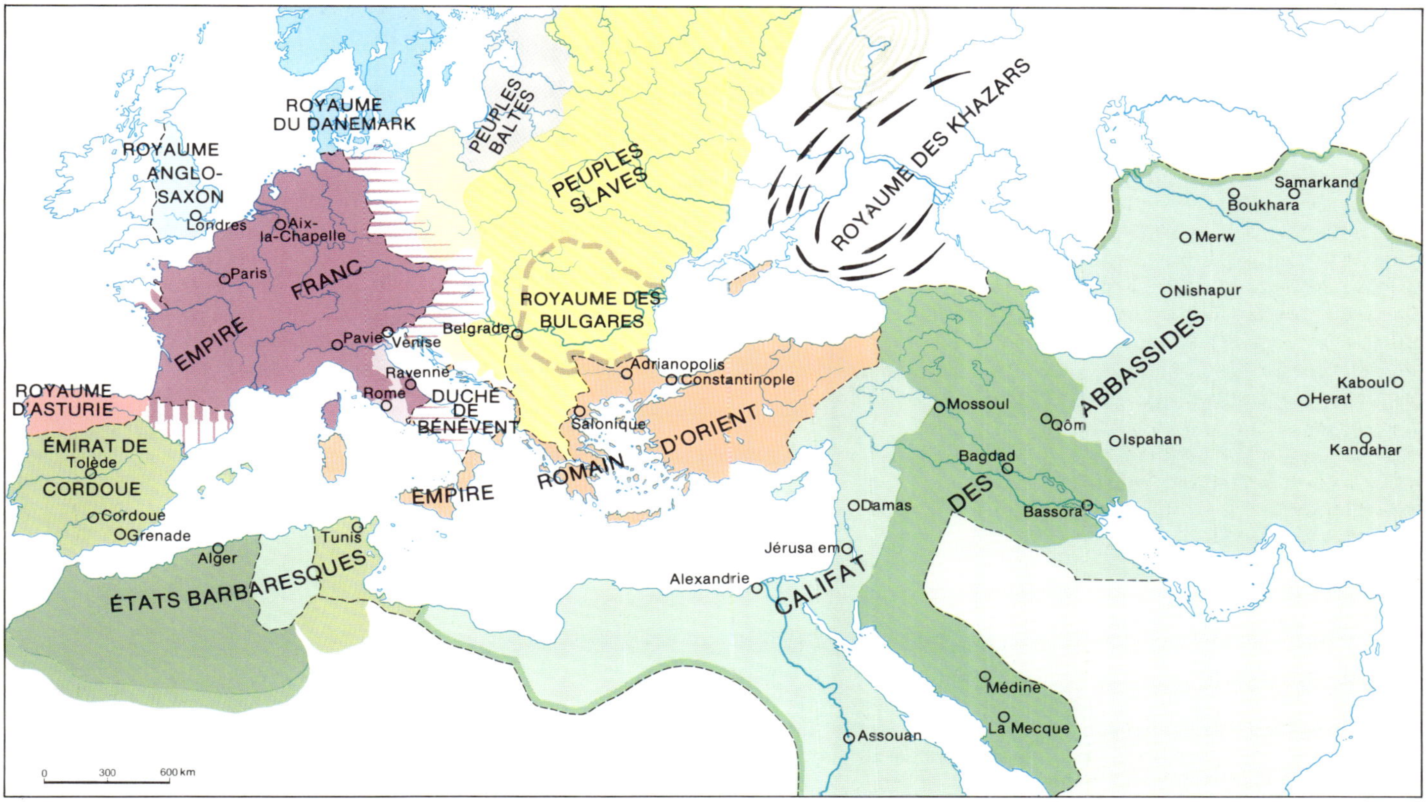

154

155

Deux représentations de Charlemagne. **152** *Statue de pierre de l'église conventuelle Sankt Johann, Müstair/Graubünden, et* **153** *le célèbre tableau d'Albrecht Dürer datant de 1512, Germanisches National Museum, Nuremberg.* **154** *Charlemagne le conquérant · le roi des Francs dans la bataille contre les Sarrasins. Miniature d'*Olgier le Danois, *1493.* **155** *« Chevauchée de Roland dans les Pyrénées », miniature de* Charlemagne, *épopée du Stricker, manuscrit du XIVe siècle.* **Carte 12 :** *l'Occident et l'Orient au temps de Charlemagne.*

clergé, est également utilisée comme un autre réseau de fonctionnaires.
L'historien de l'époque carolingienne connaît mieux les *potentes* c'est-à-dire les puissants (tous les hauts fonctionnaires) que les *pauperes* ou hommes libres. Les paysans sont mal connus. Les paysans sont liés à la terre par le servage. Il existe aussi des esclaves, mot qui vient de *Sclavi* ou *Sclavoni,* car il s'agissait souvent de Slaves vaincus et faits prisonniers.

Forces de l'armée. On a longtemps cru que l'armée de Charlemagne ne dépassait pas les cinq mille hommes. C'est une impossibilité, car, outre les troupes d'opérations, il faut bien des troupes d'occupation et de garnison. Le royaume est divisé en circonscriptions religieuses : archevêchés, évêchés, abbayes avec des comtes, chefs militaires locaux. Les ordres de Charlemagne suivent cette voie descendante qui est très rapide. Aussitôt l'ordre reçu, le comte mobilise ses vassaux et leurs *milites* qui sont des cavaliers. L'évêque, l'abbé fournissent des chevaux, du ravitaillement, de grosses voitures, plus importantes que celles des Romains, ressemblant à celles des westerns américains, avec des capotes de cuir imperméables. Or chaque comte – il y en avait environ cinq cents – réunit vingt à trente hommes, chaque vassal direct du roi – ils étaient plus nombreux que les comtes – en mobilise dix à douze. On arrive à un chiffre de cinquante mille cavaliers et certainement beaucoup plus de fantassins. Ils étaient évidemment groupés en diverses armées, surtout dans les Marches, organisées contre les Arabes, les Bretons, les Saxons, les Vikings et les Slaves.
La discipline était terrible, non que Charlemagne fût cruel, mais parce qu'il croyait de son devoir d'être obéi. Par exemple, après une révolte des Saxons, vers 778, qui détruisit une armée franque, Charlemagne en fit tuer quatre mille.

Faiblesses de l'armée. Pourtant, cette armée, excellente pour l'offensive et la conquête où l'aristocratie qui la commande trouve terres et richesses, où le clergé lui-même acquiert des biens lointains, est médiocre pour la défensive. Quand il s'agit d'attaquer, l'ensemble du royaume franc, Francie occidentale ou

Neustrie, orientale ou Austrasie, Bourgogne et Germanie transrhénane, manifeste son accord. On agit au nom du « peuple chrétien », *populus christianus,* et non plus en celui des vieux royaumes. Mais si l'on ne gagne plus de terres, tout se désagrège, les particularismes renaissent. État d'esprit que Lucien Musset résume en ces quelques lignes : « Bref, tant qu'on allait de l'avant, l'Empire avait des chances d'efficacité. Mais rien ne le préparait à réagir aisément en face de revers graves, de dangers inattendus. Il n'avait ni armée permanente, ni marine, ni fortifications solides, ni finances dignes de ce nom, ni peut-être même de véritable support populaire. »
L'absence de défense globale, l'échec des Marches, aboutit à la construction, illégale du point de vue du roi, de châteaux privés, de bois et de terres *(castella, firmitates, haiae).* En Italie, mieux défendue, les habitants vivent à l'intérieur d'enceintes *(habitatores castri).* On aurait peut-être pu résister aux nouvelles invasions (cf. chapitre suivant) par une alliance avec Byzance. Les querelles étaient trop vives. Lucien Musset conclut : « Le monde carolingien lutta donc seul et mourut seul, en grande partie par sa propre faute. »

III. L'Empire

Origines de l'idée impériale. Charlemagne devint empereur en 800, après trente-deux ans de règne et alors qu'il était âgé de cinquante-huit ans. L'idée de rétablir l'Empire était assez répandue chez les *potentes* de l'Occident et le principal conseiller de Charlemagne y était très favorable. Mais la réalisation paraît venir surtout du pape Léon III. Charlemagne, en 792, se désignait comme « roi des Gaules, de la Germanie, de l'Italie et des provinces voisines ». Or, à Constantinople, résidait le *basileus,* empereur byzantin. Pour le pape Léon III, concéder à Charles la couronne impériale était se donner un protecteur, mais un protecteur supérieur aux autres et assez éloigné pour ne pas être trop gênant. Il souhaitait faire de Charles l'empereur de tout le monde chrétien, y compris Byzance, ce qui permettrait de rétablir l'autorité du pape sur l'Orient où elle était fort discutée. Quant à Charlemagne, il souhaitait tout au plus être l'égal du *basileus.*

Les circonstances du couronnement. Un scandale survint à Rome en avril 799 : une révolte dans laquelle Léon III était accusé par les nobles romains d'avoir trempé. Le pape fut assailli et blessé, on

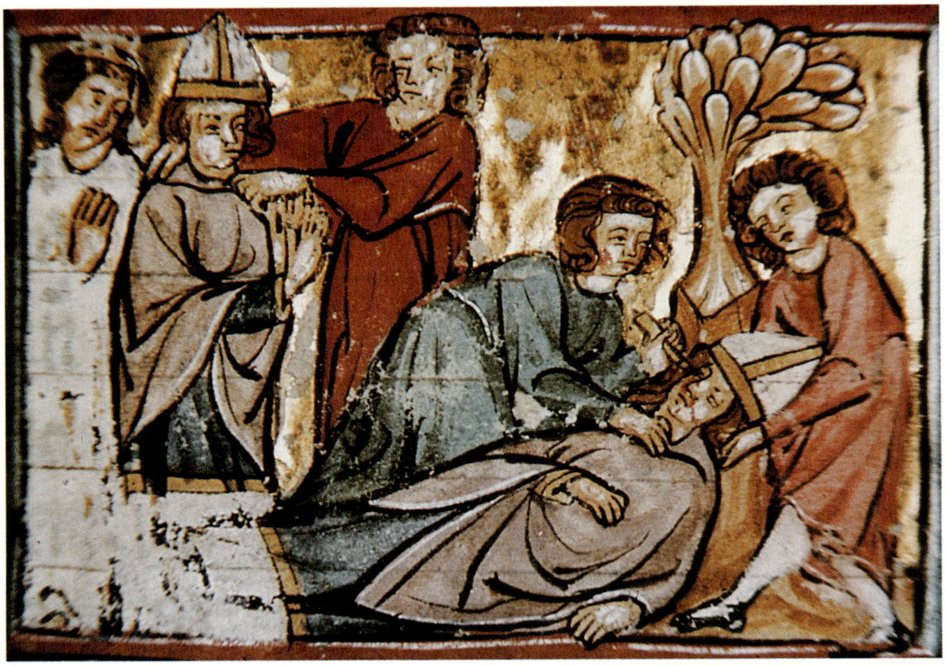

156

tenta de lui crever les yeux. Une fois guéri, il rejoignit Charlemagne à Paderborn en Saxe et le supplia de venir à Rome.
Charlemagne prépara son voyage avec soin, alla prier sur la tombe de saint Martin de Tours et envoya à Rome des *missi dominici* qui organisèrent une sorte de tribunal devant lequel Léon III devait proclamer son innocence. Charlemagne arriva à Rome peu avant la Noël de l'an 800. Le pape connut l'humiliation de devoir proclamer son innocence devant le souverain, donc de se reconnaître *de facto* comme son subordonné. Le jour de Noël, le pape couronna Charles empereur.
Charlemagne voulait être par excellence l'empereur chrétien, le « nouveau Constantin élu par Dieu pour gouverner les peuples ». Sur les pièces de monnaie, il se fit représenter avec une couronne de laurier et le manteau des généraux romains, le *paludamentum,* accroché à l'épaule par une fibule. Il reconnut une nouvelle fois la pseudo – « donation de Constantin » à la papauté et confirma le pouvoir du pape à Rome.

La reconnaissance de Byzance. Restait à obtenir la reconnaissance par les Byzantins. Ceux-ci refusèrent et Charlemagne engagea la guerre au nord de l'Adriatique. Les Byzantins avaient une large supériorité navale. Mais Charlemagne l'emportait sur terre. Il s'empara donc du Frioul, de la Carniole, de l'Istrie et aussi de Venise qui cherchait à rester neutre pour sauvegarder son commerce naissant.
L'accord ne se fit qu'en 814. Les Byzantins reconnaissaient le titre impérial de Charle-

157

magne. Celui-ci, en échange, rendait Venise. Mais il gardait la Marche du Frioul et les autres terres au nord de l'Adriatique. Lorsque la délégation byzantine arriva, pour apporter son consentement, en 814, Charlemagne venait de mourir. C'est son fils et successeur, Louis le Pieux, qui reçut le titre « empereur et auguste » et non « empereur romain » que les Byzantins gardaient pour eux-mêmes.

IV. La Renaissance carolingienne

Nous avons vu dans le précédent chapitre la réputation parfois exagérée des « siècles d'ignorance », surtout le VIᵉ et le VIIᵉ. C'est par rapport à ces siècles quon parlera de « renaissance

158

156 *L'attaque contre le pape Léon III en avril 799 ; on tente de lui percer les yeux. Miniature de la* Chronique du monde saxonne, *deuxième moitié du* XII*e siècle.* **157** *Charlemagne demande au basileus de Byzance de reconnaître son titre d'empereur – une rencontre qui n'a probablement jamais eu lieu. Miniature d'un manuscrit français.* **158** *Art carolingien : la reliure du* Codex Aureus *de Sankt Emmeran à Regensburg,* IX*e siècle.*

carolingienne ». La culture s'était réfugiée en Irlande et en Espagne : ce dernier pays va s'en trouver exclu – du côté chrétien – par la rude épreuve de la conquête arabe. L'Empire franc va tenter de s'y substituer.

L'enseignement. Charlemagne a gardé, à travers les siècles, la réputation d'avoir été le père des écoles. En fait, sur ce point comme sur beaucoup d'autres, ses conseillers suivirent la méthode d'Isidore de Séville, conforme à la tradition romaine. Le cycle d'études comprenait huit branches : le *trivium* comprenant grammaire, rhétorique et dialectique, c'est-à-dire logique, le *quadrivium* avec arithmétique, astronomie, science musicale et géométrie, et enfin, s'ajoutant à toutes ces matières et les dominant toutes, la *théologie*.

Bède le Vénérable. Dans la deuxième moitié du VII*e* siècle, on trouve, dans les monastères d'Angleterre, des écoles qui enseignent selon ce cadre, avec des bibliothèques remarquables, ce qui signifie qu'elles étaient riches de quelques centaines de volumes ! Jarrow, dans le Northumberland, fut le plus remarquable de ces centres grâce à un moine exceptionnellement savant, Bède le Vénérable (vers 673-739). Il connaissait la culture latine païenne mais aussi la culture chrétienne et notamment les Pères de l'Église. Grand collectionneur de manuscrits, auteur infatigable écrivant en latin bien que sa langue maternelle fût le celte, il toucha à tous les sujets, grammaire, vers latins, histoire ecclésiastique, exégèse, sciences naturelles, astronomie, comput, c'est-à-dire le difficile calcul des fêtes de Pâques.
De Bède dit le Vénérable, nous avons non seulement la célèbre *Histoire ecclésiastique des Angles* dont il a déjà été question, mais bien d'autres travaux historiques des études grammaticales, un *De natura rerum,* manuel de mathématiques, et de physique, de nombreux ouvrages d'exégèse, un poème sur le jugement dernier, des homélies sur l'Évangile.
Ce qui est intéressant pour nous, c'est l'utilisation, par deux fois, que Bède a faite du mot « Europe » dans son *Histoire ecclésiastique.* D'une part, dans le chapitre premier qui décrit les îles Britanniques : « La Bretagne, île de l'Océan qui jadis était appelée Albion, est située au nord-ouest, exactement en face de la Germanie, de la Gaule et de l'Espagne, les trois plus grands pays de l'Europe, mais séparée d'eux par un large intervalle. » Plus loin, dans le chapitre XIII, il dit qu'Attila « resta un ennemi si intolérable de la communauté qu'il dévasta presque toute l'Europe, attaquant et détruisant châteaux et cités ». Bède se présente plus en Anglo-Saxon qu'en Européen, mais son idéal est évidemment une Église catholique qu'il voudrait universelle. Des îles Britanniques, la pré-Renaissance anglo-saxonne émigra dans le royaume franc grâce à saint Boniface, réformateur de l'Église franque, avec l'aide des premiers Carolingiens – déjà étudié dans un chapitre précédent.

La réforme morale. Nous avons déjà signalé la décadence progressive de la moralité et de la discipline dans l'Église franque. L'œuvre de réforme, œuvre de longue haleine, fut entreprise par les deux fils de Charles Martel, Pépin en Gaule et Carloman dans la région rhénane. L'un et l'autre s'en remirent à saint Boniface et le concile de Soissons de 744 s'inspira de ses directives.
Au moment même où Charlemagne étendait ses conquêtes, la chrétienté occidentale, ébranlée par les assauts de l'Islam, se rétrécissait. Si bien qu'à l'exception des îles Britanniques, l'Occident et l'Empire finirent par coïncider. De la Marche d'Espagne à la Carinthie, à la Bavière, à la Thuringe et à la Saxe, limitée par l'Elbe, de la mer du Nord à la campagne romaine, Charlemagne était vraiment le chef temporel de l'Église. « Notre rôle, disait-il au pape dans les *Livres carolins,* ouvrage théologique qui lui est attribué, c'est avec

le secours de la divine miséricorde, de défendre en tous lieux l'Église du Christ contre les attaques des païens et les ravages des infidèles, de lui donner comme défense, au-dehors et au-dedans, la reconnaissance de la foi catholique. Le vôtre, c'est d'élever les mains vers le ciel avec Moïse et d'aider ainsi nos combats. » Sa législation, sous forme de « capitulaires », est tout imprégnée d'un souci religieux et moral. Ainsi tenta-t-il de constituer, dans les cadres sociaux du haut Moyen Age, la « cité chrétienne » parfaite.

La recherche de savants. D'abord, à la différence des Anglo-Saxons qu'il prit pour modèles, il entendit que la Réforme intellectuelle s'appliquât non seulement au clergé mais aux laïques. Et, par ailleurs, il voulut brasser en quelque sorte le monde intellectuel de son temps. Il suffit de voir l'origine et l'œuvre de ses principaux conseillers. D'Italie, Charlemagne ramena les grammairiens Pierre de Pise, Paulin d'Aquilée, l'historien Paul Diacre, d'Angleterre l'Anglo-Saxon Alcuin, élève de plusieurs disciples de Bède le Vénérable. Alcuin avait visité Rome et dirigé l'école d'York. Il devint avant 773 le favori de Charlemagne qui lui donna de riches abbayes, Saint-Martin-de-Tours, Ferrières, Saint-Loup-de-Troyes. Comme Bède, avec moins d'originalité, Alcuin fut un savant aux connaissances encyclopédiques et un bon théologien. Il fut aussi l'inspirateur de l'École palatine où s'instruisaient les enfants de l'aristocratie et de plus humbles élèves. Un capitulaire organisa des écoles épiscopales et des écoles monastiques pour diffuser la culture dans une large fraction de la population. Autres grandes figures de la Renaissance carolingienne : Raban Maur, disciple indirect de Bède, Germain né à Mayence, moine à Fulda, futur archevêque de Mayence surnommé le « précepteur de la Germanie » (vers 785-856), le Wisigoth Théodulfe venu d'Espagne, collaborateur des *Livres carolins,* devenu évêque d'Orléans et *missus dominicus*.

Jugements sur la Renaissance carolingienne. On a émis des jugements très variés sur la portée de la Renaissance carolingienne. Voici le jugement pessimiste de l'historien français Jacques Le Goff : « Renaissance trop surfaite... D'abord, elle n'est pas novatrice. Son programme scolaire, c'est celui des écoles religieuses antérieures... La culture de la cour carolingienne est celle des rois barbares... » L'historien allemand Karl-Ferdinand Werner est beaucoup plus favorable : « Charlemagne dépasse l'origine didactique et la base théologique de la réforme. C'est un plaisir personnel qu'il trouve visiblement à s'occuper des choses de la foi, de l'esprit et de l'art. C'est bien lui, et personne d'autre, qui réunit à sa cour les meilleurs esprits de toutes les nations de l'Occident et qui s'entretient avec eux, tantôt sérieux tantôt plaisantant. [...] Il est l'expression vivante de la réussite définitive d'une fusion entre les éléments romains, gaulois et germaniques de ce qui allait devenir l'Europe. » L'historien italo-américain Robert Lopez, la comparant à la grande Renaissance, dit que « la Renaissance carolingienne n'alluma qu'un cierge d'autel, et dans l'obscurité, tandis que l'autre Renaissance prit au ciel un peu de sa lumière pour la donner aux hommes ».

L'architecture. Sur deux points, elle a brillé : les arts, avec une forte influence byzantine. Charles fit construire de nombreuses églises et cathédrales. Presque toutes ont été remplacées par la suite (par exemple, Cologne, Paderborn, Saint-De-

159 *Un savant de l'époque carolingienne : Hrabanus Maurus s'agenouille devant la croix. Miniature de l'abbaye de Fulda, vers 840.* **160** *Architecture carolingienne : l'octogone et le trône de Charlemagne dans la chapelle Palatine d'Aix-la-Chapelle, symbole architectonique de la dignité impériale. Le modèle de la structure octogonale était l'église San Vitale de Ravenne. Les colonnes antiques symbolisent la reconstruction de l'Empire.* **161** *Initiales carolingiennes sur un évangéliaire de l'abbaye de Weingarten. IXe siècle.* **162** *Successeur de Charlemagne : l'empereur Louis le Pieux (778-840). Miniature française, IXe siècle.*

159

160

nis). Pourtant l'admirable dôme d'Aix-la-Chapelle, l'église de Germigny-les-Prés près d'Orléans, montrent l'effort accompli. Les miniatures carolingiennes, dans toute l'Europe, sont admirables.

L'écriture caroline. Mais, dans notre perspective européenne il faut surtout signaler une grande réalisation : *la réforme de l'écriture.* « La réforme de l'écriture fut son succès le plus éclatant. Formée dans les *scriptoria* (centres de copie) de la France, la minuscule "caroline" évinça l'une après l'autre les écritures "nationales", fruits épineux de la dégénérescence des écritures romaines non épigraphiques... Elle finit par triompher, longtemps après l'extinction des Carolingiens, jusqu'en Espagne, en Angleterre et dans le Sud italien » (Lopez). Elle a donné à l'imprimerie nos minuscules actuelles, nos majuscules ayant été reprises dans les inscriptions romaines.

V. La décomposition de l'Empire et le développement des royaumes

En 814, lorsque mourut Charlemagne, tout paraissait achevé et réussi, les Byzantins eux-mêmes reconnaissant l'Empire. Moins de trente ans vont suffire pour ruiner cette œuvre gigantesque.

Louis le Pieux. Louis, déjà couronné empereur, se trouvait près de Saumur lorsqu'il apprit la mort de son père. Il se rendit à Aix-la-Chapelle et l'on vit, comme il était normal, ses conseillers et ses serviteurs remplacer ceux de Charlemagne. Il eut pour principal inspirateur un très saint homme, saint Benoît d'Aniane. Comme on l'a dit, Charlemagne avait une piété de laïque, Louis une dévotion de prêtre ou de moine. On l'appela plus tard « le débonnaire », c'est-à-dire le bienveillant que nous interprétons aujourd'hui comme « le faible ».

Le système seigneurial. A cette époque se développait partout le système seigneurial qui, organisé et codifié, devait devenir le système féodal. Au niveau le plus élevé, les « grands », laïques ou ecclésiastiques, les *proceres* avaient tendance à se considérer comme de plus en plus indépendants. Charles les avait contraints à l'obéissance. Louis n'en fut pas capable.

Les trois fils de Louis. Il en résulta, dès 817, à Aix-la-Chapelle, un acte dit *Divisio Imperii,* partage de l'Empire qui associait le fils aîné de Louis, Lothaire, à l'Empire, et donnait le titre de roi aux deux autres, Pépin, roi d'Aquitaine et Louis, futur Louis le Germanique qui avait la Bavière et ses dépendances orientales, Autriche, Pannonie, Carinthie. De grandes précautions étaient prises pour garantir « l'unité de l'Empire » confondue avec celle de la chrétienté. Toute l'histoire des années suivantes montre que le morcellement l'emporta sur l'unité. Le problème du partage fut en effet encore compliqué par le second mariage de Louis le Pieux avec une princesse bavaroise qui lui donna un fils, Charles. Il fallait bien lui attribuer une part et cela à un moment où se multipliaient les défaites extérieures : troubles sur les frontières du Danemark au nord, invasion de la Pannonie à l'est par les Bulgares, révoltes dans la Marche d'Espagne dont profitaient naturellement les Sarrasins. Tout cela était attribué aux péchés de l'empereur et des grands. Les dignitaires ecclésiastiques prétendaient que le remède consistait à placer l'empereur sous l'autorité du pape et les grands sous celle des évêques. C'est le début d'une querelle qui durera quatre siècles.

La guerre civile. Lorsqu'en 829, Charles, âgé de sept ans, reçut la promesse d'héritage de l'Alémanie avec l'Alsace, de la Rhétie et d'une partie de la Bourgogne, ses trois demi-frères aînés s'indignèrent et complotèrent contre leur père. Celui-ci l'emporta d'abord mais la révolte reprit.

161

162

Lothaire fit prisonnier Louis le Pieux et son jeune fils Charles et l'empereur était considéré comme déposé en 833.

Mort de Pépin et de Louis le Pieux. Aussitôt, les trois fils devinrent rivaux. La mort de Pépin en 838 et celle de Louis le Pieux en 840 conclurent ces épisodes mais en inaugurèrent un autre : celui de la succession à la tête de l'Empire. Lothaire se proclama empereur et reçut l'appui de l'épiscopat mais ses deux cadets, Charles et Louis le Germanique, ainsi qu'une assez grande partie de la noblesse, lui étaient hostiles.

Le serment de Strasbourg. Charles et Louis le Germanique prononcèrent à Strasbourg, le 14 février 842, un serment d'alliance dont le texte, en roman et en germanique, est le premier monument linguistique de la future France et de la future Allemagne. L'utilisation du latin demeurait le symbole de l'universalisme de la chrétienté européenne.
Vainqueurs de Lothaire, les deux frères conclurent avec lui le traité de partage de Verdun, en août 843. La carte montre bien la Francie occidentale, à l'ouest de la Saône et du Rhône, attribuée à Charles et la Francie orientale essentiellement à l'est du Rhin avec Saxe, ancienne Austrasie, Alémanie et Bavière pour Louis le Germanique. Entre les deux, de la Frise à la Provence et à la Lombardie, s'étendait le domaine de Lothaire ou Lotharingie (Lorraine) en apparence le plus riche mais peu défendable. Lothaire avait également le nord de l'Italie, c'est-à-dire le royaume lombard, de plus en plus appelé royaume d'Italie. L'Italie du Centre, de Ravenne à Rome, appartenait au pape. L'Italie du Sud restait sous domination byzantine, plus tard, arabe et normande, comme nous le verrons dans les prochains chapitres. L'Italie était donc divisée et Robert Lopez écrivit au sujet du royaume Lombard : « Cent ans après le partage de Verdun, il devait devenir une dépendance de l'Allemagne, dans un empire boiteux, où la France n'était plus comprise. » La ligne de partage entre langues romanes (français, provençal, italien) et langues germaniques traversait la Lotharingie d'Aix-la-Chapelle à la Suisse. C'était l'occasion pour les deux Francies d'innombrables et séculaires disputes.

Fin du royaume d'Europe. Désormais, c'en est fini du « royaume d'Europe » dont parlait un poète. C'est le début de l'anarchie, malgré la persistance de la culture intellectuelle qui produira au IXe siècle l'un des plus grands écrivains du Moyen Age, Jean Scot dit l'Érigène, c'est-à-dire l'Irlandais, philologue, théologien, philosophe d'inspiration néoplatonicienne. A la mort de Lothaire, ses États sont partagés entre ses trois fils. L'un d'eux, Lothaire II, devient empereur mais le roi de France, Charles le Chauve, fils de Louis le Pieux et de la princesse bavaroise, et Louis le Germanique multiplient les opérations contre lui. Lorsque Louis II, fils de Lothaire, meurt, en 875, sans descendance mâle, le pape Jean VIII fait alors proclamer empereur Charles le Chauve. Bien entendu, Louis le Germanique ne le reconnaît pas et le combat. C'est, pour ce qui nous intéresse, la fin de l'Empire européen.

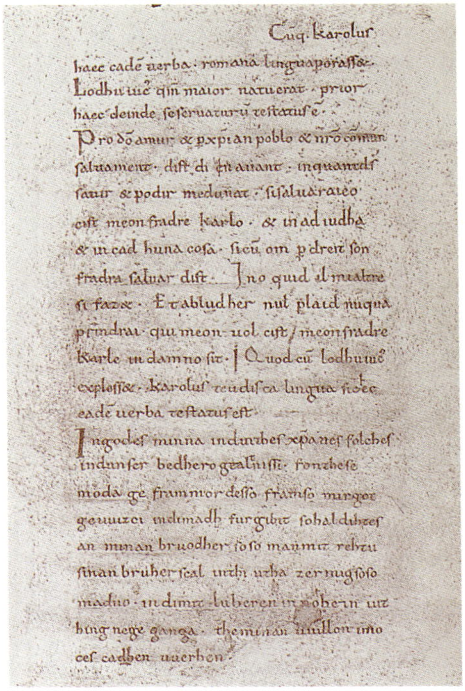
163

164

VI. Débuts de l'Europe ?

L'aventure des Carolingiens avec son apogée de l'an 800, le gouvernement impérial, signifie-t-elle une claire conscience de la réalité européenne, principalement occidentale ?

Débuts de l'Europe. On ne s'étonnera pas qu'il y ait chez les historiens des discussions passionnées pour savoir si l'Empire carolingien marque, oui ou non, « les débuts de l'Europe ». Pour l'Italien Carlo Curcio, si l'on entend par *Europa* une unité de culture ou une unité politique, on peut en fixer l'origine à l'époque carolingienne ; mais si, au contraire, on entend par Europe une variété harmonieuse de peuples qui ont acquis la conscience d'eux-mêmes, une « société de nations », en somme, alors on en verra l'origine à une date ultérieure, entre le XIIIe et le XIVe siècle, sinon plus tard. « Le problème le plus important, ajoute-t-il, est de savoir si alors on a eu une certaine idée de l'Europe, si on a donné un nom. Tel est le cas pour Charlemagne. » Aussi Curcio pense-t-il qu'on peut, depuis son règne, parler d'Europe. Son opinion est partagée notamment par le Belge Henri Pirenne dans son livre *Mahomet et Charlemagne,* par les Allemands F. Steinbeck et F. Petri dans *Zur Grundlegung der europäischen Einheit durch die Franken,* par un autre Allemand, Gollwitzer, par le Français Joseph Calmette dans *Charlemagne* et par d'autres encore. Au contraire, tout en soulignant la forte unité du monde carolingien et, après les invasions barbares des IXe et Xe siècles, la profondeur de l'empreinte carolingienne, le Français Édouard Perroy intitule le chapitre de son volume de *l'Histoire générale des civilisations* relatif aux VIIIe et Xe siècles « L'effacement de l'Europe ».
Sans doute peut-on disserter à perte de vue sur la naissance de l'Europe. Tout dépend des critères objectifs que l'on choisit. On est tenté de suivre l'Italo-Américain Lopez lorsqu'il écrit : « Qui dit Europe, aujourd'hui, ne songe pas tant à une confession unitaire ou à un État universel qu'à un ensemble d'institutions politiques, de connaissances séculières, de traditions artistiques et littéraires, d'intérêts économiques et sociaux, alliés ou solidaires. C'est de ces points de vue que l'Empire

163 *Les* Serments de Strasbourg *entre Charles le Chauve et Louis le Germanique, en 842 : le document le plus ancien en ce qui deviendra la langue française et la langue allemande. Chacun jura alliance contre Lothaire dans sa langue.* **164** *La dignité impériale sacrée : saint Pierre présente à Charlemagne l'enseigne de Rome et au pape Léon III l'étole comme signes de la puissance temporelle et de la puissance spirituelle. Mosaïque du Triclinium de Léon III au palais du Latran, Rome.* **Cartes 13 et 14** *: le partage de l'Empire.*

carolingien nous paraîtra un effort remarquable, mais, somme toute, manqué. »

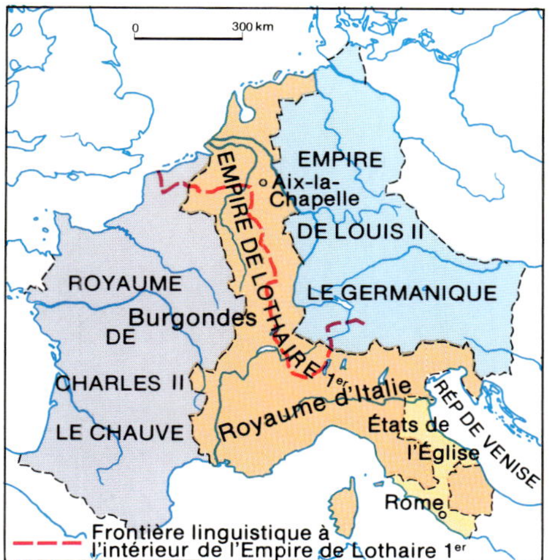

Le mot « Europe ». Interrogeons les contemporains : le mot « Europe », relativement rare dans l'Antiquité, plus rare encore du VIe au VIIIe siècle, réapparaît avec un sens très clair, celui de l'unité occidentale chrétienne (à vrai dire sans les îles Britanniques).

En 769 un chrétien vivant dans le Califat musulman de Cordoue, Isidore le Jeune, décrit la bataille de Poitiers. Contre les Sarrasins, il appelle *Europeenses* (Européens) l'armée de Charles Martel. « Sortant le matin de leurs maisons, les Européens aperçoivent les tentes bien rangées des Arabes. » Voici maintenant, peu avant le couronnement de l'an 800, un poème d'Angilbert. Charlemagne y apparaît comme « chef vénérable de l'Europe », « roi, père de l'Europe », « sommet de l'Europe », « phare vénérable de l'Europe ». Au IXe siècle, pour certains, l'Empire, c'est *Tota Occidentalis Europa* (l'Europe occidentale entière). Nithard (790-858), fils de Berthe, elle-même fille de Charlemagne, écrit ceci : « Charles... appelé par toutes les nations le grand empereur, a laissé l'Europe entière assouvie de ses bontés. » Quelques années après (vers 884), le Moine de Saint-Gall, auteur assez médiocre des *Actes de l'empereur Charles (De Gestis Karoli Imperatoris),* dédiés à Charles le Chauve, dit que l'œuvre de Charlemagne s'applique « à toute l'Europe ». Dans l'ouvrage *les Affaires des Saxons (Rex gestae Saxonicae),* Widukind (mort vers 936) affirme que l'« empereur est, de droit, maître de toute l'Europe ».

Ni Français ni Allemand. De l'apogée carolingien, ne tirons pas de conséquences fausses.

1°) Charlemagne (*Karolus Magnus*), n'est pas un « roi de France » ni d'ailleurs, sous son nom allemand, *Karl der Grosse,* un « roi d'Allemagne ». C'est de l'anachronisme à l'état pur. Il est « roi des Francs ». Ceux-ci se divisaient principalement en Neustriens à l'ouest (plutôt la France d'aujourd'hui) et Austrasiens à l'est (à cheval sur le Rhin). Or la dynastie des Pépinnides, à laquelle il appartient, est austrasienne, mais Charles est probablement né en Neustrie et y a passé sa jeunesse.

Il était bilingue, alors que les Neustriens authentiques devaient aller apprendre les dialectes germaniques aux abbayes de Prum ou de Fulda. La Renaissance carolingienne ne se tourne pas vers les valeurs germaniques, mais vers le latin. Au point que plus tard, Hitler, obsédé par le mythe de la race, estimera que Charlemagne n'est pas un vrai Allemand, dignité qu'il attribue à son adversaire, le Saxon Widukind – preuve par l'absurde que Charlemagne n'a rien à voir avec de futurs conflits franco-allemands.

Le partage de 843. 2°) De même, la conception selon laquelle, Charles étant à la fois roi de France et d'Allemagne, c'est le partage de 843 (cf. ci-dessus) qui aurait fait des Français et des Allemands ces ennemis héréditaires, qui, pendant mille ans, se seraient disputé le royaume du Centre, la Lotharingie, est également anachronique.

L'historien allemand Heinz-Otto Sieburg a parfaitement montré que la notion des Français ennemis héréditaires des Allemands n'apparaît que vers 1840 chez les Allemands, et après 1866 chez les Français.

L'Empire reste « romain ». 3°) L'idée d'un Empire *nouveau,* spécifique, distinct de l'Empire romain, étranger à l'Empire byzantin d'Orient, est également fausse. L'idéal de Charles, des papes, de toute l'élite intellectuelle, de très nombreux évêques, comtes, chefs militaires, est la reconstitution de l'Empire romain. Cet Empire s'étend en Occident et en Orient. Nous avons vu que l'un des arguments utilisés en 800 est précisément le fait que les Byzantins, avec une femme, Irène, à leur tête, n'ont pas vraiment d'empereur, et que Charles peut ainsi prendre l'Empire. Le rêve – et la réalisation momentanée – de Charles, c'est donc la reconstitution de l'Empire romain, solidement fondé sur l'Église catholique et sur l'autorité religieuse du pape – qui, dans les faits, subit le protectorat de l'empereur. Tout au plus est-il admis que l'Empire, dont l'idéal serait d'être unifié, selon le modèle de Constantin ou de Théodose, peut, pour simplifier le gouvernement, être divisé en deux grandes sections, l'une d'Occident, l'autre d'Orient, comme sous Dioclétien, ou sous les deux fils de Théodose.

Conclusion. Nous avons donc cherché à déceler tous les signes d'un esprit communautaire dans l'espace géographique européen.

Bien entendu, ces traits coïncident habituellement avec d'innombrables conflits internes, liés aux rivalités entre les souverainetés et les ambitions. Lorsque, à de très rares reprises, l'Europe paraît au surplus unifiée sous une domination politique, il faut s'interroger sur la signification de cet événement et sur sa durée. Nous avons déjà vu les tentatives éphémères d'Empire romain d'Occident. Les conquêtes de Charlemagne signifient-elles un retour de cet Empire ?

On notera que, par rapport à l'actuelle Europe du Marché commun, seuls en sont exclus la Grèce, le Danemark, l'Irlande, la Grande-Bretagne, l'Italie du Sud, le Portugal et la plus grande partie de l'Espagne. Le reste n'en est pas moins stupéfiant, pour une époque où les communications sont difficiles. Europe provisoire ? Europe inachevée ? Europe éphémère en tout cas, puisque l'Empire est partagé en trois dès 843. Pourtant, comme phénomène de communauté intellectuelle et civilisatrice, l'Empire de Charlemagne présente un intérêt exceptionnel et apparaît comme un modèle.

ثم قرنت بالرقعة درهما وقطعة وقلت لها ان رغبت في المشوف المعلم

م فبوحي بالسر المدهم وان ابيت ان تشرحي فخذي القطعة وابرحي

8 L'Europe assiégée

I. Les Sarrasins

Mahomet. Lorsque Mohammed, celui que les Français appellent usuellement Mahomet, fonda l'Islam, l'Occident en fut à peine informé. C'était un phénomène oriental et lointain. Tout au plus affectait-il les Byzantins, chrétiens, mais généralement détestés à l'ouest. A la mort de Mahomet, en 632, « la grande histoire de l'Islam est en marche », pour reprendre l'expression d'André Miquel.
Cette religion révélée, d'un monothéisme intransigeant, impliquant une soumission totale à Dieu-Allah (c'est le sens du mot islam), crée un monde à la fois national et religieux qui, comme la chrétienté, se divisera en sectes mais va se présenter d'abord comme l'inspirateur d'une gigantesque conquête par des bédouins nomades du désert, principalement cavaliers. En 636, la prise de Jérusalem constitue le premier désastre pour tous les chrétiens.

La conquête arabe. De l'Arabie et de la Syrie, les musulmans, qu'on appelle alors souvent Sarrasins (de l'arabe *Scharkin,* Oriental), se lancent non seulement vers l'est mais aussi à la conquête de l'Afrique du Nord, Égypte, Libye, Maghreb, à la fin du VIIe siècle. Ils vainquent et convertissent les Berbères. Sept mille Berbères profitent de la désagrégation de la monarchie des Wisigoths pour traverser le détroit qui devient Gibraltar. Certains princes wisigoths leur ouvrent volontairement le territoire.
Cadix, puis Séville, puis Cordoue, puis Tolède sont occupées en quelques mois. En 713, le dernier roi chrétien wisigoth est battu et tué et, la même année, l'annexion de l'Espagne à l'Islam est proclamée au nom du calife de Damas. L'Aragon est pris en 714, puis la Catalogne, le Roussillon et le bas Languedoc en 719-720, avec Narbonne.

165 *Orchestre nomade arabe. Le joueur de timbales juché sur sa mule dépasse les joueurs de trompe et le porte-étendard à cheval. Miniature arabe du « Makamen » d'Al Hariri, 1237.*

Les Sarrasins en Gaule. Poitiers. Va-t-on voir maintenant l'Islam absorber la Gaule ? Les cavaliers musulmans, en 725, remontent la vallée du Rhône, sans rencontrer de vraie résistance et pillent Autun, tandis que le duc d'Aquitaine Eudes protège Carcassonne et Toulouse. Une autre troupe de cavalerie musulmane, partant de Pampelune en 732, traverse le col de Ronceveaux, arrive à Dax, passe la Garonne vers Bordeaux et fonce vers Poitiers et Tours.
Mais cette fois la résistance est prête : c'est celle du Maire du Palais Charles Martel, qui a établi son pouvoir sur une large partie de la Gaule franque. En octobre 732, les Francs livrent bataille aux Sarrasins, entre Tours et Poitiers. Les Sarrasins souffrent du froid, leur chef est tué : ils se replient vers le sud, Charles Martel les bat au sud de Narbonne en 737. A partir de 759, ils se sont retirés au sud des Pyrénées. On notera qu'en 750, la dynastie omeyyade de Damas, qui avait été à l'origine de cette conquête, n'arrive plus à maintenir l'unité de son immense Empire. Elle est alors supplantée par la dynastie des califes abbassides dont le fondateur est un Iranien, Abbou Abbas, qui s'installe à Bagdad, comme *imam,* c'est-à-dire porte-parole de Dieu, donc commandeur des croyants. C'est la fin de l'hégémonie arabe.

L'émirat de Cordoue. Dans la région qui nous intéresse parce qu'elle est européenne, la péninsule Ibérique, le pouvoir réel va aux Abbassides. En 756, c'est le petit-fils du dernier calife omeyyade qui débarque près de Malaga, remonte le Guadalquivir et bat le gouverneur de Cordoue. Il va être acclamé comme « émir d'Espagne », et il va bientôt ordonner que la prière soit dite en son nom. Mais il n'ose pas prendre le titre de calife, prince des croyants. Il faudra attendre pour cela 932. Autour de Cordoue, sa capitale, un État puissant et prospère se développe au Xe siècle, atteignant un niveau de culture et de civilisation digne de l'autre foyer intellectuel alors florissant, l'orientale Bagdad.

	IXe s. ap. J.-C.			*Xe s. ap. J.-C.*	
Papauté		**858-867** Nicolas Ier, pape			
Empire	**864** Charles le Chauve envoie une ambassade à Cordoue		**888** Déposition de Charles le Gros	**936** Avènement d'Otton le Grand. Dynastie des Ottons	**955** Otton Ier vainqueur des Hongrois à Lechfeld
Francie occidentale	**845** Siège de Paris par les Normands **883** Vikings à Amiens	**885** Siège de Paris par les Normands **888** Déposition de Charles le Gros, dernier empereur carolingien	**887-898** Roi Eudes, élu contre le carolingien Charles le Simple	**911** Traité de Saint-Clair-sur-Epte. Normands sur la basse Seine (Rollon et Charles le Simple)	
Francie orientale			**899** Mort du Roi Arnulf	**900** Raids hongrois en Bavière	**936-973** Otton le Grand « roi de Germanie ». Serment de vassalité de tous les ducs allemands
Europe du Centre et l'Est	**846** Rostislav à la tête de la Grande Moravie	**864** Début de la prédication de Cyrille et Méthode en Moravie	**893-927** Le tsar bulgare Siméon	**900** Raids hongrois. Hongrois s'établissent en Pannonie **921** Venceslav. Début du 1er État tchèque	**937** Raids hongrois en Berry et à Rome **955** Otton le Grand, vainqueur des Hongrois à Lechfeld
Iles Britanniques		**867** Les Vikings s'établissent à York, Ethelred	**871-900** Alfred le Grand lutte contre les Danois. Reprend Londres		
Vikings	**845** Les Danois détruisent Hambourg **845** Siège de Paris par les Normands	**850-870** Les Vikings attaquent l'Angleterre (Danois) **853** Les Norvégiens à Tours, Danois sur la Loire, la Garonne	**863** Angoulême **874-930** Norvégiens en Islande **878** Conversion du roi du Danemark **885** Siège de Paris par les Normands	Somme, Escaut, Meuse, etc.	
Slaves					**967** Baptême du duc polonais Mieszko
Musulmans péninsule Ibérique	**844** Les Normands ravagent le littoral atlantique espagnol	**850** Les Arabes envahissent la Corse **v. 850** Fondation de Burgos	**864** Ambassade de Charles le Chauve à Cordoue **869** Prise de Malte par les Musulmans	**900** Sarrasins s'installent en Provence Conquête de l'Afrique du Nord par les Fatimides	**929** Création du califat de Cordoue (Abd-er-Rahman III)
Italie	**846** Raid sarrasin sur Rome		**876** Les Byzantins évacuent Syracuse		
Byzance			**867** Schisme de Photius Début de la dynastie macédonienne Basile Ier		

Xe s. ap. J.-C.		*XIe ap. J.-C.*				
	999 Gerbert élu pape (Silvestre II)	**1059** Décret créant la liberté de l'élection pontificale pour les cardinaux (pape Nicolas II)	**1073** Grégoire VII (mort en 1085)	**1075** *Dictatus papae* de Grégoire VII	**1077** Canossa : Grégoire VII et l'empereur Henri IV **1080** Querelle des Investitures	**1095** Urbain II prêche la 1re Croisade à Clermont
962 Otton couronné empereur à Rome **983-1002** Otton III	**999** Otton III fixe sa capitale à Rome qui se soulève en 1001	**1014-1024** Henri II empereur	**1027-1039** Conrad II empereur. Dynastie *franconienne*			
	987 Élection d'Hugues Capet, roi de France	**1055** Henri Ier, roi de France, annexe le comté de Sens				
962 Création de l'archevêché de Magdebourg		**1032** Le dernier roi de Bourgogne lègue son royaume à l'empereur	**1073** Révolte urbaine à Worms			
972 Création de l'évêché de Prague **977-1014** Samuel, tsar des Bulgares	**985** Baptême d'Étienne de Hongrie (Vaïk) **997-1038** Conversion des Hongrois	**1096** Les Hongrois soumettent la Croatie				
	991 Grande invasion danoise en Angleterre	**1014** Prise de Londres par les Danois	**1019-1035** *Cnut le Grand,* roi de Danemark et d'Angleterre	**1066** Guillaume de Normandie conquiert l'Angleterre		
	Christianisation de la Scandinavie	**v. 1000** Arrivée des Vikings au Vinland (Amérique)	**1009** 1ers raids normands en Italie du Sud	**1060-1091** Les Normands conquièrent la Sicile		
989 Baptême de Vladimir de Kiev	**992-1025** Boleslas roi de Pologne	**1000** Création de la métropole polonaise de Gniezno	**1025** Anarchie en Pologne	**1040** Église Sainte-Sophie de Kiev	**1043** Les Russes menacent Constantinople	**1076** Boleslas le Hardi, roi de Pologne, dernier de la dynastie Piast
972 Sarrasins chassés de Provence	**976** Ibn Abî Amir (Almanzor) Maire du Palais à Cordoue † 1002 → Les « reyes do Taïfas »	**1031** Fin du califat de Cordoue → principautés (Tawa'if)	**1063** « Croisade » bourguignonne en Espagne **1063** Expédition chrétienne dans la vallée de l'Ebre	**1064-1065** Raids de Ferdinand Ier de Castille sur Coimbra et Valence	**1085** Alphonse VI de Castille prend Tolède	**1094** Prise éphémère de Valence par le Cid
	992 Ier traité de commerce Byzance-Venise	**1000** Protectorat de Venise sur l'Istrie et la Dalmatie **1015** Les Pisans chassent les Arabes de Sardaigne	**1037** L'empereur Conrad II crée l'hérédité des fiefs en Italie du Nord **1044** Soulèvement des bourgeois de Milan	*Normands* **1060** Début de la conquête de la Sicile par Robert Guiscard (reconnu par le pape)	**1071** Il prend Bari (fin de la dynastie byzantine en Italie)	**1082** Privilèges d'Alexis Comnène aux Vénitiens **1093** Formation de la ligue lombarde (villes)
961 Les Byzantins reprennent la Crète	**976** Avènement de Basile II	**1014-1018** Basile II conquiert la Bulgarie	**1054** Schisme de Michel Cérulaire	**1057** Avènement de la dynastie comnène	**1071** Byzantins écrasés à Mantzikert par les Turcs Seldjucides	**1081** Avènement d'Alexis Comnène

166 *L'ascension de Mahomet d'après la sourate 17 du Coran. Le prophète est représenté sans visage. Miniature de l'école de Bagdad, British Museum, Londres.*

La conquête de la Sicile. En 800, se crée, autour de Kairouan, en Tunisie, un autre émirat sous l'autorité d'Ibrahim ben Aghlab, fondateur de la dynastie des Aghlabides. En 788, Idris ben Abd Allah, descendant du Prophète, fonde à Meknès et Fez la dynastie des Idrisides.

Les Aghlabides sont ceux qui intéressent le plus l'histoire européenne. En effet, partant de Tunisie, ils entendent conquérir la Sicile. Ils commencent en 827 par Mazzara à l'ouest ; en 831, c'est le tour de Palerme, en 843, celui de Messine. Ils s'attaquent à l'Italie du Sud, Pouille, Calabre, Campanie et même à l'Italie du Centre. En 846, ils débarquent à Ostie et vont piller Saint-Pierre-de-Rome. Le Sud-Est, Brindisi, Tarente, Bari, Bénévent, est entre leurs mains. Certes, ils ne garderont pas longtemps Bari et Tarente, mais ils n'en poursuivent pas moins leur progression : ils remontent la mer Adriatique et vont piller Comacchio au nord de Ravenne.

En 870, en s'emparant de Malte, ils achèvent de contrôler le passage entre Méditerranée occidentale et Méditerranée orientale. L'émir de Cordoue, lui, ravage sans cesse les côtes du Languedoc et remonte parfois la vallée du Rhône. En Provence, ses soldats installent une base permanente à La Garde-Freinet.

Le commerce arabe. Il est évident que pour beaucoup de chrétiens européens, une reconquête s'impose, la *Reconquista* pour les Espagnols. Mais d'autres chrétiens doivent cohabiter avec les musulmans en Espagne et en Italie du Sud. Quelles sont les relations entre conquérants et vaincus ?

Il y a d'abord le commerce. Aux IXe et Xe siècles, les musulmans dominent le commerce maritime européen et contrôlent celui des flottes italiennes. Bien entendu, toute leur puissance en Orient – que nous n'avons pas à étudier ici – leur permet d'inonder la Méditerranée occidentale des produits de l'Asie centrale et même de la Chine. L'historien français Marc Bloch, l'historien allemand Alfons Dopsch ont montré combien les liaisons commerciales est-ouest en Méditerranée étaient restées fortes malgré les conquêtes de l'Islam : la thèse bien connue du grand historien belge Henri Pirenne soutenue dans son livre *Mahomet et Charlemagne* et qui prétend qu'elles ont été interrompues doit donc être nuancée. Fondateurs de villes (Cordoue aurait compté trois cent mille habitants !), les musulmans sont rarement fanatiques et font peu de prosélytisme religieux auprès des indigènes. Grands négociants, avec les Juifs, ils cantonnent généralement les chrétiens dans le petit commerce. Leur monnaie, c'est le dinar d'or et le dirham d'argent, à la place du solidus, sou d'or byzantin. Ils utilisent de petits navires à voile triangulaire, ils substituent à la route romaine la piste caravanière, ils pratiquent le portage. Entre les villes sont créés des caravansérails parfois énormes. Les paysans végètent, aux confins de la ruine, sous la pression des propriétaires et des soldats.

La population du califat de Cordoue. Le califat de Cordoue, vers 800, aurait eu trois millions cinq cent mille habitants. En l'an 1 000, sept millions. Outre les « Arabes et Berbères musulmans conquérants, grands propriétaires fonciers, il y a les Espagnols convertis *(Muwallahs)*, les chrétiens non convertis *(Mozarabes),* les Juifs – essentiellement dans les villes –, les esclaves - Noirs et Slaves. Finalement, l'Espagne « a trouvé dans cette diversité un équilibre ». La langue arabe est la langue sacrée, celle aussi de la littérature, de la poésie, de la philologie. Il existe, pour le commerce en Méditerranée une *Lingua Franca* fortement teintée d'arabe. Mais les chrétiens maintiennent leur parler roman d'origine latine, peuvent réunir des conciles, dialoguer avec les royaumes chrétiens du Nord. De nombreux mots arabes ont fait fortune en Europe grâce aux relais italien et espagnol : alcool, algèbre, alezan, abricot, artichaut, calfater, cramoisi, coton, échecs, élixir, goudron, chiffre, tarif, zénith, zéro, etc. Au surplus, les poètes musulmans utilisent volontiers le *muwachchah,* où la langue romane se mélange à l'arabe littéraire.

Pourtant, l'essentiel de l'histoire espagnole jusqu'au XVe siècle consiste non en une assimilation (comme celle des Vikings en Normandie ou en Angleterre, nous le verrons plus loin) mais en une lutte qui a ses avancées et ses reculs, ces derniers marqués en particulier par les contre-offensives des Almoravides, depuis 1080 et des Almohades au XIIe siècle. Nous allons étudier les grandes lignes de ces événements.

Les chrétiens du Nord. Le nord-ouest de la péninsule – Galice et Asturie – n'a jamais été vraiment conquis. D'autre part, Charlemagne, fort du succès de ses prédécesseurs et de ses victoires en Italie et en Saxe, songe aussi à conquérir l'Espagne. Outre l'accroissement de l'Empire, ce serait une œuvre pie : chrétiens contre musulmans. En 778, il marche sur Saragosse par Pampelune. Il échoue complètement, doit repartir combattre les Saxons et son arrière-garde est massacrée par des Gascons (Basques ?) à Roncevaux. Il réussira un peu plus tard à s'emparer de Gérone, puis de Barcelone (801) et donc à tenir la Catalogne. Le roi de Galice et d'Asturie Alphonse II obtient son appui pour prendre Lisbonne aux musulmans en 798 – la ville est vite reperdue, jusqu'en 1135. Mais une partie de l'actuel Portugal (au nord du Douro) reste libre. Charlemagne reçoit plusieurs princes musulmans dans sa capitale d'Aix-la-Chapelle.

Entre 950 et 1100, la seule zone reconquise est la Castille, avec Salamanque. Le roi de Castille, Alphonse VI, fait en 1085 son entrée à Tolède, qui ne sera pas reprise par l'Islam. Ce qui a retardé le plus ces difficiles débuts de la *Reconquista,* c'est l'arrivée successive en Espagne de deux dynasties africaines fort actives, Almoravides et Almohades. L'Espagne musulmane est en pleine désagrégation après la mort, en 1002, d'Al Mançur ou Almanzor, prestigieux Maire du Palais de Cordoue, appuyé sur une garde prétorienne de Berbères. Au même moment, le Maghreb est submergé par les nomades Berbères. L'Islam est en perdition.

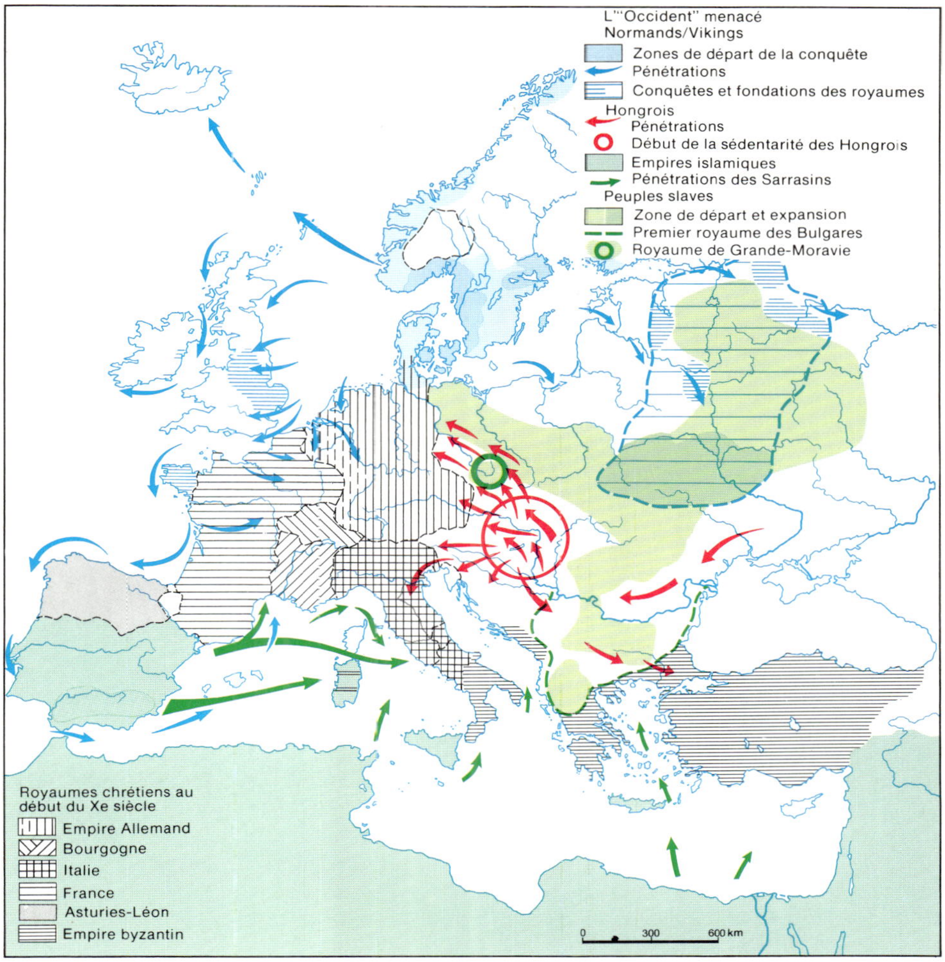

Carte 15 : *L'Occident menacé. Trois invasions capitales pour l'Europe aux Xe et XIe siècles : les Normands au nord et au sud, les Sarrasins au sud, les Hongrois à l'est.*

Les Almoravides. Citons André Miquel : « Son salut part du Sahara occidental, de la région Sénégal-Niger, où des groupes de guerriers berbères, sous le commandement d'Ibn Yâsin, s'entraînent à la Guerre Sainte dans leurs couvents fortifiés : ils seront les gens de *ribât-s,* les marabouts, les *almurabitûn* (Almoravides). Ils s'essayent d'abord contre le monde berbère environnant, qu'ils soumettent et intègrent à leurs troupes, et contre les Noirs : ils vaincront le royaume de Ghâna vers 1076. »

Puis ils se dirigent vers le nord, font de Marrakech leur capitale, conquièrent la moitié de l'Algérie : en 1082, ils prennent Alger. Appelés par les princes espagnols, ils franchissent le détroit de Gibraltar et réunifient à leur profit l'Espagne musulmane, du Tage à l'Ebre, sauf le saillant chrétien de Tolède. Pour le pittoresque, rappelons que cette époque de chevaliers à armures est celle d'un fameux Castillan, Rodrigue Diaz, de Viva près de Burgos, connu comme le Cid (*Sidi,* seigneur) *campeador,* conquérant de Valence en 1094. On notera que dans le camp chrétien des troupes du royaume de France viennent appuyer les Castillans. De nombreux mariages franco-espagnols viennent appuyer cette collaboration.

Vingt ans après leur conquête, leur régime est en pleine confusion. Les débuts du XIIe siècle sont caractérisés par une lutte acharnée entre Almoravides et chrétiens, notamment au Portugal et en Catalogne.

La contre-attaque franco-espagnole est couronnée de succès. Le Portugal sera totalement libéré en 1189. Ainsi, au XIIe siècle, les royaumes des chrétiens repoussent les forces almoravides en un irrésistible élan.

167

168

Les Almohades. Les Almohades ne sont pas des Maures de Mauritanie, mais des Marocains, Berbères sédentaires de la montagne marocaine. Un apôtre du retour aux sources, Ibn Tûmart « le redresseur de torts », prêche l'unité absolue de Dieu (*Al Murvahhid,* d'où le terme européanisé « Almohade »). Ibn Tûmart se proclame le *Mahdi,* nouveau prophète, seul interprète de la loi et de la tradition. Son successeur s'empare de Marrakech, de l'Algérie, de la Tunisie actuelle.

Dès 1145, il entreprend la conquête de l'Espagne. L'Espagne almohade devient un nouvel Empire, dont le chef Abd al-Mu'min est proclamé calife, face aux califes de Bagdad et du Caire. Les Almohades dureront plus que les Almoravides. En 1212, les chrétiens d'Aragon, de Navarre, de Castille et du Léon écrasent les Almohades à *Las Navas de Tolosa.* En 1236, l'Islam perd pour toujours la fameuse capitale de Cordoue, où il laisse bien des monuments et, notamment, une magnifique mosquée. Seul reste, au sud-est de la péninsule, le petit royaume musulman de Grenade. Nous parlerons dans un prochain chapitre de l'extraordinaire influence intellectuelle que l'Islam exercera sur l'Europe après 1100. Nous pouvons, dès ce chapitre, évoquer son influence matérielle sur l'Europe.

L'influence matérielle des Sarrasins. Que l'Islam soit venu de l'Orient nous explique bien des apports dont l'Europe occidentale lui est très tôt redevable. Quelques exemples concernant d'abord les animaux : les chevaux d'Asie centrale, déjà importés à l'époque romaine, vont être complétés par la race barbe de Numidie qui donne le genet d'Espagne et qui, par un croisement entre barbes et iraniens, produit le cheval arabe. De même le mouton maghrébin donnera le mérinos d'Espagne et influera sur la société espagnole par la création de la *Mesta,* puissante association de bergers. Pour les plantes nouvelles, qui, dit le *Roman de la Rose,* « viennent en droite ligne du pays des Sarrasins », il faut citer l'abricotier, l'artichaut, la laitue, le chou-fleur, le persil, la betterave, le fenouil, le céleri, le melon, les courges, les citrons et les aubergines. L'Islam renforce et introduit en Espagne oliveraies et vignobles, blé dur en Italie du Sud et en Espagne, riz venu de l'Inde qui atteint le Guadalquivir, le palmier-dattier qui pénètre en Espagne. Les jardins des riches musulmans font progresser infiniment l'horticulture, symbolisée par la rose blanche de Damas.

Autres apports : la soie qui s'installe en Sicile et en Espagne, le coton suit le même chemin, le papier d'origine chinoise, fait d'abord de chanvre et de lin, atteint Bagdad vers 800 et va gagner l'Andalousie, puis Rome et au XIVe siècle la France du Sud-Ouest. Cela signifie la fin du papyrus et du parchemin et l'installation durable d'un produit mieux adapté à la grande diffusion que provoquera l'imprimerie. Les grandes routes commerciales ouest-est sont presque toutes musulmanes dans le haut Moyen Age. Toutefois, l'Islam n'a créé qu'un seul port en Espagne : Almería. Notons enfin que la conquête musulmane, c'est aussi le trafic d'esclaves venus d'Asie centrale, d'Afrique et de l'Europe slave.

II. Les Vikings

Origines germaniques. Le Danemark – Jutland et îles – et la partie sud de la péninsule scandinave, alors bien isolés, se trouvaient occupés dans les six premiers siècles de notre ère par des peuples germaniques, qui circulaient sur mer avec des navires à rames et qui entretenaient avec le monde romain d'importantes relations commerciales, achetant des amphores, des objets de bronze, de verre, d'argent, vendant en échange des fourrures et de l'ambre. Dans de très nombreux tombeaux danois, on a retrouvé ainsi de la vaisselle romaine. Ces peuples, on le sait, envahirent le nord du continent, les Frisons, les Burgondes (venus de l'île de Bornholm), les Vandales (Vendsyssel au nord du Jutland), les Goths (de Göteborg en Suède occidentale), les Langobards ou Lombards, de l'embouchure de l'Elbe. A partir du Ve siècle, les Angles, les Jutes, les Saxons débarquèrent en Grande-Bretagne. Certains de ces guerriers scandinaves servaient dans les légions romaines, et rapportèrent dans leurs pays des pièces et des objets d'or.

Nous verrons bientôt que la poussée des Slaves vers l'ouest va, pour un temps, couper ce trafic en bloquant l'Oder et même l'Elbe. Pendant un siècle, seuls les Frisons, et des commerçants juifs venus du sud, maintinrent un réseau commercial, dont la base fut Dorestad, à l'est d'Utrecht, sur le « Vieux Rhin », aujourd'hui ensablé. On voit par exemple le moine britannique saint Boniface s'embarquer à Londres, payer son passage sur un navire frison, et aborder à Dorestad (716). Vers le nord, le

Architecture arabe en Europe. **167** *La cour des Lions de l'Alhambra, la « tour vermeille » de Grenade,* XII*e* *à* XIV*e* *siècle. Douze lions de marbre noir supportent la fontaine en albâtre.* **168** *Cour intérieure de la mosquée des Umayyades de Cordoue (789-990), la Mecque de l'Occident. Bateaux vikings :* **169** *Drakkar à voile carrée sur une pierre runique du Gotland, en Suède, vers 770.* **170** *Détail du vaisseau d'Oseberg richement orné. Découvert dans la tombe à navire d'une femme noble, sur le fjord d'Oslo. Milieu du* IX*e* *siècle.*

169

170

commerce frison atteignait le Jutland, au Danemark.

C'est entre 650 et 800 ap. J.-C. qu'apparaissent les Vikings. Il s'agit d'abord des *Svear,* fondateurs de la Suède future, près du vieil Upsala et du lac Mälar. De petits royaumes danois et norvégiens existent alors. Leur grande découverte est celle d'un bateau de chêne, à bordées renforcées, à forte quille, qui permet d'ajouter une voile puissante sur les navires jusqu'alors à rame seulement. Ce type de navire va permettre d'abord de multiplier les liens avec la Grande-Bretagne, ensuite d'aller beaucoup plus loin. On constate, dans les objets d'art retrouvés par les fouilles, épices, coffrets, pointes de lances, quantité de motifs artistiques venus visiblement d'Angleterre.

Première incursion à l'ouest : Lindisfarne. Ces peuples de navigateurs, installés sur les fleuves plutôt que sur le littoral de la Baltique, accrurent rapidement leur puissance, et ne tardèrent pas à dominer les détroits danois. Tandis que Charlemagne luttait férocement contre les Saxons, en s'alliant éventuellement aux Slaves, les Vikings allaient entreprendre leurs grandes incursions. Le 8 juin 793, les moines du riche monastère de Lindisfarne, à la limite entre l'Angleterre et l'Écosse, virent arriver des navires à tête de dragon. Leurs occupants se ruèrent à terre, massacrèrent les moines, renversèrent la croix, s'emparèrent des trésors, tuèrent le bétail et emportèrent la viande à bord, mirent le feu à tout ce qui restait, et partirent. Ces païens n'avaient aucune raison de respecter les moines. Que ceux-ci se défendissent peu ou mal les incita à multiplier les opérations de ce type. Elles vont durer deux siècles, non sans que leur stratégie se perfectionnât. Ces hommes étaient les Vikings, leurs navires les drakkars. Ils eurent dans toute l'Europe occidentale une effroyable réputation, car les récits ont tous été écrits par leurs adversaires. En fait, de plus en plus, le commerce alterna avec le pillage. Ce que voulaient les Vikings, c'était élargir leur singulier domaine, à la fois terrestre et aquatique. Ils étaient en effet des commerçants ambulants doublés de marins et de guerriers.

Influence des Vikings. Viking vient de *Vik* ou *Vic,* tels *Brunswick, Schleswig, Lundenwic* (*London,* Londres). En Europe occidentale, on trouve huit cent soixante-dix noms de lieu en *vic. Vik* vient de *weichen :* lieu où l'on se retire, mais aussi où la terre cède sa place à l'eau. De fait, quand on visite, à 30 km à l'est de Stockholm, l'île de Björkö sur le lac Malar, on y trouve les restes d'une vraie ville de 12 ha, et une nécropole où l'on a déjà identifié deux mille tombes, très simples, petits tumuli au ras du sol. On a découvert bien d'autres de ces villes repaires, tels Haitabu, le fjord d'Oslo, etc.

L'influence des Vikings sur l'Europe occidentale – à la communauté de laquelle ils se sont agrégés – est beaucoup plus grande qu'on ne le croit en général. D'abord, ces hommes extraordinairement hardis, sans boussole ni gouvernail, sont allés découvrir et coloniser l'Islande, le Groenland, les îles Féroé. Ils ont atteint la côte est de l'Amérique du Nord, cinq cents ans avant Christophe Colomb.

Les Svear ou Suédois. A l'est, les *Svear* abordèrent sur les côtes orientale et méridionale de la Baltique, où ils multiplièrent les comptoirs. Puis ils remontèrent les fleuves baltes et russes. Par des portages, ils firent passer leurs drakkars vers les eaux tributaires de la mer Noire et, tout en commerçant sur leur passage, ils atteignirent Byzance et les pays musulmans du Proche-Orient. Le grand commerce est celui de la fourrure (zibeline, petit-gris, hermine, martre, renard, castor), ainsi que l'ambre, la cire, le miel, les épées et les cuirasses, et finalement des esclaves slaves pour les musulmans. Les *Rus,* comme on appelait ces Vikings de l'Est, rapportèrent en Suède des objets de bronze, des vases de verre fin, des coupes d'argent, et surtout de la soie, achetée à Byzance. Finalement, les monnaies arabes jouent un rôle énorme, puisque dans la seule île de Gotland, en Baltique, on a trouvé 40 000 pièces d'argent arabe, et 17 000 dans le reste de la Suède et du Danemark. L'or n'est qu'un supplément secondaire de l'argent. (Il y a alors de fabuleuses mines d'argent en Afghanistan.)

Les Norvégiens et l'Atlantique. Comme il est normal, c'est aux Norvégiens surtout qu'on doit attribuer les expéditions vers l'ouest, expéditions finalement très lointaines : au nord, vers Narvik, que le Gulf Stream maintient à l'abri des glaces. « Ils rencontraient là les Lapons ou Skritotines qui ont de la neige même en été, mangent de la chair crue, sont vêtus de peaux de bête et élèvent des rennes. » Mais les Lapons ne seront guère incorporés au commerce mondial avant les XIIe et XIIIe siècles. A la fin du IXe siècle, un fermier de Tromso, à l'extrême nord, Ottar, navigua le long de la côte jusqu'au cap Nord et poursuivit plus loin que les chasseurs de baleines, jusqu'au pays, habité par de nombreux Finnois, situé à l'embouchure de la Dvina. Mais la grande aventure se situe à l'extrême ouest. Nous l'évoquerons avant d'aborder l'essentiel : les implantations en Europe de l'Ouest. De Norvège, les Vikings atteignirent d'abord les îles

Shetland qui leur servirent de base et où ils installèrent des fermes. De là, ils gagnèrent les îles Féroé ou îles des moutons, ainsi appelées car elles avaient été déjà visitées par des ermites irlandais qui y avaient amené ces animaux. C'était, au IXe siècle, le poste viking le plus avancé.

L'Amérique. La gloire des explorateurs vikings est d'avoir découvert le continent américain. Il fallut le hasard des tempêtes pour que le Suédois Gardar Svarvarsson, installé au Danemark et marié à une Norvégienne, arrivât à la dérive et constatât l'existence d'une grande île (fin VIIIe siècle). Plusieurs navigateurs norvégiens s'y rendirent ensuite et l'appelèrent Thulé, puis Island, l'île de la Glace. Vers 874, les premiers colons norvégiens s'y installèrent et fondèrent Reykjavik. C'était le moment où s'unifiait le royaume de Norvège, sous l'autorité du roi Harald aux beaux cheveux. Ces colons partaient pour l'Islande pour ne pas dépendre de lui. Vers 930, on y comptait seize à vingt mille personnes. Le héros national islandais, Egil Skallagrimsson, y est né en 904 et nous avons une saga, écrite en ancien nordique, qui est le récit de son épopée de navigateur et de guerrier lorsqu'il fut, momentanément, au service du roi d'Angleterre. C'est en Islande, loin de tout, qu'apparut le *Thingvellir*, qu'on peut considérer comme le premier Parlement européen.
C'est à la fin du IXe siècle qu'un autre aventurier islandais, Erik le Rouge, longea pour la première fois le Groenland auquel il donna ce nom de « pays vert » et où il explora tous les fjords. En 896, vingt-cinq navires avec cinq cents personnes à bord, hommes, femmes, enfants et des chargements de bétail, d'outils, de chevaux, de bois, allèrent s'installer sur la côte Sud-Ouest. La population atteindra trois mille personnes. On y était, d'octobre à mai, coupé du reste du monde. Se rendant seul vers le Groenland, un jeune homme audacieux, Bjarne Herjulfsson, passa trop au sud, et arriva face à des collines boisées. C'était l'Amérique, vers le Labrador. Ainsi, *Bjarne a devancé Christophe Colomb de cinq cents ans !* Après lui, Leif Eriksson, fils de Erik le Rouge, fit l'exploration de ce nouveau continent en partant du Groenland, longeant le Labrador, puis raconte qu'il atteignit le Vinland avec ses vignes, ses forêts, ses saumons. Mais comme il ajoute que la rosée est sucrée comme le miel, il y a là quelque hâblerie. On suppose que les Vikings parvinrent à peu près jusqu'au 41^E^ parallèle. Thorwald, frère de Leif, y repartit en 1004. En 1020, une tentative de colonisation se heurta aux indigènes. Les Vikings ne purent donc s'instal-

171

172

173

171 *Commerce à l'époque des Vikings : le trésor de Narby, lac Mälar, Suède, vers 940. Les garnitures et une partie des pendentifs et des imitations de monnaie sont de facture orientale. Les deux grandes agrafes rondes, qui ornaient un costume de femme, sont d'origine nordique.* **172** *Les Vikings en Angleterre : croix en pierre avec guerrier danois, Middletown, Yorkshire, Xe siècle.* **173** *Ruines d'église dans une colonie viking à Hualsey, Groenland.* **174** *Les Normands conquièrent l'Angleterre, 1066 : représentation de la traversée de la Manche sur la broderie de Bayeux, 1077.*

ler en nombre en Amérique. Quant au Groenland, ils y prospérèrent. On y compta un évêché, seize églises et deux monastères. Mais isolées face à une invasion des Esquimaux, les colonies groenlandaises disparurent.

Les Vikings en Europe du Nord-Ouest. De l'extraordinaire épopée, passons à un phénomène historiquement plus vaste et plus important : l'implantation des Vikings en Europe.

Les Norvégiens s'en prirent d'abord à l'Irlande puis à l'Écosse du Nord et de l'Ouest. Les Danois préférèrent les côtes de Frise, de Hollande, de Zélande et celles de l'Angleterre du Sud. Ces pays n'avaient pas de flottes pour résister. Comme les drakkars bénéficiaient d'un faible tirant d'eau, un mètre, ils remontèrent les fleuves. Puis ils se risquèrent dans l'Atlantique. Ils touchèrent l'embouchure de la Seine en 820, celle de la Loire en 819-820, remontèrent ces fleuves ainsi que l'Escaut et le Rhin. Tandis que les Norvégiens prenaient à peu près toute l'Irlande de 830 à 840, les Danois portaient de rudes coups à l'Empire de Louis le Débonnaire à qui ils cherchèrent à prendre la Frise et les Pays-Bas. Ils s'installèrent à Duurstide où ils restèrent jusqu'en 885. En 840-841, ils conquirent l'Essex, le Kent, le Hampshire, le Dorset en même temps que Rouen, la Picardie et, en 843, ils pillaient Nantes. L'an 844, ils entrèrent dans la Garonne, longèrent la côte espagnole et la côte portugaise, remontèrent le Guadalquivir jusqu'à Séville. Ils saccagèrent Paris le 29 mars 845, dévastèrent Bordeaux en 848 et Périgueux en 849.

Incursions en Méditerranée. A partir de 850, ils commencèrent à s'installer dans le pays auquel ils donneront leur nom, la Normandie. Le roi de France essaya de négocier leur départ en leur payant un véritable tribut. De 859 à 861, ils s'en allèrent vers le sud, traversèrent le détroit de Gibraltar, croisèrent devant le Roussillon, hivernèrent en Camargue d'où ils allèrent piller Avignon, Arles et Nîmes. En Italie, ils mirent à sac Pise et la Toscane. Puis ils revinrent dans l'Atlantique et, toujours selon la même tactique, mais accompagnés désormais de cavalerie, ils remontèrent les fleuves et pillèrent, entre autres villes, Poitiers, Limoges, Clermont-Ferrand, Angers, en 872-873.

Les Danois en Angleterre. Les Danois vont jouer dans l'histoire anglaise un rôle extraordinaire, et cela en deux temps. D'abord, pendant toute la deuxième moitié du IXe siècle, ils profitèrent de l'émiettement du pays en petits royaumes anglo-saxons ou celtiques, pour faire des conquêtes d'abord provisoires. Seul le célèbre Alfred le Grand, roi du Wessex (871-900) réussit à les arrêter. Ils remontèrent alors les estuaires de la Humber et de la Trent et conquirent le royaume de Mercie en 874.

La lutte se poursuivit contre Alfred. Ce roi, intelligent et cultivé, réussit après des batailles au sort incertain à signer la paix de Wedmore avec le chef danois Guthrun, qui reçut le baptême. L'Angleterre, avec quelques peuplades celtes à l'ouest, fut divisée en zone anglo-saxonne au sud-est et en zone danoise au nord-est. Alfred put s'installer à Londres.

L'éphémère Empire danois. Pendant le Xe siècle, les Danois reculèrent grâce à Alfred et à ses successeurs. L'attaque reprit en 980. Le Danemark s'était pratiquement unifié sous le règne d'Harald Blaatand ou « dent bleue », lui-même converti au christianisme. L'Angleterre du Sud-Est fut reconquise par les Danois, puis toute l'Angleterre, y compris Londres. C'est l'œuvre de Cnut Ier dit le Grand, petit-fils d'Harald. Il se fit reconnaître dans tout le royaume, il conquit la Norvège en 1028 et ainsi on vit se constituer un vaste Empire danois réunissant l'Angleterre et la Norvège mais aussi l'Islande et le Groenland. Habilement, Cnut s'appuya sur le clergé, construisit partout églises et monastères, fit même un pèlerinage à Rome. Il multiplia les mariages entre nobles anglais et danois. En 1036, il mourut. Son fils, Cnut II, personnage infiniment moins remarquable, sut garder l'Angleterre mais, à sa mort en 1041, c'en est fini de la brève domination danoise sur ce pays.

Guillaume le Conquérant et 1066. Et pourtant ce n'est pas la fin du pouvoir des Vikings sur la grande île. En 1066, date la plus célèbre de l'histoire britannique, le duc de Normandie, Guillaume le Conquérant, après avoir traversé la Manche, battit à Hastings, à 90 km au sud de Londres, le dernier roi saxon d'Angleterre, Harold II et fonda la dynastie normande. Or les Normands, ce sont ces Vikings dont nous avons évoqué la conquête progressive de la Basse-Seine, du pays de Caux, etc. Ils ont organisé leur repaire dans les Pays-Bas actuels. Ils profitèrent de la lutte dynastique qui se déroula dans le royaume

des Francs entre le Carolingien Charles le Simple, descendant de Charlemagne et un roi élu, Eudes, ancêtre d'Hugues Capet, qui fonda la nouvelle dynastie capétienne en 987. Charles le Simple constata que les « Hommes du Nord », pressés certainement par la démographie, arrivaient de plus en plus nombreux. En 911, par le traité de Saint-Clair-sur-Epte, la Normandie fut cédée au chef viking Rollon ou Gange-Rolf. Le duché de Normandie était né. Or, Rollon, extraordinaire géant qu'aucun cheval ne pouvait porter, se fit baptiser et épousa Gisèle, fille du roi de France dont il fut le vassal. Guillaume le Bâtard ou le Conquérant est un descendant de Rollon. L'admirable broderie dite Tapisserie de Bayeux raconte la « conquête de l'Angleterre par les Normands ».

175

176

177

Les Normands de Sicile. Enfin la royauté normande de Sicile qui s'établit entre 1058 et 1090 est d'origine normande française. Tancrède de Hauteville envoya huit de ses douze fils en Sicile, dont Robert Guiscard et Roger, fondateurs de la dynastie. La Sicile, après avoir été carthaginoise, grecque, romaine, vandale, byzantine et arabe, va subir la forte influence de ces hommes du Nord, et va même fournir un Européen puissant, Frédéric II de Hohenstaufen, au XIIIe siècle.

Apport matériel. Sur le plan matériel, les Vikings apportèrent le progrès de la navigation, de belles épées et armes de fer, des objets d'art et de mobilier parfois remarquables. Ils furent d'incomparables décorateurs (cf. les proues des navires). Mais ni leurs tombes (qui servent, à travers toute l'Europe, à repérer ces nomades invétérés) ni leur architecture ne pouvaient rivaliser avec celles des pays envahis. Ils eurent une riche littérature de sagas, mais seulement à partir du IXe siècle, et leur écriture propre, les *runes,* ne fut utilisée que dans quelques inscriptions (par exemple dans l'île de Man).

Pillage et commerce. Dans cette dramatique contradiction qui marque l'histoire européenne, c'est d'abord par le pillage et le massacre que les Vikings ont pénétré dans les pays les plus méridionaux, d'abord avec leurs seuls drakkars, par les fleuves ; puis avec une cavalerie, et enfin, en amenant, par mer, des colons. Cela étant, des peuples qui ont longtemps occupé l'Irlande de l'Est et l'ouest de l'Écosse (Norvégiens), les Pays-Bas, la Picardie, la France atlantique, et finalement la Normandie (Danois), où ils sont restés, ont laissé quantité de traces, ne serait-ce que dans la toponymie (plusieurs centaines de noms normands sont d'origine viking : Caudebec, Honfleur, La Hague, etc.).

Bien plus importante encore est l'influence des Danois, puis des Normands en Angleterre. La toponymie en conserve des traces abondantes dans le Northumberland, le Yorkshire, le Norfolk, le Suffolk, etc. L'île de Man, les Hébrides resteront norvégiennes jusqu'à la fin du XIIIe siècle. De même les Orcades et les Shetland, norvégiennes, puis danoises jusqu'en 1468, et où l'on parle des langues scandinaves jusqu'à la fin du XVIIIe siècle.

Le principe d'égalité. C'est peut-être sur le plan politico-moral qu'ils ont lancé leur propre semence de liberté. Surtout, ils ont mis en pratique le principe de l'égalité. Ils n'ont pour chef que celui qu'ils choisissent. Lorsque Charles le Simple veut traiter avec eux, il demande à voir leur chef. La réponse lui vient aussitôt : « Nous n'avons pas de maître. Nous sommes tous égaux. » Cependant, ils vont envoyer Rollon qui est leur vrai souverain. Dans son ouvrage *les Vikings,* l'historien suédois Oxenstiern écrit : « En Normandie, la population des campagnes est aussi libre que dans la métropole nordique et nettement indépendante du système féodal, qui est la marque distinctive du reste de la France. » Leur lente et progressive conversion au christianisme ne fait que renforcer cette attitude. Ils ont ainsi apporté une remarquable contribution à notre commune histoire.

Des Vikings à la Hanse. Il faut, finalement, avec les historiens scandinaves évoquer le déclin des Vikings proprement dits. Dans tout le commerce du Nord, ces admirables guerriers navigateurs vont souffrir du manque d'hommes auquel les réduit la guerre incessante. Au moment même où ils s'assurent en Normandie, en Angleterre, en Sicile et ailleurs de solides implantations, ils vont être supplantés dans leur commerce par la piraterie des Wendes d'origine slave, qui pillent les côtes suédoises et danoises et y prélèvent des milliers d'esclaves (au XIIIe siècle). Mais surtout, en 1143 se fondera la ville de Lübeck, et autour d'elle la « Hanse germanique ». Celle-ci se met à construire de gros navires de commerce, les *cogs,* peu guerriers certes, mais bien plus économiques, et, grâce à leur tirant d'eau et à

178

179

175 *Les Normands en Sicile : manteau du couronnement du roi Roger II (1095-1154). Soie rouge brodée d'or et garnie de perles et de pierres précieuses, d'origine arabe.* **176** *Brassard en or, Suède, VIe siècle. Au centre, le roi des dieux Odin sur son étalon à huit jambes Sleipnir.* **177** *Freyr, dieu de la lumière et de la fécondité. Statuette de bronze, Rällinge, Suède. La conversion des Danois au christianisme.* **178** *Représentation du Christ sur la pierre d'Harald de Jelling, vers 980.* **179** *Baptême du roi des Danois Harald à la dent bleue (940-980). Plaque en or, musée national de Copenhague.*

leur stabilité, beaucoup plus aptes à voguer par vent de travers. C'est sur les *cogs* qu'apparaît une voile nouvelle, le foc, et un mât nouveau à la proue, le beaupré, moins dramatique, mais plus efficace que le dragon. Les Vikings, réduits aux faibles cargaisons, furent évincés. Nous reviendrons plus loin à la Hanse.

La lente conversion des Vikings. Celle ci s'opère pour ainsi dire en *trois vagues*.

1. Anschaire

Le Danemark est plus accessible que les autres pays. A la cour de Louis le Pieux on crut pouvoir y introduire le christianisme en soutenant des prétendants exilés du pouvoir. En 822, l'archevêque de Reims, Ebbon, avait été chargé par le pape et par l'empereur Louis d'une mission dans ce pays. Le seul résultat obtenu fut quelques baptêmes, notamment celui d'un prétendant nommé Harald. Ebbon pensa alors à envoyer un représentant permanent de l'Église. On choisit Anschaire, un ancien moine de Corbie, en Picardie, qui était devenu l'écolâtre de la Nouvelle Corbie *(Corvey)*, filiale du monastère en Saxe. Anschaire avait une âme d'apôtre et accepta avec enthousiasme. Son premier séjour y fut bref. Mais revenu à Worms, où siégeait Louis le Pieux, il y rencontra des envoyés, cette fois, du roi de Suède Björn. Anschaire accepta de se rendre dans ce lointain pays, et mit des mois à atteindre la ville de Björkö *(Birca)*, capitale commerçante sur le lac Malar. Là aussi, quelques baptêmes furent célébrés. Finalement, on décida de créer, pour Anschaire, l'archevêché de Hambourg. Anschaire reçut même à Rome le *pallium* (manteau liturgique), c'est-à-dire le titre d'archevêque, qui lui permettrait de fonder plusieurs diocèses. Mais il y avait trop peu de chrétiens pour y pourvoir. Les résultats ne furent pas à la hauteur des espérances. L'influence de l'Empire franc déclinait, et les Vikings redoublaient d'activité pour piller les côtes nord de l'Europe. Hambourg fut brûlée et pillée. C'était l'échec. Quand Anschaire mourut à Brême, en 865, le christianisme, au Danemark et en Suède, était resté une religion d'étrangers. L'archevêché (fusionné) de Hambourg-Brême n'avait aucun évêché suffragant. Bien plus qu'un centre de rayonnement vers l'ensemble de la Scandinavie, Hambourg-Brême apparaît comme *l'avant-poste menacé de la chrétienté*.

2. Harald à la dent bleue

L'archevêque d'Hambourg-Brême, Unni (917-936), osa se rendre à la cour du roi du Danemark Gorm, pourtant grand adversaire et persécuteur des chrétiens. Il évangélisa le Schleswig, puis, au Danemark, obtint du fils de Gorm, Harald à la dent bleue *(Blaatand)*, et de la reine – elle-même chrétienne – le droit d'évangéliser le Danemark. Voici ce que dit le chroniqueur allemand Adam de Brême, chanoine de Brême qui, vers 1067, écrira une *Histoire du diocèse de Brême-Hambourg*, et une précieuse *Géographie de la Scandinavie* : « Protégé par Harald, Unni put parcourir le Danemark continental et les Iles, annonçant la foi aux païens et réconfortant dans le Christ les prisonniers chrétiens qui s'y trouvaient. Puis, marchant sur les traces d'Anschaire, le grand apôtre, il traverse la Baltique et, non sans peine, arrive en Suède à la ville de Birca où, depuis l'époque de Rambert nul prêtre chrétien n'était plus revenu. » Unni y mourut en 936.

Harald à la dent bleue, qui succéda à son père Gorm en 950, se fit baptiser avec sa femme et son fils Svend. L'archevêque de Hambourg-Brême, Adallag, qui exerça son pontificat pendant cinquante ans (mort en 988), sut profiter de cette situation en créant des diocèses non seulement au Danemark, mais dans les Iles, dans la Norvège, où le roi Haakon songea à faire un plébiscite sur l'adoption ou non du christianisme : on se souvient de ce que nous avons dit sur l'esprit extraordinairement égalitaire des Vikings. Harald mourut en 986.

3. Olaf le Saint et Cnut II

Le successeur (baptisé) d'Harald fut son fils Svend « à la barbe fourchue » *(Gabelbart)*. Celui-ci assimilait dans son esprit le germanisme au christianisme, et voyant dans les Allemands l'ennemi essentiel des Scandinaves, devint champion du vieil esprit viking : expéditions lointaines, conquêtes, pillage. Pendant son règne, qui dura jusqu'à 1014, la persécution se généralisa, dans le grand royaume qu'il essaya de constituer, sur l'ensemble des pays scandinaves – avec bien des difficultés en Suède – et même sur l'Angleterre. Il entra à Londres en 1013, mais il mourut – après un retour tardif au christianisme – en 1014.

C'est alors que le christianisme va vaincre. En Norvège, redevenue pour un temps indépendante, le prince régnant était Olaf, surnommé Olaf le Saint, installé au nord, à Trondjheim, grand persécuteur des sorciers païens, enchanteurs, augures, mages, qui avaient toujours possédé une énorme influence sur la culture scandinave. Olaf était un fidèle de la métropole allemande Hambourg-Brême.

En fait, l'homme essentiel fut le fils de Svend, le célèbre Cnut, que nous avons évoqué plus haut, pour avoir créé le plus grand Empire du XIe siècle : Danemark, Suède, Norvège, et Grande-Bretagne. Or, cet Empire est devenu chrétien. Comme Charlemagne, Cnut manqua bien souvent à la morale chrétienne. Mais il avait la foi. Il fit un pèlerinage à Rome en 1026-1028.

« Je vous fais savoir, écrivit-il, que je suis venu à Rome afin d'y prier pour la rédemption de mes péchés et pour le salut des royaumes et des peuples qui sont soumis à mon empire. » Il s'occupa avec soin de l'établissement de la hiérarchie catholique et de la restauration d'un idéal chrétien. Avec son règne, c'est, pratiquement, la fin du paganisme dans cette région du monde, à l'exception des superstitions populaires.
Le point essentiel, lié à cette troisième vague d'évangélisation, triomphatrice celle-là, dont Cnut Ier (mort en 1035) est le grand artisan, est la quasi-rupture avec l'archevêché de Hambourg-Brême. Ce n'est plus l'église allemande, qui va patronner l'église scandinave, mais l'église anglaise ; clercs, évêques, moines anglais, irlandais, écossais, affluent dans l'ensemble de la Scandinavie, appelés par les autorités royales ou locales. La rupture avec Hambourg-Brême va se produire – non sans lutte. On a songé à créer un « Patriarchat nordique » – ce qui aurait été contraire aux traditions de l'Église romaine. Il était plus simple d'insérer les églises scandinaves dans le système anglais, d'autant plus que trente-sept ans après le règne de Cnut Ier, ce sont des descendants des Vikings, les Normands de Normandie, qui vont s'installer durablement sur le trône d'Angleterre.

III. Les Slaves

Nous n'avons pas encore parlé de ce groupe, sinon par allusion. Il a joué, on le sait, un rôle considérable dans l'histoire et dans la civilisation de l'Europe. Aujourd'hui encore, outre le russe, le biélorussien, l'ukrainien, les langues slaves parlées par des dizaines de millions d'habitants sont : au nord le polonais, le tchèque, le slovaque. Au sud le bulgare, le slovène et le serbo-croate. La langue roumaine, qui est latine, a subi une très forte influence slave.

La venue des Slaves. Vers le IVe siècle ap. J.-C., la « masse indécise » des Slaves s'étend dans la région des sources du Niémen, du Dniepr et du Pripet. Il semble qu'ils soient là depuis des siècles. La civilisation des « champs d'urnes », que nous avons évoquée pour l'âge du bronze, caractérise les tombeaux de ces Slaves primitifs, en contact commercial à l'ouest avec les Germains et les Celtes.
Tout se produit alors sous forme d'invasions allant de l'est vers l'ouest. De fortes pressions sont exercées en Asie par des populations mongoles et par des populations turques. En ce qui concerne les Slaves, il semble qu'ils soient mus par ces envahisseurs orientaux et qu'ils constituent la masse de leurs troupes. Les Avars, de type mongol, les proto-Bulgares ou Bulgares de type turc, les Khazars, les Petchenègues, les Coumans, puis les Mongols et au XVIe siècle les Kalmouks seront successivement éliminés sur le plan politique. Un seul groupe (du VIIIe au XIIe siècle), les Magyars, réussira à s'installer en Pannonie, côte à côte avec les Slaves et non loin des Germains. Les Slaves, eux, resteront éternellement sur place.

Les Avars. Les Avars jouent un rôle en Europe dès 558. Ils atteignent le Danube en 561. En 567, alliés aux Lombards (Germains), ils écrasent les Byzantins. La ville de Salone, où avait vécu Dioclétien, est assiégée par les Slaves en 600, détruite par les Avars en 614. La ville de Sirmium, capitale de la Pannonie (Mitrovitza), où Marc Aurèle était mort, tombe en leur pouvoir. Après de longues péripéties, on cesse de parler des Avars en 822.

Les Bulgares. Les Bulgares sont cités pour la première fois en 482 comme habitants de l'Ukraine. Ils sont apparentés aux Turcs. Ce sont leurs troupes slaves qui les amèneront à devenir plus tard une des ethnies slaves du Sud, avec une langue slave. En 680, ils franchissent le Danube et occupent la Mésie (nord de la Bulgarie actuelle). Pliska est le centre de ce premier royaume.

Les Khazars. Les Khazars resteront dans la région Oural, Volga, Don et disparaîtront au Xe siècle. Comme le fait remarquer Lucien Musset : « Nos sources donnent l'histoire des noms ethniques plus que celle des hommes... Les hommes, bien souvent, restent, attendent que la fortune change, et, entrent bientôt dans une autre combinaison. Plusieurs Empires qui nous paraissent fort différents parce qu'on ne nous en cite que les clans dirigeants, qui changent en effet, peuvent se bâtir ainsi successivement avec les mêmes matériaux. Les étiquettes linguistiques ellesmêmes ne doivent pas être surestimées. Beaucoup de ces confédérations éphémères sont plurilingues... et le nom du peuple subsiste souvent quand tout le contenu en a changé, y compris la langue (c'est l'histoire des Bulgares, devenus, de Turcs, Slaves). »

Les Slaves Nord, Centre et Sud. La lutte séculaire entre Slaves et Germains se manifeste surtout aux VIIIe-Xe siècles.

180

Les Slaves peuvent être classés en quatre grands groupes. Les Slaves de l'Est, dont nous ne parlerons pas ici. C'est par les Suédois, nous l'avons vu, et par Byzance que se font leurs contacts avec l'Occident. Ils vivent dans les steppes et les forêts, mêlés aux tourbillons des invasions asiatiques auxquelles, inaugurant ainsi une longue tradition, ils résistent superbement par leur masse et par leur courage.
Viennent ensuite les Slaves du Nord. Les Obodrites et les Wilzes sont situés sur la rive est de la basse Elbe, avec, à l'ouest, leurs féroces ennemis saxons et leurs non moins féroces ennemis francs. Un peu plus au sud, sur les deux rives de l'Elbe, les Sorbes et les Wendes. Les Slaves du Centre sont essentiellement les Moraves à l'est de la Bavière et au nord de la Pannonie, les Tchèques et les Slovaques. Enfin, les Slaves du Sud, qui remontent du Danube vers les vallées de la Drave et de la Save, et au sud de cette rivière (actuelle Yougoslavie), tandis que déjà, les Vénitiens qui s'émancipent en 1008 de toute tutelle byzantine installent de petits ports le long de la côte dalmate.

Les Marches slaves. Les traces d'une influence des Slaves sur l'Europe occidentale d'alors sont très peu perceptibles. Il faut attendre qu'ils soient christianisés pour s'intégrer à une communauté, celle de Rome, ou celle de Byzance. Qui les christianisera ? Pour Charlemagne – c'est ce qu'il réalise chez les Saxons – les soldats conquièrent le pays, et ensuite, en de nombreux cas, on évangélise de force. Or Charlemagne a établi sur les Slaves du

181

182

Traces des peuples des steppes en Europe centrale et orientale. **180** *Harnais avar gravé trouvé dans le champ de tombes bajuvares de Linz-Zizlau, en Autriche, VIIe siècle. Les Avars s'installèrent du VIIe au IXe siècle dans les Carpates, où ils étaient voisins des Bajuvares.* **181** *Cavalier des steppes trouvé dans la tombe du prince de Kul Oba, à Kertsch, est de la Crimée, Union soviétique, IVe siècle avant J.-C.* **182** *Étriers en fer d'une tombe avare de Bickse, Komitat Fejer, Hongrie, début du VIIe siècle.*

Nord, sur les Moraves, en Pannonie, des Marches dont il est le suzerain. Elles ne sont guère stables et pourtant son fils Louis le Pieux et son petit-fils Louis le Germanique réussissent à les reconquérir de façon temporaire. Louis le Pieux, à la différence de Charles, est partisan d'une évangélisation plus humaine. Ce ne sont plus les soldats, mais de hardis missionnaires, souvent allemands, qui pénètrent les premiers en « pays barbare » (c'est l'expression alors utilisée).

Les Slaves du Sud. Les premiers Slaves à être évangélisés furent ceux du Sud (les Slovènes d'abord), au VIIIe siècle. Menacés par les Avars, au nord, ils cherchèrent la protection de Pépin le Bref, roi des Francs, et suzerain de la Bavière. Deux princes slaves de Carinthie, otages en Bavière, y furent élevés dans la foi chrétienne, au monastère de Chiemsee. Ils montèrent successivement sur le trône et firent appel à l'évêque de Salzbourg, l'Irlandais Virgile. On construisit des églises. On fonda les monastères d'Innichen, dans le Trentin, et de Kreuzmünster en haute Autriche. Il y eut une réaction païenne mais le duc de Bavière, Tassilon, reprit la Carinthie. Puis Charlemagne s'empara de l'ensemble Bavière et Carinthie. La conversion s'acheva alors par une pénétration pacifique non chez les Avars mais chez les Slaves. Cette conversion était occidentale : l'Église latine s'emparait donc d'une fraction des peuples slaves.

Le grand évangélisateur des Danois, Anschaire, dont nous avons parlé plus haut, manquant de moyens, n'osa entreprendre la conversion des Slaves du Nord, pourtant attribués par le pape à sa juridiction.

Les Moraves. Le grand phénomène du IXe siècle est l'évangélisation des Moraves, les Slaves du Centre. Un Empire morave était en train de se constituer sous la conduite d'un prince païen, Moïmir. Sans qu'il fût converti, il laissa construire une première église un peu avant 850, toujours sous la dépendance de l'Église allemande (Salzbourg, Passau). L'empereur Louis le Germanique déposa Moïmir et le remplaça par son neveu Ratislav. Celui-ci était un homme fort habile. Il avait compris qu'en matière d'évangélisation, l'Église romaine et l'Église byzantine étaient en concurrence. Face à l'influence montante des Germains, Ratislav envoya à Constantinople en 862 une délégation morave qui vint voir le patriarche Photius (dont nous parlerons ci-dessous).

Cyrille et Méthode. Photius comprit qu'il pouvait devancer les Romains, et il envoya en Moravie deux hommes remarquables, Méthode l'aîné et Constantin, le cadet – qui prendra sur son lit de mort le nom de Cyrille. Cyrille et Méthode – c'est ainsi que l'histoire les connaît – étaient nés à Thessalonique, où les Slaves étaient nombreux. Ils furent formés à Constantinople dans une sorte d'université, où officiait un grand intellectuel, Léon le Mathématicien. Constantin y enseigna lui-même, par la suite. Mais ils avaient l'un et l'autre l'esprit missionnaire. Constantin se rendit chez les Khazars, nation alors judaïsée. C'est à son retour qu'avec son frère, il fut envoyé en Moravie. Leur grande idée était que les Slaves n'entendant ni le grec ni le latin, il convenait de leur proposer une liturgie slave, et de traduire en leur dialecte les textes sacrés. A cet effet, ils ajoutèrent une demi-douzaine de signes à l'alphabet grec. C'est probablement l'origine de l'écriture dite « cyrillique », utilisée de nos jours par les Russes, les Bulgares et les Serbes, mais, en fait, ce qu'ils inventent est une écriture dite « glagolitique ». Ils convertirent de nombreux Moraves, tandis que Ratislav, battu par Louis le Germanique, lui vouait fidélité (864).

Voyage à Rome. Mais la coexistence de ces deux Byzantins avec des chrétiens allemands causait des frictions graves. Constantin et Méthode, qui étaient des hommes de paix et d'union, décidèrent d'aller exposer le cas à Rome, *via* Venise. Ils y arrivèrent au beau milieu de la grave querelle qui opposait alors le pape Nicolas Ier à Photius. Ils apportaient, pensaient-ils, les reliques du quatrième pape de l'histoire, Clément. C'était, pour l'époque, un « incomparable trésor ». Le nouveau pape Hadrien II les accueillit « comme des envoyés de Dieu » (Émile Amann). Ils convainquirent la papauté que l'on pouvait louer Dieu dans une langue autre que les trois langues sacrées (hébreu, grec et latin). Constantin allait être nommé évêque de Moravie, lorsqu'il mourut, en 869.

183

184

183 *Mission slave : le Christ et les deux apôtres slaves, Cyrille et Méthode. Fresque de San Clemente, Rome,* IXᵉ *siècle.* **184** *Époque des migrations hongroises : bourse de ceinture ornée de motifs de palmes sur métal argenté partiellement doré,* IXᵉ-Xᵉ *siècle.* **185** *La croix d'Ulrich, Augsbourg, 1492, représentant la bataille du Lechfeld en 955. L'évêque Ulrich avait victorieusement défendu la ville contre les Hongrois.*

Mort de Cyrille, départ de Méthode. Méthode repartit donc seul. A la demande de nobles moraves, le vieil évêché de Sirmium *(Mitrovitza)* fut recréé pour Méthode, ce qui devait mécontenter l'Église byzantine, dont dépendait théoriquement le territoire de l'Illyricum – autour de la côte dalmate de l'Adriatique. Méthode eut bien des difficultés. Les fils de Louis le Germanique battirent et mirent à mort Ratislav (870). N'ayant plus ce puissant protecteur, Méthode passa en jugement devant des évêques allemands et fut enfermé dans une tour. Il réussit à faire connaître son sort à Rome, qui condamna l'action des évêques allemands. Méthode reprit alors son évangélisation, et reçut l'appui total de Rome, où il s'était rendu à nouveau. Puis, l'infatigable missionnaire regagna Constantinople, qu'il n'avait pas revu depuis dix-huit ans. Il y fut très bien reçu par l'empereur et par Photius, mais il mourut en 884.

Retour de l'influence allemande en Moravie. Ralliement des Bulgares à l'Église byzantine. C'est alors que se produisit le mouvement de balancier. Les évêques allemands reprirent la direction religieuse de la Moravie, interdirent la liturgie en slave. Les disciples de Méthode furent expulsés. La plupart se réfugièrent dans l'État bulgare, auprès du roi Boris. Celui-ci et ses successeurs *adoptèrent la liturgie slave*. Ainsi, tandis que les Moraves étaient absorbés par la chrétienté occidentale latine, les Bulgares optaient pour l'Église byzantine. La tentative de conciliation par Cyrille et Méthode avait échoué.

La conversion des Slaves du Nord. La conversion des Slaves du Nord est la plus tardive. A partir du milieu du Xᵉ siècle, on voit apparaître, venus de l'est, les Polonais, dirigés par la dynastie de Piast. Ils fondent un vaste Empire, entre Baltique au nord, Carpates au sud, et Vistule. Puis ils avancent vers l'ouest, sous Mieszko Iᵉʳ (963-992) et sous son fils Boleslas Chrobry (« le Vaillant », 992-1025). Luttant victorieusement contre l'empereur Henri II, il avait annexé la Silésie et, pour un temps, la Moravie et la Bohême. Avant de mourir, il se donna lui-même le titre de roi.

Les Wendes. On notera que pendant le Xᵉ siècle, les Slaves du Nord (pays wende) avaient été conquis et colonisés par les rois germaniques. « A partir des années 940-950, ce n'est plus l'Elbe, c'est l'Oder, qui est, au moins dans son cours inférieur, la limite de la Germanie... Mais la fusion entre Wendes et Germains ne pouvait s'opérer que par la conversion des premiers à la religion des seconds » (E. Amann). Cela se fit, non sans querelles et luttes, autour d'un archevêché créé à Magdebourg.

Les Polonais. Plus à l'est, la conversion des Polonais paraît avoir été beaucoup plus facile. Mieszko avait épousé en 966 Dobrawa, la fille de Boleslas, roi de Bohême. Celle-ci convertit son mari, avec l'aide du clergé tchèque.
Le grand historien des Slaves, Dvornik, a parfois déploré que Polonais et Tchèques, dont les langues sont proches, ne soient pas restés unis. La principale explication réside dans le fait que l'Église tchèque était très étroitement liée à l'Église d'Allemagne. Au contraire, le duc, puis roi de Pologne, Boleslas (fils de Mieszko et de Dobrawa, on lui avait donné le nom de son grand-père tchèque) décida de *créer une hiérarchie polonaise indépendante de l'Allemagne*. Autrement dit, il obtint la création, à Gniezno, d'un archevêché (siège métropolitain), auquel furent rattachés les évêques de Pologne qui, ainsi, cessèrent de dépendre de Magdebourg.

Les Hongrois et leurs incursions. Bien qu'ils ne soient pas slaves mais finno-ougriens, il faut dire un mot des Hongrois. Ce peuple étonnant réussit, entre 900 et 950, à ravager toute l'Europe continentale de l'Ouest, puis, de nomade, à devenir paysan et sédentaire, tout en gardant sa langue.
Seuls en Europe, le finnois et l'este appartiennent à la même famille, tout en étant fort différents. Les Hongrois apparaissent au milieu du IXᵉ siècle, originaires sans doute d'Asie centrale. Mongoloïdes, les yeux bridés, ils ont des mœurs ressemblant à celles des Huns venus trois siècles plus tôt. Contentons-nous de dire qu'ils ont atteint, au nord-ouest, la Flandre, à travers Bavière, Alsace, Lorraine, Champagne. A l'ouest, Bâle, la Bourgogne, au sud-ouest, les Alpes, la vallée de l'Isère, le Languedoc, l'Aquitaine. Au sud, la Vénétie, la Lombardie, la Toscane, les Pouilles, les Abruzzes, à l'est, le royaume bulgare, la Thrace, presque jusqu'au Bosphore, au nord, la vallée de la Weser, jusqu'à Brême,

185

la Westphalie. Ce peuple s'apaise peu à peu, face aux défenses dressées par l'Europe. Là encore, la christianisation établit le lien essentiel. Là encore, comme pour les Polonais, c'est la lutte entre l'Église allemande, et l'idée d'une Église nationale avec sa hiérarchie propre. A la fin du xe siècle, arrivent les missionnaires allemands, dépendant de Pilgrim, archevêque de Passau. Mais le duc Geza, tout barbare et violent qu'il est, comprend bien la menace politique qui s'attache à ce système, et surtout son fils Vaïk, qui prend en 985, à dix ans, le nom d'Étienne, lui succède de 997 à 1038. Remarquable homme d'État, homme pieux dont l'Église fera un saint, il fonde la « couronne de saint Étienne », avec une Église entièrement autonome, et en 1001, il se fait couronner avec un diadème béni par le pape Silvestre II.

IV. La rupture de l'Occident avec Byzance

L'isolement byzantin. Aux VIIIe et IXe siècles, les relations de l'Ouest avec l'Empire byzantin sont en général lointaines. L'Empire se trouve coupé du Nord par les Slaves, les Avars, les Bulgares, les Hongrois, et coupé du Sud : la riche Syrie et le « croissant fertile », l'Égypte et le Maghreb sont tombés aux mains de l'Islam. Sa flotte de commerce déclinant par rapport à celle de ses rivaux arabes, l'Empire byzantin, bien qu'il professe qu'il est l'Empire romain dans sa totalité, n'a plus en Occident que quelques postes sur l'Adriatique. L'empereur Léon III obligea le pape, patriarche de Rome, à céder l'Illyrie au patriarche de Constantinople. L'exarchat de Ravenne s'effondre en 754-756 lorsque le roi des Francs, Pépin le Bref, le reconquiert sur les Lombards et le remet non aux Byzantins, mais au pape. En 812, Byzance n'a plus en Italie que Venise, Naples, la Calabre et la Sicile – en attendant les Arabes ! Pourtant, *les deux mondes chrétiens, le latin et le grec, n'arrivent plus à se présenter en une chrétienté unique.*

Cela a commencé par « l'interruption de la culture hellénique en Occident » (Paul Lemerle) à peu près totale dès 600. Le pape Grégoire le Grand (590-604), riche Romain, ancien nonce à Constantinople, ignore le grec. Ni l'Espagnol Isidore de Séville, ni Grégoire de Tours, ni l'Anglais Bède le Vénérable ne savent bien le grec. « C'est bien d'un naufrage qu'il s'agit », dit encore Paul Lemerle.

Les « Briseurs d'images ». Depuis 717, l'accès au trône de Léon III l'Isaurien, auquel succède en 740 son fils Constantin « Copronyme », bon général, mais despote fanatique, ne va rien arranger. Par conviction, ils sont tous deux, surtout le second, iconoclastes. Le culte exagéré des images, des icônes, leur apparaît comme un retour au paganisme : on voit parfois des prêtres mêler au calice de la messe de la poudre de peinture raclée sur une image vénérée. Malgré ces abus, la papauté de Rome est hostile à l'iconoclasme.

Charlemagne : Empire d'Occident ou Empire universel. Lorsque Charlemagne devient empereur, en 800, la souveraine byzantine est une femme, Irène, qui avait épousé en 769 le fils de Copronyme. Très belle et intelligente, elle avait peu de scrupules. Elle fit crever les yeux de son fils dont elle avait la tutelle. Les théologiens occidentaux estimèrent que Charles pouvait être sacré empereur à Saint-Pierre-de-Rome (comme les Byzantins à Sainte-Sophie), empereur de tout l'Empire, bien entendu. Un chroniqueur byzantin raconte qu'Irène envoya des ambassadeurs à Charles pour lui offrir sa main. Mais elle mourut en 803. Pour Charlemagne, toujours fidèle à l'unité de l'Empire, il ne restait qu'à obtenir par un accord avec les Byzantins qu'on constituât, comme sous Dioclétien ou les fils de Théodose, un Empire unique, avec deux Auguste, l'un empereur d'Occident, l'autre empereur d'Orient. On y parvint en 812-814. Mais cela ne pouvait être qu'éphémère.

La rupture entre Rome et Constantinople s'est étalée dans le temps, et a donné lieu à une infinité d'épisodes, d'avancées et de reculs dont nous n'avons pas à donner ici le détail. Ce qui nous importe, c'est qu'une frontière durable, par moments un vrai « rideau de fer », se soit établie entre la chrétienté occidentale, ou latine, ou romaine, qui se disait « catholique – c'est-à-dire universelle – et la chrétienté grecque, avec ses prolongements slaves.

On peut dire pour simplifier que les principales sources de la rupture sont au nombre de cinq.

Le luxe oriental face à l'Occident.

1) Il existe d'abord une *différence d'ambiance,* particulièrement marquée. L'Em-

186

pire byzantin, avec sa richesse, son faste, sa subtilité intellectuelle, méprise les Occidentaux, frustes, moins experts en théologie quintessenciée.
La langue grecque, les costumes ecclésiastiques, la liturgie, tout paraît plus brillant dans la « seconde Rome » que dans la première.

L'« apostolicité » de Constantinople ?
2) La seconde Rome, Constantinople, n'a été créée qu'en 330 environ, à partir de la petite Byzance, par l'empereur Constantin. Cela implique une infériorité. Les grandes métropoles ecclésiastiques sont censées avoir été fondées par les apôtres. On fabriquera en de nombreux endroits, notamment en Gaule et en Espagne, des légendes tenaces sur l'« apostolicité » des Églises. Or il y a cinq « patriarcats », la « pentarchie » aux yeux de Constantinople : Rome (l'évêché créé par saint Pierre), Jérusalem, Antioche et Alexandrie, créés par d'autres apôtres... et Constantinople. D'où la légende plus que tardive créée par Photius, dont nous allons bientôt parler, selon laquelle l'apôtre saint André aurait accompli une mission en mer Noire et aurait créé la chrétienté de Byzance. Or saint André était le frère *aîné* de saint Pierre ! A Rome, on ne croyait pas en une pentarchie, mais en la supériorité de l'Église de Rome, celle de saint Pierre, sur toutes les autres.

Le « Filioque ».
3) A cela s'ajoutait une querelle de *dogme*. Dans leur « Credo » – définition résumée de la Foi – les Latins avaient ajouté un mot : « Filioque ». « Le Saint-Esprit procède du Père *et du Fils*. » Dans le mystère de la Sainte Trinité, les Orientaux pensaient que le Saint-Esprit, troisième personne, ne « procédait » du Fils que *par* le Père. Les Occidentaux affirmaient que le Saint-Esprit procédait du Père *et* du fils. Une telle querelle montre à quel point on s'intéressait à des notions théologiques inaccessibles à la masse des fidèles.

Le droit canon ou ecclésiastique.
4) La querelle portait également sur la *discipline,* réglée en Orient par un concile de 692 dit « Quinisexte », car il avait pour but de compléter les Ve et VIe conciles œcuméniques. Pour les Occidentaux, le célibat des prêtres était de règle – malgré les manquements. En Orient, on admettait le mariage des prêtres avant l'ordination. Les règles du jeûne étaient différentes. Les règles du mariage étaient plus compliquées.
Les Orientaux communiaient sous les deux espèces, pain et vin, les Occidentaux ne communiaient que de pain azyme (non levé). D'ailleurs, l'esprit même de la messe était différent : liturgie, communion, présence du Saint-Esprit dans la messe grecque où la pratique occidentale du sermon n'existait pas. On s'expliquera ainsi qu'au XXe siècle le rapprochement ou œcuménisme soit plus aisé entre Grecs et luthériens qu'avec les catholiques romains.

Rivalité des missions.
5) Enfin – et c'est peut-être le plus grave, les deux chrétientés se disputaient les missions en Orient, et notamment celle des Bulgares, dont nous avons parlé plus haut. Il s'agissait de savoir si ces peuples deviendraient des chrétiens latins soumis à Rome, ou des chrétiens grecs soumis au patriarcat de Constantinople. Celui-ci disputait à Rome les zones d'Illyrie, et de l'actuelle Yougoslavie.

Photius et Ignace. La première crise grave est liée à la personnalité de Photius. Photius est un homme de premier plan, un écrivain remarquable et polygraphe. Né vers 810 à Constantinople d'une riche famille, il avait fait de brillantes études, peut-être sous la direction d'un grand savant, Léon le Mathématicien, et était rapidement devenu fonctionnaire (finalement *protosecretis*). Jeune, il avait été envoyé en ambassade chez les Arabes. Il avait écrit sur la grammaire (le *Lexique*), sur la littérature (la *Bibliothèque*), sur la théologie, la logique, la métaphysique, l'exégèse, etc. Son autorité était considérable. Il méprisait Rome, et se sentait prêt à toutes les audaces. En 858, le patriarche Ignace, soutenu par les monastères, avait été révoqué par l'empereur et interné, et Photius avait été élu patriarche – il était encore simple laïque

Le bref schisme de Photius. Selon la coutume, Photius écrivit à Rome et aux autres patriarches pour être reconnu. Conquis par les musulmans, Antioche, Jérusalem et Alexandrie faisaient piètre figure. Le pape Nicolas Ier, lui, hésita et envoya deux légats à Constantinople. Ceux-ci se laissèrent séduire, mais furent désavoués à leur retour. *Un concile romain, en 863, déclara que Photius était déposé,* et qu'Ignace devrait redevenir patriarche. C'est la question bulgare qui avait exaspéré la querelle. Le roi Boris, catéchisé d'abord par les Byzantins, avait été baptisé et l'empereur de Byzance était son parrain. Mais Boris, pour des raisons politiques, négociait aussi avec Rome, qui, en 866, lui envoya une mission et essaya de détruire l'œuvre des Byzantins. Le résultat fut qu'en 867, la rupture entre Rome et Constantinople éclata publiquement. *Un concile réuni à Constantinople décida de déposer le pape.*

L'empereur Basile le Macédonien. Ce schisme ne dura pas, car un coup d'État politique eut lieu à Byzance. Un général d'origine paysanne, *Basile le Macédonien,* fit assassiner l'empereur et prit sa place. L'un de ses premiers actes fut de déposer Photius et de rétablir Ignace (septembre 867). La dynastie macédonienne, qui régnera jusqu'au XIe siècle, va restaurer la grandeur byzantine, en reprenant les vallées du Tigre, de l'Euphrate, la Cilicie, Alep, une partie de la Syrie, et finalement en écrasant les Bulgares (victoire de Basile II, dit le « Tueur de Bulgares » ou Bulgarochtone, à la Stroumitza, en 1014). Basile était partisan de l'union avec Rome et avec l'empereur occidental, Louis II. Celui-ci envisageait les fiançailles de sa fille Irmegarde avec Constantin, fils de Basile. Le mariage n'eut pas lieu ; on en profita cependant pour proclamer l'union entre les deux chrétientés. Mais le roi Boris de Bulgarie se tourna à nouveau vers les Grecs. Ignace mourut. Photius lui succéda, après s'être réconcilié avec Basile. Il fut déposé une seconde fois en 886. Ainsi, le schisme de Photius avait été bref. Mais dans le fond, rien n'avait changé. Les querelles allaient continuer pendant cent cinquante ans, jusqu'à ce qu'une nouvelle rupture se produisît, cette fois définitive. Photius resta le grand héros de l'Église byzantine.

Michel Cérulaire. Ce sont les succès de la dynastie macédonienne qui aboutirent à cette rupture. Elle eut lieu sous le patriarcat de Michel Cérulaire (1043-1058), homme plus habile que pieux. L'union des deux Églises était alors réduite à peu de chose, et, comme nous le verrons ci-dessous, la piètre situation de l'Église romaine, avant la Réforme grégorienne, ne pouvait qu'exalter l'orgueil des Orientaux. Cérulaire voulait éviter une entente de son empereur avec Rome. Aussi partit-il en guerre contre les Latins installés à Constantinople. Il fit savoir au pape que la réconciliation avec Rome n'était acceptable que si les Occidentaux adoptaient le droit ecclésiastique de l'Orient, concession évidemment impossible.

La rupture solennelle. Le 16 juillet 1054, les légats de Rome, comprenant qu'il n'y

186 *Hagia Sophia (Sainte Sagesse en grec), autrefois église du couronnement de l'empereur romain d'Orient à Byzance. Après la conquête de la ville par les Turcs en 1453, l'église fut transformée en mosquée.*

187

188

187 *Supériorité culturelle de Byzance : étoffe de soie brodée d'éléphants découverte dans la tombe de Charlemagne à Aix-la-Chapelle.* **188** *L'empereur Basile II le Bulgarochtone (vers 956-1025). Byzance connut sous son règne l'apogée de sa puissance. Miniature du* Codex du Seigneur.

avait rien à espérer, décidèrent de faire un coup d'éclat. Ils se rendirent à Sainte-Sophie en plein office solennel, déposèrent sur l'autel une sentence d'excommunication contre Michel Cérulaire et sortirent en secouant la poussière de leurs souliers. Ils saluèrent l'empereur et quittèrent la ville. Cérulaire répondit le 24 juillet par un Édit synodal, qui rompait avec Rome. Latins et Grecs se crurent vainqueurs.

Conséquences de la rupture pour l'Europe. Il ne faut pas croire qu'il s'agit là d'une simple querelle de sectes, portant exclusivement sur des problèmes religieux. La haine est extrême. A Constantinople, on voit proliférer un nouveau genre littéraire : d'innombrables *traités contre les Latins.* Les Grecs et les Latins, qui se côtoyaient en Italie et à Constantinople, se traitaient mutuellement d'hérétiques et de schismatiques. Un conflit militaire s'y ajouta. Les papes s'allièrent aux Normands de Sicile, à partir du traité de Melfi de 1059. Or les Normands multipliaient les opérations pour conquérir les places byzantines d'Italie.
En 1081, ils tentèrent de conquérir l'Épire : « On peut dire que pour le Byzantin moyen, l'agression normande apparut, d'une part, comme la conséquence du schisme des Églises et de la perfidie pontificale, et d'autre part comme le prélude aux croisades, qui, vite, ont été considérées comme la forme la plus redoutable de l'agression occidentale. »
Une historienne française d'origine grecque, Mme Hélène Ahrweiler, auteur de ces réflexions, en tire la conclusion suivante : « Il n'est nullement exagéré de dire que *la notion d'Occident, en tant que communauté humaine mue par les mêmes valeurs,* est née à Byzance, et à la fin du XIe siècle ; elle est avant tout justifiée par l'unité spirituelle du monde occidental, et dans une certaine mesure par ses rapports avec l'Empire romain de l'Occident ; il est significatif que le terme "Latin" soit utilisé par les Byzantins pour désigner les peuples de l'Occident, indépendamment de leur appartenance ethnique et politique ; autrement dit la latinité est dorénavant une sorte de réplique à la grécité ; ces termes désignent maintenant *deux mondes différents par leurs traditions culturelles et leurs aspirations intellectuelles,* et une fois que leur lien commun, le christianisme, sera affaibli, ces deux termes finiront par désigner deux mondes adverses. »

V. Sacerdoce et Empire : vers la « chrétienté occidentale »

La fin du grand Empire. Nous avons vu, à travers trois cents années tourmentées, comment ce que nous appelons « Europe » (le mot va pratiquement disparaître jusqu'au XIVe siècle) a été attaqué de toutes parts par des peuples non chrétiens. Mais qu'advenait-il des hommes qui composaient le monde occidental ? Le morcellement de l'Empire de Charlemagne fut définitif après le « partage de Verdun » de 843. Il continua bien à exister des empereurs, en Allemagne, et le « Saint Empire Romain de la Nation allemande » dura jusqu'à sa dissolution par Napoléon en 1806. Successivement, la dynastie du Saxe (les Otto) de 919 à 1024, puis celle de Franconie de 1024 à 1125, plus tard celle de Souabe (les Hohenstaufen) et enfin, en 1273, Rodolphe de Habsbourg et ses descendants occupèrent le trône avec des succès inégaux mais bien entendu, limités à l'Allemagne, à une partie de l'Italie, s'étendant parfois aux Pays-Bas, parfois jusqu'au royaume d'Arles, ils ne pouvaient plus faire respecter l'idée de leur supériorité, notamment sur les rois de France et d'Angleterre.

La chrétienté au pouvoir des laïques. En est-ce fini de l'unité occidentale ? Sur le plan de la souveraineté politique, certainement. Sur le plan de la communauté, il en est une qui va prendre au moins la conduite spirituelle de l'Occident « catholique » et « latin ». C'est l'Église. Mais ne croyons pas que cela s'est fait d'un coup. La chrétienté, *christianitas,* va être bien lente à acquérir sa cohésion. Celle-ci disparaîtra à partir du XVe siècle. Moins sensibles que les Orientaux aux subtilités théologiques et aux hérésies, les Occidentaux succombent plus aisément aux tentations concrètes. Résumons tout cela par deux mots : la simonie et le nicolaïsme.

Simonie. La simonie, du nom de Simon le Magicien, qui aurait demandé à saint Pierre de lui vendre son pouvoir de faire des miracles, c'est la cession des charges ecclésiastiques (évêchés, abbayes, paroisses, etc.) moyennant une somme d'argent. Ce n'est pas au plus méritant que l'on vend, mais au plus offrant. Cette pratique était facilitée par le fait que le patrimoine de chaque évêché était devenu un *honor,* un fief qu'un suzerain « donnait » au nouveau détenteur. L'évêque, élu normalement par le clergé et les fidèles, « institué » canoniquement par d'autres évêques (c'est-à-dire recevant d'eux les pouvoirs religieux) devait être investi de son fief par un seigneur, qui en profitait pour le vendre, ou pour imposer son propre candidat, bonne et économique façon de remercier ses amis.

Nicolaïsme. Plus fréquente encore – quoiqu'il soit difficile de savoir quelle proportion du clergé en était atteinte – la pratique du nicolaïsme, mariage ou concubinage des prêtres, abaissait le niveau moral du clergé et son prestige.

« J'ai honte de le dire, mais je crois dangereux de le taire, plusieurs d'entre vous sont tellement subjugés par la passion qu'ils permettent à d'obscènes courtisanes d'habiter dans leurs demeures, de partager leur nourriture, de se montrer avec eux en public. Conquis par leurs charmes, ils les laissent diriger leur maison, instituent leurs bâtards pour héritiers... et, afin que ces femmes puissent être bien parées, les églises sont dépouillées, les pauvres souffrent » (Atton, évêque de Verceil, lettre IX, à son clergé : Milieu du Xe siècle). Le plus grave fut que ces défaillances par rapport à l'esprit chrétien morcelaient les diocèses en petites unités, parfois en guerre les unes contre les autres. Pendant plus d'un siècle, le déclin de la papauté fit qu'on n'arrivait pas à corriger les abus.

A la fin du IXe siècle, Nicolas Ier (858-867) est encore un grand pape.

Ferme avec les souverains (il interdit sans faiblesse le divorce de Lothaire II), il étendit partout le contrôle du Siège apostolique. Ainsi, le plus puissant évêque de la Gaule franque, Hincmar de Reims, ayant fait déposer son suffragant, Rothade, évêque de Soissons, sans lui permettre de faire appel à la juridiction romaine, Nicolas Ier protesta, convoqua Rothade à Rome et imposa sa restauration. On notera qu'en venant à Rome, Rothade apporta au pape un très curieux document rédigé en Francie, les *Fausses Décrétales,* recueil apocryphe de décisions pontificales très anciennes. Ces textes, visiblement rédigés vers 830, affirment avec une grande précision la primauté universelle de Rome. Accueillies de bonne foi comme authentiques, les *Fausses Décrétales* vont contribuer pendant le Moyen Age à renforcer le pouvoir pontifical, avant qu'au XVIe siècle on ne découvre la pieuse supercherie.

Le déclin de la papauté. Après Nicolas Ier, l'énergique Jean VIII (872-883), fut assassiné par son entourage. La papauté du Xe siècle atteignit le plus bas degré de l'abjection. Quelques exemples. D'abord la papauté tomba aux mains des factions – faction impériale, factions diverses de l'aristocratie romaine, etc. – et les élections pontificales ne se firent jamais sans trouble. Marozie, fille du sénateur Théophylacte, épouse du marquis Albéric de Spolète, après avoir fait étouffer sous un oreiller le pape Jean X (928), nomma ses successeurs, et notamment Jean XI (931-935), propre bâtard de Marozie et du pape Serge III (904-911).

Le comble fut le couronnement de Jean XII (955-964) qui n'avait pas vingt ans, et qui scandalisa Rome en remplaçant les matines par des banquets, en pratiquant la chasse plutôt que les bonnes œuvres, et en menant une vie de débauche. Il y avait parfois deux papes à la fois. A la fin du Xe siècle toutefois, la situation s'améliora. Premier pape étranger, l'Allemand Brunon, chapelain du roi, fils du duc de Carinthie, devint pape à vingt-trois ans sous le nom de Grégoire V (996-999). Le Français Gerbert, ancien écolâtre, puis archevêque de Reims, qui avait fait beaucoup pour l'avènement du roi de France Hugues Capet, devint pape sous le nom de Silvestre II (999-1003). Ils furent d'intransigeants défenseurs de l'indépendance pontificale. Mais la vraie réforme de la papauté date seulement du milieu du XIe siècle. Ce qui nous intéresse ici n'est évidemment pas l'histoire même de l'Église, mais la réapparition d'une communauté occidentale autour de la papauté. Or celle-ci impliquait une vaste réforme, que nous examinerons sous l'angle qui nous préoccupe. En ce sens, le personnage d'Hildebrand, devenu le grand pape Grégoire VII, est plus important que le détail de son action.

Grégoire VII. Hildebrand est né en Toscane, à Soana (entre 1015 et 1020), d'une famille modeste. Il fut élevé dans un monastère de Rome dont un de ses oncles était abbé. Il fut vite conseiller des papes successifs, se rendit en Allemagne et en Gaule, où il se révéla un fonctionnaire et un diplomate exceptionnel. En 1073, par acclamation populaire et par la volonté des cardinaux, il devint pape sous le nom de Grégoire VII. Il était d'abord un saint homme. Mais il avait aussi les qualités de l'écrivain fécond, auteur de lettres nombreuses à sa pénitente, la comtesse Mathilde de Toscane, à Hugues abbé de Cluny, aux rois européens. On en a conservé 848 ! Humble et charitable, il estimait qu'il tenait son autorité du Christ, et il entendait réformer l'Église – contre la simonie et le nicolaïsme –, l'unifier et assurer ses droits face aux souverains.

Grégoire VII et les rois. Ses relations avec les autres princes évoluèrent entre la parfaite entente – Guillaume le Conquérant d'Angleterre, ou les souverains d'Ita-

189 *Le pape Grégoire VII (règne 1073-1085), défenseur acharné de la pureté et de la liberté de l'Église. Miniature du XIIe siècle.*

189

lie du Nord – et la plus violente querelle – le roi de France et l'empereur. Il fit reconnaître la suzeraineté romaine sur les principautés de Bénévent et Capoue que les Normands avaient reprises aux Byzantins. C'est avec l'empereur allemand Henri IV que les rapports furent les plus difficiles. Il s'agissait de faire admettre les décrets réformateurs d'un grand concile tenu à Rome en 1074. Il se heurtait en France à la mauvaise volonté du roi Philippe Ier, « simoniaque endurci », et en Allemagne à la plupart des évêques. Voici ce qu'il écrivit à Hugues, abbé de Cluny, le 22 janvier 1075 : « Je suis assailli par une immense douleur et par une tristesse universelle. L'Église d'Orient, sous l'inspiration du démon, abandonne la foi catholique... Si maintenant, par les yeux de l'esprit je porte mes regards vers l'Occident, vers le Midi et vers le Nord, c'est à peine si je trouve quelques évêques dont l'élection et la vie soient régulières, qui dans le gouvernement du peuple chrétien soient guidés par l'amour du Christ et non par l'ambition temporelle. Parmi les princes séculiers je n'en connais point qui préfèrent l'honneur de Dieu au leur et la justice au lucre. Quant à ceux au milieu desquels je vis, Romains, Lombards et Normands, ils sont pires que les Juifs et les païens. Et si je reviens à moi-même, je me sens tellement accablé de mon propre poids que je ne trouve aucun espoir de salut sinon dans la miséricorde du Christ. »
Notons que Grégoire VII s'occupa activement de convertir les pays lointains : Danemark, Norvège, Pologne, Bohême, Hongrie, Croatie, Espagne, qu'il voulait « arracher des mains des païens ».

Les Dictatus papae. Il ne peut se contenter de multiplier les conciles. Il lui faut rédiger un programme. Il le fait avec la plus extrême audace dans un texte de 1075 qu'on appelle les *Ordres du pape* (*Dictatus papae*). On en retiendra quelques-uns :
« 2. Seul le pontife romain peut être appelé universel. 9. Le pape est le seul homme dont tous les princes baisent les pieds. 12. Il lui est permis de déposer les empereurs. 17. Aucun texte canonique n'existe en dehors de son autorité. 20. Personne ne peut condamner une décision du Siège apostolique. 22. L'Église romaine n'a jamais erré et, comme l'atteste l'Écriture, ne pourra jamais errer. 26. Celui qui n'est pas avec l'Église romaine n'est pas considéré comme catholique. 27. Le pape peut délier les sujets du serment de fidélité fait aux injustes ».
Ces *Dictatus papae* sont un programme maximal ; ils donneraient au pape un pouvoir absolu non seulement sur l'Église, mais encore sur la chrétienté laïque. « La dignité sacerdotable est supérieure à la dignité royale. »
Il va de soi que les souverains et même les évêques y opposèrent une forte et souvent efficace résistance. Pendant ses douze ans de pontificat, aidé par des « légats » qui étaient très impopulaires, le pape trancha et réforma.

190 *La querelle des Investitures : le roi Henri IV sollicite la médiation de la princesse Mathilde et de l'abbé Hughes. Tiré de* La Vie de Mathilde, *de Donizo, 1114.*

La lutte du sacerdoce et de l'Empire. Tout cet ensemble fut dominé par la « *lutte entre le sacerdoce et l'Empire* », lutte qui continua au siècle suivant. Aux *Dictatus papae* s'opposa la vieille tradition selon laquelle les empereurs contribuaient à faire nommer les papes et pouvaient les déposer. Les empereurs, et notamment Henri IV, étaient favorables au « césaropapisme ».

Déposition de Grégoire. Or Henri IV (1056-1106) avait largement renforcé son pouvoir en Allemagne. Sa première réaction aux *Dictatus papae* fut de faire déposer Grégoire VII par les évêques allemands (assemblée de Worms en 1076). Henri IV accusa Grégoire d'avoir éliminé la thèse des « deux glaives », qui se trouve dans l'Évangile (*Luc*, XXII, 38). Le pouvoir royal, concédé par Dieu, ne pouvait dépendre d'un homme, fût-il le pape.

Déposition de Henri et Canossa. A son tour, Grégoire VII déposa Henri IV, ce qui produisit en Allemagne une stupeur sans précédent. A ce moment, un grand nombre de princes allemands se soulevèrent contre Henri IV. Beaucoup d'évêques, honteux d'avoir déposé le pape, les suivirent. Henri IV se retrouva seul. On invita alors le pape à venir prononcer sa sentence définitive en Allemagne. Henri IV imagina d'aller au-devant de Grégoire. Un peu avant Noël 1076, il quitta l'Allemagne, passa par Besançon, Genève, le col du Mont-Cenis, Turin, et arriva avec une escorte peu nombreuse au château de Canossa au sud-ouest de Reggio d'Émilie, qui appartenait à la comtesse Mathilde. Celle-ci était présente ainsi que l'abbé Hugues de Cluny. Le roi apparut en costume de pénitent, nu-pied sans insigne royal, et, pendant trois jours, supplia le pape de lui pardonner. Grégoire résista, puis pardonna sous réserve d'un serment de fidélité.

La mort de Grégoire VII. Cette célèbre capitulation de Canossa ne va pas résoudre le problème. Nous n'entrerons pas dans le détail des condamnations, dépositions réciproques et successives. Henri IV fit élire un « antipape », Clément III, personnage pâle et docile à l'empereur. Puis Henri IV se rendit à Rome, se fit couronner empereur (31 mars 1084), expulsa Grégoire VII. Rome sera délivrée par le Normand Robert Guiscard. Grégoire, exilé à Salerne, vaincu, n'abandonna pas la partie jusqu'à sa mort, le 25 mai 1085.
Nous verrons dans le prochain chapitre que son œuvre a été reprise par d'autres grands papes, Urbain II et Innocent III.

Fondation de Cluny. La piété générale s'inquiétait de cette décadence. La réforme de Cluny eut pour but de l'enrayer. Si la réforme de l'Église, dite grégorienne, a été possible, c'est en grande partie grâce à Cluny. Depuis des siècles, les monastères étaient certes nombreux, et aux couvents de moines s'étaient ajoutés des chapitres de chanoines, vivant et priant en commun, mais dispensés du vœu de pauvreté. Comme pour tous les « bénéfices » ecclésiastiques, la plupart des monastères étaient en pleine décadence. Outre les pillages des Normands et des Sarrasins, les « abbés séculiers » gardaient pour eux-mêmes les ressources des couvents et ne laissaient presque rien pour la vie des moines. Ceux-ci, misérables, errants, exerçant de petits métiers, avaient pratiquement abandonné la règle de saint Benoît. Pour les très grandes abbayes, l'abbé était nommé par le roi : Fulda en Allemagne, Herford en Angleterre, Saint-Germain-des-Prés en France. Ailleurs, les nomina-

191 *Consécration de la troisième abbaye de Cluny, la plus grande église de la chrétienté médiévale. Miniature de la* Chronique clunisienne, *Bibliothèque Nationale, Paris. Édification 1088-1225. Les dimensions étaient les suivantes : Longueur de l'abbatiale : 187 m ; largeur de la longue nef : 40 m ; hauteur de la nef centrale : 30 m.*

tions étaient faites par les ducs ou de plus petits seigneurs.

Bernon. Deux hommes décidèrent de fonder un nouvel ordre, épuré, revenant à la vraie règle de saint Benoît : le moine bourguignon Bernon et le laïque Guillaume le Pieux, comte d'Auvergne et duc d'Aquitaine. Ce dernier donna à Bernon la villa de Cluny, où, le 11 septembre 910, un monastère, indépendant de toute puissance temporelle, fut constitué.
Cluny ne dépendait que du pape. Le nouvel ordre obtint un succès extraordinaire, dès l'époque de Bernon (910-926). Il eut la chance d'être gouverné pendant une longue durée par des abbés remarquables. De nombreux princes, désireux eux aussi de réformes, lui demandèrent d'y procéder, ou de fonder des monastères, calqués sur Cluny et étroitement soumis. De la sorte l'abbé de Cluny prit la direction d'un nombre croissant d'autres abbayes, réformées entre autres par des moines essaimant à partir du Centre. Surtout des couvents étroitement soumis à l'abbé : « prieurés » ou *cellae* furent fondés un peu partout.

Odon. Le successeur de Bernon, saint Odon (v. 879-942) étendit l'ordre de Cluny à toute l'Europe. Voyageur infatigable, accompagné de ses moines vêtus d'une soutane noire, il visitait les monastères à réformer, s'appuyait sur les bons éléments, les instruisait, et y laissait des clunysiens. Il se rendit en Italie, car il dépendait du pape seul. Celui-ci lui confia notamment tous les monastères de Rome.

Maïeul. Son successeur, un noble d'Avignon, saint Maïeul, régna quarante ans. Comme Odon, il voyagea, dans les royaumes de France et de Bourgogne, en Italie. Les empereurs germaniques Otton freinèrent son action en Allemagne, où presque tous les monastères étaient royaux.

Odilon. Saint Odilon de Mercœur lui succéda en 994 et gouverna Cluny jusqu'en

192

1049. Grâce au saint empereur Henri II, il étendit Cluny en Allemagne. D'une part, il fit passer de trente-sept à soixante-cinq le nombre des grands monastères gouvernés par lui. Les *cellae* ou « prieurés » se comptaient par centaines. Ils constituaient un tissu serré d'évangélisation et de piété, mais aussi un formidable groupe de pression politique. Ainsi, Cluny se présentait-il comme un pouvoir centralisé, dont l'autorité était établie en France. A Cluny, résidaient plus de trois cents moines, auxquels s'ajoutait un nombre beaucoup plus grand de frères convers. Cluny contrôlait plus de dix mille moines.

Hugues. L'apogée de Cluny se situe au cours du XIe siècle, lorsque, à Odilon, qui avait régné cinquante-cinq ans, succéda saint Hugues, abbé de 1049 (âgé de vingt-cinq ans) à 1109, par conséquent pour soixante ans. Au total, pour deux cents ans, seulement cinq abbés. Cluny a bénéficié de cette extraordinaire stabilité.
A ce moment, la centralisation était achevée. Une seule abbaye, celle de Cluny, jouissait de la plénitude des droits et notamment nommait les abbés et prieurs des autres monastères de l'ordre. Hugues était un Bourguignon, fils d'un comte de Semur. Il devint vite une personnalité européenne : parrain d'Henri IV roi de Germanie, ami du pape Grégoire VII et du pape Urbain II, il entretint des relations étroites avec les autres rois. Simplement, au point de vue européen qui est le nôtre, on doit constater que Cluny apparaît comme un ordre plus typiquement français qu'européen. A la fin du XIe siècle, l'ordre comptait huit cent quinze maisons en France, cent cinq en Allemagne, vingt-trois en Espagne, cinquante-deux en Italie, quarante-trois en Grande-Bretagne. Il y avait quelques abbayes clunysiennes en Pologne. Il en existera en Terre Sainte.

L'Allemagne. En Allemagne, il y eut une longue résistance. La pénétration fut réalisée tardivement par un remarquable moine bavarois, Guillaume, abbé de Hirschau. Mais celui-ci, non content de répandre la règle de Cluny dans un grand nombre de monastères allemands et suisses, prit ardemment parti pour la papauté dans la lutte entre le Sacerdoce et l'Empire, que nous avons évoquée ci-dessus. Au contraire, saint Hugues avait tenté de jouer le rôle de médiateur entre Grégoire VII et l'empereur Henri IV.

L'Angleterre. En Angleterre, c'est le roi Guillaume le Conquérant et son conseiller ecclésiastique Lanfranc qui introduisirent vraiment Cluny. En Angleterre comme en Espagne, il y eut une nette résistance contre la centralisation clunysienne. Nous verrons dans le prochain chapitre que l'ordre de Cîteaux, qui apparaît en 1098, avec ses moines blancs et ses monastères très autonomes, aura un caractère beaucoup plus égalitaire et européen. Il n'en reste pas moins que dans le domaine intellectuel, dans celui de l'exploitation agricole (avec l'aide de serviteurs et d'oblats) et surtout dans le domaine de l'art, Cluny a étendu son influence à toute la chrétienté latine.

A la fin du XIe siècle, la réforme de l'Église a eu pour elle deux effets bénéfiques : elle a reconquis son indépendance vis-à-vis des puissants laïques, et la chrétienté latine est plus unie que jamais sur le plan spirituel. Inversement, elle n'a pas pu – ou pas voulu – exercer la totalité du pouvoir suprême. L'Occident a échappé à ces deux dangers que sont le césaropapisme (l'empereur, civil, est aussi le chef religieux suprême, comme sous les Romains), et la théocratie (le chef religieux exerce une dictature totale en matière de pouvoir, comme dans l'Iran d'aujourd'hui). Toutefois, comme toujours lorsqu'il s'agit d'Europe, il faut distinguer les réactions individuelles – ici la vie religieuse – et l'organisation politique.

La vie religieuse vers l'an 1000. Il y a lieu d'observer que les abus, si criants et si généralisés fussent-ils, n'empêchèrent pas quelques individualités d'élite de mener une vie religieuse intense. Tandis que beaucoup d'hommes, grands personnages ou petites gens, peu sensibles à une doc-

193

192 *L'empereur représentant de Dieu sur terre : Henri II le Saint (règne 1002-1024, empereur à partir de 1014). Miniature du* Sacramentaire du Seigneur. **193** *Scènes de la vie populaire : Cocher et paysans avec leur attelage. Miniature, Monte Cassino, 1028.* **194** *L'unité spirituelle et culturelle de l'Europe médiévale due aux moines : enluminure, scène de la vie quotidienne monacale. Miniature des* Moralia de Job, *Cîteaux, vers 111.*

trine d'amour et de renoncement, mais terrorisés par l'enfer, « associaient une vie déréglée avec la dévotion la plus minutieuse » (Auguste Dumas), d'autres manifestaient la plus grande piété : tel fut le cas de Robert le Pieux, roi de France, surtout de l'empereur Henri II, couronné en 1146. La piété commune restait entachée de superstition et de magie. Celle-ci consistait à rechercher dans certains cas l'intervention de Satan, pour contrebalancer l'influence d'une providence trop sévère. On ne craignait guère la fin du monde, et il est bien exagéré de parler des « terreurs de l'an 1000 ». On croyait à une intervention constante et miraculeuse de Dieu dans les actions particulières des hommes. Ainsi s'expliquent les « ordalies ». Pour vérifier la culpabilité ou l'innocence d'un homme, on le soumettait à l'épreuve du duel, du fer rouge, de l'eau bouillante : Dieu était pour ainsi dire sommé d'intervenir par un miracle qui prouverait l'innocence de l'intéressé. La religion, dans cette société violente, et malgré l'immoralité de certains clercs, poursuivait néanmoins son œuvre civilisatrice. Elle s'efforçait de moraliser la société féodale, de donner aux rois et aux seigneurs le sentiment de leurs devoirs, de décourager l'homicide et la guerre. Au Xe siècle, l'esclavage antique avait presque

194

entièrement disparu. Faut-il en attribuer tout le mérite à l'Église ? Celle-ci n'avait pas condamné l'esclavage. Elle avait simplement encouragé l'affranchissement et humanisé les rapports entre patrons et esclaves, selon ce principe que le catholicisme ne se propose pas la révolution sociale, mais la transformation interne et progressive de la structure sociale existante. La suppression de l'esclavage, l'établissement du servage eurent certainement des causes techniques (invention du système d'attelage moderne), démographiques (hérédité obligatoire des fonctions dans la société dépeuplée du bas Empire), économiques et sociales. Mais l'Église, en adoucissant l'humanité, en créant un état d'esprit nouveau, fit que ces changements de structure n'ont pas été entièrement illusoires.

Programmes de paix. Le trait le plus caractéristique est la *lutte contre la guerre*. L'insécurité n'est pas une affaire de zones frontières. Elle est partout. Les invasions des Normands, les luttes féodales internes font que toute l'Europe se revêt d'un réseau de châteaux : *Castra, Roccae, Firmitates, Oppida, Castella, Turres,* etc. « L'espace médiéval fut caractérisé par une diffusion de l'insécurité... Aucune région n'était immune... la frontière étant partout et nulle part, ne fût-ce qu'en raison du morcellement territorial ou de l'éclatement des pouvoirs » (Philippe Contamine). On conçoit qu'un *mouvement pour la paix* ait pris naissance, dès la fin du Xe siècle. Dans divers conciles (notamment en 1054 à Narbonne), on codifia des mesures établissant :

1) *la paix de Dieu* (respect des non combattants et des biens des personnes ecclésiastiques et paysans) ;

2) *la trêve de Dieu*, interdisant de se battre pendant certaines périodes liturgiques, autour des célébrations de la naissance de la passion, de la résurrection, de l'ascension du Christ, aux fêtes de la Vierge, de Saint Jean Baptiste et des apôtres, finalement du vendredi au lundi. Ce mouvement s'étendit à l'Espagne (concile de Gérone en 1068), au royaume anglo-normand (grâce à Guillaume le Conquérant), à l'Allemagne (grâce à l'évêque de Liège, et au concile de Mayence en 1085), à l'Italie du Sud (concile de Melfi en 1089). La papauté eut longtemps une attitude hésitante, jusqu'à Nicolas II (concile romain de 1059, interdisant d'attaquer les voyageurs, les clercs, les moines et les pauvres). Mais c'est finalement Urbain II qui, au concile de Clermont de 1095, généralisa les institutions de paix à toute l'Église. On notera qu'Urbain II, champion de la paix entre chrétiens, est inversement celui qui a prêché la Croisade contre les infidèles.

Conclusion. Après le partage de Verdun (843), l'évolution de l'Europe est caractérisée par l'extrême morcellement de l'autorité, au sein de chaque royaume et par le développement du système seigneurial. Les royaumes eux-mêmes sont déchirés entre des rivaux. L'Empire d'Occident est dans un état de décomposition avancée sous les derniers Carolingiens. Dans le royaume germanique, la Saxe au nord, la Bavière au sud étaient pratiquement indépendantes, de même que les Alamans sur le haut Danube et le haut Rhin. C'est à partir de la Saxe que l'Empire va se reconstituer, autour du duc Henri, devenu roi († 936) et surtout de son petit-fils Otton, sacré roi à Aix-la-Chapelle, puis empereur en 962.

9 L'apogée de la chrétienté occidentale (XIIe-XIIIe siècle)

I. Pouvoir temporel et pouvoir spirituel

Le pape Urbain II. Dans l'âpre rivalité qui oppose l'empereur et le pape, le début du XIIe siècle paraît favorable à ce dernier.

Le grand pape de Châtillon, Urbain II (1088-1099), dont nous reparlerons à propos de la première Croisade, a réussi à réduire, puis à annihiler le pouvoir de l'antipape Clément III (Guibert, archevêque de Ravenne, élu en 1080, mort en 1100). Le schisme se résorbait grâce à une action énergique, incessante, de nominations, d'investitures, de réformes canoniques et morales, avec l'aide sur place de légats ou de prélats importants, Lanfranc, archevêque de Canterbury pour l'Angleterre, Hugues de Lyon pour la France, Gebbhart de Constance pour l'Allemagne, Eude, archevêque de Tolède pour l'Espagne. Les plus grandes difficultés venaient de Rome, où le pape et l'antipape tenaient chacun une vraie « zone d'occupation ». Quant à l'empereur Henri IV, l'homme de Canossa, finalement vaincu et détrôné, il mourut dans la misère à Liège en 1106.

Urbain II était un théocrate. Il voulait, comme il est normal, l'unité de l'Église. « Travaillez, écrivait-il à Lanfranc, à venir en aide à l'Église romaine, à enchaîner dans l'unité catholique nos Églises locales si diverses. » Mais il en profitait pour réclamer autorité sur les rois. Il le confirma au roi de Castille, Alphonse VI, qui venait, en 1085, de reprendre Tolède à l'Islam : « Il y a, ô roi Alphonse, deux pouvoirs par lesquels le monde est principalement gouverné, à savoir la dignité sacerdotale et le pouvoir royal, mais la dignité sacerdotale, mon très cher fils, l'emporte tellement sur le pouvoir royal que nous devons rendre compte à l'universel souverain des actes des rois eux-mêmes. »

La querelle des investitures. En fait, la querelle reprit et, avec des hauts et des bas, dura jusqu'à 1250. Elle se manifesta sous la forme d'un débat sur les « investitures » des évêques.

Dans la société seigneuriale ou féodale, le vassal est « investi » de son bénéfice ou fief par son suzerain. Or les évêques sont à la fois les gérants des vastes biens temporels de leurs diocèses, et ceux qui enseignent et défendent la foi et la morale. Les souverains temporels ont évidemment tendance à choisir les évêques de leurs domaines et à les investir. Impossible, répondent les papes. Un laïque ne peut donner l'investiture à un clerc. Les papes à tendance théocratique souhaitent donc donner la totalité de l'investiture. Mais une thèse nouvelle apparaît dès la fin du XIe siècle, que l'on appelle la théorie des deux glaives, spirituel et temporel, commentaire de l'Évangile : « Rendez à César ce qui est à César, et à Dieu ce qui est à Dieu » (Matthieu, XXII, 21) : on peut distinguer l'investiture d'un bénéfice temporel et l'investiture du pouvoir spirituel.

Très vite les rois d'Angleterre, de France, en 1107 acceptèrent de reconnaître au pape l'investiture « par la crosse et par l'anneau ». En revanche, l'empereur Henri V voulut longtemps encore se la réserver. Naturellement, ces prétentions contradictoires aboutirent à des expéditions militaires de l'empereur en Italie, et à la nomination d'antipapes, favorables à l'empereur. Il fallut attendre 1122 pour que le concordat de Worms entre Henri V et le pape Calixte II mît fin à la querelle. Il distinguait dans l'évêché le spirituel, la fonction sacerdotale – la crosse et l'anneau – réservée au pape, et les obligations féodales – le sceptre – qui dépendaient du roi.

Cette solution était celle du bon sens et prouvait que le compromis offre souvent la meilleure solution. Mais il ne s'agissait pas seulement d'une concession des rois et de l'empereur. Les papes, inspirés des doctrines théocratiques de Grégoire VII et Urbain II, estimaient qu'ils avaient été acculés à une concession à la limite du tolérable. Par une intervention de tous les instants, la mainmise de Rome s'accentua.

195 *Le pape et le moine mendiant : Innocent III approuve la règle de l'ordre de saint François. Fresque de Giotto di Bondone, cathédrale San Francesco, Assise, vers 1295/1300.*

XIIe s. ap. J.-C.

Papauté	**1088-1099** Urbain II. Il prêche la 1re Croisade	**1098** Fondation de l'ordre cistercien	**1122** Concordat de Worms. Fin de la querelle des Investitures	**1138** Début de la rivalité des guelfes et gibelins	**1145-1153** Eugène IV	**1147** Saint Bernard prêche la 2e Croisade **1153** Mort de saint Bernard	**1198-1216** Innocent III
Empire d'Occident	Maison de Souabe ou de Hohenstaufen succède en **1138** à la maison de Franconie et à la maison de Saxe	**1152** Frédéric Barberousse empereur	**1176** Barberousse battu par les communes italiennes à Lugano	**1180** Barberousse contre Henri le Lion	**1183** Paix de Constance	**1186** Henri VI épouse Constance de Sicile	**1190** Mort de F. Barberousse. Henri VI empereur **1197** Mort de Henri VI
Iles Britanniques	**1066-1154** Dynastie normande **1100-1135** Henri Ier Beauclerc, roi	Comptes royaux à l'échiquier d'Angleterre **1144** Persécution antijuive à Narwich	**1152** Mariage d'Henri Plantagenêt avec Aliénor d'A. **1154** Henri II (dynastie d'Anjou, Plantagenêts)	**1171** Meurtre de Thomas Becket	**1189** Mort d'Henri II Plantagenêt. Richard Cœur de Lion, roi	**1199** Mort de Richard Cœur de Lion	**1199-1216** Jean sans Terre, roi d'Angleterre
Pays-Bas			**1127** Chartes de franchise des villes de Flandres				
France	**1108-1137** Louis VII, roi de France Pacification du domaine royal	**1124** Louis VI contre l'« Empereur teutonique » Henri V	**1137** Louis VII (**1137-1180**) épouse Aliénor d'Aquitaine	**1144** Geoffroy Plantagenêt, duc de Normandie	**1180** Philippe Auguste, roi		
Italie	**1101** Roger II, comte de Sicile (deviendra roi en 1130 sous le nom de Roger Ier)	**1130** Roger Ier couronné roi de Sicile à Palerme (dynastie normande) Guelfes et gibelins	**1143** Soulèvement d'Arnaud de Brescia à Rome	**1162** Barberousse prend et détruit Milan	**1165** Il prend Rome	**1183** Paix de Constance. Liberté pour les villes lombardes	**1194** Henri VI, roi de Sicile
Espagne et Portugal	**1097** Constitution du comté du Portugal par Alphonse VI de Castille	**1106-1111** Succès almoravides **1116** Soulèvement à Compostelle contre l'évêque **1118** Les Aragonais prennent Saragosse	**1126** En Castille la dynastie de Bourgogne succède à la dynastie de Navarre Alphonse VIII fils d'Alphonse VII et d'Urraque (**1126-1157**)	**1139** Alphonse Ier Henriques, 1er roi du Portugal après la victoire de l'Ourique.	**1143** Cortès de Camégre au Portugal	**1147** Les Portugais prennent Lisbonne	**1188** Premiers Cortès au León
Allemagne, Europe de l'Est, Scandinavie	**1098** Les Hongrois soumettent la Croatie **1113-1125** Vladimir II prince de Kiev	**1147** « Croisade » dans les pays baltes Progrès de la colonisation germanique à l'Est de l'Elbe (Albert l'Ours)	**1155-1160** Eric le Saint, roi de Suède, et conversion	**1158** Frédéric Barberousse accorde la couronne à Vladislas II de Bohême	**1153-1162** Danemark momentanément fief allemand. Redevient indépendant et acquiert île de Rügen, Slavonie, Mecklembourg, Poméranie (entre 1168 et 1210)	**1173-1196** Bela III roi de Hongrie	**1190** Fondation de l'ordre teutonique
Empire byzantin	**1095** Ambassade envoyée par Alexis Comnène au concile de Plaisance	**1108** Il oblige Bohémond à lui prêter hommage pour Antioche	**1118-1143** Jean II Comnène **1143-1180** Manuel Comnène	**v. 1150** Fondation de Moscou	**1158** Manuel Comnène occupe Antioche	**1171** Massacre des Vénitiens à Constantinople	**1176** Les Byzantins écrasés par les Turcs à Mysiocéphalon et perdent l'Asie Mineure
Orient	**1096** *Ire Croisade.* Les Seldjoukides anéantissent la Croisade pop. à Nicée	**1099** Prise de Jérusalem	**1144** Zenghi prend Édesse, *2e Croisade* **1148** Échec devant Damas	**1154** Noureddine prend Damas **1155** Raid normand contre Alexandrie	**1174-1184** Baudouin IV de Jérusalem « le roi lépreux »	**1187** Saladin prend Jérusalem, *3e Croisade*	**1191** Prise de Saint-Jean-d'Acre par les Croisés. Conquête de Chypre par les Lusignans **1198** Mort d'Averroès

XIIIe s. ap. J.-C.

1209 Début de la Croisade des Albigeois **1216** Mort d'Innocent III	**1227-1241** Grégoire IX **1229** Fin de la Croisade des Albigeois	**1231** Le pape Grégoire IX confie l'inquisition aux ordres mendiants	**1243-1254** Innocent IV **1245** Le concile de Lyon dépose Frédéric II	**1252** Innocent IV autorise l'Inquisition à utiliser la torture **1254-1261** Alexandre IV	**1274** Concile de Lyon. Union des Églises d'Occident et d'Orient **1294** Boniface VIII succède à Célestin V	**1294-1313** Bulle Clericis Laïcos **1300** Année du Jubilé **1303** Attentat d'Anagni
1216 Frédéric II, roi des Romains **1220-1250** Frédéric II empereur	**1250-1273** Mort de Frédéric II et «Grand interrègne»	**1264** Dictature de Simon de Montfort	**1268** Mort de Conradin, dernier descendant de Frédéric II	**1273-1291** Rodolphe de Habsbourg, empereur Maison de Habsbourg		
1215 La Grande Charte **1216-1272** Henri III, roi d'Angleterre	**1239** Le Grand Conseil chargé de surveiller le roi rappelle le Parlement	**1258** Provisions d'Oxford **1259** Traité de Paris	**1265-1267** Henri II rétablit la prérogative royale. Simon de Monfort tué à Evesham	**1272-1307** Édouard Ier, roi d'Angleterre	**1286** Mort d'Alexandre III d'Écosse, dernier roi de la dynastie gaélique	**1290** Les Juifs expulsés d'Angleterre **1295** «Parlement plénier» **1297** Édouard Ier reconnaît les prérogatives financières du Parlement anglais **1302** Révoltes du «parti pop.» en Flandre. Victoire de Courtrai
1202 Philippe Auguste confisque les fiefs français de Jean Sans Terre **1212** Philippe Auguste fait construire une enceinte autour de Paris	**1213** Simon de Montfort bat les Albigeois à Muret (Pierre d'Aragon) **1214** Victoires de la Roche aux Moines et de Bouvines	**1223** Mort de Philippe-Auguste **1223-1226** Louis VIII, roi Acquisition du Poitou **1226-1270** Saint Louis, roi (Louis IX)	**1229** Traité de Paix. Annexion du Languedoc **1242** Saint Louis arrête une invasion anglaise. Victoires à Taillebourg et Saintes	**1246** Charles d'Anjou, comte de Provence **v. 1250** Constitution du Parlement de Paris **1254** Juifs expulsés de France Paix France-Angleterre	**1260** Saint Louis interdit la guerre privée **1270** Mort de saint Louis devant Tunis **1271** Mort d'Alphonse de Poitiers. France d'Oil et France d'Oc réunies	**1294** Guerre franco-anglaise pour la Guyenne **1294-1295** Philippe le Bel dévalue la monnaie **1302** 1re réunion des États Généraux à Paris
1231 Constitutions de Melfi organisant le royaume de Sicile **1237** Frédéric II bat les villes d'Italie du Nord à Cortenueva	**1240** La bourgeoisie commerciale prend le pouvoir à Sienne **1254-1266** Manfred, roi de Sicile et prétendant à l'Empire	**1264** Les Guelfes triomphent à Florence **1265-1268** Le frère de St Louis, Charles d'Anjou, conquiert le royaume de Sicile	**1267** Expulsions des Gibelins-Guelfes à Florence **1270** 1re Carte marine en Méditerranée (portulan gênois) **1277** Les Visconti maîtres de Milan	**1282** «Vêpres siciliennes» Français remplacés par les Aragonais en Sicile (Séparation Naples et Sicile)	**1291** Benedetto Zaccaria écrase une flotte marocaine à Gibraltar	**1293** Ordonnances de justice à Florence
Conquêtes de l'Aragon **1204** Montpellier (perdu en 1349) **1229-1235** Baléares **1238** Partie du royaume de Valence **1282** Sicile (perdue en 1294)	**1212** Victoire chrétienne à Las Navas de Tolosa contre les Almohades **1213-1276** Jacques le Conquérant roi d'Aragon	**1229** Les Aragonais prennent Majorque (Jaime Ier) **1238** Les Aragonais prennent Valence **1248** Les Castillans prennent Séville	**1252-1284** Alphonse X le Sage, roi de Castille «Code des Siete partidas» **1253** Alphonse III du Portugal annexe les Algarves au Sud	**1260** Raid castillan contre Salé (Maroc) **1262** Partage du royaume d'Aragon → Royaume de Majorque	**1265** Prise de Murcie par les Aragonais	**1282** Alphonse X le Sage de Castille est déposé **1284** Gênes bat Pise à la bataille de Méloria
1214 Haakon V, le vieux, crée la monarchie héréditaire en Norvège **1222** André II de Hongrie concède la Bulle d'Or aux seigneurs	**1227** Valdemar II de Danemark battu à Bor par les Allemands **1231** Fin du contrôle impérial sur les grands vassaux allemands	**1232-1242** Invasion mongole en Europe orientale (Pologne, Hongrie)	**1240** Révolte des Prussiens contre les chevaliers teutoniques **1241** Les Mongols détruisent Cracovie **1242** Alex. Nevsky bat l'ordre teutonique	**1254** Ligue des villes du Rhin **1263** Émeute anticléricale en Pologne Grande famine Bohême, Autriche, Silésie, Hongrie	**1278** Fin du grand royaume tchèque d'Ottokar **1282-1321** Étienne Milioutine relève la Serbie	**1283** Les chevaliers teutoniques achèvent la conquête de la Prusse **1291** Naissance de la Confédération helvétique (Ligue perpétuelle : Uri, Schwytz et Unterwald)
1203 Chute de la dynastie byzantine des Anges	**1204** Prise de Constantinople par les Croisés	**1205** L'empereur latin prisonnier des Bulgares à la bataille de Constantinople.	**1205** Théodore Lascarus empereur grec à Nicée	**1261** Michel VIII, Paléologue, reprend Byzance aux Latins		**1282-1328** Andronic empereur
1202 *4e Croisade* **1203** Avènement de Gengis Khan **1219** *5e Croisade* en Égypte. Échec	**1227** Mort de Gengis Khan. Avènement d'Ogodaï **1229** Frédéric II se fait céder Jérusalem par le sultan Alkamil	**1244** Perte définitive de Jérusalem **1248-1254** *7e Croisade* Saint Louis en Égypte. Défaite de Mansourah	**1250** Mamelouks en Égypte **1253-1254** Mission de Guillaume de Rubrank chez les Mongols	**1260-1294** Kubilaï, roi des Mongols **1270** *8e Croisade* **1271-1295** Voyage de Marco Polo en Chine	**1284** Les Siciliens occupent Djerba **1287** Dernier raid mongol en Pologne	**1287** Ambassade mongole en Occident **1291** Chute de St Jean d'Acre et fin de la Syrie franque **1303** Catalans en Asie mineure

Une preuve en fut donnée par le concile œcuménique (c'est-à-dire « universel ») du Latran, réuni en 1139 par le pape Innocent II. Plus de cinq cents évêques, peut-être mille, répondirent à l'appel du pape. A la séance d'ouverture, Innocent II leur déclara : « Vous savez que Rome est la tête du monde.» Peu après, un moine de Bologne, Gratien, publia sous le nom de *Decretum* une énome compilation de 3 458 textes relatifs au droit canon. Plus que jamais, il en résultait :
1) que le pape domine l'Église ;
2) que l'Église est totalement indépendante du pouvoir laïque ;
3) que pour de très nombreuses questions, les princes temporels doivent obéir aux prêtres.

L'ère de l'empereur Frédéric Barberousse. La querelle se ranima dans le long conflit qui opposa Frédéric Barberousse, né vers 1123, duc de Souabe, couronné empereur à Rome en 1155, mort en 1190, et Rolando Bandinelli, devenu le pape Alexandre III (1159-1181) après avoir brillamment enseigné le droit canon à Bologne. Et l'histoire recommence. L'empereur avait un moyen de pression efficace, à savoir l'invasion de l'Italie. Le pape, lui, maniait l'excommunication. A quoi Barberousse répliquait par l'élection d'antipapes (trois successivement). Et une fois de plus, le pape finit par l'emporter. Alexandre imposa à Barberousse la paix de Venise en 1177 – nouveau Canossa. Il réunit encore un Concile œcuménique au Latran en 1179, et consolida un peu plus son pouvoir. C'est dans cette période que l'on appelle les partisans de l'empereur les « gibelins » et ceux du pape les « guelfes ». Ces mots viennent des deux dysnasties rivales : celle de Conrad III de Hohenstaufen, dite Weibling (château de Weiblingen) et celle du duc Henri de Bavière, de la famille Welf. Précisément, Frédéric Barberousse descendait de ces deux familles.

L'âge du pape Innocent III. L'Europe sera-t-elle théocratique ?
On pourrait peut-être le croire lorsque le plus grand pape du Moyen Age monta sur le trône en 1198, sous le nom d'Innocent III. Lothaire de Segni, de vieille noblesse romaine, fit des études très poussées à Rome, puis surtout à Paris, puis à Bologne où il suivit l'enseignement du droit canon. Il devint cardinal-diacre et ne fut ordonné prêtre et évêque qu'après son élection, unanime, au siège pontifical. Humaniste, juriste, écrivain, homme d'une foi profonde, Innocent III apparaît néanmoins, aux yeux de certains historiens, comme soucieux de gloire, dissimulé, autoritaire, inflexible. D'autres attribuent cette inflexibilité au fait qu'il voua toute sa vie au service de Dieu. « Deux choses me tiennent surtout à cœur », écrira-t-il en 1213, trois ans avant sa mort, la délivrance de la Terre Sainte et la réforme de l'Église universelle. »
Il travailla, avec un apparent succès, au retour de l'Église grecque sous l'autorité du pape. Cette autorité fut qualifiée d'« impérialisme papal » *(Weltherrschaft)* par l'historien allemand Hauck. Aussi exigea-t-il du patriarche de Constantinople qu'il reconnût cette *plenitudo potestatis* (plénitude de la puissance). Cette plénitude du pouvoir pontifical s'étendait d'abord sur l'Église, car le pape était le « Vicaire du Christ ». Mais elle s'étendait aussi aux États dont les souverains devaient obéir au pape comme les évêques. En fait, sa pensée restait nuancée. Il se contentait souvent de montrer aux souverains leur devoirs, de les rappeler à l'ordre s'ils violaient la morale ; ce fut le cas pour le roi de France Philippe-Auguste, pour plusieurs princes espagnols, pour le duc d'Autriche, pour le jeune Frédéric de Sicile, le futur empereur Frédéric II. Il alla jusqu'à inviter les souverains à la paix. Mais de toute façon « le sacerdoce est nécessairement au-dessus du royaume ».
Son ambition était-elle la souveraineté temporelle, et par conséquent l'unification de l'Europe sous sa domination ? En tout cas, il revendiqua le pouvoir temporel sur une large partie de l'Italie, afin de pouvoir se défendre contre de nouvelles incursions des empereurs. Le roi Pierre d'Aragon offrit son royaume à la papauté pour le tenir en fief de celle-ci. Il dut promettre qu'il « sera toujours fidèle et obéissant à son seigneur le pape Innocent et à ses successeurs catholiques, ainsi qu'à l'Église romaine ». Même si en théorie, Innocent III professait la vocation du pape à gouverner « non seulement l'Église, mais le siècle », il constatait que la pratique ne le lui permettait pas. Il se borna – c'était considérable – à jouer le rôle de tribunal suprême pour le cas de péché, de rupture de serments, de violation de la paix. Son apogée fut sans doute atteinte lors du quatrième concile œcuménique du Latran, en 1215.

196

197

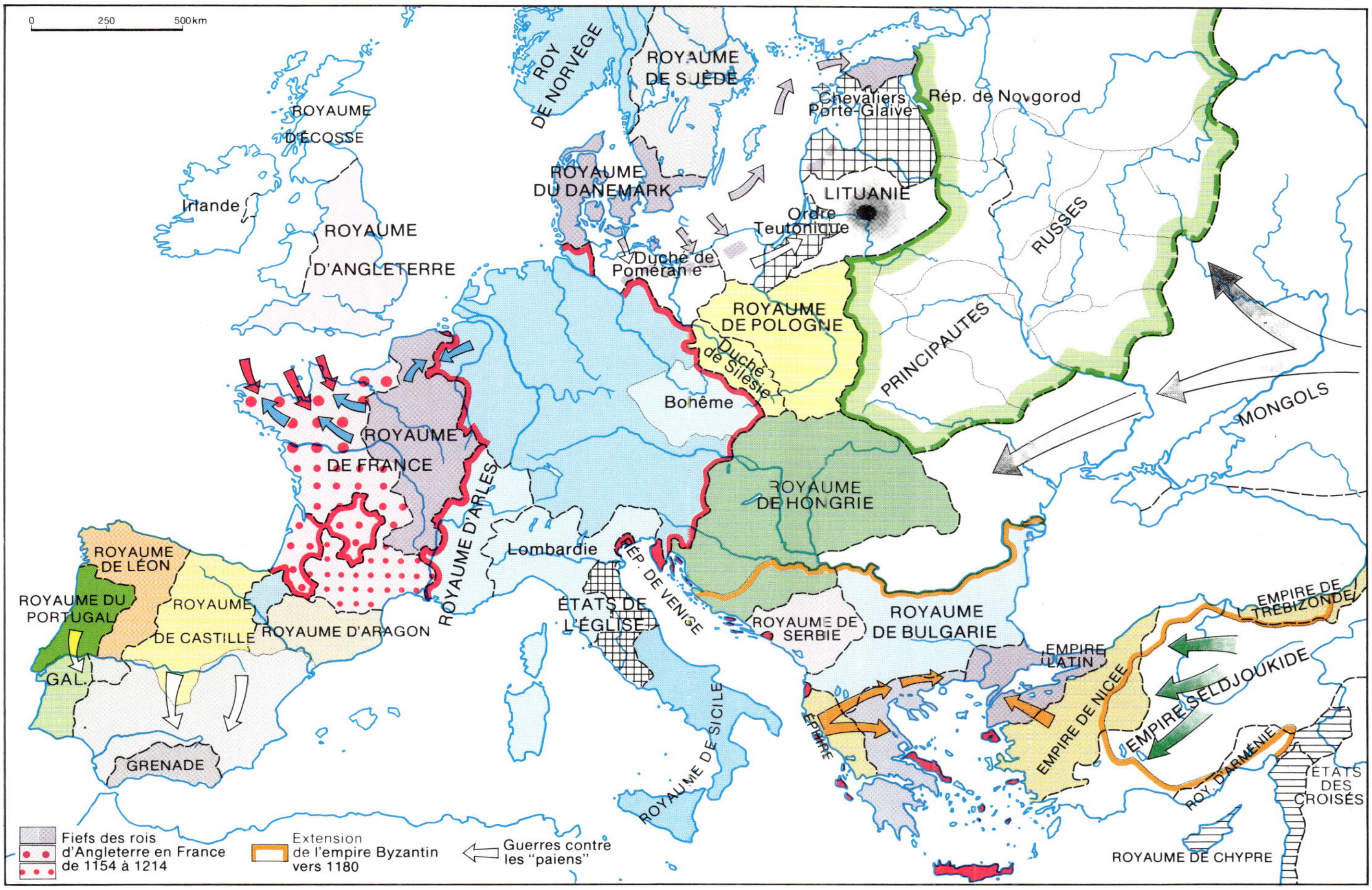

Quatre cent douze évêques étaient présents, y compris les patriarches de Constantinople et de Jérusalem. Huit cents abbés et prieurs participaient également aux réunions avec les ambassadeurs de l'empereur latin de Constantinople (cf. ci-dessous), des rois de Germanie (Frédéric II de Sicile), de France, d'Angleterre, de Jérusalem, d'Aragon, de Portugal et de Hongrie, de nombreux seigneurs du sud de la France, à cause des Albigeois (cf. ci-dessous), des prélats polonais et dalmates. En revanche, les évêques grecs pour la plupart refusèrent de venir.

Le concile prit d'innombrables décisions politiques, doctrinales, juridiques. On y parla des ordres religieux nouveaux. On y régla l'affaire albigeoise. On y prépara une croisade.

Innocent III mourut peu après la fin du concile, en 1213.

196 *Érudit et homme d'État, le pape Alexandre III (1159-1181).* La Remise de l'épée au doge Ziani, *fresque de Spinello Aretin (1332-1410) au Palazzo Pubblico de Sienne.* **197** *Le plus grand pape du Moyen Age, Innocent III (1198 à 1216), attaché au sacerdoce davantage qu'au royaume. Fresque de l'église du Sacro Speco à Subiaco, XIIIe, XIVe siècle.* **Carte 16** *Pape, empereurs et rois du haut Moyen Age.*

La défaite de l'empereur Frédéric II. Une dernière phase de lutte entre les papes et l'empereur Frédéric II se développa pendant des années, jusqu'à la mort de celui-ci, en 1250. Ce prince, né près d'Ancône, Sicilien par sa mère et élevé en Sicile, avait subi de fortes influences musulmanes. Follement orgueilleux, indifférent à la morale, il ressemblait plus à un despote oriental vivant dans un luxe extrême, qu'à un roi chrétien. Il n'avait de toute façon rien d'un Allemand. Fut-il l'un des premiers impies de la chrétienté ?

En tout cas, en Sicile, on pratiquait la tolérance : églises catholiques romaines, églises grecques, synagogues, mosquées y existaient côte à côte.

Nous verrons dans le prochain chapitre le rôle de Frédéric II dans le progrès des sciences et dans les spéculations philosophiques.

L'important est que Frédéric II s'était fixé comme programme de reprendre la politique des empereurs et de détruire le pouvoir des papes.

Il voulait réserver à l'empereur le pouvoir universel.

Il pensait être empereur de droit divin, selon l'enseignement de ses maîtres les juristes de Bologne. L'Église devait être incluse dans l'Empire et soumise. L'empereur, serait l'empereur romain, César, Auguste, « *Felix, Victor et Triumphator* » (heureux, victorieux et triomphateur). Il dominerait aussi les autres souverains. Si la diplomatie ne suffisait pas pour atteindre ces buts, il userait de la guerre.

Le successeur d'Innocent III, Cencius Savelli, devenu le pape Honorius III était un vieillard pacifique et conciliant, ancien précepteur de Frédéric II. Aussi lui fut-il complaisant. Il accepta qu'il fût couronné à Rome en 1220.

Les deux papes suivants, Grégoire IX (1227-1241) et Innocent IV (1243-1254), réagirent avec vigueur contre les empiètements de l'empereur. On ne peut entrer dans le détail. Mais il est clair que l'ambition de Frédéric II ne put se réaliser. Plusieurs fois excommunié, accusé d'hérésie, il vit son influence décliner. Un concile œcuménique tenu par Innocent IV à Lyon fit son procès. Il fut excommunié et déposé, « dépouillé par Dieu de tous ses honneurs et dignités ».

Frédéric résista pendant cinq ans, protesta, songea peut-être à aller fonder un nouvel Empire en Syrie. Puis il voulut

198

199

198 *L'« homme d'Apulie », Frédéric II (1220-1250) épouse Isabelle de Brienne, héritière de la couronne de Jérusalem. Miniature d'un manuscrit de la Biblioteca Chigiana, Vatican.* **199** *Castel del Monte : la forme octogonale symbolise la puissance impériale, « une belle fantaisie architectonique nourrie des souvenirs d'une enfance sicilienne et de l'expérience des voyages en Orient et en Occident » (Horst Stern).*

marcher sur Lyon ; mais le roi de France Louis IX (Saint Louis) l'en empêcha. Il mourut en 1250 dans son royaume de Sicile, la seule terre qui lui restait.

Le « grand interrègne ». C'était la victoire de la papauté sur l'Empire, d'autant plus que celui-ci allait rester vacant jusqu'en 1273. Ce fut le « grand interrègne », en attendant l'élection de Rodolphe de Habsbourg. En fait, ce n'est pas le pape qui bénéficia de cet effacement. Lorsque Grégoire IX, puis Innocent IV essayèrent de bien établir leur autorité sur les souverains occidentaux, ceux-ci renâclèrent, même le pieux roi de France. Sur un point concret, la résistance fut très forte. La fiscalité pontificale et la fiscalité royale se trouvaient être concurrentes. « Le roi, écrivit un conseiller de Saint Louis, ne peut tolérer que l'on dépouille ainsi les églises de son royaume ; il entend en effet se réserver pour les nécessités de ce royaume, leurs trésors, dont il est libre d'user comme de ses propres biens. »
Ainsi, au moment où l'unité chrétienne, pour un temps éphémère, paraissait proche de sa réalisation, c'est le pouvoir des États qui se renforça. L'influence du droit romain aboutit au principe que « le roi est empereur en son royaume ».
De notre angle de vision « européen », il peut paraître inquiétant de voir un tel morcellement se dessiner à l'horizon. *Mais l'acquis fondamental, précieux pour les libertés futures, est que l'Europe put échapper ainsi à cette confusion des pouvoirs laïques et religieux qui est certainement l'une des sources du totalitarisme et du fanatisme.* Inutile de dire que lorsque ces pouvoirs furent confondus, les tendances totalitaires réapparurent.
Pourtant l'idée de l'unité n'était pas morte. Dans l'œuvre gigantesque du poète italien Dante, que nous allons bientôt analyser, le *De Monarchia* préconisait une chrétienté unie sous la conduite de l'empereur.

II. Saint Bernard et les moines blancs

Cluny au XIIe siècle. Il est très difficile aux ordres religieux d'éviter le déclin, surtout s'ils sont prestigieux, car, dans une époque d'intense piété, ils deviennent riches : dons, legs de personnes dévotes et de pécheurs repentis, effrayés par la perspective, alors considérée comme naturelle, de la damnation éternelle et de l'enfer. A Cluny, les abus n'étaient guère marqués – nourriture relativement recherchée, chambres pour les moines, habits de bonne étoffe. Mais ce n'est pas de l'ascétisme !
Par ailleurs, la grande règle de saint Benoît, qui avait inspiré Cluny, prévoyait qu'on répartît le temps entre travail manuel, travail intellectuel et prière. A Cluny, on n'insistait guère sur le travail manuel. Aussi, le rayonnement de l'ordre au début du XIIe siècle était-il devenu médiocre.
L'abbé élu en 1122, Pierre le Vénérable, essaya de rétablir la discipline et de lutter contre le goût du luxe et de la bonne chère. Il obtint des succès, et continua à soutenir de son mieux la papauté romaine. Mais c'est désormais vers Cîteaux ou plutôt vers Clairvaux qu'il faut regarder pour trouver le moteur de la communauté spirituelle en Europe occidentale.
D'autres ordres surgiront.

Chartreux et prémontrés. Le prêtre allemand saint Bruno, de Cologne, fonda avec six compagnons un monastère à la frontière actuelle entre France et Italie, au lieu dit depuis Chartreuse. Ordre purement méditatif, impliquant le silence, l'isolement, une nourriture sans viande, la Chartreuse brilla d'un grand éclat. Bruno fut conseiller du pape Urbain II. Mais il refusa un archevêché, et créa une nouvelle chartreuse à Squillace en Calabre. Un autre Allemand, de Clèves, Norbert, ancien chapelain de l'empereur Henri V, rénova l'ordre des chanoines de Saint-Augustin, et s'installa à Prémontré, près de Laon (1126). Il fut ensuite archevêque de Magdebourg, puis primat des deux Saxes. Il y eut aussi, nous le verrons, les ordres de chevalerie pour les Croisades.
Mais plus que ces ordres, le XIIe siècle fut dominé par Cîteaux, et le grand homme de l'ordre cistercien, l'Européen par excellence, fut saint Bernard.

Cîteaux. Cîteaux est situé à 22 km au nord-est de Beaune. En 1099, un saint homme, Robert de Molesme, vint avec des compagnons occuper un monastère bénédictin en pleine décadence, avec l'intention d'y établir un ordre qui appliquerait avec sévérité la règle de saint Benoît. Coucher à la dure, se nourrir uniquement d'une livre de pain et de deux plats de légumes, sans jamais manger de viande, de poisson ou de laitage ; construire des bâtiments modestes, peu ornés ; être vêtu d'une simple robe blanche de tissu grossier ; garder le silence.
Cette terrible ascèse, bien loin de faire fuir les recrues, exerça une prodigieuse attirance. En 1113, le jeune Bernard de Fontaines âgé de vingt-trois ans, troisième des sept fils d'un châtelain, arriva à Cîteaux avec des compagnons. Plusieurs de ses frères, oncles et cousins vinrent bientôt le rejoindre.

Saint Bernard. De Cîteaux, essaimèrent très vite des moines qui, d'abord, créèrent quatre abbayes : Pontigny, La Ferté, Morimond et Clairvaux.
La « vallée de l'absinthe », sauvage et inhospitalière dans la région de Langres, vit arriver, le 25 juin 1115, treize moines, dont l'abbé, désigné par l'abbé de Cîteaux, était Bernard lui-même.
Les moines, gaiement, appelèrent ce pays sauvage la claire-vallée ou Clairvaux, et ils commencèrent à construire le monastère, n'accordant à Dieu guère plus de luxe qu'à eux-mêmes.
De Clairvaux naîtront d'autres abbayes : Trois-Fontaines, Fontenay, Foigny. Chaque monastère étant indépendant, la dispersion se poursuivit, mais la réputation de saint Bernard était telle que, sans aucun pouvoir de juridiction, il allait, pendant quarante ans, non seulement dominer l'ordre cistercien, mais exercer sur l'Église, sur les papes, sur les empereurs, sur les rois de France, sur les rois d'Angleterre, sur l'Aragon et la Castille qui combattaient les Almohades, sur les Italiens et les Danois, sur les Polonais, une influence extraordinaire. Or, à force d'ascèse, Bernard s'était gravement abîmé l'estomac. C'est à demi malade qu'il parcourait, toujours escorté de moines cisterciens, les routes de l'Europe, ou qu'il écrivait des centaines de lettres de doctrine, de politique religieuse – sur un ton souvent autoritaire qu'il justifiait par les intérêts de Dieu et pourtant avec une grande modestie – mais aussi des sermons, des traités de théologie, etc.
Face à Cluny, moins ascétique, il hésitait, admirant ce bel ordre, refusant d'y recruter des cisterciens, navré de voir un de ses moines quitter Clairvaux pour Cluny. Non seulement il donnait des conseils aux abbés de Cluny, mais il faisait de même pour hâter la réforme de la célèbre abbaye royale (bénédictine) de Saint-Denis, dont l'abbé Suger (1082-1152) fut le conseiller écouté des rois de France Louis VI et Louis VII.
De saint Bernard, nous retiendrons pour notre sujet deux affaires remarquables : la lutte contre l'antipape Anaclet, et la deuxième Croisade.

Pape et antipape. C'est en février 1130 qu'à Rome furent élus le même jour, par deux groupes rivaux de cardinaux, deux papes : à l'aurore Innocent, à midi Anaclet, soutenu par de fortes influences féodales. Innocent dut s'enfuir. Au mois d'août, le roi de France Louis VI organisa

200

200 « *Saint Bernard de Clairvaux commente auprès des moines le* Cantique des cantiques », *miniature tirée du* « Livre d'heures d'Estienne Chevalier *de Jean Fouquet, vers 1453.*

à Etampes une assemblée pour choisir entre les deux papes. L'autorité de saint Bernard fit pencher de façon décisive le concile en faveur d'Innocent. Celui-ci fit le voyage, s'arrêta à Cluny, rencontra Suger qui lui annonça qu'il l'avait emporté. Restait à décider l'ensemble de la chrétienté. Après avoir vu Louis VI à Etampes, Bernard rencontra le roi d'Angleterre Henri Beauclerc à Chartres, et le convainquit qu'il fallait décider son clergé à abandonner Anaclet. En même temps, Norbert, le fondateur des prémontrés, en liaison avec Bernard, décida l'empereur désigné, Lothaire, à reconnaître Innocent, et même à aller rétablir son pouvoir à Rome. Innocent rencontra en mars 1131 un Lothaire hésitant. Mais Bernard, présent, tint tête à l'empereur qui n'osa lui résister. Bernard rentra alors à Clairvaux. Il expédia deux « essaims » de moines blancs en pays de Vaud, en Hesse. Partout se créèrent des monastères. « Pour l'ordre de Cîteaux, grâce à Bernard, le rayonnement européen commençait » *(Georges Goyau).*

Le pape passant par Clairvaux apprit qu'on ne ferait en son honneur aucune exception à l'ascétisme de la règle. Il fut logé pauvrement. Son seul privilège fut qu'à table on lui servit un poisson. Bernard et Innocent se rendirent à Reims où Innocent reçut l'« obédience » de l'Aragon et de la Castille. Ne restaient favorables à Anaclet que l'Aquitaine et l'Italie du Centre et du Sud. Bernard s'occupa d'abord de l'Aquitaine. Ce ne fut qu'un succès partiel. Puis, Lothaire envahit l'Italie en 1133 dans l'intention de marcher sur Rome. Bernard le rejoignit à Pise. Comme le duc de Sicile était favorable à Anaclet, Bernard décida de le paralyser, ce qui deviendrait possible si les flottes de Gênes et de Pise, alors en guerre, se réconciliaient. Il y parvint ! Ce succès démontre de quelle autorité disposait cet homme alors âgé de quarante-trois ans.

Innocent, Lothaire et Bernard entrèrent à Rome le 30 avril 1133. Lothaire fut couronné empereur au Latran. Mais Anaclet tenait le quartier du Vatican, et Bernard ne put réaliser son rêve de voir le tombeau de saint Pierre. D'ailleurs, tandis que Bernard revenait à Clairvaux, Lothaire se retira en Allemagne, et Anaclet chassa de Rome Innocent qui se réfugia à Pise.

En 1135, ce fut le tour de Lothaire d'être menacé.

Bernard, infatigable voyageur, partit pour l'Allemagne, réconcilia à Bamberg Lothaire et Frédéric de Hohenstaufen, le futur Barberousse. Puis il se rendit à Pise où il joua le rôle d'arbitre dans tous les conflits. Il en profita pour faire ouvrir un couvent cistercien près de Milan « Chiaravalle » : un Clairvaux pour l'Italie. Ensuite, il rentra à Clairvaux ; puis il repartit une troisième fois pour l'Italie. Il alla jusqu'à Bari, puis au mont Cassin. La mort d'Anaclet, en 1138, mit fin à la bataille des papes.

On notera que le reste de l'Europe n'était pas oublié. Un grand prélat irlandais, saint Malachie, vint voir saint Bernard à Clairvaux. La situation n'était pas bonne en Irlande. Malachie repartit avec quatre cisterciens, qui allaient fonder le premier couvent cistercien irlandais.

Notons au passage que saint Bernard fut mêlé à l'affaire d'Abélard. Ce jeune et brillant professeur était-il ou non hérétique ? Bernard le fit condamner. Notons au passage qu'après tous ses malheurs, Abélard finit ses jours à Cluny, et que l'abbé Pierre le Vénérable eut la délicatesse, lorsqu'il mourut en 1142, d'envoyer à son ancienne amie, la célèbre Héloïse, un récit des derniers moments de celui auquel elle avait été « unie d'abord par les liens de la chair, puis par les liens plus forts et plus sacrés de l'amour divin ».

Saint Bernard et la Croisade. Le second grand acte communautaire de saint Bernard que nous voulions mentionner fut son effort pour regrouper toute la chrétienté occidentale pour une deuxième Croisade, afin de reprendre aux musulmans le comté d'Edesse que l'émir d'Alep venait de conquérir. Précisément, Paganelli, un cistercien – ancien seigneur de Pise, que Bernard avait convaincu d'entrer à Clairvaux – fut élu pape en 1145 sous le nom d'Eugène III. Cet ami fidèle allait pouvoir s'appuyer sur la grande force qui déplaçait souverains et royaumes.

La nouvelle du désastre d'Edesse eut pour effet d'entraîner à nouveau Bernard sur les routes. Le roi de France Louis VII – à qui sa femme Aliénor d'Aquitaine donnait bien des soucis (elle épousera plus tard le roi d'Angleterre) – acceptait de partir.

Le 31 mars 1146 à Vézelay, en présence du roi, sur une tribune en plein air, Bernard lut la bulle papale appelant à la Croisade. La foule était immense. Il fallait décider l'empereur : « Vous avez, comme César, lui écrivit-il, deux devoirs : votre devoir de roi, qui est de protéger votre couronne, et votre devoir d'avoué de l'Église, qui est de la défendre. »

Bernard partit pour rejoindre le nouvel empereur Conrad en Allemagne. Au passage, il mit fin à un mouvement qui, sous prétexte d'élargir la croisade, voulait que l'on considérât comme ennemis les Juifs autant que les musulmans : « Ils sont la chair et les os du Messie. » Bernard traversa le Brisgau, la Suisse alémanique, Constance, puis il descendit triomphalement le Rhin jusqu'à Cologne. A Noël 1146, il atteignit Spire où il rencontra Conrad, *et il le convainquit de prendre la croix.* Il revint à Clairvaux d'où il écrivit dans toutes les directions, pour mobiliser le reste de l'Europe : les Anglais qui, d'accord avec les Flamands, préparèrent la guerre en Méditerranée ; certains évêques italiens, les Bohémiens, les Bavarois. Un peu plus tard, apprenant qu'à l'est, sur la ligne de l'Elbe, les Saxons et les Moraves et au nord les Danois songeaient aussi à se croiser, il négocia avec eux et les convainquit que se battre sur place contre les Slaves païens, c'était aussi la Croisade, car il ne fallait pas que, dépeuplée de guerriers, la chrétienté subît de nouvelles invasions venues de l'est. Seuls les Espagnols n'allaient pas en Orient. C'est qu'ils avaient sur place leur propre Croisade.

Saint Bernard l'Européen. Il n'appartenait pas à Bernard de commander les troupes.

Sur le « front », la deuxième Croisade eut bien peu de succès, à cause des erreurs stratégiques et des divisions. Un peu plus tard, Bernard songea à prendre personnellement le commandement d'une autre Croisade. Mais cet Européen n'aimait que la retraite à Clairvaux, et sa santé s'était détériorée.

Ce qui demeure extraordinaire, c'est de voir qu'en ce siècle de piété intense, l'ascète par excellence, l'homme sacrifiant tout à Dieu, sut par moments créer l'élan qui unifiait *religieusement, mais aussi politiquement la Communauté européenne.* Bernard n'a pas du tout apporté son attention à défendre la France. Le moine Guibert de Nogent, qui avait parlé de « *Gesta Dei per Francos* » (les exploits que Dieu réalise par les Francs), le moine-ministre Suger, pensaient en termes de « Français ». « Bernard est né féodal et est devenu européen. L'idée même de nation tient moins de place dans sa pensée qu'elle n'en tenait dans celle de Guibert » *(Georges Goyau).*

On peut aussi s'étonner de voir cet ascète, cet homme qui cherchait à pacifier l'Église sous l'autorité du pape, adopter à l'égard des musulmans une attitude belliqueuse. C'est que, dans sa conviction, évidemment fanatique, il estimait que la chrétienté, qui par la conquête de Jérusalem (cf. ci-dessous), avait repris son bien légitime, se trouvait désormais sur la défensive contre des « irruptions intolérables ». Et parlant des templiers, les moines guerriers : « Ils peuvent, les soldats du Christ, livrer les combats du Seigneur en toute sécurité ; ils n'ont rien à redouter, ni le pé-

201

202

Les « moines blancs de Cîteaux » étaient un ordre européen. **201** *Abbaye cistercienne de Sénanque dans la vallée isolée du Sénancole en Provence, commencée en 1148, achevée au début du XIIIe siècle.* **202** *Eglise de l'abbaye cistercienne de Chorin dans l'Uckermarck, RDA (1272-1334), exemple significatif du gothique brique allemand.*

ché s'ils tuent l'ennemi, ni leur perte s'ils succombent, car subir ou donner la mort pour le Christ n'a, d'une part, rien de criminel, et de l'autre mérite une immensité de gloire » *(Éloge de la nouvelle milice,* III, col. 924).

Bernard, épuisé, mourut en août 1153, un mois après le pape Eugène III.

III. L'Europe des Croisades

L'idée de Croisade. Nous avons déjà rencontré le pape Urbain II et mesuré l'ampleur de son oeuvre. Il est surtout célèbre pour avoir lancé la première Croisade.

Au concile qu'il avait réuni à Plaisance en 1095, avec quatre mille clercs et trente mille laïques dans la ville, il reçut une ambassade de l'empereur byzantin Alexis Ier Comnène qui venait solliciter le secours de tous les chrétiens contre les infidèles – les musulmans – qui avaient conquis une grande partie de son Empire.

Urbain II, qui partait pour un voyage en France (dont il était originaire), songea d'abord à organiser les secours réclamés par les Byzantins. Puis il évolua vers une idée plus ambitieuse : étendre à l'Orient les succès éclatants de la *Reconquista* espagnole et portugaise, qui venait de libérer Tolède (1085), Valence (1092) et Lisbonne (1093).

Au cours de son voyage dans le centre de la France, il passa par Le Puy, dont l'évêque, Adhémar de Monteil fut nommé chef religieux de la future Croisade. Il se rendit ensuite à Cluny, où il avait été moine et il convoqua un concile à Clermont. C'est là que le 27 novembre 1095, sortant de l'église où se tenaient les séances, il s'adressa à la foule qui accueillit avec enthousiasme le projet d'une expédition à Jérusalem. Adhémar de Monteil et les chevaliers présents se « croisèrent » ce qui était symbolisé par une croix cousue sur l'épaule. Le concile prit des décisions pour la protection des biens des absents. Cette première Croisade était liée à la volonté de suprématie pontificale que nous avons évoquée ci-dessus.

Le pape voulait être le chef suprême de la Croisade. Comme il ne s'y rendait pas personnellement, il décida de confier le commandement à Adhémar de Monteil. De par la tradition, le chef aurait dû être l'empereur Henri IV. Mais il était excommunié. De même Philippe Ier, roi de France. De son côté, Guillaume le Roux, roi d Angleterre, ne s'était pas prononcé entre le pape Urbain II et l'antipape Clément III. Adhémar de Monteil était assisté par Raymond de Saint-Gilles, comte de Toulouse. Ainsi, d'une part, la première Croisade se présentait comme une tentative unificatrice ; d'autre part, elle introduisait la notion – déjà connue, mais rarement expérimentée – de « guerre sainte », ce qui tranchait avec la tradition pacifique de l'Église. Nulle notion n'est plus dangereuse, car même si le but est d'aider des frères opprimés, le fanatisme risque fort d'aboutir à des cruautés insupportables.

La première Croisade. Le pape n'avait prévu qu'une seule armée. Mais il en partit trois autres : Français du domaine royal sous la conduite du frère du roi, avec le comte de Normandie et le comte de Flandre ; Français du Nord, Lorrains, Allemands sous Godefroy de Bouillon, duc de basse Lorraine, qui sera le premier gouvernant chrétien de Jérusalem ; enfin Normands de l'Italie du Sud.

Le monde féodal avait ainsi largement répondu à l'appel du pape. A la foi profonde, au désir d'aventures, s'ajoutait le désir de nombreux cadets sans terres, notamment Normands de Normandie et de Sicile, où la natalité était très forte, de se tailler quelque fief et de conquérir les richesses de l'Orient, réputées fabuleuses. A cela s'ajouta une bande de paysans affamés, exaltés par un moine picard, Pierre l'Ermite, partis avec leurs charrettes, leurs familles. Grande piété populaire, certes, mais la horde commit des violences, surtout en Allemagne, où elle massacra notamment des Juifs.

L'expédition des chevaliers partit sur des navires affrétés à Gênes. Ils se concentrèrent à Constantinople où ils se querellèrent avec l'empereur Alexis, dépité de voir que ces hommes ne venaient pas pour lui, mais pour eux-mêmes. Ils traversèrent le Bosphore et marchèrent vers Jérusalem à travers l'Asie Mineure et la Syrie.

Le légat Adhémar de Monteil mourut de la peste, ce qui contribua à développer les zizanies entre les chefs, dont certains se détournèrent du but final pour conquérir des principautés (Edesse, Antioche). Les croisés s'emparèrent de Jérusalem le 7 juin 1099 et ternirent leur gloire par un massacre épouvantable, où coulèrent, disent les chroniqueurs, de véritables ruisseaux de sang.

Notons que très vite, le pape créa une dignité de patriarche latin à Jérusalem. Mais il ne put s'assurer le pouvoir politique. Dès la mort de Godefroy de Bouillon, son frère Baudouin de Boulogne prit le titre de roi de Jérusalem.

Une des conséquences de la Croisade fut de parachever la querelle entre la chrétienté latine et la chrétienté grecque. L'élimination progressive du haut clergé grec dans les pays du Levant provoquait chez les Byzantins une profonde rancœur. Face à l'Islam, les deux groupes de chrétiens ne surent pas s'unir. Par la suite, les Croisades allaient être menées pour venir au secours du royaume et des principautés chrétiennes du Levant. A la différence de la première, on ne verra plus jamais l'ensemble de la chrétienté occidentale s'unir – tant bien que mal – en une vaste entreprise internationale. Lorsque plusieurs souverains se coalisèrent, l'affaire aboutit toujours à une querelle.

La deuxième Croisade et les autres. Rappelons seulement que la deuxième Croisade, prêchée par saint Bernard (1147-1149) avait pour but de reconquérir Edesse et de prendre Damas. Les chefs furent Louis VII roi de France et Conrad empereur d'Allemagne. Les querelles entre chevaliers français et allemands se conclurent par l'échec et par le retour en Europe. Lorsque en 1187, Saladin, souverain musulman d'Égypte, reconquit Jérusalem, la troisième Croisade (1189-1192) fut menée par Philippe Auguste, roi de France, Richard Coeur de Lion, roi d'Angleterre, et l'empereur Frédéric Barberousse. Celui-ci fut écrasé et tué en Cilicie en 1190. Lorsque Richard et Philippe Auguste arrivèrent à Saint-Jean-d'Acre, ils se disputèrent. Resté seul, Richard ne put reprendre Jérusalem.

Les Croisades aboutirent également à la création de nouveaux ordres religieux, de moines-chevaliers : l'ordre du Temple, fondé en 1118 et qui, de Saint-Jean-d'Acre et de Chypre, s'étendit sur toute l'Europe, où les templiers possédèrent jusqu'à six mille maisons et accumulèrent d'immenses richesses jusqu'à leur suppression par le pape Clément V et par le roi Philippe Auguste en 1312. L'ordre des chevaliers de Saint-Jean de Jérusalem ou « hospitalier » fondé au début du XIe siècle, gardera comme bastion la grande île de Rhodes et fondera également de nombreux établissements en Europe. A l'époque de Charles Quint, chassés de Rhodes, ils créèrent le petit État souverain de Malte et prirent le nom de « chevaliers de Malte ». Les « chevaliers teutoniques », fondés à Saint-Jean-d'Acre vers 1190 *(Deutsche Ritterordnung),* financés par les bourgeois de Brême et de Lübeck, vinrent s'installer en Italie, en Hongrie, en Transylvanie mais surtout en Allemagne où Frédéric II fit de leur grand maître un prince d'Empire. Appelés en Prusse, ils convertirent les habitants encore idolâtres et y établirent leur domination politique. Ils fusionnèrent avec les « chevaliers porte-glaive » en 1237, s'étendirent en Estonie, Livonie, Courlande. Puis vint le déclin. En 1537, le grand maître Albert de Brandebourg se convertit au luthéranisme, se maria et prit le pouvoir pour lui et ses descendants.

IV. Les « ordres mendiants » et les missions

Les dominicains. Dans une époque de foi religieuse intense, les fidèles font aux églises, aux monastères des dons si importants que la richesse afflue. Elle attire les hommes d'argent, et les abus. La piété de certains s'en indigne. On voit ainsi se créer des sectes hérétiques qui prêchent et pratiquent la pauvreté. Les Vaudois, les Cathares, au sud de la France, en sont les plus connus. Faut-il les écraser par la force ? Ce sera la Croisade des Albigeois de Simon de Montfort (1208-1215). Ou bien ramener leurs communautés dans l'Église ?

Certains de ces exaltés furent reconnus par les papes, les « pauvres humiliés » de Lombardie, les « pauvres de Lyon », les « pauvres catholiques ».

Un prêtre espagnol, né en 1170 à Calaruega, dans la province de Burgos, issu semble-t-il de l'illustre famille des Guzmán, Dominique, imagina une autre méthode. Avec son évêque, Didace d'Osma – il était le sous-prieur de sa cathédrale – il voulait aller évangéliser les Cumans, peuplade située entre les Carpates et la mer Noire. Ils se rendirent tous deux à Rome où Innocent III leur imposa d'évangéliser non les Cumans, mais les Cathares.

C'est dans l'été 1205 qu'Innocent III les reçut. De leurs entretiens sortit le projet de créer un « ordre des prêcheurs », qui, comme les prédicateurs cathares, pratiqueraient la pauvreté la plus totale, n'ac-

203

204

205

206

L'Europe des Croisades. **203** *Le pape Urbain II (1088-1099), au synode de Clermont, le 27 novembre 1095, prêche la "guerre sainte" contre les musulmans. Miniature française, 1490.* **204** *Ordres de chevalerie en Terre sainte ; départ des Templiers au combat. Fresque de la chapelle des Templiers, Cressac, France, XIIe siècle.* **205** *Le krak des Chevaliers, château des Hospitaliers, à Homs, dans l'actuelle Syrie, commencé en 1110.* **206** *Le château des frères de Sainte-Marie, au bord du Nogat en Prusse occidentale, édifié de 1309 à 1457, siège du grand maître de l'ordre teutonique.*

cumulant aucun bien, vivant au jour le jour des dons de la charité. Ils iraient « avec humilité, agissant et prêchant à l'exemple du Maître, marchant à pied, sans or ni argent, imitant en toutes choses le modèle des apôtres ». Une bulle d'Innocent III du 17 novembre 1206 confirma la création de cet ordre d'un type nouveau et les quarante premiers moines partirent pour accomplir leur œuvre. Didace mourut en 1207, Dominique en 1221.

L'Inquisition. Toutefois, saint Dominique fut associé à une nouvelle institution de l'Église qui devait donner lieu à de graves abus : l'Inquisition. Les premiers inquisiteurs furent des moines de Cîteaux. Dominique reçut du pape le titre d'inquisiteur général en 1215. L'Inquisition était un tribunal chargé de rechercher et de punir l'hérésie. En France, elle joua un rôle peu durable, elle pénétra en Italie en 1221, puis en Allemagne. C'est en Espagne qu'elle eut le plus de puissance, après avoir été introduite en Catalogne en 1232. En 1481, les rois catholiques Ferdinand et Isabelle la réorganisèrent sous le nom de « Saint Office ». Torquemada, de Valladolid, cardinal dominicain devint grand inquisiteur général. La répression qu'il conduisit demeura tristement célèbre : on était loin du but poursuivi par Dominique.

La règle dominicaine. La règle dominicaine, inspirée de celle que suivaient les chanoines de saint Augustin, ne fut fixée qu'en 1217, avec l'appui d'un grand évêque de Toulouse, Foulque. L'ordre des Frères prêcheurs ou dominicains connut d'emblée un énorme succès. Un ordre féminin, les dominicaines, fut également créé par saint Dominique. De Toulouse, Dominique envoya, en 1217, des frères en Espagne et à Paris. Lui-même s'établit à Rome. Les fondations se multiplièrent. Vers 1221, les dominicains pénétrèrent en Rhénanie. Très vite, en Italie, des couvents apparurent. De même en Angleterre, Pologne, Hongrie. En 1221, les dominicains regroupaient cinq cents religieux et cent religieuses, répartis en huit provinces : Espagne, France, Provence, Lombardie, Rome, Allemagne, Angleterre et Hongrie. Dès 1228, quatre autres apparurent : Terre Sainte, Grèce, Pologne, Dacie (Scandinavie). Ils fournirent un grand nombre de papes et de très grands esprits. Citons, pour notre période, Albert le Grand et saint Thomas d'Aquin. La force des dominicains, ce fut leur excellente préparation intellectuelle qui leur permit d'exercer la prédication avec beaucoup d'efficacité.

Les franciscains. L'autre grand ordre mendiant fut fondé par un personnage bien différent, François d'Assise, en Ombrie. Son père était le riche marchand de drap Bernardon et François naquit en 1182. Il mena d'abord une vie aisée de riche bourgeois, évitant la débauche, mais bien loin de la pauvreté.
Dans une guerre entre Pérouse et Assise en 1202, il combattit, fut fait prisonnier. Libéré, il eut l'ambition de devenir, par les armes, un grand prince. Mais à vingt-trois ans, après une vision, il s'isola dans une grotte d'Assise, fit pénitence, entendit l'appel de « Dame pauvreté », fit en 1206 un pèlerinage à Rome, vêtu de haillons, mendiant son pain, au grand scandale des siens. En 1209, servant une messe, il entendit l'ordre du Seigneur : « Ne prenez ni or, ni argent, ni monnaie dans votre ceinture, ni aucun sac pour la route, ni deux habits, ni souliers, ni bâton, mais, si vous entrez dans une maison, saluez en disant : Que la paix soit dans cette maison. »
Disciple des ascètes italiens, et notamment de saint Pierre Damien, il différait d'eux en ce sens qu'il entendait associer de nombreux hommes à son idéal, et que la prédication lui apparaissait comme un devoir essentiel. Il essaya en vain d'atteindre la Syrie, puis le Maroc. Plus tard, il alla à Damiette, en Égypte, s'offrit en vain au martyre, puis il fit le pèlerinage de Jérusalem. Mais il réussit à attirer vers le renoncement nombre de jeunes gens, ainsi qu'une fille d'une riche famille d'Assise, Claire de Favorino laquelle, sous sa direction, créera l'ordre féminin des clarisses.

Les missions. Les prédicateurs ambulants furent d'abord assez mal reçus. Mais, rencontrant Innocent III à Rome en 1210, François le convainquit, comme avait fait Dominique quatre ans auparavant. Un ordre fut créé, les Frères mineurs ou franciscains. Leur règle fut fixée en 1223. Jusque-là, l'individualisme avait prévalu, ce qui aboutit à des désordres qui consternèrent François. Une fois organisés, les Frères mineurs eurent un immense succès et on les compta par milliers, essaimant d'Italie vers la France, l'Espagne, l'Allemagne, la Hongrie. François mourut en 1226 après avoir écrit son *Cantique au soleil* et avoir reçu les « stigmates de la Croix ». Les papes Grégoire IX (1227-1241) et Innocent IV (1243-1254) comprirent l'utilisation qu'ils pouvaient faire de ces milices nombreuses et dévouées, aspirant à prêcher leur foi non seulement en Europe, mais aussi dans les pays lointains. Bien qu'ils fussent encore favorables à la méthode de la Croisade, ils évoluèrent lentement vers l'apostolat par la mission. « Nous croyons, écrivait Grégoire IX en 1238 à des franciscains, qu'aux yeux du Rédempteur, il est aussi bon d'amener les infidèles à confesser le Verbe divin qu'à réprimer par les armes la perfidie des Sarrasins. » François était allé en Égypte, en Syrie. Dominique avait prêché en 1203 chez les Danois. Les successeurs de Dominique à la tête de l'ordre, Jordan de Saxe (allemand), Raimond de Peñafort (en Catalogne), Jean le Teuton (allemand), Humbert de Romans (français), envoyèrent leurs moines dans toutes les directions, et de même les franciscains. Terre Sainte, Constantinople, Chypre, Antioche, Bagdad, Égypte virent la création de nombreux couvents. Ils pénétrèrent en Tunisie, au Maroc. En Espagne, le chapitre dominicain de Tolède désigna huit frères pour apprendre l'arabe. Il y eut des missions dominicaines chez les Cumans. Mais ceux-ci furent écrasés par les Mongols et de nombreux missionnaires massacrés. La papauté envoya des missionnaires chez les Mongols eux-mêmes à la fois pour écarter le danger et pour les convertir. En Europe du Nord, les franciscains appuyèrent l'action des « chevaliers teutoniques » (cf. ci-dessous) et, partis de Dantzig, évangélisèrent la Prusse, la Poméranie, la Livonie, puis l'Estonie, la Courlande, la Finlande. En 1245 un « archevêque de Prusse » fut désigné. Les diocèses furent partagés entre teutoniques, franciscains et dominicains. On vit même des dominicains à Kiev.

V. L'Europe des universités

Écoles monastiques et épiscopales. C'est par les écoles des monastères que les lettres antiques s'étaient maintenues après la chute de l'Empire d'Occident. Nous avons vu qu'au VIe siècle, l'Irlande joua un rôle majeur pour cette conservation culturelle. Pourtant, ces écoles étaient en déclin, Cluny d'abord et surtout Cîteaux s'intéressant assez peu aux problèmes d'enseignement. Certaines écoles épiscopales les relayaient : Reims, Chartres, Paris, Laon, puis Angers, Bourges, Orléans, Montpellier en France, Canterbury et Durham en Angleterre, Tolède, Salamanque, Palencia en Espagne, où l'on étudiait la science et la philosophie arabes, Bologne et Ravenne, centres du droit romain en Italie, Salerne centre de médecine, Naples, etc.

207

208

209

207 *En Espagne, l'Inquisition au faîte de sa puissance.* Le tribunal de l'Inquisition siège sous la présidence de saint Dominique, *tableau du peintre espagnol Pedro Berruguete, vers 1500.* **208** *Pauvreté et pénitence : saint François d'Assise convertit sainte Claire et fonde avec elle en 1202 l'ordre des clarisses. Tablette (détail) de l'église Santa Chiara d'Assise, XIIIe siècle.* **209** *Voyage en Égypte : saint François d'Assise subit l'épreuve du feu devant le sultan. Fresque de Giotto di Bondone, cathédrale San Francesco, Assise, vers 1295/1300 ;* **Carte 17.** *Chrétiens, hérétiques et ennemis de la foi dans le haut Moyen Age.*

Création des universités. Toutefois, le nombre croissant des étudiants, la recherche d'une indépendance accrue par rapport aux évêques et aux pouvoirs laïques, et l'esprit *corporatif* qui se développait partout aux XIIe et XIIIe siècles allaient aboutir à la création des universités. Celles-ci constituèrent une corporation de type nouveau groupant la totalité *(Universitas)* des maîtres et des étudiants. Elles devaient assurer le lien entre l'enseignement et la cité. Mais les principales d'entre elles reçurent des étudiants de l'Europe entière, et possédèrent, grâce aux papes, le droit d'enseigner partout *(Licentia ubique docendi).*

Au moment où les ouvriers et artisans, s'inspirant de l'exemple municipal, s'unissent par métiers pour défendre leurs intérêts, maîtres et « écoliers » se regroupent en *Universitates.*

Les universités du XIIIe siècle avaient un caractère véritablement européen ; aux XIVe et XVe, elles devinrent de plus en plus nationales. A Paris, la faculté des Arts, gouvernée par un recteur, délivrait l'enseignement initial (de quatorze à vingt ans) avec, au bout de deux ans, le baccalauréat. Puis, on passait vers une des trois Facultés supérieures : Droit canon ou Décret ; Médecine ; Théologie.

En médecine et en droit, on étudiait de vingt à vingt-cinq ans. Pour la théologie, il

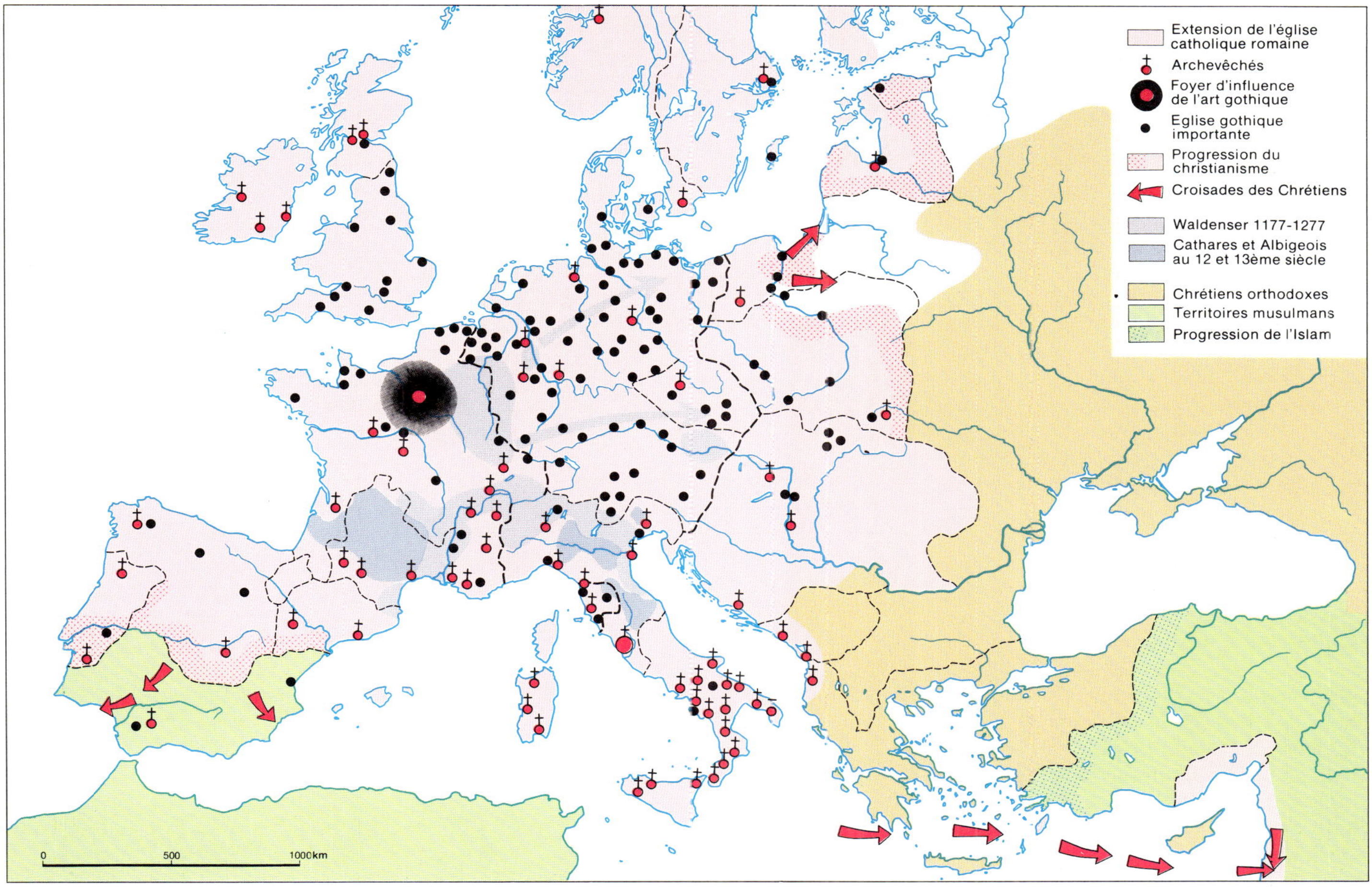

fallait quinze ans d'études, et le doctorat ne se passait qu'après trente-cinq ans. Chacune de ces trois Facultés supérieures était gouvernée par un doyen.
Cette organisation, avec des différences secondaires, résume les fonctions de toutes les universités. Grâce à la protection des papes, elles possédaient le monopole de la collation des grades. Elles avaient des privilèges et exemptions judiciaires et fiscales.
Les grades conférés étaient à peu près les mêmes dans toute l'Europe : baccalauréat, licence *(licentia docendi),* doctorat. La licence permettait de devenir maître *(magister).*
Les étudiants riches habitaient en ville, avec des domestiques, voire des précepteurs. Les moins aisés vivaient dans des « collèges », établissements créés par des mécènes, et où ils trouvaient, modestement, le vivre et le couvert. Les *pauperes* réussissaient parfois à être défrayés de toute dépense.
L'enseignement se faisait par le cours *(lectio),* la discussion *(disputatio),* les questions *(questiones).* Les cours étaient parfois « publiés ». Les maîtres, souvent célèbres, rivalisaient dans le recrutement des étudiants. Tous, maîtres et étudiants, étaient qualifiés du titre de « clercs ». Le latin restait évidemment la langue de l'enseignement. Au total, il régnait dans ce monde, très mobile, très audacieux, une propension à la liberté qui devait devenir, au cours des siècles une caractéristique de l'esprit européen Il existait une véritable « internationale » des intellectuels.
Les universités manquaient toujours de locaux. C'étaient souvent les maîtres qui louaient des salles où l'on s'entassait. On s'asseyait sur des bancs ou même des bottes de paille. Les étudiants possédaient des écritoires sommaires et, peu à peu, le parchemin devint plus fin et plus blanc ; les stylets de bois furent remplacés par des plumes d'oies. On se mit à fabriquer des livres en série (avec une peau de mouton, la *pecia,* pliée en cahiers de quatre folios). Une quarantaine de scribes pouvaient ainsi assurer un petit tirage. Quant au papier, à surface égale quinze fois moins coûteux que le parchemin, depuis longtemps connu des Chinois, il n'atteignit l'Europe qu'après la fondation des grandes universités. On vit apparaître les moulins à papier en Espagne, à Sativa (1238), sous influence arabe, en Italie à Fabriano (1268), en France en 1338 à Troyes, en Allemagne en 1390 à Nuremberg.
Le statut universitaire supposait une large indépendance par rapport au pouvoir épiscopal. Les « privilèges » qui garantissaient cette indépendance furent accordés par les rois et par les papes.

L'université de Bologne. Les trois premières universités ont été Bologne, Paris et Oxford. Comment sont-elles nées ? Elles dérivent assurément des écoles épiscopales, et la transition est parfois lente.
Bologne, éminent centre de droit romain et de droit canon, reçut son premier règlement de Frédéric Barberousse, en 1158. Mais il y avait des centres rivaux, Padoue, Verceil, et surtout Naples, soutenue par l'empereur Frédéric II.
Pour empêcher l'émigration des étudiants vers ces centres, les papes perfectionnèrent la réglementation, aidés par les professeurs, les *Antiqui Doctores* ou « maîtres régents », qui se regroupèrent dès 1179. Ces professeurs étaient soutenus par la Commune de Bologne. Les étudiants, au contraire, s'appuyaient pour défendre leurs droits contre les maîtres, sur le Saint-

Siège, qui entendait bien dominer politiquement Bologne.

Les études et la collation des grades étaient gratuits en principe, mais il fallait donner des cadeaux aux maîtres.

Les papes du XIIIe siècle réagirent contre cette coutume et on en arriva à des salaires fixes. Très vite, c'est la communauté des étudiants qui prit la direction de l'université, les étudiants prononçant un serment d'obéissance.

Bologne était célèbre dès le XIIe siècle. Rolando Bandinelli, le futur pape Alexandre III, adversaire acharné de Frédéric Barberousse (1159-1181), y fut professeur de droit canon avant 1150. Après lui, Lothaire Segni, étudiant en droit à Bologne, pape de 1198 à 1216, sous le nom d'Innocent III, celui qui apparaît comme le plus puissant des papes du Moyen Age. Le neveu d'Innocent III, Grégoire IX (1227-1241), fut un grand juriste, formé lui aussi à Bologne. Une bulle de 1231, *Parens scientiarum* (Père des sciences), généralisa le statut des universités.

L'université de Paris. Paris fut la seconde des universités, dérivant de l'école du chapitre cathédral, et acquit en peu d'années une influence européenne. En nombre croissant, à la fin du XIIe siècle, les étudiants s'installèrent dans un quartier neuf qui se construisait sur la rive gauche de la Seine, la Montagne Sainte-Geneviève. C'étaient des gens fort agités, souvent des clercs errants, menant joyeuse vie, portés vers la poésie bachique et grossière, érotiques, anticléricaux, qu'on appelait les « Goliards ». Il existe toute une littérature des Goliards : française (les *Carmina Burana),* anglaise avec le *Chansonnier de Cambridge,* et allemande avec le *Manuscrit de l'abbaye des Benedictenbeuern* à Munich. Cette tendance étudiante paraît s'être toujours manifestée en Europe, sans nuire aux travaux sérieux des universités.

Dès 1179, le pape Alexandre III fixa la gratuité et la liberté de l'enseignement à Paris. En 1200, Philippe Auguste soustrayait les écoliers à la juridiction royale. En 1208 apparut l'*Universitas magistrorum,* université des maîtres. Le légat d'Innocent III, Robert de Courçon, imposa en 1215 une loi à « tous les maîtres et étudiants parisiens » *(Universis magistris et scolaribus parisiensibus).* En 1222, l'université obtint la plénitude de ses droits.

L'université d'Oxford. Oxford apparut comme une filiale de Paris, autour de l'abbaye d'Oseney. Une émigration d'étudiants parisiens en 1167 en serait l'origine. Une charte du légat pontifical en 1214 en renforça l'existence juridique. Le mot *Universitas* y fut employé pour la première fois en 1219. Un « chancelier » en prit la direction, nommé par le pape. L'un des premiers fut le savant évêque de Lincoln, Robert Grosseteste.

Création d'autres universités. Autour de ces trois universités initiales vont se développer en Italie celles de Padoue (1222), de Sienne (1246), de Verceil, d'Arezzo, de Rome, de Naples. Après 1300, s'y ajoutent Pérouse, Pise, Florence ; en France celles d'Orléans (1229), très célèbre en matière juridique, d'Angers (1231), de Montpellier (1220-1240), où existait déjà une fameuse école de médecine. En 1229, le comte Raymond VII de Toulouse créa dans cette ville une université pour lutter contre les hérétiques cathares ou Albigeois. Cahors, Grenoble, Avignon apparurent au XIVe siècle. D'Oxford émana, au début du XIIIe siècle, la future grande université rivale de Cambridge.

Au Portugal, l'école qui existait à Coimbra dès le XIIe siècle devint une université au XIIIe siècle, et émigra vers Lisbonne.

En Espagne, les premières universités furent Salamanque, Palencia, avec Lerida et Perpignan. Valladolid s'y ajouta au début du XIVe siècle.

En Europe centrale, l'Allemagne n'eut pas de vraies universités avant 1300. A Prague, capitale du royaume de Bohême, s'établit en revanche une université prospère, que fréquentaient Allemands, Français, Italiens. Elle avait été créée par Charles IV, de la dynastie de Luxembourg.

Nous verrons dans le prochain chapitre apparaître nombre d'universités entre 1350 et 1400. On en a compté cinquante-cinq à cette dernière date.

La mobilité du personnel universitaire était extrême. Mais, naturellement, outre le groupement par spécialité, les étudiants

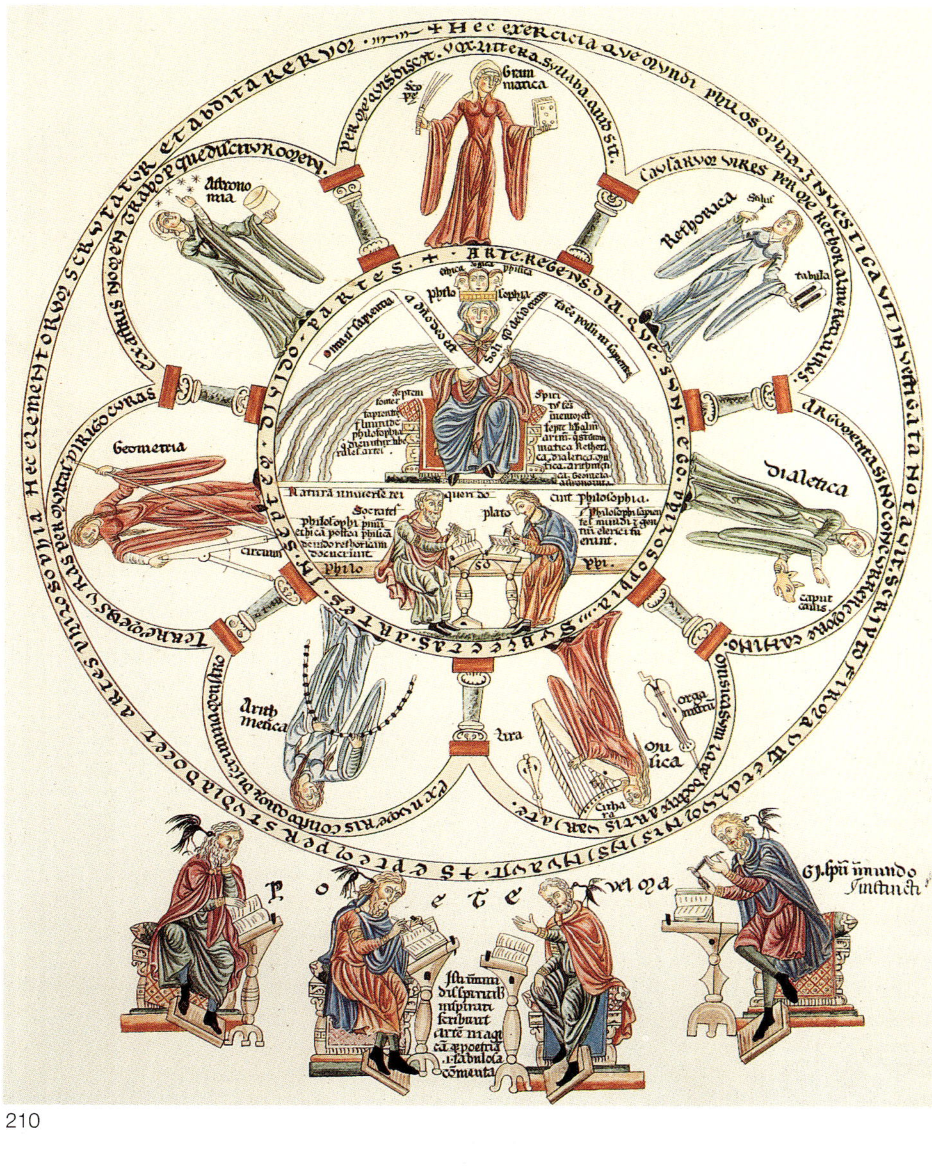

210

211

212

210 *Le savoir dans le haut Moyen Age : l'Europe des universités. « La philosophie et les sept arts libéraux ». Les scribes (en bas) symbolisent les disciplines de la littérature. Miniature du* Jardin d'Eden *de Herrad von Landsberg (1225/30-1195), abbesse du monastère de Hohenburg sur le mont Sainte-Odile en Alsace.* **211** *« Le moine Amalric de Bena donne un cours à l'université de Paris », miniature des* Grandes Chroniques de France. **212** *L'université de Salamanque en Espagne, fondée en 1218, l'une des universités médiévales les plus importantes.*

avaient tendance à se rapprocher par affinités nationales. C'est le système dit des « Nations ». A Paris, chacune d'elles était dirigée par un procurateur. Il y en avait quatre : française (qui comprend les Français du Centre, les Italiens, les Espagnols, les Orientaux), normande, anglaise, picarde. A Oxford, on distinguait deux Nations, à Bologne existaient quatre Communautés : les Lombards, les Romains, les Campaniens et les Ultramontains.

Les maîtres, eux aussi, manifestaient un large internationalisme. D'ailleurs, il arrivait souvent qu'en cas de troubles dans une université, les professeurs suivent leurs disciples.

Par exemple, en 1229, se produisirent à Paris des bagarres et plusieurs étudiants furent tués. L'université tout entière quitta la ville. Seule la bulle *Parens scientiarum* de 1231 permit de regrouper la majorité des exilés et de rouvrir l'université.

Pour ne prendre que quelques grands noms, nous voyons le grand savant dominicain allemand Albert le Grand (1193-1280), né en Souabe, étudiant à Bologne, à Padoue, puis à Paris, enseigner dans cette ville de 1242 à 1248, puis fonder à Cologne un *studium generale,* c'est-à-dire l'embryon d'une université.

L'Anglais Roger Bacon, maître ès arts à Paris, y enseigne de 1245 à 1247. Thomas d'Aquin (1225-1274) appartient à la famille des comtes d'Aquino en Italie du Sud. Il étudie à Naples, puis à Cologne sous Albert le Grand, puis à Paris. Il enseigne dans cette université, puis à la curie romaine, puis à Paris de nouveau, enfin à Naples. Son principal adversaire en philosophie, Siger de Brabant (1235-v. 1284) est un Flamand, maître ès arts de l'université de Paris, que sa hardiesse philosophique l'oblige à quitter en 1277.

VI. L'Europe des pèlerins

Généralité du pèlerinage. Le pèlerinage constitue un extraordinaire moyen pour des populations diverses de se rassembler et de se connaître un peu. Bien entendu, il n'est pas une « invention » du christianisme. Il existe dans la tradition juive de l'Ancien Testament. Il existe aussi dans toutes les autres religions, qui ne sont pas des spéculations intellectuelles, fondées sur une rationalité indépendante du temps et de l'espace.

Les grandes religions de l'Univers sont des *révélations* où un monde transcendant, surnaturel, métaphysique vient s'incarner dans l'histoire et dans l'espace humains. Il y a donc des *lieux* où sont apparus, *à une date donnée,* Dieu ou ses prophètes, puis les disciples de ces prophètes. Il est normal que ces lieux soient vénérés et qu'on acquière des mérites à s'y rendre. Comme au surplus dans les périodes de très grande foi, la croyance aux miracles se développe et devient l'un des éléments de la vie courante, on pense aisément que ces miracles se produisent de façon plus spectaculaire là où ont vécu les grands saints, là où l'on a pu acquérir leurs reliques.

Ainsi, l'on va en pèlerinage non seulement pour mériter davantage le salut éternel, ou pour se faire pardonner de graves péchés, mais aussi pour remercier Dieu et ses saints d'un bienfait ou, plus souvent encore, pour implorer une guérison, un succès, un bien que l'on souhaite passionnément acquérir.

Le pèlerinage européen. Les XIe, XIIe et XIIIe siècles, malgré les incessantes guerres féodales, malgré les sombres menaces venues de l'est – Mongols, Turcs – malgré la difficulté des communications, rien n'ayant remplacé les routes romaines ruinées par le temps, ont été probablement les plus grandes périodes de pèlerinage de l'histoire. Des centaines de milliers de personnes, peut-être plus, les unes, pauvres, à pied, les autres, riches et seigneurs, avec des chevaux ou des carrioles, sont parties sur certaines routes, souvent groupées, atteignant parfois le chiffre de plusieurs centaines.

Le progrès des pèlerinages a bien des explications, dont la principale est l'expansion générale de l'Occident : *Reconquista* espagnole et portugaise, presque achevée au XIIIe siècle, reconquête de la Sicile, Croisades, voyages maritimes plus sûrs, développement économique et commercial qui favorise les voyages, et aussi conversion des Scandinaves, des Hongrois, des Slaves, que nous avons évoquée dans le chapitre précédent. Désormais, des flots de pèlerins viennent de Scandinavie, de l'Est, de Grande-Bretagne. Au surplus, la conquête momentanée de la Palestine permet de découvrir un grand nombre de reliques, avec des critères évidemment assez laxistes, la preuve d'authenticité étant fournie par les miracles.

Il y eut un vaste commerce de reliques, que le IVe concile du Latran condamna en 1215, et de véritables luttes, parfois san-

213 *Albert le Grand (1193-1280), théologien, philosophe et naturaliste. Fresque de Tommaso da Modena salle du chapitre du couvent dominicain de Trévise, 1352.*

glantes, pour la possession de reliques, parfois des vols, de monastère à monastère.

La Terre Sainte. Quelle est la « géographie » des pèlerinages ?
Le principal, en valeur, est celui des *lieux saints* où a vécu le Christ. C'est en partie le besoin de venir prier aux lieux saints qui aboutit à l'idée de Croisade, à laquelle on pense pendant tout le XIe siècle, avant même la conquête de 1098. La reprise de Jérusalem par le souverain égyptien Saladin en 1187 et sa perte définitive en 1244 ne suppriment pas le pèlerinage. Simplement, au XIIIe siècle, la papauté ne l'encourage pas. En effet, les autorités musulmanes sont prêtes en général à faciliter la venue des chrétiens, mais, comme il est normal, moyennant des sommes importantes. Les papes, qui ne rêvent que de Croisades, préfèrent voir cet argent utilisé pour financer des opérations militaires.
On va en Terre Sainte par voie maritime, à laquelle vient s'adjoindre une voie terrestre après la conversion d'Étienne Ier en Hongrie. La Méditerranée, moins sûre au XIe siècle, le redevient au XIIe siècle. Les pèlerins en Terre Sainte proviennent plus nombreux d'Allemagne, d'Italie, de France que d'Angleterre ou d'Espagne.

Rome Le pèlerinage à Rome, où l'on vénérait les reliques de saint Pierre et de saint Paul, connaît un déclin jusqu'en 1300, date du premier jubilé romain. La lutte du sacerdoce et de l'Empire aboutit à de constantes violences. Rome est occupée par l'empereur Henri IV en 1083, saccagée en 1084 par le Normand Robert Guiscard. Le pèlerinage va se poursuivre grâce aux visites dites *Ad Limina* des évêques, et à la pratique des « indulgences ». La notion apparaît alors d'un Purgatoire où les pécheurs qui n'ont pas mérité l'enfer connaissent la douleur et la purification avant d'entrer au Paradis. L'indulgence permet de réduire la durée de cette épreuve. On acquiert l'indulgence par certaines pratiques – dont la prière et le pèlerinage – mais aussi par des aumônes. Cela donnera lieu à bien des abus, et sera l'une des causes de la Réforme.

Pèlerinages mariaux. Avec Jérusalem et Rome, il faut citer les pèlerinages mariaux, en l'honneur de la Vierge Marie mère de Jésus. Là, pas besoin ni possibilité de reliques, l'Assomption ayant élevé la Vierge au Paradis. Mais son culte se développe, et l'on construit en son honneur d'admirables sanctuaires, qui généralement abritent des statues miraculeuses : Notre-Dame de Chartres, Notre-Dame de Paris, Notre-Dame du Puy, en France ; Notre-Dame de Montserrat en Catalogne ; Notre-Dame de Walsingham en Angleterre ; Mariazell en Autriche, etc. Le plus populaire de tous, au XIIIe siècle, fut Notre-Dame de Rocamadour du nom d'Amadour, serviteur légendaire de Marie, qui serait venu en Gaule après l'Assomption. On y vit des pèlerins de haut rang, plusieurs ducs de Lorraine, Philippe d'Alsace comte de Flandre, Henri II roi d'Angleterre deux fois, en 1159 et 1170, Louis IX roi de France avec sa mère Blanche de Castille et ses trois frères en 1244. En 1172 est rédigé un *Livre des miracles* de Notre-Dame de Rocamadour, qui décrit les routes de pèlerinage venant d'Angleterre, d'Allemagne, d'Italie.

Saint Michel. Citons encore les deux grands pèlerinages de saint Michel, qui, lui, est un archange. L'un se trouve au mont Gargan, en Italie du Sud, dépendant du mont Cassin, sous influence initiale des Byzantins. Un autre sanctuaire, de plus en plus important, est apparu sur le mont Dol, à la place d'un ancien temple de Mithra, dès le VIIIe siècle. C'est le fameux Mont-Saint-Michel qui a bénéficié de la puissance croissante des ducs de Normandie. En 1065, le duc Guillaume le Bâtard, un an avant de prendre le trône d'Angleterre, y vient avec le roi saxon Harold. De nombreux rois de France en ont fait le pèlerinage.

Canterbury. A Canterbury, l'assassinat de l'archevêque Thomas Becket, le 29 décembre 1170, par des chevaliers de la cour du roi Henri II, aboutit très vite à un pèlerinage, Thomas étant considéré comme martyr et promu saint trois ans après sa mort, par le pape Alexandre III. Non seulement, les pèlerins viennent du nord de l'Angleterre, du pays de Galles, de Cornouailles, mais du nord et du centre de la France, de Flandre. On y voit des archevêques de Cologne et de Lyon, le futur pape Innocent III pendant qu'il était étudiant à Paris, le roi de France Louis VII.

Prééminence de Saint-Jacques-de-Compostelle. Mais, de tous les grands pèlerinages, le plus important a été celui de Saint-Jacques-de-Compostelle, au nord-ouest de la Galice, en Espagne. Aux environs de l'an 800, on crut y découvrir les reliques de l'apôtre saint Jacques, dans un tombeau de marbre. Il y avait là toute une nécropole chrétienne, en latin *compostum,* d'où le nom de Compostelle.
Au Xe siècle, le sanctuaire commença à exercer une influence bien au-delà de la région. Mais les musulmans étaient encore proches. Ils prirent la ville, détruisirent la basilique et emmenèrent les habitants en esclavage. Seule la *Reconquista* sauva Compostelle. Au XIe siècle, affluent des pèlerins de toutes parts, Français, Belges Wallons, Flamands, Allemands, Anglais, Italiens. Compostelle, dont l'évêque reçut, en 1120, le titre d'archevêque, devint un autre point d'attraction pour l'Europe entière, qui attire les Grands de ce monde, la veuve de Henri V, le duc d'Aquitaine, Louis VII, roi de France et pèlerin infatigable, l'évêque de Winchester, l'archevêque de Mayence, un Suédois, l'archevêque de Liège, des Hongrois, le duc d'Autriche en 1212, saint François d'Assise entre 1213 et 1215, des croisés hollandais et allemands, des moines nestoriens de la cour du Grand Khan des Mongols, le roi du Portugal en 1244, une princesse suédoise en 1270.
Pour les Espagnols d'alors, saint Jacques fut le grand champion de la *Reconquista.* Il apparut au cours des combats, notamment celui de Las Naves de Tolosa en 1212. Pour les autres peuples, il était l'intercesseur, le guérisseur, dont l'influence auprès de Dieu dépassait celle des autres saints. Pour un temps, Compostelle fut la ville la plus célèbre de toute l'Europe, au même niveau que Rome.

Le voyage du pèlerin. Suivons un pèlerin, qu'il vienne de Grande-Bretagne, de Scandinavie, de Hongrie, d'Italie, etc. D'abord, il dispose d'innombrables pèleri-

214 *L'Europe des pèlerins : le mont Saint-Michel, sur un îlot rocheux, face à l'estuaire du Couesnon. Les moines avaient déjà bâti une église consacrée à saint Michel au* VIIIe *siècle.*

nages locaux, installés par des moines, souvent à l'emplacement d'anciens sanctuaires païens. Leur densité explique leur faible rayonnement, car la concurrence est forte. « L'esprit de clocher était loin d'être absent chez les desservants de ces églises de pèlerinage et les hagiographes qui célébraient les miracles du saint local ne manquaient pas de souligner que le saint de l'église voisine n'avait pas réussi à guérir les malades que leur saint patron venait d'exaucer » (Chelini et Branthomme, *les Chemins de Dieu).* Partant d'un pèlerinage local, on pouvait se lancer vers les grands pèlerinages. Et là, tous les Européens se rassemblaient.

D'abord, ils portent le même costume, que l'on retrouve avec profusion dans les statues de saint Jacques des églises gothiques : ils sont vêtus de la « cotte », sorte de tunique plus longue pour la femme que pour l'homme, et d'une espèce de cape qui, au XIVe siècle, devient un vaste vêtement drapé qu'on appelle précisément la *pèlerine*. Un chapeau ou « chaperon » porte, s'ils vont à Saint-Jacques-de-Compostelle, la fameuse « coquille Saint-Jacques », qui est un emblème du pèlerin. Ils marchent avec un bâton, le « bourdon » et une besace. Ces insignes sont bénis avant le départ du pèlerin.

Mais comment se décide-t-il à partir, et comment, dans un monde sans bonnes routes, sans cartes, va-t-il s'orienter ? Ce sont les moines qui l'incitent au voyage par leurs prédications et leurs conseils. Pour Compostelle, qui est le principal pèlerinage, l'ordre de Cluny, puissamment centralisé, est le grand organisateur. Il existe de véritables guides, qui indiquent les routes, et les lieux pieux à visiter quand on part pour le long voyage. Par exemple pour Rome, l'*Itinéraire d'Einsiedeln,* dès le IXe siècle, les *Mirabilia urbis Romae* (Merveilles de la ville de Rome) au XIIe siècle, la *Descriptio plenaria totius urbis* (Description complète de toute la ville) au XIIIe siècle. Pour Saint-Michel, un trouvère, Guillaume de Saint-Pair, a écrit à la fin du XIIe siècle le *Roman du Mont-Saint-Michel*. Le *Livre des miracles* de 1172 évoque, au milieu de bien d'autres, l'itinéraire, avec toutes les églises vouées à la Vierge, entre Notre-Dame du Puy et Notre-Dame de Rocamadour. Mais c'est naturellement sur Compostelle que ces guides sont les plus nombreux, culminant avec le *Livre de Saint-Jacques,* de 1139.

Quatre grands itinéraires en France, établis par les moines de Cluny, indiquent, pour ceux qui viennent de loin, les points de départ (Tours, Vézelay, Le Puy et Arles), les sanctuaires à visiter sur le passage, la traversée des Pyrénées (par Roncevaux pour les trois premiers, et par le col du Somport pour la *Via tolosana,* venant d'Arles). Toutes les voies se rejoignent en Espagne à Puente-la-Reina, et il n'y en a désormais plus qu'une, *via* Burgos, León, Villafranca.

On part donc, généralement à pied, parfois pieds nus pour faire pénitence. Mais on utilise souvent chevaux, et surtout mulets et ânes, notamment pour la traversée des montagnes. Les malades se font transporter en chariot, voire sur le dos d'un parent. Les risques sont énormes. Il y a des bandits de grand chemin, de faux pèlerins, qu'on appellera les « Coquillards », à cause de leur insigne. On se fait exploiter par les passeurs pour la traversée des fleuves, et il y a des noyades lorsque ceux-ci ont embarqué trop de passagers. Certains guides rançonnent les pèlerins. Sur mer, on risque d'être arraisonné par les pirates musulmans. Les navires qui partent surtout de Marseille et de Venise pour les lieux saints transportent jusqu'à cinq cents pèlerins dans des conditions évidemment peu confortables.

Sur le chemin, il faut être hébergé. Certes, on peut coucher dans les églises. Mais comment se nourrir ? C'est là qu'un système, lié au monachisme occidental, se met en place. Tous les monastères ont un service d'accueil, la *Porta*. Dès le IXe siècle, celle-ci se divise en deux : *l'hôtellerie,* pour les personnes ayant des moyens financiers, qui viennent à cheval, et *l'aumônerie,* pour les pauvres. Les grands, les rois, contribuent par leurs donations à financer le réseau de ces hospices (en même temps hôpitaux).

Outre Cluny, d'autres ordres y participent, par exemple l'ordre d'Aubrac, au XIIe siècle, dans le Rouergue, l'ordre de Roncevaux, l'ordre beaucoup plus célèbre de l'Hôpital ou de Saint-Jean-de-Jérusalem, l'ordre du Saint-Sépulcre pour la Terre Sainte. Il y avait également des auberges privées – naturellement payantes.

Il est difficile de se représenter les foules qui, se rencontrant en route, venues de partout, parlant des dialectes divers, affluent vers le sanctuaire, en groupes d'importance croissante. Pour les quelques clercs instruits qui marchent avec eux, le latin permet que l'on communique. Et l'on communique au sanctuaire, en priant ensemble, en touchant les reliques, en offrant des dons et des ex-voto. Puis on revient, on raconte son voyage, ses rencontres, les pèlerinages secondaires que l'on a accomplis sur la route. Certains s'inscrivent dans les confréries de Saint-Jacques, de Rocamadour, etc.

Le pèlerin court de grands risques, certes, mais il jouit néanmoins d'une protection particulière, une fois qu'il a exprimé son vœu, qui est contraignant, et qui, une fois prononcé, ne peut être levé que par l'évêque.

Pour sa protection existe, au XIIIe siècle, un véritable *droit international européen*. Le droit canonique et le droit civil le protègent de l'arrestation arbitraire, de la violence, et de l'exploitation financière. Quiconque manque à ces règles est excommunié. Le meurtre d'un pèlerin est

puni plus sévèrement que les autres assassinats. Diverses règles garantissent ses biens en son absence. Autrement dit, *nulle part le pèlerin n'est considéré comme un étranger.*
Ainsi, par la foi ardente de l'époque, s'opéra un brassage de populations qui a contribué à constituer une conscience commune des Européens.

VII. Le grand débat

Un nouveau « public » intellectuel. Il s'agit, bien entendu, de ce débat intellectuel entre la foi et la raison, qui existe depuis les débuts du christianisme, et qui dure encore de nos jours.
Il a pris, aux XIIe et XIIIe siècles, une ampleur nouvelle, et cela pour plusieurs raisons. D'abord, parce que le nombre de ceux que nous appelons aujourd'hui « intellectuels » s'accroît. Non seulement les clercs proprement dits, mais aussi les étudiants des universités, les poètes errants ou ménestrels (trouvères, troubadours en France), et certains châtelains, voire châtelaines. Désormais, les écrivains ont un « public ».

Les textes grecs transmis par les Arabes. Mais cette nouvelle « renaissance », en attendant celle du XVIe siècle, est également due à la découverte faite par les Européens de nouveaux textes grecs, et par-dessus tout, de nouveaux fragments d'Aristote. Cette découverte, ils ne la doivent pour ainsi dire pas aux Byzantins, mais aux Arabes. Jusqu'alors, les quelques passages connus, traduits du grec en latin, étaient souvent des citations faites par des auteurs du bas Empire romain, tel Boèce. Or ces auteurs et leurs successeurs avaient la détestable habitude d'introduire des commentaires ou « gloses », sans bien préciser qu'il ne s'agissait pas d'une partie de la citation. Les brillantes périodes de la civilisation arabe avaient amené les lettrés musulmans à traduire nombre de textes de grec en arabe. On va en venir à traduire ces auteurs d'arabe en latin. On est encore bien loin de la vraie reconstitution des textes, car on ignore ces sciences qui vont apparaître seulement au XVIe siècle et qu'on appelle philologie, papyrologie, épigraphie (la plupart des mots savants tirés du grec sont postérieurs à la Renaissance).
Les principaux auteurs ainsi recueillis sont, après le philosophe Aristote, Pythagore le mathématicien, Hippocrate et Galien les médecins, le géographe Ptolémée, le néoplatonicien Plotin, Proclus, Porphyre. Curieusement, très peu de textes de Platon, ni du géographe Strabon ; des textes philosophiques ou scientifiques, mais très peu d'ouvrages littéraires. La primauté d'Aristote – utilisé par les musulmans pour essayer de renforcer la foi du Coran – est liée principalement à Ibn Sīnā, que nous appelons Avicenne, né en Perse, mort en 1037 et qu'on a surnommé l'« Aristote et l'Hippocrate des Arabes ».
La transmission des Arabes aux Européens s'est faite par trois relais. Le premier est la région de Syrie et de Palestine, à cause des Croisades. Le second est la cour normande de Sicile ; les Normands avaient succédé aux Byzantins et aux Arabes, qui avaient laissé beaucoup de traces et cohabitaient avec Juifs, orthodoxes et catholiques. On voyait même des artistes musulmans collaborer à la construction et à la décoration d'églises. Mais le relais par excellence fut l'Espagne. Il faut dire que l'Islam y avait pris une forme particulièrement brillante.
Deux hommes – parmi bien d'autres – peuvent être considérés comme les symboles de cette transmission : Ibn Ruchd, que les Européens appellent Averroès, musulman né à Cordoue vers 1120 et mort

215

216

215 *Cinq fois de suite le Crucifié apparaît à Raymond Lulle, philosophe et noble à la cour du roi de Majorque. Ébranlé, Raymond décide de renoncer au monde. Il se rend en pèlerinage à Rocamadour et Saint-Jacques-de-Compostelle. Miniature de Thomas le Myésier, XIVe siècle.*
216 Le Miracle de la potence de saint Jacques, *tableau de l'école de Nuremberg, vers 1520-1530. Sur le chapeau du pèlerin, une coquille saint-Jacques.*

Les Croisades. — Les prisonniers chrétiens entrant au Caire.

217

218

217 *Les Arabes maîtres des Européens : « Chez l'Apothicaire », miniature d'un manuscrit du* Canon major *d'Avicenne, XVe siècle. Le livre d'Avicenne servit de base à l'étude et à la pratique de la médecine dans les universités européennes jusqu'au XVIIe siècle.* **218** *La foi prouvée par la raison : Pierre Abélard, « Héloïse et Abélard », miniature du* Roman de la rose, *XIVe siècle.* **219** *Le triomphe de la foi : Thomas d'Aquin. Fresque d'Andrea di Bonaiuto à Santa Maria Novella, Florence, vers 1380.*

au Maroc en 1198 qui est surnommé « le commentateur » pour avoir notamment publié un *Commentaire* de toute l'œuvre d'Aristote ; l'autre est un Juif, Maimonide, né à Cordoue en 1135 et mort en 1204 en Orient après avoir passé trente ans en Égypte et au Maghreb.
Le grec n'est connu que de quelques savants. C'est le cas, par exemple, de l'Anglais Robert Grosseteste, premier chancelier de l'université d'Oxford. De nouvelles traductions à partir du grec sont faites par le dominicain flamand Guillaume de Moerbeke entre 1260 et 1285. Celui-ci révèle aux latins le véritable Aristote, dégagé des gloses arabes.

Foi et raison. Les grands courants. Le XIIIe siècle, plus que les précédents, a été appelé « le siècle de la philosophie ». La métaphysique et la logique y passionnent tant les penseurs que cela amène un certain recul dans le domaine des œuvres littéraires – les grands romans des XIe et XIIe siècles, par exemple.
Certes, tout le monde professe la foi – certains sous une forme que l'Église qualifie d'hérétique. Mais le problème est de savoir quelle est la part de la raison dans la connaissance humaine.

Les purs rationalistes. On peut distinguer quelques grands courants. Le plus rationaliste va du célèbre Irlandais Scot Érigène au IXe siècle, l'un des plus grands métaphysiciens du Moyen Age, à Siger de Brabant en passant par Abélard (1079-1142).
Ce Nantais, fils d'un noble breton, étudia à Paris sous Guillaume de Champeaux, et bientôt rivalisa avec lui, réunissant des auditoires de trois mille personnes. Donnant des répétitions à Héloïse, la nièce du chanoine Fulbert, il devint son amant et elle lui donna un fils. Elle lui écrivit des lettres passionnées, et cette idylle a contribué à le rendre célèbre, de même que la piteuse issue de cette liaison : Fulbert le fit surprendre dans son lit, et mutiler. Il devint alors religieux. Son œuvre est immense.
Un siècle après, Siger de Brabant va beaucoup plus loin qu'Abélard. Pour lui, il faut suivre la raison. Celle-ci nous enseigne des vérités contradictoires avec la foi : par exemple que l'Univers est éternel et n'a pas été créé, que l'homme est un animal, que son âme n'est pas immortelle individuellement. Il n'est pas étonnant qu'il ait été condamné pour hérésie et pour averroïsme.

Les antirationalistes mystiques. A l'opposé, on trouve saint Anselme, piémontais d'Aoste (1033-1110), disciple du grand saint Augustin et des néoplatoniciens. Il fut moine à l'abbaye du Bec en Normandie, où il écrivit le *Monologion ou Exemple de méditation sur la rationalité de la foi,* et le *Proslogion ou la foi en quête d'intelligence.* Puis il devint archevêque de Canterbury.
Au XIIIe siècle, le franciscain toscan saint Bonaventure (1221-1274), professeur à Paris, fut de la même veine. L'influence d'Aristote, chez lui, était subordonnée à saint Augustin et aux néoplatoniciens. Il fallait découvrir Dieu dans le monde sensible, le contempler, et aller de la contemplation à l'extase. Son principal ouvrage fut *l'Itinéraire de l'âme à Dieu.* Il reçut le surnom de Docteur séraphique.

La raison soutenant la foi : Thomas d'Aquin. Entre le rationalisme convaincu de Siger et le mysticisme de Saint Bonaventure, l'école la plus influente, celle qui serait de plus en plus considérée comme créatrice d'une vraie philosophie chrétienne fut celle du dominicain Thomas d'Aquin. Il fut, lui, le Docteur universel, le Docteur angélique. Son œuvre est considérable : *Commentaire sur Aristote,* et surtout la *Somme théologique.* Il y incorpora tout Aristote. Pour lui, la raison et la foi se concilient parfaitement. La raison est le point de départ de la foi et donne une preuve supplémentaire à toutes les vérités de la foi. Thomas eut des adversaires : l'évêque de Paris l'accusa d'averroïsme.

L'évêque de Canterbury, l'université d'Oxford le condamnèrent, et en Angleterre – où nous avons rencontré les empiristes Robert Grosseteste et Roger Bacon – il resta longtemps considéré comme un dangereux rationaliste. C'est encore un Écossais, le franciscain Duns Scot, le Docteur subtil (1275-1308), professeur à Paris, puis à Cologne, qui le combattit avec le plus d'éclat. Face aux thomistes, les scotistes ont pensé que la raison était totalement séparée de la foi, et non un des moyens permettant d'y accéder.

Le grand débat continua sous des formes différentes dans les siècles suivants. Il était déjà international, et il apportait aux Européens une masse de réflexions et d'idées qui amenèrent les uns à préférer la foi mystique, d'autres à cesser de croire parce que à leur avis la raison, toute-puissante, niait la foi. Il y avait des croyants fanatiques, pour qui toute l'écriture sainte devait être acceptée littéralement. D'autres, qui voulaient distinguer l'essence de la vérité des textes qui n'étaient que des allégories ou des symboles, ainsi le texte de la genèse dans la Bible. Il y avait des rationalistes et des empiristes, des nominalistes et des réalistes. Il y avait ceux qui distinguaient le domaine de la raison et celui de la foi.

Au XIIIe siècle, cet humanisme nouveau, très caractéristique de la chrétienté européenne, par rapport à l'Islam ou au christianisme byzantin, s'appliqua surtout à la théologie. Que, pour la science, on commence à se débarrasser du principe d'autorité au profit de la raison, et l'on assistera à l'essor de l'Europe, qui dépassera les autres peuples du monde.

VIII. L'Europe romane et gothique

Un « blanc manteau d'églises ». « Comme on approchait la troisième année qui suit l'an mille, on vit dans presque toute la terre, mais surtout en Italie et en Gaule, réédifier les bâtiments des églises ; bien que la plupart, fort bien construites, n'en eussent nul besoin, une véritable émulation poussait chaque communauté chrétienne à en avoir une plus somptueuse que celle des voisins. On eût dit que le monde lui-même se secouait pour dépouiller sa vétusté et revêtait de toutes parts un blanc manteau d'églises. »

Ce texte célèbre a été écrit par un chroniqueur français du XIe siècle, Raoul Glaber. Et nous voyons de nos yeux qu'il dit vrai.

219

Des Grecs et des Romains, il ne nous reste que des ruines, parfois splendides, tout autour de la Méditerranée. De l'époque germanique, des Carolingiens, très peu de monuments subsistent. Beaucoup étaient de bois. Beaucoup ont été victimes du temps, ou des incursions et des pillages, ou de la reconstruction évoquée par Raoul Glaber. Au contraire, nous avons devant nous des milliers de monuments qui, du Xe au XIIe siècle, sont appelés « romans » (le mot date de 1819 ; les Anglais disent plutôt style « normand » ou « saxon »). Du XIIe au XVe, le roman fut remplacé par le style « gothique ».

L'accroissement de la population, les progrès des villes, un certain enrichissement, les progrès des techniques (production de bois, de pierre, de fer, attelages avec collier remplaçant les harnais antiques qui enserrent le cou, outillage nouveau, calculs de plus en plus précis des architectes), accroissement de la main-d'œuvre spécialisée, tout cela s'associe à une foi intense pour créer les édifices religieux. Mais il s'agit aussi de besoins sociaux. Les moines ont des hôtelleries pour les pèlerinages. On construit des hôpitaux. La circulation des marchands, des pèlerins appelle la construction de ponts. Les villes s'entourent de murailles. Les châteaux forts liés au système féodal se dressent aux points stratégiques, et sont parfois immenses, représentant une énorme masse de pierre. Tout se passe comme si une Europe nouvelle jaillissait du sol.

C'est l'esprit créateur qui caractérise cette phase de l'histoire. L'unité profonde de la chrétienté, que nous constatons partout dans ce chapitre, se manifeste par « des échanges réciproques où chaque pays n'a jamais cessé d'apporter son originalité propre » (Élie Lambert).

Les arts qui vont se répandre, par dizaine de milliers d'églises et de châteaux, de la Scandinavie au Portugal, de l'Irlande à la Pologne, de l'Italie à l'Allemagne, marquent une coupure avec l'art romain et l'art byzantin. Ce dernier, dont l'apogée est atteint avec l'inauguration de Sainte-Sophie à Constantinople (536), ne s'est répandu que dans les Balkans et au nord-est de l'Italie. Il a donné de magnifiques églises (Venise, Salonique) et, surtout, il a poursuivi longtemps (sauf pendant la période « iconoclaste » de 725 à 863) le progrès de la mosaïque existant déjà en Grèce antique et prodigieusement développée par les Romains. Ravenne est le plus célèbre centre de ces mosaïques. Mais, sans doute à cause des querelles religieuses, le reste de l'Europe va puiser son inspiration dans ses propres ressources.

Comparé à l'art chinois, japonais, indonésien, khmer, dont les beautés lui sont comparables, l'art européen se caractérise par une invention constante, par la rénovation des techniques, bref, par une stupéfiante *inspiration*.

L'art roman et les moines. Pour résumer l'ensemble, on trouve d'abord les grandes églises romanes, de Cluny et Vézelay à Saint-Jacques-de-Compostelle. Puis, par réaction de sobriété, les grandes abbayes cisterciennes, Pontigny, Royaumont en France du Nord. Sénanque en Provence, Fountains en Angleterre, Maulbronn en Allemagne, Poblet en Espagne, Alcobaça au Portugal. Viennent ensuite les forteresses médiévales, dont le krak des chevaliers en Terre Sainte est le plus gigantesque exemple. Et enfin, les cathédrales gothiques, avec leurs fenêtres innombrables et immenses, garnies de vitraux.

Tout cela représente un travail littéralement extraordinaire.

Nous ne pouvons ici tenter de décrire les processus qui ont abouti d'abord à l'art roman, que caractérisent le plein cintre ou demi-cercle des portails et des voûtes et la façon dont les voûtes sont supportées par des murs épais, consolidés par des contreforts. Le plan des églises est une croix avec nef, chœur et transept. Derrière le chœur, un déambulatoire. Des deux côtés de la nef, des bas-côtés. Les fenêtres sont petites et l'église est sombre. La décoration est imitée de l'antique ou des motifs byzantins, arméniens, musulmans. Les tympans des portails, les chapiteaux témoignent d'une sculpture remarquable, parfois hiératique, mais souvent pleine de mouvement. La coupole d'origine byzantine se trouve souvent au-dessus de la croisée du transept. Mais l'art roman est multiforme. Il s'est adapté à toutes les régions, avec une merveilleuse variété de formes.

La multiplicité des écoles romanes. Il est très difficile de déterminer une origine de l'art roman. Au XIe siècle, les architectes commencèrent à résoudre le problème de la voûte, non sans tâtonnements. Mais très vite, on arrive à l'apogée. L'origine est en partie allemande, car dans ce pays, on constate une continuité avec l'art carolingien. Mais il existe aussi, notamment en Italie, de fortes influences byzantines, et en Espagne une influence des édifices arabes (musulmans) et mozarabes (chrétiens en pays arabes).

L'école germanique semble avoir été la plus prolifique. Elle s'est étendue à la Suède, au Danemark. Au sud, grâce au

220

L'Europe romane. ***220*** *Cathédrale de Spire, façade orientale. Édifiée vers 1030 sous l'empereur Conrad II, elle fut achevée vers 1106 sous le règne d'Henri IV.* ***221*** *Cloître de l'abbaye Santo Domingo de Silos, un joyau d'architecture romane en Espagne. La construction fut vraisemblablement commencée en 1085. Chapiteaux et bas-reliefs laissent apparaître l'influence arabe et mozarabe.* ***222*** *Chef-d'œuvre d'architecture normande romane achevée en gothique, la cathédrale de Durham, en Angleterre (XIe à XIIIe siècle). Dans la nef centrale du chœur se trouve la plus ancienne voûte d'arête anglaise.*

Saint Empire romain germanique, elle s'est harmonisée avec l'école lombarde, qui règne sur l'Italie. A l'ouest, elle a suivi les vallées de la Meuse, de la Moselle et de l'Escaut. Au sud-ouest, la vallée du Rhône. Au sud-est, elle s'étend de l'Autriche au littoral dalmate. L'école germanique a encore atteint la Suisse, la Pologne, les Pays-Bas.

L'école française a beaucoup plus de variantes. On y distingue le style du Nord (Ile-de-France, Picardie, Flandre, Champagne), les styles normand, bourguignon, auvergnat, poitevin, et provençal. La plus ancienne de ces écoles est celle de Normandie.

L'école anglaise est d'origine normande. L'influence normande s'y est substituée à l'influence germanique. La cathédrale de Durham, une des plus belles d'Angleterre, a été commencée en 1093 et achevée en 1133. En Irlande, le style carolingien est resté très influent. Qu'il suffise de rappeler le superbe porche de la cathédrale de Clonfert.

En Norvège, on constate l'existence d'une architecture romane particulière, celle des

221

églises en bois, dont certaines ont résisté au temps, notamment l'église de Gol, transportée à Oslo.

En Espagne, l'architecture romane n'existe que dans les régions reconquises par la chrétienté avant le XIIIe siècle : Castille, Léon, Navarre et Catalogne. C'est aussi le cas pour le Portugal (cathédrale d'Evora). Il y a là une conjonction entre l'art du Languedoc, de la Gascogne et de la Bourgogne, avec l'influence de Cluny sur les routes de Compostelle, et l'art mozarabe. La plus grande merveille de l'art roman espagnol, Saint-Jacques-de-Compostelle, fut commencée en 1078, achevée seulement entre 1168 et 1188, au début du gothique.

De tout cela, nous pouvons déduire l'intensité extrême des échanges entre architectes, à peu près tous anonymes, pour la plupart des moines. Cluny, Cîteaux, les Croisades ont été les foyers intenses de ce développement. Mais chaque école a son originalité.

Comme il en va de même pour la sculpture, on est stupéfait de constater le foisonnement du génie artistique à l'époque romane.

222

L'apparition du gothique. Bien que les plans généraux des églises restent identiques à ceux des églises romanes, le gothique – fort mal nommé au XVIe siècle où le retour au goût classique fit considérer cet art comme un produit barbare – en diffère profondément. A la solidité, à la lourdeur succède la légèreté. Ce ne sont plus les murs ou les contreforts qui supportent la poussée des voûtes, mais les piliers renforcés par des arcs-boutants. Ces murs, plus minces, peuvent être percés de fenêtres de plus en plus grandes. A l'obscurité romane succède la lumière gothique, grâce aux vitraux. L'ogive succède au plein cintre. Enfin, la voûte est différente. Son originalité n'est pas la forme en arêtes qui se croisent, existant déjà en de nombreux édifices romans, mais le fait que ces arêtes sont renforcées par une nervure portante, laquelle apparaît comme un relief. La sculpture gothique prend également son essor. Elle devient, par rapport au roman, souple, gracieuse, souriante, naturelle.

Les adaptations nationales du gothique. D'après l'historien anglais Kingsley Porter et l'historien italien Paolo Verzone, les plus anciennes de ces croisées d'ogive se trouvent en Italie dans la région de Novare et de Verceil. L'historien anglais John Bilson a montré que ce système est adopté en 1100 à la cathédrale de Durham. Le Français Élie Lambert et l'Espagnol Gomez Moreno ont trouvé une origine de cette nervure dans la grande mosquée de Cordoue et dans l'art mozarabe. Mais c'est dans le nord de la France que le système va s'épanouir au cours du deuxième quart du XIIe siècle, en commençant par les petites églises de Morienval, Bellefontaine en Ile-de-France, puis de plus grandes, notamment la basilique de Saint-Denis où sont enterrés de nombreux rois de France. Ensuite les grandes cathédrales, Sens, Noyon, Senlis, Laon, puis celles de Paris, Chartres, et, au début du XIIIe siècle, Reims et Amiens.

Ces magnifiques monuments suscitent l'admiration de toute la chrétienté, et on les imite partout. On notera que l'Allemagne, beaucoup plus que la France, a gardé ses cathédrales romanes (telles Worms et Spire).

Le gothique allemand apparaît assez tardivement, importé par les cisterciens. La cathédrale de Bamberg s'inspire de Laon et de Tours, celle de Cologne, la plus grande de toutes (en partie moderne), imite Amiens. La plus belle est peut-être la cathédrale en grès rose de Strasbourg.

Le gothique rayonne dans les pays scandinaves. L'architecte et sculpteur français

223 *L'Europe gothique. La cathédrale Notre-Dame de Reims, XIIIe siècle. Église du sacre des rois de France, la cathédrale de Reims, par l'harmonie de sa structure et l'humanité de ses sculptures, atteint à la perfection du style gothique.*

Étienne de Bonneuil réalise la cathédrale d'Upsala en Suède.
En Espagne, l'originalité par rapport à la France est plus grande, à cause de l'influence arabe, notamment dans la sculpture, où l'on retrouve des dessins arabes comme dans les cathédrales de Tolède, de Burgos, de León, de Barcelone, de Palma, etc. Le Christ en majesté et l'assemblée des Apôtres à Tolède sont des chefs-d'œuvre de la sculpture gothique espagnole.
Le gothique anglais a été très influencé par l'Ile-de-France et la Normandie au XIIe siècle (cathédrale de Canterbury achevée en 1192 par un architecte de Sens). Mais, très vite, le gothique anglais, *early english,* devient très original, avec un chevet rectangulaire, sans déambulatoire, parfois un double transept. La cathédrale de Salisbury, contemporaine d'Amiens, a une flèche de 123 m de haut (Strasbourg, 147). Les cathédrales de Lincoln, York, Worcester, Exeter, Ely sont du même type. Les lignes sont plus compliquées, les voûtes sont fragmentées, les fenêtres se découpent à l'infini. C'est le « gothique orné ». On a parlé à ce propos d'« exubérance ornementale ». L'abbaye de Westminster reste beaucoup plus proche des cathédrales françaises.
L'architecture gothique pénètre en Bohême après 1230 sous l'influence de colons allemands. L'apogée se situe sous le règne de l'empereur tchèque Charles IV (1346-1378) avec la cathédrale Saint-Vit (Saint-Guy) de Prague, œuvre de l'architecte français Matthieu d'Arras. Mais c'est surtout son successeur, Pierre Parler, originaire de Souabe, qui couvre la Bohême d'églises et étend son influence sur Vienne, la Bavière, la Souabe, Strasbourg, Breslau, Cracovie et même Milan.
La Pologne n'atteindra le sommet de son développement artistique qu'au XVIe siècle. Jusque-là, elle imite les Allemands. Les ordres religieux, et notamment les cisterciens pour l'art roman, les dominicains et les franciscains pour l'art gothique, y construisirent de nombreux bâtiments. Les chevaliers teutoniques furent aussi de grands bâtisseurs.
Ainsi l'art, architecture, sculpture, peinture, a-t-il été l'un des grands éléments du brassage spirituel dans la chrétienté européenne.

IX. Vers une civilisation plus humaine

La chevalerie. Les deux siècles où la chrétienté occidentale a connu son apogée ont été marqués, à travers les violences, par un progrès de certaines valeurs qui aident l'homme à mieux vivre.
Nous avons déjà évoqué une certaine humanisation de la guerre, la trêve de Dieu, la paix de Dieu, la protection accordée aux pèlerins contre la violence, sous peine d'excommunication. On assiste également à une certaine humanisation du guerrier lui-même. Le titre de chevalier apparaît à la fin du Xe siècle. Le château en est le centre, sauf pour les chevaliers pauvres. A la fin du XIe siècle, la chevalerie est devenue une caste héréditaire. Le système proprement féodal s'instaure. On peut parler d'une nouvelle noblesse qui succède totalement à l'ancienne.
« La philosophie grecque, le droit romain, la religion chrétienne avaient beaucoup fait pour façonner la conscience de l'Europe », écrit l'historien italo-américain Robert Lopez. « La féodalité également y apporta une contribution importante en soulignant le principe que les liens de dépendance sont tissés d'obligations réciproques, qu'à chaque droit doit correspondre un devoir. »
Aussi voit-on se développer les cérémonies rituelles de l'« adoubement ». Bain de purification, armes déposées sur l'autel, veillée de prière. Les devoirs du chevalier

224 *Le chevalier de Bamberg, vers 1230 ; son modèle est, curieusement, le troisième roi sur le transept nord de la cathédrale de Reims.*

sont particulièrement bien exposés dans le *Liber de vita christiana* (Livre de la vie chrétienne) de Bonizon de Sutri.

Le chevalier doit être fidèle à son seigneur, sauf si celui-ci l'entraîne dans une guerre injuste. Il doit le protéger. Il doit combattre pour l'État, pour les pauvres, les veuves, les orphelins, s'abstenir de pillage, pourchasser hérétiques et schismatiques ; il doit respecter ses serments. Ainsi il est au service de l'Église et de l'État. La chevalerie apparaît ainsi comme une institution de paix.

L'idéal chevaleresque se développe dans toute la chrétienté. Ainsi paraît, entre 1120 et 1128, en français de l'époque, la *Chanson de Roland*. Bonizon de Sutri est un Italien. Le chevalier espagnol décrit dans le *Cantar de mío Cid* ressemble au chevalier français. A côté des ordres chevaliers issus des Croisades et de recrutement international, notamment les templiers et les hospitaliers, il existe un ordre de chevalerie purement allemand, les chevaliers teutoniques, dont l'action développe l'influence germanique sur les rives sud et est de la Baltique, au point de devenir un État. En Espagne, des ordres de chevaliers purement espagnols sont créés entre 1158 et 1176 (Calatrava, Evora, Santiago, Alcantara).

Le grand poème épique allemand, dit *Nibelungenlied,* écrit au début du XIIIe siècle, mêle la violence à l'esprit chevaleresque. Les « romans bretons » du XIIe et XIIIe exposent des traditions celtiques adoucies par la sensibilité chevaleresque anglaise (*Tristan et Iseut, la Table ronde*). La chevalerie galloise apparaît dans les *Mabinogion,* romans influencés par la littérature française. On voit même naître un ordre religieux tchèque, les chevaliers de la Croix, créé par la princesse Agnès, fille du grand roi du Bohême Otokar Ier Přmysl (1197-1230).

La condition féminine et l'amour courtois. Au cours des siècles, la condition de la femme a lentement évolué.

Le droit romain donnait au père de famille tout pouvoir sur la femme et sur les enfants, avec le droit de supprimer dès leur naissance ceux qui ne lui plaisaient pas, soit parce que c'étaient des filles, soit parce qu'il s'agissait de garçons infirmes, handicapés, débiles. Certes, la femme n'était pas toujours, dans les hautes classes, un simple objet de plaisir, et certaines jouèrent un rôle prépondérant. Pourtant la femme, chez les Romains, n'était pas un « sujet de droit ». Le père, le beau-père, le mari étaient tout-puissants. Le christianisme ne pouvait pas admettre cela. C'est lui qui, vers 390, fit adopter une loi retirant au père de famille le droit de vie et de mort sur les enfants.

On parle toujours d'un concile mérovingien s'interrogeant gravement sur le point de savoir si les femmes ont une âme. Mais sa conclusion fut qu'elles en avaient une, bel et bien, tout comme les hommes.

Du Xe au XIIIe siècle, on peut dire que le couple, la cellule conjugale, devint le centre normal de la famille, de la vie collective, de la vie seigneuriale. La femme occupait dans ce cadre la place centrale. Elle était maîtresse de maison, dominait les ustensiles, les meubles, le linge, la cuisine. Elle connaissait mille recettes de beauté, de parfums, d'onguents, tout comme ses descendantes d'aujourd'hui. Le costume, la coiffure la préoccupaient également.

La nouveauté essentielle fut évidemment ce qu'on a appelé l'« amour courtois » ; « l'amour, cette invention du XIIe siècle », dit Régine Pernoud dans son livre *la Femme au temps des cathédrales*.

Le *Traité de l'amour* d'André le Chapelain a été écrit au XIIe siècle pour la fille de Louis VII et d'Aliénor, la comtesse Marie de Champagne. Il n'y avait là plus guère de rapports avec *l'Art d'aimer* du poète romain Ovide. « Il est manifeste, écrit l'auteur, que chacun doit s'efforcer de servir les dames afin qu'il puisse être illuminé de leur grâce... Tout ce qu'on voit s'accomplir de grand dans le siècle est inconcevable sans l'amour. » Il veut qu'on crée des « cours d'amour » où poètes, trouvères, troubadours, seigneurs et dames discutent de façon chevaleresque et courtoise de ce sujet infini, qui ne lasse jamais les humains : les rapports entre les deux sexes. On y entre dans la subtilité de la casuistique, un peu comme les précieuses du XVIIe siècle.

La « poésie courtoise » devint l'une des formes préférées de la littérature et caractérisa la société féodale. De même que le vassal faisait « hommage » à son seigneur, de même le chevalier devait rendre « hommage » à sa dame, vraie suzeraine de son cœur. De même on vit se multiplier les romans de chevalerie, où la bravoure et l'amour occupent le premier plan.

On remarquera d'ailleurs que dans ce monde féodal où le chevalier guerroyait, les dames étaient souvent beaucoup plus cultivées et lettrées que les hommes, à l'exception des clercs.

On notera que ce phénomène s'étendait à toute l'Europe. La cour de Castille, au dé-

225 *Le château fort, résidence officielle et privée de la noblesse : Rapottenstein, Basse-Autriche, d'après la légende, édifié vers 1170 par Rapoto von Kuenring.*

225

226

but du XIIIe siècle, avait la réputation d'être l'un des centres du milieu courtois. Aliénor d'Aquitaine avait marié une de ses filles en Saxe, une en Sicile, une autre, Aliénor la Jeune, à Alphonse VIII de Castille. Dans leurs châteaux, à Burgos, à Palencia, ils attiraient les troubadours. Parmi les filles de cette dernière, Blanca devint l'épouse du roi de France, mère de Saint Louis (Blanche de Castille) ; Bérengère épousa le roi de León. La cour d'Angleterre, la cour de Sicile, jouèrent souvent le même rôle.

Les communes. Une autre forme de progrès fut la lente marche vers la liberté communale. Ce fut alors à la fois un phénomène général dans toute l'Europe, depuis le XIe siècle, et une réalisation à facettes multiples.
L'origine paraît être le nord de l'Italie. Les habitants « bourgeois », chevaliers, souvent les pauvres hommes libres s'emparent du pouvoir dans la ville. Le cas des villes lombardes fut le plus remarquable. Elles devinrent des cités-États. Elles luttaient entre elles, ou bien s'unissaient contre la plus grande, Milan. Frédéric Barberousse, Frédéric II utiliseront parfois l'appui des villes moyennes contre le pape et contre Milan. Mais elles se firent toutes vraiment indépendantes, en remportant contre lui la victoire de Legnano (1176).
A côté de la cité-État, il y avait celle dont la liberté n'avait été acquise que par une « charte de franchise », après une longue lutte. La charte limitait ou abolissait les pouvoirs du seigneur. Tout-puissant dans le monde rural, le féodal perdait son pouvoir dans les villes. Mais pour obtenir ces chartes, il fallait souvent s'appuyer sur le pouvoir royal et lui payer des impôts. Ce fut le cas des communes françaises, plus faibles que les lombardes.
Le roi de France Philippe Auguste fut le premier à avoir recherché l'appui des communes contre les seigneurs. Ce sont les communes qui permirent à Philippe Auguste de remporter en 1214 à Bouvines une importante victoire contre l'empereur, le roi d'Angleterre et le comte de Flandre. Ce qui, d'ailleurs, renforça sa volonté centralisatrice et l'aida à échapper à la tutelle de l'Église.
L'Angleterre, où plutôt la monarchie anglo-normande, devenue anglo-angevine et aquitaine par les conquêtes de Henri II Plantagenêt en 1154, fut le premier État vraiment organisé en Europe. Aussi, les communes y furent plus soumises au roi que partout ailleurs. Mais cela doit être tempéré par la force qu'avait en Grande-Bretagne la tradition d'un « gouvernement local » très décentralisé et autonome. Il faut certainement voir là la marque des influences saxonne, puis normande.

227

228

226 *La chevalerie quintessence de la noblesse : miniature d'un manuscrit italien de* la Table ronde du roi Arthur *(vers 1370-1380). Du pays de Galles, de Cornouailles et de Bretagne, la légende d'Arthur se répandit au* XIII*e siècle dans toute l'Europe. Le roi Arthur était vraisemblablement un souverain britannique.* **227** *Amour courtois et vie à la Cour :* le Jardin d'amour, *miniature d'un artiste lombard,* XV*e siècle.* **228** *Chevaliers du temps des Croisades : l'ordre de Santiago (saint Jacques) était un ordre de chevalerie espagnol. Miniature du* Libro de los Caballeros, *1338-1656.*

D'ailleurs, les barons, une partie du clergé et des citoyens de Londres, après la défaite du médiocre roi Jean sans Terre à Bouvines, et ses difficultés avec l'Église, le forcèrent à signer en 1215 la *Magna Carta* ou « Grande Charte des libertés », document complexe et désordonné, mais qui est la plus lointaine origine du régime parlementaire.

Dans les pays scandinaves, moins mêlés aux grandes affaires, parce que moins peuplés, le roi ne pouvait rien sans l'approbation d'assemblées populaires locales, héritées des Vikings, les *Thing*. En Islande et en Groenland, le gouvernement était assuré par une assemblée générale ou *Althing*.

L'Espagne, préoccupée par la lutte contre les musulmans, était un pays de châteaux semblables à de petites bourgades agricoles : Catalogne, Castille signifient « pays de châteaux ». Les municipalités autonomes dépendaient du roi. Mais là aussi, il existait, plusieurs décennies avant l'Angleterre, un embryon de parlementarisme, les Cortès, où siégeaient nobles, évêques et municipalités autonomes. Les Cortès du León apparaissent en 1188.

Bourgeois contre seigneurs, troubles incessants, factions rivales (guelfes et gibelins, Montaigu et Capulet), tout cela caractérise la civilisation des villes qui se développe au XIII*e* siècle et dont les églises et cathédrales gothiques sont l'expression et la justification. Les riches leur ont donné l'argent, les pauvres leur travail gratuit. En Allemagne, l'écroulement de la puissance impériale laisse le champ libre aux seigneurs féodaux, et les libertés des communes y sont plus menacées qu'ailleurs ; d'où leur politique de ligues : ligue hanséatique (cf. chapitre suivant), cantons suisses, etc. En Flandre, pays riche, les communes prennent un grand développement. Mais elles ne posséderont jamais l'indépendance totale, à la différence des villes-États italiennes.

Les institutions des communes sont infiniment variées. Comme les États, elles ont une *assemblée* (tous les citoyens libres, qui peuvent se réunir sur une place), des *conseils* composés des gens les plus importants, ou de factions révolutionnaires. Enfin un *exécutif,* d'abord collectif, puis individuel : le maire, mayor, bürgermeister, ou, d'origine byzantine, un duc, à Venise le doge.

Ainsi les Communes ont-elles introduit ce phénomène nouveau que nombre de citoyens peuvent participer à la conduite des affaires publiques. L'assemblée « offrait une tribune à tout citoyen qui avait du souffle et du courage ». C'est un progrès, typique de l'Europe d'alors, en direction d'un idéal de liberté.

On ne peut à côté des communes, ignorer le rôle fondamental des républiques maritimes d'Italie, Pise, Gênes et surtout Venise.

Cette ville fut d'abord un refuge insulaire. Ayant rejeté la tutelle des empereurs byzantins (qui par contre gardent Ravenne de 540 à 751), Venise se donne un chef unique, le *dux : doge*. Vu sa position, elle résiste à Pépin, aux Hongrois, et sera indépendante jusqu'en 1797. Il fallait d'abord libérer l'accès de l'Adriatique. Ce fut l'objet de rudes luttes contre les Normands, les pirates mauresques et d'autres Italiens. Profitant des croisades, Venise se créa un empire côtier jalonné de comptoirs commerciaux : Dalmatie, Eubée, Péloponnèse, Crète et, en Italie, sur le continent, la « Terre ferme ».

Cette république à la constitution solide et durable appartenait aux grandes familles, malgré l'Assemblée du peuple qui se réunissait sur la place Saint-Marc. C'est de Venise qu'un commerçant, Marco Polo (1254-1324), partit pour un très long voyage en Chine, alors dominée par les Mongols.

Les circonstances dans lesquelles il en fit le récit sont très caractéristiques des rivalités impitoyables entre républiques marchandes. Revenant à Venise pour y finir ses jours il fut intercepté par les Génois qui le mirent en prison. C'est là qu'un de ses compagnons de captivité entendit son récit et le rédigea.

Car Gênes, après avoir contribué au déclin de Pise (1284), s'efforça de supplanter Venise, qui avait conquis les marchés anglais, flamand, qui envoyait ses bateaux en mer du Nord.

Les Génois firent le commerce avec l'Espagne, la vallée du Rhône, par Marseille et Aigues-Mortes, voire l'Afrique du Nord, etc., pénétrèrent en Adriatique, aidèrent Michel Paléologue pour la reconquête de Byzance sur les Croisés occidentaux, occupèrent même Chioggia sur la lagune de Venise. Ils en furent finalement chassés, et Gênes supporta moins bien que Venise les énormes dépenses de guerre que nécessita la guerre de Chioggia. En 1389, le traité de Turin donna à Venise la victoire totale.

Mais les Turcs progressaient, enlevaient à Venise ses bases de la mer Égée, d'Eubée, du Péloponnèse.

Finalement, ce sont les grandes découvertes des XVe et XVIe siècles qui eurent raison des républiques maritimes et de Venise. Détail intéressant, Christophe Colomb était un Génois.

Par le commerce des épices, qui venaient par caravanes de l'Asie du Sud-Est vers la Syrie, ou par navires arabes vers Suez, d'où les caravanes les transportaient vers Alexandrie ou Saint-Jean-d'Acre, on pouvait énormément s'enrichir, malgré tous les frais de transport, car les épices, la soie sont des denrées chères et peu pondéreuses. Mais lorsque, grâce au Portugais Vasco de Gama, on pourra transporter par mer les mêmes produits, sans transbordements, la situation changera du tout au tout.

Conclusion. A voir, par milliers et par milliers, les églises, monastères et cloîtres romans, puis les cathédrales et églises gothiques, on devine la richesse spirituelle, intellectuelle, artistique, philosophique de ces deux siècles, ainsi que leur profonde unité.

C'est l'Europe sans le nom – presque oublié.

Certes le système féodal qui se consolide implique une société totalement hiérarchisée, certes les seigneurs se battent sans cesse entre eux. Certes une lutte ardente oppose les papes, au sommet de leur influence, et les empereurs. Certes les chrétiens – il est presque impossible alors de ne pas avoir la foi – croient qu'il faut user de la violence contre les « infidèles » – en général les musulmans.

Mais l'unité européenne l'emporte. Et elle l'emporte par un principe qui, plus tard, sera le germe de la liberté : la séparation des pouvoirs entre les « deux glaives », spirituel et temporel, pouvoir religieux et

230

229

229 *La ville en Europe : tours d'habitation des familles de négociants de San Giminiano, en Toscane.* **230** *Le document le plus ancien établissant les droits des représentants locaux sur le budget et sur les lois, la* Magna Carta, *15 juin 1215.* **231** *Le conseil, institution de l'administration autonome des villes. Miniature du code illustré de droit civil de Hambourg, 1497.* **232** *Privilège de la ville de Constance, le cachet en or apposé sur un document de l'empereur Henri VI en l'an 1192.*

231

232

pouvoir politique. C'est le contraire de la communauté islamique, l'Oumma.
On constate aujourd'hui que la confusion des deux autorités en une seule est la principale source du fanatisme et du totalitarisme.
Nous traitons dans ce chapitre, d'une façon nécessairement bien schématique, de toutes les formes que revêt l'unité européenne.
C'est l'expansion des grands ordres religieux : les moines noirs de Cluny qui continuent à prospérer et gèrent notamment le pèlerinage de Compostelle ; les moines blancs de Cîteaux, beaucoup plus « internationaux », dominés au XIe siècle par saint Bernard, Européen entre tous. Ce sont, au XIIIe siècle, les « ordres mendiants » nés en Italie, qui substituent la « mission » à la Croisade, et qui jouent un rôle majeur dans l'établissement d'une institution nouvelle et typiquement européenne, les universités.
C'est encore l'Europe des pèlerinages, l'Europe d'une vie plus humaine, avec la chevalerie, l'amour courtois, les libertés communales. C'est l'Europe du grand débat sur les rapports de la foi et de la raison.
C'est enfin l'Europe des pierres, celle des châteaux et des monastères, mais aussi celle des villes, avec leurs murailles et leurs églises.
Nous réservons pour le prochain chapitre l'étude de l'Europe des marchands et des savants.
Tout cela fleurit en Europe occidentale et orientale. A l'ouest, on est désormais à l'abri des invasions, tandis qu'à l'est, au XIIIe siècle, l'immense marée de la conquête mongole atteint la Pologne, la Hongrie, la Bohême.

10 Vers une Europe des États (XIVᵉ-XVᵉ siècle)

I. La naissance de l'État moderne et la guerre de Cent Ans

Ligne générale de l'évolution. Ni les divers royaumes barbares des IXᵉ et Xᵉ siècles, ni les pouvoirs féodaux du XIᵉ, ni la vaste « communauté » de la chrétienté ne correspondent à ce que nous appelons des États. Pour que ceux-ci apparussent – et cela ne pouvait être que lent et progressif – il fallait bien des conditions. D'abord qu'au lien personnel du roi à ses vassaux se substituât une « souveraineté », impliquant le pouvoir du roi sur les diverses communautés de son royaume, grands feudataires, villes émancipées, voire clergé – au moins pour ses affaires temporelles. Cela supposait la levée régulière d'impôts et, par conséquent, au moins au début, le consentement des communautés qui pouvaient le donner en envoyant leurs « délégués », avec pouvoirs représentatifs, dans des assemblées ou États en général temporaires. Il fallait que le « souverain » disposât de forces plus grandes que celles de ses subordonnés, donc d'un noyau d'armée permanente. Il fallait enfin qu'au lieu d'un groupe de serviteurs gérant ses affaires apparût une véritable « administration ». Décrire ces phénomènes qui ne devaient porter leurs fruits qu'à la fin du XVᵉ siècle serait une tâche immense et hors de notre propos. L'essentiel est de constater l'irrésistible évolution qui se produit en cette direction, mais aussi les échecs du processus en certaines régions. On eût pu imaginer une structure de l'Europe totalement différente, axée par exemple sur les mers : un Empire anglo-danois exista pour un temps avec Canut, autour de la mer du Nord. A trois reprises, avec les Normands, les Angevins et la guerre de Cent Ans, eût pu se constituer autour de la Manche un royaume franco-anglais. En fait, ces tentatives échouèrent, et les États européens se constituèrent en masses de territoires contigus. L'Angleterre, dès le XIᵉ siècle, connut l'unité, à une époque où les rois de France avaient bien de la peine à élargir le petit « Domaine royal ». Mais au XIIIᵉ, c'est l'apogée de la Monarchie française, qui, avec Philippe Auguste, Saint Louis et Philippe le Bel, devient la plus forte puissance de l'Europe. Contrairement à la France, l'Allemagne et l'Italie ne parviennent pas à réaliser leur unité, les souverains y étant débordés par les féodaux et, surtout en Italie, par les villes. Seul le royaume de Sicile et de Naples, reconquis par des cadets normands sur les Sarrasins, confié au XIIᵉ siècle par les papes à une dynastie française, durera jusqu'en 1860. Les royaumes scandinaves, la Pologne, la Hongrie, voire l'Espagne, se tiennent à mi-chemin entre la réussite (France, Angleterre) et l'échec (Allemagne, Italie).

233 *« Le roi empereur dans son royaume ». Charles VII, roi de France, préside un lit de justice à Vendôme, en 1458. Miniature (détail) de Jean Fouquet tiré des* Cas des nobles hommes et femmes, *1458-1460.*

Le roi empereur en son royaume. Les textes sont évidemment nombreux, qui défendent l'idée que « le roi est empereur en son royaume », que l'empereur est un souverain à l'égal des autres, et non supérieur aux autres. Souvent ils sont écrits pour riposter aux ouvrages « impérialistes » ou « théocratiques ». Citons la *Disputatio inter Clericum et Militem* (Discussion entre le clerc et le chevalier) qui date de 1296 ou 1297, et dans laquelle le chevalier a le dernier mot. Dans le *Rex Pacificus* de 1302, on lit ceci : « Le pape n'est pas le seigneur suprême dans les affaires temporelles pour les royaumes qui ne sont pas soumis à l'Empire romain. Or, le royaume de France n'est pas soumis à

XIIIe-XIVe s. ap. J.-C.

Papauté	**1274** Concile de Lyon. Union des églises d'Occident et d'Orient	**1294** Boniface VIII succède à Célestin V **1294-1303** Bulle « Clericis laïcos » **1300** « Année du Jubilé » **1303** Attentat d'Agnani	**1309** Papauté à Avignon **1305-1314** Clément V **1316-1334** Jean XXII	**1334-1342** Benoît XII **1377** Grégoire XI ramène la papauté à Rome	**1378** Début du Grand Schisme : Urbain VI à Rome, Clément VII à Avignon
Saint-Empire Allemagne	**1268** Mort de Conradin, dernier descendant de Frédéric II **1273-1291** Rodolphe de Habsbourg, empereur Maison de Habsbourg	**1283** Les chevaliers teutoniques achèvent la conquête de la Prusse	**1291** Naissance de la confédération helvétique (Ligue perpétuelle : Uri, Schwyz, Nidwald)	**1308** Henri VII de Luxembourg, roi d'Allemagne et de Rome **1313** Henri VII meurt à Pise **1315** Victoire suisse à Morgarten contre les Habsbourg	**1328** Louis de Bavière nomme un antipape, mais est chassé de Rome par René d'Anjou **1354** Charles IV couronné empereur à Rome. « Bulle d'Or »
Iles britanniques	**1265-1267** Henri II rétablit la prérogative mondiale. Simon de Montfort tué à Evesham **1272-1307** Édouard Ier, roi d'Angleterre	**1286** Mort d'Alexandre III d'Écosse, dernier roi de la dynastie gaélique **1290** Les Juifs expulsés d'Angleterre	**1295** « Parlement plénier » **1297** Édouard Ier reconnaît les prérogatives financières du Parlement anglais	**1308** Édouard II épouse Isabelle de France **1323** Conflit franco-anglais en Guyenne **1325** Hommage à la France ou la Guyenne **1327-1377** Édouard III	**1337** Début guerre de Cent Ans **1346** Victoire de Crécy **1356** Victoire de Poitiers **1360** Traité de Brétigny **1377** Mort d'Édouard III **1381** Révoltes paysannes **1389** Richard II conclut la paix
Pays-Bas	**1302** Révolte du parti populaire de Flandre. Victoire de Courtrai	**1302** Les milices communales de Flandre battent les chevaliers français à Courtrai	**1304** Bataille de Mons-en-Pévèle **1312-1319** Armées royales contre villes de Flandre	**1328** Insurrection des villes contre le comte de Flandre	**1340** Les villes de Flandre se rebellent et offrent la couronne à Édouard III d'Angleterre
France	**1270** Mort de saint Louis devant Tunis **1271** Mort d'Alphonse de Poitiers. France d'Oil et France d'Oc réunies	**1294** Guerre franco-anglaise pour la Guyenne **1294-1295** Philippe le Bel dévalue la monnaie **1302** 1re réunion des états généraux à Paris	**1307-1314** Procès des Templiers **1314** Supplice du Grand Maître Jacques Molay **1328** Charles IV meurt sans héritier. Dynastie des Valois Philippe VI	**1337** Début guerre de Cent Ans **1341** Succession Bretagne **1346** Défaite de Crécy **1350-1364** Jean le Bon **1356** Défaite de Poitiers **1358** Récolte paysanne (la Jacquerie)	**1356-1358** Révolte d'Étienne Marcel à Paris **1360** Traité de Brétigny **1364-1380** Charles V **1380-1422** Charles VI **1392** Folie de Charles VI
Italie	**1265-1268** Le frère de saint Louis, Charles d'Anjou conquiert le royaume de Sicile **1267** Expulsion de Gibelins. Guelfes à Florence **1270** 1re carte marine en Méditerranée (portulan génois)	**1277** Les Visconti, maîtres de Milan **1282** « Vêpres siciliennes » Français remplacés par les Aragonais en Sicile (séparation Naples-Sicile)	**1291** Benedetto Zaccaria écrase une flotte marocaine à Gibraltar **1293** Ordonnances de justice à Florence	**1310** Henri VII en Italie **1326** L'Aragon conquiert la Sardaigne	**1381** Paix entre Venise et Gênes
Péninsule ibérique	**1265** Prise de Murcie par les Aragonais **1267-1344** Lutte contre les Mérinides	**1282** Alphonse X le Sage de Castille est déposé **1284** Gênes bat Pise à la bataille de Melaria **1250-1300** Castille conquiert Estramadure et Andalousie	Alliance Alphonse XI de Castille avec la France. Anarchie.	**1350-1369** Pierre le Cruel, roi de Castille **1369-1379** Dynastie de Trastamare en Castille, Henri II	**1385-1580** Dynastie d'Aviz au Portugal **1385-1433** Jean Ier le Grand
Europe de l'Est	**1278** Fin du grand royaume tchèque d'Ottokar	**1282-1321** Étienne Milioutine relève la Serbie	**1287** Dernier raid mongol en Pologne		
Scandinavie				**1370** La Hanse impose au Danemark la paix de Stralsund	**1397** Union de Kalmar (Danemark, Suède, Norvège)
Slaves Magyars				**1342-1382** Louis le Grand, fils de Charles-Robert d'Anjou, roi de Hongrie. Conquête de Croatie, Serbie, Bosnie, Transylvanie, Valachie, Moldavie, Bulgarie	**1386** Le prince lituanien Jagellon, roi de Pologne, épouse la fille de Louis d'Anjou
Empire byzantin			**1282-1328** Andronic II empereur		**1356** Les Turcs ottomans débarquent à Gallipoli
Islam et Orient	**1270** 8e Croisade **1271-1295** Voyage de Marco Polo en Chine	**1284** Les Siciliens occupent Djerba **1287** Ambassade mongole en Occident	**1291** Chute de Saint-Jean-d'Acre et fin de la Syrie française	**1303** Catalans en Asie mineure	Émirats turcs en Asie mineure

XVe s. ap. J.-C.

1409 Trois papes simultanément	**1414** Début du concile de Constance	**1418** Fin du Grand Schisme. Martin V pape	**1431** Ouverture du Concile de Bâle	**1439** Le Concile élit un antipape	**1449** Fin du Concile de Bâle et du schisme
1414 L'empereur Sigismond de Luxembourg convoque le concile de Constance					
1415 Azincourt	**1420** Traité de Troyes	**1453** Fin de la guerre de 100 ans			
1407 Assassinat de Charles d'Orléans	**1415** Azincourt	**1419** Assassinat de Jean sans Peur	**1420** Traité de Troyes **1431** Mort de Jeanne d'Arc	**1453** Fin de la guerre de Cent Ans	**1491** Charles VIII épouse Anne de Bretagne
1409 L'Aragon acquiert la Sicile (déjà conquise entre 1282 et 1294)	**1415** Les Portugais prennent Ceuta	**1435** L'Aragon acquiert le Royaume de Naples			
1438-1481 Alphonse l'Africain, roi du Portugal	**1454** Henri IV de Castille (1458-1479)	**1469** Mariage Ferdinand d'Aragon - Isabelle de Castille	**1481-1495** Jean II le Parfait, roi du Portugal	**1492** Conquête du royaume de Grenade	
	1458-1490 Mathias Corvin, roi de Hongrie				
1399 Le sultan Bajazet assiège Constantinople	**1423** Ouverture des latins à l'Église grecque	**1439** Union proclamée entre églises latines et grecques	**1453** Conquête par les Turcs ottomans de Constantinople, devenue simple enclave dans leur empire		
1405 Mort de Tamerlan **1441** Les Turcs envahissent la Hongrie	**1444** Victoire turque à Narva				

l'Empire romain : au contraire, il y a et il y a eu depuis un temps immémorial des frontières définies séparant le royaume et l'Empire. Donc le pape n'est pas seigneur du royaume de France, ni autorité suprême dans les affaires temporelles, il l'est seulement dans les spirituelles comme partout sur la terre...

Pendant plus de cent ans les rois de France ont été en possession pacifique du droit d'avoir Dieu seul comme leur supérieur dans les affaires temporelles, ne reconnaissant donc aucun autre supérieur, ni empereur, ni pape. De là il appert qu'à travers une possession longue et continue, ils ont acquis le droit de suprématie absolue dans leur royaume. » On trouve des raisonnements analogues dans le *De Potestate regia* (De la puissance royale) de Jean de Paris (1302) : « Il n'est pas nécessaire que tous les fidèles soient unis dans une communauté générale, mais, en relation avec la diversité des climats, des langues et des conditions humaines, il peut y avoir divers types de vie et diverses constitutions, et ce qui est bon pour un peuple ne l'est pas pour un autre. »

Le principal défenseur de cette thèse est un Italien habitué pourtant aux petits États urbains de son pays, Marsille de Padoue (v. 1280-v. 1343). Son *Defensor Pacis* (Défenseur de la paix) dans lequel le pape Clément VI trouva deux cent quarante erreurs condamnables, est à la fois laïque et républicain. Il défend l'indépendance des États et en décrit longuement les constitutions. Le titre est d'ailleurs trompeur. Marsille, adversaire acharné de la papauté, ne croit pas à la paix perpétuelle. Cyniquement, il voit dans les guerres le moyen de corriger les excédents de la démographie. Sa conception d'États indépendants, et au besoin rivaux, rend déjà un son moderne.

234

235

236

La guerre de Cent Ans. Vue générale. Il n'y a pas lieu de faire dans ce volume un récit de la guerre de Cent Ans. Elle dure, avec des à-coups de 1337 à 1453, et comporte deux phases essentielles. Sous les règnes de Philippe VI, puis Jean II le Bon, les Français subirent défaites sur défaites. Jean fut fait prisonnier et le traité de Brétigny de 1360 donna le quart du royaume au roi d'Angleterre Édouard III (1327-1377).

Puis Charles V dit le Sage (1364-1380) reconquit les territoires occupés, même la Guyenne, les Anglais ne gardant que Bordeaux, Cherbourg, Calais et diverses forteresses. Charles fit également des expéditions en Castille où il détrôna Pierre le Cruel et aida à l'avènement de Henri II fondateur de la nouvelle dynastie de Trastamare.

La deuxième phase est liée à la folie de Charles VI (1380-1422), qui survint en 1392.

Le pouvoir fut alors disputé entre ses oncles, notamment Jean sans Peur, duc de Bourgogne, et son frère le duc d'Orléans, gendre du duc d'Armagnac. Une effroyable guerre civile allait se dérouler entre ceux qu'on appelle les Armagnacs et les Bourguignons. Henri V, roi d'Angleterre (1413-1422), en profita.

Il écrasa les Français à Azincourt en 1415 et s'allia avec la reine Isabeau de Bavière et avec les Bourguignons, qui, au traité de Troyes, lui donnèrent la régence de la France, dont il devint roi à la mort du dauphin Charles VII. Celui-ci, réfugié à Bourges, doutait, vu la conduite de sa mère, d'être le fils de Charles VI. Ce fut la bergère Jeanne d'Arc qui, poussée par les « voix » de plusieurs saints, lui affirma qu'il était bien le roi légitime – ce type de « preuve » mystique était alors valable.

La brève intervention de Jeanne (1429-1431) aboutit au sacre de Charles VII à Reims, tandis que le petit roi Henri VI, fils de Henri V et de la princesse Catherine de France, était couronné à Notre-Dame de Paris.

Jeanne remporta des victoires qui devaient se poursuivre après sa mort (elle fut brûlée comme sorcière à Rouen).

C'est lorsque Henri VI se brouilla avec les Bourguignons que la contre-offensive française permit à Charles VII de reconquérir presque toute la France. Un traité de 1445

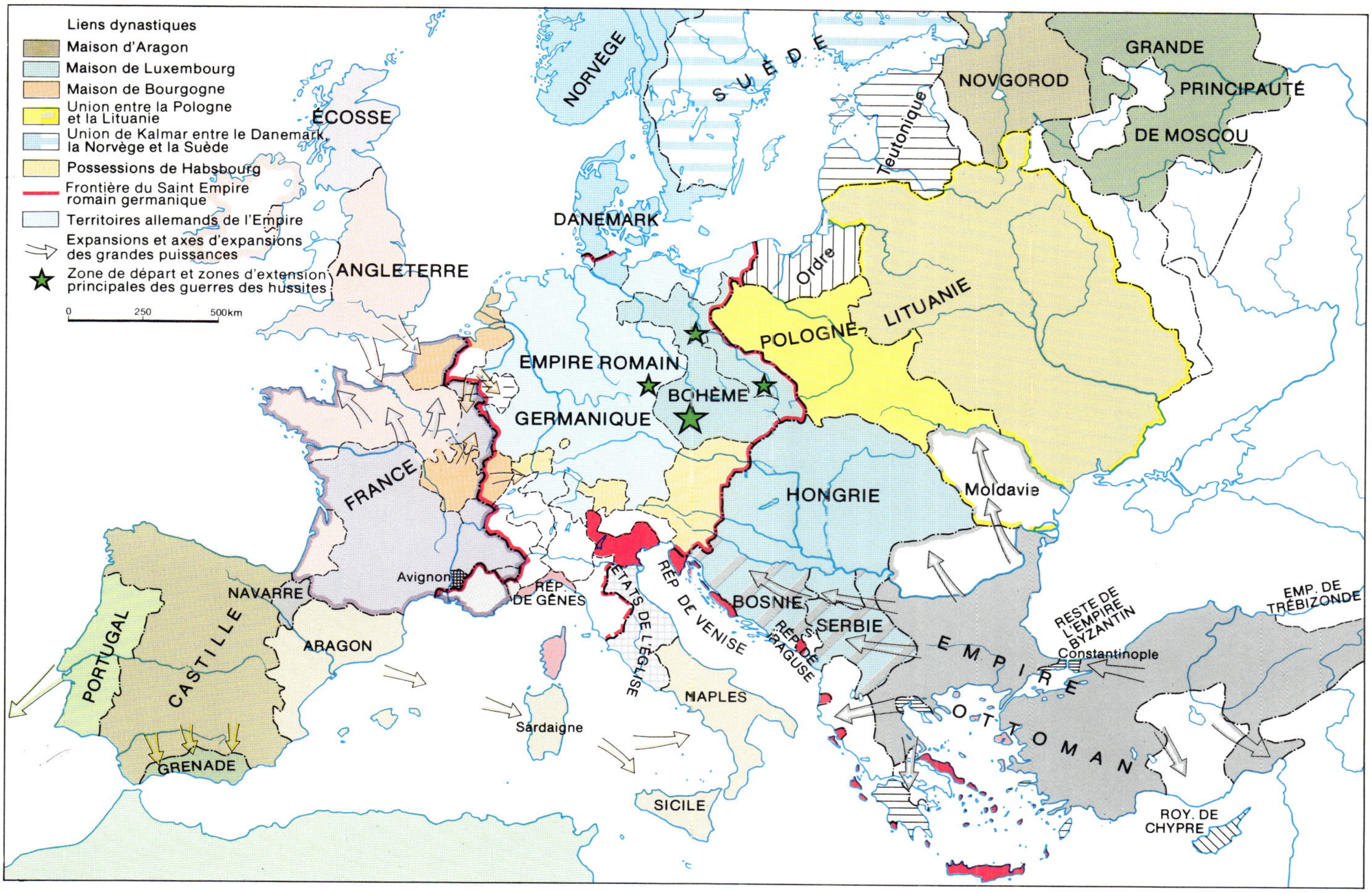

237

234 *Le roi Édouard Ier d'Angleterre présente ses hommages au roi de France, Philippe IV le Bel (1299). Miniature de Fouquet (vers 1420-1477-1481).* **235** *Charles VII, roi de France. Portrait (détail) de Jean Fouquet (1444-1445).* **236** *La guerre de Cent Ans : le roi Édouard III d'Angleterre débarque avec son armée en Normandie, en 1346. Miniature tirée des* Chroniques de France *de Jean Froissart (1373-1400).* **237** *Jeanne d'Arc, héroïne nationale des Français. Miniature française (vers 1505).* **Carte 18 :** *L'Europe à l'époque de la guerre de Cent Ans.*

aboutit à la paix, et Henri VI épousa une princesse française Marguerite d'Anjou. L'Angleterre devait par la suite être en proie à une guerre civile, dite « des Deux-Roses », entre le roi – de la maison des Lancastre – et la famille d'York.

Le problème de l'hommage. Ce qui nous intéresse ici, c'est de montrer le lien de ces guerres avec la constitution d'États modernes. L'Angleterre fut la première à se donner des institutions solides. On comprend qu'Édouard III ait considéré comme de moins en moins supportable d'avoir à prêter hommage au roi de France pour la province de Guyenne que la couronne anglaise détenait, depuis le remariage d'Aliénor d'Aquitaine, répudiée par le roi de France, avec le roi d'Angleterre (1152). Cet hommage devait être « lige », c'est-à-dire prioritaire. Aussi, voulant détenir ses possessions continentales *in allodium,* c'est-à-dire en toute propriété, comme c'était le cas en Grande-Bretagne, il profita d'un changement de dynastie en France pour réclamer la couronne de France. Le roi Charles IV, étant mort à trente-quatre ans sans fils, Philippe de Valois, fils d'un frère cadet du roi Philippe le Bel (1285-1314), lui succéda. En effet, la coutume, en France, était que non seulement les femmes ne pouvaient être héritières du trône, mais même qu'elles ne joueraient pas le rôle de « pont et planche » : la fille d'un roi ne pouvait conférer de droits à la couronne à son fils. Précisément, cela était possible en Angleterre, et le roi Édouard II était le fils d'Isabelle de France, elle-même fille de Philippe le Bel. Donc Édouard était plus proche parent de Philippe le Bel, mais par l'intermédiaire d'une femme.

En fait, le but était de conquérir plusieurs provinces et de les tenir *in allodium.* Les grandes victoires de l'Écluse (sur mer, 1340), de Crécy (1346) et de Poitiers (1356) lui donnèrent cette satisfaction. Les Français, en 1360, cédèrent sur l'hommage. *Au droit féodal commençait à se substituer la souveraineté complète.*

D'ailleurs, les rois de France agissaient de même. Des « officiers » du roi établissaient progressivement son pouvoir dans les

fiefs. La machine centralisatrice était en marche.
La première condition de cette marche était la création d'une *administration permanente.* Les serviteurs personnels du roi et ses vassaux allaient être remplacés par de véritables fonctionnaires restant en place d'un roi à l'autre.

Administration permanente. C'est avec Philippe le Bel que l'administration royale prit son essor. Ce fut la *Curia Regis,* composée d'hommes compétents et dévoués, qui voulaient établir partout l'autorité exclusive du roi. Aux XIVe et XVe siècles, la justice au degré le plus élevé dépendait du Parlement et de la Chambre des comptes. La haute administration française résidait à Paris, l'anglaise – futur *civil service* – à Londres.
Avec beaucoup plus de facilité, étant donné leurs dimensions exiguës, les cités-États italiennes elles aussi s'assurèrent une administration permanente. Voici un bon résumé de la question par l'historien italien Alberto Tenenti, pour le cas de Florence à l'époque des Médicis. « Pour ce qui concerne la péninsule italienne, on doit dire qu'avec l'État de l'Église celui de Florence suit de plus près que les autres le processus général de l'Occident. Dans cette même période, en effet, le royaume de Naples s'achemine vers la domination espagnole et Venise... reste, quant à elle, beaucoup plus figée dans ses structures médiévales que la cité toscane. Tandis que la Savoie n'évolue à cette époque que très lentement vers une cohérence étatique, Milan, bien plus avancé dans ce sens, va bientôt perdre son indépendance et par conséquent les possibilités d'un développement vraiment autonome. »
Après l'Angleterre, la France et les villes italiennes, l'Espagne prend aussi la structure d'État moderne lorsqu'elle s'unifie. En 1465, Henri IV, roi de Castille, est déposé par de turbulents vassaux, au profit de son héritière, sa soeur Isabelle. En 1469, Isabelle épouse l'héritier d'Aragon, Ferdinand (mort en 1516). Or ce pays s'était agrandi, comprenait la Catalogne, les Baléares, la Sardaigne, la Sicile (1409) et le Royaume de Naples (1435). Ferdinand, homme remarquable, élimina définitivement les musulmans d'Espagne en prenant Grenade en 1492. La même année, c'est en son nom que Christophe Colomb atteignit le Nouveau Monde. Il devait aussi annexer la Navarre espagnole en 1512.

Armée permanente. A l'administration permanente, s'ajouta l'armée permanente. Jusqu'au XIVe siècle, les rois, lorsqu'ils faisaient la guerre, levaient des troupes pour un temps limité : c'était l'« Ost », composé de chevaliers, nombreux et désordonnés, leurs serviteurs jouant le rôle de « piétaille », également indisciplinée.
Parfois, on appelait l'« arrière-ban », sorte de mobilisation générale. Les troupes ainsi recrutées en France au début du XIVe siècle furent souvent battues, par les bourgeois flamands (à Courtrai en 1302), par les Anglais, beaucoup moins nombreux mais bien mieux organisés. Le Prince Noir, fils d'Édouard III, avec des soldats anglais et des Gascons (au nombre de sept mille au maximum), remporta beaucoup de victoires. Aussi Charles V décida-t-il, en 1369, d'entretenir en permanence un noyau de gens de guerre recevant une solde régulière : environ cinq mille deux cents soldats. Cela allait se poursuivre. Au XVe siècle, nombre de ces soldats étaient des mercenaires étrangers : arbalétriers et fantassins italiens et espagnols, archers écossais, hommes d'armes écossais, aragonais, castillans, piémontais, lombards.
Le « connétable » français, en 1424 était un Écossais, John Stuart.

Impôts permanents. Le problème de l'impôt permanent est le suivant. En droit féodal, le roi ne peut lever d'impôt que dans son domaine et encore, là où il est seigneur haut justicier. Mais à partir de la fin du XIIe siècle, en France et en Angleterre, on commençait à avoir besoin de sommes considérables pour les expéditions lointaines. Ainsi, Philippe Auguste, roi de France, pour une Croisade contre Saladin, qui avait conquis Jérusalem, leva-t-il en 1198 dans tout son royaume un impôt connu sous le nom de « dîme saladine ». Peu à peu l'impôt royal allait se substituer à l'impôt seigneurial.
A ces besoins accrus se superposa l'idée de la permanence. D'abord, le roi Philippe le Bel convoqua pour la première fois, en 1302, une assemblée de nobles, de hauts dignitaires ecclésiastiques et de bourgeois de certaines villes privilégiées. Non seulement ces assemblées avaient pour but d'apporter un appui moral au roi, mais on leur demandait de lui accorder des subsides. A la fin du XVe, ces états généraux devinrent électifs et représentatifs.
Le grand tournant s'opéra dans les réunions des états généraux de Tours (1435) et d'Orléans (1439). Ces assemblées votèrent en effet la permanence des aides (impôts indirects) et de la taille, destinée à payer l'armée permanente de Charles VII. La taille était une sorte d'impôt sur le revenu qui pesait à peu près exclusivement sur les habitants des campagnes. Ainsi, le roi put-il, aidé par ses juristes, lever l'impôt de sa propre autorité.
Le système anglais présentait bien des différences avec le système français.

238 *Sur la voie d'une Europe des États : victoire des confédérés suisses sur les Autrichiens à Sempach (1386). Arnold Winkelried dirige les lances contre lui, permettant à ses compagnons de faire une percée dans l'armée ennemie. Tableau anonyme (vers 1600).* **239** *Prise de Constantinople par les Turcs en 1453. Miniature de l'atelier de Jean Mielot, Lille (1455).*

238

239

Depuis la « Grande Charte », le Parlement siégeait très souvent et s'était acquis beaucoup plus de pouvoirs que les états généraux français. On put s'en apercevoir dès le long règne d'Édouard III (1327-1377). Il fit de nombreuses concessions au Parlement sur la condition des personnes, mais, dès qu'il s'agissait de lever des impôts, il oubliait fréquemment la clause de la Charte selon laquelle on ne pouvait taxer les sujets sans le consentement du Parlement. Ses grandes victoires contre la France lui donnaient une popularité suffisante pour passer outre aux énergiques remontrances de la Chambre des communes. Au surplus, les dépenses de la guerre faisaient que les impôts devenaient annuels, et permanents. La *pratique* d'Édouard III se faisait contre le *droit*, net, affirmé. Lorsqu'en 1367 le pape voulut citer Édouard III en cour de Rome pour défaut de paiement d'un tribut ancien, le Parlement, unanime, déclara qu'il appuyait le refus du roi, lequel ne devait en rien être soumis à un pouvoir étranger, fût-il religieux (1367).

L'est de l'Europe. Les guerres en Europe de l'Est, contre Tamerlan, puis contre les Turcs ottomans n'eurent pas le même effet que la guerre de Cent Ans. Les peuples slaves jouèrent un rôle défensif. Les Polonais, les Tchèques se relevèrent du joug mongol beaucoup plus vite que la Russie. Au XIVe siècle, les dynasties nationales de Bohême, Pologne, Hongrie, s'éteignirent. Ces pays allaient être gouvernés par des princes étrangers. C'est contre la pénétration allemande qu'ils durent alors se défendre, notamment les Tchèques, encerclés de partout. La Pologne connut cependant, face aux chevaliers teutoniques, un moment de gloire. En 1389, la reine épousa le roi de Lituanie, Jagellon, homme puissant et brutal qui dominait une vaste région de la Baltique à l'Ukraine. Il écrasa les chevaliers teutoniques à Tannenberg en 1410. Tandis que les Scandinaves mettaient fin au monopole de la Hanse dans la Baltique, le successeur de Jagellon s'empara de Dantzig. De plus, il soutint les hussites en Bohême et s'empara de la Hongrie.

C'est alors le moment de la grande invasion des Turcs ottomans. Ceux-ci occupèrent les Balkans, franchirent le Danube et les Carpates, ravagèrent la Hongrie.

C'est la Pologne qui, pendant un siècle, devait jouer le rôle principal dans cette partie est de l'Europe. Mais les faibles résidus de l'Empire byzantin n'étaient pas à même de résister aux Turcs. Mahomet II dit le Conquérant (1451-1481) s'empara de Constantinople en 1453, mettant fin aux mille années d'histoire de l'Empire d'Orient.

II. La grande crise de la population européenne

L'apogée démographique du XIIIe siècle. Tout permet de penser que les siècles qui s'étendent de l'an mille à la fin du XIIIe ont été marqués en Europe par une remarquable expansion démographique et par de grands progrès économiques, avec toutes les nuances que cela comporte. Ces données ont été et continuent d'être minutieusement étudiées par les historiens – car il faut suppléer au manque de statistiques. Certes, à partir de 1250 environ, nombre de princes et de grands seigneurs font établir des listes de « feux » – nous dirions aujourd'hui « ménages » – dans un but fiscal. Mais quelle est la population moyenne d'un feu ? On est mieux renseigné pour le royaume d'Angleterre, par le *Domesday Book* de 1086. A cette date, la population atteignait 1,1 million d'habitants. En 1348, on l'évalue à 3,757 millions d'habitants. Pour la France, l'état des paroisses et des feux de 1328 situe la population dans une fourchette comprise entre 12,5 et 15,5 millions d'habitants.

En suivant les évaluations d'historiens britanniques (Julius K. Beloch et J.C. Russell) et français (Pierre Chaunu), nous pouvons présenter quelques chiffres globaux. L'Empire romain aurait eu 54 millions d'habitants, dont 23 millions pour sa partie européenne. La chrétienté latine, au début du XIVe siècle, aurait regroupé 50 à 55 millions. Vers 1400, il n'y en avait plus que 40. Vers 1500, 50 millions.

Immédiatement avant la peste noire, la France comptait approximativement : 16 millions d'âmes ; la péninsule Ibérique : 8,3 millions ; l'Italie : 8,5 millions ; les Pays-Bas : 1,1 million ; l'Angleterre : 3,3 millions ; l'Écosse et l'Irlande, peut-être 1,5 million au total ; la Suisse : six cent mille ; les pays scandinaves : six cent mille ; l'Allemagne : 6 à 8 millions ; la Pologne : 1,3 million ; la Hongrie : 2 millions.

On aboutissait, dans toute la chrétienté, à un surpeuplement, sauf à l'est de l'Elbe et dans les zones d'Espagne et du Portugal récemment reconquises par les chrétiens.

L'économie rurale. D'autre part, l'économie, favorisée par ce dynamisme de la population, et donc par l'abondance de la main-d'œuvre, l'était aussi par le dynamisme des inventions. Nouvel attelage des chevaux, par le collier d'épaule, nouveaux procédés pour atteler les bœufs, invention d'une nouvelle forme de charrue à double soc de fer, utilisée, à la différence de l'araire, dans toutes les bonnes terres agricoles, de la Scandinavie à la Loire. Marc Bloch explique ainsi, dans un ouvrage célèbre, les champs ouverts et allongés, créés pour que l'on fasse aussi peu de demi-tours que possible. De même progressent les méthodes d'assolement, les grands défrichements se produisent jusqu'au XIIIe siècle. L'économie rurale, dans ce monde principalement paysan, reste très fermée et misérable avec d'énormes différences locales dans les statuts : des serfs aux paysans libres, dans les ressources, dans les procédés de culture, dans la concentration ou la dispersion de l'habitat.

Commerce et monnaie. Pour le commerce, les villes se développent. Un premier capitalisme apparaît, autour des seigneurs, des abbayes, mais aussi des bourgeois. Tous les instruments du grand commerce naissent alors. La monnaie métallique, trop rare, pendant les siècles, va se répandre grâce aux pièces arabes et byzantines, drainées par Venise, Gênes et Pise, l'Occident bénéficiant d'un excédent d'exportations.

Les Croisades ont permis de saisir des « trésors ». Mais surtout, on découvre de nouveaux gisements métalliques de cuivre et d'argent surtout dans le Harz en Allemagne mais aussi dans les Vosges, le Jura, les Alpes orientales. La plus grande découverte se fit vers 1170 de riches mines d'argent à Freiberg en Saxe. Au XIIIe siècle, on reprend la frappe de l'or en Occident.

L'Empire romain et les débuts de l'époque barbare avaient connu le système de bimétallisme, or et argent. Puis, on avait adopté le monométallisme argent. On revenait ainsi au bimétallisme. C'est en Italie que le mouvement commença. On vit alors s'amplifier l'industrie artisanale, la draperie, le commerce des épices, du vin, du sel, comme nous le verrons ci-dessous à propos de la navigation.

On voit aussi se perfectionner les techniques commerciales : négoce itinérant, foires, et surtout usage croissant du crédit : chrétiens aussi bien que Juifs exerçaient le métier de prêteurs, notamment pour les dépenses guerrières des princes. C'est en Italie, et d'abord à Gênes, qu'au XIIe siècle naît le métier de banquiers, sous le nom de changeurs. Le mot « banque » se forme très vite. *Banco,* en italien, signifie en effet comptoir. Banques de dépôt, banques d'affaires font ainsi leur apparition.

De même on inventa de nouveaux types de sociétés commerciales, d'associations de marchands. L'initiative est là aussi italienne. Dans la riche ville de Bruges, la banque n'apparaît qu'au XIVe siècle.

Le XIIIe est le siècle du zénith pour l'activité médiévale.

Les phénomènes décrits ci-dessus s'accentuent. « La population croît tous les jours et la ville s'agrandit de nouveaux bâtiments... La fertilité du territoire, l'abondance de tous les biens de consommation sautent aux yeux... Il n'y a pas d'homme bien portant, s'il n'est un bon à rien, qui ne réussisse à gagner sa vie avec la dignité qui convient à sa position sociale.» Ce texte, qui date de 1288, concerne Milan, ville qui a probablement deux cent mille habitants. Il a été écrit par Fra Bonvesin de la Riva. De fait, il y a eu essor de la population en Europe. A l'ouest, on constate la naissance de nouveaux hameaux, villages, paroisses. A l'est, la « frontière » au sens américain, c'est-à-dire la limite entre une relative civilisation et les régions sauvages. Une colonisation se manifeste, franchit l'Elbe vers le Mecklembourg, la

240

241

240 *La société paysanne à la fin du Moyen Age : les semailles de mars,* Calendarium Grimani, *école de Bering, Bruges, vers 1515.* **241** *Développement du capitalisme. Commerce et sens des affaires en Italie : les banquiers. Fresque (détail) de Niccolo di Pietro Gerini à San Francesco, Prato, Toscane (XVe siècle).* **Carte 19 :** *La peste en Europe.*

Poméranie, la Prusse, au nord, la haute Saxe, la Bohême, la Moravie, la Silésie, l'Autriche, le bassin danubien jusqu'aux Carpates. La *Reconquista* en Espagne aboutit à un phénomène analogue. Le prix des terres augmente considérablement. Il y a donc une irrésistible montée démographique qui coïncide avec la civilisation des villes.

La famine et la peste noire. Or des difficultés apparaissent à la fin du XIIIe siècle. A l'expansion démographique va succéder une régression considérable.

La culture recule en Normandie, en Angleterre, en Espagne, en Italie. La famine, la guerre, et surtout la peste vont expliquer ce recul.
D'abord la famine de 1315-1317, qui est générale, de l'Angleterre à la Russie, des Pays-Bas à l'Italie. La mortalité s'accroît considérablement. Vient ensuite une crise monétaire entre 1335 et 1345. Mais tout cela n'est rien à côté de la « peste noire » ou « mort noire », c'est-à-dire une peste bubonique.
Elle apparut en Chine. Par des caravanes, elle gagna Constantinople en 1347. De Crimée, ou de cette ville, elle toucha l'Italie. L'Afrique du Nord, l'Espagne, la France, le sud de l'Autriche furent atteints en 1348. L'Autriche du Nord, la Hongrie, la Suisse, les vallées du Rhône et du Rhin, les Pays-Bas, le nord de l'Allemagne, l'Angleterre subirent la contagion en 1349. La Scandinavie, les pays Baltes, la Prusse et la Pologne furent frappés en 1350.
On n'a guère de statistiques précises. Seule la population de l'Angleterre peut être évaluée de façon approximative. Nous avons vu qu'elle avait 3,757 millions d'habitants en 1348. En 1350, elle tombe à 3,127 millions, en 1377 sans doute à 2,073 millions soit une diminution de 40 % en vingt-neuf ans. En 1430, elle n'est que de 2,1 millions. Le chiffre de 1348 ne sera retrouvé que vers 1600 (selon J.C. Russell, cité par Fourquin).
Des études faites sur quelques villes confirment, pour d'autres parties de l'Europe, l'étendue de la catastrophe.
En Sicile, on passa de six cent mille habitants en 1277 à cinq cent mille en 1374.
De nombreuses villes italiennes perdirent 30 à 60 % de leur population. Florence tomba de cent dix mille habitants environ en 1338 à cinquante mille en 1351.
A Vienne, il mourait cinq cents à mille deux cents personnes par jour. En trois mois, on compta soixante mille cadavres dans la région d'Avignon. Le comté de Nice et la haute Provence perdirent les deux tiers de leur population entre 1320 et 1400.
Toulouse avait trente mille habitants en 1348, vingt deux mille cinq cents en 1405, malgré un mouvement d'immigration. Zurich groupait 12 375 âmes vers 1350, 4 713 en 1458. Le Brabant et la Hollande souffrirent moins. Gand resta à cinquante mille habitants. Mais le Hainaut et l'Artois furent très touchés. Ypres descendit de trente mille à dix-huit mille habitants, Arras de vingt mille à moins de dix mille. Dans les campagnes, de nombreux villages disparurent, parfois définitivement. On les appelle en Allemagne *Wüstungen,* en Angleterre *Lost Villages*. On estime que sur les cent soixante-dix mille villages et hameaux de la campagne allemande, quarante mille avaient disparu. Le pourcentage des disparitions serait de 20 % en Angleterre, 10 % en Toscane, 25 % dans la campagne romaine, 50 % en Sicile et en Sardaigne.

Les horreurs de la guerre. A cela, il faut ajouter les horreurs de la guerre, bien pires qu'au XIIIe siècle. Ce fut d'abord à l'est le dernier choc mongol, le plus terrible, commandé cette fois par un homme sanguinaire, Tamerlan (Timur-Leng). On peut dire que c'est la résistance des Mamelouks musulmans d'Egypte, fondateurs d'un État puissant, qui sauva l'Europe des Mongols. Puis vinrent les Turcs ottomans (cf. ci-dessus).
A l'ouest de l'Europe, les malheurs furent surtout liés à la guerre de Cent Ans, avec ses prolongements en Bretagne, ou à la guerre civile des Armagnacs et des Bourguignons. Outre les ravages des soldats réguliers, mal payés et vivant sur le pays, il faut noter les bandits professionnels, soldats sans emploi, paysans désespérés. Ce furent les sinistres « Grandes Compagnies », routiers, gueux, écorcheurs, coquillards (faux pèlerins), etc., en Allemagne les *Raubritter,* en Angleterre les *Outlaws* qui vivaient dans les forêts, successeurs, sans son prestige, du célèbre Robin Hood, contemporain de Richard Cœur de Lion.
Ils pullulèrent lors des guerres entre Anglais et Écossais, lors de la « guerre des Deux-Roses » entre les York et les Lancastre.
Souvent, comme en Catalogne, il y eut des assauts de paysans affamés contre les villes. En Castille, la guerre civile. Des troubles en Flandre, en Allemagne du Sud. Enfin, les incessantes expéditions des *condottieri,* capitaines des bandes de mercenaires en Italie.

*

On ne s'étonnera pas qu'avec ces terribles épreuves la vie économique ait été profondément transformée. Cela se manifeste par une baisse assez générale des prix, et, vu la chute en effectifs de la main-d'œuvre, la hausse des salaires. Il faut, écrit Guy Fourquin, « comprendre la signification du *trend,* donc les effets de l'incidence économique sur les conditions sociales, puisqu'un mouvement régressif des prix ne se traduit pas nécessairement par une aggravation générale de la condition des hommes. F. Lütge pour l'Allemagne et M.M. Postan pour l'Angleterre ont affirmé que le relatif déclin économique pour le Moyen Age a pu améliorer les conditions sociales ».
Mais les historiens ne sont pas d'accord sur la date finale de la dépression : début du XVe siècle ? Ou seulement vers 1470 ?

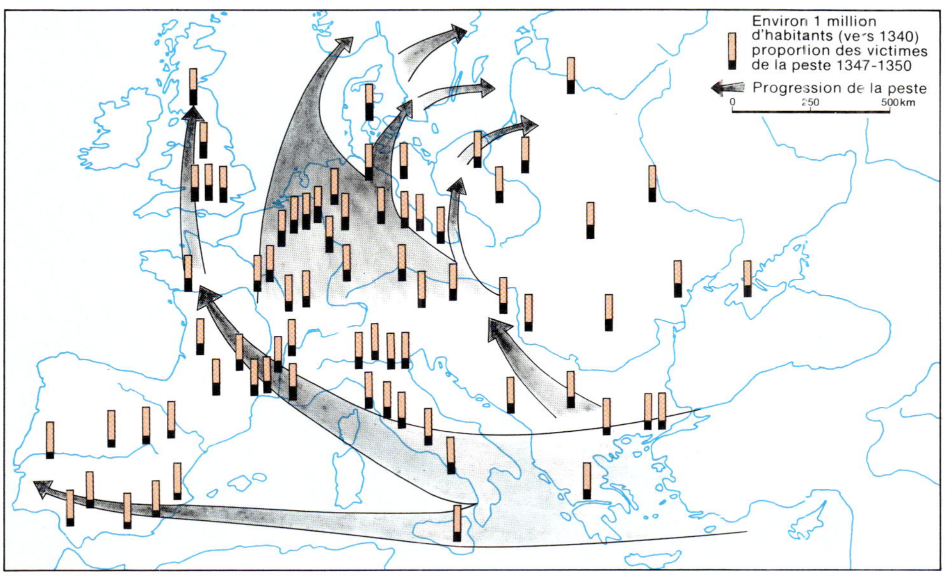

III. La grande crise de la chrétienté

Pour ne pas nous orienter dans une fausse direction, par exemple voir aux XIVe et XVe siècles les origines de la « déchristianisation » moderne, il faut noter que la crise de la chrétienté se produit surtout au sommet. Crise *politique,* car on se dispute âprement le pouvoir. Crise *théologique,* car, outre les disputes habituelles, certains vont beaucoup plus

242

242 *La peste. De 1348 à 1352, vingt-cinq millions d'hommes périrent de cette maladie en Europe. Des mémoriaux et des processions rappellent encore aujourd'hui cette terrible époque. Miniature tirée d'une chronique de Giovanni Sercambi, Lucques (XIVe siècle).*

loin et professent des doctrines que l'Église réprouve. Crise *morale* enfin, car une nouvelle fois l'accumulation des richesses, due à la piété des fidèles, exerce son pouvoir corrupteur.

En revanche, la masse des chrétiens reste aussi profondément religieuse que dans les siècles d'apogée. La piété populaire, certes, demeure fruste, primitive, superstitieuse. « La chrétienté de la moitié du XVe siècle, bien loin d'apparaître sclérosée et vidée de tout sens spirituel, est plutôt en état suraigu d'hypertension religieuse et de sensibilité parfois morbide » (E. Delaruelle).

Les confréries. On peut, à ce sujet, donner l'exemple d'un phénomène totalement *européen,* qui est le développement des *confréries.* Celles-ci sont des associations de laïques, avec une minorité de prêtres, ayant pour but de rapprocher les chrétiens et d'accroître leur piété. Elles réunissent le plus souvent hommes et femmes. Dans une époque où la papauté est lointaine et divisée, où l'on craint les abus de l'Inquisition, on s'unit les uns aux autres. Les confréries ont également pour but de rendre des services concrets – aide aux prisonniers, aux malades des hôpitaux, catéchisme, organisation de spectacles, les mystères ou, lorsque la confrérie est liée à une corporation de métiers, établir la bonne entente entre ses membres. Outre les prières parfois dans une chapelle construite à cet effet, il y a des fêtes, des banquets, des réjouissances. On trouve des confréries en grand nombre, en France, en Angleterre, aux Pays-Bas, en Allemagne (certaines confréries des villes de la Hanse, fonctionnant comme de véritables agences de voyages, organisent pèlerinages et expéditions), en Pologne, en Dalmatie, etc. Le pays où elles florissent le plus est l'Italie. Par exemple, à Florence, on en compte quinze au XIIIe siècle, vingt-sept au XIVe, trente-six au XVe. Une confrérie, le Saint-Esprit de Rome, dépasse les mille membres. Parfois elles ont des filiales à l'étranger : confréries catalanes à Bruges, confréries de Flamands à Florence, confréries bretonnes à Paris. L'intérêt de ces groupes n'est pas seulement religieux. Il atteste aussi le développement de l'esprit d'association, dans la ligne de la *Genossenschaft,* de lointaine origine germanique. Parfois, les gouvernements s'en inquiètent, car elles peuvent, en temps de crise, dissimuler de dangereux complots.

Le gothique flamboyant. Une autre preuve de la piété générale est l'art. L'architecture gothique continue à fleurir d'une façon de plus en plus légère. Vastes fenêtres à fines embrasures qui, s'élevant comme des flammes jaillissantes, ont valu au nouveau style le nom de gothique flamboyant, *flamigero* en Espagne. Les voûtes se compliquent d'autres nervures, « liernes » et « tiercerons » particulièrement développées en Angleterre. C'est d'Angleterre que le flamboyant passe en France. Mais, ce qui devient éclatant, c'est la peinture fondamentalement religieuse, qui illustre le XIVe siècle et surtout le XVe siècle italien, le fameux Quattrocento. Qu'il suffise de mentionner Giotto, mort en 1336, peintre de saint François d'Assise, en attendant Fra Angelico, mort en 1455.

Les papes d'Avignon. Le premier signe d'une grave crise fut la décision du pape Clément V de quitter Rome et de s'installer à Avignon en 1309 en raison des troubles perpétuels qui agitaient Rome. Installation provisoire, pensait-il, dans une ville entourée du comtat Venaissin dont les papes étaient souverains. Avignon leur sera vendue en 1348 par la reine de Naples, comtesse de Provence, et l'ensemble restera jusqu'en 1791 une enclave pontificale dans le territoire français.

Les papes devaient rester à Avignon jusqu'en 1377. Ils y construisirent deux palais successifs. Mais le fait important est que là, les cardinaux, fussent-ils italiens, subissaient la pression du roi de France, non des Romains. A la grande fureur de ceux-ci, tous les papes furent français jusqu'en 1379. Le plus important fut Clément VI (1342-1352), Pierre Roger, moine de la Chaise-Dieu, en Auvergne, évêque d'Arras, puis archevêque de Rouen, puis chancelier du roi de France Philippe VI. C'est sous son pontificat que se produisirent deux très graves événements : le début de la guerre de Cent Ans, puis en 1348, la « peste noire ». Il accrut le mécontentement des Romains par sa vie luxueuse, ses dépenses, sa cour. Le bruit courut un peu partout en Europe que la peste était une punition de Dieu contre l'exil des papes à Avignon, la « captivité de Babylone ». Le retour du pape Urbain V, ancien abbé de Saint-Victor de Marseille, à Rome, eut lieu en 1367. Mais l'administration restait en partie à Avignon. Son successeur – encore un Français –, Grégoire XI, décida le retour total à Rome en 1376 peut-être sous l'influence d'une religieuse dominicaine mystique, la célèbre sainte Catherine de Sienne. Il mourut dès 1378.

Les origines du Grand Schisme. C'est là que le malheur de l'Église va s'accentuer. Le conclave, composé de seize cardinaux qui se trouvaient à Rome, se divisa en trois groupes : Français du Midi, Français du Nord, et Italiens. La foule romaine exerçait une évidente pression, hurlant : « Nous voulons un pape romain, au moins italien. » Par quinze voix sur seize, l'archevêque de Bari, Bartolonico Prignano, fut élu et prit le nom d'Urbain VI. Aussitôt, le roi de France Charles V protesta. Treize cardinaux français – plusieurs étaient arrivés après l'élection – contestèrent la régularité de l'élection. Ils se réunirent à Fondi et élurent le plus énergique d'entre eux, Robert de Genève. Celui-ci prit le nom de Clément VII. *C'est le début du Grand Schisme d'Occident.* Il dura jusqu'à l'élection de Martin V en 1417, avec des séquelles jusqu'en 1449, soit soixante et onze ans. La chrétienté se divisa en deux

243

244

245

243 Soins aux malades dans un hôpital, *fresque de Domenico di Bartolo Ghezzi (vers 1400-1474) à l'hôpital Santa Maria della Scala, Sienne (1440-1444).* **244** *« La prison babylonienne de l'Église. » Le palais des Papes d'Avignon, nouveau palais, 1342-1352.* **245** Le retour du pape Grégoire XI à Rome, *fresque (détail) de Benvenuto di Giovanni (1436-1518), musée de la Società del Esecuzione di Pie Disposizioni, Sienne.*

camps, urbanistes et clémentistes. Les urbanistes l'emportèrent dans l'Empire, la Flandre, l'Angleterre, une bonne partie de l'Italie, y compris Rome à l'exception du château Saint-Ange tenu par les cardinaux clémentistes. Les clémentistes étaient le roi de France et ses vassaux, notamment du Languedoc qui souhaitaient le retour du pape à Avignon. Ce qui fut fait. A côté de la France, le comté de Savoie, l'Écosse, alliée de la France, quelques princes allemands dont les ducs de Luxembourg, de Juliers, de Lorraine, etc., le duc d'Autriche Léopold III. La Suisse, la Bohême, la Moravie étaient partagées.
Il est évident que le morcellement féodal rendait cette répartition fort complexe. Les Espagnols restèrent d'abord neutres. Mais on assiste rapidement au ralliement à Clément de l'Aragon, de la Castille et du Portugal. Bien entendu la propagande était intense, menée par les légats et les contre-légats. Des violences se produisirent souvent, car les princes couvraient certaines ambitions tout à fait temporelles du voile pudique d'une pieuse action antischismatique. Ainsi vit-on des expéditions françaises en Italie, anglaises en Flandre. C'était la chrétienté en morceaux, et l'impasse.

Le pape et le concile. Nous ne parlerons pas ici des successeurs. Puisque ni la violence, ni les négociations, ni ce qu'on appelait la « soustraction d'obédience » (retrait de soutien à l'un ou l'autre pape) ne résolvaient le problème, l'idée vint de réunir un concile général. Dans les universités, de nombreuses voix s'élevaient affirmant que l'autorité du concile était supérieure à celle du pape. Trois conciles successifs vont marquer le XVe siècle, celui de Pise en 1409, celui de Constance qui dura de 1413 à 1418 et celui de Bâle (1431-1443).

Le concile de Constance. Dans une histoire de l'Europe, il est intéressant de voir la composition des quatre nations présentes à ce concile :
1) l'italienne avec la Crète et Chypre ;
2) l'anglaise avec le pays de Galles, l'Irlande et l'Écosse ;
3) l'allemande avec l'Empire, les Pays-Bas, la Suisse, la Dalmatie, la Croatie, la Hongrie, la Bohême, la Pologne et la Scandinavie ;
4) la française limitée au royaume de France.

Il y avait, comme on a dit, un « vide béant » : les Espagnols et les Portugais. Ils n'arrivèrent à Constance qu'en 1415 et constituèrent une cinquième nation. La chrétienté apparaissait de plus en plus comme une réunion de nations.
En 1417, un pape unique fut élu. Il prit le nom de Martin V. Le Grand Schisme, en principe, était terminé.
Restait à assurer ce que le désordre avait empêché, la réforme de l'Église.
Le concile se sépara en 1418.

Le Concile de Bâle. Le troisième concile important du siècle se réunit à Bâle, de 1431 à 1443. Les buts principaux étaient la réforme de l'Église, la réconciliation avec les chrétiens grecs, et les mesures à prendre contre les Turcs.
En fait, le concile de Bâle, beaucoup plus hardi que celui de Constance, essaya d'aboutir à un gouvernement de l'Église non plus par le pape, mais par lui-même. Le conflit s'ouvrit tout de suite entre les deux autorités. Bien plus, on voyait les clercs de rang peu élevé – bacheliers, licenciés en droit ou en théologie – disputer le pouvoir aux évêques.
Le concile allait-il devenir une assemblée souveraine, dont les décisions seraient « inspirées par le Saint-Esprit » ? A Bâle, les nations n'étaient pas reconnues.
Le concile élit un autre pape, Félix V contre le pape Eugène IV dont le successeur finit par s'imposer. Les ralliements au nouveau pape se multiplièrent dont celui du futur pape Pie II (1458-1464), théologien, historien, géographe, orateur, diplomate, canoniste et même poète. C'était la fin d'une très longue crise. Elle coïncidait à peu près avec la fin de la guerre de Cent Ans. Toutefois, les plaies restaient béantes. Au surplus, ces longues années de querelles contribuèrent à renforcer les États, car les souverains en profitèrent pour développer les Églises nationales au détriment de l'esprit universel – en fait européen – de la « République chrétienne ».

De cela, on peut donner trois exemples : les universités, les hérésies, les libertés par rapport au pape.

Les universités. Avec le Grand Schisme, le nombre des universités s'accrut et leur destination se modifia, tendant à devenir moins théologique et plus scientifique. Par ailleurs, le brassage de l'intelligentsia européenne, par la circulation des étudiants et des maîtres, se transforma du fait d'une surveillance de plus en plus étroite par les princes temporels. On peut s'en rendre compte en étudiant l'Europe pays par pays.

En Angleterre, les seules universités étaient Oxford et Cambridge. Des collèges et de belles bibliothèques furent alors créés.

En Écosse, Saint-Andrews.
C'est l'époque où l'anglais devient langue nationale. La crise du savoir et la décadence de l'enseignement, visibles partout ailleurs, furent moins accentuées en Grande-Bretagne.

En Flandre, une bulle pontificale créa, en 1425, l'université de Louvain. Attirés par de hauts « salaires » – le mot apparut alors pour les traitements – des maîtres affluèrent, venant de Paris, Bologne, Vienne, Cologne, Paris.

En Allemagne, furent créées Vienne (1384), Heidelberg (1385), Cologne (1388), Erfurt (1379), Würzburg, Leipzig, Rostock qui accueillirent nombre de maîtres et étudiants parisiens de tendance urbaniste.
En Espagne, comme il y avait plusieurs monarchies, celles-ci eurent tendance à avoir leurs propres universités : Salamanque et Valladolid pour la Castille, Lérida et Perpignan pour l'Aragon.

Au Portugal, le roi Fernand (1367-1383) transféra l'université de Coïmbra à Lisbonne.

En France, l'université de Paris resta la plus célèbre et ses prétentions s'enflèrent. Elle prétendait régenter l'orthodoxie théologique. Elle devint de plus en plus l'université du roi de France, et elle intervint à propos de Jeanne d'Arc. Mais elle perdit beaucoup de ses libertés. Au surplus, le schisme profita aux autres universités, de même que les divisions politiques. Caen fut une fondation anglaise (1420) ; Bordeaux se trouvait dans la Guyenne anglaise ; Dôle appartenait à l'État bourguignon ; Poitiers fut pour un temps l'université de Charles VII et du royaume de Bourges, puisqu'il avait perdu la souveraineté sur Paris ; Aix était l'université de Provence ; Toulouse, créée en 1368, fut le lieu de grands troubles. La « nation » de Guyenne était proanglaise et fit la grève en 1418. La vieille université d'Orléans déclina au profit de Paris, tandis que celle de Montpellier devint, grâce à des statuts de 1380, un célèbre centre médical. Angers était moins important. Avignon bénéficia de la présence des papes. Grenoble fut créée en 1430.
Même phénomène de compartimentage en Italie qui possédait vers 1400 une quinzaine d'universités, plus que la France. Mais là, il s'agissait de petits États totalement indépendants. A Bologne, les étrangers, Espagnols, Allemands, Anglais, étaient nombreux. Signalons encore Padoue, Pavie, Turin, Florence qui jouera un rôle important dans le développement de l'humanisme italien, Sienne, Naples, Catane. A Rome, les deux universités étaient médiocres car Bologne, située dans les États pontificaux, attirait les meilleurs.
Dans le royaume de Bohême, l'université de Prague, déjà ancienne, comptait quatre nations, dont il est intéressant d'analyser la composition : saxonne (Saxe, Brandebourg, Brunswick, Pays-Bas, Westphalie) ; bavaroise (Bavière, Autriche, France, Suisse, Rhénanie, Hollande) ; polonaise ; tchèque. Les trois premières restaient attachées au pape de Rome. La Bohême était clémentiste.
En 1409, le roi Wenceslas – personnage peu recommandable, qui avait été empereur, puis chassé du trône impérial – fit donner trois voix à la nation tchèque ; aux autres une seule voix pour elles trois réunies. Le résultat fut que les Allemands quittèrent Prague, et déclarèrent que les Tchèques étaient des hérétiques.
On notera aussi la création en Pologne de l'université de Cracovie, en Hongrie d'une université à Budapest.

246

247

246 *La fin du Grand Schisme. Le roi Sigismond et deux cardinaux élisent le pape Martin V à Constance. Miniature de la* Chronique *d'Ulrich von Richentals, vers 1465.* **247** *Éclosion des universités en Angleterre : Trinity College, à Cambridge, fondé en 1546 et transformé aux XVIIe et XVIIIe siècles.*

Les hérésies. Outre le Grand Schisme, la crise conciliaire, un autre facteur de division se manifesta : l'hérésie. La crise de la chrétienté retardait la réforme catholique. Certains hommes, par idéal, l'entreprirent eux-mêmes. Ce fut la « préréforme » ou *Vorreform,* car la Réforme proprement dite se produira un siècle plus tard. Or, les deux principaux auteurs d'hérésies, John Wyclif et Jan Hus, son disciple, contribuèrent à consolider les particularités nationales de leur pays, à savoir l'Angleterre et la Bohême. Que faut-il, selon notre perspective européenne, retenir de leur action ?

John Wyclif. Wyclif (v. 1329-1384) est un mystique contemporain d'autres grands mystiques, le Flamand Ruysbroek, sainte Catherine de Sienne. Mais on le connaît aussi comme un éminent professeur d'Oxford et comme un théologien, théoricien de la « prérogative royale ». Par rapport aux papes, il sera longtemps protégé par le duc de Lancastre, Jean de Gand. Son originalité fut de placer la Bible, l'écriture sainte, au-dessus de l'Église, d'où il tira la conclusion qu'il n'y avait pas besoin de papes ni même de clergé. C'est le « libre examen », par chaque individu, et non l'enseignement officiel de l'Église qui apporte la vérité. Les sacrements eux-mêmes perdent de l'importance, et l'eucharistie n'est qu'un symbole. Tout cela s'accompagnait de prédications populaires, parfois violentes, et après sa condamnation par

248 **248** *Précurseur de Martin Luther, le réformateur anglais John Wyclif (vers 1320-1384). Ses adversaires surnommaient ses partisans « Lollards » (langues de vipères). Portrait anonyme du XVIIe siècle, King's College, université de Cambridge.*

Carte 20 : *Réforme religieuse et révolution politique à l'aube des Temps modernes.*

l'université d'Oxford et par le pape, on le soupçonna d'avoir organisé la grande révolte ouvrière anglaise de 1381 avec l'aide de ses disciples, les « pauvres prêtres ». Il faut noter que malgré son échec final, Wyclif resta très populaire en Angleterre où il avait, entre autres activités, fait traduire la Bible entière en anglais. Ses partisans furent appelés les *Lollards*.

Jan Hus. Jan Hus (v. 1369-1415) appartenait à une autre génération. Hus était également professeur. Il enseignait à l'université de Prague. Plus moraliste que mystique, il possédait un redoutable talent de polémiste. Hus était également un excellent prédicateur populaire. Il voulait réformer l'Église et admirait beaucoup Wyclif, mais plus pour son action réformiste que pour ses théories. Il croyait, lui aussi, que le pape était plus nuisible qu'utile à l'Église. Très populaire dans son pays, il était détesté à Rome, pour sa lutte contre les cardinaux, devenus des seigneurs opulents, contre le trafic des indulgences, la « piété arithmétique » comme on a dit (on additionnait le nombre de jours de Purgatoire que l'acquisition d'indulgences pouvait procurer). Il voulut exposer ses idées au concile de Constance ; mal lui en prit. Il fut jugé, en butte à l'hostilité de l'université de Paris et de son grand professeur Gerson ; il fut condamné, livré au « bras séculier » et, après avoir subi la dégradation sacerdotale, il fut exécuté en 1415. Ses très nombreux disciples contribuèrent largement à développer l'esprit national et étatique en Bohême.

Les « libertés » des Églises nationales. Matériellement, les Églises, à tous les niveaux de la hiérarchie, étaient fondées sur le « bénéfice » – celui-ci, par le revenu qu'il procurait, servait à faire vivre tous les clercs, des plus élevés, les cardinaux, jusqu'aux plus humbles prêtres. De plus en plus, les princes voulaient contrôler cette manne en disposant eux-mêmes de la collation de ces bénéfices. S'ils en choisissaient les titulaires, ils avaient un magnifique moyen de récompenser leurs partisans, leurs amis sans bourse délier. Au XVe siècle, on en était parfaitement conscient. Gerson, grand maître de l'université de Paris, écrivait vers 1410 : « Quand l'autorité pontificale fléchit, il faut néanmoins maintenir la cohésion des Églises nationales et conserver ainsi leur

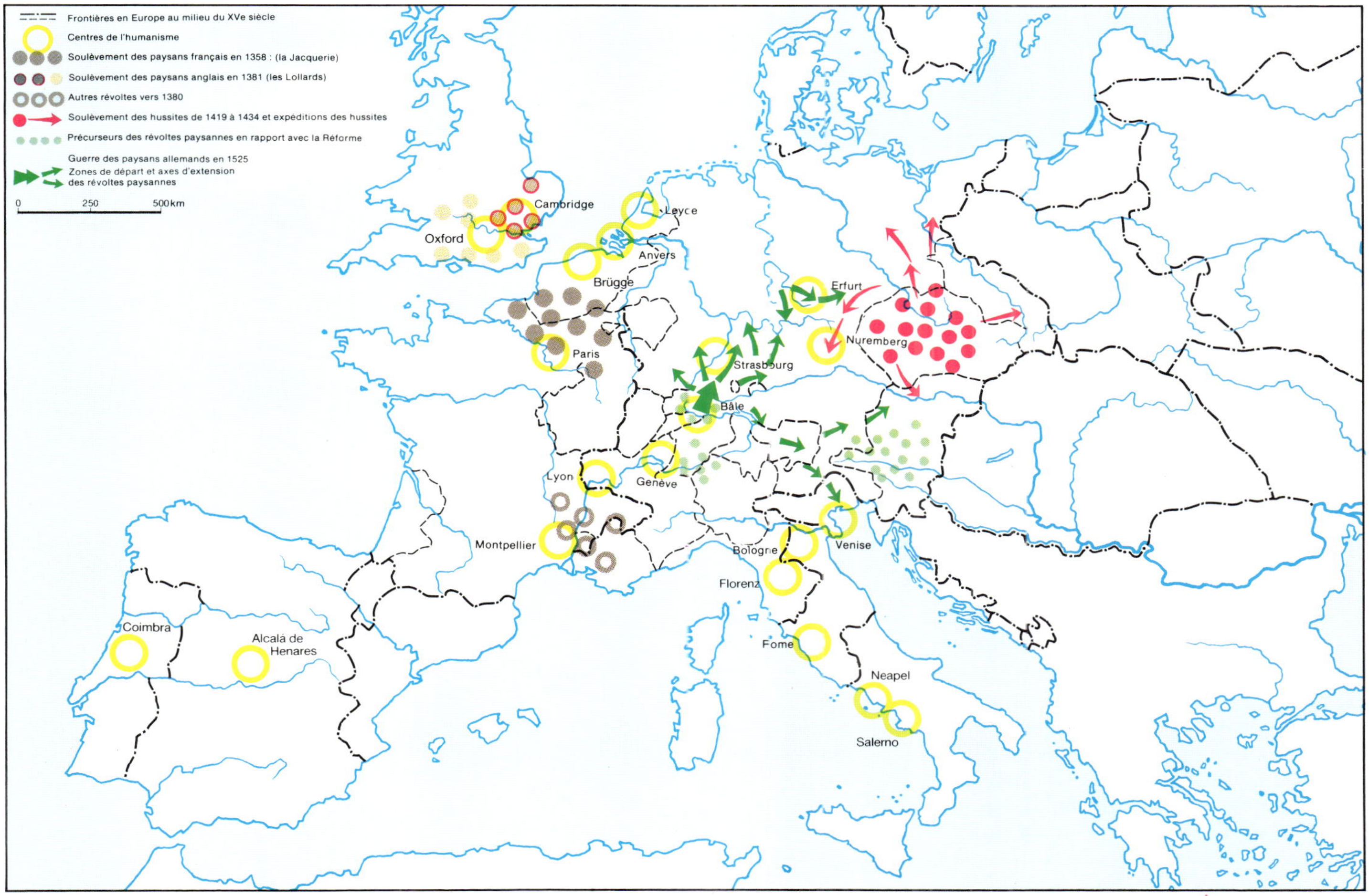

force d'apostolat, rôle qui incombe au prince chrétien. »

Plutôt que de laisser les souverains s'emparer de la collation des bénéfices ecclésiastiques par décision unilatérale, la politique des papes, à partir de Martin V, tentera d'aboutir à des accords bilatéraux, les « concordats ».

Essayons de donner, pour chaque pays européen, une vue du problème.

Le gallicanisme. En France, les « libertés » de l'Église nationale prirent le nom de gallicanisme. L'origine en est peut-être un ouvrage célèbre, *le Songe du Vergier,* écrit en 1372, peu avant le déclenchement du Grand Schisme. Au début du XVe siècle, la doctrine était au point (concile de Paris en 1406). Le roi possédait tout le droit de collation des bénéfices. Les officiers royaux, ne craignant plus guère l'excommunication, supprimaient l'un après l'autre les privilèges des clercs : tribunaux spéciaux, exemption d'impôts, etc. »

Toutes gens d'Église doivent payer les aides, car c'est pour la défense du royaume. » Tout cela aboutit à une série d'« ordonnances » gallicanes, à l'apparition de deux camps opposés : partisans du pape (par exemple l'université de Toulouse, les Bourguignons), parti gallican (avec Gerson, Pierre d'Ailly, les Armagnacs). En 1438, par la « Pragmatique Sanction » de Bourges, vraie charte de l'Église gallicane, le roi devient « la première personne ecclésiastique du royaume ». Évêques et abbés sont en principe élus : on peut donc parler de « gallicanisme épiscopal » très hostile au pape. Le duché de Bretagne se sépara de la France gallicane par le concordat de Redon de 1441.

L'anglicanisme. En Angleterre, l'opposition aux papes d'Avignon fut totale, venant du roi, mais aussi du Parlement. Un concordat fut signé avec le pape de Rome en 1398, simple partage des collations entre le pape et le roi. La dynastie de Lancastre dénonça le concordat et pratiqua une politique anglicane, qui ne fut pas aussi extrémiste que la politique gallicane. Sous l'occupation par les Anglais d'une partie du territoire français, l'anglicanisme fut introduit en France. Un des exemples de la soumission du clergé français à l'autorité anglaise est la prise de position de l'évêque de Beauvais, Cauchon, accusateur de Jeanne d'Arc.

On a dit qu'en France, défendre les libertés, c'était résister au pape. En Angleterre, c'était obéir au roi. Notons que les Irlandais résistèrent de leur mieux à l'intrusion du roi dans les affaires de l'Église.

Les « libertés » allemandes. En Allemagne, où l'Empire apparaissait désormais comme *regnum teutonicum* (royaume teuton) et non plus comme la monarchie universelle et où la nation allemande, au XVe siècle, fort disparate, ne coïncidait pas avec cet Empire, la piété populaire restait intense et l'Église, divisée entre de nombreux princes, se trouvait très attachée aux « libertés germaniques » et souvent très hostile au pape, en particulier les évêques-électeurs de Mayence, Trèves et Cologne, un peu moins ceux de l'Est confrontés aux invasions et ayant donc davantage besoin du Saint-Siège et réciproquement d'ailleurs.

La misère du pays, le désordre de la hiérarchie ecclésiastique, la rapacité de nombreux évêques intensifièrent en Allemagne la volonté de réforme, mais introduisirent également un certain courant laïque.

Les sectes se multipliaient, l'influence hussite se manifestait, intense était le mysticisme dont un des grands noms fut Nicolas de Cues, né en 1400 et, comme on l'a dit, « portier des temps nouveaux », homme qui « rompt avec le Moyen Age ». En 1446, à Francfort, une vaste assemblée se réunit : ducs, comtes, le roi de Danemark, le grand maître de l'ordre teutonique, évêques, délégués des villes et des chevaliers, représentants du concile de Bâle et du pape étaient présents : leurs travaux aboutirent au *Fürstenkonkordat* (concordat des princes) proclamant l'éminence du concile,. non sa supériorité. En 1448, le concordat de Vienne donnait au pape beaucoup plus de pouvoir en Allemagne que la Pragmatique Sanction ne lui en avait laissé en France.

Pologne. En Pologne, le pape garda une très large part des collations de bénéfices.

Scandinavie. En Scandinavie, après l'« Union de Kalmar » de 1397, réunissant les trois couronnes de Suède, de Norvège et de Danemark, chaque État garda ses institutions propres. L'Église danoise restait sous influence allemande, celle de Norvège s'éloignait de celle de l'Écosse et celle de Suède restait liée à Rome. Beaucoup d'évêques étaient étrangers, le bas clergé était assez peu instruit et respectait mal la règle du célibat. Quant à l'église d'Islande, elle était très isolée, repliée sur elle-même.

Hongrie. Les évêques étaient nommés par le roi ou par les magnats hostiles à Rome.

Espagne. La nation espagnole était très

249

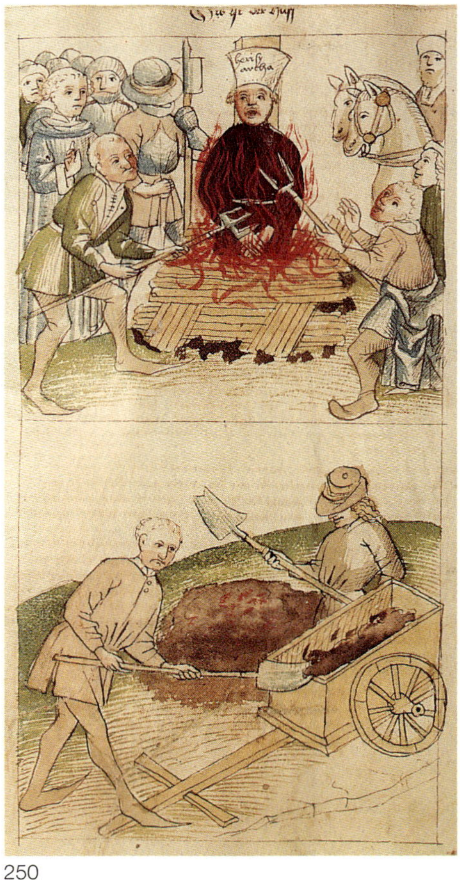

250

unie, mais très fidèle au pape, peu attirée par la suprématie du concile. L'Église fournit des personnalités remarquables et, notamment, le grand prédicateur dominicain saint Vincent Ferrier qui mourut à Vannes en 1419. Le Portugal plus influencé par l'Angleterre que par la France, se maintint à l'abri des querelles. Comme l'Aragon, il se lança dans des conquêtes qu'on appelait aisément « croisades ». Les Portugais prirent, en 1415, Ceuta, seule ville qui « en Afrique, la troisième partie du monde, confesse le nom du Christ ».

251

IV. L'essor scientifique de l'Europe

Au XIIe siècle, encore au XIIIe siècle, la chrétienté latine, c'est-à-dire presque toute notre Europe paraît être en retard sur les autres grandes communautés : les Chinois et les Arabes, dans une certaine mesure des Byzantins. Pour quatre siècles, l'Europe va prendre la tête, en matière de *science fondamentale,* de *Science appliquée,* de *technologie,* avec, à la fin du XVIIIe siècle, l'application massive des découvertes à la fabrication d'objets destinés à améliorer le confort des hommes. Il faut d'abord étudier les influences étrangères, et notamment celle de la Chine et celle des Arabes (non de l'Islam en tant que tel, dont de vastes communautés restaient fort éloignées des centres les plus brillants).

Influences lointaines : la Chine. Pour la Chine, les contacts sont évidemment difficiles. Sur de nombreux points, les Chinois ont une large antériorité dans la découverte : la soie, la poudre, la grenade, le canon qu'ils utilisent dès le XIIIe siècle. L'Occident s'en servira lors de la bataille de Crécy en 1346 et surtout au XVe siècle. Citons encore la boussole, le papier, l'encre, la brouette, les puits artésiens.
Les inventions chinoises ont certainement été transmises par les Arabes. Les contacts directs entre la Chine et l'Occident semblent avoir été très rares et, en 1368, l'avènement de la dynastie traditionaliste des Ming ainsi que l'expulsion des Mongols hors de Chine et l'apparition de Tamerlan au Tukerstan aboutissent à une *fermeture durable de la Chine aux Européens*.

Influence proche : les Arabes. L'influence arabe est bien plus aisée, malgré des oppositions religieuses et des guerres. La civilisation arabe et celle de l'Occident se côtoient le long de frontières communes et en Méditerranée. Cette influence s'exerce d'abord à partir de Bagdad puis, de plus en plus, par l'Espagne, et à partir du XIIIe siècle par la Sicile. Une liste des savants arabes – ou chrétiens ou juifs de culture arabe – établie par R. Arnaldez peut être résumée ainsi :
Parmi les apports arabes, et indiens, les plus connus, rappelons les chiffres dits « arabes », l'abaque ou table de calcul et l'astrolabe, instrument d'observation céleste (perfectionné ensuite en Allemagne).

Deuxième moitié du VIIIe siècle	Nombre total 8	Orientaux 8	Arabes d'Espagne 0
IXe siècle	39	39	0
Xe siècle	34	31	3
XIe siècle	30	21	9

249 *Au concile de Constance, Jan Hus est condamné à mort. Il est excommunié par le tribunal et emmené.* **250** *Hus meurt sur le bûcher, on enterre ses cendres. Miniature de la* Chronique *de Richental, vers 1465.* **251** *Sainte Catherine de Sienne (vers 1347-1380). Elle décida le pape Grégoire XI à revenir à Rome. Fresque de Francesco Vanni, San Domenico, Sienne.* **252** *Voyage en Chine : Kubilai Khân tend à Niccolo et Marco Polo le sauf-conduit impérial, à Pékin, en 1292. Miniature française du* Livre des merveilles du monde*, 1375.*

252

La médecine. Pour la médecine, on vit à la même époque apparaître une étrange institution, l'école de Salerne, symbole de cette Italie du Sud disputée entre Byzantins, Arabes, bientôt Normands. On y fit beaucoup de progrès grâce à la dissection, notamment de porcs, à la trépanation, à la connaissance des tumeurs cancéreuses et des blessures au ventre. Les médecins de Salerne auraient su les premiers distiller le vin et condenser les vapeurs d'alcool, ouvrant ainsi une voie nouvelle à la pharmacie, à la parfumerie... et à l'alcoolisme.

Avicenne et Averroès. Avicenne (Abou Ibn Sînâ), philosophe, médecin, né vers 980 en Perse, mort en 1037, fut l'une des plus grandes figures de la science et de la philosophie arabe. Il fut l'un des grands traducteurs d'Aristote, et plusieurs princes orientaux l'invitèrent à leur cour comme vizir et médecin.
Après Avicenne, le grand traducteur d'Aristote fut Averroès (Abou Ibn Ruchd), né à Cordoue vers 1120, mort au Maroc entre 1198 et 1206. Il fut l'élève d'un médecin juif de langue arabe, Avenzoar, né vers 1070 à Peñaflor. Ses commentaires sur Aristote seront publiés en latin. Son contemporain, le Juif Maïmonide (1135-1204), fut son élève. Théologien, astronome, auteur d'un *Traité des poisons,* il publia également un *Livre de l'explication de la drogue médicinale.* Il faut noter au passage que le commerce des épices et des drogues, depuis Charlemagne, était largement aux mains des Juifs et il y avait des pharmaciens juifs dans toute l'Europe : la profession se transmettait de père en fils.
Ces grands hommes eurent des disciples venus de toute la chrétienté. On ne peut énumérer sèchement des noms. L'essentiel est de constater cette osmose qui, des pays arabes ou des confins (Salerne, Cordoue, la Sicile), affecte toute l'Europe. Tolède reconquise devint aussi un centre remarquable de rayonnement intellectuel.
Ajoutons que les Arabes avaient su garder les écrits grecs et latins et les traduire. Pour tous les ouvrages donc, où la pensée est plus précieuse que le style, le rôle du relais arabe fut énorme.
Avec R. Arnaldez, nous pouvons conclure « que les Arabes ont fait plus que transmettre la science : ils en ont réveillé le goût, ils l'ont cultivée, ils ont exercé leur esprit critique et ont commencé à confronter les concepts grecs avec l'expérience. Leur tendance, toute moderne, à développer les techniques et les applications pratiques, les a considérablement favorisés. Nous leur sommes redevables, en astronomie, en mécanique, en chimie, de l'invention d'utiles instruments, et en médecine, du développement des premiers grands hôpitaux, les *maristans,* où le soin des malades allait de pair avec la formation des jeunes médecins et les observations purement scientifiques ».
Deux souverains « éclairés » du XIIIe siècle retiennent notre attention : l'empereur Frédéric II (1194-1250) et le roi de Castille Alphonse X le Sage, surnommé à l'étranger « l'astronome », qui régna de 1252 à 1284.

253

L'empereur Frédéric II. Frédéric II résidait essentiellement en Sicile. Personnage impie, sans cesse excommunié, débauché, cruel, extrêmement intelligent, il joua le rôle de mécène, il protégea son astrologue Michel Scot et le plus grand mathématicien du Moyen Age, Léonard de Pise. Il écrivit un extraordinaire *Traité de fauconnerie,* largement fondé sur l'expérience et, petit détail, il introduisit la première girafe dans la chrétienté !

Alphonse X. Alphonse X nous est connu comme poète, musicien, juriste, astronome. Il publia un *Libros del Saber de Astronomia* en 1280, énumérant les étoiles et les instruments d'astronomie et fit publier, en langue espagnole, les *Tables alfonsines* sur les problèmes de calendrier.
Le développement de la science, tout à fait perceptible dans l'Occident dès le XIVe siècle, peut-il s'expliquer de façon satisfaisante ?
La poignée d'intellectuels qui avait provoqué la Renaissance carolingienne plaçait dans le sacré le centre de toute étude. Les hommes des universités, au XIIIe siècle, représentaient une intelligentsia beaucoup plus nombreuse et ne méprisaient pas du tout le *quadrivium,* ce que nous pourrions appeler la Faculté des sciences. La religion, en soi, n'était un obstacle que lorsqu'elle s'introduisait dans des domaines laïques. Mais, précisément, beaucoup de clercs n'étaient pas conscients qu'il existait des domaines étrangers à la théologie. On peut prendre un exemple : la dissection. Les progrès de la médecine étaient liés à la dissection. Depuis le IIIe siècle av. J.-C., on ne disséquait plus les cadavres humains.
On ne recommença qu'à la fin du XIIIe siècle. Un concile de Venise, tenu en 1368, autorisa une dissection par an. Et, à l'assouplissement des contraintes religieuses, s'ajouta une critique croissante de l'*autorité* des Anciens et l'idée, déjà chère aux Arabes, que l'observation, l'empirisme constituaient des méthodes plus sûres, faisait son chemin.

253 *La philosophie arabe en Europe : le théologien augustin Heinrich von Friemar (vers 1245-1340), appelé Henricus de Alemania, vêtu à l'orientale devant ses étudiants de l'université de Paris. Enluminure (détail) de Laurentius de Voltalina, école de Bologne (deuxième moitié du XIVe siècle).*

254

254 *« Montrer ce qui est comme c'est », copie à l'aquarelle d'une miniature tirée du* Liber de arte venandi cum avibus *de l'empereur Frédéric II (début du XIIIe siècle).* **255** *Page des* Tables alphonsines *d'Alphonse X le Sage, recueillies en 1272 par Yehouda ben Mose et Isaac ben Sid à Tolède en 1272.* **256** *Début de l'Évangile de saint Luc dans la Bible à quarante-deux lignes de Gutenberg, imprimée à Mayence en 1455.*

Les techniques. Dans l'ensemble, les sciences appliquées, les techniques progressèrent alors plus vite que la science fondamentale. Il s'agissait là de cet irrésistible mouvement qui pousse les hommes à mieux résoudre les problèmes de la consommation et du confort.

Ce fut d'abord la conquête des forces motrices qui explique sans doute le déclin de l'esclavage.

Apparurent le collier d'épaule, le mors de bride à branche et à gourmette, on pava les routes, le moulin à vent atteignit l'Espagne au Xe siècle, le moulin à eau se répandit dans toute la chrétienté latine, le système bielle-manivelle s'installa en Allemagne au début du XVe siècle.

Autres innovations médiévales : la sériciculture, la fauconnerie, la préparation du hareng saur, la champagnisation du vin blanc, à Clairvaux au XIVe siècle, le rouet, le haut fourneau et la fonte.

Les progrès dans l'industrie du verre furent importants : un nom vient à l'esprit, celui de Murano près de Venise. Le principe de la loupe fut découvert par un Arabe au XIe siècle et par un grand savant de l'école d'Oxford.

Le papier, l'encre et l'imprimerie. Au XIIe siècle, furent introduits le papier, fait avec des chiffons, inventé par les Chinois au III e siècle ap. J.-C., et l'encre. Le papier se fabriquait surtout en Italie, grosse exportatrice, puis en France, autour de Paris et de Troyes.

Avec les majuscules romaines, les minuscules carolines, l'encre et le papier, on approche de la plus formidable invention, celle de l'imprimerie, par Johannes Gensfleisch de Gutenberg, né à Mayence vers 1400, mort en 1460.

Lorsqu'on compare ces deux dates : 1450, la *Biblia Latina* de Gutenberg et Fust tirée à cent trente exemplaires ; 1453, la prise de Constantinople par les Turcs, on perçoit que l'on va entrer dans une époque nouvelle. Vers 1480, on comptait dix imprimeries en France et à Genève, quatre en Angleterre, treize aux Pays-Bas, dix-neuf en Allemagne de l'Ouest et Suisse alémanique, cinq en Allemagne de l'Est, une à Prague, Cracovie, Budapest, Breslau, six en Espagne, quarante en Italie du Nord, trois en Italie du Sud, soit un total européen de cent quatre.

Grâce au papier – qui à surface égale coûtait huit fois moins cher que le parchemin – et à l'imprimerie, qui permettait de nombreux tirages, une vie intellectuelle tout à fait nouvelle put se développer. 15 à 20 millions d'exemplaires furent produits de 1450 à 1500. Pour le XVIe siècle, ce fut 150 à 200 millions pour cent cinquante mille à deux cent mille éditions : un quart pour la France, un quart pour l'Allemagne, un quart pour l'Italie, un huitième pour les Pays-Bas, un huitième pour le reste de l'Europe, Espagne, Angleterre, pays de l'Est. Des particuliers constituèrent des bibliothèques qui ne dépassent que rarement deux cents volumes : on a évalué cependant à un millier d'exemplaires la fameuse « Tour des livres » du philosophe Montaigne, à la fin du XVIe siècle. On vit aussi apparaître l'écrivain professionnel. Désormais, un puissant mouvement intellectuel se développa en dehors de l'université. C'est l'humanisme qui fit l'éclat du XVIe siècle.

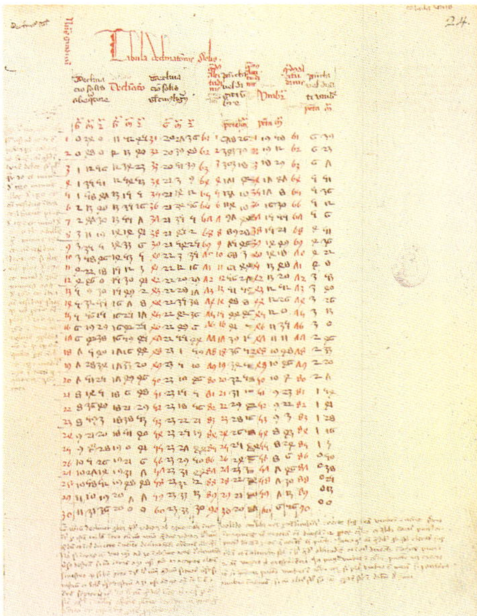
255

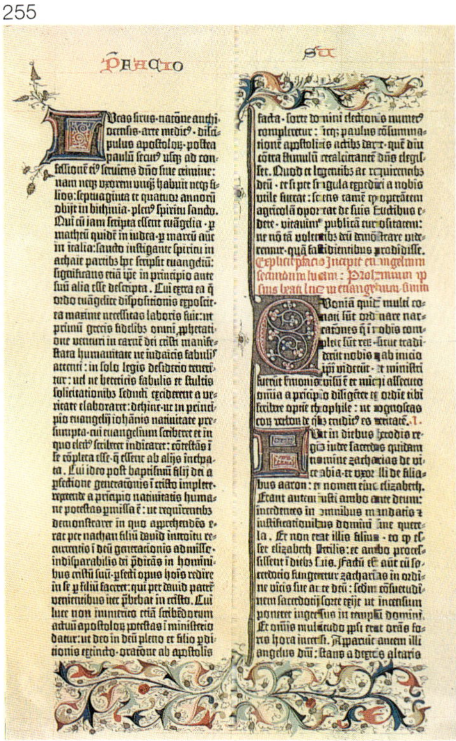
256

V. La maîtrise européenne de la navigation

A partir du XIIIe siècle, les maîtres de la navigation ne sont plus les Vikings ni les Byzantins, mais les Allemands de la Hanse et les Italiens, en attendant les Portugais et les Espagnols.

Anciens et nouveaux types de navires. Les descendants des Vikings utilisaient une barque à *faible tirant d'eau,* effilée, marchant à la voile et à la rame. La *nef occidentale,* naviguant à la voile, était plus arrondie, plus stable, plus lente. Les Byzantins suivaient la tradition de la galère à pont unique, très allongée, munie d'un éperon : le *dromon,* ou *galea* si elle était plus effilée. Les bateaux de la marine marchande voguaient à la voile. En 1161, une fois la paix rétablie entre Allemands du Nord, de Hambourg et de Lübeck avec les habitants de l'île de Gotland en Suède, une communauté de marchands allemands commerçant avec cette île se constitua et prit le nom de Hanse (du vieil allemand *hansen,* « s'associer »). D'autres ports, dont Brême, y adhérèrent. Elle était dominée par Hambourg et Lübeck. Le grand succès des villes hanséatiques fut l'invention par les Frisons du *Kogge,* navire à une seule voile, avec un tirant d'eau de trois mètres. En 1220, le gouvernail latéral fut remplacé par le gouvernail d'étambot axial.

Du côté italien, l'épisode essentiel fut le développement de la puissance de Venise. Gênes et Pise suivirent, Venise construisait des galères de type byzantin, mais plus grosses, les *galee da mercato*. Il y en avait peu ; en revanche, les petits navires étaient nombreux.

Le grand commerce. Le grand commerce maritime du Nord et celui du Sud furent d'abord reliés par voie de terre, ce qui explique le grand essor, entre la riche Flandre et la riche Italie, des foires de Champagne. Le transport terrestre était coûteux et la guerre de Cent Ans allait détourner les courants commerciaux de France. Au XIVe siècle, les deux commerces se rejoignirent non plus par terre mais par mer. La Hanse transportait des produits lourds et elle inventa un navire qui remplaça la *Kogge* : c'était la *Hourque (Halk)*. Les Génois et les Vénitiens avaient doublé le tonnage de leurs galères et, vers 1450, triomphe la *nef* ou *caraque*. A la même époque apparut la caravelle, d'origine italienne ou atlantique. Les autres navires à voile se bornaient à un mât. La caravelle en avait trois. Elle était rapide et pouvait transporter quatre cents tonnes.

Instruments et procédés de navigation. La *boussole,* qui venait de Chine, arriva vers 1200 et son usage fut désormais mentionné par de nombreux écrivains. L'aiguille aimantée flotta d'abord sur l'eau, puis tourna autour d'un pivot (le Français Guyot de Provins, l'Anglais Alexandre Neckham, l'Italien Petrus Peregrinus). Toutefois, la déclinaison magnétique, connue au XVe siècle, ne fut vraiment précisée que par Christophe Colomb en septembre 1492. Au début du XIIIe siècle, la rame-gouvernail, latérale, fut remplacée par le *gouvernail axial.*

De même apparurent les *instructions nautiques,* les *portulans,* guides pour l'entrée des ports. « Les *portulans* réfléchirent non seulement un monde qui ne pivotait plus autour de Jérusalem, mais un monde où le croissant de l'Islam était souvent tracé pour indiquer les régions infidèles... Au moment même où l'Europe et la chrétienté devinrent sous tous leurs aspects analogues, les cartographes en révélèrent l'identité sur leurs cartes » (Denys Hay).

Ces cartes furent d'abord rares et très inexactes. La carte de Cotton, dite « anglo-saxonne » (Xe-XIIe siècle), représentait tant bien que mal les trois continents. Les mappemondes d'Herford et d'Ebsdorf (1284) suivirent cette tradition de médiocrité et d'ignorance. Mais avant même celles-ci, la géographie put renaître. Les Arabes firent connaître aux Occidentaux les travaux du plus grand géographe de l'Antiquité, Ptolémée. Dès le XIIe siècle, les cartes se multiplièrent, des itinéraires furent tracés, conduisant jusqu'en Chine, on découvrit que la Scandinavie n'était pas une île. On s'aperçut de la nécessité de l'exactitude. La première mention d'une carte marine date de 1270 : Saint Louis vogue alors vers Tunis sur un vaisseau génois. Le principal centre de la cartographie marine fut la Catalogne avec Majorque. Comme la trigonométrie se développait à l'université d'Oxford, elle permit, combinée avec certaines observations, les premiers balbutiements, au XIIIe siècle, de la *navigation astronomique*. Celle-ci, ignorée en Méditerranée, fut inaugurée au large des côtes africaines, dans l'Atlantique.

257 *Plus de deux cents villes appartenaient à la Ligue hanséatique : au port de Hambourg, la douane ; en arrière-plan, les vaisseaux de la Hanse* (kogge). *Miniature du « droit maritime » tirée du code de droit civil de Hambourg (1497).*

Les premières découvertes. Des aventuriers arabes, partis de Lisbonne, auraient reconnu dès 1124 Madère et les Açores (selon le grand géographe arabe sicilien al-Idrîsî). On songeait à chercher la route des Indes par l'ouest. Le vent alizé du nord-est conduisait vers les « îles Fortunées » ou Canaries. On remontait au nord pour retrouver les vents d'ouest qui ramèneraient les caravelles vers la péninsule Ibérique. Madère, les Canaries, les Açores furent de plus en plus visitées par des Portugais, Italiens, Majorquins, Catalans, Andalous (entre 1341 et 1393). En 1402, ce fut le tour d'une expédition française dirigée par Jean de Béthencourt. Génois et Catalans étaient alors les grands maîtres. Les Génois se louaient souvent au service du Portugal. Les Catalans menèrent certaines expéditions espagnoles (Jaime Ferrer, qui explora en 1346 la côte africaine au-delà du cap Bojador, à 16° de latitude nord). L'infant Jean d'Aragon favorisait les découvertes africaines.

Au XVe siècle, le Portugal devint pour un temps la première puissance navale. L'infant Henri le Navigateur, sans quitter le Portugal, dirigea avec méthode, de 1415 à 1460, l'exploration de l'Afrique. Il collectionna les cartes, les livres, les instruments, fit venir des savants, notamment de Majorque. Peu après sa mort, on vit apparaître la détermination de la latitude par la hauteur du soleil à midi. On naviguait de plus en plus en faisant le *point* qui remplaça la méthode médiévale de *l'estime.* Pour la longitude se posera longtemps encore le problème du *transport de l'heure.*

Anciennes et nouvelles puissances commerciales. Si l'on fait le bilan de l'évolution commerciale dans la deuxième moitié du XVe siècle, on notera que les deux grands commerces traditionnels, celui de la Hanse et celui des Italiens, restèrent très vigoureux. De même le commerce flamand. Le port de Bruges n'était pas encore ensablé. Les Italiens y venaient en grand nombre apporter leurs produits. Il y avait à Anvers une « rue de Hambourg », une « rue de Lübeck ». En Italie, face à Venise et Gênes, la Lombardie, avec Milan, se trouvait en plein essor, de même Naples qui devint un important port d'escale. Mais à ces puissances déjà anciennes vinrent s'en opposer de nouvelles. Nous avons déjà parlé de l'Espagne, où le grand centre fut Séville-Cadix, et du Portugal, avec Lisbonne. Parmi les nouveaux, figure l'Allemagne du Sud, principalement grâce à ses mines d'argent, d'étain, de cuivre, de zinc. Les marchands allemands s'implantèrent dans toutes les villes commerciales (le *Fondaco dei Tedeschi* à Venise). C'est aussi l'Angleterre, avec les compagnies des *Merchant Adventurers* qui essayèrent d'imposer leur monopole pour le commerce anglais, firent abolir les privilèges des Hanséatiques, et menèrent une lutte violente contre la Hanse jusqu'à la paix d'Utrecht (1474). C'est enfin la Hollande où Amsterdam et Rotterdam se développèrent considérablement.

La France, au contraire, ruinée par les guerres et la dépopulation, n'entra pas dans le grand commerce. Ses foires elles-mêmes déclinaient. Après celles de Champagne, ce fut le tour de la Foire du Lendit, à Saint-Denis. La foire de Francfort prit le relais.

Les papes tentent de fixer le partage du monde. L'aube d'une extraordinaire expansion outre-mer commençait à se lever. Cela devait transformer le monde, l'élargir, donner une dimension nouvelle à la pensée et à l'activité des hommes, et démontrer la supériorité incontestable des Européens. Mais toute médaille a son revers. Ce sera aussi le point de départ de la rivalité entre navigateurs, puis entre colonisateurs, et une des plus graves atteintes au pouvoir de la papauté.

Vicaires de Dieu, les papes revendiquaient une souveraineté universelle sur les territoires nouvellement acquis, et le droit d'en répartir la concession à des pouvoirs laïques. Aussi la papauté suivitelle avec un extrême intérêt la compétition entre la Castille et le Portugal. Le roi de ce pays avait affirmé sa maîtrise absolue de l'Afrique et de son commerce audelà du cap Bojador (1443). La Castille contestant ce monopole, le roi du Portugal demanda au Saint-Siège de le confirmer, ce que fit Nicolas V par la bulle *Romanus Pontifex* de 1455 interdisant à tous autres que les Portugais d'y commercer. En 1479, un accord de partage – le premier d'une longue série qui durera jusqu'en 1914 – fut signé à Alcaçovas entre le roi Alphonse V du Portugal qui renonça aux Canaries et les souverains Ferdinand et Isabelle, qui abandonnèrent toute prétention sur la côte d'Afrique.

Ainsi s'affirmait la volonté espagnole d'une avancée vers l'ouest inconnu, et celle des Portugais de poursuivre leur avance vers le sud, le long des côtes d'Afrique. On cherchait de nouvelles voies vers l'Inde, les Espagnols la voie occidentale supposée, et le Portugal la voie orientale. Le pape confirma ce partage, qui excluait toutes les autres nations.

Cela va prendre une allure officielle après la célèbre expédition de Christophe Colomb en 1492. Le roi Ferdinand d'Aragon s'adressa à son compatriote et ami le pape

258

258 *Henri le Navigateur (1394-1460) instaura la puissance commerciale et coloniale du Portugal. Tableau (détail) de Nunio Gonçalves, Lisbonne (vers 1465).*

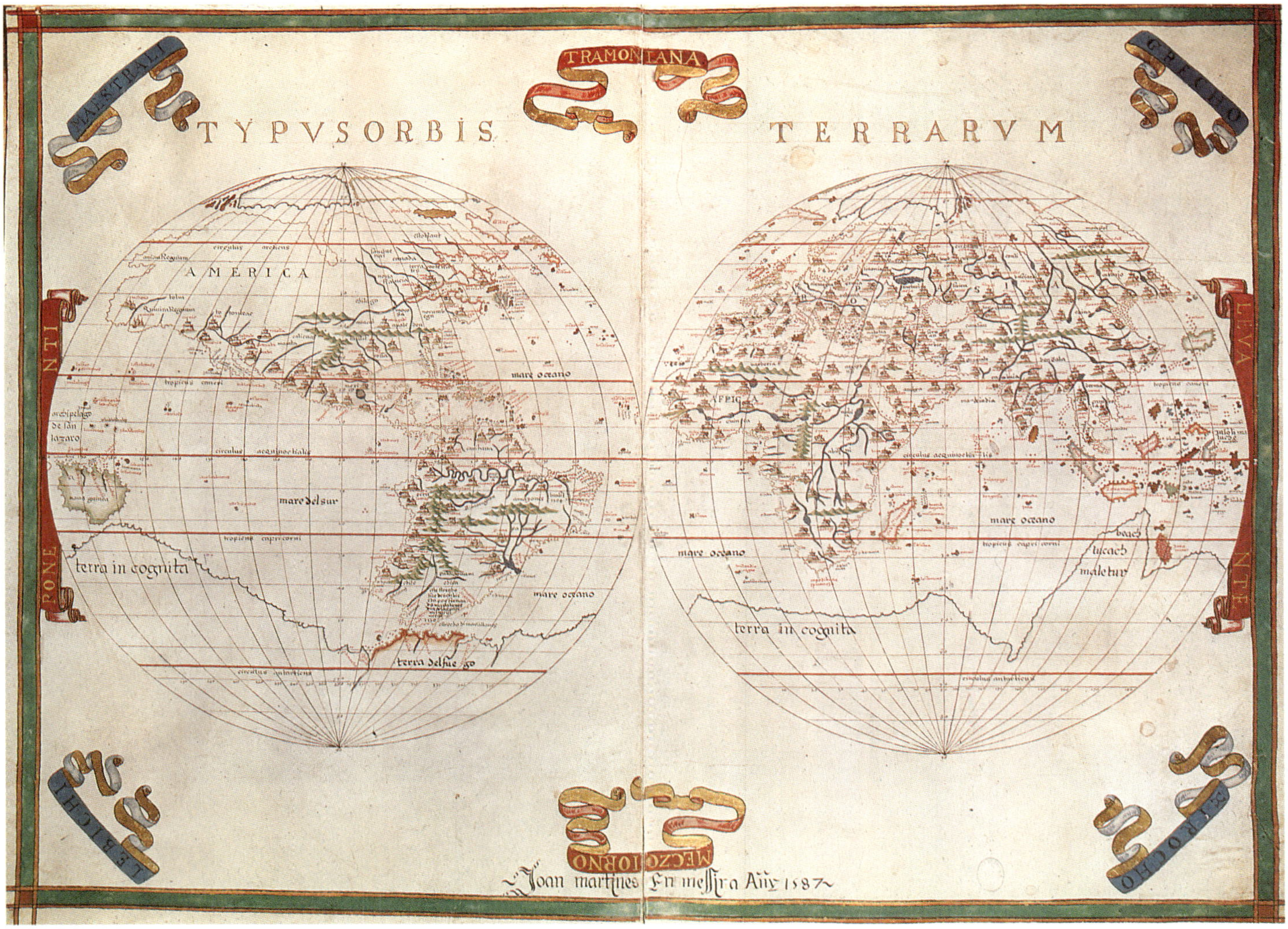

259

259 *Les navigateurs espagnols et portugais contribuèrent à une nouvelle vision du monde, plus réaliste : carte du monde tirée de* l'atlas Portulano *de Juan Martinez, Madrid, 1587.*

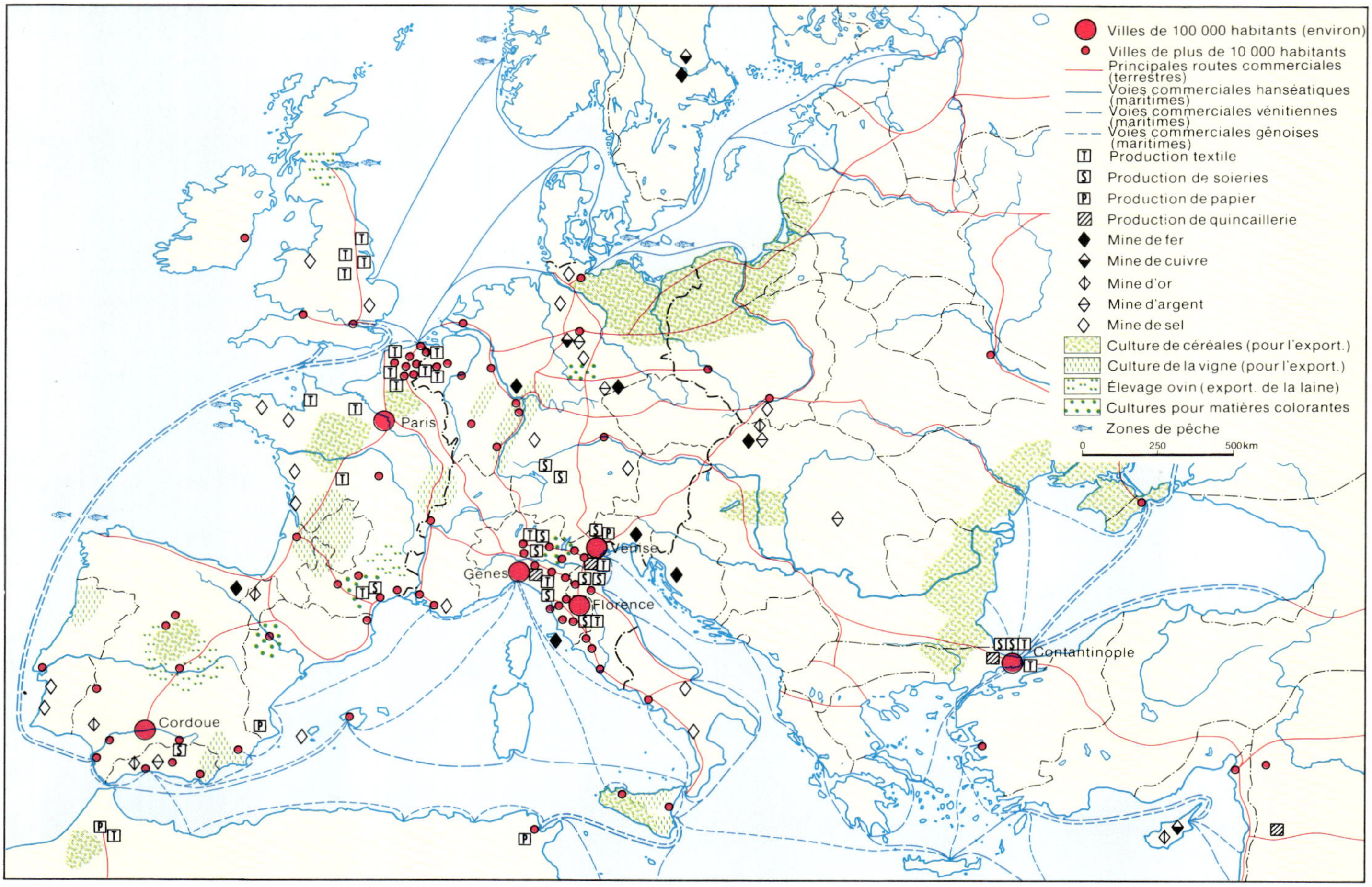

260

261

Carte 21 : *Économie et société à la fin du Moyen Age. Au XVe siècle, aux anciennes puissances commerciales, les républiques italiennes et la Ligue hanséatique vinrent s'ajouter les villes commerçantes du sud de l'Allemagne, l'Espagne et le Portugal.* **260** *L'empereur du commerce Jacob II Fugger, dit le Riche (1459-1525), financier de Charles Quint, en compagnie de son premier comptable, Matthias Schwarz, derrière le comptoir (vers 1518).* **261** *Le port de Séville peint par Alonso Sanchez Coello (vers 1531-1588).*

Alexandre VI. Celui-ci, par la bulle *Inter coetera* de 1493, attribua aux seuls rois catholiques le droit d'acquérir toute île ou territoire situé au-delà d'une ligne nord-sud passant à cent lieues à l'ouest des Açores et du cap Vert. Nul n'aurait le droit d'explorer cette zone sans l'accord des Espagnols, bien décidés à ne pas l'accorder. Le roi du Portugal Jean II refusa. Mais les Espagnols et les Portugais continuèrent à négocier. Par le traité de Tordesillas, du 7 juin 1494, le partage fut accepté, mais la ligne fut reportée à trois cent soixante lieues, soit à peu près 1 500 km à l'ouest des îles du cap Vert, ce qui permit au Portugal de s'installer au Brésil.
On notera que ce traité portait un coup grave à l'autorité pontificale. On remarquera aussi que ni la France, épuisée par la guerre de Cent Ans, ni l'Angleterre pour les mêmes raisons, ni même les grands navigateurs du passé, Allemands de la Hanse et petits États italiens, peu intéressés par ces aventures incertaines, ne protestèrent. On devine ce qui allait se produire quand, à l'Espagne et au Portugal, s'ajoutèrent de nouvelles ambitions.

VI. La continuité de l'idée d'Europe

La quasi-disparition du mot « Europe ». Les textes médiévaux, à partir du XIe siècle, sont extrêmement rares où le mot « Europe » figure.
Nous avons vu ci-dessus quelles expressions on préférait employer. L'Europe, avec ses limitations géographiques précises, convient mal au vocabulaire des universalistes. Au surplus, la chrétienté passe à l'offensive hors d'Europe. De 1099 à 1187, elle tient Jérusalem. Pendant un siècle encore, il y aura un royaume franc à Saint-Jean-d'Acre. En 1204, se détournant de leur voie les barons francs s'emparent de l'Empire byzantin. Pour un temps, la chrétienté déborde ses cadres géographiques. C'est seulement lorsque les Turcs étendront leurs victoires et s'approcheront de Constantinople que l'on pourra lire cette formule d'un père du concile de Constance : « Maintenant, seule l'Europe est chrétienne. »
Rassemblons ici les rares textes que nous fournissent Denys Hay – auteur d'un remarquable travail sur ce problème –, Carlo Curcio, Robert Lopez et quelques autres. Ni Du Cange, ni Godefroi dans leurs dictionnaires du latin et du français médiévaux ne mentionnent le mot « Europe ». Cela n'est évidemment pas pour nous aider. D'abord, le terme « Europe » reste usuel chez les géographes, qui savent qu'il y a trois continents. Jusqu'au XIIIe siècle, les géographes sont rares. Bien plus, ils n'incorporent pas dans leurs médiocres cartes les résultats des découvertes. Celles des Scandinaves qui ont atteint le Groenland et l'Amérique sont ignorées. Mais les Croisades auraient dû apporter du nouveau. Il n'en est rien.
Il faut d'abord évoquer la curieuse tradition qui rattache l'Europe à la Bible par l'intermédiaire de Japhet, fils de Noé, tandis que Sem a l'Asie, et Cham, le réprouvé, l'Afrique. C'est au IVe siècle que l'on voit cette légende apparaître chez saint Jérôme dans son livre *In Genesim*. La tradition se poursuit alors et elle fleurit au Moyen Age. Au XIIIe siècle, on peut mentionner le moine et encyclopédiste Bartholomé l'Anglais : « Tout comme la ville d'Athènes fut jadis la mère des arts libéraux et des lettres, la nourrice des philosophes et de toutes les sciences, tel est Paris de nos jours, non seulement pour la France, mais pour toute l'Europe. » Cela rappelle curieusement la proposition – un peu postérieure – d'Alexandre de Roes de faire de la France le pôle de la science en Europe. Mais ici, l'utilisation du mot « Europe » est intéressante. Elle montre qu'un érudit, attiré par les choses de l'Antiquité, peut utiliser le mot « Europe » pour désigner l'Occident. Peut-être, dans le langage de l'époque, cet usage était-il précieux, recherché, rare. Du moins n'était-il pas ésotérique.
Frédéric II parle de l'*Europa imperialis,* Dante Alighieri (1265-1321) utilise une douzaine de fois dans toute son œuvre le mot « Europe ». Mais voici un extrait qui nous concerne : défendant l'Empire contre l'Église, bien qu'il se rangeât parmi les guelfes, partisans des papes, Dante récuse l'idée que l'Église ait, d'une façon ou d'une autre, des pouvoirs temporels : « Qui pourrait imaginer que l'Église ait reçu tel pouvoir par le consentement de tous ou d'une majorité quand non seulement tous les hommes d'Afrique et d'Asie, mais encore la plupart des hommes de l'Europe se révolteraient d'une telle suggestion ? » *(De Monarchia,* III, 14).
Au moment où, nous l'avons vu, naissent les premiers États modernes, les intellectuels les plus divers poursuivent leur rêve unificateur. Outre Dante, l'unité par l'Empire – et non par la papauté – est préconisée par un savant moine allemand d'origine noble, Englebert d'Admont (son livre *Sur l'origine et la fin de l'Empire romain* a été écrit entre 1307 et 1310) : il conclut à la nécessité « d'un seul Empire, d'une seule tête ». Il constate que « les royaumes d'Espagne, le royaume de France, celui d'Angleterre, celui de Hongrie, avec les royaumes des Slaves, de Bulgarie et de Grèce, qui jadis firent partie de l'Empire romain comme provinces ou royaumes, ne sont plus maintenant sous la loi de l'Empire ; et en Afrique et en Asie, au-delà de la mer, l'Empire ne possède plus rien ». Mais c'est une situation à laquelle il faut remédier, ne serait-ce que pour l'éventualité d'une guerre « entre toute la chrétienté et le monde païen ». Ce serait, d'autre part, le moyen de maintenir la paix entre les diverses communautés membres de l'Empire. En fait, il semble qu'il ne veuille pas la destruction des royaumes, et qu'il considère l'empereur comme l'arbitre suprême pour le maintien de la paix. Il est très sensible en effet à l'idée que si la « loi naturelle » est commune à tous les peuples, la « loi positive varie avec la diversité des patries, des coutumes et des traditions ; de la sorte, les peuples particuliers ont des rois particuliers ». Mais cela n'est pas incompatible avec l'existence de l'Empire : l'idée d'une unification pour la paix se retrouve chez d'autres écrivains célèbres, l'Anglais Guillaume d'Occam (entre 1338 et 1341), le Français Pierre Dubois (en 1308). Elle se poursuit au XVe siècle. On peut citer l'ouvrage *l'Origine de l'autorité de l'Empire romain* d'Aeneas Silvius Piccolomini (1445), le futur pape Pie II, pour qui « tous les pouvoirs temporels sont soumis au prince romain », c'est-à-dire à l'empereur. De même le curieux projet du roi de Bohême Georges Podiébrad, datant de 1464, et inspiré par l'aventurier français Antoine Marini.
Podiébrad propose, un peu comme Dubois, une *Congregatio Concordiae,* c'est-à-dire une sorte d'assemblée de représentants des princes chrétiens qui seront associés pour assurer la paix. Un arbitrage est prévu et organisé, et des sanctions armées contre qui refuserait l'arbitrage. On ne s'étonnera pas que Louis XI, à qui Podiébrad s'était d'abord adressé, ait poliment refusé un projet aussi révolutionnaire. Son originalité est que, pour la première fois, l'idée d'une « ligue des princes » avait été proposée.

La chute de l'Empire byzantin (1453). L'Empire d'Orient a tenu environ mille ans de plus que l'Empire d'Occident. Mais, depuis le XIIIe siècle, sa décadence paraît inéluctable. L'Empire est conquis par les croisés occidentaux (1205-1261) qui le pillent et le ruinent. Au XIVe siècle, il lutte de toutes parts, contre les Serbes, et surtout contre les Turcs ottomans. Ceux-ci s'emparent de la Grèce. En vain, l'Empereur

Jean V vient-il à Rome (1369), prêt à échanger son retour au catholicisme contre l'envoi de secours occidentaux. Le clergé grec refuse. Et les Occidentaux sont peu enthousiastes pour secourir leurs frères chrétiens séparés. Leurs expéditions (1396, 1399.) n'ont aucun succès durable. Au XVe siècle, Constantinople, ruinée, n'est plus qu'une enclave entourée de territoires turcs. En 1453, elle est conquise et « affreusement mise à sang et à sac ».
Cette chute marque la fin d'une époque. Certes, Moscou « la troisième Rome », prétendra continuer Byzance sur le plan religieux. Ceci ne suffit pas à remplacer l'immense apport de l'Empire disparu. « Lorsque Rome avait été submergée par les barbares venus des profondeurs de la Germanie, Constantinople avait sauvé la tradition antique. Elle avait conservé l'éclat d'un grand état moderne, cultivé, riche de ressources, d'art et de pensée. Elle avait sauvé la chrétienté et le christianisme en barrant la route à l'Islam. Elle était restée pendant des siècles la « reine de la mer » (Jacques Pirenne). Venise, la Hanse germanique l'avaient supplantée au XIIIe siècle pour le commerce et la navigation. La coupure religieuse avait gêné l'échange des idées, et Michel Psellos, le grand rénovateur de la philosophie platonicienne, qui vécut au XIe siècle n'exercera une influence en occident que par son lointain disciple Bessarion au XVe.
La chute de Byzance coïncide ainsi dans le temps avec la conquête du monde. L'Europe change de dimension.

Conclusion. L'unité de l'Europe par la chrétienté – au moins par la chrétienté latine – aurait pu se faire sous l'autorité du pape ou sous celle de l'empereur. Le conflit de deux siècles entre la théocratie et le césaropapisme a fini par favoriser les royaumes, et notamment ceux d'Angleterre, de France, puis de Castille, d'Aragon, du Portugal. L'arrivée des Turcs, après les Mongols, empêche l'Europe de l'Est de suivre ce modèle et aboutit à la chute de l'Empire romain d'Orient. Il y a, pourrait-on dire, une consolidation du morcellement entre souverainetés.
Mais les malheurs de la guerre ne sont qu'un des éléments de la grande crise qui affecte les XIVe et XVe siècles. Celle-ci est démographique et économique – famines et peste noire. Elle est aussi spirituelle et religieuse, avec le « Grand Schisme », le développement de mouvements que Rome considère comme « hérétiques » et dont certains (Hus, Wyclif) sont la préface à la grande Réforme du XVIe siècle.Et pourtant, dans ce fond de malheurs et de troubles, peut-être parce que s'accroît la liberté de penser, l'Europe est en train d'opérer ce qu'en termes modernes on appelle un « décollage » qui lui donne, en matière de sciences et de techniques, une avance croissante sur les autres grandes civilisations, chinoise, indienne, musulmane. Finalement, cet essor, par la voie des progrès dans la navigation, ouvre la porte à la conquête européenne du monde.

262

262 *Dante et la Divine Comédie, détail d'une fresque de Domenico di Michelino (1417-1491), au Dôme de Florence. Dante préconisa l'unité européenne à travers le royaume.* **263** *Le Quattrocento italien : Cortège des trois rois mages, fresque de Benozzo Gozzoli (1400-1485) au Palazzo Medici-Riccardi, Florence (1459-1461). A droite, à cheval, Laurent de Médicis, sur le quatrième cheval à gauche, Cosme de Médicis ; au-dessus des archers, Jean de Médicis.*

263

11 Renaissance, Réforme et expansion de l'Europe (XVIe siècle)

I. Charles Quint face à l'équilibre européen

C'est au XVIe siècle que la dislocation de la chrétienté fait apparaître la notion d'équilibre européen. Il ne s'agit pas d'un droit, universellement reconnu, mais d'une pratique que les événements imposent, et qui finit par fixer aux diverses puissances des limites qu'il est dangereux de violer. Autrement dit, lorsque le système international est fondé sur la pluralité des Etats souverains, l'ambition de l'un d'entre eux ne peut être freinée que de deux façons : par l'existence d'une communauté supérieure organique – telle que la chrétienté médiévale à certains moments de son histoire ; ou bien par un jeu de poids et de contrepoids, de forces et de contre-forces. Charles V dit Charles Quint, roi d'Espagne, fut le dernier à promouvoir un vaste Empire occidental. Les autres monarchies l'empêchèrent d'y parvenir.

L'héritage de Charles Quint. Au moment où la chrétienté perd tout ce qui lui restait d'autorité en quelque sorte superétatique, justement les Etats se renforcent, se consolident, s'accroissent, parfois deviennent, selon l'expression de Fernand Braudel, « des groupes plus larges et plus monstrueux, agglomérats, fédérations, coalitions d'États particuliers, des empires, si l'on peut se servir dans son sens actuel, malgré son anachronisme, de cette formule commode, car, autrement, comment désigner ces monstres ? ». Ces monstres ? L'Empire ottoman, la France des guerres italiennes, avec ses ambitions transalpines. Surtout l'Espagne de Charles Quint. Celle-ci est au point de départ de tout le mécanisme. Braudel voit dans son essor plus que l'accident des héritages, le résultat d'une « conioncture obstinément favorable aux vastes et même très vastes États », au moins jusqu'à 1550. Soit ! Mais on ne saurait oublier l'accident historique qui donna à un jeune homme de moins de vingt ans le plus vaste héritage imaginable. Charles, né à Gand en 1500, vit s'opérer sur sa personne, entre 1516 et 1519, une série de successions proprement fabuleuses, liées, certes, à d'habiles calculs de politique matrimoniale, mais aussi à une chance extraordinaire.

Charles, fils de Philippe le Beau et de Jeanne la Folle, héritait donc :
– du côté paternel, les possessions autrichiennes et les possessions bourguignonnes ;
– du côté maternel, l'Espagne, le formidable empire colonial qu'elle était en train de conquérir, et les possessions italiennes (principalement Milanais et royaume de Naples). Restait l'Empire. François Ier, roi de France, voulut le lui disputer. Les électeurs, abondamment payés – souvent plusieurs fois – par les deux prétendants, finirent par se soumettre au voeu ardent de la population allemande, qui ne voulait à aucun prix d'un empereur français. Il faut ajouter l'importance, dans l'affaire, de l'or et de l'argent qui venaient à flots du Mexique.

Le personnage. Charles de Bourgogne qui se proclame roi en 1516, à la mort de son grand-père Ferdinand d'Aragon, était peu aimé du roi catholique qui lui préférait son cadet Ferdinand. Aussi fut-il élevé en Flandre sous la tutelle de sa tante, Marguerite d'Autriche. Au moins, au début, il se sentait plus flamand qu'espagnol et s'entourait de conseillers des Pays-Bas. Il attendit dix-huit mois pour aller en Es-

264 *Les Européens au Nouveau Monde : le conquérant du Mexique, Hernán Cortés, entre dans Tlaxcala en 1520. Peinture anonyme du XVIe siècle.*

XVe-XVIe s. ap. J.C.

Réforme et guerres de religion	**1517** Publication des 95 thèses de Luther **1521** Diète de Worms	**1530** Confession d'Augsbourg	**1534** Henri VIII excommunié par le pape Clément VII	**1536** *Institution* de Calvin en latin	**1541** *Institution* de Calvin traduite en français	**1542** Création de l'Inquisition à Rome
Iles Britanniques	**1509** Henri VIII succède à son père Henri VII. Wolsey, principal ministre	**1510** Lutte contre la France **1515** Le roi d'Écosse Jacques IV vaincu et tué à Flodden	**1520** Entrevue Henri VIII - François Ier (Camp du Drap d'or) **1525** Paix avec la France contre Charles Quint	**1531** Henri VIII se proclame chef de l'Église anglicane après avoir répudié Catherine d'Aragon pour épouser Anne Boleyn	**1539** Les «six articles» **1544** Les Anglais prennent Boulogne	**1547** Mort d'Henri VIII → 3 enfants : — Édouard VI (1547-1553), — Marie Tudor («Bloody Mary») (1553-1558), — Élisabeth Ire (1558-1603)
Pays-Bas	**1490** Pays-Bas à Marie de Bourgogne, fille de Charles le Téméraire († 1477). Marie a épousé Maximilien de Habsbourg en 1477			**1548** Adoption du nom de Pays-Bas pour 7 provinces (12 viennent de l'héritage de Bourgogne)		
France	**1494** Expédition de Charles VIII en Italie. Prise puis perte de Naples	**1498** Mort de Charles VIII → Louis XII qui épouse Anne de Bretagne en 1499	**1509** Ligue de Cambrai avec le pape Jules II contre les Vénitiens	**1515** Mort de Louis XII Victoire de François Ier à Marignan sur le duc de Milan et les cantons suisses	**1516** Concordat de Bologne **1519** Traité de Noyon avec l'Espagne **1520** *Première guerre franco-espagnole*	**1525** Défaite de François Ier à Pavie, prisonnier en Espagne
Italie	**1500** Louis XII : conquête du Milanais, puis de Naples avec Ferdinand le Catholique (*les deux souverains se brouillent en 1501*)				**1516** Milan investi par Maximilien	
Péninsule Ibérique	**1492** Les Rois catholiques prennent Grenade	**1494** Traité de Tordesillas entre Espagne et Portugal	**1496** Jeanne la Folle, fille des «rois catholiques», épouse Philippe le Beau	**1503** Fondation de la «Casa de contractación» à Séville **1509** Création du Conseil des Indes en Espagne	**1512** Annexion de la Navarre espagnole **1516** Charles Ier (d'Espagne) succède à Ferdinand	**1519** Charles élu «roi des Romains» contre François Ier
Allemagne, Scandinavie, Suisse	Au Danemark, dynastie d'Oldenbourg depuis 1460	**1486** Maximilien de Habsbourg élu «roi des Romains» fait la guerre à Charles VIII	**1499** Traité de Bâle reconnaissant l'indépendance des Suisses	**1508** Maximilien, membre de la Ligue de Cambrai	**1519** Mort de Maximilien	**1523** Gustave Vasa de Suède chasse le roi de Danemark Christian. Dynastie Vasa
Europe de l'Est	**1490** Wladislas II Jagellon, roi en Pologne. Dynastie des Jagellons (1386-1572). Donne des rois à la Bohême et à la Hongrie		**1516** Louis II (Jagellon, Bohême, Hongrie) tué en 1526 à la bataille de Mohács	**1521** Le sultan Soliman prend Belgrade	**1526** Ferdinand, frère de Charles Quint, élu roi de Bohême et de Hongrie	
Grandes Découvertes	**1492** Christophe Colomb découvre l'Amérique	**1497-1499** Voyage de Vasco de Gama vers l'Inde	**1509** Les Portugais à Malacca	**1512** Balboa découvre le Pacifique	**1519** Cortés au Mexique. Début du voyage de Magellan	**1534** Jacques Cartier au Canada

1545 Ouverture du concile de Trente **1546** Mort de Luther	**1553** Exécution de Michel Servet à Genève **1560** Nombreux édits d'Henri II contre les protestants	**1562** Début des guerres de religion en France **1563** Fin du concile de Trente **1564** Mort de Calvin	**1572** Massacre de la Saint-Barthélemy à Paris **1576** Formation de la « Ligue » en France	**1581** Philippe II tente d'introduire l'Inquisition aux Pays-Bas **1588** « Journée des barricades »	**1593** Abjuration d'Henri IV **1598** Édit de Nantes (tolérance religieuse)
		1563 Rétablissement de l'anglicanisme (les « 39 articles »)		**1587** Exécution de Marie Stuart (d'où l'envoi de l'Armada par Philippe II)	**1600** Répression de la révolte des Irlandais par Elisabeth
		1572 Révolte dite « des gueux » contre l'Espagne	**1576** Pacification de Gand	**1581** L'Espagne perd définitivement les Pays- Bas du Nord (Provinces Unies puis « Pays des États généraux »)	
1526 Traité de Madrid (cession de la Bourgogne à l'Espagne, non exécutée, d'où reprise de la guerre : *2e guerre franco-espagnole*	**1529** Paix de Cambrai *3e guerre franco- espagnole* Provence dévastée. Conquête de la Savoie **1537** Paix de Nice	**1539** Ordonnance de Villers-Cotterêts **1547** Mort de François Ier → Henri II **1550** Rachète Boulogne aux Anglais	*Alliance avec les princes protestants allemands contre Charles Quint* Prise de Metz, Toul, Verdun	**1558** Prise de Calais aux Anglais **1559** *Paix de Cateau- Cambrésis.* Mort d'Henri II. 3 enfants de Catherine de Médicis : — François II, — Charles IX, — Henri III	**1589** Henri IV, roi de France. Victoires d'Arques et d'Ivry sur la Ligue. Sièges de Paris et de Rouen **1598** Paix franco- espagnole à Vervins
			1562 Fin des « Guerres d'Italie »		
1554 Philippe épouse Marie Tudor († 1558)	**1556** Abdication de Charles Quint. Philippe II (1556-1598)	**1565** Révolte des Morisques d'Andalousie	**1571** Morisques dispersés. Philippe II soutient la Ligue en France **1580** Il annexe le Portugal	**1587** L'Anglais Drake pille Cadix	**1588** Désastre de l'« Invincible Armada » **1598** Mort de Philippe II → Philippe III
1523-1654 L'Islande, la Norvège et la « Gotha » restent au Danemark	**1524** Révolte des paysans en Allemagne	**1530** Couronnement impérial de Charles Quint	**1547** A Mühlberg, Charles Quint bat l'électeur de Saxe, chef du parti protestant	**1560** En Suède, mort de Gustave Vasa	**1592** Sigismond, de la dynastie Vasa, roi de Pologne
Prusse orientale **1560** La Pologne annexe la Lituanie	**1561** La Courlande résiste victorieusement aux Turcs	**1563** Diète de Wilna. Tolérance pour les protestants.	**1571** Les Turcs vaincus sur mer à Lépante (Espagne, Venise, don Juan d'Autriche)	**1572** Fin de la dynastie des Jagellons. Monarchie élective. 1er roi élu, Henri de Valois, futur Henri III de France	
1536 Il explore le Saint-Laurent	**1542** Espagnols aux Philippines. Portugais au Japon	**1549** Saint François- Xavier au Japon	**1553** Anglais à Arkhangelsk. Portugais à Macao	**1587** Walter Raleigh installe une colonie en Virginie	**1596** Hollandais en Nouvelle-Zembile et au Spitzberg

pagne. Il y fut assez mal reçu par les Cortès de Valladolid et de Saragosse. Lorsqu'en 1520, il quitta l'Espagne pour son nouvel Empire, des révoltes d'artisans et de paysans éclatèrent à Valence, en Nouvelle Castille, aux Baléares. Le seul espoir de l'Espagne appauvrie était l'or et l'argent d'Amérique.
Charles était un homme triste, qui eut de grands projets, fit de grandes réalisations : l'Empire colonial est créé dès 1540-1545, c'est la fin de la *Conquista* et le début de la « colonisation ». Mais dans l'ensemble, il joua souvent de malchance et, surtout, la formidable étendue de ses possessions dressa ses voisins contre lui.

La France encerclée. Pour l'histoire de l'Europe, l'intérêt réside dans le fait que ces domaines enserraient la France sur trois côtés, nord, est, sud. Les grandes forces profondes expliquent peut-être que le fruit du hasard ait été durable. Car même après l'abdication de Charles Quint et le partage de sa succession entre les deux branches des Habsbourg, Ferdinand, le frère, et Philippe II le fils, le complexe d'encerclement de la France subsista. De 1519 à 1714, la France lutta quasi naturellement contre cet encerclement.
Malgré toutes les difficultés internes, la royauté disposait de plus en plus des affaires religieuses. Les idées de Luther rejoignaient ici le gallicanisme royal. Et les théoriciens se mettaient de la partie, pour justifier le pouvoir absolu. C'est *la République,* de Bodin, en 1576, qui donna la première définition rigoureuse de la souveraineté. Celle-ci appartient au prince, et « il faut que ceux-là qui sont souverains ne soient aucunement sujets aux commandements d'autrui et qu'ils puissent casser ou anéantir les lois inutiles pour en faire d'autres. C'est pourquoi la loi dit : que le prince est absous de la puissance des lois ». Absous a donné absolu.

L'équilibre en Italie. Machiavel, faute de pouvoir réussir à brève échéance l'unification de l'Italie, songeait à créer une certaine « balance » entre les cinq États italiens principaux : ceux de l'Église, de Naples, Florence, Milan et Venise, en attendant que l'Italie soit « délivrée des barbares ».

L'équilibre en Europe. Qui a eu le premier l'idée de transposer cette « balance » à l'Europe entière ? Est-ce le cardinal Wolsey, le célèbre ministre anglais, qui faisait passer son pays de l'alliance espagnole à l'alliance française au gré des circonstances et des pensions que lui accordaient tour à tour François Ier et Charles Quint ? Est-ce François Ier lui-même ? Sont-ce les Italiens qui comprirent que pour résister à l'invasion française, il fallait constituer de vastes « confédérations » ? Telle est l'opinion de l'historien écossais William Robertson, dans son ouvrage *History of the Reign of Charles V,* publié en 1770. « L'effet soudain et décisif de cette confédération, écrit-il, semble avoir instruit les princes et les hommes d'État de l'Italie. Ils avaient étendu, à cette occasion, aux affaires d'Europe des maximes de la Science politique qui n'avaient jusque-là été appliquées qu'au règlement des opérations des petits États dans leur propre pays. Ils avaient découvert la méthode pour empêcher tout monarque de s'élever à un degré de puissance qui serait inconsistant avec la liberté générale, et avaient manifesté l'importance qu'il y avait à considérer ce grand secret de la politique moderne, la préservation d'une distribution convenable de la puissance entre tous les membres du système composé par les États de l'Europe. » Et, à cette remarquable analyse, il ajoute que l'idée ne fut pas « confinée aux princes italiens. Le souci de préservation enseigna aux autres puissances de l'adopter. Il devint à la mode et universel ». « Depuis cette époque, nous pouvons suivre le progrès de ce système de relations entre nations qui a lié les puissances de l'Europe si étroitement entre elles. »

Les alliances de François Ier. La leçon, en tout cas, ne fut pas perdue pour François Ier. A peine libéré de sa captivité de Madrid, en 1526, il entreprit de constituer une ligue contre Charles Quint. L'histoire de ses alliances successives est complexe et nous n'avons pas à la raconter ici. L'essentiel est de voir que, pour le roi de France, le succès – la raison d'État – justifiait le coup le plus rude qui ait encore été porté à la chrétienté : l'alliance, avec les protestants allemands, et même, comble de l'horreur, avec le sultan de Constantinople, Soliman le Magnifique. En 1531, il intrigua avec les princes protestants de la ligue de Smalkalde. Mais il était alors en paix avec Charles Quint et il se contenta de leur fournir de l'argent et des armes. C'est par la suite qu'il conclura avec eux des alliances, souvent rendues difficiles par le fait qu'il prenait d'énergiques mesures contre les protestants de son royaume.
Avec les Turcs, la première alliance date de 1536. Elle fut accueillie en Europe par une universelle réprobation. Que dire lorsqu'en août 1543, on vit Nice, qui appartenait au duc de Savoie, assiégée par des troupes françaises et des troupes barbaresques ? D'un côté la croix de la mai-

265

266

265 *Charles Quint, maître d'un empire où le soleil ne se couche jamais (règne 1519-1556) : l'Espagne, les possessions espagnoles, la Bourgogne et la Terre sainte. Portrait du Titien (1548).* **266** *Philippe II (règne 1556-1598), fils de Charles Quint, lui succède sur le trône d'Espagne. Portrait de Pantoja de la Cruz (1553-1608).*

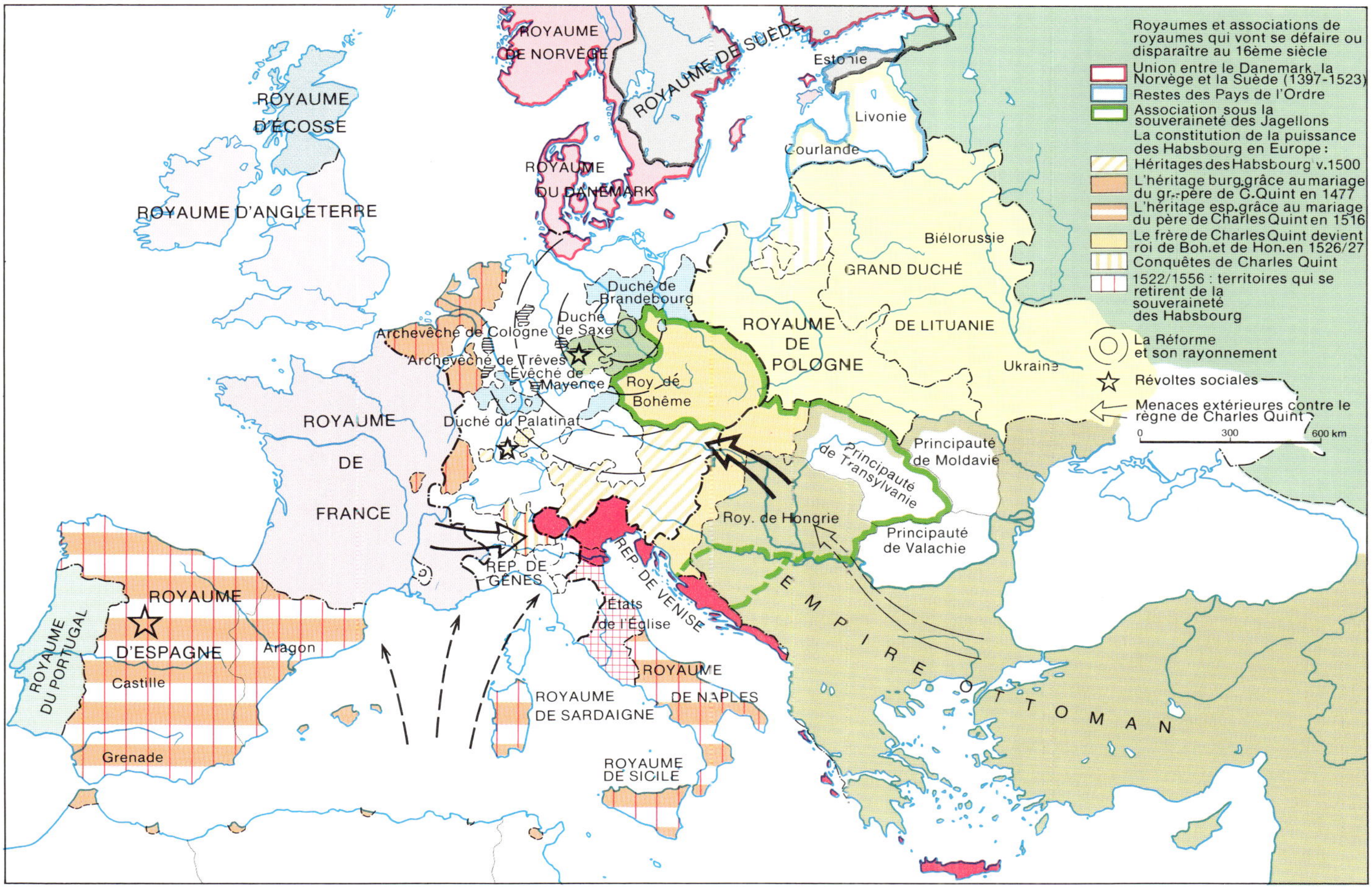

267

267 *Le roi de France François Ier, maître de la politique d'équilibre. Il s'allia même avec le sultan turc pour contrer l'« encerclement » de la France par les Habsbourg. Portrait attribué à Jean Clouet (vers 1600).* **Carte 22 :** *Royaume de l'empereur Charles Quint.*

son de Savoie, de l'autre, mêlés, des étendards à fleurs de lys et des étendards portant le croissant célèbre et redouté de l'Islam.

Les règles de l'équilibre. Désormais, l'équilibre européen devint une des données essentielles du système politique. On s'habitua à l'idée des coalitions dirigées contre celui dont l'ambition était trop forte.
Cela créait, malgré les divergences, une sorte de solidarité nouvelle que Robertson a lucidement analysée. « Aucun prince n'était assez supérieur aux autres en puissance pour que ses efforts fussent irrésistibles et ses conquêtes faciles... Les avantages possédés par un État étaient contrebalancés par des circonstances favorables aux autres et ceci empêchait l'un d'entre eux d'accéder à une supériorité qui aurait pu être fatale à tous. Les nations d'Europe, à cette époque, comme de nos jours, étaient comme une grande famille. » Une famille désunie et querelleuse, certes, mais une famille cependant. Une Europe nouvelle aux États sans cesse plus vigoureux et cohérents était en voie de se constituer.

La théorie ne tarda pas à suivre la pratique ; Boccalini, dans sa *Bilancia politica* – c'est le titre qu'on donna en 1678 à ses *Commentaires* sur Tacite, écrits au début du XVIIe siècle –, décrivait avec précision le système de l'équilibre européen. Il analysait, par exemple, l'insurrection des Flandres contre l'Espagne – commencée en 1578 – comme un acte caractéristique de la politique d'équilibre, auquel avaient notamment participé les princes italiens. De même, il approuvait avec chaleur la politique d'équilibre menée par le roi de France Henri IV. Un autre auteur italien, Tommaso Campanella, qui passa vingt-sept ans dans les prisons espagnoles, et qui est l'auteur d'une utopie célèbre, la *Città del Sole* (la Cité du soleil), écrite en 1602, souhaitait passionnément le rétablissement d'une chrétienté unie et d'une monarchie universelle. Cependant, dans ses *Discorsi politici ai principi d'Italia,* il reconnut la valeur de la politique d'équilibre.
L'Europe vivait sous la double tension de la lutte Habsbourg-Turcs et de la lutte Habsbourg-France. Les princes italiens cherchaient à limiter la puissance espagnole grâce à la France. Mais si l'Espagne

268 *« Paris vaut bien une messe » : le roi de France Henri IV (règne : 1589-1610). Portrait anonyme (vers 1595).*

déclinait et si la France devenait puissante, ils feraient exactement le contraire et soutiendraient l'Espagne. L'Europe est donc entrée dans le système de l'équilibre et de la raison d'État, deux phénomènes que Machiavel a bien définis, et dont au XXe siècle l'historien allemand Friedrich Meinecke a parfaitement montré les liens dans un livre important : *l'Idée de la raison d'État dans l'histoire moderne*.

II. L'Europe face à l'outre-mer

L'Europe de la mer. Nous arrivons au moment où l'outre-mer change de sens. Il ne s'agit plus des mers continentales, Méditerranée, Baltique, ni des mers riveraines, mer du Nord, mer d'Irlande, Manche. En peu d'années, toute l'Europe occidentale se lance *par mer* à la reconnaissance et, éventuellement, à la conquête du monde. Ces mêmes peuples qui, deux ou trois siècles plus tard, se partageront l'Afrique et l'Asie du Sud-Est, découvrent l'Amérique – la redécouvrent si l'on pense aux Vikings. En Afrique, en Asie, ils se bornent à établir des positions côtières, des comptoirs, à conquérir certaines îles, à faire du commerce. *Il y a vraiment une Europe de la mer.* Car à l'est, les Russes conquerront certes un immense espace, mais uniquement par avancées continentales successives.

Tous y sont mêlés, même ceux qui, comme les Allemands et les Italiens, ne feront dans l'immédiat aucune conquête. Christophe Colomb, Italien, est au service du roi et de la reine d'Espagne. Les éphémérides avec lesquels il navigue ont été préparées à Nuremberg, ville où le savant Regiomontanus a inventé l'astrolabe. Trois navires allemands voguent vers les Indes dès 1505 dans une flotte portugaise.

Le rôle éminent des Portugais. Il est hors de notre propos de résumer les expéditions et les luttes des Portugais. En 1486, Bartolomeu Dias découvre le cap des Tempêtes que le roi Jean II rebaptise cap de Bonne Espérance.

En 1497, Vasco de Gama le double, entre dans l'océan Indien, arrive en mai à Calicut. Les Portugais connaissent ainsi une nouvelle voie vers les Indes et, en une quinzaine d'années, ont la maîtrise absolue sur l'océan Indien et s'emparent du commerce des épices : Lisbonne en devient le grand marché.

Les bases de l'Empire portugais en Asie furent jetées par Francisco de Almeida (1504-1509) et par Alfonso de Albuquerque (1509-1515) : ce sont Goa, Malacca, Ormuz, Socotora, les Moluques et Macao en Chine. La gloire portugaise fut célébrée par l'un des plus grands poètes de tous les temps, Luis de Camoens, dans son fameux poème *Os Lusiadas* (les Lusiades : les Portugais étaient appelés par les Latins *Lusi* ou *Lusitani*).

Mais les Portugais restèrent présents sur le continent américain et surent tirer un avantageux parti du traité de Tordesillas (1494) en s'installant au Brésil.

Le rôle éminent des Espagnols. L'expédition de Christophe Colomb a été déterminante dans l'histoire des grandes découvertes géographiques de la Renaissance.

Colomb était persuadé que la terre était ronde, mais il se laissa tromper par l'évaluation erronée des distances telles que Ptolémée les avait transmises. Aussi crut-il Cipango et Cathay plus proches de l'Europe qu'elles ne l'étaient en réalité. Colomb entreprit quatre voyages au cours desquels il découvrit les petites Antilles, la Jamaïque, Puerto-Rico et la côte de l'Amérique centrale. Des voyages moins importants, faits par d'autres navigateurs comme Ojeda, Amerigo Vespucci, Juan de la Cosa, Vicente Yañez Pinzón, etc., permirent de délimiter le golfe de Darien, la côte du Venezuela, les Antilles et la côte brésilienne ainsi que les contours de la mer des Caraïbes.

En 1500, la carte de Juan de la Cosa, réalisée seulement huit ans après la découverte de Colomb, reproduisait déjà les grands contours de l'Amérique. L'implantation des Espagnols se réalisa ensuite avec rapidité : Ponce de León conquit Puerto-Rico en 1508, Esquivel la Jamaïque en 1509, Diego Vélasquez Cuba en 1510. En 1513, Nuñez de Balboa découvrit ce qu'il appela la mer du Sud : c'était l'océan Pacifique.

On comprit que ces terres nouvelles constituaient un continent et le désir naquit de trouver un passage entre Atlantique et Pacifique pour atteindre l'Asie. Ce fut le motif essentiel de l'expédition de Magellan et de Sebastian del Cano (1519-1522).

269

270

271

269 *« Portugaises à Goa », enluminure tirée du* Livre de Bâbur, *Mémoires du fondateur de la dynastie moghole, Ad-Din Muhammad Bâbur (1483-1530).* **270** *« Christophe Colomb débarque sur l'île Watling », le 12 octobre 1492, gravure en couleurs de Théodore de Bry (1528-1598), tirée d'*Americae Retectio *(1596).* **271** *« Mines d'or indiennes », gravure en couleurs de Théodore de Bry.*

A partir de 1517, les Espagnols vont pénétrer dans les terres d'Amérique, là où le climat était tempéré et où la population indigène était la plus nombreuse. Les deux phases importantes de cette conquête furent : 1) la conquête du Mexique réalisée par Hernán Cortés entre 1519 et 1521. Le plateau central mexicain servit de base à l'installation du vice-royaume de la Nouvelle Espagne ; 2) la pénétration dans les Andes centrales, c'est-à-dire la conquête de l'Empire des Incas, entre 1527 et 1533 par François Pizarre.

Ce fut une poignée d'Espagnols face à des millions d'hommes qui, dès le milieu du XVIe siècle, avait occupé, dans ses traits essentiels, l'Amérique espagnole. La civilisation de l'Europe occidentale allait, de la sorte, pouvoir pénétrer en Amérique.

Les Espagnols surent organiser ce monde nouveau qui n'était pas considéré comme un ensemble de colonies mais comme un complément de la Castille et dont les indigènes étaient juridiquement sujets de la Couronne.

L'administration centrale, implantée en Espagne, comprenait deux organes principaux : 1) la *Casa de Contratación,* sorte de « Maison de Commerce », fondée à Séville en 1503 ; 2) le Conseil des Indes, créé par Charles Quint en 1524, semblable aux conseils de la monarchie. En outre, les Espagnols transférèrent leurs institutions et créèrent deux vice-royautés, qui devinrent quatre au XVIIIe siècle. La culture européenne fut aussi introduite en Amérique par l'intermédiaire de collèges religieux et d'universités. L'université de Mexico fut fondée en 1553 et reçut les mêmes privilèges que celle de Salamanque.

Un des drames de l'occupation espagnole en Amérique résida dans les abus de l'administration, abus que l'on ne put éviter malgré les *visites de résidence,* sortes de tournées d'inspection en vue de contrôler les hauts fonctionnaires.

Problèmes moraux également que l'on tenta de résoudre par les *Lois de Burgos* de 1512 qui codifièrent le système de mise en tutelle *(encomienda)* des Indiens par les colons espagnols : les Indiens fournissant une main-d'œuvre gratuite, en échange de quoi ils recevaient une éducation chrétienne. Bartolomé de Las Casas critiqua ce procédé de mise en tutelle et réussit à le faire disparaître pendant un certain temps grâce aux *Nouvelles Lois* de 1542.

En même temps qu'elle conquérait une bonne partie de l'Amérique, qu'elle exerçait un énorme pouvoir en Europe et qu'elle prenait la tête de la lutte contre les Turcs, l'Espagne voyait se développer sa littérature avec éclat.

Au XVe siècle, c'est le *romancero,* petit poème exaltant la lutte séculaire contre les Maures. Au XVIe siècle, la poésie atteint ses sommets avec Luis de Góngora, né à Cordoue en 1561 : le gongorisme, subtil et précieux, exerce son influence sur toute l'Europe. De même, l'Espagne invente le roman pastoral, tel que *la Diana* de Jorge de Montemayor qui a inspiré, entre autres textes, *l'Astrée* d'Honoré d'Urfé en France. C'est également en Espagne que naît le roman picaresque, *pícaro* signifiant « coquin », fait d'aventures truculentes et non sans verdeur.

Ce qui nous intéresse davantage ici, ce sont les ouvrages historiques et mystiques. Les oeuvres historiques se rapportent surtout au Nouveau Monde. Outre les récits de Cortés, on peut citer l'*Historia general de los Indios* de Gonzalo Fernandez de Oviedo, la *Véritable histoire de la conquête de la Nouvelle Espagne* de Diaz del Castillo et la *Brevissima relación de la destrucción de los Indios,* de Bartolomé de Las Casas, montrant les brutalités inhérentes à toute colonisation (1552).

Le courant mystique a atteint en Espagne, au siècle d'or, un niveau rarement connu ailleurs. Contentons-nous de citer Teresa de Cepeda y Almada, carmélite, fondatrice de nombreux couvents, auteur de *Camino de Perfección* (le Chemin de la Perfection, 1565) qui a exercé sur les catholiques européens une influence profonde.

Anglais, Hollandais, Français. Après les Portugais et surtout à la fin du XVIe siècle, on voit arriver les Anglais, les Hollandais et les Français. Puisqu'il y avait décidément un Nouveau Monde, on doit voir apparaître une Nouvelle France, une *New England,* une *Nova Scotia,* un Nouveau Brunswick, une *New Amsterdam,* une Nouvelle Grenade, à côté de cette Nouvelle Espagne dont il vient d'être question et qui est bien plus consistante.

Passage du Nord-Ouest
Terre Neuve
Saint-Laurent
Nlle France
Nlle Angleterre
Nlle Suède
Virginie
Missouri
Mississipi
Ohio
Route maritime des Indes
AÇORES
VIEUX OCCIDEN
MADÈRE
BERMUDES
ILES CANARIES
NLLE GALICE
Rio Grande
NLLE ESPAGNE
ILES BAHAMAS
INDES OCCIDENTALES
CUBA
Français
Sénégal
Niger
Mer du Nord
Mer du Sud
ILES CARAIBES
TRINIDAD
Néerlandais
GUINÉE
NOUVEAU MONDE
GUYANE
Nlle Hollande
NLLE GRENADE
au Portugal
Amazone
Route maritime des Indes
Néerlandais
SAINTE-H
PÉROU
Rio de la Plata
Colonies qui vont entrer en possession d'autres états en fonction du traité de Tordesillas
Territoires des états européens perdus à la fin du moyen âge
Territoires inconnus des Européens au moment des grandes découvert

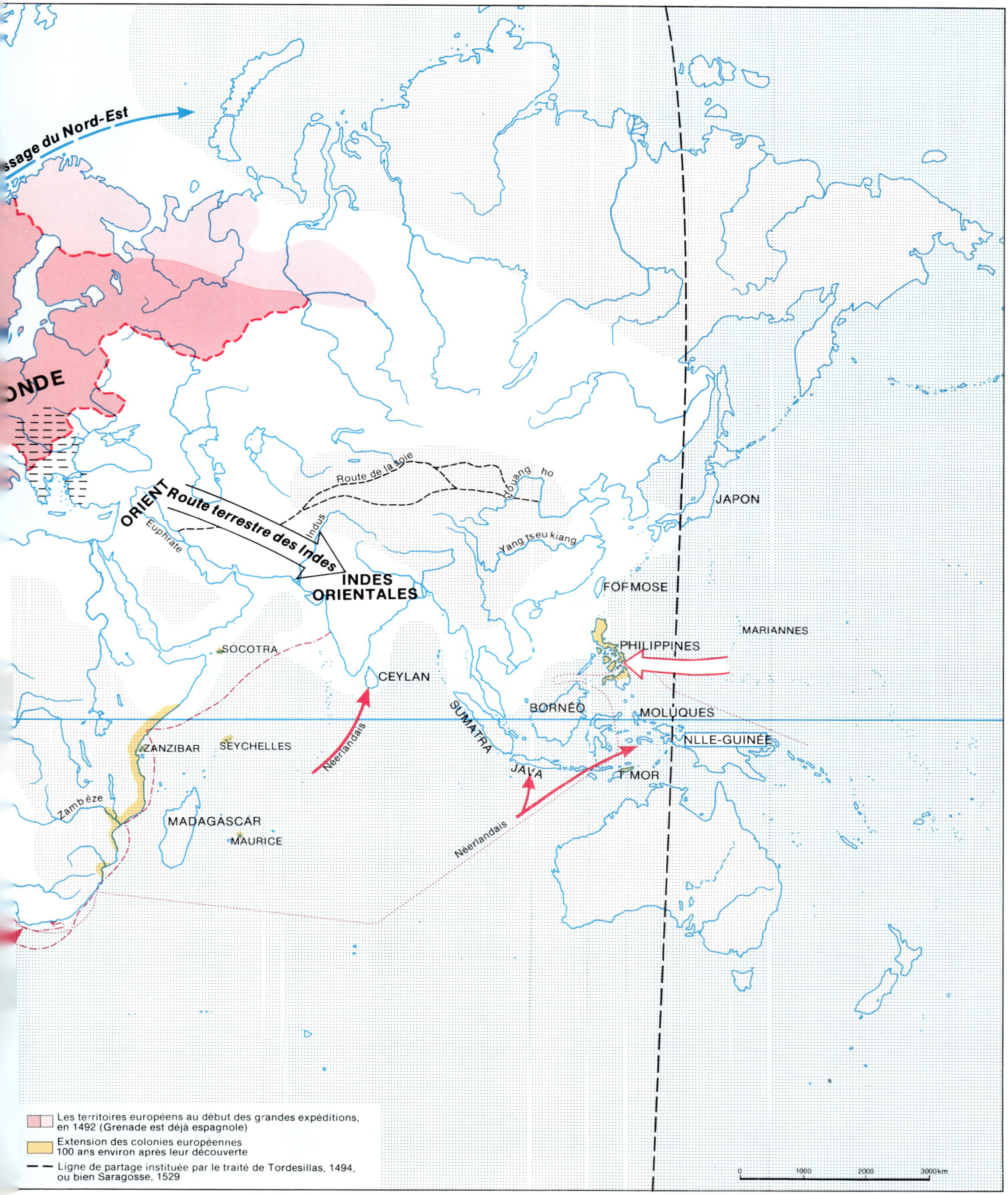

Carte 23 : *Les Européens découvrent le monde et mettent ses ressources en valeur.*

272

Pour ce qui concerne la France, mentionnons les voyages de Verrazzano pour le compte de François Ier et ceux de Jacques Cartier.

Les ressources nouvelles. Naturellement, c'est l'or qui dominait les convoitises. Bien sûr, on ne peut expliquer ces conquêtes par la seule soif de l'or. Intervinrent aussi l'intense curiosité, le goût du risque, la volonté d'évangéliser.

Le phénomène de l'or reste cependant fondamental et celui de l'argent au Pérou également. La hausse de la production de ces deux métaux fit chuter leur prix et, par conséquent, le prix de toutes les denrées grimpa de 50 % par exemple pour ce qui concerne l'Espagne entre 1501 et 1525, ce que les contemporains ne comprirent pas.

PRODUCTION MONDIALE D'OR et D'ARGENT (en kilogrammes)

Années	Or	Argent
1493-1520	5 800	47 000
1521-1544	7 660	90 000
1545-1560	8 510	311 600

Tout cela aboutit, en quelque sorte, à une paralysie de l'économie espagnole. L'Amérique a fourni à l'Europe d'autres denrées qui devaient marquer les hommes et créer des habitudes jusqu'alors inconnues.

A côté de certains produits qui restèrent longtemps des curiosités pour les Européens, l'introduction du dindon, de la tomate, du haricot, de l'ananas, des gousses de vanille, du quinquina est capitale. Le tabac sera cultivé en Castille à partir de 1519.

La pomme de terre originaire du Pérou et du Chili est envoyée en Espagne en 1535, Louis XIII en mange en 1613. On l'appelle cartouffle, petite truffe, d'où le mot allemand *Kartoffel*.

Le chocolat se répand en Europe ainsi que le maïs au XVIIe siècle et la grosse fraise au XVIIIe siècle. Inversement, l'Europe a apporté à l'Amérique les animaux de trait, cheval, âne, mulet et les bovins et les ovins.

Si l'on a transplanté en Amérique des maladies nouvelles, on en a rapporté des parasites et ainsi apparurent en Europe le phylloxéra, le mildiou, l'oïdium et le trop fameux doryphore.

L'homme et le relativisme. On découvrait soudain que le nouveau monde était peuplé, qu'il existait deux admirables civilisations fort éloignées l'une de l'autre et ne communiquant pas, celle du Mexique (Aztèques et Mayas au XVIe siècle), celle des Incas au Pérou.

Ailleurs les populations étaient plus frustes.

Cependant, il ne faudrait pas croire, comme l'a remarqué Charles-André Julien, que la surprise ait été totale ni la curiosité émerveillée. L'existence de mille contes médiévaux, dont la célèbre légende de saint Brandan, gâchèrent le plaisir de la découverte.

Les premiers navigateurs espagnols restèrent des plus discrets sur ce qu'ils avaient vu mais, par la suite, les légendes ne firent que pulluler, ainsi que les jugements tranchants.

273

Les idées de Michel de Montaigne (1533-1592) sur l'Europe et sur le Nouveau Monde n'en sont donc que plus intéressantes : ce qui frappe chez cet observateur curieux, ennemi de toute passion, c'est le « relativisme ». L'homme étant l'homme, et les climats, surtout les mœurs faisant leur œuvre, il écrit que « la diversité des façons d'une nation à une autre ne me touche que par le plaisir de la variété ».

Toujours dans les *Essais*, il pourfend le « touriste » français : « J'ai honte de voir nos hommes enivrés de cette sotte humeur, de s'effaroucher des formes contraires aux leurs : il leur semble être hors de leur élément quand ils sont hors de leur village. Où qu'ils aillent ils se tiennent à leurs façons et abominent les étrangères » (III, 9).

Et cette belle et terrible phrase : « Tant de villes rasées, tant de nations exterminées, tant de millions de peuples passés au fil de l'épée, et la plus riche et belle partie du monde bouleversée pour la négociation des perles et du poivre ! »

Reste l'idée fondamentale : évangéliser ces hommes étranges. L'Espagnol François Xavier, de Pampelune, ami d'Ignace de Loyola, se rend à Goa, puis à Malacca, puis dans les Moluques et au Japon. Il meurt en 1552 à Macao.

En Amérique, les conversions furent bien plus importantes. Des évêchés furent créés, des ordres religieux s'installèrent sur place et rivalisèrent d'ardeur missionnaire.

De tout cela, retenons d'abord que la colonisation, pendant quatre siècles, va créer de telles rivalités entre États européens, provoquer tant de guerres et tant de violences, qu'elle constituera l'un des plus grands obstacles à l'union des Européens entre eux.

Par ailleurs, les massacres évoqués de façon poignante par Bartolomé de Las Casas, on l'a vu, la traite, l'esclavage, le pillage, tout cela constitue à coup sûr un lourd passif.

272 Retour de la deuxième expédition hollandaise aux Indes occidentales, *tableau de Hendrick Corneliszoon Vroom (1566-1640) datant de 1599.* **273** *Les dangers de la mer : Amerigo Vespucci (1454-1512) entouré de monstres marins sur la route du Nouveau Monde. Gravure en couleurs de Théodore de Bry tirée d'*Americae Retectio, *Francfort (1596).* **274** *Carte du monde de Martin Waldseemüller en l'an 1507. Sur cette carte, le mot Amérique est mentionné pour la première fois.*

Pourtant, il y a dans cette aventure exclusivement européenne un élargissement extraordinaire de l'esprit humain, non seulement, comme on vient de le voir, dans l'approche d'hommes jusque-là inconnus et dans l'importation de denrées nouvelles mais aussi dans le domaine géographique.

La géographie. Ce n'est que petit à petit qu'on opéra la synthèse entre les découvertes.

On mit longtemps à s'apercevoir que le « Cathay » décrit par Marco Polo au XIIIe siècle et la Chine, où arrivaient les Portugais, ne faisaient qu'un. Fallait-il encore suivre Aristote ? Il avait divisé le monde en deux parties, l'Occident ou Europe et l'Orient ou Asie avec, nous l'avons vu, une importante réserve, la Grèce qui participait des avantages de l'Occident et de l'Orient.

Tout le Moyen Age s'était fié à cette distinction. Mais voici qu'apparaît, combinée avec le développement d'une théorie climatique, l'idée que la coupure s'opère entre le Nord et le Sud.

C'est dans *la République* que Bodin, en 1576, introduit l'étude des influences climatiques la plus poussée qui ait été menée avant Montesquieu au XVIIIe siècle. Il distingue trois climats, celui du Septentrion, celui du Midi et, entre les deux, le tempéré, avec un type d'hommes différent suivant ces climats.

III. L'Europe face aux Turcs

La conquête ottomane. Voici d'abord les événements politiques. Les Osmanlis ou Ottomans – du nom de leur premier chef, au début du XIVe siècle – étaient originaires de l'Asie Mineure, et par conséquent proches de ce qui restait de Byzance.

Avant de prendre, en 1453, Constantinople désormais Istanbul, ils avaient, dès le XIVe siècle, mis la main sur la Bulgarie, la Serbie, la Bosnie, la Thrace (avec Andrinople devenue Edirne) et une partie de la Grèce.

A la même époque ils conquirent l'Anatolie. Ils étaient musulmans de la branche sunnite. Au XVIe siècle, leur poussée s'exerçait tout autour de la Méditerranée. De grands sultans, notamment Selim Ier (1512-1520) et Sulaymin Ier – que les Européens appellent Soliman le Magnifique – multiplièrent les conquêtes, par la force des armes et par la diplomatie. Outre la Syrie, l'Égypte, le Maghreb jusqu'au Maroc exclu, ils s'emparèrent des îles : Lesbos prise aux Génois, l'Eubée conquise sur les Vénitiens, Rhodes enlevée aux chevaliers de Saint-Jean en 1522, Chypre en 1570-1571. La marine turque occupa momentanément Otrante. Sur le continent, l'armée avec sa troupe d'élite, les janissaires, détruisit à Mohacs, en 1526, l'armée du dernier roi hongrois Louis II, qui périt dans la

274

bataille. En 1529, ils assiégèrent Vienne. Leur cavalerie de sipahis razzia la Bavière, la Moravie. Vienne allait-elle subir le sort de Constantinople ? « Il y allait de l'Europe, de sa chair, de son âme » (René Grousset). Vienne résista victorieusement. Mais en 1541 Soliman reprit Bude, en 1543 Gran, transformant toutes les cathédrales en mosquées.

Il était alors l'allié de François Ier contre Charles Quint et le duc de Savoie, ce qui lui permit de piller Nice. La base de Toulon fut mise à la disposition de ses corsaires. En face, l'un d'entre eux, Khayr al-Din Barberousse, établit à Alger un État-pirate. Le cardinal Jiménez de Cisneros, puis Charles Quint essayèrent en vain de reprendre Tunis et Alger.

Il fallut attendre la grande victoire navale de Lépante (golfe grec à 160 km d'Athènes) remportée par les forces conjuguées de Venise, de l'Espagne et du pape le 7 octobre 1571, contre la flotte de Selim II, le successeur de Soliman, pour voir s'amorcer un lent mouvement de repli des Ottomans. Notons qu'ils n'ont jamais perdu Constantinople, devenue Istanbul.

L'Europe facteur de résistance aux Turcs. Face à cette menace, que d'attitudes possibles ! La lutte à outrance, par l'union et la Croisade, ou le compromis, voire l'utilisation de la force turque au profit de rivalités européennes. Et que sont-ils, ces Turcs ? des barbares infidèles ? ou un Empire modèle dont les Européens devraient bien imiter la puissante organisation ? Faut-il leur résister à tout prix, ou fuir devant eux dans ces nouveaux mondes qui, précisément, s'ouvrent à la colonisation ? « Pauvre Europe », dit Ronsard dans son poème des *Iles fortunées* en 1553. Faudra-t-il la quitter ? Aeneas Silvius Piccolomini, futur pape Pie II, dont nous avons déjà évoqué les travaux, a prêché, avant et après le début de son pontificat, la Croisade de l'Europe contre les Turcs. Que ceux-ci soient à Constantinople, cela signifie à ses yeux « en Europe, c'est-à-dire dans notre patrie, dans notre propre maison, dans notre domaine ».

On retrouve, à travers ces accents douloureux, l'idée – çà et là répétée depuis l'époque carolingienne – que la chrétienté, la *Christiana communitas,* pour employer les termes d'Aeneas Silvius, c'est l'Europe. *« Christianus orbis Europam omnem tenet »* (le monde chrétien occupe toute l'Europe). Cette parole vient d'une victime indirecte des Turcs, le cardinal Bessarion (mort en 1472), religieux grec, évêque de Nicée, chargé par les derniers empereurs byzantins de négocier la réconciliation des deux chrétientés. Le pape l'ayant fait cardinal, le clergé grec le rejeta. La prise de Constantinople l'obligea à rester en Occident, où il joua un grand rôle dans le développement des études platoniciennes, suivant ainsi Michel Psellos.

L'Arioste déplore que « le Turc immonde occupe Constantinople, la meilleure partie du monde ». Le Tasse considère la lutte contre les Turcs comme celle de l'Europe contre l'Asie (chant 11, 24). Le grand poète portugais Camoens, dans ses *Lusiades,* parle de la « pauvre Europe » combattant contre le « féroce Ottoman ».

Face aux Turcs, dit le poète Battista de Mantoue (Giambattista Spagnoli), « nous sommes tous une nation unique, celle du Christ ». Il invoque l'union de « tous les peuples d'Europe », de la « magnanime Europe ». Érasme lui-même prêchait la Croisade, et dans l'*Éloge de la folie,* et dans son *De bello Turcis inferendo* (De la guerre qu'il faut mener contre les Turcs) où il assimilait nettement Europe et chrétienté. Également Vivès, dans son *De conditione vitae christianorum sub Turca* (Des conditions de vie des chrétiens sous la domination turque), et dans d'autres ouvrages où il parlait des « nations d'Europe ». Il écrivit même un livre où le mot « Europe » figure dans le titre, ce qui est nouveau : *De Europae statu ac tumultibus* (De la situation et des désordres de l'Europe).

Juan-Luis Vivès (1492-1540), est un Espagnol de Valence, qui fut professeur à Louvain, puis à Oxford, et finit par s'installer à Bruges. C'était un grand ami d'Érasme. Or, dans un autre de ses ouvrages, on trouve cette remarquable réflexion : « Nous tenons, de Gadès à l'Ister [nous dirions aujourd'hui de Cadix au Danube], une zone qui s'étend entre les deux mers et qui est la très courageuse et puissante Europe. Là, si nous nous unissions, nous ne serions pas seulement égaux à la Turquie, mais supérieurs à toute l'Asie ; cela, le génie des nations et leur courage le démontrent, et les traces des exploits accomplis l'enseignent. Jamais en effet l'Asie n'a pu résister aux forces même médiocres de l'Europe. »

Mais la Croisade ne put se faire, et le sultan n'accueillit qu'avec mépris l'appel que lui fit Aeneas Silvius, devenu Pie II, pour le conjurer de se convertir. Bien plus, on vit François Ier faire cette chose inouïe et détestable, de s'allier aux Turcs contre un prince chrétien, son grand ennemi, Charles Quint. Nous reviendrons plus loin sur cet événement, décisif à vrai dire, car il met en valeur le déclin irrémédiable du concept de chrétienté.

Dans la seconde moitié du XVIe siècle, Charles Quint, puis ses deux successeurs

275

276

Ferdinand, le Habsbourg d'Autriche, et Philippe II, le Habsbourg d'Espagne, furent considérés par beaucoup de chrétiens fervents comme les espoirs de la chrétienté.

L'un d'entre eux « sera, sans doute, le maître de toute l'Europe », écrit Briezio en 1558 dans sa *Mappemonde historique.* Ce sont eux, en tout cas, qui mènent la lutte implacable sur le Danube et la Save, ainsi qu'en Méditerranée.

Puisque la Croisade est impossible, qui peut les combattre, sinon ce qui reste de l'Empire, la courageuse Allemagne, qui

277

275 *L'un des souverains les plus importants de son époque, Soliman le Magnifique (règne : 1520-1566). Miniature comptemporaine.* **276** *« Les Turcs devant Vienne », illustration du* Livre des accomplissements, *Istanbul (1588).* **277** *La bataille maritime de Lépante, le 7 octobre 1571. Fresque de Giorgio Vasari et de ses élèves, Sala Regia, Vatican (XVIe siècle).*

seule survivait à la catastrophe ? « D'une masse si immense on en a été réduit à un morceau unique de l'Europe, l'Allemagne », écrit Sleidan en 1556.

La décadence de l'Europe, pour Luther, était due à l'idolâtrie papale – affaire de Méridionaux. Pour Peucer, qui prédit les plus épouvantables catastrophes, seule subsistait une chance : l'empereur, défenseur de l'Occident.

En fait, ce n'est pas l'empereur, mais son cousin espagnol, qui va donner le coup d'arrêt. Et même, si l'empereur, en 1559, fait une trêve avec le Turc, Philippe II s'y refuse au nom de « la chrétienté ». La Sainte Ligue de Pie V (1560), *foedus perpetuum,* n'est que le timide reflet de la grande Croisade voulue par Pie II un siècle auparavant. La victoire de Lépante, le 7 octobre 1571, ne marque pas la fin des victoires ottomanes. Mais, comme le dit Fernand Braudel dans son livre bien connu sur *la Méditerranée et le monde méditerranéen à l'époque de Philippe II :* « l'enchantement de la puissance turque est brisé », et, au moins sur mer, le tournant est opéré. Les Turcs vont désormais rester sur la défensive.

De ces années de désolante confusion, l'impression que l'on éprouve est que l'idée d'Europe n'a pas bénéficié de la « terreur turque ». Évanouis les beaux rêves d'*Europa nostra. Misera Europa* convient bien mieux. Déchirés entre eux, incapables de former un front uni, une *concordia,* une *congregatio* contre les Turcs, les Européens échappent de justesse au pire de tous les dangers, et encore n'y échappent-ils pas tous. Comme le fait remarquer James Brown Scott, éditeur de Grotius, l'Europe, pour celui-ci (il ne la mentionne qu'une fois dans le *De Jure Belli ac Pacis),* est réduite à une zone relativement étroite, marquée au sud-est par la frontière ottomane, au nord par la frontière ouest de la Pologne. Celle-ci, la Moscovie en sont exclues. Or, Grotius écrit au début même du XVIIe siècle.

Le modèle turc. Quelle dérision que le contraste entre cette Europe et la Turquie ! Les Turcs sont la « bête de l'Orient », certes ; mais toute une littérature se développe, qui se complaît à rappeler leurs qualités, leurs réussites, à les citer en exemple. Une opinion intéressante, que nous prendrons parmi bien d'autres, est celle de Traiano Boccalini (1556-1613), auteur notamment d'un *Ragguagli di Parnaso.* Boccalini est un désabusé, voire un désespéré. Pour lui, le monde était « corrompu », les princes des « scélérats » – ce qui, entre autres choses, l'amène à préférer le régime républicain. Bien plus, il ne croyait pas que la situation pût s'améliorer. « La vraie patrie de l'homme, a-t-il écrit, est la cité libre. » Or, les princes européens font de leur mieux, vont jusqu'à s'entendre pour empêcher le triomphe de la liberté.

Faute de liberté, encore faudrait-il l'efficacité de la « raison d'État ». Seule au monde, la Turquie a su réaliser cet idéal, malgré son caractère « barbarissime » : armée d'élite de janissaires – enfants chrétiens enlevés –, sobriété des soldats, précepte consistant à ne jamais rétrocéder un territoire où une mosquée a été bâtie, plan de conquêtes progressives, abandon des ambitions vers les pays d'Italie, tout contribuait à faire de l'Empire ottoman un grand État.

Cette tendance turcophile ou du moins turcomane ne fera que se développer au XVIIe siècle, à travers les récits de voyage, jusqu'au plus célèbre de tous, le *Journal de voyage... en Perse et aux Indes orientales* (1676) de Chardin.

Est-ce à dire que la Turquie *entre* progressivement en Europe ? Le déclin de la chrétienté le lui permet alors. Cela aurait peut-être pu se faire dès le XVIIIe siècle.

La naissance du nationalisme chez les peuples chrétiens des Balkans retardera cette absorption et encouragera la résistance réciproque à toute assimilation. Il faudra attendre la révolution nationaliste de Kemal Atatürk en 1919 pour voir la Turquie accéder à l'Europe.

IV. Quatre novateurs : Léonard de Vinci, Érasme, Machiavel, Luther

Il nous semble utile, pour aborder un siècle d'une extraordinaire richesse, mais aussi d'une complexité sans limite, de choisir, à titre de symboles, quatre personnages : un artiste génial, doublé d'un grand savant et technicien, Léonard de Vinci ; le prototype de l'humaniste, Érasme de Rotterdam, homme de culture et de conciliation, l'intellectuel le plus connu de son temps, préfigurateur, nous semble-t-il, de ce que sera Voltaire deux siècles plus tard ; un spécialiste positiviste de la science politique, initiateur du réalisme moderne, Machiavel ; et enfin, à l'opposé d'Érasme, le grand réformateur Martin Luther, passionné, tourmenté et grandiose.

Niccolo Machiavelli (en français Machiavel) est l'un des personnages les plus connus, et les plus méconnus, de l'histoire italienne. Quand le grand public parle de lui, il songe au terme « machiavélisme » qui a le sens de ruses mensongères, moyens malhonnêtes ou cruels justifiés par la fin. En réalité, ce réaliste fut le fondateur de la science politique au sens moderne, un esprit positif qui ne voulait plus faire dériver la politique de la théologie mais de son expérience de haut fonctionnaire. Il resta très hostile, sur le plan politique, au pape et au clergé.

Il naquit en 1469 à Florence d'une vieille famille bourgeoise, probablement inscrite dans la corporation des notaires, riche, cultivée, peu populaire dans les milieux de pauvres endettés. Son père, jurisconsulte, spécialiste de justice et de finances, sa mère, provenant également d'une ancienne famille de Florence, lui donnèrent une forte culture. Il étudia le droit. C'était la période de Laurent de Médicis (mort en 1492), que son père servait, mais sans enthousiasme.

Après la mort de Laurent de Médicis, son successeur, Pierre de Médicis, incapable de résister à l'invasion menée par le roi de France Charles VIII, fut chassé en 1494 par une révolte populaire. Pendant quatre ans, Florence fut gouvernée par un moine dominicain, Savonarole (1452-1498), qui créa une république populaire, puritaine et fanatique ; condamné comme hérétique par le pape, il mourut sur le bûcher. C'est alors que, dans la république modérée qui succéda à Savonarole, Machiavel devint secrétaire de chancellerie. Il avait vingt-neuf ans, et avait beaucoup lu les historiens latins et grecs – Tite-Live et Polybe – ainsi que Pétrarque, Dante, etc.

Il allait acquérir une précieuse expérience pratique. Il s'occupa surtout de politique étrangère, de la guerre de Florence contre Pise, des guerres d'Italie des rois de France Charles VIII et Louis XII qui prit Milan en 1499-1500 et fit prisonnier Ludovic le More. Machiavel apprit à connaître le pape Alexandre VI Borgia et son fils César qui essayait, avec des méthodes totalement cyniques, d'obtenir une principauté en Romagne. Il connut également le roi de France Louis XII, Ferdinand d'Aragon, le pape Jules II, cardinal Della Rovere, l'empereur Maximilien et toutes les républiques italiennes. Il visita comme ambassadeur l'Allemagne du Sud, fit un voyage en France, fut nommé en 1512 ambassadeur auprès de Ferdinand d'Aragon et de Castille.

En 1512, la coalition papale battit les milices de Florence organisées par Machiavel. Les partisans des Médicis prirent le

278

pouvoir et Machiavel, privé de tout poste, peu fortuné, fut relégué au petit bourg de San Casciano où il n'avait plus que la ressource d'écrire : c'est de cette période que date la rédaction du *Prince* et du *Discours sur la première décade de Tite-Live*.

Par la suite, il reprit du service auprès de ses anciens adversaires, les Médicis. Pour le cardinal Jules de Médicis, il écrit un *Discours sur la réforme de l'État de Florence*, puis, de 1520 à 1525, sur l'ordre des Médicis, il rédige une vaste *Histoire de Florence*.

C'est seulement après le désastre français de Pavie (1525) où les armées de Charles Quint écrasèrent François Ier et le firent prisonnier, qu'on fit appel à sa compétence. Il négocia à Rome, et une ligue fut conclue en 1526 à Cognac entre la France, le pape, Venise, Milan et Florence, contre l'empereur.

Ce fut un échec. Les Impériaux prirent et saccagèrent Rome en mai 1527. Les Médicis furent chassés de Florence au profit d'une république. Machiavel prit la fuite avec eux. Il ne résista pas à ces épreuves. Il mourut dans la misère le 22 juin 1527. Il avait cinquante-huit ans.

L'originalité de Machiavel ne réside évidemment pas dans sa carrière, très ordinaire pour l'époque, mais dans sa pensée. Il sépara totalement la politique de la métaphysique. En ce sens, il fut un précurseur d'une science politique positive, et un précurseur de l'« idée laïque ». Il n'était pas antireligieux, mais fortement anticlérical. Il détestait le pouvoir pontifical, dans lequel il voyait la principale source de malheurs de l'Italie. Il fut aussi un précurseur du patriotisme italien. Il voulait une Italie unifiée ou fédérée, non un royaume analogue à ceux de France ou d'Angleterre, mais une république avec, en cas de

279

278 *Nicolas Machiavel (1496-1527), fondateur de la science politique. Portrait de Santi di Tito (1536-1606), Palazzo Vecchio, Florence.*
279 *Le « Prince », César Borgia, fils du pape Alexandre VI, portrait de Bonifacio Bembo, Accademia Carrara, Bergame (XVe siècle).*
280 L'Exécution de Savanarole, *panneau peint anonyme, musée San Marco (XVIe siècle).*

280

danger grave, la possibilité d'établir une dictature temporaire, à la façon de la Rome républicaine. Il ne se faisait pas trop d'illusions ; mais face aux invasions des Français, des Aragonais, qui avaient suivi celles des Allemands, il rejetait l'utilisation que les villes italiennes faisaient de mercenaires, toujours prêts à trahir pour le plus offrant.

Machiavel pensait en termes d'Italie, non en termes d'Europe. Mais la méthode qu'il proposait est applicable à l'Europe, et présente l'avantage de ne pas chercher l'impossible. Au contraire de son contemporain anglais Thomas More (1478-1535), auteur de la fameuse *Utopie ou Du meilleur statut de la République et de la nouvelle île d'Utopie,* il s'attachait à l'expérience du réel. Comme le dit un autre illustre écrivain anglais de la fin du XVIe siècle, Francis Bacon, « il faut remercier Machiavel et les écrivains de ce genre, qui disent ouvertement et sans dissimulation ce que les hommes ont coutume de faire, non ce qu'ils souhaitent ».

Érasme, le plus international, le plus européen des hommes de son temps, est né à Rotterdam vers 1466, fils illégitime d'un prêtre. Ses parents moururent tôt, et il fut envoyé à neuf ans dans des écoles hollandaises, à Devent puis à Bois-le-Duc *(Hertogenbosch).* Il ne fit que passer par un monastère augustinien en 1487-1488, mais fut néanmoins ordonné prêtre en 1492. En fait, il n'avait rien d'un zélote, et préférait la lecture, une immense lecture des classiques, à la prédication. Il apparaissait ainsi comme tout à fait indépendant, habile à se tirer d'affaire, ayant horreur du drame et des grands gestes. Il aimait une nourriture délicate, le travail littéraire, les conversations avec les gens d'esprit.

Nommé secrétaire latin de l'archevêque de Cambrai, il resta d'abord à Bruxelles, puis il se fit envoyer à l'université de Paris pour préparer le doctorat en théologie. N'ayant qu'une maigre pension de l'archevêque qu'il surnommait l'anti-Mécène, il s'installa au collège Montaigu qu'il se mit à détester puis le quitta. Il donna alors des répétitions à des élèves allemands et anglais pour gagner sa vie. En 1499, un de ses élèves britanniques l'invita à visiter son pays, alors en convalescence de la guerre des Deux-Roses.

Érasme s'y fit des relations dans la haute société cultivée, grâce à l'éclat de sa culture et de son latin, infiniment supérieur à la langue grossière des universités. C'est à Oxford qu'il rencontra des savants parlant le grec, langue qu'il n'avait jamais étudiée. Le prince de Galles, futur Henri VIII, se le fit présenter. Il connut Thomas More, John Collet, professeur à Magdalen's College, adversaire éminent de la scolastique, John Fisher, chancelier de Cambridge. Comme on l'a dit, l'Angleterre « guérit Érasme du Moyen Age » et il en fit un bel éloge.

Érasme entreprit d'autres voyages, en Italie, en France, en Allemagne, en Angleterre encore, s'entretenant en latin mais se liant très peu. Il ne s'intéressa ni à la musique ni à la peinture : Raphaël, Michel-Ange, Léonard de Vinci n'étaient pas connus de lui. C'était un bibliophile qui passait de longues heures dans les imprimeries Alde à Venise et Frobenius à Bâle. Érasme connaissait tous les grands de ce monde et sa réputation était universelle. Dans une lettre de 1519, Luther, qui n'avait pas encore rompu avec lui, écrivait : « En quel lieu de la terre le nom d'Érasme n'a-t-il point retenti ? » François Ier de France lui proposa de diriger le Collège de France qu'il avait fondé pour rivaliser avec l'université. Avide de liberté, il refusa. Peut-être les deux lieux où il aimait le mieux résider sont l'Italie (il passa son doctorat en théologie à Bologne en 1506 et séjourna à Venise) et Bâle, où il s'installa en 1521, et où il mourut en 1536.

L'œuvre immense d'Érasme comprend à la fois des satires, tel l'*Éloge de la folie* ou les *Colloques* (dialogues imités du Grec Lucien), des traductions des Pères de l'Église, de la Bible, des travaux philosophiques et théologiques tel l'*Essai sur le libre arbitre* où il chercha à réfuter Luther, enfin un très grand nombre de lettres qui expriment tout l'humanisme de son époque. Il avait, peut-être, trois mille correspondants à la fin de sa vie.

On a sur lui six portraits de Hans Holbein, deux d'Albrecht Dürer, un du peintre flamand Quentin Matsys.

Léonard de Vinci (1452-1519) ne fut pas seulement un très grand peintre. Parmi ses contemporains, on en compte dont le génie atteignit les mêmes sommets, et qui, en général, produisirent plus que lui : son aîné Botticelli, ses cadets Michel-Ange et Raphaël en Italie, Albrecht Dürer, puis Hans Holbein en Allemagne, les frères Van Eyck, peut-être, selon Vasari, inventeurs de la peinture à l'huile, nés aux Pays-Bas près de Liège ; en attendant, à la fin du siècle, les grandes écoles de peinture flamande, hollandaise, espagnole, française. Ce qui nous amène à le présenter à part, c'est qu'il « appartient, plus qu'à l'histoire de l'art, à l'histoire de l'intelligence humaine » (André Michel). Architecte, sculpteur, il fut aussi musicien et poète, mais encore mathématicien, astronome, physicien, chimiste (l'étude des couleurs), anatomiste pratiquant la dissection, botaniste, géographe, géologue, opticien et finalement l'ingénieur qui, entre mille inventions, conçut le vol du « plus lourd que l'air ».

Il naquit en 1452 dans le village de Vinci, près de Florence. Fils naturel d'un notaire et d'une paysanne, son père le fit instruire avec soin. En 1472, il entra dans l'atelier de Verrocchio. Il travailla d'abord à Florence, n'achevant pas toujours ses œuvres, car sa curiosité d'esprit l'entraînait aisément vers d'autres directions. Vers 1483, il quitta cette ville pour Milan dont le souverain, Ludovic le More, tyran fastueux et homme de goût, protecteur des arts, le choisit pour concevoir et fabriquer la statue à cheval de son père, François Sforza. Léonard accepta et proposa également des inventions mécaniques : des canons de forme nouvelle, des machines de guerre, des navires non combustibles, des routes, des ponts, des tunnels, des canalisations d'eau, etc. C'est à Milan qu'il peignit sa fameuse *Cène*. L'invasion du Milanais par les Français et la chute de son protecteur l'amenèrent à quitter Milan en 1499 pour Mantoue, puis Venise, et enfin à nouveau Florence. C'est là qu'en 1506, il acheva *la Joconde*. Sa passion pour la chimie lui joua ensuite un mauvais tour. Ayant exécuté une fresque, sa peinture fondit, et, découragé, il quitta Florence en 1505. Il séjourna à Milan, évacué par les Français, fit un voyage à Rome à la cour de Léon X, puis, comme le roi de France, François Ier, venait de reprendre la ville (1515), il accepta son invitation de venir

281 *Érasme de Rotterdam (1466-1536), grand humaniste. Portrait de Quentin Matsys. Galleria Nazionale di Arte Antica, Rome.*

en France, à Amboise. Il y termina paisiblement sa carrière et y mourut en 1519.

Plus que son compatriote le Modénais Pic de La Mirandole (1463-1494), qui avait prétendu écrire *De omni re scibili,* c'est-à-dire « sur toutes les choses connaissables », et plus que les autres encyclopédistes, il représente la science, libérée de la scolastique, laïcisée, reposant sur l'expérience et le calcul. Il a laissé plus de cinq mille pages de notes fort diverses en une écriture presque indéchiffrable, avec des milliers de croquis d'une stupéfiante variété.

En mathématiques, il fut surtout géomètre avec un « extraordinaire talent de vision dans l'espace »... « La science pour Léonard – comme pour beaucoup de ses contemporains – n'est pas orientée vers la contemplation, mais vers l'action » (Alexandre Koyré). En astronomie, contrairement à la légende, ce n'est pas lui qui inventa le télescope. Disciple du célèbre philosophe et savant allemand Nicolas de Cues (1401-1464), il abandonna l'idée de la Terre centre du monde. Il comprit que la Lune est composée des mêmes éléments que la Terre. Il en expliqua la « lumière cendrée », et il est très probable qu'il ait cru au mouvement giratoire de la Terre. Mais il joua en cette matière un rôle très inférieur à celui de son cadet de vingt ans, l'astronome Nicolas Copernic (1473-1543), qui connaissait l'oeuvre de Nicolas de Cues, non celle de Léonard.

C'est en physique que son œuvre fut la plus originale et la plus vigoureuse. Il fut, dit Koyré, « un génie technologique à nul autre pareil ». C'est-à-dire que de l'expérience technique il tira – on le voit par ses dessins – une véritable « science de la mécanique ». Il comprit de façon extraordinaire les machines simples, et, encore sous l'influence de Nicolas de Cues, il étudia la dynamique. Il ne découvrit pas la loi de la chute des corps, ni le principe d'inertie. Mais il formula, à peu près, le principe dit de « l'égalité de l'action et de la réaction ».

En chimie, il s'occupa surtout de la composition des colorants, pour les tableaux.

Mais cet extraordinaire génie s'intéressa à la géographie physique – comblement des lacs par les alluvions, avancées de celles-ci sur la mer, érosion, etc. Il connut à fond l'anatomie. Il montra des analogies existantes entre ossements des animaux et de l'homme. Il retrouva – les Grecs l'avaient su, mais on l'avait oublié – ce que représentaient réellement les fossiles. Il fit de nombreux et minutieux dessins d'animaux et de plantes. Il s'intéressa à la météorologie, à la botanique. Il fut le symbole de l'ardeur à découvrir caractéristique de l'Europe au XVIe siècle et il contribua à cet envol de l'intelligence, plus accentué encore qu'à la période précédente, au-dessus des autres grandes civilisations du monde.

De ces novateurs, le plus grand, par ce qu'il a accompli, par sa personnalité brûlante, par l'envergure de sa pensée, par la force de sa foi, est évidemment Martin Luther.

Ce grand tourmenté a réussi à accomplir, là où Wyclif avait échoué, là où Jan Hus n'avait obtenu qu'un succès limité, la grande réforme de l'Église, dont on parlait depuis trois siècles. Il ne fut pas le seul à avoir réformé. D'autres, Calvin, Zwingli jouèrent un rôle comparable. L'Angleterre se réformera elle-même. Enfin, il y aura, par contrecoup, une contre-réforme, mieux nommée réforme catholique (cf. ci-dessous).

Suivons d'abord la carrière étrange de Martin Luther.

Il naquit probablement en 1483 dans la petite ville d'Eisleben, en Thuringe. Son enfance fut pauvre et triste. Son père était mineur, sa mère une ménagère superstitieuse. Il partit à quatorze ans pour Magdebourg et y vécut de mendicité. En 1501, il entra à l'université d'Erfurt, et il sera maître ès arts en 1505. A cette date, il entra chez les moines augustins d'Erfurt. Il fut un moine pieux, attentif à la règle. Mais son âme était sans cesse bouleversée par la crainte de l'enfer. Était-ce par des actes pieux, par la messe dite quotidiennement, par l'ascétisme qu'il obtiendrait son salut ? Il n'y croyait guère.

Le vicaire général des augustins pour

282

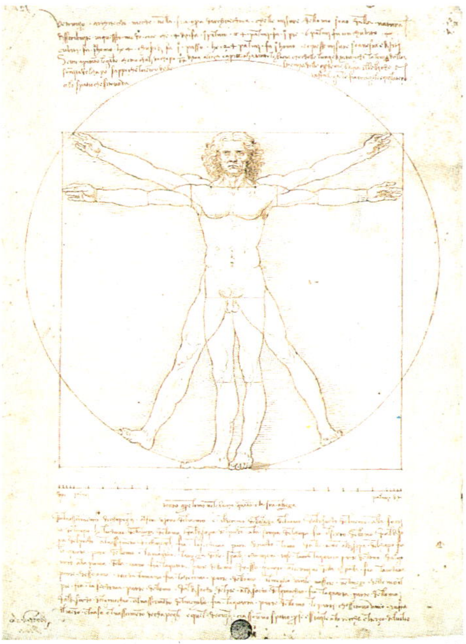

283

282 *Léonard de Vinci (1452-1519), génie universel de la Renaissance : à la fois peintre, sculpteur, architecte, dessinateur et naturaliste. Autoportrait de vieillesse, sanguine, Biblioteca Reale, Turin.* **283** *Léonard de Vinci : les proportions du corps humain, dessin d'après Vitruve, Académie, Venise.*

toute l'Allemagne, Staupitz, s'intéressa à lui. Il l'incita à étudier la théologie dans la nouvelle université de Wittenberg, créée en 1502 par l'électeur de Saxe Frédéric le Sage. Staupitz y enseignait. Luther y obtint en 1512 le doctorat en théologie.

Mais, en 1510, il avait éprouvé un nouveau et terrible bouleversement. Il avait été envoyé à Rome où il espérait trouver le « centre vivant de la chrétienté ». Qu'y découvrit-il ? « La Rome des Borgia, devenue depuis peu, la Rome du pape Jules II. » Alexandre VI Borgia avait vécu dans la débauche et dans le crime. Jules II pensait plus à la politique et à la guerre qu'à la chrétienté. On le voyait botté et casqué à la tête de ses troupes. Luther ne supporta pas cela.

« Quand, éperdu, fuyant la Babylone maudite, ses courtisanes, ses *bravi,* ses ruffians, son clergé simoniaque, ses cardinaux sans foi et sans moralité, Luther regagnait ses Allemagnes natales, il emportait au coeur la haine inexpiable de la Grande Prostituée » (Lucien Febvre).

C'est alors, en 1512 sans doute, qu'il fit sa « grande découverte ». Dans une tour de son couvent de Wittenberg il eut, pensa-t-il, une révélation divine. En silence d'abord, publiquement à partir de 1517, il se considéra de ce fait comme un véritable apôtre nouveau. Pour résumer ce dont il s'agit, il partit d'une phrase de saint Paul dans l'*Épître aux Romains* (III, 28) : « Nous pensons que l'homme se justifie par la foi, et non par les œuvres de la loi. »

On estimait, en général, que les « oeuvres de la loi » étaient les pratiques extérieures, formelles des Juifs, que Paul rejetait pour les chrétiens. Erreur, dit Luther : l'homme est si misérable, Dieu est si totalement puissant, que les actions des hommes, si bonnes soient-elles, restent des péchés. Dieu seul peut « justifier » les hommes, c'est-à-dire les amener au salut. Le signe qu'il vous a choisi pour être justifié, c'est la *foi,* la foi totale, qui consiste à être avec Dieu. D'où la formule de Luther, qui schématise cette idée de la justification par la foi seule : *« Pecca fortiter sed crede fortius. »* Pèche fortement, mais crois plus fortement encore. On ne peut pas être plus éloigné du rationalisme, même de celui de saint Thomas d'Aquin, pensant établir, en une vaste synthèse, l'harmonie parfaite entre la raison et la foi. D'ailleurs, Luther ne semble pas avoir étudié le « docteur angélique ».

Combinée avec sa haine pour la Rome corrompue, cette découverte va le faire chasser de l'Église catholique. Il sera dénoncé comme « hérétique » et comme « schismatique ».

La rupture se fit dans des conditions célèbres, par affichage, le 31 octobre 1517, par Luther, selon la tradition, sur la porte de la chapelle du château de Wittenberg d'un « placard » énumérant quatre-vingt-quinze thèses. Le prétexte en avait été un abus scandaleux, celui de la vente des « indulgences » par les princes de l'Église afin

284 *« Pèche fortement, crois plus fortement encore » : Martin Luther (1483-1546). Gravure de Lucas Cranach l'Ancien (1472-1558).*

de diminuer la durée de l'épreuve du purgatoire. Luther devint très rapidement célèbre et menacé. Il accepta le risque d'aller se justifier devant l'empereur Charles Quint et le légat du pape à Worms, devant la Diète, assemblée de l'Empire, en 1521. Luther ne céda sur aucun point, maintint toutes ses positions et développa l'idée du « libre examen » de la Bible au lieu d'une interprétation obligatoire, fixée autoritairement par l'Église. Trop populaire pour être arrêté, Luther fut mis dans une sorte de refuge-prison au château de la Wartburg, sur les montagnes de Thuringe. C'est là qu'il se mit à traduire la Bible en allemand. Nouvelle action capitale pour l'histoire de l'Allemagne : ce fut le premier grand texte de la littérature allemande en langue moderne. Luther ne fut jamais un homme politique. Certain de détenir la vérité, il la professait par la parole et par l'écrit, souvent avec une rudesse polémique excessive qui le sépara d'Érasme.

Cette même année 1525, se déclencha en Allemagne une formidable révolte des paysans misérables et soumis aux princes (alors que les villes étaient riches et souvent libres). Au lieu de prendre la tête de ce mouvement social lancé par des hommes qui l'admiraient, Luther condamna la révolte paysanne. On notera que la même année, il épousa une jeune religieuse évadée de son couvent, Catherine de Bora.

Nous réservons à un prochain paragraphe l'examen du luthéranisme et de l'Église dite évangélique. Ce sera là la dernière action de Luther qui mourut à soixante-trois ans, à Eisleben, où il était né, au moment même où l'Église catholique convoquait le concile de Trente (1546).

V. L'humanisme unificateur

Les universités, gloire du XIIIe et du XIVe siècle, déclinèrent au XVe. Elles s'enlisaient dans la scolastique. On appelle ainsi cet arrêt de la pensée qui consiste à remplacer la réflexion créatrice par une série de recettes fixées d'avance, de plus en plus subtiles, certes, mais de moins en moins originales. La scolastique, c'est donc la pensée traditionnelle figée. Mais il y avait deux doctrines traditionnelles. L'une était « réaliste » et l'autre « nominaliste ». Les réalistes pensaient que les concepts, les catégories, les généralisations existaient réellement. Ainsi, tous les hommes appartiennent à la catégorie « homme ». Ils se ressemblent bien plus entre eux qu'avec d'autres collections d'êtres : par exemple, les animaux. Les nominalistes, au contraire, tels l'Écossais Duns Scot (v. 1266-1308) ou l'Anglais Guillaume d'Occam (1300-1349), pensaient que l'« archétype » n'existe pas. L'« homme » n'existe pas. C'est un simple nom que l'on donne par commodité à une quantité considérable d'êtres. Seuls ces êtres, pris un à un, ont une réalité. Mais les successeurs de Guillaume d'Occam avaient, tout comme les réalistes, figé leurs thèses en formules. Ainsi, le monde ne pouvait être expliqué ni par le réalisme d'Aristote ou de son disciple saint Thomas, ni par le nominalisme figé.
Mais l'esprit humain répugne à la sclérose. Il y eut une forte réaction contre la scolastique. On l'appelle « humanisme ».
L'humanisme n'est pas une doctrine, mais une attitude. Il n'exclut aucune doctrine, mais il place l'homme et non les idées abstraites au centre de la réflexion. Qu'est l'homme ? Quelle est sa place dans l'univers ? Quelle est son origine ? Quelle est sa destinée ? Au lieu de donner à ces questions des réponses dogmatiques, toutes faites, on étudie ces problèmes.
L'humanisme peut fort bien être chrétien. C'est le cas d'Érasme qui fut le modèle de l'humanisme du XVIe siècle. Mais on peut aussi bien imaginer un humanisme païen, ou simplement laïque, c'est-à-dire dissociant la pensée religieuse de la raison humaine. Alors que la scolastique est close, se commente elle-même (la « glose »), et finalement tourne en rond, l'humanisme est une découverte destinée à rester indéfiniment perfectible. La scolastique estime qu'un certain monde est parfait. L'humanisme introduit la notion de progrès indéfini. C'est une rupture de la pensée humaine avec une tradition bien établie.

285

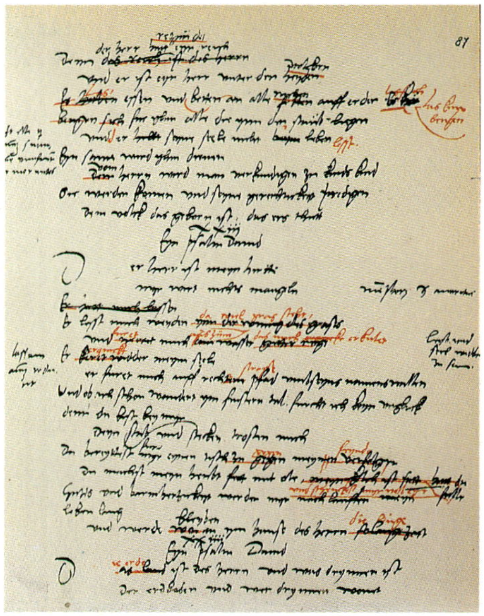

286

285 *A la Wartburg, Martin Luther entreprit sa traduction de la Bible, en 1521 : page de titre de la première édition complète de la* Biblia das ist die ganze heilige Schrifft Deutsch *(les écritures saintes en allemand), illustrée de bois de l'atelier de Lucas Cranach l'Ancien, imprimée par Hans Luft à Wittenberg (1534).* **286** *Le manuscrit de Luther, autographe du psaume 23.*

Ce qui nous intéresse ici, c'est que l'humanisme du XVIe siècle fut un phénomène exclusivement *européen,* et *paneuropéen.*
La patrie originaire de cet humanisme, qui s'oppose à la scolastique des universités, et qui crée une nouvelle intelligentsia à côté de l'ancienne, c'est l'Italie. Le grand poète Pétrarque, d'Arezzo (1304-1374), ami de Dante, installé à Avignon, Rome et Florence, amoureux sans espoir de la célèbre Laure (tuée par la peste noire en 1348), est l'un des précurseurs de l'humanisme. Il fut, selon Renan et Burckhardt, « le premier homme moderne ». Il donna à l'humanisme de la Renaissance une de ses caractéristiques : le retour au latin classique, la recherche de la pureté de Cicéron ou d'Horace. L'étude du latin devint critique. Aux textes connus, encombrés de gloses, on ajouta des découvertes et aussi l'*épigraphie,* c'est-à-dire qu'on apprit à déchiffrer les inscriptions latines.
Après Pétrarque, et toujours en Italie, c'est Lorenzo Valla (vers 1407-1457) qui poursuivit la reconquête du latin classique. Érasme fut son admirateur et l'édita.
A l'étude du beau latin se joignait le retour du grec, aidé par les tentatives de réconciliation des Byzantins avec Rome, d'ailleurs vaines sur le plan religieux.
L'humanisme florentin continua à se développer avec Marsile Ficin (1433-1499), et Pic de La Mirandole. D'Italie, l'humanisme se répandit dans toutes les directions, et de tous les côtés, dans la vallée du Rhin et en Angleterre.
En Angleterre où les universités n'avaient pas connu la décadence qui les caractérisait sur le continent, celle d'Oxford absorba très aisément l'humanisme. Le roi Henri VIII (1509-1547) se trouvait être latiniste, théologien et musicien, ses enfants écrivaient en latin et en français. C'est grâce à lui que le grec et l'hébreu furent enseignés à Cambridge. Élisabeth, la future reine, Thomas More, chancelier du roi, parlaient plusieurs langues anciennes.
En Espagne, à part ce qu'on appelle le « groupe d'Alcala », l'humanisme ne se répandit pas rapidement au début du XVIe siècle. Mais la *Bible d'Alcala,* publiée par cette nouvelle université, attestait une profonde influence du grec et de l'hébreu.
En France, l'humanisme italien fut introduit notamment par un Savoyard, Guillaume Fichet (1433-1482). Mentionnons l'importance du rôle de Lefèvre d'Étaples (vers 1450-1537), de Picard, maître ès arts, non théologien mais admirable restaurateur du grec et du véritable Aristote. En 1530, sous l'influence de Guillaume Budé, François Ier créa le futur Collège de France. Lefèvre d'Étaples écrivait en 1503 à propos des étudiants : « Ils abandonnent en

masse la philosophie et la dialectique, et volent à la lecture des grammairiens et des poètes, rebutés par la barbarie des philosophes. »

Malgré tout cela et bien qu'à Louvain s'ouvrît en 1517 un Collège des Trois Langues, avec latin, grec, hébreu, que des chaires de grec et d'hébreu aient été créées à Heidelberg, Mayence, Tübingen, Colmar, qu'à Rome, le Collège de la Sapience fondé par Léon X formât des hellénistes, 40% des humanistes, selon Pierre Chaunu, vivaient en Italie au début du XVIe siècle. Roland Mousnier, de son côté, écrivit que l'Italie « donne le ton à l'Europe ».

Cette extraordinaire curiosité des lettrés humanistes et des étudiants ainsi que leur ardeur au travail se manifestèrent dans tous les domaines, l'art où le gothique fut remplacé par un art de la Renaissance d'inspiration classique, la littérature qui imita les genres et les poèmes des Anciens, la science qui adopta l'observation empirique, en médecine et en astronomie par exemple, les sciences sociales. Tout cela secoue le monde en apparence figé d'avant 1500.

VI. Les réformes dans la chrétienté et le *cujus regio ejus religio*

Tant souhaitée depuis plusieurs siècles, la Réforme se produisit au XVIe. On doit plutôt dire *les* Réformes, car l'ensemble dit « protestant » fut lui-même partagé en plusieurs courants, en nombreuses Églises. Et il y eut une réforme catholique d'une grande ampleur, pour répondre aux mouvements dissidents. Dans l'ensemble, ce fut une aventure spirituelle intense et créatrice. A notre point de vue, qui est l'histoire européenne, nous devons examiner surtout les réformes dans la mesure où elles ont consolidé les États. En effet, du côté protestant comme du côté catholique, dans un monde où, malgré Érasme, on ignorait la tolérance, on finit par adopter le principe selon lequel on appartenait normalement à la religion professée par le souverain. *Cujus regio, ejus religio :* on pratiquait la religion de la région où l'on vivait. Toutefois, un droit individuel fit son apparition, celui d'émigrer pour rejoindre un pays où l'on retrouvait la religion pour laquelle on inclinait.

L'Église luthérienne. Nous avons présenté Luther, personnage considérable, même si l'on fait abstraction de sa philosophie. Or, après avoir rejeté l'Église romaine et prôné le « libre examen » de la Bible, Luther admit l'idée que les princes convertis à sa réforme pouvaient ajouter à leur pouvoir civil l'autorité sur les biens ecclésiastiques, « sécularisés » à cet effet, et le droit éminent de gouverner les Églises en tant que principaux membres. Martin Luther, de 1526 à 1538, organisa une nouvelle Église de Saxe, modèle désormais adopté par les luthériens. Les princes nommaient les pasteurs et les surintendants qui contrôlaient les diverses communautés. Ces ecclésiastiques pouvaient se marier. On élimina le culte de la Vierge et des saints, ainsi que leurs représentations peintes ou sculptées. Mais deux sacrements étaient maintenus, comme les seuls institués par le Christ : le baptême et l'eucharistie. On célébrait la messe le dimanche, dans la langue du pays, mais le culte était simplifié.

Par conviction, parfois par politique et par intérêt, de nombreux princes adoptèrent la nouvelle Église, et cela, comme le fait remarquer Roland Mousnier, dans toutes les classes sociales. Outre l'Électeur de Saxe, se joignirent à l'Église luthérienne le Landgrave de Hesse, le grand maître de l'ordre teutonique, puis les Suédois, révoltés contre les Danois (1523-1529), puis, après sa défaite contre la Suède, le Danemark lui-même (1530-1535). Les luthériens étaient nombreux aux Pays-Bas.

L'empereur Charles Quint, roi catholique d'Espagne, essaya de rétablir les évêques catholiques en Allemagne et de leur rendre les biens sécularisés. Contre lui fut créée la ligue de Smalkalde (1531) qui s'allia avec François Ier, roi de France. En 1539, les princes de Wurtemberg et de Brandebourg devinrent protestants. Charles Quint dut reconnaître officiellement le luthéranisme. Ce fut la paix

287

288

287 *Le grand poète italien Pétrarque (1304-1374), ami de Dante et précurseur de l'humanisme. Portrait de Justus van Gent (vers 1435-après 1480).* **288** *L'Antiquité, référence des humanistes et des architectes de la Renaissance. Façade de la villa Almerico-Capra, dite villa Rotonda, conçue par Andrea Palladio (1508-1580) à Vincence, en Vénétie.*

d'Augsbourg, en 1555, où fut effectivement proclamé le principe *cujus regio, ejus religio*. Les deux tiers de l'Allemagne restaient luthériens, y compris une partie de la Westphalie et de la Rhénanie. Charles Quint, fatigué, abdiqua son immense pouvoir, laissant ses possessions d'Autriche et l'Empire à son frère Ferdinand, ses possessions d'Espagne, Pays-Bas, Italie et outre-mer à son fils Philippe II (1556-1598).

Zwingli. Mais le fait même que subsistât une Église structurée nuisait au principe du libre examen. Beaucoup trouvaient Luther trop modéré. Ce fut le cas de Zwingli, prêtre suisse de Zurich, né en 1484, qui, après avoir suivi Luther, rejeta tous les sacrements, donna à chaque Église une structure démocratique. Zurich, Bâle, Berne, y adhérèrent. Mais la liberté d'interprétation des textes aboutissait à un pullulement de sectes, d'opinions, de querelles.

Jean Calvin. C'est sur ce tableau qu'apparaît Jean Calvin, né en 1509 à Noyon, d'une famille bourgeoise. Étudiant aux universités de Paris, Orléans, Bourges, ayant appris le grec et l'hébreu, il se rallia au luthéranisme en 1534, et s'enfuit alors de France, le roi François Ier, après des hésitations (sa sœur Marguerite de Navarre protégeait les protestants), ayant proclamé un édit ordonnant l'extermination des hérétiques. Calvin passa par Strasbourg et Bâle où, en 1536, il publia, en latin, l'*Institution de la religion chrétienne*. Sa doctrine était désormais élaborée. Comme Luther, il estimait que la « tradition » – interprétation autoritaire de la Bible par l'Église romaine – devait être rejetée. L'Écriture seule comptait. Il croyait à la toute-puissance de la grâce divine, qui seule peut sauver l'homme. Il voulait la « justification par la foi », rejetait certains sacrements, prônait le mariage des prêtres, le culte en langue vulgaire.
L'*Institution de la religion chrétienne* fut publiée en français en 1541 et constitue une grande œuvre de la littérature française. Mais contre Luther, Calvin estimait qu'il ne peut pas y avoir « présence réelle » du Christ dans le pain et le vin de l'eucharistie. Surtout, plus que Luther, il croyait à la prédestination. Dieu est si puissant qu'il n'est pas lié par sa prescience. « Pour Calvin, Dieu est libre. Ce qu'il prévoit ne se confond pas avec ce qu'il veut de toute éternité. Il élit les hommes à la vie éternelle ou les damne selon qu'il lui plaît. Cette grâce est irrésistible : l'homme ne peut la repousser » (Roland Mousnier). Pour Calvin, l'Église ne doit pas tolérer

289

l'erreur. Mais elle n'est pas soumise à l'État.
A partir de 1541 et jusqu'à sa mort en 1564, Calvin habita Genève, qui devint, a-t-on dit, une « Rome calviniste ». Un collège dirigé par Théodore de Bèze y formait les pasteurs qui, après leur examen, devaient être élus par le peuple. Un consistoire de pasteurs élus par leurs collègues surveillait les citoyens et pouvait les faire punir. Ce fut le cas du médecin Michel Servet, accusé d'avoir nié la Trinité, et qui fut brûlé en 1553. Il y a dans le calvinisme une tendance sociale et démocratique prononcée. Mais Calvin ne condamnait nullement le capitalisme.
Le calvinisme se répandit en Écosse (presbytériens), aux Pays-Bas, en Bohême, en Hongrie, en Pologne. Et il pénétra en France où certains grands seigneurs s'y rallièrent.

Le cas de la France. De 1559 à 1598, la France fut le champ clos des guerres de religion, particulièrement atroces, marquées par des épisodes lamentables dont le plus connu fut le massacre de la Saint-Barthélemy, ordonné par le roi Charles IX et par sa mère Catherine de Médicis, le 24 août 1572.
Les derniers rois de la dynastie des Valois moururent sans laisser de fils. Le plus proche parent était Henri de Bourbon qui descendait du sixième fils de Saint Louis (ancêtre commun mort en 1270 !). Il était le fils d'Antoine de Bourbon, qui, selon ses intérêts, s'était rallié à la Réforme ou avait participé à la persécution contre elle.

290

291

289 *L'Église luthérienne : Jean-Frédéric le Magnanime, électeur de Saxe, entouré des réformateurs de Wittenberg. A gauche, Luther ; à droite, Philippe Melanchton. Détail d'un tableau de Lucas Cranach l'Ancien (1534-1539).* **290** *Le réformateur Jean Calvin (1509-1564). Portrait anonyme (détail).* **291** *Le réformateur suisse Ulrich Zwingli (1484-1531). Détail d'un portrait de Hans Asper (1499-1571).*

Mais sa mère, Jeanne de Navarre, était une calviniste convaincue. Henri était le chef du parti dit « huguenot » (mot dérivé sans doute de l'allemand *eidgenossen,* « associés par serment », adopté par les calvinistes à Genève, puis en France). En 1589, il fut proclamé roi de France par une partie de l'armée.

Contre lui se dressait la ligue catholique ou Sainte Ligue, menée par de grands nobles, appuyés par les classes aisées, avocats, médecins, commerçants. Henri IV finit par l'emporter, non sans s'être converti au catholicisme.

En 1598, il proclama l'édit de Nantes. Celui-ci accordait aux protestants le libre exercice de leur culte et, à titre de garantie, des forteresses, qu'ils défendaient avec leurs propres milices, les « places de sûreté ». Ils les perdirent en 1629, et l'édit – trop tolérant pour un roi absolu – fut révoqué par Louis XIV en 1685. Les protestants persécutés se partagèrent entre ceux qui, obstinément, restèrent, et l'émigration. Les huguenots français, eux, devaient s'installer dans toute l'Europe de la Réforme.

L'anglicanisme. L'Angleterre connut une réforme tout à fait particulière, infiniment moins doctrinale que celle de Luther, Zwingli ou Calvin. Simple schisme par rapport à Rome, et création d'une Église nationale anglicane qui entendait garder l'épithète « catholique », ce fut, en somme, une opposition au papisme : « *No popery !* » Le roi Henri VIII, monté sur le trône en 1509, soutint d'abord le groupe d'Oxford, composé de disciples d'Érasme, Thomas More, John Collet, qui accueillirent le grand humaniste lorsqu'il séjourna en Angleterre. Mais deux éléments bien matériels allaient jouer. D'une part, Henri VIII, marié à Catherine d'Aragon, voulait divorcer et épouser Anne Boleyn. Le pape ayant refusé, il fit casser son union par un tribunal ecclésiastique. On sait qu'Anne Boleyn devait être décapitée sous prétexte d'adultère, et que Henri VIII eut encore quatre femmes légitimes. Mais la phase essentielle se déroula entre 1533 et 1537.

D'abord le roi publia l'*Acte de suprématie* : la seule autorité s'exerçant sur l'Église d'Angleterre n'est plus le pape, mais le roi ; celui-ci aura donc d'une part l'autorité spirituelle, d'autre part, ce qui l'intéressait énormément, la disposition des biens de l'Église. Le Parlement donna son plein accord. Ceux qui restaient soumis à Rome et refusaient d'accepter la suprématie royale furent exécutés – tel le malheureux Thomas More. La rupture avec le pape était consommée (1537). Le chancelier de l'Échiquier, Thomas Cromwell, organisa la nouvelle Église anglicane. Les monastères furent fermés, leurs biens confisqués, puis vendus à vil prix par le roi, ce qui eut des effets économiques peu favorables. La hiérarchie des évêques et des curés fut maintenue. Les catholiques et les calvinistes furent persécutés.

Les pays catholiques. Le cardinal Jiménez de Cisneros. Devaient rester à peu près totalement catholiques l'Italie, l'Espagne, le Portugal, la Bavière, l'Autriche des Habsbourg, la Pologne, les évêchés de Trèves, Mayence, Cologne et quelques autres, le sud des Pays-Bas ; en majorité catholiques la France, la Bohême, la Hongrie. Pour l'Italie, la papauté, devenue exclusivement italienne, put éviter la réforme. En Espagne, un homme de tout premier plan, le cardinal Francisco Jiménez de Cisneros (1436-1517), Castillan qui avait enseigné le droit à l'université de Salamanque, franciscain, confesseur de la reine Isabelle, archevêque de Tolède, régent de Castille jusqu'à Charles Quint, avait accompli une véritable réforme catholique de l'Église espagnole. Il avait fondé en 1498 l'université d'Alcala, d'où sortit, sous sa direction, la *Bible polyglotte d'Alcala,* en six volumes (grec, latin, hébreu), dont nous avons déjà parlé. La réforme de Cisneros fut une entreprise considérable, à la fois disciplinaire, intellectuelle et spirituelle. Réforme des ordres religieux où il réintroduisit l'esprit de pauvreté, les obligeant à distribuer leurs richesses aux églises pauvres ou pour la construction d'hôpitaux. Réforme du clergé séculier, astreint à une plus grande discipline. Publication d'un catéchisme élémentaire. Il participa à la diffusion de la littérature religieuse et encouragea la publication d'ouvrages spirituels en langue vulgaire.

Au Portugal, ce sont les ordres religieux qui assurèrent une réforme efficace, en particulier les franciscains dont une branche, particulièrement avancée, prit le nom de *Capuchos.* On a pu parler d'une « ultra-réforme ».

Le concordat de Bologne. On notera aussi qu'en France, la Réforme antipapiste fut freinée par le fait que le roi n'avait pas les mêmes intérêts que Henri VIII d'Angleterre à s'emparer des biens ecclésiastiques. On se souvient que la Pragmatique Sanction de Bourges, en 1438, était une décision unilatérale du roi attribuant à l'élection la collation de nombreux bénéfices ecclésiastiques mais se réservant un droit de « conseiller ». Les papes n'avaient jamais accepté cette situation qui eût pu s'envenimer. Aussi faut-il attacher une extrême importance à la rencontre entre François Ier, roi de France, et le pape Léon X à Bologne, les 11-15 décembre 1515.

Les deux souverains décidèrent de conclure un concordat. Le concordat de Bologne de 1516 abolissait la Pragmatique Sanction. Mais le pape accordait au roi la nomination aux églises métropolitaines (archevêchés), cathédrales (évêchés), monastères et prieurés en France, Dauphiné et comté de Vienne, puis en Bretagne et en Provence. Le pape donnerait l'« institu-

292

293

294

292 *Les guerres de religion en France : le massacre des huguenots à Paris pendant la nuit de la Saint-Barthélemy (23-24 août 1572). Tableau de François Dubois, musée du canton de Genève.* **293** *Catherine de Médicis, qui régna en France de 1533 à 1560, mère de Charles IX. Elle ordonna le massacre de la Saint-Barthélemy. Portrait de François Clouet.* **294** *L'Église anglicane :* L'évêque Sherburne demande au roi Henri VIII sa ratification, *tableau de Lambert Barnard (1519).* **Carte 24 :** *Réforme et Contre-Réforme en Europe.*

tion canonique » aux bénéficiaires de ces nominations qui devaient obéir à des règles d'âge, d'aptitude, etc. Malgré l'opposition du Parlement et de l'université de Paris, qui trouvaient ce concordat trop peu « gallican », le roi en imposa l'application. Disposant des bénéfices, il n'avait pas besoin de les confisquer.

Le concile de Trente. Il ne suffisait pas pour l'Église catholique de résister tant bien que mal à la Réforme protestante dans certains pays. Il lui fallait se réformer elle-même. Ce fut l'œuvre du concile de Trente – à l'extrême nord de l'Italie, sur un territoire appartenant aux Habsbourg.

Le pape Paul III (Alexandre Farnèse), qui en fut l'initiateur, tranchait avec ses prédécesseurs, non par l'ascétisme – il vécut en grand seigneur – mais par l'énergie. Il régna de 1534 à 1549. La lutte contre les Turcs, l'excommunication de Henri VIII d'Angleterre, la médiation entre Charles Quint et François Ier, la construction de Saint-Pierre de Rome, confiée alors à Michel-Ange, tout cela aurait suffi à faire de lui un pape important. Mais il fut aussi l'instigateur de la Réforme catholique en approuvant la création de l'ordre des Jésuites (1540 – cf. ci-dessous), et en convoquant un important concile œcuménique précisément pour la réforme de l'Église.

Le concile de Trente s'ouvrit en décembre 1545. Il dura, avec plusieurs interruptions, jusqu'en 1563. Son but était de définir la doctrine catholique, face à tous ceux qui, par pans entiers, la rejetaient. Le concile fut fidèle à cette tâche. D'abord, il maintint l'idée qu'il existe une liberté humaine, que Dieu n'a pas totalement *prédestiné* les hommes entre élus et damnés, que l'œuvre des hommes, et non seulement la foi, les justifie. Ainsi, le concile préconisa-t-il un humanisme traditionnel, chrétien, fidèle à l'Antiquité, optimiste à la façon de saint Augustin, saint Bernard, saint Thomas d'Aquin. Pour les catholiques, l'essentiel est que l'homme a été créé à l'image de Dieu, capable, dans sa faiblesse, de créer, sciences, arts, musique, poésie, techniques, etc. Dieu n'est pas seulement toute-puissance. Il ne choisit pas ceux à qui Il donnera sa grâce ; Il est aussi toute bonté, et Il la donne libéralement à tous. L'essentiel est l'amour.

L'Église a pour but de guider les chrétiens dans la voie du salut. Elle est l'émanation de Dieu sur la terre. Certes les livres saints sont la source de la vérité, mais l'Esprit Saint permet de les interpréter. Il faut donc suivre l'interprétation officielle de l'Église, la *tradition,* et non pratiquer le libre examen. Les fidèles doivent lire la Bible dans les livres qui donnent les explications officielles.

Quant au culte, il faut maintenir les sept sacrements, tous créés par le Christ : baptême, pénitence (avec la confession), confirmation (où l'on reçoit le Saint-Esprit), eucharistie (communion où le pain

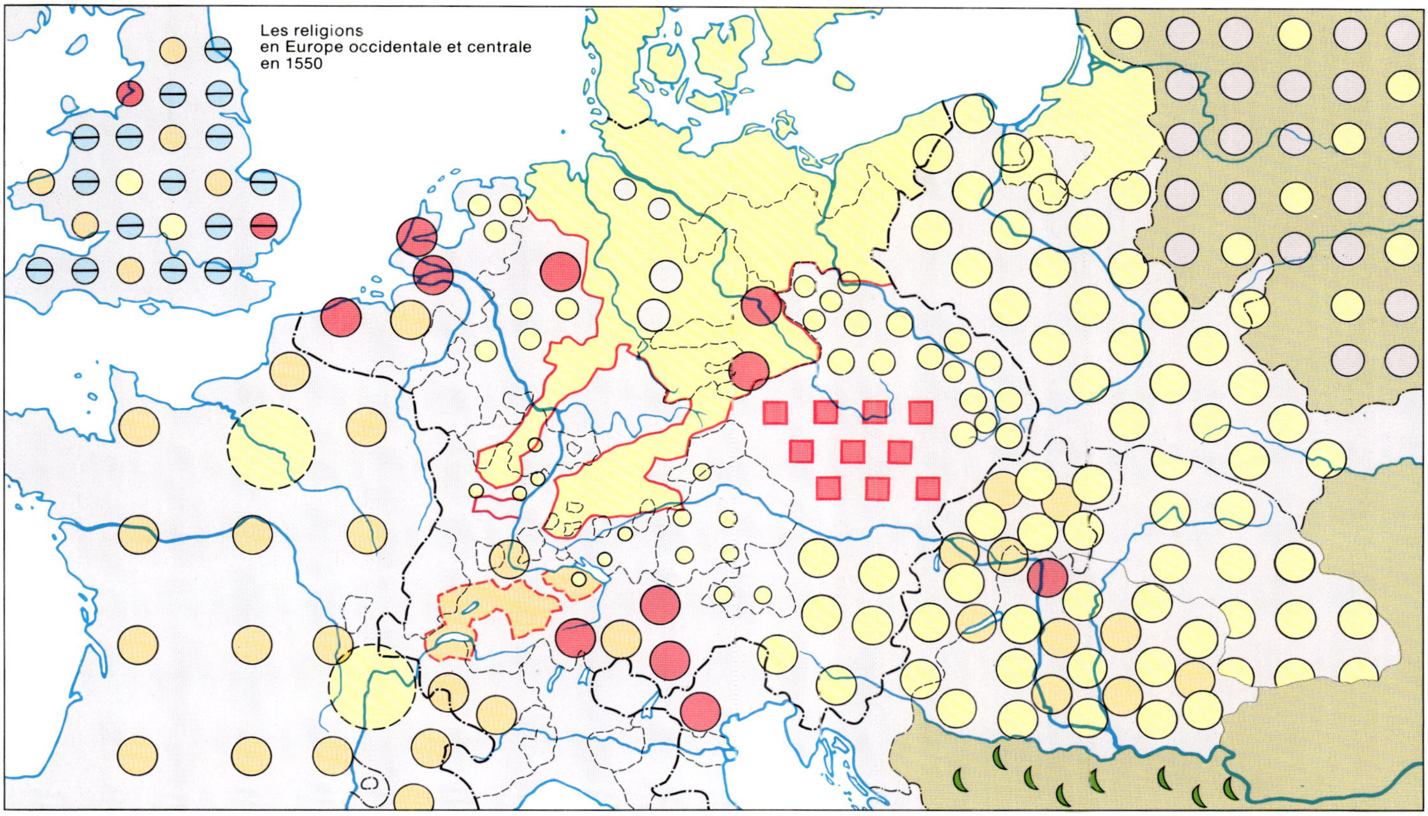

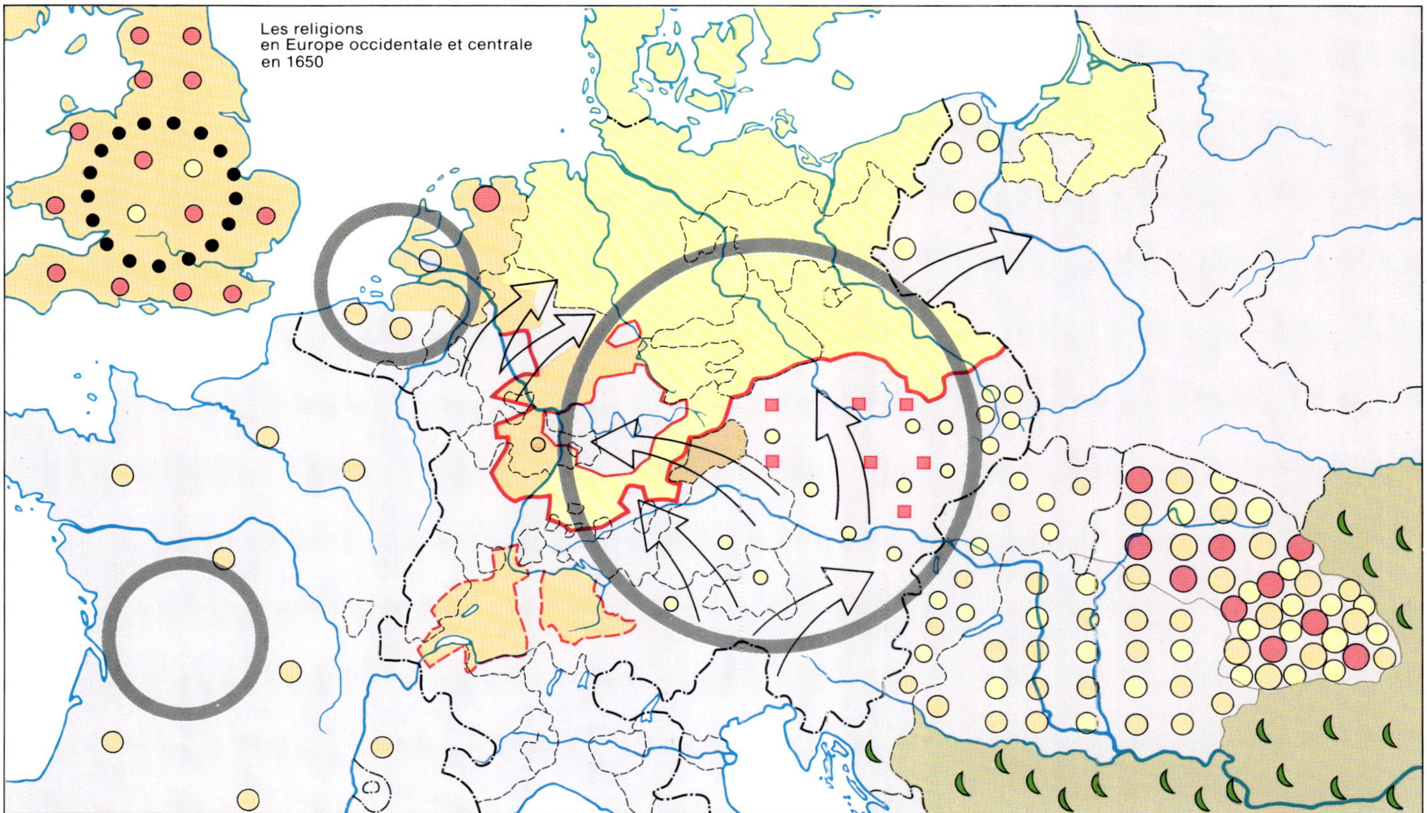

Grecque-orthodoxe
Traditionnelle (Catholique)
Protestante (Luthérienne)
Anglicane
Réformée et Calviniste (réformiste)
Baptistes et Frères Bohémiens
Musulmane
Guerres de religion au 16ème siècle
Offensives de la Contre-Réforme
0 300 600 km

et le vin se transforment réellement en corps du Christ par changement de substance ou « transsubstantiation »), le mariage, l'ordre, l'extrême-onction.
Contrairement aux protestants, le concile encourageait, après l'adoration de Dieu, la vénération de ceux qui pouvaient intercéder auprès de Lui, la Vierge et les saints. Les images, les statues, les reliques, tout cela, dégagé des superstitions, avait une grande valeur spirituelle et éducative. Le culte était réglé par la liturgie qui prescrivait l'ordre des cérémonies. La discipline du clergé était restaurée, le cumul des bénéfices interdit. Il fallait avoir au moins quatorze ans pour acquérir des bénéfices, vingt-cinq ans pour être prêtre. Le futur prêtre serait formé dans des séminaires, un par diocèse.
L'œuvre du concile fut donc énorme. Certains, et notamment le légat du pape, le moine augustin Alexandre Seripando, veillèrent à ce que la porte ne fût pas tout à fait fermée entre l'Église catholique et les protestants. Les Jésuites, au contraire, auraient voulu plus d'intransigeance. Néanmoins, on voit bien, dans la perspective qui est la nôtre, que selon l'appartenance à la Réforme protestante (principalement au nord de l'Europe, avec l'exception marquée de l'Irlande) ou à l'Église catholique (principalement au sud) deux spiritualités profondément différentes allaient marquer les peuples. C'est, comme l'écrit Roland Mousnier, « l'esprit communautaire catholique contre l'individualisme protestant ».

Il reste à dire un mot de ce qui va être la force agissante de la réforme catholique, l'ordre des Jésuites, créé par l'Espagnol Ignace de Loyola.

Ignace de Loyola. Iñigo ou Ignace de Loyola naquit vers 1491. Sa famille était de vieille, mais petite noblesse du Guipúzcoa, pays basque espagnol. Il fut placé auprès du grand trésorier de Ferdinand le Catholique et passa sa jeunesse à la cour. Devenu officier, il fut gravement blessé à Pampelune, en défendant cette ville contre les Français (1521). Un boulet lui fracassa la jambe droite. La guérison fut très lente. Ignace était tourmenté par le choix qu'il fallait faire entre la vie mondaine et la piété. Une vision l'amena à renoncer au monde. Il se rendit à Montserrat dans un monastère et soigna les malades dans un hôpital à Monrese, situé à une dizaine de kilomètres. Il vivait dans l'austérité, et mendiait son pain. Le résultat fut qu'il tomba malade et qu'une crise de doutes l'assaillit. Cela est d'une grande importance, car il découvrit que si l'on vou-

295

296

295 *La rénovation de l'Église catholique : le concile de Trente (1545-1563). Peinture d'un artiste vénitien inconnu du* XVI*e siècle.* **296** *La Compagnie de Jésus, qui joua un rôle actif dans le renouveau catholique. Ignace de Loyola présente au pape Paul II la règle de l'ordre de la Compagnie de Jésus. Peinture de l'église Il Gesu, Rome (*XVII*e siècle).*

lait servir Dieu activement, il fallait être en bonne santé, et par conséquent limiter les mortifications corporelles.

C'est alors qu'il écrivit les *Exercices spirituels* qui ne furent publiés qu'en 1548, exercices « destinés à diriger l'homme en vue de la victoire sur soi-même et de l'ordonnance de sa vie, sans qu'il soit arrêté par aucune affection nuisible ». On y retrouve les traces du soldat qu'il a été. Désormais, il sera le Chevalier du Christ.

Mais il ne veut pas rester seul. Un jour, il faudra évangéliser les infidèles. Cela suppose une longue préparation.

D'abord, en 1523, il fit un pèlerinage à Jérusalem. Ensuite, il décida de poursuivre les études nécessaires à l'état ecclésiastique. Il alla à l'université d'Alcala, où il fut suspecté par la terrible Inquisition et jeté en prison. Libéré, il ne fut pas plus heureux à l'université de Salamanque.

Le groupe de Paris. Alors, il se rendit à Paris (1528). Il avait trente-sept ans. Il s'installa au collège Montaigu, que venait de quitter Calvin – son cadet de dix-huit ans. Malgré de grandes difficultés matérielles et la nécessité de mendier son pain, il recommença toutes ses études par la

297

297 *L'introduction du calendrier grégorien : séance de la commission papale pour la réforme du calendrier. Illustration de la couverture reliée du registre de l'Impôt de Sienne (1582).* **298** *L'essor du savoir : le plus vieil « amphithéâtre d'anatomie » en Europe à l'université de Padoue (XVIe siècle). Sur la table sont posés des instruments de dissection.*

grammaire latine. Il reçut l'aide de ses camarades de chambre, Paul Le Fèvre, un Savoyard, et François-Xavier, son compatriote espagnol. Ils seront les premiers Jésuites à subir la forte ascendance spirituelle d'Ignace. Il obtint le grade de licencié en 1533. Avec ses deux amis, trois autres Espagnols : Jacques Laynez – son futur successeur –, Alphonse Salmeron – excellent linguiste –, Nicolas Alfonso dit Bobadilla, et enfin un gentilhomme portugais, Simon Rodriguez d'Azevedo, il constitua un petit groupe d'hommes avides de consacrer leur vie au service du pape et de l'Église, le Groupe des Sept, à l'origine des Jésuites. Ils prononcèrent un vœu dans une chapelle de Montmartre.

La fondation de la Compagnie de Jésus. Tandis qu'Ignace allait régler quelques affaires à Loyola, le groupe continua à vivre à Paris, s'agrandit de trois nouveaux membres, de France et de Savoie. L'épisode essentiel fut le voyage d'Ignace, Laynez et Le Fèvre à Rome, en 1538. Ils décidèrent de créer la Compagnie de Jésus, dont la caractéristique serait *un vœu spécial d'obéissance au pape*.

En 1540, une bulle pontificale approuva la création de cette « milice spirituelle » au service de l'Église, sous les ordres du pape. Les « constitutions » de l'ordre ne furent achevées qu'en 1550. Sous le pape, le « général » des Jésuites est élu à vie par une Congrégation générale – on se souvient qu'Ignace avait été officier. Il fallait dix-sept ans d'études pour être un Jésuite complet, un profès.

Le but de la Compagnie n'était pas seulement de sanctifier ses membres, mais de jouer un rôle missionnaire : ramener les protestants au catholicisme (comme ce fut le cas dans certaines villes allemandes), et aller convertir les infidèles au loin.

L'expansion de l'ordre fut foudroyante. Admirablement préparés, spécialisés selon le choix réfléchi de leurs supérieurs, les Jésuites devinrent les champions de la Réforme catholique et, aux ordres de papes plus religieux que les Alexandre VI ou les Jules II, un formidable instrument d'influence et d'autorité – ce qui leur vaudra, dans leur histoire, bien des résistances de la part des souverains, bien des persécutions, des expulsions, des interdits. Pour se rendre compte de l'extraordinaire efficacité de la Compagnie de Jésus, on notera qu'à la mort d'Ignace de Loyola elle comptait cent une maisons (dont beaucoup de collèges secondaires), réparties en douze provinces, groupant environ mille religieux, dans toute l'Europe, au Brésil, en Inde, au Japon, au Congo et en Abyssinie. En 1616, elle groupera quatre cent trente-six maisons, en trente-sept provinces, et 13 112 membres.

Parmi les innombrables fractures que la Réforme a provoquées en Europe, il en est une qui intéresse la vie courante : c'est le cas du *calendrier*.

Le calendrier grégorien. Pendant plus de quinze siècles de l'ère chrétienne, l'Europe entière, y compris sa partie grecque, vécut sur le calendrier julien, que César avait fait adopter en 46 av. J.-C. Selon ce calendrier, l'année est composée de 365 jours et quart, et l'on compense ce quart tous les quatre ans par une année dite « bissextile ». Or, un siècle avant César, le Grec Hipparque avait découvert que la véritable durée n'est pas 365 jours, 6 heures, mais 365 jours, 5 heures, 48 minutes, 47 secondes, soit une différence de 11 minutes et 13 secondes. Celle-ci s'accumulait. Au milieu du XIIIe siècle, l'équinoxe vrai précédait déjà de sept jours l'équinoxe officiel. On en discuta dans les cours (les *Tables alphonsines* du célèbre Alphonse X de Castille en 1252), dans les universités, où des savants que nous avons déjà rencontrés, Robert Grosseteste d'Oxford, Roger Bacon, songèrent à la réforme. Plusieurs papes s'en préoccupèrent. Mais les conciles de Constance (en 1417), de Bâle (1431-1449), de Latran (en 1514), malgré de vastes enquêtes auprès des astronomes les plus célèbres, ne réussirent pas à aboutir. Le concile de Trente, lors de sa dernière session, en 1563, confia la tâche au Saint-Siège. C'est le pape Grégoire XIII qui aboutit en 1581 à une réforme qui de ce fait prit le nom de « grégorienne ».

Le calendrier grégorien décidait :
1) de supprimer dix jours dans l'année de la réforme (le 4 octobre fut appelé 15 octobre) ;
2) de supprimer trois années bissextiles par quatre cents ans : l'année 1600 serait bissextile, non les années 1700, 1800, 1900. En revanche, 2000 le sera.

Mais en 1581, une décision du pape ne pouvait être européenne. La réforme fut adoptée d'emblée par l'Italie, l'Espagne et le Portugal, peu après par le Danemark et la France, par la Lorraine, par les États catholiques d'Allemagne et des Pays-Bas (Belgique actuelle et Luxembourg). En 1582, ce fut le tour de la Savoie, de la Hollande (Rotterdam, Amsterdam, Leyde, Delft, La Haye) et de la Zélande. Mais pour ces pays, protestants, l'édit du roi d'Espagne fut considéré comme nul, et le calendrier julien y fut réintroduit en 1594. Certains cantons suisses se rallièrent au calendrier grégorien en 1583, l'Autriche en 1584, la Pologne en 1585, la Hongrie en 1587.

Les pays protestants mirent beaucoup plus longtemps à adopter le calendrier grégorien. Il fut introduit par la France en Alsace (1648), à Strasbourg (1682). La Suède, pour ne pas troubler le commerce, supprima onze années bissextiles, entre

1696 et 1784. Les États protestants allemands s'y joignirent en 1699, les Pays-Bas protestants en 1700, le reste des cantons suisses, dont Genève en 1700-1701. Les derniers adhérents furent l'Angleterre et l'Irlande, à partir de 1752.

Les pays de rite byzantin, Grèce, Russie, garderont le calendrier julien jusqu'au XXe siècle.

Au total, la troisième Renaissance – après la carolingienne et celle du XIIe siècle – brille d'un incomparable éclat dans l'Italie du Quattrocento. Elle se répand, de là, dans l'Europe entière, amenant les hommes à penser différemment, à concevoir autrement le monde. Une plus grande liberté critique, une plus forte tendance au libre examen susciteront, par réaction contre les abus romains, la dislocation de l'unité chrétienne occidentale.

Mais ces transformations fondamentales des esprits s'accompagnent de formidables événements politiques, qui secouent et bouleversent la carte même du monde. 1453, prise de Constantinople par les Turcs ; 1492, conquête de Grenade sur les musulmans et achèvement de la *Reconquista* espagnole ; la même année, Christophe Colomb débarque en Amérique ; 1498-1499, Vasco de Gama atteint l'Inde par la route du Cap. Au début du XVIe, le commerce des Indes orientales est aux mains des Portugais. Les Espagnols – et d'autres – entreprennent l'exploration, mais aussi la colonisation du continent nouveau qu'on va bientôt appeler l'Amérique.

L'Europe découvre le reste du monde et, profitant de sa force, le conquiert. Face à elle-même, elle découvre l'humanisme, qui est cosmopolite, et la Réforme, qui tend, dans certains pays, à renforcer les États modernes, mais qui, inversement, développe chez les Européens l'esprit de liberté.

De même, les Européens, en matière de sciences, de techniques, de production littéraire et philosophique, de publication d'ouvrages imprimés, prennent, pour quatre siècles, le premier rang.

Une telle suprématie n'avait jamais existé. L'empire d'Alexandrie, l'Empire romain, l'Empire chinois n'avaient pas atteint les « limites du monde ». En quatre cents ans, les Européens vont y réussir.

Conclusion. On s'est toujours interrogé sur les causes de ces succès. On a aussi abondamment étudié le revers de la médaille, c'est-à-dire les excès, les guerres, la tyrannie, le sang répandu.

Pour expliquer la créativité européenne, on a longtemps parlé d'une prétendue supériorité raciale. Les immenses progrès accomplis pour la connaissance du cerveau ont permis de détruire cette fausse théorie, que Hitler utilisera. On a aussi parlé du christianisme. Mais ce n'est pas à son apogée, dans le haut Moyen Age pour l'Église grecque, au XIIIe siècle pour la chrétienté occidentale, que s'est produit l'élan vers la connaissance, mais au moment même où le monde chrétien, divisé, déchiré, connaît l'une des crises les plus rudes de son histoire.

Ce que l'on peut dire, pour l'Occident, c'est qu'il n'a connu ni la théocratie intolérante, ni le césaro-papisme. Autrement dit, l'Occident a profondément bénéficié de la théorie des « deux glaives ». Dans la lutte entre papes et empereurs, personne n'a gagné. Ainsi s'ouvrait une possibilité d'accéder, progressivement, à la liberté de l'esprit, indispensable à toute création.

Par ailleurs, la curiosité, le goût de la recherche, technique puis scientifique, a bénéficié de l'extraordinaire diversité géographique de l'Europe. Partout, il a fallu s'adapter au sol. On a dû créer des outils d'une grande variété. Le découpage des côtes invite à la navigation, laquelle a besoin de constants progrès.

Enfin, le besoin économique a pris lentement des formes nouvelles. L'or, les « épices », la soie, tout incitait à des voyages lointains, qui supposaient aussi des progrès dans l'armement.

Mais le succès matériel et intellectuel n'implique pas obligatoirement le progrès moral. Non seulement les Européens se sont férocement battus entre eux, mais encore nombre d'entre eux ont abusé de leur puissance pour exploiter les autres peuples, parfois les massacrer, pratiquer l'horrible commerce des esclaves. Seul le lent progrès des libertés, l'adoucissement des mœurs ont permis, non sans énormes et tragiques exceptions, de maîtriser la violence. Nous allons voir à travers quelles étapes s'est développée la civilisation européenne depuis l'extraordinaire « Renaissance ».

298

12 Absolutisme, libertés, cosmopolitisme

I. De la monarchie de droit divin au despotisme éclairé

Aux yeux des historiens politiques, les XVIIe et XVIIIe siècles apparaissent comme l'apogée de la monarchie absolue, avec la variante du despotisme éclairé au XVIIIe et avec l'exception, depuis 1688, d'une monarchie britannique à vrai dire exceptionnelle.
Aux yeux des historiens de la stratégie, c'est, par excellence, une époque de division, de conflits terribles, fondés sur l'équilibre européen (les guerres franco-espagnoles de 1515 à 1713), sur les rivalités commerciales et coloniales (les quatre guerres anglo-hollandaises de 1641 à 1674, les huit guerres franco-anglaises de 1689 à 1815), sans compter les ambitions suédoises. La guerre de Trente Ans, de 1618 à 1648, prolongée jusqu'en 1659 entre France et Espagne, est un résidu des guerres de religion qui avaient opposé les protestants aux catholiques mais aussi une manifestation de la rivalité entre la France et les Habsbourg d'Espagne et d'Autriche. Enfin, elle marque l'accès successif à la puissance de deux pays du Nord, momentanément la Suède, puis, durablement, la Russie. Nous ne raconterons pas ces guerres : il suffit de se reporter au tableau chronologique

« État des États » et monarchie absolue. Le roi absolu, « absous de toutes les lois » (Jean Bodin, *la République*, 1583), est en réalité distinct du despote dont le pouvoir est arbitraire. En effet, les monarques européens sont chrétiens. Pour eux, toute souveraineté vient de Dieu. Le monarque absolu chrétien doit donc se soumettre, selon Charles Loyseau, aux lois de Dieu, aux règles de la justice naturelle, et aux lois fondamentales de l'État (*Traité des Seigneuries*, 1611).

299 *Portrait de la bourgeoisie néerlandaise : « La compagnie du capitaine Franz Banning Cock et du sous-lieutenant Willem Van Ruytenburch au moment du rassemblement » dite* La Ronde de nuit, *(extrait) de Rembrandt, 1642 (Rijksmuseum, Amsterdam).*

A quelques exceptions près, la monarchie absolue n'est pas courante au XVIe siècle. Nous avons vu dans les chapitres précédents que l'Europe occidentale, complètement désagrégée, pulvérisée, au moment des grandes invasions, et dans les débuts du régime seigneurial, s'était peu à peu reconstituée en corps politiques fort divers, petits États territoriaux, petits États urbains, corps privilégiés finalement organisés en ordres, avec leurs propres autorités, ou corps politiques organisés par les rois eux-mêmes pour renforcer leurs pouvoirs. Tout cet ensemble a fini, dans toute l'Europe, par aboutir à ce que l'on appelle « État des États » (*Ständestaat*). Dans celui-ci, le roi ou le prince, avec sa cour, son administration, sa « bureaucratie » avant la lettre, s'oppose à l'assemblée des États. Celle-ci, au XVIe siècle, s'appelle « états généraux » en France, *Parliament* en Angleterre, « Diète » dans le Saint Empire romain germanique. Mais, dans ce dernier, chacun des membres est en réalité souverain et les traités de Westphalie qui mirent fin en 1648 à la guerre de Trente Ans consolidèrent cette division de l'Allemagne. Pufendorf en a dit, en 1667, qu'elle était « un corps irrégulier et semblable à un monstre ».
Pour la maison des Habsbourg d'Autriche, à laquelle appartenait l'empereur allemand mais dont les possessions n'étaient pas toutes incluses dans le Saint Empire, l'« État des États » présentait de multiples facettes. On comptait trois assemblées d'État, une pour les pays héréditaires de langue allemande, une pour le royaume de Bohême, une pour le royaume de Hongrie. Ces assemblées comprenaient l'Ordre des prélats, l'Ordre des seigneurs, l'Ordre des chevaliers, en déclin, et l'Ordre des villes. En Espagne, Philippe II, après avoir annihilé les Cortès, utilisa une série de Conseils :
Conseil d'État
Conseil de Castille ou Conseil royal
Conseil des finances
Conseil des ordres de chevalerie

XVIIe s. ap. J.-C.

Principales guerres			**1619-1648** Guerre de Trente Ans		**1659** Traité des Pyrénées	**1688-1697** Guerre de la ligue d'Augsbourg (« King William's War »). Paix de Ryswik
Iles Britanniques	**1603** Mort d'Elisabeth Ire, Jacques VI Stuart d'Écosse devient roi d'Angleterre (Écosse, Angleterre, Irlande sous le même souverain)	**1615** *Buckingham* ministre depuis 1613 **1625** Mort de Jacques Ier → Charles Ier **1630** Traité de Madrid avec l'Espagne	**1645** Cromwell nommé commandant des troupes **1648-1649** Procès et exécution de Charles Ier **1650** Conquête de l'Irlande par Cromwell	**1652** Union Angleterre-Écosse **1653** Cromwell Protecteur **1658** Sa mort **1660** Restauration de Charles II	**1662** Il épouse Catherine de Bragance, sœur d'Alphonse VI du Portugal **1677** Guillaume d'Orange épouse Marie Stuart, nièce de Charles II	**1685** Jacques II succède à Charles II **1688** Révolution. Bill of Rights. « William et Mary »
Pays-Bas Belgique	**1609** Trêve de 12 ans. Provinces Unies-Espagne à Amiens	**1618** Arrestation de Barneveldt **1625** Reprise de la guerre contre l'Espagne	**1652** 1re guerre anglo-hollandaise **1654** Fin de la guerre	**1662** 2e guerre anglo-hollandaise (avec la France)	**1672-1674** 3e guerre anglo-hollandaise **1678** Traité de Nimègue avec les Pays-Bas et l'Espagne	**1689-1720** Heinsins « grand pensionnaire » des Provinces-Unies
France	**1601** Traité de Lyon. Annexions françaises autour de Genève **1610** Assassinat d'Henri IV → Louis XIII	**1624** Richelieu au pouvoir **1627** Siège de La Rochelle **1629** Paix de Grâce d'Alès avec les protestants	**1635** Louis XIII déclare la guerre à l'Espagne. L'Empereur la déclare à la France **1636** La France envahie **1642** Mort de Richelieu	**1643** Mort de Louis XIII Victoire de Condé à Rocroy **1648** « La Fronde »	**1657** Traité franco-anglais de Paris contre l'Espagne **1659** Paix des Pyrénées **1662** Dunkerque cédé par les Anglais	**1667-1668** Guerre de Dévolution **1672-1678** Guerre de Hollande **1685** Révocation de l'Édit de Nantes
Italie			**1613** Ch. Emmanuel de Savoie envahit la Lombardie. Battu par les Espagnols	Guerre franco-espagnole	**1647** Révolte de Naples contre les Espagnols	**1648** Révolte réprimée
Espagne Portugal	**1598-1621** Philippe III (ministère de Lerma) **1609** Philippe III bannit les « Morisques »	**1621** Philippe IV (ministre Olivarès) Reprise de la guerre contre les Provinces-Unies	**1625** Spinola prend Breda **1630** Traité de Madrid entre Angleterre et Espagne **1637** Invasion du Languedoc	**1638-42** Révolte catalane **1640** Indépendance du Portugal (Jean IV de Bragance)	**1656** Conflit anglo-espagnol Louis XIV épouse Marie-Thérèse, fille de Philippe IV **1665** Charles II succède à Philippe IV	**1667-1668** Guerre contre la France **1683** Alliance Charles II et l'empereur Léopold Ier Espagne en guerre contre la France
Pays allemands et Suisse	**1619** Ferdinand II de Styrie et Frédéric V électeur palatin se disputent la couronne impériale **1620** Fréd. V et la Bohême vaincus à la Montagne Blanche	**1625** Wallenstein commande les troupes impériales **1629** Paix de Lübeck. Ferdinand II	**1630** Phase suédoise de la guerre de 30 ans **1633** Ligue de Heibronn. France, Suède, protestants allemands contre l'Empereur	**1635** Phase française de la guerre de 30 ans **1644-1648** Conférences de Münster et Osnabrück. Traités de Westphalie (Jean IV de Bragance)	**1681** La France annexe Strasbourg **1686** Les troupes impériales prennent Budapest	Ensemble **1689** Sac du Palatinat par les Français. Ligue d'Augsbourg contre la France
Scandinavie Europe de l'Est	**1599** Coup d'État en Suède où le luthérien Charles IX Vasa devient roi à la place de Sigismond III catholique **1610** Occupation de Moscou par les Polonais	**1611** Guerre de Kalmar entre Suède et Danemark pour la Norvège du Sud *Gustave-Adolphe* roi (chancelier Oxenstiern)	**1620** Défaite tchèque à la Montagne Blanche **1625** Christian IV de Danemark contre les Habsbourg. Le roi de Suède G.-Adolphe sur le Rhin **1632** Il meurt vainqueur à Lützen → Reine Christine	**1627** Pologne attaquée au Sud par les Tatares de Crimée, au Nord par les Suédois **1638** « Nouvelle Suède » en Amérique	**1645** Paix de Brömsebro Suède-Danemark **1655** Charles X de Suède successeur de Christine envahit la Pologne (mort en 1660) **1660** Paix de Copenhague entre Suède et Danemark	**1675** Nouvelle guerre Suède-Danemark pour le contrôle de la mer du Nord La Suède en guerre contre la France **1697** Charles XII roi de Suède à 15 ans
Russie et Empire Ottoman	**1613** Les Turcs envahissent la Hongrie **1614** Guerre de Gustave Adolphe de Suède contre les Russes	**1658** Les Turcs déposent Georges II Rakozi, prince de Transylvanie	**1664** Turcs arrêtés à la bataille du Saint-Gothard **1669** Les Turcs prennent Candie à Venise	**1682** Pierre le Grand proclamé tsar **1689** Pierre Ier (le Grand) prend le pouvoir	**1696** La Russie atteint la mer Noire **1697** Voyage de Pierre en Europe Occidentale	**1697** Le prince Eugène bat les Turcs en Styrie
Événements coloniaux	**1600** Cie anglaise des Indes orientales **1602** Cie hollandaise **1607** Fondation de la Virginie	**1608** Champlain fonde le Québec **1609** Henry Hudson **1620** le Mayflower	**1621** Cie hollandaise des Indes occidentales **1623** le Japon fermé aux étrangers jusqu'en 1853	**1628-1629** Massachusetts **1643** New Haven fondée (Connecticut) + New Hampshire	**1664** Cie française des Indes. Les Anglais prennent La Nouvelle Amsterdam qui devient New York	**1682** Cavelier de la Salle descend le Mississippi **1683** Fondation de la Pennsylvanie

1701-1714 Guerre de succession d'Espagne (« Queen Ann's war »)	**1713** Traité d'Utrecht **1714** Traité de Rastadt **1733-1738** Guerre de succession de Pologne	**1738** Traité de Vienne. **1740-1748** Guerre de succession d'Autriche ou « King George's War »	**1748** Traité d'Aix-La-Chapelle **1756-1763** Guerre de Sept Ans	**1763** Traités de Paris et de Hubertsbourg **1775** Guerre d'Indépendance américaine.	**1783** Traité de Versailles et de Paris
1701-1714 Anne Ire **1707** Union Angleterre-Écosse « Grande-Bretagne »	**1714-1727** George Ier (de Hanovre) **1721-1742** Walpole principal ministre	**1727-1760** George II **1745** Échec de Charles-Edouard Stuart en Écosse	**1760** George III William Pitt 1760-61 et 1766-68. Affaire Wilkes		
1702 Abolition du stathoudérat	**1714** Les Pays-Bas espagnols annexés par l'Autriche	**1747** Rétablissement du stadhoudérat (Guillaume IV)	**1754** Guillaume V, stadthouder		
1705 Nombreuses défaites françaises (Prince Eugène et Marlborough) **1711** Victoire de Villars à Denain sur le prince Eugène **1715** Mort de Louis XIV	**1715-1774** Louis XV Régence de Ph. d'Orléans jusqu'en 1723 **1724** Rupture des fiançailles de Louis XV avec l'infante d'Espagne. Le cardinal Fleury principal ministre (1726-43)	**1725** Louis X épouse Marie Leczynska Souveraineté de Stanislas sur la Lorraine et le duché de Bar	**1766** Mort de Stanislas. Lorraine annexée à la France **1768** Gênes vend la Corse à la France **1769** Naissance de Napoléon	**1774** Louis XVI succède à Louis XV **1777** Vergennes allie la France aux cantons suisses	**1778** aux U.S.A. **1779** Paix de Teschen
1713 Le duc de Savoie devient roi de Sicile puis en 1720 de Sardaigne (Victor-Amédée) et abdiquera en 1730	Espagnols en Italie (sous l'influence du ministre Alberoni)	**1720** Paix de La Haye	**1734** Carlos duc de Parme devient roi de Naples		
1700 Louis XIV accepte le testament de Charles II. Philippe d'Anjou → Philippe V roi d'Espagne **1703** Traité de Methuen Angleterre-Portugal **1706-1750** Jean V roi du Portugal	**1714** 2e mariage de Philippe V avec El. Farnèse. Celle-ci réussira à faire couronner ses 2 fils Charles et Philippe à Parme, Plaisance, Toscane puis Naples	**1717-1720** Espagnols contre « Triple, puis Quadruple Alliance » : France, Angleterre, Provinces-Unies, puis Empereur Combats en Italie et sur mer	**1726-1728** Siège de Gibraltar **1750** Joseph Ier succède à Jean VI au Portugal Pombal au pouvoir (1750-1773)	**1755** Tremblement de terre à Lisbonne **1759** Charles III succède à Ferdinand VI après son règne à Parme, puis à Naples (mort en 1788), « despote éclairé »	
Prusse **1701** Le grand électeur de Brandebourg Frédéric II devient roi de Prusse (1701-1713) Autriche **1701-1713** Lutte des Habsbourg pour la succession d'Espagne Autriche **1711** Mort de Joseph Ier → Charles VI	Suisse **1712** Fixation des 2 religions dans les 13 cantons Autriche **1713** « Pragmatique sanction » pour assurer sa succession à sa fille Marie-Thérèse reconnue par l'Espagne (1725) la Prusse (1726)	Prusse **1713-1740** Frédéric Guillaume IV roi de Prusse (le « roi sergent ») **1738** François duc de Lorraine cède la Lorraine à Stanislas en échange de la Toscane	**1740** Frédéric II « Le Grand » roi de Prusse Conquête de la Silésie Série de paix et guerres avec l'Autriche **1745** François III duc de Lorraine, époux de Marie-Thérèse, élu empereur	**1756** « Renversement des Alliances » (Autriche avec France contre Prusse) **1757** Victoire de Frédéric à Rossbach **1764** Joseph, fils de Marie-Thérèse et François Ier, roi des Romains **1768** Empereur à la mort de son père	**1779** Paix de Teschen. Fin de la guerre de succession de Bavière **1780** Mort de M.-Thérèse (Frédéric II contre Joseph II) **1781** Édit de tolérance de Joseph II **1786** Mort de Frédéric II → Frédéric-Guillaume II son neveu (1786-1797)
1700 Début de la « guerre du Nord ». Alliance Pierre le Grand et Auguste II roi de Pologne contre Charles XII de Suède, ainsi que Frédéric IV roi du Danemark	Victoire de Narva sur les Russes (1700) Charles XII détrône Auguste de Pologne et met sur le trône Stanislas Leczynski Marche sur Moscou **1709** Défaite de Charles XII à Poltava. Se réfugie en Turquie. Il s'évade en 1714, rétablit son pouvoir	**1712** Stanislas quitte la Pologne **1718** Mort de Charles XII à Frederikshall **1720-21** Traités de Stockholm et Nystadt. La Suède cède au tsar l'Ingrie, l'Estonie, la Livonie mais récupère la Finlande	**1718-1772** « Ère libérale en Suède » **1721-1751** Frédéric de Hesse **1726** Flotte anglaise devant Stockholm. Horn chancelier suédois **1733** Stanislas réélu roi de Pologne. Troupes russes contre Varsovie. Siège de Danzig	**1751** Adolphe-Frédéric (dynastie Holstein-Gottorp) Querelle des « Bonnets » et des « Chapeaux » **1764** Stanislas Poniatowski II amant de la tsarine Catherine, roi de Pologne	**1768** Confédération de Bar en Pologne **1771** Gustave III de Suède **1772** 1er partage de la Pologne **1774** Traité de Kutchuk-Kaïnardji, russo-turc
1703 Fondation de Saint-Pétersbourg sur un territoire suédois	**1710** Le prince Eugène déclare la guerre à la Russie	**1716** Autrichiens et Venise battent les Turcs en Morée	**1713** Paix de Passarovitz	**1725** Mort de Pierre le Grand. Sa femme Catherine Ire lui succède, puis Pierre II	
1713 les Anglais reçoivent l'Asiento (commerce des esclaves dans les colonies espagnoles)	**1713** les Français cèdent Terre-Neuve à l'Angleterre. Fortification de Louisbourg (Ile de Cap-Breton)	**1717** Cie d'Occident en France et spéculations de Law **1722** Charles VI crée la Cie d'Ostende	**1748** Madras rendu à l'Angleterre. Louisbourg à la France. Fureur des colons anglais d'Amérique	**1754** Conférence d'Albany **1758** Les Anglais prennent Louisbourg **1759** Ils prennent Québec	**1760** Montréal **1763** La France perd ses possessions du Canada et de l'Inde

Conseil d'Aragon (Aragon, Catalogne, Valence)
Conseil de Navarre
Conseil d'Italie (Sicile, Sardaigne, Naples, Milan)
Conseil des Flandres et de Bourgogne
Conseil du Portugal (1580-1665)
Conseil des Indes.

Dans l'électorat de Brandebourg-Prusse, avant l'établissement de la royauté (1700), en Suède, on trouvait également des « États des États ».

Vers l'efficacité. Si « l'État des États » était un phénomène européen caractéristique, son remplacement par la monarchie absolue, généralement au cours du XVIIIe siècle, constitua une donnée commune de l'Europe. Le Saint Empire restait morcelé mais à l'intérieur de ses deux principales parties constitutives, la monarchie des Habsbourg et la Prusse, le pouvoir absolu l'emportait. Le seul pays où le pouvoir se désagrégeait était la Pologne qui finit par disparaître pour cent vingt ans de la carte de l'Europe. Les Pays-Bas et la Grande-Bretagne représentent deux cas tout à fait à part dont il sera question dans le prochain paragraphe.

C'est la faiblesse de « l'État des États » qui explique cette évolution. Face à une assemblée où l'on se dispute le pouvoir et les privilèges, l'arbitrage du roi, dont le pouvoir *sacré* n'a jamais été discuté, peut apparaître nécessaire. Les « ordres », les « corps », les « États » ne disparaissent pas, mais le roi peut les tenir à l'écart : c'est ainsi que les États généraux en France ne furent pas réunis entre 1614 et 1789. Lorsqu'en 1789, le roi les réunira pour essayer de résoudre les problèmes du royaume, ce sera trop tard : ils mettront fin à l'absolutisme royal et, par voie de conséquence, aux lois fondamentales de la monarchie.

C'est à l'époque de Louis XIII et Richelieu, de Louis XIV et Mazarin, en France, que furent réduits à l'impuissance les protestants et les nobles. Le roi établit un Conseil du roi divisé en plusieurs branches dont l'une, le Conseil d'en haut, était composée de quatre ou cinq « ministres » nommés par le roi seul et révocables à chaque instant. Des souverains comme Louis XIV en France (1643-1715), Philippe II d'Espagne (1556-1598), l'empereur Joseph II (1765-1790) s'adonnaient scrupuleusement à cette tâche. Ainsi, à l'*absolutisme correspondait le pouvoir personnel*. En Suède, la monarchie absolue n'apparut que tardivement, après le coup d'État du 19 août 1772, lorsqu'une nouvelle constitution donna l'essentiel du pouvoir au roi Gustave III.

Dans l'exercice du pouvoir absolu, quelques noms de Premiers ministres sont devenus très célèbres, Lerme, en Espagne, sous Philippe III, Olivarès sous Philippe IV, Buckingham, en Angleterre, sous Jacques Ier et Charles Ier, Concini, en France sous la régence de Marie de Médicis, Richelieu sous Louis XIII, Mazarin au début du règne de Louis XIV.

Le despotisme éclairé. On a parlé, dans la deuxième moitié du XVIIIe siècle, de

300

301

302

300 *La paix de Westphalie mit fin en 1648 à la guerre de Trente Ans. « Les envoyés des puissances européennes prêtent serment dans la salle de l'hôtel de ville de Munster. » Tableau de Gerhard Terbroch, 1648.* **301** *L'Europe à l'époque de l'absolutisme : la rencontre de Louis XIV avec Philippe IV d'Espagne à l'occasion de la paix des Pyrénées (1659). Tableau de Laumosnier.* **302** Le Concert de flûte : *Frédéric le Grand à Sanssouci. Tableau d'Adolph von Menzel (1815-1905), 1852.*

« despotes éclairés ». Parmi les souverains des pays importants, on range dans cette catégorie Frédéric II de Prusse (1740-1786), Joseph II d'Autriche, Catherine II de Russie (1762-1796), Charles III d'Espagne (1759-1788). Ces souverains étaient ou prétendaient être les disciples de la raison, les admirateurs des philosophes et des Lumières. Ils se présentaient comme les premiers serviteurs de leurs sujets. Ils se disaient vertueux, généreux, sensibles. Ils avaient adopté une « rhétorique républicaine » (Roland Mousnier). Ils prétendaient parfois puiser leurs idées de réforme dans l'*Encyclopédie* que nous évoquerons plus loin. Ils créaient, développaient, protégeaient des académies, des sociétés savantes, pratiquaient le mécénat pour les artistes, entreprenaient des réformes économiques. En fait, ils se montrèrent, dans leur souveraineté, aussi absolus, voire aussi durs que les autres.

Les despotes éclairés furent surtout les rois qui avaient compris l'importance du rôle des philosophes dans l'opinion publique et, notamment, chez les intellectuels qu'ils cherchaient à séduire et à utiliser comme propagandistes. Pensons à Voltaire à la cour de Prusse, à Diderot aidé par Catherine II, etc.

II. L'aube de la liberté : Pays-Bas, Grande-Bretagne

Alors que le mouvement général paraissait emporter chaque unité politique européenne vers l'efficacité de l'absolutisme, le système de « l'État des États » se maintint et se développa même, par à-coups violents et contradictoires, dans deux pays de l'Europe du Nord : les Pays-Bas et la Grande-Bretagne.

Commerçants, bourgeois et extrémistes religieux. Les Pays-Bas et la Grande-Bretagne ont en commun la puissance de leur commerce, les premiers devançant les seconds dans ce domaine. « Celui qui commande la mer commande le commerce ; celui qui commande le commerce du monde commande la richesse du monde, et par conséquent le monde lui-même. » Ce principe fut exposé par un célèbre écrivain et homme politique, par moments favori d'Élisabeth, sir Walter Raleigh, qui contribua à la défaite de l'Invincible Armada du roi d'Espagne Philippe II, en 1588. Or, le grand développement du commerce maritime fut d'abord producteur de capitaux. En profitèrent certains nobles traditionnels mais avisés et des bourgeois. Ils se trouvaient suffisamment nombreux pour jouer un rôle politique, défendre leurs intérêts qui n'étaient pas nécessairement les mêmes que ceux du roi. Ils s'affirmèrent, en général, les champions d'une limitation de l'autorité royale et réclamaient, à leur profit, des « libertés garanties ».

Y a-t-il eu un lien entre la Réforme protestante et ce mouvement capitaliste et libéral, comme l'a brillamment affirmé le sociologue allemand Max Weber au XXe siècle ? D'une part, il existe un lien entre « libre examen » et « liberté ». D'autre part, pour Weber, la méfiance de l'Église catholique pour le prêt à intérêt lié à l'usure s'oppose à la croyance protestante selon laquelle la richesse est une récompense de Dieu. Par ailleurs, le protestantisme, puisqu'il proclamait le droit de libre examen, aboutit à l'apparition de sectes extrémistes. Par exemple, aux Pays-Bas du Nord, la secte des anabaptistes proclamait l'avènement du Royaume millénaire. Elle s'étendit sous des formes très variées et revêtit parfois un caractère *démocratique* certain, comme le mouvement des « têtes rondes » de Cromwell, en Angleterre, et, surtout, parmi eux, le petit groupe des *levellers* ou « niveleurs » dont quelques-uns furent de véritables « communistes ».

Ces idées ne disparaîtront jamais de la scène européenne mais céderont le pas à une autre tendance antiabsolutiste, celle d'une oligarchie modérée et relativement libérale.

Les Pays-Bas espagnols. On a vu précédemment que les Pays-Bas étaient devenus possession de Charles Quint et donc espagnols.

Espagnols, ils le restèrent lorsque Philippe II succéda à son père. Sur les dix-sept provinces qui composaient les Pays-Bas, seules celles du Nord étaient devenues protestantes. Elles luttèrent pendant quarante ans pour obtenir leur indépendance : une ligue des nobles demanda l'abolition de l'Inquisition et la convocation des États généraux. La régente, Marguerite de Parme, demi-sœur de Philippe II, en qualifia les membres de « gueux », nom qui devait rester comme un symbole triomphal de la résistance néerlandaise.

Les Provinces-Unies. Les Provinces-Unies furent créées entre 1576 et 1586. En 1576, eut lieu la pacification de Gand, admettant l'autorité de Philippe II et la liberté du calvinisme au nord. En janvier 1579, les principales provinces du Sud s'unirent à Arras et affirmèrent le maintien de la religion catholique.

Quelques jours plus tard, les sept provinces de Hollande, Zélande, Utrecht, Gueldre, Overijssel, Frise et Groningue firent de même : cette union d'Utrecht prendra bientôt le nom de Provinces-Unies. Elles étendaient leurs possessions sur le nord de la Flandre et sur le nord du Brabant. La zone Sud s'appellera « Pays des États généraux ».

L'Union d'Utrecht, menée par les calvinistes, entra en lutte contre Philippe II, appuyée tantôt par la France, tantôt par l'Angleterre. En 1588, les États généraux prirent le pouvoir et constituèrent officiellement la République sous forme de sept républiques fédérées entre elles.

La nouvelle République. Il s'agit là d'un régime relativement libéral. Dans chaque province, le pouvoir législatif appartenait aux États provinciaux. Les États nommaient 1) un conseiller pensionnaire, juriste, dirigeant la bureaucratie ; 2) un *stathouder,* autrefois représentant du roi, devenu une sorte de président de la République provinciale.

Le pouvoir fédéral appartenait aux États généraux composés par une quarantaine de délégués élus par les États provinciaux. Un conseil d'État de douze membres contrôlait l'armée et les finances. Très vite apparurent les fonctions fédérales de Grand Pensionnaire et de *stathouder,* à la fois capitaine, général et amiral : ce fut toujours le prince d'Orange. Ces deux grands fonctionnaires ne tardèrent pas à entrer en lutte, le Grand Pensionnaire soutenu par les commerçants importants et autonomistes de la riche province de Hollande et le *stathouder* par les paysans et les marins, calvinistes convaincus, comptant sur un *stathouder* tout-puissant pour gouverner un État très centralisé.

La royauté britannique. Dès le XVIe siècle, l'opinion était répandue en Angleterre que la loi était supérieure au roi, que ce dernier ne pouvait lever un impôt nouveau ni faire une loi nouvelle sans l'accord du Parlement. Celui-ci était composé de la Chambre des lords et de la Chambre des communes. Pourtant, les rois et les reines du XVIe siècle agirent en rois absolus, aussi bien Henri VIII (1509-1547) que Marie Tudor (1553-1558) et, surtout, Élisabeth (1558-1603).

Avec la dynastie des Stuarts, Jacques Ier (1603-1625) et Charles Ier (décapité en 1649), éclata le conflit entre souverains et Parlement. Là, l'alliance entre bourgeois et aristocrates prit une importance particulière. Cette alliance s'explique par le fait que les nobles jouissaient de peu de privilèges et, surtout, ne dérogeaient pas en travaillant. « A l'école du village, à l'école de grammaire de la prochaine ville-marché, les fils des familles dirigeantes du comté sont sur les bancs avec des fils de fermiers, de commerçants et d'artisans. Les fils de *squires* peu fortunés épousent fréquemment les dots des filles de *yeomen* (fermiers) » (Roland Mousnier). De plus, Henri Hauser note : « Dans la classe moyenne et la classe artisanale, chez ces marchands des villes maritimes pour qui la lutte contre l'Espagne catholique avait été la forme humaine et fructueuse de la foi protestante, chez la *gentry,* enrichie sous les Tudor, par suite dans la majorité des communes, les sympathies grandissaient en faveur du calvinisme le plus strict. » A la mort d'Élisabeth, en 1603, Jacques VI Stuart devenu Jacques Ier d'Angleterre, venu de la pauvre Écosse, se soucia peu du peuple et des députés de la Chambre des communes qui ne cessèrent de protester.

La chute et la mort de Charles Ier. Charles Ier, fils de Jacques Ier, succéda à son père à la tête du royaume de Grande-Bretagne constitué par la fusion progressive de l'Angleterre et de l'Écosse. Très absolutiste, il dut cependant faire appel à la Chambre des communes pour en obtenir de l'argent. Il dut alors accepter une *Petition of Rights* (Pétition des Droits) selon laquelle aucun impôt ne pourrait être levé sans l'accord du Parlement. D'autre part, dans le domaine judiciaire, l'application de l'*Habeas Corpus* représentera un immense progrès : on ne peut emprisonner qui que ce soit sans que le prévenu comparaisse devant un juge.

Charles riposta par un coup d'État. Après avoir fait emprisonner neuf membres des communes, il *gouverna sans Parlement pendant onze ans.*

Tout cela aboutit à une révolution qui commença en Écosse. En 1640, les élections à la Chambre des communes propagèrent la révolution dans toute la Grande-Bretagne, le roi ne reçut l'appui ni des Hollandais ni des Français et, en 1642, il existait deux autorités en Angleterre, le Parlement à Londres et le roi installé à

303

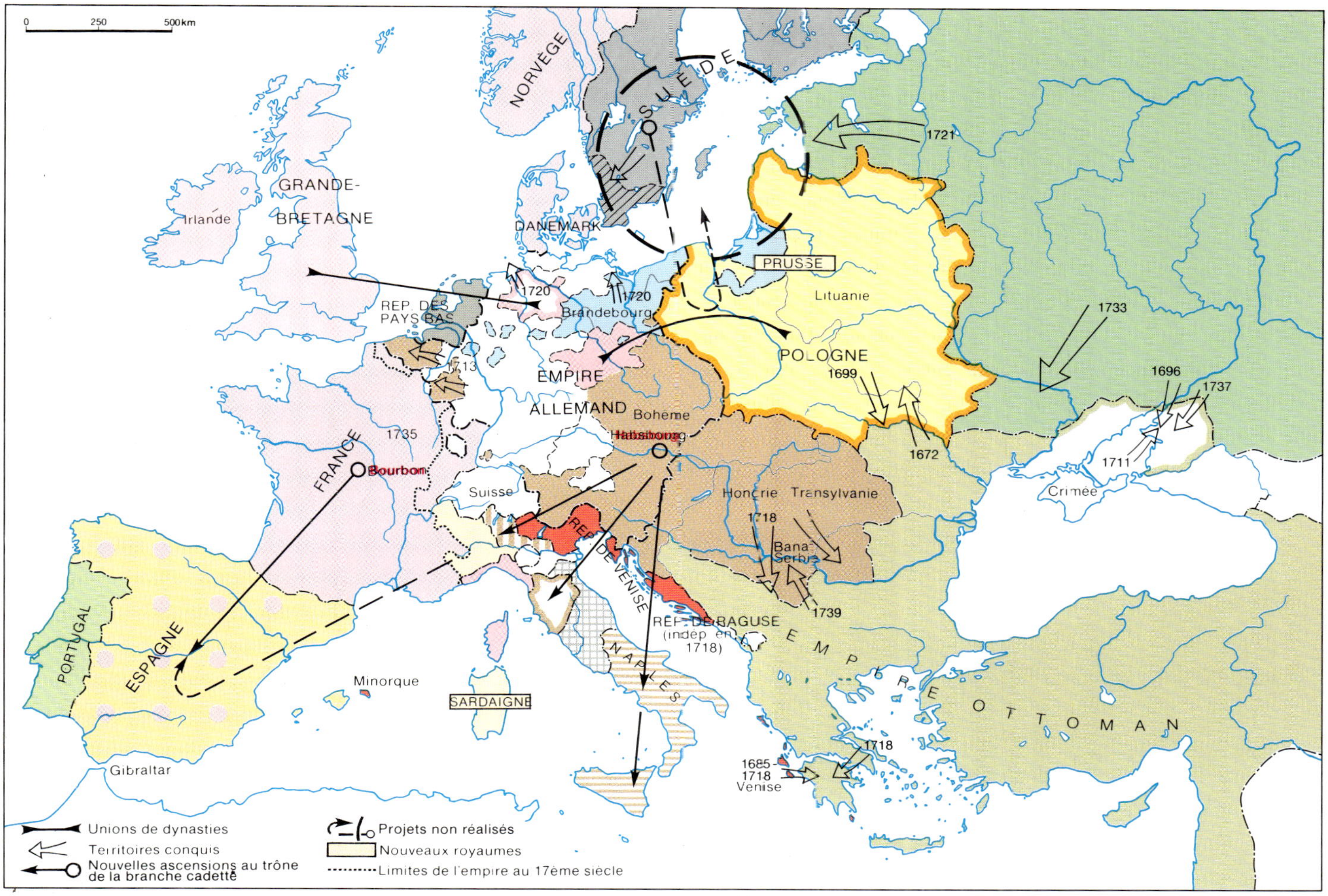

303 *Sous la régence de Charles Ier, la guerre civile éclata en Angleterre. Tableau d'Anthonis Van Dyck (1599-1641). A l'instigation de Cromwell, le roi fut exécuté en 1649.* **Carte 25 :** *Puissances politiques et conflits dans l'Europe de l'absolutisme.*

York puis à Oxford. Le Parlement leva des troupes, le roi, désargenté, ne pouvait financer son armée. Et le pays se coupa en deux : à l'ouest (pays de Galles, Cornouaille, etc.) les royalistes ; à l'est les troupes du Parlement.

Celles-ci avaient à leur tête ces *squires* dont nous avons déjà parlé ou des bourgeois, pour la plupart puritains qui pensaient combattre pour Dieu. « Armée de saints », disait-on, plus fréquemment appelés « Têtes rondes » parce qu'ils s'étaient fait raser la tête, alors que la mode était aux cheveux longs. Cette armée écrasa les cavaliers du roi à Naseby. Charles Ier se réfugia en Écosse, en avril 1646, où ses sujets, presbytériens, hostiles à l'épiscopat de l'Église anglicane qu'ils auraient voulu supprimer, l'arrêtèrent et le livrèrent en février 1647 aux commissaires du Parlement de Londres.

En fait, il n'y eut plus qu'une seule autorité : l'armée des Têtes rondes avec Cromwell. Olivier Cromwell appartenait à une famille aisée du comté de Huntingdon, au nord de Londres. Il était puritain et intolérant.

L'université de Cambridge le désigna pour le Parlement, élu en 1640. C'est lui qui organisa la cavalerie de l'armée, avec ces fermiers ou *yeomen* que nous avons évoqués plus haut.

Son armée occupa Londres, purgea le Parlement qui devint ainsi le *rump Parliament,* « Parlement croupion ». Avec les députés fanatiques qui restaient, il fit créer une Haute Cour de Justice. Charles Ier fut exécuté le 9 février 1649 (31 janvier en calendrier julien, encore en vigueur en Angleterre).

Cromwell et la République. Le Parlement croupion prononça l'abolition de la royauté et de la Chambre des lords et proclama la « libre République » *(A free Commonwealth).*

Cette République allait durer onze ans, constamment menacée. Mais l'énergie de Cromwell lui permit de triompher de tous les obstacles. Le Parlement croupion qui ne lui servait plus à rien fut dispersé et Cromwell fut proclamé Protecteur de la Grande-Bretagne. Il fit des réformes puritaines, mais manifesta une relative tolérance vis-à-vis des catholiques, des anglicans épiscopaliens, et même des Juifs. En revanche, il fut très dur contre les Irlandais et les partisans des Stuarts. A l'extérieur, il lutta, aux côtés de la France, contre Philippe IV d'Espagne. Il renforça la flotte, commandée par Blake, qui, combattant en Méditerranée et dans l'Atlantique, s'empara de riches convois espagnols. Il lutta également avec succès contre les Hollandais. Il prit même Dunkerque aux Espagnols – Louis XIV rachètera ce port en 1662. Pourtant, cette première révolution anglaise aboutit à un échec. Cromwell mourut en septembre 1658. Son fils Richard, qui lui succéda, ne sut maîtriser ni les royalistes ni les républicains. Le général commandant l'armée d'Écosse, George Monk, entra dans Londres et proclama Charles II Stuart roi d'Angleterre.

La première révolution anglaise montre, comme les événements des Pays-Bas, que la République n'était pas impossible au

XVIIe siècle, au moment où triomphait l'absolutisme. La deuxième révolution, en 1688-1689, est plus intéressante, car ses résultats furent définitifs.

Charles II et Jacques II. Le roi Charles II Stuart, qui régna de 1660 à 1685, essaya de recréer l'absolutisme. Le Parlement lui refusant une aide financière, il utilisa, tant pour la guerre que pour les fêtes, une méthode que ses sujets apprécièrent peu : les subventions du roi de France, Louis XIV.
Toutefois, le prestige royal restait intact, et son frère Jacques II put lui succéder en 1685, bien qu'étant catholique. Peu habile, il prit position en faveur du rétablissement de la liberté pour ses coreligionnaires et organisa des cérémonies catholiques dans son palais.
Les Anglais attendaient que sa sœur Mary, épouse de Guillaume III d'Orange, pût lui succéder. Mais au début de 1688, la seconde femme de Jacques II, catholique elle aussi, Marie de Modène, se trouva enceinte et un fils, Jacques-Édouard, naquit le 20 juin. Au même moment, Jacques II publia une *Déclaration d'indulgence* pour les dissidents et les catholiques et fit, en revanche, arrêter des évêques anglicans qui s'opposaient à une telle tolérance. Ceux-ci furent acquittés par le tribunal. Mais cette affaire déclencha, de la part de plusieurs nobles de haut rang, un appel à Guillaume d'Orange pour qu'il vînt chasser le roi papiste.

La révolution sanglante de 1688. Soutenu par les États généraux des Provinces-Unies, Guillaume fit une proclamation le 10 octobre 1688 aux Anglais et aux Écossais, et organisa une expédition avec six cents navires, dont cinquante de guerre. Il débarqua le 15 novembre à Torbay. L'armée royale, largement favorable à Guillaume, se débanda. La foule, partout, se révolta, notamment à Londres, aux cris de *« No popery ! »*.
Le 21 décembre, Jacques II s'enfuit, et le 2 janvier gagna la France. Malgré l'appui de Louis XIV, il ne devait pas remonter sur le trône. Guillaume attendit que des élections fussent organisées pour la Chambre des communes.
Celle-ci, les 7 et 8 février, déclara le roi Jacques déchu, puis décida que la couronne d'Angleterre serait tenue non par Guillaume seul, mais par lui avec sa femme Mary, née Stuart. Sur les monnaies, on voit les deux images de *« William and Mary »*.

La Déclaration des Droits. La décision fut assortie d'une *Déclaration des Droits*. Celle-ci n'était pas un texte abstrait et universel comme sera, dans la France de 1789 la *Déclaration des droits de l'homme et du citoyen*. Bien plutôt un ensemble de points concrets : griefs contre Jacques II, nomination de Guillaume et Marie, succession. Sur le terrain des principes, elle apparaissait comme un texte fondamental, précurseur des temps futurs : *le pouvoir des lois est supérieur à celui du roi*. Les impôts ne pourraient être levés sans l'autorisation du Parlement et ne le seraient que pour un an. On ne pourrait lever une armée permanente en temps de paix. Le droit de pétition fut solennellement reconnu. Le roi ne pouvait suspendre l'application d'une loi votée par le Parlement. Le jugement des crimes était prononcé par un jury. Les châtiments trop cruels et les amendes excessives étaient bannis.
La chance de la Grande-Bretagne, plus grande que celle des Provinces-Unies, fut qu'à la mort de Guillaume, en 1701, le Parlement décida qui lui succéderait. Ce fut Anne, jeune sœur de Mary. Et comme Anne mourut en 1714 sans enfants, il fut prescrit que la couronne irait à l'électrice Sophie de Hanovre, petite-fille de Jacques Ier, ou à l'aîné de ses héritiers à condition qu'il fût protestant. Or, les deux premiers rois de la dynastie de Hanovre, George Ier et George II, s'intéressaient beaucoup plus à leur domaine hanovrien qu'à la Grande-Bretagne. C'est seulement au temps de George III (1760-1820) que la monarchie tentera un dernier effort pour rétablir sinon l'absolutisme du moins la « prérogative royale ». Ce sera l'affaire Wilkes, ce dernier étant un champion de la presse libre. Wilkes l'emportera.
La *Déclaration des Droits* de 1689 a partiellement inspiré celles des États-Unis (1776) et des Français (1789). Nous y reviendrons.

Grotius. Il n'est pas surprenant que les Provinces-Unies et la Grande-Bretagne, pays plus libéraux que les autres, aient donné naissance aux plus grands penseurs politiques du XVIIe siècle, le Néerlandais Hugo Van Groot, plus connu sous le nom de Grotius (1583-1645), créateur du « droit des gens », ou droit international ; les Britanniques Thomas Hobbes (1588-1679) et John Locke (1632-1704). Grotius, de Delft, était un prodige. Il composait des vers latins à huit ans. Il fut essentiellement un collaborateur du grand pensionnaire Barneveldt et fut nommé en 1601, à dix-huit ans, Historien des États de Hollande. Hostile au *stathouder* Maurice de Nassau, il fut condamné à la prison perpétuelle, s'évada dans une caisse de livres, se réfugia en France, puis en Suède. D'une œuvre énorme, théologique, philologique, littéraire, historique, nous retiendrons son livre *Mare liberum* (la Liberté des mers), et surtout le *De jure belli ac pacis* (Le Droit de la guerre et de la paix) qui systématise pour la première fois les obligations – de coutume ou contractuelles – qu'ont entre eux des États totalement souverains, sans qu'existe d'arbitre ou de juge pour leurs conflits.

304

304 *Olivier Cromwell. Portrait réalisé par sir Peter Leley (1618-1680).* **305** *La Chambre des lords en séance, sous le roi George III (1760-1820). Eau-forte de J. Bluck, d'après un dessin d'Augustus Charles Pugin et Thomas Rowlandson.* **306** *Thomas Hobbes. Tableau réalisé par John Michael Wright, 1669 (King's College, Cambridge).*

Hobbes. Hobbes fut également un prodige, de même que son ami le philosophe et mathématicien français Gassendi, adversaire de Descartes et maître de Cyrano de Bergerac. Gassendi obtint une chaire de rhétorique à seize ans, une de philosophie et théologie à vingt et un ans. Hobbes, fils d'un ministre anglican, traduisit, étant écolier, la *Médée* d'Euripide du grec en vers latins. Il fut un chaud partisan de la cause royaliste, se réfugia en France en 1640, où il fut chargé de l'éducation du prince de Galles, le futur Charles II. Il se lia avec Gassendi, Galilée, Descartes. Il rentra plus tard en Angleterre. Hobbes était un pessimiste qui pensait que dans l'« état de nature », l'homme est naturellement mauvais : « L'homme est un loup pour l'homme. » Il n'y a d'autre droit que la force, et la guerre est nécessairement perpétuelle. Pour assurer la paix, il faut au-dessus des individus une autorité une et despotique. Il faut soumettre le clergé à cette autorité royale. Parmi ses ouvrages politiques, le plus célèbre est *Léviathan, ou La matière, la forme et la puissance d'un État ecclésiastique et civil* (1651).

Locke. Locke appartenait à une génération plus jeune. Il était le fils d'un greffier, ancien officier dans l'armée des Têtes rondes. Mais il resta pour sa part un modéré : « le sage Locke ». Étudiant à Oxford, il y devint *fellow* du College Christ-Church, c'est-à-dire qu'il put se livrer tranquillement à l'étude. Toutefois, il s'exila en Hollande entre 1682 et 1688. Il revint en Angleterre avec Guillaume d'Orange. Locke était à la fois un grand philosophe *(Essai sur l'entendement humain)* et un grand spécialiste de la politique. Son *Second Traité sur le gouvernement civil* (1690) condamnait la monarchie absolue, préconisait les libertés, justifiait les principes de la deuxième révolution anglaise et de la Déclaration des Droits. Comme Hobbes, il croyait à un état de nature, sans lois, où triomphe la violence. Mais chaque homme essaie de protéger ses droits à la vie, à la liberté et à la propriété. C'est lorsque les individus décidèrent de s'unir pour établir une « société civile » et un gouvernement auquel ils concédaient certains de leurs pouvoirs, que la situation devint meilleure. Toutefois, ce gouvernement ne doit pas être absolu. Il doit être limité aux pouvoirs qu'avaient les individus dans l'état de nature. Si le gouvernement devient tyrannique, on a le droit de se rebeller. Et la tyrannie d'un Parlement est aussi condamnable que celle d'un roi. Locke est favorable à la liberté de parole et d'écrit.

L'influence de Locke sera considérable non seulement sur les fondateurs de la future République des États-Unis d'Amérique, mais aussi sur les Français, Voltaire, Montesquieu, et sur le Genevois Jean-Jacques Rousseau. Toutefois, les thèses de Locke aboutissent à la liberté. Rousseau, en revanche, attribuant à la « volonté générale » si elle est exercée librement et directement une sorte d'infaillibilité, est le précurseur de la République jacobine, très autoritaire.

III. Le XVIIe siècle : Grand Siècle ou Siècle de fer ?

Après le siècle de la Renaissance, avant le siècle des Lumières, le XVIIe siècle apparaît d'abord comme une période étincelante pour l'esprit humain, au moins dans les domaines littéraire et artistique.

Quelques exemples permettront de mieux établir le contraste avec la réalité profonde.

Voici la France. 1636 est la date du *Cid* de Corneille, 1637 celle du *Discours de la méthode* de Descartes. Pascal, un des plus grands esprits de tous les temps, meurt à trente-neuf ans en 1662 ; Molière (mort en 1673), Bossuet, Racine, La Fontaine, La Bruyère, quantité d'autres font qu'ici, on appelle volontiers la période qui s'étend jusqu'à 1715, le siècle de Louis XIV.

En Angleterre, après ce qu'on appelle « le printemps élisabéthain », William Shakespeare, peut-être le plus gigantesque écrivain de tous les temps, commence à produire en 1591 et meurt en 1616. Mais après lui, que d'écrivains, et notamment les puritains John Milton, John Bunyan, sans compter les grands écrivains politiques, Thomas Hobbes, dont le *Léviathan* date de 1651 et John Locke, dont l'*Essai sur l'entendement humain* date de 1690.

L'Allemagne, qui souffre particulièrement des guerres, connaît alors un déclin. Il y a toutefois des chefs-d'oeuvre, tel le *Simplex Simplicissimus* de Grimmelshausen, qui date de 1669 et est précisément un récit haut en couleur des malheurs de la guerre.

L'Italie reste à la tête de l'Europe mais rien ne l'arrête sur la pente de la décadence, principalement au point de vue politique, où elle n'est plus qu'un enjeu et ne joue plus guère de rôle positif. Elle est le pays de Galilée, sans lequel, nous le verrons, on imaginerait difficilement Descartes et Newton. Elle est le pays de l'art baroque, de Borromini et du Bernin ainsi que celui de la commedia dell' arte et de l'opéra.

L'Espagne, en revanche, brille de tout son éclat. C'est l'apogée du Siècle d'or. Le grand Miguel de Cervantes Saavedra, contemporain de Shakespeare, est né en

305

306

1547 près de Madrid. Il fut soldat, prisonnier, mutilé à la bataille de Lépante. Essentiellement romancier – il est le premier à répandre le genre du roman – il a plus de cinquante ans lorsqu'il publie son fameux livre (entre 1605 et 1615), *El ingenioso hidalgo don Quijote de la Mancha* dont on a fort bien dit qu'il était un « roman à la fois mondial et espagnol ». Il faut ajouter qu'au même moment l'Espagne possède un peintre génial, le Greco, et des écrivains hors de pair, notamment dramaturges, qui inspirent l'Europe entière, principalement Lope de Vega (douze volumes de théâtre), Tirso de Molina et Calderòn. On considère souvent que la mort de Calderòn, en 1681, marque la fin du Siècle d'or, tandis qu'en France se développe le Siècle de Louis XIV.

Les Provinces-Unies, également, connaissent leur siècle d'or, surtout après la signature, en 1609, de la trêve avec l'Espagne. « Le XVIIe siècle, surtout dans sa première partie, a été pour les Pays-Bas septentrionaux la période la plus glorieuse de leur histoire. Du point de vue politique, la République, qui, à l'expiration de la "trêve" de douze ans, a repris la guerre contre l'Espagne, a atteint en peu de temps l'état de grande puissance... dans le domaine scientifique, autant que dans celui de la peinture et de la musique, elle a engendré quelques hommes de renommée internationale : Zacharias Jensen, Rubens, Van Dyck, Franz Hals, Rembrandt ; Jan Pieters Sweelinck... la littérature à son tour a connu un essor inouï. »

P.C. Hooft, admirable historien des *Chroniques néerlandaises,* en est la plus remarquable figure. Dans la dernière partie du siècle, les Provinces-Unies, envahies en 1672 par les Français, puis obligées par Guillaume III d'Orange à suivre les destinées anglaises, brillèrent d'un moindre éclat.

Mais la relative liberté qui y régnait en fit le centre d'éditions de contrebande, l'asile de bien des philosophes (naguère Descartes, puis la famille de Spinoza), le lieu de refuge de huguenots français après la révocation de l'édit de Nantes en 1685, ainsi que le foyer de centres universitaires brillants : Leyde, Utrecht, Groningue, Rotterdam. Trois grandes publications en français, de réputation européenne, y virent le jour : les *Nouvelles de la République des Lettres* (1683-1687) de Pierre Bayle; la *Bibliothèque universelle et critique* (1686), de Jean Le Clerc ; l'*Histoire des ouvrages et des savants* (1687) de Basuage de Peauval. Bayle y travailla à son grand *Dictionnaire historique et critique,* symbole de la « crise de la conscience européenne » au tournant du siècle (1696-1697).

307

308

309

307 *John Locke. Portrait dû à l'école du peintre de cour Godfrey Kneller, vers 1680 (King's College, Cambridge).* **308** *Molière. Gravure en taille douce par Nicolas-Bernard Lépicié (1735-1784).* **309** *William Shakespeare. Couverture de la première édition complète des pièces de théâtre, parue chez Jaggard et Blunt, 1623. Gravure en taille douce par Martin Droeshow.* **310** L'Adoration du nom de Jésus *(le rêve de Philippe II). Tableau du Greco (1541-1614), 1579. Au premier plan : les chefs de la Sainte Ligue, qui vainquit les Turcs à Lépante en 1571.*

Il en va pour les peintres comme pour les écrivains. L'Italie, qui n'était plus le grand foyer de la peinture, resta très influente grâce aux ateliers de Bologne, animés par les élèves des Caravage et des Carrache : le Guide (Guido Reni), l'Albane (Francesco Albani), le Guerchin (le « louche », surnom de Giovanni Francesco Barbieri). Ils furent les maîtres des Français Le Brun, Mignard. Poussin passa presque toute sa vie à Rome. En Espagne, c'est l'âge glorieux de Ribera et de Murillo, d'Herrera, de Zurbaran, et par-dessus tout du grand Vélázquez. D'Anvers viennent Rubens et Van Dyck.

Les Provinces-Unies, alors vraiment dans tout leur éclat, donnent au monde Rembrandt Van Rijn, fils d'un petit brasseur de bière à Leyde. L'Angleterre se contente d'abord des grands peintres des Pays-Bas (par exemple Van Dyck, célèbre portraitiste de Charles Ier, ou encore Rubens, à la fois peintre et diplomate).

En fait, pour les masses de la population européenne, l'époque fut terrible. Corneille l'a bien senti qui, dans le prologue d'une pièce peu connue, *la Toison d'or* (1660), fait ainsi parler la France au jeune Louis XIV qui venait de signer le traité des Pyrénées et d'épouser l'infante d'Espagne Marie-Thérèse :

L'État est florissant, mais
les peuples gémissent
Leurs membres décharnés courbent
sous mes hauts faits
Et la gloire du trône accable les sujets.
Je me lasse de voir mes villes désolées
Mes habitants pillés, mes campagnes
brûlées.

Cinquante-cinq ans plus tard, sur son lit de mort, Louis XIV dira encore : « J'ai trop aimé la guerre et les bâtiments. »

La crise démographique du XVIIe siècle.

Le test le plus sûr de cette misère ambiante se trouve être l'aspect démographique de l'histoire. « La croissance caractéristique du XIVe siècle s'est interrompue dans la plus grande partie de l'Europe au

IHS

PLAN DE LA LOGE DES MOPSES POUR LA RECEPTION DES FEMMES.
a. Orient.
b. Midi.
c. Occident.
d. Septentrion.
e.e.e.e. Les quatre Lumières.
f. Mopse, ou Doguin.
g. Fidelité.
h. Amitié.
i. Porte qui conduit au Palais de l'Amour.
k. Palais de l'Amour.
l. Cheminée de l'Eternité.
m. Sincérité.
n. Constance.
o.o.o.o. Cœurs semés
pp. Cordon du plaisir, qui lie les Cœurs.
q. Vase de la Raison.
r.r.r.r. Divers Symboles de l'Amitié.
s. Maitre de la Loge, ou Grand Mopses, assis devant la Table.
t.t. Surveillans.
u. Etrangers et Etrangéres.
x. Officiers et Officiéres.
y.y.y.y. Fréres et Sœurs, placés indifféremment.
z. Trape que l'on pratique dans quelques Loges, et sur laquelle on place le Récipiendaire, pour l'élever en l'air, tandis qu'il a les yeux bandés

311 *Les horreurs des guerres au XVIIe siècle : les Impériaux, conduits par le généralissime Tserclaes comte de Tilly, brûlèrent la ville de Magdebourg, conquise le 20 mai 1631. Gravure sur cuivre coloriée, 1631.*

cours des dernières années du siècle pour faire place à une stagnation, sinon à un recul qui se prolongea jusqu'au milieu du XVIIIe siècle », écrivent Marcel Reinhard, André Armengaud et Jacques Dupaquier dans leur remarquable *Histoire générale de la population mondiale*. Et ils intitulent leur chapitre relatif à cette période : « La crise européenne de 1600 à 1740. »

Il y avait donc crise. Elle était moins catastrophique que celle de la peste noire au XIVe siècle. Cependant, elle se manifesta par une quantité de fléaux : famine, épidémies, guerres qui accroissaient la mortalité.

Mais un autre phénomène entra en jeu. Il s'agit d'un lien mal connu et complexe, il est vrai, mais certain, entre une série de ces phénomènes défavorables et la natalité. En période de malheur, avant que l'on connaisse des méthodes contraceptives directes, d'autres sont utilisées : par exemple, comme le remarque Pierre Chaunu, « l'âge du mariage des filles est la véritable arme contraceptive de l'Europe classique... A temps difficile, mariages différés. A temps facile, mariages avancés ».

La misère est liée peut-être au climat, avec une période plus froide de deux cent cinquante ans, qui d'une part aboutit à des hivers catastrophiques (1709 et 1740), d'autre part dévaste les récoltes, notamment au printemps, et provoquant ainsi des flambées des prix du froment (Ainsi 1606-1609, 1639-1644, 1663-1664, 1672-1677, 1691-1703, 1703-1716). « La crise de subsistance se traduit démographiquement par une poussée de la mortalité, un fléchissement des naissances avec quelque retard, et une diminution immédiate de la nuptialité » (Reinhard et Armengaud).

Les épidémies, et notamment la peste, ne coïncident pas toujours avec les famines. La peste « cesse d'être le fléau principal », bien qu'on puisse l'observer à certaines dates dans de nombreuses régions. La lèpre achève de disparaître. Comme on ne connaît pas l'immunisation, la victoire contre la peste est liée à l'efficacité des mesures de contrôle sanitaire. « Dans l'ordre de la peste, écrit Pierre Chaunu, le Moyen Age s'arrête à 1685. » Il y a toutefois encore une grande peste à Marseille en 1720.

La guerre civile, religieuse, étrangère, apporte à son tour son cortège de malheurs. « Sur les champs de bataille, les pertes sanglantes augmentent, mais dans les pays en guerre, les pertes indirectes semblent diminuer » – encore qu'il y ait un évident rapport entre les mouvements des troupes et le développement des épidémies.

L'Allemagne paraît avoir particulièrement souffert des « misères de la guerre de Trente Ans ». La population du Palatinat baisse de 70 %. Celle du Wurtemberg passe de quatre cent cinquante mille à cent mille habitants. Celle du Mecklembourg baisse de 80 %. En 1700, la population allemande est inférieure à son niveau de 1600 et ne le retrouvera qu'en 1750.

La brutalité des guerres au XVIIe siècle paraîtrait stupéfiante si nous n'avions pas connu dans notre siècle les atrocités de la Seconde Guerre mondiale. Donnons quelques exemples : en 1576, les troupes espagnoles pénétrèrent dans Anvers qui apparaissait théoriquement comme une ville amie. Elles la pillèrent, comme cela se faisait souvent, et tuèrent six mille personnes. En 1649, en Irlande, « nommé commandant en chef et gouverneur pour trois ans, Cromwell débarquait à Dublin et enlevait d'assaut Drogheda : hanté, comme tous les Anglais, par le souvenir des massacres de 1641, il fut impitoyable, là, et à Wexford, tuant les défenseurs sans quartier, passant au fil de l'épée tous les prêtres, mettant à mort des femmes et des enfants. Cette horrible campagne, dont il se vantait lui-même, puis la reprise sur une grande échelle des opérations de transformation et de colonisation qui se poursuivront durant huit ans, achèvent de semer dans l'île malheureuse les germes d'une haine inexpiable » (Henri Hauser).

En Allemagne le Palatinat, qui avait beaucoup souffert de la guerre de Trente Ans, fut ravagé deux fois par les troupes françaises, en 1674 et en 1688, de façon si cruelle que le souvenir en est resté dans l'Allemagne du XXe siècle.

Évaluation de la population au XVIIe siècle. Il est difficile de faire des hypothèses précises sur la population de l'Europe. Le premier recensement français, ordonné par Colbert, date de 1663, vite suivi par des recensements britanniques, des Pays-Bas espagnols, des Provinces-Unies. Pour la Prusse, c'est seulement 1740, pour l'Espagne 1787. Le contraste est net entre le XVIIe siècle, qui comporte un creux entre 1630 et 1650, et le XVIIIe.

Les chiffres de 1700 seraient de 118 millions pour l'Europe et 510 millions pour le monde.

Selon Fernand Braudel, les « hypothèses » vraisemblables » sont pour le monde, en 1650, vers 470 millions, vers 1750 entre 660 et 694 millions, soit un accroissement de 41 à 47 %. Les chiffres, pour l'Europe, Russie comprise, seraient passés de 100-105 à 140-144 millions (+ 37,1 %). Il y a eu un « creux accentué » au milieu du XVIIe siècle. La population de l'Espagne, selon certains auteurs, aurait baissé de 8 à 6 millions (opinion que conteste l'Espagnol Vincent Unès). Par un autre tableau, on obtient une idée d'ensemble de l'évolution.

312

312 Dans les années 1800, Londres était la plus grande ville du monde. Vue de Londres, *extrait d'un tableau de Canaletto (1697-1768).* **313** *Style classique en France au* XVIIᵉ *siècle : colonnades sur la façade est du Louvre, dues à Claude Perrault (1613-1668).* **314** *Le style baroque s'impose dans le reste de l'Europe et surtout dans le sud de l'Allemagne — de tradition catholique : intérieur de l'église conventuelle d'Ottobeuren, dans l'Allgaü bavarois, construite entre 1737 et 1766.*

Le XVIIIᵉ siècle présente, sur le plan démographique, un contraste profond avec le XVIIᵉ. Bien que la misère reste profonde et répandue, on voit disparaître les vraies famines, reculer les épidémies. Le fait que de nombreuses révolutions se déclenchent à partir de 1770 montre bien que la situation apparaît de plus en plus clairement comme insupportable. Néanmoins, le progrès est considérable. Ainsi, l'Angleterre et le pays de Galles passent de 5,826 millions d'habitants en 1700 à 6,140 millions en 1750 et 9,156 millions en 1801.

La Suède : 1,450 millions d'habitants en 1720, 2,347 millions en 1800.

La Norvège : 616 000 habitants en 1735, 883 000 en 1801.

Les États italiens comptent environ 13 millions d'habitants au début du XVIIᵉ siècle, 18 millions à la fin de la période.

Pour l'Allemagne, si atteinte au XVIIᵉ, on constate entre 1700 et 1800 un accroissement de 94 % en Wurtemberg, 132,5 % en Prusse-Orientale, 138 % en Poméranie.

Dans l'Empire des Habsbourg, le total est de 8,1 millions en 1725, 22,496 millions en 1789. L'accroissement aboutit à une vraie surpopulation dans les Provinces-Unies (1,9 million vers 1750, 2,078 millions en 1795-1796) ; en Belgique : 1,75 million en 1714, 2,8 millions en 1784, 3,3 millions en 1813). Pour la France, les chiffres sont mal connus dans les débuts du siècle. En 1791, on trouve 26,3 millions d'habitants, représentant sans doute un gain de 7 millions en un siècle, le tout sans qu'il y ait eu, à la différence de l'Angleterre, de transformation économique majeure.

Enfin l'Espagne et le Portugal paraissent avoir connu eux aussi une démographie croissante qui serait de 3 millions d'habitants entre 1723 et 1797. Le recensement de 1797 donne 10,5 millions en Espagne.

Au total, les estimations (données par Reinhard, Armengaud et Dupaquier, *op.cit.,* p. 680) seraient de 140 millions d'habitants pour l'Europe, Russie comprise, en 1750 sur 728 millions d'êtres humains, soit 19,2 % et 187 millions sur 906 en 1800, soit 20,6 %. C'est avec un cinquième de la population mondiale que l'Europe développe au XVIIIᵉ siècle une prépondérance qui existait déjà, mais qui va devenir prodigieuse pendant près de deux siècles.

Il faut également dire un mot des villes. Il y en a peu en Europe de l'Est. Dans la Pologne de 1772, cinq villes seulement dépassent vingt mille habitants. Il n'y en a guère plus en Russie (9 % de la population y est urbaine en 1794, 13 % en 1897). Aucune agglomération à l'est n'atteint les chiffres de Londres, Paris ou Naples. En 1700, il y a en Europe dix villes de plus de cent mille habitants. En 1800, dix-sept dont cinq ont plus de deux cent mille.

A Berlin, en 1783, sur cent quarante et un mille habitants, on compte trente trois mille soldats. Londres a cent vingt-trois mille habitants en 1580, cinq cent cinquante mille au moins en 1700, entre sept cent quarante-cinq mille et neuf cent mille en 1801. A cette date, Londres était la plus grande ville du monde. Paris passe de quatre cent cinquante mille à six cent mille habitants en 1789. Naples en rassemble trois cent trente sept mille en 1776, quatre cent dix-sept mille en 1796. La population de Vienne atteint cent soixante-quinze mille en 1754 et deux cent trente-cinq mille en 1793, Moscou atteint deux cent trente mille en 1800.

L'un des traits les plus marqués dans les misères du XVIIᵉ siècle est le caractère européen des révoltes paysannes, conséquences des prélèvements de toute sorte, mais peut-être aussi d'accroissements démographiques qui les rend insupportables. Les « fureurs paysannes » (titre d'un livre de Roland Mousnier, qui compare les cas de la France, de la Russie et de la Chine) ont été particulièrement nombreuses en France de 1629 à 1639, et de 1675 à 1680. La fiscalité, accrue par les frais des armées, constitue une surcharge qui « est touchée sur les paysans au moment où leur capacité contributive se réduisait ». Cela est peut-être relié à un ralentissement de la hausse séculaire des prix. De 1630 à 1640, c'est la stagnation ; de 1640 à 1675, le mouvement se traduit par une baisse ; et de 1675 à 1685, c'est à nouveau la stabilisation à un très bas niveau (tout cela correspond au ralentissement des arrivées de métaux précieux américains). Bien entendu, certaines de ces révoltes sont également liées aux grandes calamités atmosphériques, sans oublier les calamités accidentelles – telle la grêle détruisant une récolte en quelques minutes. Rares sont les émeutes proprement « spontanées », purement « paysannes ». La plupart sont organisées par des gentilshommes ruraux ou des bourgeois et sont dirigées contre le fisc, contre la « tyrannie » de l'appareil étatique.

IV. Le déclin du « principe d'autorité » et les progrès de la pitié

Il est bien difficile d'exposer en quelques pages la véritable révolution qu'en deux siècles va connaître la pensée européenne – *et, notons-le bien, la pensée européenne seule !* Au XVIIᵉ

313

314

siècle, se développe une offensive contre le principe d'autorité. Au XVIIIe, cette offensive semble partout victorieuse. Aussi placerons-nous ici, en exergue, ce propos de l'historien anglais, Norman Hampson, dans son livre *le Siècle des Lumières :* « L'horizon intellectuel de la plupart des gens instruits de la première partie du XVIIe siècle était dominé par deux sources d'autorité à peu près incontestées : l'Écriture et les Classiques. Chacune à sa manière perpétuait l'idée que la civilisation avait dégénéré à partir d'un Age d'or. La préoccupation la plus rationnelle de l'homme contemporain consistait donc à étudier les Anciens, plus heureux, pour retourner au genre de société que ceux-ci avaient connu. Les mouvements européens, la Renaissance et la Réforme, avaient renforcé cette attitude et l'autorité des textes sacrés. La Renaissance et la pédagogie humaniste avaient été largement fondées sur un renouveau des études grecques et latines. » Et Hampson parle de l'« ardente vénération » que l'on éprouvait pour les classiques.

Au XVIIIe siècle, nous pensons donc que le principal aspect est *l'offensive victorieuse contre le principe d'autorité*. Quelle que soit la vigueur critique de l'esprit humain, celui-ci, face à l'inconnu, a besoin d'appuis, de tuteurs.

Si l'on admet que la civilisation des Anciens a été parfaite, la vérité est contenue dans leurs écrits : Aristote pour la philosophie (c'est l'opinion de saint Thomas, des dominicains, et de très nombreux théologiens), les Grecs Hippocrate et Galien pour la médecine ; Vitruve pour l'architecture, etc. Il n'est pas jusqu'au théâtre où on prétendra trouver dans l'Antiquité une « règle des trois unités », de lieu, de temps et d'action, faute de quoi la pièce ne serait pas bonne.

Architecture. La résistance aux Anciens apparaît comme relativement anodine en matière d'art et de littérature. Elle est au contraire considérable en matière scientifique. Or, s'il est vrai que, dans le domaine artistique, les Anciens, et, notamment, les Grecs, ont réussi en sculpture et en architecture des chefs-d'œuvre qu'on ne saurait surpasser, rien ne prouve qu'on ne pourrait pas les égaler, en suivant d'autres voies. Obscurément, les hommes l'ont deviné.

Précisément, alors que l'art de la Renaissance, à la différence du gothique finissant, tentait dans une certaine mesure de revenir aux lignes antiques, on vit apparaître, au XVIe siècle, une architecture et une sculpture nouvelles, le *baroque*. Rome en fut la source. L'architecte Borromini, né en 1599, le sculpteur Bernin, Florentin, né en 1598 – noms que nous avons déjà mentionnés –, furent les fondateurs principaux d'un art « libérant les lignes et les volumes... donnant au détail sa valeur propre, indépendamment, au moins en apparence, de sa subordination à l'ensemble... exprimant une liberté, une invention qui pouvaient conduire à l'extravagance » (Victor L. Tapié).

Le baroque se répandit surtout en Italie, en Espagne (et en Amérique espagnole et portugaise), ainsi qu'en Europe centrale, en Autriche, en Allemagne, comme à Weingarten, Ottobeuren, Wieskirche. Il exista aussi en France et en Angleterre, mais en rivalité avec un art *classique,* beaucoup moins luxuriant, beaucoup plus mesuré et rationnel, adopté par Louis XIV et par « la cour et la ville ». Lorsqu'en 1665, le Bernin fut invité à Paris pour faire le plan de la colonnade du Louvre (face Est), il proposa un projet grandiose et coûteux. Par goût, ou par économie, ou par souci de favoriser un artiste français, on lui préféra le projet classique de Claude Perrault. On a souvent considéré cela comme un triomphe du classicisme sur le baroque en France. Pourtant celui-ci fascinait les pauvres, à qui il présentait dans les églises des formes concrètes de piété issues de la réforme catholique et du concile de Trente. Aussi en France, à défaut d'édifices nombreux, trouve-t-on des décorations baroques, et en particulier des milliers de retables. En Angleterre, le baroque eut quelque succès avant 1666. A cette date, celle du grand incendie de Londres, le plus grand architecte anglais de l'époque, Christopher Wren, né en 1632, mathématicien, philosophe autant qu'architecte, observateur des châteaux français et critique du Bernin, fut chargé de construire la cathédrale Saint-Paul. Dans son projet de 1675, Wren adopta un style classique et la colonnade du dôme est célèbre dans le monde entier.

Au XVIIIe siècle, tandis que la ligne courbe progresse, notamment dans le mobilier et la décoration, on voit d'une part se développer un style « rococo », d'autre part renaître un néoclassicisme, plus fidèle à l'Antiquité que celui du XVIIe, qui donne par exemple à Paris le Panthéon de Soufflot, construit à partir de 1757.

Les littératures. Il est, là aussi, bien difficile d'opter pour les Anciens ou pour les Modernes. Tout le XVIIe siècle fut marqué par des querelles entre les deux Écoles. Les partisans des Anciens affirment qu'aucune littérature n'est valable si elle n'imite pas la grecque ou la latine ; ils seront finalement submergés par une immense volonté d'innovation. En revanche, l'idée d'*imiter* les Anciens reste très répandue. Au XVIe siècle, c'était une règle générale (par exemple Ronsard écrit un poème « Ode à la fontaine Bellerie », qui copie l'ode d'Horace « *O fons Bandusiae* ». [« O fontaine Bandusie »]).

La science. Il suffit, pour comprendre le danger du principe d'autorité en matière de *science,* de prendre deux exemples. Le premier est celui de la circulation du sang. Le Romain Galien l'ignorait. Elle fut démontrée notamment par Harvey, professeur au Collège royal de médecine de Londres (1578-1657) et médecin du roi Jacques Ier. Son livre *Exercitatio anatomica de motu cordis et sanguinis in animalibus* (Étude anatomique du mouvement du cœur et du sang des animaux) fut publié en 1628. Or, on vit pendant longtemps encore, des disciples d'Aristote, de Galien, refuser cette donnée nouvelle. Molière a su railler le principe d'autorité en en montrant l'effet sur les médecins de son temps, dont certains continuaient à nier la circulation du sang.
Un second exemple du principe d'autorité en matière scientifique est celui de la rotation de la terre. Tout commence par le Silésien-Polonais Nicolas Copernic et le Danois Tycho Brahe, et viennent l'Allemand Johannes Kepler, de Stuttgart (1571-1630), puis l'Italien Galilée (1564-1642), patronné par le duc de Toscane. Le télécospe, imaginé en 1608, fut perfectionné par ce dernier qui acheva de détruire la théorie aristotélicienne selon laquelle la terre serait immobile, au centre du monde, tous les corps célestes tournant autour d'elle en vingt-quatre heures, en suivant des cercles. Voici qu'avec les nouvelles découvertes, la terre n'est plus le centre du monde mais seulement une infime parcelle dans un ciel dont on élargit sans cesse la zone observable.
On peut, d'après cela, comprendre la réaction simpliste des autorités ecclésiastiques, habituées à tout expliquer par le livre de la *Genèse,* dans la Bible (principe d'autorité), complété par les théories immobilistes d'Aristote. D'où cette condamnation portée en 1616 par le tribunal romain du Saint-Office : « La vue que le Soleil est immobile au centre de l'Univers est folle, philosophiquement fausse et tout à fait hérétique, parce que contraire à l'Écriture Sainte. La vue que la Terre n'est pas au centre de l'Univers et même a une rotation quotidienne est philosophiquement fausse et, au moins, une croyance erronée. »
Galilée, convoqué à Rome par l'Inquisi-

315

tion, s'y rendit. Il y fut arrêté en février 1635. Menacé de torture, il se rétracta et fut condamné à la prison. On dit qu'après s'être rétracté, il ne put s'empêcher de dire en parlant de la terre : « Et pourtant, elle tourne ! » La physique galiléenne, fondée sur l'expérience, avait montré que le mouvement obéissait à des lois mathématiques.

Empirisme et raison. Deux hommes symbolisent les aspects de cette révolution intellectuelle, telle qu'elle se dévoile chez Galilée. L'un est l'Anglais Francis Bacon (1561-1626), qui dénonça l'autorité et proposa de connaître la nature par *l'expérience.* Il donna même quelques-unes des lois de l'expérimentation. Toutefois, l'empirisme ne suffit pas.
Le Français René Descartes (1596-1650) entendit remplacer la doctrine d'Aristote par une nouvelle doctrine universelle, fondée sur la raison et l'évidence : « Ne jamais tenir une chose pour vraie que je ne la connusse évidemment être telle. » Gentilhomme, ayant servi militairement en 1618-1619, il consacra le reste de sa vie à réfléchir, s'installant en Hollande en 1625, l'atmosphère y étant plus libre qu'en France. Il y publia en 1629 ses *Méditations métaphysiques ;* en 1637 son *Discours de la méthode,* et il essaya, par le raisonnement pur, de bâtir la science non seulement géométrique, mais physique. Mais si l'expérience est insuffisante, le raisonnement sans expérimentation aboutit également à des vues erronées.
Dans le pays où, à la fin du XVIIe siècle, la vie intellectuelle est la plus brillante, l'Angleterre – qui en 1712 dépassa la France en production littéraire – la synthèse finale va être opérée par Newton (1642-

316

317

1727), professeur de mathématiques à Trinity College, Cambridge. Suivant les principes mécanistes d'un autre grand mathématicien, l'écrivain et philosophe français Blaise Pascal (1623-1662), Newton alla plus loin et raisonnant sur des analyses et des expériences, forgeant son propre instrument mathématique, le calcul infinitésimal en même temps que l'Allemand Leibniz (1646-1716) il aboutit à une explication générale du mouvement dans le monde sous la forme de la « gravitation universelle ». Son compatriote Pope écrivit : « La Nature et les lois de la Nature étaient cachées dans la nuit. Dieu dit que Newton soit, et la lumière fut. »

La religion. Il va de soi que la liberté croissante de la réflexion intellectuelle posait aux autorités religieuses un grave problème. La religion chrétienne est une religion révélée, c'est-à-dire qu'elle part de l'idée que Dieu est apparu dans l'histoire

318

315 *Nicolas Copernic. Chanoine à Frauenburg en Prusse-Orientale et fondateur de la cosmologie héliocentrique. Tableau anonyme, XVIe siècle.* **316** *Galilée, père de la science moderne. Portrait dû à Justus Sustermans, vers 1636.* **317** *René Descartes. Son système philosophique s'inspire des travaux de Galilée. Portrait peint par Frans Hals, vers 1640.* **318** *Isaac Newton. Il prouva que les lois naturelles terrestres régissent aussi les astres. Portrait peint par John Vanderbank, 1726.*

pour enseigner la vérité aux hommes. Ainsi le raisonnement pur ne suffit pas pour avoir la foi. Le concile de Trente donna de la foi la définition suivante : « La foi est une vertu surnaturelle par laquelle, prévenus et aidés par la grâce de Dieu, nous tenons pour vrai ce que Dieu nous a révélé, non pour en avoir tenu à la lumière de la raison la vérité essentielle, mais parce qu'il est la vérité même et qu'il ne peut ni se tromper, ni nous tromper. »
Si, pour les vérités non spécialement religieuses, telles que les origines du monde ou les lois de la nature, l'essentiel est contenu dans un texte sacré, l'Église domine toute l'intelligence des hommes. La réforme protestante admit le libre examen, mais le libre examen d'un texte, la Bible (Ancien et Nouveau Testament) dont on ne discutait pas le caractère divin. Si une partie du contenu de la Bible doit être rejeté par la science (par exemple, que le monde a été créé en six jours, et cela il y a seulement six mille ans), la question se pose de savoir ce qui doit en être gardé.
Pour Descartes, le « doute méthodique » dont il enseigne la nécessité pour la science ne doit pas être appliqué à la religion. Mais n'est-ce pas une simple précaution de sa part ? Pour Newton, au lieu que Dieu intervienne constamment, il a établi un système de lois générales dont on peut admirer la splendeur. Les croyants de tous les temps préféreront sans doute rattacher le fondement de leur croyance soit à une sensibilité d'un niveau supérieur – à la façon de Pascal – ou en retrouvant le transcendant par l'absolu de la loi morale (ou « impératif catégorique ») – comme le fera le philosophe allemand Emmanuel Kant dans sa *Critique de la raison pratique*. De toute façon, la critique s'étendra même au texte de la Bible (exégèse), à l'historicité de Jésus-Christ, à tout spiritualisme et idéalisme.
Nous verrons que cette situation nouvelle va favoriser la liberté de pensée, au détriment de toutes les méthodes brutales d'inquisition et de supplices pour ceux qui ne pensent pas comme le veut l'autorité de l'Église ou celle de l'État. L'idéal nouveau est celui du « libre combat de la vérité contre l'erreur » (La Mennais). Il n'est malheureusement pas encore victorieux sur notre planète, et, aujourd'hui même, en bien des pays, on peut perdre sa liberté, voire sa vie, pour des « délits d'opinion ».

La tolérance et la pitié. Le déclin du principe d'autorité, au profit de la raison, doit en principe développer un sentiment rarement expérimenté dans l'histoire et qu'on appelle *tolérance*. Celle-ci va gagner du terrain au XVIIIe siècle, principalement en matière religieuse. Par exemple, en France, le roi Henri IV avait publié l'édit de Nantes en 1598, établissant la tolérance pour les protestants français. C'était un acte politique. On considéra comme normal que Louis XIV, par piété catholique, révoquât cet édit et persécutât les protestants (1685). On notera que, dès 1689, par l'édit de Potsdam, l'électeur de Brandebourg ouvrit les frontières de son pays aux huguenots français tandis que les postes publics restèrent interdits aux catholiques jusqu'en 1829.
Dans la pratique, la tolérance avança au cours du XVIIIe siècle. L'édit de tolérance du 17 novembre 1787 donna aux « religionnaires » accès à toutes les charges et emplois et à l'état civil tenu par des curés catholiques. On a parlé, pour la France, de « tolérance conquise » alors que dans les pays anglo-saxons et germaniques – Prusse et Autriche notamment – la tolérance aurait été *octroyée* par les gouvernements.
Un symbole de cette lutte qui se déroula en France en faveur des protestants, ailleurs en faveur des catholiques, ou de telle autre église ou secte, nous est offert par Voltaire (1694-1778). François Arouet, fils d'un notaire à la Chambre des comptes et qui prit à vingt et un ans le nom de plume de Voltaire, fut très vite connu dans toute l'Europe et de ce fait redouté des puissants, que sa plume féroce, son esprit critique, la clarté de son style, l'étendue de ses relations et de ses intérêts inquiétaient fortement.
A Ferney, près de Genève et de la frontière, il se tenait prêt à fuir le royaume. Certains souverains le flattaient. L'important pour nous est qu'il mit son immense autorité spirituelle et intellectuelle au service de la tolérance et de la pitié. Il fut parfois ce que l'on appelle aujourd'hui un écrivain « engagé ». Par exemple, Calas, un malheureux négociant protestant de Toulouse, ayant été faussement condamné de crime et exécuté par le supplice de la roue, en 1762, Voltaire réussit à faire réviser le procès et à réhabiliter la mémoire du malheureux. Sirven, protestant de Castres, accusé d'avoir tué sa fille pour l'empêcher de devenir catholique, fut lui aussi condamné à mort (1764). Mais il put s'enfuir en Suisse, et Voltaire parvint, après neuf

319

ans d'efforts, à le faire acquitter. L'auteur des *Lettres philosophiques* ne défendait pas que les protestants. Ce qu'il entendait montrer au monde, c'est l'abomination de l'erreur judiciaire, surtout lorsqu'elle dérive du fanatisme.

Un autre écrivain, l'Italien de Milan Cesare Bonesana, marquis de Beccaria (1738-1794), publia en 1764 un petit ouvrage qui eut, dans toute l'Europe, un succès phénoménal : le traité *Des délits et des peines*. Il y montrait que le droit de punir doit être limité, qu'il faut proportionner la peine au délit : on pendait des malheureux pour vol ou même pour braconnage. Il estimait également qu'il fallait supprimer les supplices barbares : le bûcher, la roue. Un médecin de Paris, Joseph Ignace Guillotin, partageait les mêmes vues, et, puisque la peine de mort était répandue, préconisait qu'elle fût rapide. D'où l'invention, dont il n'est pas l'auteur, mais auquel la rumeur publique a donné son nom, de la guillotine, adoptée par l'Académie de chirurgie en décembre 1789. Cet instrument horrible constituait, il faut le reconnaître, un progrès.

Ainsi, au milieu de la cruauté, à laquelle tant d'Européens s'adonnaient (par exemple, l'esclavage, la traite des Noirs aux colonies), une flamme de justice, de tolérance, de liberté croissante existait en Europe. Une justice meilleure, tel sera toujours l'idéal des hommes. L'*Habeas Corpus* et le système du jury, la lutte des philosophes pour une bonne justice, l'influence de Beccaria et de ses disciples, ont marqué un progrès timide, mais réel, vers la pitié.

V. L'« Europe française » et le cosmopolitisme

À première vue, l'Europe devient cosmopolite. La classe intellectuelle – qui exerce une sorte de magistère européen – considère souvent l'idée de patrie comme une survivance barbare. Ce qui paraît justifier cette attitude, c'est que les souverains éclairés affectent de s'y prêter, et s'excusent, comme Frédéric II, d'avoir quelques responsabilités terrestres. « J'espère, écrit le roi de Prusse dans l'*Histoire de mon temps* (1743), que la postérité, pour laquelle j'écris, distinguera en moi le philosophe du prince et l'honnête homme du politicien. Je dois confesser qu'il est très difficile de conserver la décence et la pureté quand on est jeté dans le grand tourbillon politique de l'Europe. » Écrivant en français, correspondant avec Voltaire, le bon apôtre n'est dépassé en ruse et habileté que par Catherine II de Russie. L'impératrice profita de la diffusion que ne manqueront pas d'avoir ses lettres pour exalter les victoires russes, minimiser ses défaites, cacher les révoltes, et mentir effrontément en laissant entendre que tous les paysans russes mangent du poulet aussi souvent qu'ils le veulent.

L'Europe française au siècle des Lumières. Paris est, par les salons, le centre de l'Europe. Mais un autre centre est Voltaire et, par conséquent, Ferney, tout près de Genève, où il résida dans la dernière partie de sa vie. Et le cosmopolitisme se manifesta d'abord par le triomphe de la langue française dans les milieux cultivés et dans l'aristocratie, *l'Europe française au siècle des Lumières* est le titre d'un brillant ouvrage de Louis Réau. Dès le XVIIIe siècle, nous rencontrerons ce titre : *Paris, le modèle des nations étrangères ou l'Europe française,* de l'Italien Caraccioli. Que signifie cet usage du français ? Les contemporains le croient-ils durable ? C'est un problème que l'on se posait. Pour Célestin Bouglé, « la langue française est désormais le point de communication de tous les peuples d'Europe ». Pour Guy Miège, Genevois qui publia à Londres un dictionnaire français-anglais et anglais-français, « la langue française est dans un certain sens en train de devenir universelle ». Pour Gregorio Leti, qui traduit en français sa *Vie de Cromwell,* « la langue française est devenue, en ce siècle, la plus généralement connue par toute l'Europe ». En 1714, au traité de Hastadt, le français devient la langue de la diplomatie.

Qu'en est-il dans la seconde moitié du siècle ? La rivalité de l'anglais est née, renforcée par l'anglomanie croissante, par l'éclat de la littérature anglaise, de la science anglaise. Jean-Jacques Rousseau n'est pas tellement favorable à la francomanie ambiante. Dans les *Considérations sur le gouvernement de Pologne,* il souhaite que ce pays garde ses « usages civils et domestiques ». « Une grande nation qui ne s'est jamais trop mêlée avec ses voisins doit en avoir beaucoup qui lui soient propres, et qui peut-être s'abâtardissent journellement par la pente générale en Europe de prendre les goûts et les mœurs des Français. Il faut maintenir, rétablir ces anciens usages. »

La meilleure analyse de la situation est sans doute celle que donne d'Alembert dans le *Discours préliminaire de l'Encyclopédie.* « Notre langue, dit-il, s'étant répandue par toute l'Europe, nous avons cru qu'il était temps de la substituer à la langue latine, qui depuis la renaissance des lettres était celle de nos savants. J'avoue qu'un philosophe est beaucoup plus excusable d'écrire en français qu'un Français de faire des vers latins. Je veux bien même convenir que cet usage a contribué à rendre la lumière plus générale [...]

Cependant il résulte de là un inconvénient que nous aurions dû prévoir. Les savants des autres nations, à qui nous avons donné l'exemple, ont cru avec raison qu'ils écrivaient encore mieux dans leur langue que dans la nôtre. L'Angleterre nous a donc imités ; l'Allemagne où le latin semblait s'être réfugié, commence insensiblement à en perdre l'usage : je ne doute pas qu'elle ne soit bientôt suivie par les Suédois, les Danois et les Russes. Ainsi, avant la fin du XVIIIᵉ siècle, un philosophe qui voudra s'instruire à fond des découvertes de ses prédécesseurs, sera contraint de charger sa mémoire de sept à huit langues différentes ; et après avoir consumé à les apprendre le temps le plus précieux de sa vie, il mourra avant de commencer à s'instruire. »

A cette hégémonie de la langue et de la littérature françaises, il faut ajouter l'influence de l'art. Nous n'en donnerons qu'un exemple : le château et le parc de Versailles ont été imités dans toute l'Europe. « Les satellites du château de Versailles sont aussi nombreux que les imitations du Gesu et de Saint-Pierre de Rome » (Louis Réau).

Les Bourbons d'Espagne ont construit le *Real de la Granja ;* les Bourbons de Naples *la Reggia* de Caserte, les Bourbons de Parme la villa ducale de *Colarno.* En Angleterre, c'est *Hampton Court ;* en Hollande *Het Loo.* Mais les copies se trouvent surtout en Allemagne : Bonn, Coblence, Mannheim sur le Rhin, Stuttgart en Wurtemberg, Schleissheim et Nymphenburg en Bavière, Würzburg en Franconie, Potsdam en Prusse, Schönbrunn en Autriche. De même en Suède, à Drothinghohn et au château royal de Stockholm ; à Peterhof, Tsarskoïe Selo, Pavlosk en Russie.

De même encore à Belxeuil dans le Hainaut belge (résidence du prince Eugène), Esterhazy en Hongrie, Lancut en Galicie, etc.

Cette liste, parsemée de noms glorieux,

319 *Dans le salon parisien de Marie-Thérèse Geoffrin (1699-1777) : la première lecture de* l'orphelin de la Chine, *pièce de Voltaire (1753-1754). Tableau d'Anicet-Charles Lemonnier.*
320 *Versailles, résidence du Roi-Soleil, servit de modèle aux châteaux construits en Europe aux XVIIᵉ et XVIIIᵉ siècles.*

320

321

322

est loin d'être limitative. On a aussi imité Marly, les Trianons, l'Ermitage de Mme de Pompadour, et, bien entendu, parcs et jardins. On voit qu'il existe, au moins au début du XVIIIe siècle, une unité européenne de l'art de cour.

L'Europe de la musique. Il est un art typique de l'Europe, où celle-ci a apporté au monde une immense source de beauté : la musique. Non point, certes, qu'elle n'ait pas jailli dans le monde entier. Mais d'abord, les Européens ont inventé, au cours des siècles, une collection unique d'instruments, de plus en plus sophistiqués, avec des timbres de plus en plus variés. Depuis l'orgue déjà mentionné par Tertullien au IIIe siècle ap. J.-C. jusqu'au clavecin clavicorde du IXe siècle, puis au piano florentin du XVIe, les centaines de types d'instruments, à vent, à cordes pincées ou frottées, à percussion, à clavier, etc., sont presque tous d'invention européenne. Par exemple, le piano à marteau est inventé en 1711 par le moine florentin Cristofori et mis au point en 1753 par l'Allemand Silbermann, en attendant deux illustres fabricants, tout à fait contemporains l'un de l'autre, Sébastien Erard (1752-1831) et Ignaz Pleyel (1757-1831). Après les lyres, cithares et harpes de l'Antiquité, sont apparus la viole à six cordes, au IXe siècle, et le violon à quatre cordes inventé à Lyon au XVIIe siècle. Le plus célèbre de tous les luthiers est Antonio Stradivarius, né à Crémone en 1644, mort en 1737.
Outre l'invention des instruments et de la notation musicale, les Européens ont accompli des progrès extraordinaires dans l'expansion des genres musicaux.

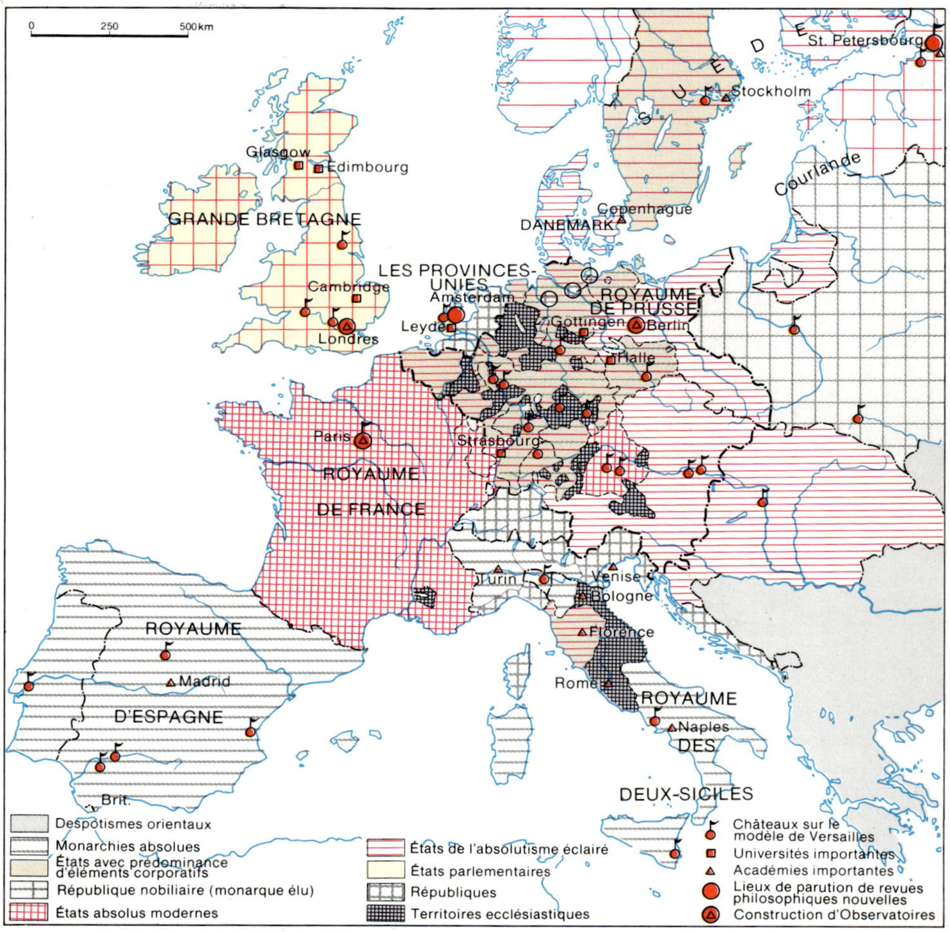

On avait, jusqu'au XIIe siècle, chanté à l'unisson. A partir de ce siècle apparaît la polyphonie. Elle se développe principalement dans deux zones urbaines : la Belgique, dominée par le nom de Roland de Lassus, né à Mons (1532-1594), devenu maître de chapelle du roi de Bavière, et en Italie Giovanni Pierluigi da Palestrina (1525-1594), le « prince de la musique », maître de chapelle à Saint-Pierre de Rome, puis à Sainte-Marie-Majeure. De là, naît une école allemande avec Heinrich

Schütz, disciple des Italiens, et espagnole, avec Tomás Ludovico de Vitoria.
La combinaison des instruments et des voix a donné lieu à une grande invention italienne, l'opéra, auquel un musicien de génie, Claudio Monteverdi (1567-1643), né à Crémone, sut donner le souffle de la vie. Au XVIIe siècle, toutes les cours d'Europe emploient des musiciens italiens et, à l'exemple de l'Italie, créent des académies de musique. Le plus connu est un chef d'orchestre de premier ordre, le Florentin Jean-Baptiste Lulli, musicien de Louis XIV. On peut dire qu'au XVIIIe siècle, l'Allemagne est le pays qui produit le plus de génies musicaux, Haendel (1685-1759), directeur de l'Académie de musique à Londres, Jean-Sébastien Bach (1685-1750), dont l'immense gloire n'apparut qu'après sa mort.
Dans la seconde moitié du XVIIIe siècle, la musique connut, grâce aux compositeurs allemands, un nouveau et prodigieux développement : l'invention de la symphonie. Il n'y a plus, comme dans l'opéra, un mélange de théâtre et de sons, voix et instruments, mais de la musique pure. La symphonie triomphe avec Josef Haydn (1732-1809), mort de chagrin quand il vit les Français entrer de nouveau à Vienne, Wolfgang Amadeus Mozart (1756-1791), Ludwig van Beethoven (1770-1827), Franz Schubert (1797-1828).

Le cosmopolitisme philosophique. Voltaire. Le type même de l'écrivain cosmopolite, c'est Voltaire. Dans le *Dictionnaire philosophique,* il n'existe pas d'article « Europe » mais un article « Patrie ». D'emblée, Voltaire annonce qu'il ne donnera pas de définitions mais se contentera de poser des questions. Elles visent un but précis : démontrer que seul un petit nombre d'hommes heureux, possédant des biens, croient qu'ils ont une patrie. Qui a une patrie ? Les Juifs ? Les généraux qui s'offrent à l'un ou l'autre camp ? Abraham qui quitta Our ? Attila qui était nomade ? Les moines retirés du siècle ?

323

324

325

La patrie est « un composé de plusieurs familles ». « Plus cette patrie est grande, moins on l'aime, car l'amour partagé s'affaiblit. » Enfin, même pour ceux qui se sentent une patrie, « il est triste que souvent, pour être bon patriote, on soit l'ennemi du reste des hommes... Souhaiter la grandeur de son pays, c'est souhaiter du mal à ses voisins. Celui qui voudrait que sa patrie ne fût jamais ni plus grande, ni plus petite, ni plus riche, ni plus pauvre, serait le citoyen de l'univers ».
Cette formule est belle. Elle ne se détache pas dans l'article, car Voltaire ne peut s'empêcher de persifler. Que dire de cette présentation de deux beaux vers, un peu ampoulés, à vrai dire, tirés du *Horace* de Corneille ?

Mourir pour la patrie est un si digne sort
Qu'on briguerait en foule une si belle mort.
Tarare !

Le cosmopolitisme de Voltaire est franchement européen. Pourquoi ? Parce que « les peuples d'Europe ont des principes d'humanité qui ne se trouvent point dans les autres parties du monde ; ils sont plus liés entre eux ; ils ont des lois qui leur sont communes ; toutes les maisons des souverains sont alliées ; leurs sujets voyagent continuellement et entretiennent une liaison réciproque.

321 *Un Versailles espagnol : la Granja, palais d'été des rois d'Espagne. Jardins conçus par René Carlier, 1722.* **322** *Un Versailles hongrois : le château Esterhazy à Fertöd, construit en 1769 par Nikolaus Joseph, prince d'Esterhazy. Haydn y occupa pendant trente ans la charge de maître de chapelle.* **323** *Claudio Monteverdi. Portrait peint par Bernardo Strozzi (1581-1644).* **324** *Jean-Sébastien Bach. Portrait peint par Elias Hausmann, 1746.* **325** *Portrait de la famille Mozart, peint par Johann Nepomuk della Croce, 1780-1781 (extrait). Au mur, un portrait de la mère, Anna Maria ; au piano, Maria Anna et Wolfgang Amadeus.* **Carte 26 :** *L'Europe au siècle des Lumières.*

Les Européens chrétiens sont ce qu'étaient les Grecs : ils se font la guerre entre eux, mais ils conservent dans ces dissensions tant de bienséance... que souvent un Français, un Anglais, un Allemand qui se rencontrent paraissent être nés dans la même ville » *(Discours préliminaire sur le poème de Fontenoy,* 1745).

Rousseau, Montesquieu, Diderot. Rousseau dira, plus sèchement, dans le *Gouvernement de Pologne :* « Il n'y a plus aujourd'hui de Français, d'Allemands, d'Espagnols, d'Anglais même, quoi qu'on en dise ; il n'y a que des Européens. Tous ont les mêmes goûts, les mêmes passions, les mêmes mœurs, parce qu'aucun n'a reçu de formes nationales par une institution particulière. » Mais alors que Voltaire, dans le très beau texte que nous avons cité, se réjouit de cette européanisation, Rousseau, toujours amer, la méprise : « Que leur importe à quel maître ils obéissent, de quel État ils suivent les lois ? Pourvu qu'ils trouvent de l'argent à voler et des femmes à corrompre, ils sont partout dans leur pays. »

Montesquieu ne laisse pas d'être lui aussi cosmopolite. Il refuserait, dit-il, de proposer à son prince quelque chose d'utile pour sa nation, mais de ruineux pour une autre. « Je suis un être humain avant d'être un Français. »

Une chose utile à la patrie, mais ruineuse pour les autres serait un crime ; une chose utile à l'Europe, mais préjudiciable à l'humanité, serait également un crime. Diderot, de son côté, parle des « têtes étroites, des âmes mal nées, indifférentes sur le sort du genre humain, et tellement concentrées dans leur petite société – leur nation – qu'elles ne voient rien au-delà de son intérêt. Ces hommes veulent qu'on les appelle bons citoyens, et j'y consens, pourvu qu'ils me permettent de les appeler méchants hommes » (article « Encyclopédie » dans l'*Encyclopédie*).

Ainsi, il paraît tout naturel aux philosophes du XVIIIe siècle de se dire « hommes » avant tout chose, puis « Européens ». « Notre Europe », dit Voltaire dans l'*Essai sur les mœurs*. Mais l'appartenance à une « patrie », à une « nation », les rebute. Certes, tout cela est complexe. Pour Rousseau, par exemple, nous verrons que son « nationalisme », avec certaines réserves quant à la dimension de la nation, est plus fort que son cosmopolitisme. Ce dernier est plus vif chez Voltaire. Dans d'autres pays, l'Angleterre par exemple, on voit au contraire le cosmopolitisme se transformer en patriotisme. L'exemple de Bolingbroke est caractéristique à ce sujet.

326

La paix universelle par l'organisation de l'Europe. Au XVIIIe siècle, on discute beaucoup de la paix. Or, il existe un lien évident entre le cosmopolitisme européen et une certaine forme d'utopie pacifiste. On verra à ce sujet l'excellent petit livre de Sylvester John Helmleben : *Plans for World Peace through six centuries.*

William Penn. En 1693, le quaker William Penn écrit son *Essay towards the Present and Future Peace of Europe.* Le système qu'il préconise consiste en un accord des princes souverains pour la réunion d'une assemblée, « Diète souveraine ou impériale, Parlement ou État de l'Europe ». Cette assemblée jouerait le rôle d'arbitre et tout refus de se soumettre à la décision arbitrale par une puissance entraînerait l'intervention armée de toutes les autres. A l'exception des conflits, les princes garderaient leur complète souveraineté. Le désarmement pourrait s'opérer et permettre ainsi le développement de l'agriculture, du commerce, de la science et de l'éducation. La réputation de la chrétienté serait préservée et, comme le préconisait Pierre Dubois, cette chrétienté pourrait s'unir contre la menace turque.

John Bellers. Un autre quaker, disciple de Penn, John Bellers, propose au Parlement britannique un projet intitulé : *Some Reasons for a European State. 1710, Pro-*

posed to the Powers of Europe by an Universal Guarantee and an Annual Congress, Senate, Diet or Parliament. To Settle Any Disputes about the Bounds and Rights of the Princes... A la différence de Penn, Bellers considérait que ce système devait être d'abord dirigé contre la France, alors en guerre contre presque toute l'Europe. Puis, réduite à la paix, la France serait alors éventuellement admise dans le système. Le *statu quo* créé par le futur traité ne pourrait plus être modifié, tous les membres renonceraient à leurs prétentions et l'Europe serait divisée en cent provinces égales. Chacune d'elles fournirait à la Ligue mille soldats ou des navires ou de l'argent. Les États subsisteraient et seraient représentés à la Diète. La procédure d'arbitrage obligatoire serait à peu près la même que celle de Penn.

L'abbé de Saint-Pierre. Ces projets ne connurent pas un grand retentissement. Les trois volumes publiés par un ancien secrétaire du cardinal de Polignac, l'un des trois plénipotentiaires français aux conférences de paix d'Utrecht, l'abbé Charles-Irénée Castel de Saint-Pierre (entre 1713 et 1717), eurent un tout autre sort. Il s'agit, pour les deux premiers volumes de *Projet pour rendre la paix perpétuelle en Europe*, et, pour le troisième, de *Projet pour rendre la paix perpétuelle entre souverains chrétiens*. On remarquera qu'il y a hésitation entre l'idée d'Europe et l'idée de chrétienté. L'abbé de Saint-Pierre était partisan d'une confédération limitée à la seule Europe, destinée à assurer la paix menacée par la rivalité entre France et Autriche. Les souverains établiraient donc une « Société européenne » et enverraient des « représentants perpétuels » à un « Congrès ou Sénat perpétuel ». Là aussi, il y aurait engagement des souverains pour maintenir le *statu quo*. Toute guerre serait interdite, à moins qu'elle ne soit décidée comme sanction militaire. Des « Chambres pour le maintien du commerce » régleraient les différends dans le domaine commercial. Quant aux problème des religions, l'abbé de Saint-Pierre l'envisageait sous l'angle de l'œcuménisme. Plan utopique, comme Leibniz le fit remarquer à son auteur en 1715. Il suffit d'ailleurs pour s'en rendre compte de penser à cette phrase extraite du testament de Frédéric II de Prusse, en 1768 : « Il n'est aucun grand prince qui ne s'attache à l'idée d'étendre sa puissance. » Néanmoins, si l'influence de l'abbé de Saint-Pierre a été, à court terme, d'ordre purement intellectuel, il est hors de doute qu'à une plus lointaine échéance, il a inspiré beaucoup d'hommes politiques, Necker, Napoléon, Metternich, puis les hommes de la Société des Nations, en particulier pour ce qui concernait ses suggestions en matière de sanctions obligatoires, de désarmement contrôlé, d'association d'États souverains et non de peuples, etc.

Jean-Jacques Rousseau. Rousseau s'intéressa vivement au projet de l'abbé de Saint-Pierre dont il publia un abrégé en 1761 ; il y ajouta un *Jugement sur la paix perpétuelle* qui parut en 1782. L'idée fondamentale de Rousseau est d'éviter la guerre par une fédération de princes car la guerre est affaire de ces derniers. Il adopte aussi l'idée de la Diète permanente. Rousseau estime que les princes n'adhéreront à un tel projet que s'ils y trouvent leur intérêt. Or, leur intérêt, c'est la paix. Il s'est donc livré à une démonstration claire et logique, qualités qui manquaient aux ouvrages de l'abbé de Saint-Pierre. En outre, Rousseau se méfie des princes et préférerait qu'on leur substituât des États fondés sur le principe de la volonté nationale.

Jeremy Bentham. Entre 1786 et 1789, Jeremy Bentham écrivit un essai – publié seulement en 1843 – intitulé : *A Plan for an Universal and Perpetual Peace*. Le mot « universel » ne doit d'ailleurs pas prêter à confusion, car tout fauteur de guerre serait mis, selon lui, « au ban de l'Europe ». Mais pour le reste, le projet est mince. Il est, de plus, utopique car il repose sur la croyance que l'opinion publique aurait la force de faire respecter les décisions de la Cour mondiale et d'imposer le désarmement.

Emmanuel Kant. Le dernier grand plan du siècle est celui qu'Emmanuel Kant publia en 1795 à Königsberg sous le titre *Zum ewigen Frieden* (Pour la paix perpétuelle).

Ce fut le dernier jalon des utopies « cosmopolites » du XVIIIe siècle. Comme ses prédécesseurs, Kant propose une confédération générale des États européens. Comme eux, il est hostile aux traités secrets, aux armées permanentes, à l'acquisition par la force d'avantages nationaux. Sous l'influence du nationalisme en plein essor et du troisième partage de la Pologne, en 1795 précisément, il ajoute l'idée qu'aucun État indépendant ne peut être soumis à un autre. Mais son système est fondé sur l'idée très neuve que, pour assurer la paix perpétuelle, les régimes des États doivent être républicains, car, en République, le consentement des citoyens est requis pour entreprendre la guerre. Bien que plus vague quant au fonctionnement de la confédération, le projet de Kant est moins utopique que les autres et exerça, certainement, une grande influence sur le président américain Wilson. Ajoutons que Kant fut un précurseur dans les domaines de la sécurité collective.

La réaction gallophobe. Si séduisant fût-il, le cosmopolitisme européen reposait sur des bases essentiellement fausses : « L'Europe et la fausse Europe », a dit Paul Hazard dans un autre beau livre *(la Pensée européenne au XVIIIe siècle)*.

La prépondérance momentanée du français et le succès des modes françaises pro-

326 *Toute sa vie, Voltaire se consacra à prôner la tolérance.* Voltaire dans son bureau au château de Sanssouci, *tableau d'August Borckmann, 1874.* **327** Jean-Jacques Rousseau en costume arménien. *Tableau d'Allan Ramsey, 1766.* **328** *Denis Diderot, auteur de l'*Encyclopédie. *Portrait peint par Louis-Michel van Loo, 1767.*

327

328

329 *Kant et ses amis à table. Tableau d'Emil Doerstling, XIXe siècle. Sa* Critique de la raison pure *reflète l'esprit du siècle des Lumières et étudie « l'étendue et les limites du pouvoir de la raison indépendamment de l'expérience ».*

voquent très tôt une réaction gallophobe, faite en partie d'orgueil blessé des amours-propres nationaux. Il en résulte des campagnes à la fois contre les mœurs françaises réputées frivoles et contre la langue qui recule, à la fin du siècle, en Allemagne, aux Pays-Bas, au Danemark, en Russie.

A l'aube du romantisme, la littérature française, rationaliste, souvent antireligieuse, est rejetée avec mépris par la littérature allemande.

L'art français recule aussi. Du style rococo, on veut revenir à l'antique. Les paysagistes dessinent des jardins à l'anglaise où l'on retrouve la nature sauvage, si bien que Jean-Jacques Rousseau a fortement appuyé cette tendance. Rappelons-nous le « jardin de Julie » dans *la Nouvelle Héloïse* qui a lancé une mode à laquelle la reine de France, Marie-Antoinette d'Autriche, a sacrifié avec le hameau du Petit Trianon.

VI. L'aube du nationalisme

Origines du nationalisme en Europe. Selon Jacques Godechot, c'est l'abbé Barruel qui, le premier, en 1798, employa le mot « nationalisme ». Mais la réalité a devancé l'expression. Depuis des siècles, les signes précurseurs s'étaient multipliés. Au « patriotisme », amour du clocher, voire de la province, en tout cas haine négative de l'étranger, tendait à se superposer une notion plus positive, celle d'appartenir à une vaste collectivité, solidaire, vivante, ayant sa propre mission à accomplir. Cette collectivité, était-ce l'Europe ? C'était trop vaste. Mais, à l'intérieur des royaumes qui la composaient, l'aspiration à la liberté politique interne et l'aspiration à l'indépendance vis-à-vis de l'étranger tendaient à une assimilation profonde que Hans Kohn a très bien soulignée dans son livre *The Idea of Nationalism*.

De l'État, on passait à l'État-nation et à la conviction passionnelle que la nation à laquelle on appartenait était la plus belle, la plus grande, la plus cultivée, la plus utile à l'humanité. Par conséquent, qu'elle avait des droits supérieurs aux autres.

Mais le nationalisme ne naissait pas sur un sol homogène. La nationalisme des pays divisés comme l'Allemagne, l'Italie, ne pouvait être le même que celui des pays possédant déjà un État fortement constitué (France, Angleterre, Provinces-Unies, Espagne, voire Suisse).

Voici quelques traits essentiels de cette montée du nationalisme. La Révolution française et l'Empire inonderont de clarté ce qui n'est au XVIIIe siècle que pénombre.

Le nationalisme anglais. Il y a un nationalisme anglais, le plus ancien de tous, peut-être. L'Angleterre est la première à refuser l'Europe française. Les intellectuels anglais refusent de se franciser, refus qui coïncide avec des mouvements religieux profonds, des « réveils protestants ». L'Angleterre se sent supérieure à l'Europe, forte de sa richesse, de sa cohésion, de sa culture, d'un système politique que Montesquieu et Voltaire, entre autres, lui envient. L'Angleterre du XVIIIe siècle sent qu'elle devient une nation.

Au nom des principes anglais de liberté individuelle et d'indépendance – on dira plus tard *right of Self Determination* ou droit d'autodétermination – les treize colonies anglaises d'Amérique se révoltent en 1776, et, à cet exemple, les Irlandais se soulèvent en 1778 mais sans succès. La « nation américaine », issue du premier exemple de « décolonisation », est née et, vers elle, se tournent bien des regards.

Le nationalisme néerlandais. Là aussi, il y eut réaction contre le monopole français, contre la langue française. Il existe, face au prince, à l'aristocratie bourgeoise, un parti de « patriotes démocrates », dont le chef, Joan Derk van de Capellen, publie un pamphlet, en 1781, *Au peuple des Pays-Bas,* animé d'un nationalisme évident.

France et Suisse : le nationalisme à la Rousseau. En France, en Suisse, le nationalisme naît aussi de cette volonté d'associer liberté et indépendance. Mais, grâce à Rousseau, il prend un caractère plus rationnel, plus politique. Rousseau a pour idéal la « petite patrie », Genève. Puisque la volonté générale ne peut être efficace que si elle s'exprime librement et *directement,* les grandes Républiques sont impossibles. On ne peut aller, comme dimensions, au-delà de la Corse. Il trouve cependant des accommodements dans ses *Considérations sur le gouvernement de Pologne*. Nulle part mieux que dans cet opuscule ou dans le *Contrat social,* on ne voit s'affirmer la passion de Rousseau pour la nation.

Celle-ci devient chez lui une valeur absolue. L'influence de Rousseau, en France, sera prodigieuse parce qu'il répond à une aspiration profonde des milieux « patriotes ».

Phénomène analogue, à moindre échelle, dans les cantons suisses où des groupes de « patriotes » sont épris des idées de Rousseau. Le nationalisme naissant s'exprime dans les *Schweizerlieder* de Lavater et anime les appels de grands esprits comme Pestalozzi ou Bodmer.

L'Allemagne. Le nationalisme allemand est différent. Il doit beaucoup à Herder et apparut plus tardivement. Le cosmopolitisme, dans ce pays démembré, dura plus longtemps qu'ailleurs. Même la grandeur de la monarchie prussienne que développa Frédéric II avec un incomparable succès ne s'inscrivit pas dans le cadre

330 *Johann Kaspar Lavater, théologue, philosophe et patriote suisse. Tableau de Johann Heinrich Lips, vers 1800.*

d'une nation mais simplement dans celui de l'État. Ni Kant ni Schiller ne songent à la patrie allemande. Qui plus est, Goethe refuse de se laisser animer par une haine patriotique contre la France, « une des nations les plus cultivées de la terre » et, pour lui, une des gloires des Allemands réside dans leur individualisme.

Johann Gottfried Herder. Pourtant, il naît un nationalisme allemand avec Klopstock, Justus Moser, et surtout Herder (1744-1803). A l'idée intellectuelle et pratique que les Anglo-Saxons, Rousseau et les Français se font de la nation, Herder substitue une conception romantique. On parlera désormais d'un « nationalisme allemand » et de « nationalisme romantique », comme le suggère l'historien allemand Gerhard Ritter, en opposant le « nationalisme français » et le « nationalisme allemand ». Herder n'est pas un patriote exclusif, il admire toutes les cultures, il les aime toutes. Il est essentiellement nationaliste. Sa découverte est celle du *Volk,* de la communauté nationale dont les limites sont tracées par la langue maternelle, la seule qu'on apprenne involontairement. Cette communauté, en perpétuel devenir, c'est la nation qui joue son rôle propre dans l'évolution de l'humanité. Il y a aussi chez Herder le goût de la recherche des origines : le préfixe *Ur* est, dès lors, fréquemment utilisé. On est en quête de l'*Ursprache,* de la langue fondamentale, de l'*Urvolk,* du peuple primitif dont il fallait retrouver l'essence. Cette doctrine est dangereuse car elle oblige ceux qui parlent une même langue à appartenir à la même nation. Voilà bien des conflits sanglants en perspective.

Le nationalisme italien. L'exemple italien est peut-être le plus complexe de tous. Il est clair que dès avant le XVIe siècle, bien que divisés, tous les Italiens se disaient Italiens. Mais, au XVIIIe siècle, l'Italie a perdu la place éminente qu'elle avait tenue au Quattrocento. Si bien qu'elle doit tâtonner aussi avant d'aboutir à la conscience nationale proprement dite et cela se fera, là aussi, par réaction contre le cosmopolitisme français. Le grand poète Vittorio Alfieri (1749-1803) est le meilleur symbole de cette révolution. Son pamphlet *Il Misogallo* est une violente diatribe contre la France. Il voudrait susciter, par la haine, un sentiment national italien.

Le nationalisme espagnol. Le nationalisme espagnol existait à l'état latent, contenu par l'Église et par des souverains absolus dont le plus remarquable fut Charles III (1759-1788), « despote éclairé ». Ce nationalisme se manifestera de façon éclatante par le soulèvement national contre Napoléon entre 1807 et 1814 et, s'il n'a pas donné lieu à des écrits importants, il faut citer un de ses grands esprits, le poète Gaspar Melchior de Josellanos (1744-1811), magistrat de Séville, membre de la Junte insurrectionnelle contre les Français.

VII. L'aube de la révolution industrielle

Nous traiterons de la révolution industrielle dans un autre chapitre (ci-dessous, ch. XV). Mais nous devons indiquer ici brièvement quelques-unes de ses origines. Car il s'agit d'un phénomène historique de première grandeur, d'une *démonstration du fait que l'essence profonde de l'homme est de créer.*
Les Européens manifestent leur supériorité technique en continuant l'exploration du monde et en en faisant la conquête.

Les Hollandais au XVIIe siècle. Au XVIIe siècle, les Hollandais construisent le plus de navires, dominent le commerce de la Baltique, possèdent des mines en Suède, livrent au roi Gustave-Adolphe toute une flotte dont le célèbre navire *Vasa.* Certes, par l'Acte de navigation, Cromwell chasse les Hollandais des ports britanniques mais ils pénètrent en Méditerranée, puis en Asie du Sud-Est : en 1602, est formée la Compagnie des Indes orientales. Ils supplantent les Portugais à Ceylan et en Indonésie Ils remontent jusqu'au Japon, s'emparent de Malacca, découvrent la Tasmanie.
A l'ouest, ils doivent certes céder, en 1665, à l'Angleterre La Nouvelle-Amsterdam qui devient New-York mais ils occupent plusieurs Antilles et la côte de Guyanne. Ils sont également installés en Guinée et au Cap.

331 *Vittorio Alfieri, le plus important auteur italien de tragédies au XVIIIe siècle. Tableau de François-Xavier Fabre, 1793.*

L'exploration du Pacifique au XVIIIe siècle. Les Russes s'étendent jusqu'au Kamtchatka, Français et Anglais atteignent le Saint-Laurent, les grands lacs, le Mississippi. Les Anglais Anson (1740-1745), James Cook, George Vancouver sillonnent le Pacifique ainsi que les Français Bougainville, La Pérouse.
Les découvertes du sextant et du chronomètre de précision facilitent de telles expéditions.

L'échec colonial de la France. Les tentatives françaises pour créer un vaste Empire colonial en Inde et au Canada échouent devant l'effort plus systématique des Britanniques. En 1713, les Français perdent Terre-Neuve, en 1763 le Canada et l'Inde sauf cinq villes non fortifiées. Ils ne gardent que quelques îles des Antilles, riches en sucre, les îles de France (Maurice) et de Bourbon (la Réunion) dans l'océan Indien et l'embouchure du Sénégal.

Les conquêtes coloniales, sources de conflits entre pays, représentent dans l'ensemble un obstacle majeur à l'unification européenne. Par exemple, la guerre qui recommence, en 1755, entre la France et l'Angleterre est déclenchée pour des *raisons coloniales*.

La route européenne. Le commerce intérieur de l'Europe va-t-il permettre d'atténuer ces rivalités d'outre-mer ? A la fin du XVIIe siècle, la situation des routes en Europe est catastrophique et ce n'est qu'à partir de 1730-1740 que commence à être construit un réseau routier digne de ce nom, grâce à la création d'administrations centrales, comme l'école des Ponts et Chaussées créée en 1747.

Le but est essentiellement stratégique : faciliter la marche des troupes vers les frontières. Les routes de France rayonnent surtout autour de Paris, et, sur cet exemple, le Piémont, d'autres États italiens, les Pays-Bas, la Prusse, l'Espagne, la Belgique, la Russie se donnent des réseaux routiers praticables. En Grande-Bretagne, la méthode est différente : les routes sont construites par des sociétés privées groupant propriétaires, fermiers, commerçants, industriels qui se remboursent par le système de péage. C'est en Grande-Bretagne que McAdam inventa, à la fin du siècle, le revêtement compact qui porte son nom.

Les canaux. Si l'origine des routes modernes peut être attribuée à la France, celle des canaux doit l'être aux Pays-Bas. La conquête des polders sur la mer est due à la création, dès 1429, du *Waterstaat,* qui va former les meilleurs ingénieurs hydrauliciens d'Europe. De Hollande, le système de canaux s'étend vers la France, vers l'Angleterre surtout et vers l'Espagne.

Les voyages restent longs et inconfortables. Il faut, par exemple, dix jours, en 1660, pour se rendre de Paris à Lyon. En 1770, il faut cinq jours. La poste à chevaux est mal organisée.

Le grand commerce. Pour le grand commerce, il y a compétition permanente entre compagnies de commerce (souvent « à charte », ayant le droit de lever des troupes et de conquérir des territoires), et entreprises privées.

Tous les pays maritimes possèdent des compagnies, la Prusse en aura une, créée par Frédéric II ; la Russie qui atteindra la mer Noire en 1774 se dotera aussitôt de la compagnie du même nom. Le monopole de ces compagnies sera progressivement tournés par les entreprises privées, beaucoup plus souples.

Mais, en matière économique, comme dans le reste, l'extraordinaire prédominance de l'Europe est ternie par les rivalités qui opposent commerçants et colonisateurs. Les États européens ne semblent plus pouvoir traiter de leurs affaires que par la guerre.

Au moment où nous nous plaçons, l'histoire des peuples européens va se trouver fortement influencée par l'appartition, en Amérique, d'un prolongement colonial qui proclame son indépendance et se prépare à devenir une nouvelle puissance, les États-Unis d'Amérique. Désormais, on ne pourra plus concevoir l'Europe sans ses établissements extérieurs, dont celui-ci, bien entendu, est le principal.

Nous verrons bientôt les liens étroits qui caractérisent la « révolution occidentale », en Amérique, en France et ailleurs. Mais il importe dès maintenant que les Américains du Nord vont introduire dans les coutumes européennes quelques données tout à fait nouvelles.

1) Par leur déclaration d'indépendance élaborée et lancée à Philadelphie le 4 juillet 1776, les États-Unis ont été la première colonie du monde à devenir indépendante. C'est le début d'une longue série. Il s'agit là à la fois d'une question de principe *(self-determination)* et d'une question de fait. Certes, il faut pour aboutir en 1783 l'alliance de la France. Certes les guerres contre la France de 1793 à 1815 empêchent l'Angleterre de reconquérir ses colonies révoltées. Mais la démonstration est faite que les empires coloniaux sont fragiles.

2) Les États-Unis, d'emblée, sont une république. Certes, il existe en Europe quelques petites républiques aristocratiques ou oligarchiques. Mais sur un territoire déjà vaste, on pouvait douter au XVIIIe siècle – comme l'avait fait Jean-Jacques Rousseau – de voir se maintenir un régime républicain.

3) La constitution de 1787 est toujours en application en 1990. Certes, de très nombreux amendements en ont profondément modifié le caractère ; et une terrible guerre civile, de 1861 à 1865, montrera quelles sont ses faiblesses. Les « pères fondateurs », Benjamin Franklin, George Washington, Thomas Jefferson, etc., accomplirent une œuvre profondément méditée et efficace. En particulier ils donnèrent aux États le moyen d'équilibrer leurs intérêts. C'est sur les relations entre gouvernement fédéral et gouvernement des États que s'établisront des ambiguïtés. De même sur les rapports entre exécutif et législatif caractérisés par la séparation des pouvoirs recommandée par Montesquieu.

4) D'emblée, les Américains ont adopté le système de séparation entre Église et État. Ainsi voit-on une importante nation mettre fin au principe des traités de Westphalie : *« Cujus regio, ejus religio »* (on doit avoir la religion du pays que l'on habite – en fait, celle du souverain). L' « Union du trône et de l'autel », le système du concordat, est remplacé par la liberté. Certes en 1787, l'Ancien Régime français avait établi la liberté du culte pour les protestants. Mais la victoire de la tolérance qui marque le XVIIIe siècle reçoit là une application moyenne.

5) A l'ouest des seize colonies s'étendent d'immenses territoires peuplés d'Indiens.

332

333

332 *Aux XVIIe et XVIIIe siècles, les routes de campagnes en Europe ne sont pas pavées. Paysage néerlandais avec moulin à vent, tableau de Jan Bruegel (1568-1625).* **333** *L'industrie moderne se développa la plupart du temps en dehors des villes et de leurs systèmes corporatifs. Usine métallurgique et fonderie de canons à Julitabroeck, Pays-Bas. Extrait d'un tableau d'Allaert van Everdingen, milieu du XVIIe siècle.*

Les Français, qui allaient du Nord vers le sud du Saint-Laurent aux grands lacs, puis au Mississippi, puis à la Nouvelle-Orléans, ont été éliminés en 1763 par le traité de Paris.

Ainsi, l'Ouest va-t-il attirer sans cesse les citoyens du nouveau pays, bien plus que l'Europe, avec laquelle ils établiront le système du « *Non entanglement* » (« pas de liens, pas d'alliances »).

Ainsi l'Europe va-t-elle désormais vivre en présence d'un *modèle américain* qu'on cherche à suivre ou qu'on méprise, mais qui, par sa présence même, fait partie de la civilisation européenne.

Conclusion. Voici donc deux siècles, le XVIIe et le XVIIIe qui, malgré leurs contradictions, semblent s'orienter sinon vers l'Europe unie, du moins vers le cosmopolitisme. D'abord un siècle de fer, où les guerres répétées, à commencer par celle de Trente Ans, où les famines, la peste, la misère, les révoltes paysannes bloquent le développement de la population. Tandis que le malheur s'abat sur les masses, la pensée humaine prudemment, mais efficacement conduite, est en train de se dégager du principe d'autorité. Les Anciens sont lentement vaincus par les Modernes. L'Italien Galilée, l'Anglais Francis Bacon, le Français Descartes, l'Anglais Newton inventent la science positive.

Au XVIIIe siècle, où disparaît largement la misère absolue, où brillent partout les Lumières, on assiste à cette situation contrastée dans laquelle, politiquement, la monarchie (sauf essentiellement en Angleterre) est absolue, où les guerres, notamment coloniales, se poursuivent, et où, le sentiment national étant à peine né, l'universalisme, et surtout l'européisme paraissent accessibles. Que se multiplient les révolutions « libérales », sur le modèle britannique de 1688, et surtout américain de 1774, et l'Europe, brillamment en tête du progrès mondial, va pouvoir s'unifier. Cent auteurs l'annoncent.

La révolution occidentale, que nous étudierons dans le prochain chapitre, va subir les contrecoups de la Révolution françaises, et cristalliser, à la place des rivalités monarchiques, une autre forme, beaucoup plus profonde et dangereuse, de rivalité : les chocs entre nations.

13 La grande révolution occidentale et la désillusion

L'ensemble des États, grands et petits, qui vivaient sous les monarchies généralement autoritaires de l'Ancien Régime ignoraient, certes, le calme des époques heureuses, et nous avons déjà évoqué les « émeutes », « émotions populaires », « fureurs paysannes », « révoltes » diverses qui firent, par exemple, du XVIIe siècle un Siècle de fer. Pourtant, même si ce siècle avait été marqué par les deux Révolutions anglaises, 1648 et 1688, celles-ci avaient été suffisamment périphériques, et surtout pour la seconde, d'esprit suffisamment modéré pour ne pas entraîner une crise européenne généralisée. Ce qui ne signifie pas que leur importance n'ait été considérable dans les domaines de la liberté et de l'économie. Il n'en alla pas de même à partir du 4 juillet 1776 – date de la proclamation de l'indépendance des États-Unis – et à partir de mai-juin 1789 – réunion des États généraux à Versailles et transformation de ceux-ci en Assemblée nationale constituante.
Autour de ces deux très grandes dates de l'histoire américaine et de l'histoire de France, nous allons constater que tout l'Occident sera ébranlé.

I. L'unité occidentale de la Révolution : les causes

Complexité des causes. Elles sont nécessairement fort complexes. C'est un phénomène de force, exercé par des foules immenses. Les historiens américains R. R. Palmer et Louis Gottschalk, les historiens français Georges Lefebvre et Jacques Godechot ont tous insisté sur l'unité de la Révolution, sur le climat révolutionnaire qui règne en Europe. Et voici l'éloquent raccourci donné par M. Jacques Godechot : « Comment ne pas être frappé par la succession des révolutions de 1763 à 1848 ? Révolution américaine entre 1763 et 1783, Révolutions genevoises de 1768 et 1781, Révolution irlandaise de 1782-1784, Révolution des Provinces-Unies de 1783 à 1787, Révolution belge et liégeoise de 1787 à 1790, Révolution française à partir de 1787 : celle-ci gagne petit à petit la plus grande partie de l'Europe occidentale, en commençant par la Belgique et les Provinces-Unies où les troubles à peine assoupis en 1790 et 1787 se réveillent ; en continuant par l'Allemagne, l'Italie, la Suisse, elle finit par atteindre Malte et même la Pologne et la lointaine Égypte. Une certaine stabilisation semble se dessiner vers 1800 avec l'avènement de Bonaparte en France et l'élection de Jefferson aux États-Unis. Mais la Révolution n'est pas terminée. »

334 *Serment des délégués du tiers état dans la salle du Jeu de paume à Versailles le 20 juin 1789 : ils jurent de « de ne jamais se séparer [...] jusqu'à ce que la Constitution du royaume soit établie [...] ». Copie (extrait), d'après un tableau de David (1748-1825).*

Structure agraire en Europe. En fait, plusieurs révolutions se superposent et jouent, selon les pays, un rôle plus ou moins accentué.
Pour comprendre à la fois la nature et l'ampleur de ces révolutions, il faut être conscient de l'extrême complexité d'une Europe où les institutions, les subdivisions territoriales, les charges fiscales, les servitudes féodales, les privilèges locaux varient à l'infini. On peut toutefois distinguer trois grands groupes de pays : 1) A l'est de l'Elbe, en Italie du Sud, en Espagne, domine la grande propriété. Les paysans sont ou des serfs ou des *cafoni* (Italie du Sud), sans terres, misérables. Le junker prussien, le seigneur russe, le magnat polonais ou hongrois jouissent d'énormes pouvoirs. Le commerce est aux mains des Juifs. L'industrie est peu développée, la

Iles Britanniques	**1776** George III (1760-1820). 4 juillet : déclaration d'indépendance des colonies d'Amérique. Conflit avec l'Irlande	**1780** L'Angleterre déclare la guerre aux Provinces-Unies (Pays-Bas) jusqu'en 1784 **1782** 19 oct. Défaite anglaise de Yorktown	**1783** 3 sept. Traités de Paris (U.S.A.) et de Versailles (France)	**1784** William Pitt le jeune au pouvoir **1787** Alliance avec Prusse pour abattre le parti républicain aux Pays-Bas
Pays-Bas Belgique	**1778** Ligue des Neutres	**1792** Nov : Jemappes. Belgique : conquête par la France	**1793** Mars : Belgique perdue par la France *1re coalition* (Provinces-Unies) Défaite de Dumouriez à Neerwinden	**1794** Juillet : reconquête de la Belgique par la France
France	**1776** Louis XVI (1774-1792) Vergennes aux Affaires étrangères Necker aux Finances	**1778** 6 fév. Alliance avec États-Unis **1779** Guerre à l'Angleterre **1782** 19 oct. Victoire de Yorktown **1783** 3 sept. Traité de Versailles (Angleterre)	**1787** Mort de Vergennes Assemblée des Notables Tentative de révolution nobiliaire Résistance des parlementaires Atmosphère de révolution 8 août 1788 États généraux convoqués	**1789** 5 mai : Ouverture des États généraux Juin : Assemblée nationale constituante 14 juillet : Prise de la Bastille 26 août : Déclaration des droits de l'homme et du citoyen **1790** Annexion d'Avignon et du Comtat **1791** Juin : Échec de la fuite du roi Octobre : Constitution ; élection Assemblée législative
Espagne Portugal	**1776** Charles III (1759-88) (E) Joseph-Emmanuel Ier (1750-77) (P)	**1780** Échec du siège de Gibraltar **1788** Charles IV roi d'Espagne	**1er mars 1793** France déclare la guerre *1re coalition* Espagne et Portugal	**15 juillet 1793** Alliance Espagne-Portugal **1794** Espagnols envahissent le Roussillon
Italie	**1792-1808** Manuel Godoy principal ministre espagnol	**1793** *1re coalition* Notamment rois de Sardaigne et de Naples	**1795** 9 février : Paix de Paris. France Toscane	**1796** Buonarroti complice et historien de Babeuf
Suisse Autriche	*Autriche :* Marie-Thérèse (1740-1780) Joseph II lui succède (1780-1790)	**1777** Alliance de 13 cantons suisses avec la France **1787** Guerre contre la Turquie	**1790** Autriche Léopold II → Empereur **1791** Entrevue Léopold II et Frédéric Guillaume II à Pilnitz	**1792** Avril : France déclare la guerre à l'Autriche Français en Rhénanie après Valmy
Prusse Allemagne	Empire Joseph II fils de Marie-Thérèse (1765-1790)	*Prusse* : Frédéric II le Grand (1740-1786)	*Prusse* : Frédéric-Guillaume II (1786-1797)	**1792** Juillet. Prusse intervient dans la guerre
Scandinavie	*Danemark* Christian VII (1766-1808)	**1776** Résistance norvégienne	*Suède* Gustave III (1771-1792)	**1778** Ligue des Neutres Suède, Danemark
Europe de l'Est	*Pologne* Stanislas-Auguste Poniatowski roi (1764-1795)	**1790** Congrès national serbe à Temesvar **3 mai 1791** : Constitution polonaise réduisant les privilèges de la noblesse	**23 janvier 1793** Pologne : 2e partage de la Pologne (Russie, Prusse)	**1794** 23 mars : Insurrection de Cracovie (Kościuszko). Échec ; 3e partage (Russie, Prusse, Autriche)
Russie	Catherine II (1762-1796)	**1778** Ligue des Neutres	**1787** Guerre contre la Turquie	**1796** Mort de Catherine II *(7 nov.)* → Paul Ier (1796-1801)

1793 1er février : déclaration de guerre de la France *1re coalition* (William Pitt) **1794** L'Angleterre conquiert la plupart des petites Antilles françaises	**1796** L'Angleterre conquiert Le Cap (Hollandais) Fin de la 1re coalition Russie et 22 petits États italiens et allemands restent en guerre. Anglais évacuent la Méditerranée. Projet de l'Irlandais W. Tone avec les Français Échec de Hoche en Irlande	**1797** Échec de la conférence de Lille avec la France. L'Angleterre conquiert Trinidad (Espagnols). Mutineries de la flotte anglaise Portugal seul allié de l'Angleterre	**1798** *2e coalition* 1er août : victoire navale d'Aboukir **1799** Les Anglais redeviennent maîtres de la Méditerranée **1800** « Acte d'Union » avec l'Irlande Mars : échec aux Pays-Bas
1795 Pichegru envahit la Hollande et prend la flotte bloquée par les glaces Guillaume V (mort en 1806) s'enfuit en Angleterre	*République Batave* *Traité de La Haye (16 mai)* Période française (1795-1814)	**1796** Hollande perd Le Cap et Ceylan	**1799** Invasion anglo-russe repoussée de Hollande
1792 20 avril : Déclaration de guerre à l'Autriche Juillet : Guerre avec la Prusse 10 août : Chute de la royauté 20-21 sept. : Valmy et la République **21 janvier 1793** Exécution de Louis XVI Annexion de la Savoie, Belgique, Nice, partie de la Rhénanie Mars : Vendée Juillet : Bonaparte au siège de Toulon Août : la « levée en masse » Octobre : la Terreur	**1794 27 juillet** : 9 Thermidor Chute de Robespierre Victoire sur tous les fronts **1795** Octobre : Fin de la Convention. Le Directoire (Constitution de l'an III) **1796** Conspiration de Babeuf précurseur du socialisme	**1796** Avril : Bonaparte - Campagne d'Italie **1797** Échec du complot anglo-royaliste **Sept. 1797** (18 fructidor) Échec du coup d'État des royalistes **1798** Mars : Rattachement de Mulhouse à la France	**Mai 1798** Bonaparte en Égypte 1er août : Aboukir (Défaite navale) **Oct. 1799** Retour d'Égypte **Nov.** Coup d'État du 18 Brumaire 2e Campagne d'Italie **14 juin 1800** Marengo
1795 Armées françaises en Navarre et en Catalogne Juillet : *Paix de Bâle avec la France* L'Espagne quitte la coalition	**18 août 1796** Traité d'alliance de saint Ildefonse entre Espagne et France **1797 14 fév.** Flotte anglaise bat Espagnols au cap Saint-Vincent Portugal seul allié de l'Angleterre	**Fév. 1798** Intervention française à Rome Le pape Pie VI expulsé Rép. romaine	**1800** Défaites françaises en Italie, Suisse, Allemagne
1796 Avril : 1re campagne d'Italie de Bonaparte Mai : Traité avec le roi de Sardaigne Batailles Arcole et Rivoli	**1797** Légion italienne Traité de Tolentino avec le pape Républiques ligure et cisalpine	**1798** *2e coalition* Ferdinand IV de Habsbourg	**1800** 2e campagne d'Italie (Marengo)
1793 *1re coalition* (Autriche) Suisse reste en dehors	**1796** Les Suisses Pierre Ochs (Bâle) et La Harpe (Vaud) intriguent avec la France	**1797** Avril : Préliminaires de Leoben Octobre : Traité de Campo-Formio L'Autriche fait la paix avec la France	**1798** République hélvétique ; *2e coalition*
1793 *1re coalition* (Prusse) + empire et notamment Hanovre, Bade, Hesse	**1795** Avril-mai : *Paix de Bâle avec la France* Prusse quitte la coalition	**1796** Juillet-août : Échec français en Allemagne **1797** Succès de Hoche et de Moreau en Allemagne	Nov. Frédéric-Guillaume III roi de Prusse 1797-1840 **1798** Congrès de Rastadt Neutralité prussienne
1788 Guerre *Suède-Russie* Conjuration séparatiste en Finlande	**1792** Gustave III de Suède assassiné → Gustave IV	**1793** La Suède reste en dehors de la coalition	
1798 *2e coalition* Expédition de Souvarov en Italie et en Suisse. Échecs successifs			

335

bourgeoisie est peu importante ; 2) l'ensemble de l'Europe continentale à l'ouest de l'Elbe, au nord de l'Apennin et des Pyrénées à l'exception des Provinces-Unies, connaît la coexistence de la propriété noble et ecclésiastique et d'une paysannerie à laquelle appartient une partie substantielle des terres, sous réserve de payer des droits féodaux représentant la propriété « éminente » du seigneur. Celui-ci ne travaille pas, ne cultive pas lui-même ses terres sous peine de « déroger » et de perdre sa noblesse.

Le servage a à peu près disparu ; 3) l'Angleterre et les Provinces-Unies (Pays-Bas) connaissent un type d'économie plus prospère et plus avancé qu'ailleurs. On a eu l'occasion de le signaler, le noble ne « déroge » pas en travaillant et est très proche du bourgeois.

Nobles et bourgeois participent tous au gouvernement. Seul le fils aîné d'un lord peut siéger à la Chambre des lords, les cadets, les membres de la petite noblesse ou *gentry,* les bourgeois sont tous des *commoners,* c'est-à-dire qu'ils peuvent être élus à la Chambre des communes ; par conséquent, il y a là un autre point de rapprochement entre noblesse et bourgeoisie. Il en va de même aux Provinces-Unies. Les paysans et les ouvriers n'y sont pas plus heureux qu'ailleurs. Les grands propriétaires ne cherchent qu'à accroître leurs domaines en s'appropriant les terres communales grâce auxquelles les paysans survivaient (lois permettant l'*enclosure).* Les paysans pauvres refluent alors vers les villes et vont constituer, à bas prix et dans la misère, une classe nouvelle qu'on appellera plus tard le *prolétariat industriel.*

La révolution paysanne. La France n'a plus connu de famines après 1715, et il en va de même de toute l'Europe occidentale. Mais les paysans, trop nombreux pour la terre dont ils disposent, sont parfois très malheureux. Certes, les plus riches, les laboureurs, arrondissent leurs propriétés.

Certes, il n'y a plus qu'un nombre infime de serfs à l'ouest de l'Elbe. Mais la « faim de terre » se manifeste partout. Ou bien le paysan est « fermier » (paiement au propriétaire du sol d'une redevance fixe), ou bien il est « métayer » (livraison au propriétaire du sol d'une partie de la récolte, généralement la moitié), ou bien il est « propriétaire ». Mais sauf de rares « alleux », où le tenancier jouit de la pleine propriété, la plupart du temps, sa propriété – qu'il peut vendre, acheter, léguer – reste soumise aux droits féodaux, qui sont censés représenter la propriété « éminente » du seigneur.

Droits annuels, en argent ou en nature, corvées, droits casuels, en cas de ventes ou héritages, monopoles du seigneur pour le pressoir, le moulin, le four à pain, l'huilerie, la garenne à lapins, etc.

Ces droits pèsent terriblement sur des familles nombreuses, sans capitaux, vivant sans hygiène (voir les tableaux de Le Nain sur les paysans français), mais, au surplus, le paysan paie plusieurs impôts roturiers, telles la taille en France, la *talla* en Espagne et n'est jamais exempté, à la différence des nobles et des prêtres. Enfin, il verse la dîme à l'Église.

A lire ce schéma, on ne se rend pas compte de l'infinie inégalité des situations, avec les privilèges provinciaux ou urbains, les coutumes locales. Un bon exemple en est donné par l'impôt sur le sel en France. On ne peut imaginer à quel point cette denrée essentielle, utilisée par le fisc, hantait les pauvres gens et contribuait à leur misère (violences des policiers du sel, arrestation et condamnation aux galères des contrebandiers ou faux sauniers).

On constate par ailleurs une hausse générale des prix liée à la découverte des mines d'or du Brésil (Minas Gerais) et à l'augmentation du rendement des mines d'argent. L'augmentation des prix des denrées s'explique par la baisse de l'or et de l'argent, elle-même provoquée par la masse croissante de ces métaux dans la circulation monétaire. Or, les salaires ne suivent ce mouvement qu'avec retard. Et lorsqu'une année de mauvaise récolte survient (en France, 1770, 1774, 1784, surtout 1788), une vive agitation se manifeste chez les ouvriers des villes et chez les paysans. Ceux-ci constatent que les seigneurs ont tendance à accroître les droits féodaux, en s'appuyant sur de vieilles chartes. S'emparer de celles-ci et les brûler devient, dans certaines régions européennes, une hantise, qui parfois, peut conduire à brûler les châteaux eux-mêmes.

La révolution bourgeoise. L'importance de la révolution des paysans et des ouvriers a été qu'elle a fourni une véritable armée de réserve à ce qu'on a appelé la *révolution bourgeoise.* Celle-ci est liée à l'enrichissement de certains habitants des villes, les bourgeois, par la banque, le négoce, l'artisanat, l'industrie, voire les professions libérales. Toutefois, en France, celles de la justice, à partir d'un certain niveau, anoblissent – à condition d'acheter les charges. Que veulent donc les bourgeois ? D'abord et avant tout l'*abolition des privilèges* des nobles et du clergé, qui permettent à ces ordres de payer moins d'impôts. Ensuite, la bourgeoisie aspire à prendre part au pouvoir. Cela implique que l'on substitue à la monarchie absolue *une monarchie aux pouvoirs limités par une constitution, ou monarchie constitutionnelle* ; on se donnera donc une constitution écrite, assortie d'une déclaration des droits, sur le modèle, célèbre dans toute l'Europe occidentale, des États-Unis d'Amérique (dont la Constitution date de 1787).

La révolution aristocratique. La première manifestation révolutionnaire est celle de l'aristocratie contre la monarchie absolue. En France, la révolution aristocratique commence dès 1787. Il existe un

336

modèle apparent : la Révolution anglaise de 1688. Le Parlement britannique peut seul voter les impôts, et par conséquent l'exécutif dépend de lui. Tous les efforts du roi George III (1760-1820) pour restaurer la prérogative royale ont échoué.

Or, en France, il existe aussi des Parlements. C'est un jeu de mots, car les Parlements sont les hautes cours de justice, composées d'officiers qui n'ont pas été élus, mais ont acheté leurs charges, lesquelles sont anoblissantes. Réclamer pour ces Parlements, et notamment celui de Paris, le droit d'accepter ou de refuser les lois et les impôts, c'est vouloir confier à une partie de la noblesse, dite « noblesse de robe », un immense pouvoir. Or, la noblesse de robe est proche de la bourgeoisie. Cette dernière la soutient dans ses revendications jusqu'au moment où elle découvre que le premier souci des parlementaires est de consolider leurs privilèges et en particulier le privilège de payer peu d'impôts. La popularité des parlementaires s'effondre.

En règle générale, l'aristocratie va être la grande victime de la Révolution ainsi que le clergé. Non seulement elle ne réussit pas à se substituer au pouvoir royal, mais elle va perdre ses privilèges, et, après bien

335 *Signature de la déclaration d'Indépendance des États-Unis, par le congrès à Philadelphie, le 4 juillet 1776. Tableau de John Trumbull (1756-1843).* **336** *« Le tiers état écrasé sous le poids des impôts » : caricature de l'époque révolutionnaire dénonçant l'oppression du tiers état par l'aristocratie et le clergé.* **Carte 17 :** *L'Europe en 1795*

des vicissitudes, nombre de ses membres paieront de leur vie la résistance – vraie ou supposée – à la Révolution.

II. La Grande Nation face à l'Europe

La Révolution française ne pouvait évidemment pas rester un phénomène isolé du reste du monde. D'abord, dans la plupart des pays, elle avait ses partisans plus ou moins acharnés qu'on appelait curieusement, comme en France, les « patriotes ».

La forte diffusion de la langue française en Europe, l'influence des philosophes du XVIIIe siècle sur les intellectuels de tous les pays, la venue d'observateurs étrangers en France, par exemple l'Anglais Arthur Young, auteur des *Voyages en France* et d'un *Mémoire sur la Révolution de la France,* l'Anglais Thomas Paine, qui devait devenir citoyen américain, et qui compare dans ses *Droits de l'homme* la Constitution française de 1791 à celle de l'Angleterre, contribuent, un peu partout, à la création de groupes de patriotes : en Grande-Bretagne, la Société correspondante de Londres (Thomas Hardy) et la Société d'information constitutionnelle (Thomas Paine, Erskine).

En Irlande, l'hostilité à l'Angleterre aboutit à la création des Irlandais-Unis (Wolfe Tone, plus tard, en étroite liaison avec la Convention nationale française).

Aux Provinces-Unies, les patriotes français se recrutent parmi les petits-bourgeois, artisans, paysans, tandis que les « patriotes hollandais » sont de grands bourgeois. Les uns et les autres veulent la liberté, mais les premiers par annexion à la France, les seconds, plus nombreux, par création d'une République.

En Belgique, où l'on lutte contre la domination autrichienne, le chef des démocrates, Vonck, entre en contact avec les Français, tandis que les conservateurs ou statistes se déclarent peu favorables à la France.

Les statistes l'emportant sur les vonckistes, la Constitution du 10 janvier 1790, « Acte d'Union des États de Belgique Unie », s'inspire non du système français, mais des « Articles de Confédération » des États-Unis.

Cela sera d'ailleurs suivi d'une réaction autrichienne.

En Allemagne, de nombreux intellectuels s'intéressent vivement à la Révolution française. En 1790, pour fêter l'anniversaire de la prise de la Bastille, l'écrivain et voyageur Georges Henri Sieveking organisa à Hambourg un banquet de quatre-vingts personnes qui portaient la cocarde tricolore.

Parmi elles, le grand écrivain Klopstock. Le plus célèbre des philosophes allemands, Emmanuel Kant, âgé de soixante-cinq ans et professeur à l'université de Königsberg, tout en restant loyal à l'égard de la monarchie prussienne et hostile à toute conquête, se disait volontiers jacobin. De même le philosophe Fichte. Quant à Goethe, il assista le 20 septembre 1792 à la bataille de Valmy mais il préféra rester « au-dessus de la mêlée », et c'est beaucoup plus tard qu'il publiera sa *Campagne de France* et racontera qu'interrogé sur le champ de bataille, le soir de Valmy, par des compagnons, il répondit : « De ce lieu et de ce jour date une nouvelle époque dans l'histoire du monde, et vous pourrez dire : j'y étais. »

En Pologne, où vivaient huit à neuf millions de serfs analphabètes, cent mille nobles souvent pauvres, mais souverains, quelques magnats aux énormes propriétés, et peu de bourgeois, le roi Stanislas Poniatowski se donnait pour partisan des Lumières.

Mais il redoutait les réformes. Sous l'influence des chefs patriotes (Potocki, Czartoryski) et pour résister aux Russes et aux Prussiens, les Polonais s'attribuèrent, le 3 mai 1791, une Constitution inspirée de la législation révolutionnaire française. En fait, à l'appel des magnats, Russes et Prussiens entrèrent en Pologne en mai 1792. Ils abolirent la Constitution et se partagèrent, le 25 janvier 1793, une partie du territoire polonais : le « deuxième partage ».

337

338

337 *Friedrich Gottlieb Klopstock (1724-1803). Tableau de Johann Tischbein, vers 1800. Klopstock fut d'abord un partisan convaincu de la Révolution.* **338** *Friedrich Schiller (1759-1805). Portrait attribué à Jacob Friedrich Weckherlin, vers 1780. Comme Klopstock, il fut nommé citoyen d'honneur de la République française. Tous deux refusaient cependant la dictature des Jacobins.* **339** *Un autre citoyen d'honneur : le suisse Johann Heinrich Pestalozzi (1746-1827).* Pestalozzi dans sa maison d'éducation de Neuhof, *d'après un dessin de Conrad Ermisch, 1822.* **340** *Citoyen d'honneur de la République française et premier président des États-Unis : George Washington (1732-1799). Peinture à l'huile, d'après Gilbert Stuart, 1797.*

La Hongrie aurait voulu une autonomie accrue par rapport à l'empereur de Vienne Léopold II, une « Déclaration hongroise des droits de l'homme et du citoyen » et un « Acte constitutionnel ». François II, qui succéda à Léopold II en 1790, s'y opposa formellement.

En Suisse, composée de treize cantons et de « bailliages communs » vassaux, les sympathisants de la France étaient nombreux, d'une part parce qu'existait une forte bourgeoisie cultivée qui refusait toute vassalité, d'autre part parce que, dans les grands cantons, fonctionnait un système de République aristocratique que les patriotes entendaient bien démocratiser. Dans les vieux cantons montagnards où régnait la démocratie directe, l'influence française resta beaucoup plus faible.

En Italie, l'agitation fut plus vive qu'ailleurs en faveur des patriotes français.

Des clubs apparurent, notamment en Piémont, à Bologne, etc.

339

340

En Espagne, en revanche, le gouvernement étouffa dans l'œuf les manifestations profrançaises, honnies par le clergé.
En Russie et dans les *pays scandinaves,* les échos de la Révolution française n'arrivèrent que très affaiblis.
Suprême récompense pour ces patriotes étrangers profrançais et prorévolutionnaires : le 24 août 1792, sur proposition du poète Marie-Joseph Chénier, on accorda le titre de citoyen français aux écrivains qui avaient « sapé les fondements de la tyrannie et préparé les voies à la liberté ». Ce fut le cas des Anglais Joseph Priestley, Jeremy Bentham, William Wilberforce – éminent adversaire de l'esclavage –, Thomas Clarkson (également antiesclavagiste), James Mackintosh, qui avait polémiqué contre Burke ; David Williams Gorani, les Allemands Anarcharsis Cloots, Joachim Henri Campe, Klopstock, Schiller, en fait peu favorable, le Suisse Pestalozzi, éducateur célèbre ; le Polonais Kościuszko, le Hollandais Cornelius de Pauw (auteur d'un livre célèbre sur l'Amérique), les Américains Washington, Madison, Hamilton, Thomas Paine et John Barlow.
Cloots et Paine devaient être élus députés de la Convention.

Les débuts pacifiques. Bien entendu, ce saupoudrage inégal de partisans, avec quelques clubs, quelques journaux, quelques écrits, ne saurait en rien expliquer les conquêtes qui font de la France de 1792 la Grande Nation dominatrice, orgueilleuse, mûre pour l'Empire, à l'extrême début du XIXe siècle.
Au début, tout paraît militer en faveur d'une politique très pacifique. Les officiers français, tous nobles au-dessus du grade de capitaine, prirent le parti du roi contre l'Assemblée et, souvent, refusèrent d'arborer la cocarde tricolore adoptée dès juillet 1789 (couleurs de Paris, bleu et rouge ; couleur du roi : blanc). Il en résulta des querelles entre officiers d'une part, sous-officiers et soldats d'autre part, et parfois de véritables mutineries. Beaucoup d'officiers émigrèrent. En 1792, sur un effectif de neuf mille officiers, six mille étaient absents.
La garde nationale créée en juillet 1789 sur le modèle américain – La Fayette, le « héros des deux mondes », en fut nommé commandant général – ne pouvait avoir qu'un usage intérieur. On sait qu'à Paris, pour s'armer, la foule s'empara notamment de la Bastille, le 14 juillet 1789, ce qui fut, par la suite, interprété comme un acte hautement symbolique.
Aussi s'explique-t-on que, dans cet état de faiblesse, l'Assemblée constituante ait voté le 22 mai 1790 une « déclaration de paix au monde », selon laquelle la France renonçait « à entreprendre aucune guerre dans la vue de faire des conquêtes » et « n'emploiera jamais ses forces contre la liberté d'un autre peuple ».
Pourtant, cette même Assemblée, après de longues hésitations et à la suite d'une révolution locale, décida d'annexer une enclave qui appartenait au pape (Avignon et le comtat Venaissin), le 13 septembre 1791.

La France déclare la guerre. La guerre, déclarée par le roi Louis XVI avec l'approbation du club des Jacobins (Brissot, mais non Robespierre), le 20 avril 1792, « au roi de Bohême et de Hongrie » – c'est-à-dire à l'empereur François II, frère de la reine Marie-Antoinette – le fut sous le prétexte que celui-ci refusait de disperser les rassemblements d'émigrés, menaçants pour la France.

Les premières défaites, à la frontière des Pays-Bas autrichiens – l'actuelle Belgique –, d'effectifs limités, apparurent aux étrangers comme la preuve que la France n'avait plus d'armée. Aussi, lorsqu'en juillet 1792 la Prusse, à son tour, entra en guerre, son chef militaire, Brunswick, crut devoir annoncer qu'il raserait Paris de la carte.

Outre les restes de l'armée royale - soldats de métier, enrôlés pour une vingtaine d'années – la France disposait de « volontaires nationaux », la proclamation de la « patrie en danger » ayant suscité de nombreux enrôlements, souvent puisés dans la garde nationale (petits cultivateurs, artisans, bourgeois). Les Jacobins comptaient que la guerre aboutirait à révéler un accord secret entre le roi et les souverains étrangers, notamment son beau-frère François II. Louis XVI et Marie-Antoinette, après l'échec de leur fuite, en juin 1791, avaient certainement comme perspective la défaite d'une armée française désorganisée.

En fait, les premières défaites et l'invasion de Brunswick, qui atteignit Verdun en septembre, déclenchèrent une formidable accélération de la Révolution, avec la chute de la royauté (10 août 1792), l'élection d'une Convention nationale (on remarquera l'influence du vocabulaire américain) et une première vague de terreur (les massacres de septembre 1792). La découverte, en novembre, de l'armoire de fer dans le Palais des Tuileries, où Louis XVI cachait sa correspondance, aboutira au procès du roi devant la Convention nationale, puis à sa condamnation et à son exécution le 21 janvier 1793.

341

342

Valmy. Toutefois, la veille même du jour où la Convention nationale proclamait la République, se déroula la bataille de Valmy (20 septembre 1792). Il s'agit d'une bataille relativement limitée, dont, pourtant, l'importance historique est immense. Les Français occupaient le plateau de Valmy, dominé par un moulin à vent. L'armée prussienne, admirable troupe professionnelle, supérieurement entraînée, avait, dans les jours précédents, souffert de la faim et avait mangé avec excès le raisin vert de la région. Lorsque le brouillard se dissipa, les Prussiens, croyant trouver les Français en retraite, virent, au contraire, des soldats ennemis remarquablement calmes. Le roi de Prusse Frédéric-Guillaume et Brunswick donnèrent l'ordre d'attaquer. « Rien de plus beau et de plus imposant », raconte le général prussien prince de Nassau-Siegen. « On eût dit qu'on se trouvait à une manœuvre de Potsdam bien compassée : jamais je n'avais plus fermement cru à une victoire, et ce secptacle eût exalté l'âme la plus froide. » Mais, de voir que les Français ne bronchaient pas, et criaient « Vive la nation ! », les Prussiens hésitèrent et s'arrêtèrent. Puis, malgré le roi, qui était très brave et exposait sa haute stature aux coups de l'ennemi, Brunswick ordonna la retraite, qui se fit dans l'orage, le froid, le désordre. « Le vieux Fritz (le grand Frédéric), écrit un témoin, n'aurait pas fait ainsi. » Et Goethe : « Le matin, on ne doutait pas d'embrocher tous les Français et de n'en faire qu'une bouchée ; le soir, chacun allait devant soi, on ne se regardait pas. » *L'importance de Valmy, c'est d'introduire dans la stratégie, à côté de l'armée de métier, l'armée des citoyens.*

341 *« Tous les mortels sont égaux. » Allégorie illustrant la Déclaration des droits de l'homme et du citoyen, d'après les principes de Lafayette.* **342** *La prise de la Bastille, 14 juillet 1789. (Image d'Épinal.) L'attaque de la prison d'État symbolise la victoire de la Révolution sur l'Ancien Régime. Le 14 juillet est la fête nationale française depuis 1880.* **343** *Le début de la Terreur :* Le Massacre de la rue de l'Abbaye à Paris du 2 au 6 septembre 1792. *Tableau de Chauvet. 318 prêtres et croyants furent exécutés.* **344** *Canonnade à Valmy, le 20 septembre 1792. Copie (extrait) de Jean-Baptiste Mauzaisse, d'après un tableau d'Horace Vernet (1831).* **345** *Louis XVI, à l'instant de son exécution, le 21 janvier 1793. Gravure en taille-douce (extrait), 1793.*

343

344

345

Comme l'écrit le vainqueur, le général alsacien Kellermann : « J'ai présenté le combat aux Prussiens, et ils n'ont jamais osé m'attaquer ; l'ennemi le plus aguerri ne doit pas l'emporter sur ceux qui se consacrent à la défense de la liberté. »
De 1792 à 1795, la Révolution française va se trouver opposée à l'Europe quasi entière et elle va en triompher.
En effet, après Valmy, puis Jemmapes (novembre 1792), les Français s'emparent de l'actuelle Belgique, au détriment des Autrichiens, tandis que les Prussiens battent en retraite vers la Rhénanie et que les Français vont jusqu'à Mayence et Francfort.

La première coalition et l'expansionnisme révolutionnaire. Pourquoi la coalition, dite « première coalition », se forma-t-elle au début de 1793 ? En effet, tour à tour, l'Angleterre, le Portugal, les Provinces-Unies, l'Espagne, plusieurs États italiens (royaume de Piémont-Sardaigne, Toscane, États pontificaux), de nombreux États allemands entrèrent en guerre.
On aurait bien tort d'y voir une réaction des monarques à l'exécution de XVI, le 21 janvier 1793. Seul le roi bourbon d'Espagne, Charles IV, peut en avoir été particulièrement affecté. La vraie cause est liée à la naissance d'un phénomène que nous allons voir se développer – et qui, au XXe siècle, existera de la même façon –, à savoir l'« expansionnisme révolutionnaire ».
Puisque la Révolution, aux yeux de ses partisans les plus fanatiques, est la manifestation de la vérité, il est normal qu'elle soit imposée à des territoires voisins. Si ceux-ci – comme c'est souvent le cas – comptent une certaine proportion de patriotes parmi leurs habitants, on pourra les annexer, après avoir organisé – comme on l'avait fait à Avignon – une sorte de plébiscite d'ailleurs parfois truqué.
En tout cas, le principe de l'expansion révolutionnaire fut voté par la Convention le 19 novembre 1792. La Convention « apportera fraternité et secours à tous les peuples désireux de recouvrer leur liberté ».
C'est, d'une part, s'engager dans une guerre sans fin, d'autre part se donner la responsabilité de déterminer quels sont les peuples qu'il faut secourir. *On en viendra à oublier de les consulter.*
En ce qui concerne l'Angleterre, elle est entrée en guerre parce que les Français étant maîtres de la Belgique, la Convention nationale décida de faire ce à quoi les Espagnols avaient renoncé depuis 1609 : rouvrir le port d'Anvers. Les Anglais en étaient venus à considérer que seule la fermeture d'Anvers permettrait à Londres de devenir la métropole commerciale de l'Europe et du monde.
Que la plus grande puissance de l'Europe s'installe à Anvers, et c'était pour l'Angleterre un désastre économique de première grandeur.

Le grand Comité de salut public et la Terreur. En mars 1793, la coalition, aidée par la trahison du principal général français, Dumouriez, put expulser les Français de Belgique et de Rhénanie, et envahir la France dans les Alpes et les Pyrénées. Ces désastres expliquent la création d'un gouvernement révolutionnaire particulièrement fort, fondé sur un Comité de salut public dépendant directement de la Convention nationale, et pratiquant *la*

346

347

346 *L'« Incorruptible » : Maximilien Robespierre (1758-1794). Tableau anonyme de l'époque.* **347** *La Terreur en l'an II (1793). Un comité de citoyens fait le procès d'un bourgeois. Gravure d'époque en taille-douce.* **348** Les Tricoteuses de Robespierre. *Gouache de Lesueur, 1793.*

348

dictature par la terreur, dont les grands hommes furent pour la politique intérieure, Maximilien Robespierre, Couthon et Saint-Just (âgé de vingt-cinq ans). La devise de Saint-Just résume bien ce que peut être le fanatisme : « Pas de liberté pour les ennemis de la liberté. » On a aussi parlé de « despotisme de la liberté ».

Le résultat de ce système gouvernemental et de la force nouvelle issue de la Révolution – cette force qu'avait si bien perçue Goethe – sera la reconquête de la Belgique et de la Rhénanie. Au 9 thermidor an II, 27 juillet 1794, date de la chute du principal chef du Comité de salut public, Robespierre, les Français entrent à Anvers et à Bruxelles.

Les Pays-Bas à leur tour vont être occupés en 1795.

A cette date, les traités de Bâle et de La Haye permettent de détruire la première coalition.

Tour à tour la Toscane, dont le grand-duc Ferdinand III est le beau-frère de l'empereur, la Prusse, la Hesse-Cassel, les Provinces-Unies – occupées et transformées en République batave, alliée obligatoire de la France –, enfin l'Espagne, signent la paix.

Seuls Empire et l'Angleterre avec le Portugal, certains États italiens et l'Allemagne du Sud, restent en guerre contre la Grande Nation.

Par quels moyens ces résultats ont-ils été obtenus ?

Il est évident que le niveau de population de la France joue un rôle. En 1800, on compte environ 40 millions d'habitants en Russie. La France vient au second rang en Europe avec 28,2 millions. C'est à peu près autant que l'Autriche (28 millions). Le reste de l'Allemagne a 23 millions, l'Italie 18, les îles Britanniques, 16. Le total européen atteint 153,2 millions.

A part les îles Britanniques, protégées par la nature, la France est évidemment à même de résister à toute autre grande puissance prise isolément. Mais encore faut-il expliquer sa *résistance à la première coalition.*

*

Il y a deux façons de dépasser l'adversaire : posséder un armement plus puissant, ou, à armements de mêmes catégories, des effectifs plus nombreux. Or ni la Révolution ni plus tard Napoléon, n'ont apporté de changements substantiels aux armements. Le fusil reste celui de Charleville, qui date de 1777, pèse 4,4 kg, utilise la platine à silex et la baguette d'acier. Avec la baïonnette, il a six pieds de haut – la taille d'un homme. Quant au canon, c'est toujours celui de Gribeauval qui date du règne de Louis XVI, et comporte de nombreux modèles en bronze, chargés par la bouche.

La grande mutation concerne les hommes. Nous avons déjà vu le volontariat de 1792, et Valmy.

Dès février 1793, sous l'impulsion du Conventionnel Dubois-Crancé, membre du Comité de salut public, fut voté l'*amalgame* entre la vieille armée à pantalons blancs (les « culs-blancs ») et les volontaires habillés en bleu comme les gardes nationaux (les « bleuets »).

Dans la même année 1793, est introduit le droit de réquisition des hommes, qui deviendra en 1798 le système de la *conscription,* ou service égal pour tous. C'est d'abord la levée de trois cent mille hommes, en mars, qui provoqua le grand soulèvement de la Vendée, à l'ouest de la France (les Vendéens, royalistes et surtout catholiques fervents ne supportaient pas l'idée, à leurs yeux haïssable, d'être mobilisés pour une cause qu'ils détestaient).

C'est surtout la fameuse *levée en masse* d'août 1793, prélude à nos mobilisations générales du XIXe siècle.

Le décret du 23 août 1793 est ainsi conçu, pour le cas d'invasion du territoire : « Dès ce moment, jusqu'à celui où les ennemis auront été chassés du territoire de la République, tous les Français sont en réquisition pour le service des armées.

Les jeunes gens iront au combat, les hommes mariés forgeront les armes et transporteront les subsistances ; les femmes feront des tentes, des habits et serviront dans les hôpitaux ; les enfants mettront les vieux linges en charpie ; les vieillards se feront porter sur les places publiques pour exciter le courage des guerriers, prêcher la haine des rois et l'unité de la République. »

Cette mesure permettait d'avoir – chiffre inouï à l'époque – une armée de 1,2 million hommes. En fait, il n'y en eut au maximum que sept cent cinquante mille, chiffre déjà fort élevé. Une telle réquisition implique une armature administrative solide. En fait, outre la résistance ouverte du type vendéen, la grande armée fut constamment victime de désertions, parfois massives, ou d'insoumission des appelés, qui se cachaient comme « réfractaires » dans les campagnes les plus reculées.

La conscription deviendra, au fil des années, de plus en plus pesante et, après

349

vingt ans de lutte elle rendra Napoléon particulièrement impopulaire dans les campagnes.
En nationalisant les biens du clergé (novembre 1789), puis en votant une Constitution civile du clergé qui faisait des prêtres de simples fonctionnaires et ne reconnaissait plus la « personnalité morale » de l'Église, les révolutionnaires ont dressé contre eux durablement les catholiques européens.

349 *Affiche alsacienne datant de la première guerre de coalition, 1792 : bonnet phrygien, couleurs et proclamation de la République. Les Alsaciens, qui luttaient pour les idéaux révolutionnaires, choisirent de devenir français.* **350** *Le départ joyeux des volontaires pour l'armée (septembre 1792). Gouache de l'époque.*

350

III. La révolution occidentale et la naissance du nationalisme

Le sentiment patriotique est sans doute vieux comme l'humanité. La patrie, c'est le pays des parents (en anglais, on dit aussi bien *motherland* que *fatherland*). La grande majorité des humains éprouve une préférence pour la « patrie » comprise en ce sens, avec des limites incertaines. De ce sentiment élémentaire en dérivent d'autres : la xénophobie ou haine de l'étranger, la nostalgie en cas d'exil. Toute la littérature mondiale exprime ces sentiments avec une infinie variété de teintes.

Le principe des nationalités. Le principe des nationalités, qui se développe en nationalisme, cesse d'être un simple sentiment pour devenir un concept intellectuel. J'appartiens à une communauté humaine bien définie, s'étendant sur un certain espace, et possédant un certain nombre de caractères communs. Cet ensemble constitue la nation. Si, au surplus, la nation n'est pas morcelée, ni sous domination étrangère, mais se gouverne elle-même, avec ses propres institutions, nous parlerons d'État-nation. *Au XXe siècle, chaque unité politique cherche à devenir un État-nation.*

Mais, *face au patriotisme, qui est très ancien, le nationalisme est récent.* Il apparaît au XVIIIe siècle en Europe occidentale et dans les colonies anglaises d'Amérique. Il va s'étendre à l'Europe centrale et balkanique, ainsi qu'à l'Amérique latine, pendant la première moitié du XIXe siècle. Pendant la seconde, il atteint les pays arabes, l'Inde, l'Asie du Sud-Est, l'Extrême-Orient. Au XXe, il va conquérir l'Afrique. On peut, pour résumer, dire que le sentiment national, en se développant, rend insupportable toute forme de domination étrangère, et suscite chez les peuples dominés la ferme volonté d'acquérir l'indépendance, dût-on utiliser à cet effet la subversion, la violence et la guerre.

On reconnaît d'habitude deux sources à la naissance du nationalisme. L'une, qu'on appelait « nationalisme de type allemand », et qu'il vaut mieux, selon le professeur Gerhard Ritter, appeler « nationalisme romantique » ; l'autre de type anglo-saxon et français, qu'on appellera « nationalisme classique »

Le nationalisme romantique. Le nationalisme romantique part de l'idée que l'appartenance à une nation est un phénomène involontaire. On appartient à une langue maternelle, à une littérature, à des coutumes, à des formes artistiques et à un folklore. L'ensemble constitue ce que le principal fondateur de cette école, Johann Gottfried Herder, appelle le *Volksgeist* (esprit national).

Herder, né en Prusse en 1744, a été l'élève du philosophe Kant à Königsberg. Pasteur protestant, professeur, il a voyagé en France, a connu Goethe à Strasbourg, a fini par être surintendant de l'Église protestante de Weimar, où il retrouve son ami Goethe. Les deux principaux ouvrages de Herder sont : *Encore une philosophie de l'histoire et de l'humanité* (1774) et *Idées sur la philosophie de l'histoire de l'humanité,* publié en plusieurs volumes de 1784 à 1791. Herder est hostile au rationalisme, qui veut faire de l'homme un individu partout semblable à lui-même, ce qui aboutirait à des nations identiques, ayant les mêmes droits, comme semblent le vouloir les révolutionnaires français. Or le *Volksgeist* « est singulier, merveilleux, inexplicable, indicible ». Il donne à chaque pays un « esprit national » tout à fait original. L'Allemagne doit donc se tenir à l'abri de l'influence révolutionnaire française. On notera toutefois que Herder n'est pas intéressé par l'établissement d'un seul pouvoir politique pour l'Allemagne, alors divisée en plus de trois cent cinquante unités politiques dont certaines sont minuscules. Ce sera au contraire le cas de certains de ses disciples à l'époque de Napoléon, Fichte, Jahn, Arndt, etc. Il va de soi que pour Herder, un Alsacien, de dialecte germanique, est un Allemand.

Nationalisme classique. Les révolutionnaires français, à commencer par les plus modérés, sont des *universalistes.* Ce qui est vrai pour un homme l'est pour tous. Descartes ne disait-il pas : « le bon sens (c'est-à-dire l'aptitude à raisonner) est la chose du monde la mieux partagée » ? En conséquence, les Constituants, puis les Conventionnels (nouveaux Constituants, mais cette fois pour la République), pensent légiférer pour tous les hommes. Ils sont disciples les premiers de Montesquieu (séparation des pouvoirs, monarchie constitutionnelle), les seconds de Jean-Jacques Rousseau (souveraineté populaire). La Déclaration des droits de l'homme et du citoyen du 26 août 1789, placée ensuite en tête de la Constitution de 1791, entend exposer « les droits naturels, inaliénables et sacrés de l'homme ». Ainsi, ce qui est vrai pour les Français l'est aussi pour tous les autres peuples. Or, dit l'article 3 : « Le principe de toute souverai-

351

351 *Johann Gottfried Herder (1744-1803). Tableau de Franz von Kügelen (1772-1820). D'après lui, culture et langue sont les éléments constitutifs d'une nation.* **352** *Patriotisme constitutionnel en France : Lafayette, commandant en chef de la garde nationale, prête serment à la Constitution lors de la fête de la Fédération nationale au Champ-de-mars, à Paris, le 14 juillet 1790. Tableau anonyme de l'époque.*

352

353 *Dans un cadre allégorique, la Déclaration des droits de l'homme et du citoyen (26 août 1789). Les principes énoncés par les philosophes de la seconde moitié du XVIIIe siècle trouvent là leur pleine consécration, à commencer par la séparation des pouvoirs. La Déclaration ne s'applique pas qu'au peuple français. Sous peu, dans les colonies françaises, puis espagnoles, enfin anglaises et néerlandaises, il en résultera la suppression de l'esclavage. Tableau de l'époque.*

DÉCLARATION
DES DROITS DE L'HOMME
ET DU CITOYEN,
Décretés par l'Assemblée Nationale dans les séances des 20, 21
23, 24 et 26 aoûst 1789, acceptés par le Roi
PRÉAMBULE
LES représantans du peuple François, constitués
en assemblée nationale, considérant que l'ignorance,
l'oubli ou le mépris des droits de l'homme sont les seules
causes des malheurs publics et de la corruption des gouvernemens
ont résolu d'exposer dans une déclaration solemnelle, les droits
naturels, inaliénables et sacrés de l'homme, afin que cette décla
ration, constamment présente à tous les membres du corps
social, leur rappelle sans cesse leurs droits et leurs devoirs,
afin que les actes du pouvoir legislatif et ceux du pouvoir exé
cutif, pouvant être à chaque instant comparés avec le but
de toute institution politique, en soient plus respectés; afin que
les reclamations des citoyens, fondées désormais sur des princi
pes simples et incontestables, tournent toujours au maintien
de la constitution et du bonheur de tous.
EN conséquence, l'assemblée nationale reconnoit et déclare,
en presence et sous les auspices de l'Etre suprême les droits
suivans de l'homme et du citoyen.
ARTICLE PREMIER.
LES hommes naissent et demeurent libres et égaux en
droits, les distinctions sociales ne peuvent être fondées que sur
l'utilité commune.
II.
LE but de toute association politique est la conservation des droits
naturels et inprescriptibles de l'homme; ces droits sont la liberté,
la propriete, la sureté, et la résistance à l'oppression.
III.
LE principe de toute souveraineté réside essentiellement dans
la nation, nul corps, nul individu ne peut exercer d'autorite
qui n'en emane expressément.
IV.
LA liberté consiste a pouvoir faire tout ce qui ne nuit pas à autrui
Ainsi, l'exercice des droits naturels de chaque homme, n'a de bor-
nes que celles qui assurent aux autres membres de la société
la jouissance de ces mêmes droits; ces bornes ne peuvent
être déterminées que par la loi
V.
LA loi n'a le droit de défendre que les actions nuisibles a la
société, Tout ce qui n'est pas défendu par la loi ne peut être
empéché, et nul ne peut être contraint à faire ce qu'elle n'or-
donne pas.
VI.
LA loi est l'expression de la volonté générale; tous les
citoyens ont droit de concourir personnellement, ou par
leurs représentans, à sa formation; elle doit être la même
pour tous, soit qu'elle protege, soit qu'elle punisse, Tous les cito-
yens étant égaux a ses yeux, sont également admissibles a
toutes dignités, places et emplois publics, selon leur ca-
pacité, et sans autres distinction que celles de leurs
vertus et de leurs talens
VII.
NUL homme ne peut être accusé, arreté, ni
détenu que dans les cas déterminés par la loi, et
selon les formes qu'elle a prescrites, ceux qui sollici-
tent, expédient, exécutent ou font exécuter des ordres ar-
bitraires, doivent être punis; mais tout citoyen appelé ou saisi
en vertu de la loi, doit obéir a l'instant, il se rend coupable
par la résistance.
VIII.
LA loi ne doit établir que des peines strictement et évidem-
ment nécessaire, et nul ne peut être puni qu'en vertu d'une
loi établie et promulguée antérierement au délit, et légale-
ment appliquée.
IX.
TOUT homme étant présumé innocent jusqu'à ce qu'il ait
été déclaré coupable, s'il est jugé indispensable de l'arrêter,
toute rigueur qui ne serait pas nécessaire pour s'assurer de
sa personne doit être sévérement réprimée par la loi.
X.
NUL ne doit être inquiété pour ses opinions, mêmes religi-
euses pourvu que leur manifestation ne trouble pas l'ordre
public établi par la loi.
XI.
LA libre communication des pensées et des opinions
est un des droits les plus precieux de l'homme; tout citoyen
peut dont parler ecrire, imprimer librement: sauf à ré-
pondre de l'abus de cette liberté dans les cas déterminés
par la loi.
XII.
LA garantie des droits de l'homme et du citoyen nécessite
une force publique; cette force est donc instituée pour l'avan-
tage de tous, et non pour l'utilité particuliere de ceux a qui
elle est confiée.
XIII.
POUR l'entretien de la force publique, et pour les dépenses
d'administration, une contribution commune est indispen-
sable; elle doit être également répartie entre les citoyens en
raison de leurs facultées
XIV.
LES citoyens ont le droit de constater par eux même ou
par leurs représentans, la nécessité de la contribution pub-
lique, de la consentir librement, d'en suivre l'emploi, et d'en
déterminer la quotité, l'assiette, le recouvrement et la durée.
XV.
LA société a le droit de demander compte a tout agent
public de son administration.
XVI.
TOUTE société, dans laquelle la garantie des droits n'est
pas assurée, ni les séparation des pouvoirs déterminée,
n'a point de constitution
XVII.
LES propriétés étant un droit inviolable et sacré, nul ne
peut en être privé, si ce n'est lorsque la nécessité publique,
légalement constatée, l'exige evidemment, et sous la condi-
tion d'une juste et préalable indemnité.
AUX REPRESENTANS DU PEUPLE FRANCOIS
353

neté réside essentiellement dans la nation. »
Dans la perspective de la communauté nationale, la conclusion qu'on peut tirer de cette déclaration, et de même de celle, plus « révolutionnaire », de 1793, est que chaque peuple a le droit de disposer de lui-même. Face à Herder qui accorde une importance prépondérante à un *Volksgeist involontaire,* les révolutionnaires français croient en un *lien intime entre la nation et la libre volonté* des citoyens. C'est le « droit des peuples à disposer d'eux-mêmes ». Et pour exprimer cette volonté, l'idée du plébiscite, utilisé dès juin 1790 par les Avignonnais révoltés contre le pape, deviendra prépondérante. Il va de soi qu'avec cette doctrine « classique », volontariste, les Alsaciens sont français s'ils veulent être français, quelle que soit leur langue maternelle.
C'est ici qu'il faut situer un événement extraordinaire : la *fête de la Fédération du 14 juillet 1790,* premier anniversaire de la prise de la Bastille. Sur le Champ-de-Mars à Paris, où sont venus de la France entière des délégués des gardes nationales, on jure de vivre et de mourir ensemble : « Il n'y a plus ni Bretons ni Angevins, dit un orateur à Pontivy en février 1790, mais des citoyens du même Empire... qui, sur l'autel de la Patrie... jurent de vivre héros ou mourir. » Bretons, Alsaciens, Languedociens, Provençaux, Dauphinois, tout cela n'existe plus. Il n'y a que des Français.

IV. L'expansionnisme révolutionnaire et la désillusion des patriotes européens

On aurait pu imaginer un régime révolutionnaire français assurant, comme il le déclarait au début, « la paix au monde ». On aurait ensuite accepté, dans une partie de la population de chaque pays, une France puissante aidant les autres peuples à se débarrasser de leurs « tyrans », puis les laissant s'organiser comme ils l'entendaient, et vivre en bonne harmonie avec des régimes partageant les mêmes idéaux. C'est ce que souhaitaient, un peu partout, les patriotes, c'est-à-dire les partisans de la Révolution, de la liberté, des droits de l'homme, d'une Constitution (le mot provenait de la Révolution américaine et, plus encore, de la Révolution des Pays-Bas en 1783). Or, il n'en fut rien. La Révolution, qui avait naturellement pour adversaires les partisans de l'Ancien Régime, et tous les courants intellectuels hostiles aux idées des patriotes, vit ces derniers devenir eux aussi des adversaires *lorsque la Révolution apparut comme conquérante, dominatrice, hégémonique.*

Les antirévolutionnaires. Parlons d'abord des adversaires de toujours. Les nobles qui émigrent, ceux qui les reçoivent à l'étranger, l'Église catholique, hostile à la Constitution civile du clergé – par laquelle l'Église cesse d'être une « personne morale » reconnue, et où les prêtres sont transformés en simples fonctionnaires chargés d'assurer le culte. Tous les privilégiés incapables de se convertir assurent à la contre-Révolution une base solide, à l'étranger comme en France.

Edmund Burke. Mais la contre-Révolution a aussi pris une forme intellectuelle. Celui qui illustre le mieux la doctrine contre-révolutionnaire est l'Anglo-Irlandais Edmund Burke, né en 1729 à Dublin, de père protestant et de mère catholique. Grand lecteur des philosophes du XVIIIe siècle, grand voyageur en France, fondateur de la revue politique *Annual Register,* député à la Chambre des communes, il n'apparaît pas du tout comme un « réactionnaire ». Il milite en faveur de la justice, et soutient la cause des colons insurgés d'Amérique et celle des Irlandais. Comme Herder – qu'il a peut-être lu – Burke est un *adversaire déclaré de l'universalisme et du rationalisme.* Il ne croit qu'aux produits de l'histoire, différents selon les cas. Pour lui, l'homme en général n'existe pas, et il parle de « fausse théorie des droits supposés de l'homme ». Il y a un peuple britannique, pour qui le libéralisme est bon, un peuple français, un peuple allemand, etc.
C'est en 1790, donc bien avant que la guerre ne se déclenche entre France et Angleterre, qu'il publie son livre *Réflexions sur la Révolution en France.* Il est furieux contre les partisans anglais de la Révolution française, et notamment la Société anglaise de la Révolution. Pour lui, la Révolution de 1789 n'a rien à voir avec la Révolution britannique de 1688. Il critique âprement les institutions qu'est en train d'établir l'Assemblée constituante, car, au nom de la raison universelle, les révolutionnaires français font table rase du passé, cherchent à créer un État laïque, croient en *une* liberté abstraite, alors qu'il n'y a que *des* libertés, patiemment acquises à travers les circonstances de l'histoire. Il ne croit pas, à la façon de Rousseau, en un « état de nature » où l'homme serait bon, avant que la société ne le corrompe. Pour lui, l'histoire de la société procure de temps en temps, et selon les lieux, des acquisitions bienfaisantes. La Constitution (non écrite) des Britanniques est excellente, parce que *fondée par les siècles.* Et il compare les jardins anglais, avec leurs allées courbes, leurs bosquets d'arbres, leurs ruisseaux naturels, avec les jardins français de l'époque, purement géométriques, pourvus de canalisations, jets d'eau, bassins, arbres taillés. Le livre de Burke connut un énorme succès dans toute l'Europe, même en France. En Allemagne, il fut traduit par le futur collaborateur de Metternich, Frédéric von Gentz, et eut une grande influence sur le baron de Stein en Prusse ainsi que sur le Genevois

354

355

356

354 *Danse autour de l'arbre de la Liberté, dans une petite ville allemande (probablement en Rhénanie). Tableau de l'époque. Les patriotes allemands furent rapidement déçus par le régime révolutionnaire de Paris.* **355** *Les contre-révolutionnaires gagnaient du terrain : caricature anglaise de l'Assemblée nationale en France. Eau-forte coloriée de James Gillray (1804).* **356** *Un partisan des frontières naturelles : Danton (1759-1794). École française du* XVIII*e siècle.*

Mallet du Pan, autre contre-révolutionnaire. Il ne jouit que d'un succès limité en Italie et l'Inquisition le prohiba en Espagne.

Mallet du Pan. Mallet du Pan, à la différence de Burke, n'est pas antirationaliste. Il est même libéral. Dans la République de Genève, à côté des « représentants » qui détenaient le gouvernement et des « bourgeois », moins riches, qui bénéficiaient des droits de citoyens sans siéger dans les conseils, il existait une troisième catégorie, les « natifs », immigrés récents qui ne siégeaient pas dans les conseils. Mallet du Pan avait pris leur défense lors d'une révolte, en 1766. Il dut alors quitter Genève et voyagea beaucoup en Europe. En 1782, lors d'une nouvelle révolution à Genève, il se montra partisan du compromis. Il exprima ses idées dans *le Mercure de France* qu'il dirigea de 1789 à 1792 et dans ses *Considérations sur la France* qu'il publia en 1793. Pour lui, la Révolution est un simple « déplacement de pouvoir » et si elle a éclaté, c'est parce que l'Ancien Régime s'est effondré. Il prévoit que « le déplacement de la puissance mène inévitablement au déplacement de la propriété qui va passer dans la classe des sans-culottes. Cette classe va devenir une classe de propriétaires qui, à son tour, conservera le pouvoir à son profit. » Toutefois, il y a une grande inconnue : la guerre qui peut aboutir à une dictature militaire.
Il s'est déclaré hostile à la Déclaration des droits de l'homme et à la Constitution.
Ces *Considérations sur la France* le rendirent célèbre dans toute l'Europe. Il entretint de Berne des correspondances politiques avec Berlin, Londres, Turin et, surtout, Vienne, avec les princes français émigrés, les comtes de Provence et d'Artois, frères de Louis XVI. Il influença Gentz et Kant.
A ces deux grands contre-révolutionnaires, Burke et Mallet du Pan, il faut encore ajouter bien des écrivains célèbres, le Français Louis de Bonald, le Savoyard Joseph de Maistre, les Allemands Herder, Gentz, Brandès, Rehberg, Moser. Mais leur pensée, leur action ont eu probablement moins d'importance dans l'évolution des événements que l'attitude des patriotes déçus par les ambitions de la Grande Nation. A plusieurs reprises, sous la Convention nationale et aux débuts du Directoire, le problème se posa de savoir *quels étaient les buts de guerre de la France.* Le premier et le plus simple choix était celui de survivre et de résister aux coalitions. L'homme qui organisa la victoire dans le grand Comité de salut public et au début du Directoire, Lazare Carnot, voulait que la France se bornât à ses frontières de 1792 (frontières de l'Ancien Régime plus l'enclave d'Avignon et du comtat Venaissin). Robespierre, le 17 novembre 1793, en période de grandes difficultés, définit une politique extérieure modérée basée sur l'amitié avec les pays « libres » (États-Unis et Suisse), sur la fidélité aux alliances traditionnelles avec la Turquie, Gênes, Venise et le Danemark et sur l'abandon de toute politique de conquête, de propagande et de libération des peuples.
Cette formule prudente se heurtait à deux autres types d'ambition.

Frontières naturelles. Le premier était l'idée des frontières naturelles, émanant principalement des patriotes rhénans tels Anacharsis Cloots et le Mayençais Forster. Danton formula cette politique le 31 janvier 1793 devant la Convention : « les limites de la France sont marquées par la nature, nous les atteindrons des quatre coins de l'horizon du côté du Rhin, du côté de l'Océan, du côté des Alpes. Là doivent finir les bornes de notre République. » Formule qui facilita, dans l'esprit de certains Conventionnels, à l'époque girondine, les annexions de la Savoie, de la Belgique, de la partie sud de la Rhénanie, de la région de Porrentruy près de Bâle, du comté de Nice, de Montbéliard, et idée qui fut reprise au début du Directoire, en particulier par l'Alsacien Reubell, pour des raisons stratégiques. Il est à noter qu'à cette époque déjà l'hostilité d'une large partie des populations rhénanes à cette annexion s'affirmait nettement.

L'expansionnisme révolutionnaire. Le second type d'ambition est plus dangereux encore : c'est la politique d'expansion révolutionnaire. Celle-ci fut formulée par de nombreux patriotes émigrés à Paris, venus de Suisse, d'Italie, d'Allemagne, des Provinces-Unies. Ce fut la doctrine des Républiques sœurs. Les plus actifs furent les Hollandais ou Bataves qui constituent en octobre 1792 le Comité révolutionnaire batave de Paris. Ils voulaient la chute du *stathouder* Guillaume d'Orange, et la création d'une République batave. Le problème était de savoir si la Belgique (Pays-Bas autrichiens et évêché de Liège) ferait partie de la République batave ou serait rattachée à la France.

Cette idée des Républiques sœurs était ardemment défendue par le Conventionnel puis Directeur La Révellière-Lépeaux et la volonté de commencer par la République batave était liée à la réputation de richesse de la Hollande.

La République batave. La question de la République batave se posa réellement après la reconquête de la Belgique en 1794.

Les troupes françaises pénétrèrent aux Pays-Bas, profitant d'un froid exceptionnel qui avait gelé les canaux. Amsterdam et La Haye furent occupées, le *stathouder* s'enfuit et la République batave s'organisa.

Par la paix de La Haye du 16 mai 1795, la France n'annexait que la Flandre hollandaise, c'est-à-dire l'Escaut inférieur, Maëstricht et Venlo. Elle reconnaissait la nouvelle République. C'était une paix de compromis.

A cet exemple, les patriotes italiens et suisses réclamèrent la création de Républiques sœurs sans se rendre compte que la Grande Nation n'avait créé la République batave que pour l'exploiter et la réduire à l'état de satellite, et pour des buts stratégiques.

Au début de 1796, la Directoire se proposa de lancer l'attaque principale en Allemagne avec l'armée de Sambre et Meuse entre Düsseldorf et Mayence et l'armée de Rhin et Moselle entre Mayence et Bâle.

Bonaparte en Italie. Au Sud-Est, la petite armée des Alpes, composée de trente à quarante mille hommes mal équipés mais ardents révolutionnaires, montagnards entraînés aux marches difficiles, devait jouer un rôle d'appoint. Le Directoire nomma à sa tête, en mars 1796, le général Napoléon Bonaparte, célèbre depuis peu pour avoir mâté une insurrection royaliste à Paris. Avec lui, la *politique d'expansion révolutionnaire va triompher,* avec nette accentuation du caractère d'inégalité, d'exploitation et de domination déjà perceptible à propos de la République batave. Au surplus, Bonaparte est indiscipliné et agit souvent sans consulter le Directoire, voire même en lui désobéissant.

Ce qui reste d'esprit révolutionnaire, d'idéal humanitaire, d'universalisme, chez La Révellière-Lépeaux, se perd dans l'océan d'une ambition personnelle pratiquement illimitée.

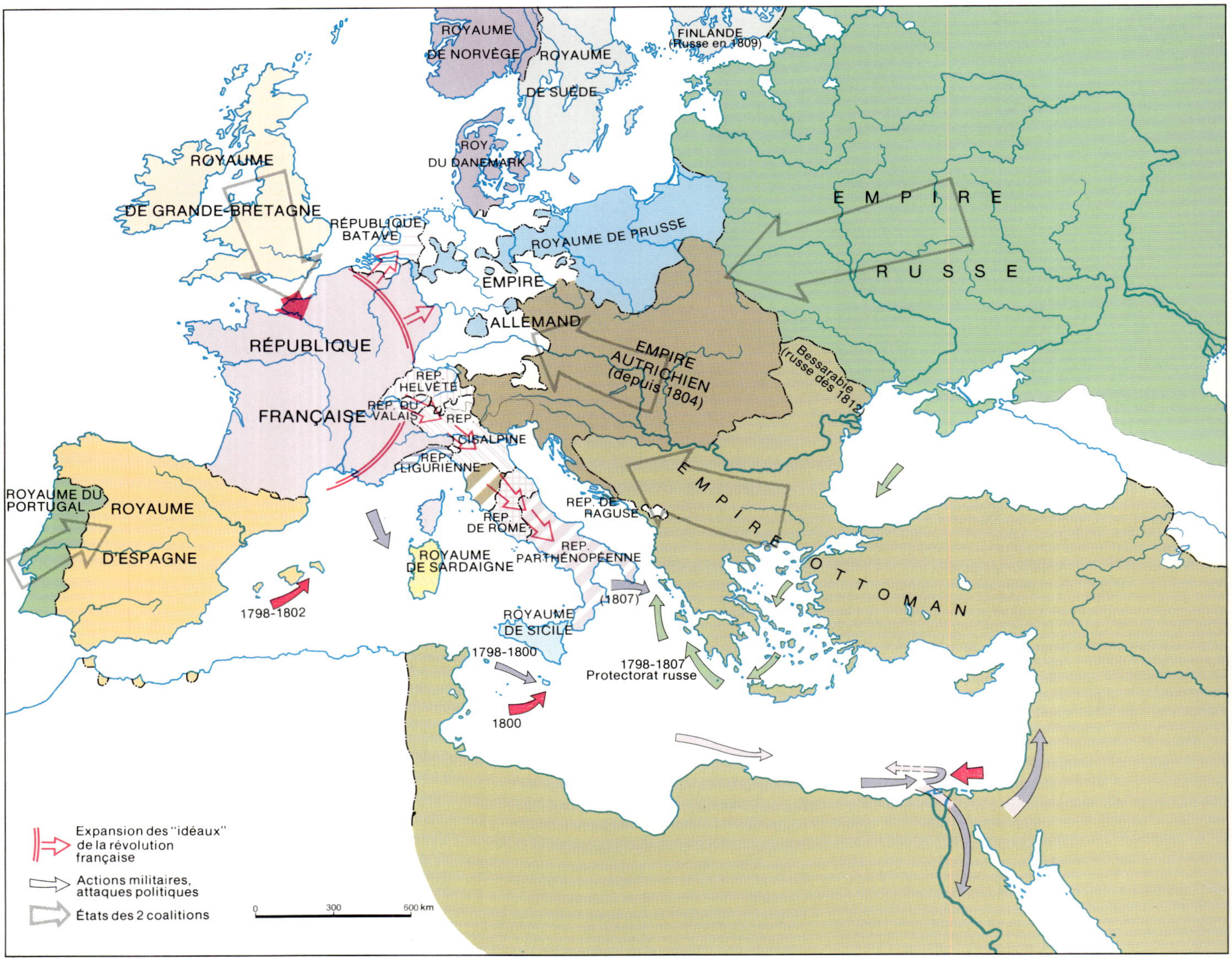

357

358

357 *« L'invasion de la France, ou John Bull bombardant la flotte. » Caricature datant de la première guerre de coalition (1792-1797). Eau-forte coloriée de James Gillray, 1793.* **358** *Les troupes révolutionnaires françaises entreprennent la conquête des Pays-Bas autrichiens.* Victoire à Fleurus le 26 juin 1794 : *eau-forte coloriée d'Anton Klauber, d'après Jacques-François Joseph Swebach-Desfontaines (1816).* **Carte 28 :** *L'Europe en 1800.*

La première campagne d'Italie de Bonaparte (avril 1796-février 1797) consista, par des manœuvres hardies et imprévues, à isoler l'armée autrichienne de ses petits alliés italiens et à convaincre ceux-ci de signer l'armistice. Ce fut le cas pour le Piémont-Sardaigne, pour le duc de Modène, pour le roi de Naples, pour le pape. Dans tous les cas, ces pays devaient payer des indemnités énormes, y compris des œuvres d'art choisies avec soin – par exemple, les fameux chevaux de Saint-Marc, à Venise. Ces chefs-d'œuvre furent apportés à Paris, où l'on expliqua que le but était d'éclairer les hommes, de les rendre meilleurs, plus heureux, et d'assurer à la nation, par sa supériorité dans les sciences et les arts, la haute prépondérance qu'elle s'est acquise par la force de ses armes. « Il est certain, écrit l'historien Jacques Godechot, que ces enlèvements d'œuvres d'art, tout autant que les réquisitions et les contributions, ont fait oublier l'immense effort de la France dans le domaine idéologique et ont retourné contre la Grande Nation une bonne partie de ceux qui avaient, d'abord, acclamé sa mission émancipatrice. »

Les républiques sœurs. Les Républiques sœurs furent ensuite créées, avec l'appui des seuls patriotes locaux. Patriotes italiens comme Buonarroti, suisses comme Frédéric-César Laharpe, ancien précepteur des grands-ducs russes, et Pierre Ochs, de Bâle, gendre du maire de Strasbourg Dietrich chez qui Rouget de l'Isle avait composé la future *Marseillaise*. On vit de la sorte se créer entre 1796 et 1798 une République cispadane puis cisalpine, une république ligure (Gênes), une République helvétique, une République romaine, une République parthénopéenne (Naples).

Ces Républiques, à part la Cisalpine, que Bonaparte considérait comme son bien propre, fonctionnèrent très mal, ou furent éphémères. L'annexion (Belgique, Rhénanie) ou la satellisation produisirent un effet général. Les pays annexés tentèrent sans cesse de se révolter contre la Grande Nation.

Ces révoltes furent particulièrement actives pendant l'expédition de Bonaparte en Égypte (1798-1799). Pendant treize mois, l'Autriche occupera toute l'Italie, et des armées Russes, pour la première fois, combattaient les Français en Suisse. Dans l'ensemble, ce sont les contre-révolutionnaires qui mènent la révolte antifrançaise. Mais ils profitent évidemment de la désillusion des patriotes.

Désillusion en Italie. En Italie, le poète Alfieri avait écrit un poème antifrançais, le *Misogallo ;* les paysans de presque toutes les régions, bien qu'échappant généralement au servage, étaient restés très soumis à l'Église. A la différence de la France où paysans et bourgeois s'étaient sentis solidaires et alliés, en Italie le bourgeois, bien plus que le noble, était l'ennemi, le percepteur des droits seigneuriaux, le *gabelloto*. Aussi, presque toute l'Italie avait-elle combattu contre les Français entre 1793 et 1795.

Malgré la paix imposée par Bonaparte, des insurrections antifrançaises éclatèrent un peu partout. Le 28 décembre 1797, le général Duphot, venu à Rome pour se marier, fut assassiné. C'est sa mort qui provoqua une expédition du général Berthier, l'expulsion du pape, et la création de la République romaine. Mais les soulèvements continuèrent alors que Bonaparte était parti pour l'Égypte.

Révolte allemande. En Allemagne, l'année 1796 voit une insurrection générale des paysans de la rive droite du Rhin, équipés par les Autrichiens, mais sans extension sur la rive gauche.

Problèmes suisses. En Suisse, les patriotes, Laharpe à Lausanne et Pierre Ochs à Bâle, avaient demandé aux Français d'intervenir pour faire cesser l'oppression des « pays sujets » par les cantons (par exemple, le pays de Vaud, soumis au canton de Berne). Cet appel servait en 1797 les intérêts du Directoire et de Bonaparte, désireux de tenir une route directe vers Milan. On notera qu'il y avait d'ailleurs plus de patriotes dans les grands cantons tels Berne ou Zurich, que dans les quatre vieux cantons montagnards, dits cantons « primitifs ». Ceux-ci combattirent avec acharnement les Français en 1798 et 1799. De même les habitants du Valais qui n'était pas encore un canton de plein exercice, mais un simple « allié ».

Révolte paysanne en Belgique. En Belgique annexée, c'est l'extension de la conscription, en 1798, qui alluma les poudres (Loi Jourdan-Delbrel). On n'avait pris aucune précaution, car on croyait que l'annexion à la France était largement et définitivement acceptée. Or la révolte paysanne, célèbre dans les annales de l'histoire belge, se déclencha sur la rive gauche de l'Escaut, entre Gand et Anvers. Les conscrits abattirent les « arbres de la liberté » et les remplacèrent par des croix, brûlèrent l'état civil et pillèrent les caisses publiques. L'état de siège fut proclamé. Les gardes nationales (parfois celles des villes, comme Anvers) furent lancées contre les paysans. En une quinzaine de jours toute la région à l'ouest de l'Escaut fut soumise. Mais l'insurrection se développa alors dans le Luxembourg (« département des forêts »). Les méthodes étaient bien adaptées à la guérilla : batailles de masse, puis dispersion et retour au travail. Si les insurgés avaient reçu des armes d'Angleterre ou d'Allemagne, ils auraient pu résister longtemps. Mais ils n'atteignaient pas la mer, et la Rhénanie les séparait des régions les plus gallophobes de l'Allemagne.

La deuxième coalition. En 1799, Bonaparte était en Égypte ; la deuxième coalition comprenant l'Angleterre, la Russie, l'Autriche et la Turquie paraissait propre à anéantir les conquêtes de la Grande Nation. L'insurrection fut financée par l'Angleterre et devait être générale mais elle fut mal coordonnée. Elle éclata en Calabre, en Suisse, en Hollande. La République parthénopéenne fut détruite après une brève existence. Notons ce cri : « Nous ne voulons pas la République, si nous devons payer comme avant ! Vive le roi, plus de République ! »
Tout cela devait être complété par l'extension de l'insurrection en France. Le retour de Bonaparte et le coup d'État du 18 Brumaire an VIII allaient transformer la situation.

Conclusion. Après dix années d'une Révolution française qui domine l'ensemble de la Révolution occidentale, on peut dire que les plus grands espoirs sont déçus. Comme il arrive souvent, l'enthousiasme du début s'accompagne d'illusions et de naïvetés. Il subit une usure irréparable. On doit tenir compte des réalités liées à l'égoïsme éternel des hommes, à la résistance de ceux qui ont des positions acquises, mais aussi à l'ambition de ceux qui veulent les remplacer et finissent par s'imposer. On cherche d'abord à accomplir les réformes par consentement général. Puis on utilise la force, voire la Terreur. La Révolution « dévore ses enfants ». Dès que l'occasion se présente, les faux révolutionnaires, profiteurs, cyniques, s'emparent du pouvoir. C'est, ici, Thermidor, puis le Directoire. La dictature militaire, contre la corruption et la misère, va s'imposer.
Certes, les réformes politiques, sociales, administratives, fiscales, constitutionnelles, restent immenses. C'est sans doute la suppression des ordres et des privilèges (personnels ou locaux) et l'égalité devant la loi qui constituent, pour les Français, l'acquisition essentielle. Et certains des pays voisins momentanément conquis seront eux aussi bénéficiaires de ces réformes.
Mais *sur le plan de l'Europe, celui auquel nous nous sommes placés dans ce chapitre,* la désillusion est presque totale. La France révolutionnaire n'a pu imposer « la paix au monde ». Engagée dans la guerre, elle s'est laissée aller à l'ivresse des conquêtes, que lui permettait la transformation révolutionnaire de l'armée : la levée en masse et la conscription produisent les « gros bataillons ».
Qu'il s'agisse d'*annexion* sous le prétexte spécieux des « frontières naturelles » (qui n'existent en fait jamais), ou de *satellisation,* sous le prétexte de créer des Républiques sœurs, de toute façon, les étrangers sont durement traités. Ils doivent payer de larges indemnités, sont de plus en plus soumis à la conscription qui les amènera à se battre pour une cause qui n'est pas la leur. Or, ces injustices sont parfaitement contradictoires avec le nationalisme « classique » ou « français », lequel repose sur le « droit des peuples à disposer d'eux-mêmes ». La France ne peut être à la fois la *nation modèle,* susceptible de créer une Europe libérée des tyrans et caractérisée par des États égaux, et la Grande Nation. Le nationalisme – nous le verrons dans le prochain chapitre – naît en Europe d'une double source : l'influence directe des idées révolutionnaires (complétées en Allemagne par celles de Herder) et la réaction passionnée et violente contre les abus de la Grande Nation. Il y a dans cette contradiction initiale une perversion dont le nationalisme ne se relèvera jamais complètement.
Il pouvait donc paraître à de nombreux hommes de 1789, tout imprégnés de culture latine et lecteurs des philosophes que la disparition des « tyrans » aboutirait à

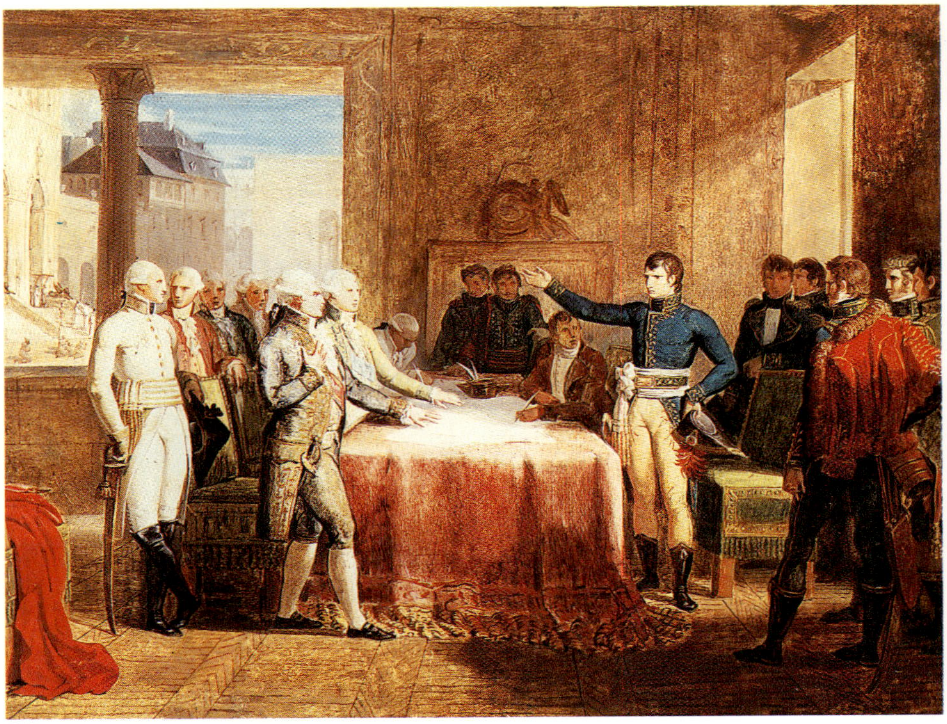

359

359 *Napoléon Bonaparte le conquérant : préliminaires de paix entre la France et l'Autriche à Leoben, le 28 avril 1797. Tableau de l'époque.* **360** *L'échec de l'aventure égyptienne de Napoléon — bataille navale d'Aboukir, le 1er août 1798 :* Le capitaine Fidley encercle la flotte française à l'ancre. *Tableau de Nicolas Pocock (1740-1821).* **361** *Napoléon devient Premier consul - coup d'État du 18 brumaire (9 novembre 1799).* Napoléon au Conseil des Cinq-Cents à Saint-Cloud. *Tableau de François Bouchot (1800-1842).*

360

361

l'unification de l'Europe. Les patriotes de tous les pays se sentaient frères à condition d'être égaux. La vaste coalition européenne qui se dressa contre la Convention nationale, républicaine, conquérante, favorable à l'expansionnisme révolutionnaire, bientôt régicide, souleva une ardeur nationale qui conduisit au concept – inquiétant pour les autres – de Grande Nation. Qu'il s'agisse de « frontières naturelles » ou de Républiques sœurs, la France apparaît comme hégémonique. Son armée, populaire, recrutée par la « levée en masse », était à la fois plus nombreuse et plus bouillonnante que celles des autres. Aux mains d'un Bonaparte, elle allait être capable de bouleverser l'Europe.

Ainsi, la Révolution occidentale clôt un siècle cosmopolite et européen en mettant fin, pour longtemps, à ces tendances. La Grande Nation a introduit le nationalisme en Europe de deux façons complémentaires : par l'effet de sa propagande, et par les haines qu'elle a soulevées.

Outre l'irritation légitime des pays conquis, la Révolution à également la responsabilité de la *Terreur*. Nous n'avons fait, ci-dessus, que l'évoquer. Lorsqu'en 1989 le gouvernement français a décidé de célébrer la Révolution de 1789, cette commémoration n'a pas été unanime. A notre époque, où nombre de pays européens ont supprimé la peine de mort, la Terreur apparaît comme plus horrible que jamais. « L'on conduit le peuple par la raison, et les ennemis du peuple par la Terreur » (Couthon). Et comme le dit le jeune et impitoyable Saint-Just, « Ce qui constitue la République, c'est la destruction totale de ce qui lui est opposé ». Ou encore : « Pas de liberté pour les ennemis de la liberté. » La « justice révolutionnaire », sous la convention dite « montagnarde », a fait 2627 victimes.

Bien plus sanglant que la Terreur proprement dite fut la guerre civile dite « de Vendée » puis de la « chouannerie ». Dans l'ouest de la France, la fidélité à l'Église suscita une terrible révolte. Comme nous n'étudions pas la France, mais l'Europe, retenons de la guerre de Vendée qu'elle a servi de modèle pour une nouvelle forme d'action stratégique : le camp le plus faible peut résister indéfiniment par une guerre d'« attrition », à condition d'être soutenu par la population qui lui fournit nourriture, abris et renseignements. Nous évoquerons dans le prochain chapitre la plus stupéfiante de toutes ces guerres : celle de l'Espagne contre Napoléon.

Dans un chapitre ultérieur, nous verrons qu'il en sera de même pour les Grecs contre les Turcs.

14 Napoléon ou la fausse Europe de la conquête

I. Le choix de Napoléon

L'empirisme. Napoléon a dit à Sainte-Hélène qu'aucune action ne doit s'accomplir sans un « plan ». En un sens, cette grande intelligence, incroyablement apte aux rapprochements et aux synthèses, a été celle d'un théoricien. Mais inversement, il a manifesté une grande propension à changer de plans. Il a donc été, par-dessus tout, un empiriste. Ambitieux, égoïste indifférent aux intérêts français, grand patriote, homme des frontières naturelles ou de l'Empire universel, homme du rêve oriental, avide, une fois l'Europe en paix, de suivre géographiquement les traces d'Alexandre, pur Européen indifférent aux problèmes d'outre-mer, continental insoucieux des océans, homme décidé à s'assurer la direction des mers, homme de l'hégémonie ou de la confédération, finalement homme de guerre ou homme de paix sans cesse obligé de répondre aux initiatives des puissances : la vérité, c'est que Napoléon a été tout cela successivement ou même à la fois.

Débuts de sa carrière. Napoléon Buonaparte est né à Ajaccio le 15 août 1769, quelques mois après que la République de Gênes eut cédé la Corse à la France. Après des études à l'école militaire de Brienne, il choisit l'artillerie et se voue au patriotisme français plutôt qu'au patriotisme corse.

Voici la Révolution : il a vingt et un ans en 1789. Il est un obscur lieutenant. Deuxième choix : entre le roi et les patriotes, il se tourne vers la Révolution. Il se fait connaître lors du siège de Toulon en 1793 et il devient, pour un temps, disciple de Robespierre.

A la fin de la Convention, disciple du modéré Barras, un des vainqueurs de Robespierre, il en est l'adjoint pour combattre les royalistes les 12-13 vendémiaire an IV (4 octobre 1795). C'est là le jour essentiel. L'année suivante, la campagne d'Italie montre au monde entier qu'il est un général exceptionnel (voir chapitre précédent). On a différemment interprété le choix de Bonaparte lorsque, de la campagne d'Italie, il en est venu à l'expédition d'Égypte. En fait, il semble que le vrai problème se situe au niveau de l'ambition du pouvoir. On peut évoquer à son sujet la définition que l'éminente politologue germano-américaine Hannah Arendt donne de l'impérialisme : une volonté d'expansion non pour un but limité, mais dans toutes les directions possibles. Napoléon veut un pouvoir immense. Oriental ou occidental, peu importe.

Les circonstances l'incitent à opter pour l'Occident. Bonaparte revient en France et c'est le coup d'État des 18-19 Brumaire (9-10 novembre 1799).

Bonaparte, Premier Consul. Ici se plaça ce qui est, probablement, le choix le plus décisif de Napoléon. Il est, comme tous ses contemporains, baigné de culture latine. Il sait qu'à la République romaine a succédé l'Empire, il a sans doute à l'esprit les images de Sylla, de César et d'Auguste. Il sait aussi qu'après la Révolution anglaise de 1648, la royauté a été rétablie par un général. De plus, le frère de Louis XVI, Louis XVIII, lui fait demander d'être l'homme qui ramènerait le roi légitime sur le trône, dès le 4 juin 1809.

Bonaparte, Empereur. Bonaparte, devenu Premier Consul, n'hésite pas : il a

362 *Napoléon dans la lignée des empereurs romains et de Charlemagne : sacre de Napoléon Ier et couronnement de l'impératrice Joséphine, le 2 décembre 1804, à Notre-Dame. Extrait du tableau de David (1748-1825).*

Iles Britanniques	**1800** Acte d'Union avec l'Irlande **25 mars 1802** Paix d'Amiens avec la France **16-21 mai 1803** Rupture de la paix d'Amiens	**15 mai 1804** Pitt revient au pouvoir **11.4.1805** accord anglo-russe **9.8.1805** adhésion de l'Autriche *3ᵉ coalition*	**Oct. 1805** Victoire de Trafalgar (Nelson) **23.1.1806** Mort de Pitt → Grenville + Fox aux Affaires étrangères	**Avril 1809** *5ᵉ coalition* **18.7.1812** États-Unis déclarent la guerre à l'Angleterre qui adhère à la *6ᵉ coalition*
Pays-Bas	**1801** Au traité de Lunéville, Belgique annexée à la France 9 départements	**1806** Fin de la république batave **juin 1806** Louis B. proclamé roi de Hollande	**mars-juillet 1810** annexion de la Hollande par la France. Abdication du roi Louis	**2.12.1813** Le prince d'Orange entre à Amsterdam
France	**1799** 18-19 brumaire, an VIII (8-9 nov. 1799) coup d'État Bonaparte Constitution de l'an VIII **17.2.1800** Création du corps des préfets Soumission des rebelles de l'Ouest. **24.12.1800** Attentat de la rue Saint-Nicaise **9 fév. 1801** Traité de Lunéville **16.7.1801** Concordat avec le pape **10.10.1801** Paix de Paris avec la Russie **25 mars 1802** Paix d'Amiens **Avril 1802** Constitution de l'an X (Consulat à vie)	**21 mars 1804** Adoption du Code civil **21 mars 1804** Exécution du duc d'Enghien **18 mai 1804** Senatus consulte établissant l'Empire **2 déc. 1804** Sacre de Napoléon par Pie VII. Camp de Boulogne **Oct. 1805** Défaite de Trafalgar (Villeneuve) **2.12.1805** Victoire Austerlitz **27.12.1805** Traité Presbourg **21 nov. 1806** Décret de Berlin (Blocus continental) **8 juillet 1807** Paix de Tilsit	**14 août** Retraite de Talleyrand *4ᵉ coalition* **23 nov.-17 déc. 1807** Décrets de Milan sur le Blocus continental **Sept. 1808** Rencontres Napoléon-Alexandre à Erfurt **14 oct. 1809** Paix de Vienne avec l'Autriche **12.01.1810** L'officialité de Paris annule le mariage de Napoléon avec Joséphine **2 avril** Mariage de Napoléon et Marie-Louise **20 mars 1811** Naissance du « roi de Rome » **Avril 1811** L'Empire des 130 départements	**24.6.1812** Napoléon traverse le Niémen et attaque la Russie **Mai 1813** Napoléon bat les Prussiens et les Russes à Lützen et à Bautzen **16-18 oct. 1813** Bataille de Leipzig ou « des Nations » **Janv.-avril 1814** Campagne de France **30 mars 1814** Début de la bataille de Paris **31 mars 1814** Entrée des Alliés **4-6 avril 1814** Abdication de Fontainebleau 1ʳᵉ Restauration
Italie	**29 août 1799** mort de Pie VI **14.03.1800** Élection de Pie VII **Mai-juin** 1ʳᵉ campagne d'Italie **7 juin** Masséna se rend à Gênes **14 juin** Marengo	**29 mars 1801** Traité de Florence avec Naples Royaume d'Étrurie **25 janv. 1802** Bonaparte élu prés. de la Rép. cisalpine qui devient Rép. d'Italie (Melzi vice-président)	**11.09.1802** La France annexe le Piémont cédé par le nouveau roi Victor Emmanuel Iᵉʳ **janv. 1806** Royaume de Naples pour Joseph B. **1808** Occupation de la Toscane et de Rome	**2 avril 1808** Annexion d'une partie des États pontificaux **1809 :** **20 juin** Annexion de Rome **Juin** Pie VII exilé à Savone **24.5.1814** Retour du pape à Rome
Espagne	**1.10.1800** Traité de Saint-Ildefonse **24.1.1801** Convention de Madrid **21.3.1801** Traité d'Aranjuez (France reçoit la Louisiane esp.) **5.12.1804** L'Espagne déclare la guerre à l'Angleterre **21 oct. 1805** Défaite navale de Trafalgar **27 oct. 1807** Traité de Fontainebleau	**18 mars 1808** Chute du ministre Godoy favori de la reine. Abdication du roi Charles IV → Ferdinand VII **23 mars** Entrée de Murat à Madrid **2 mai** Murat, roi de Naples **2 mai** (« Dos de Mayo ») révolte de Madrid **5-10 mai** Abdications de Charles IV et Ferdinand invités en France	**6 juin** Joseph roi d'Espagne **20.7** Entrée de Joseph à Madrid. **22.7** Capitulation de Dupont à Baylen **1.8** Joseph évacue Madrid La guerre civile se déclenche en Espagne **9.12** Napoléon entre à Madrid et revient à Paris en janvier 1809 Révolte des colonies espagnoles **Avril 1810** Bolivar en Colombie, puis Mexique, Pérou, Chili, Paraguay	**27.7-3.8.1810** Wellesley (Wellington) arrêté à Torres Vedras **Juillet 1812** Wellington occupe Madrid jusqu'en octobre **21 juin 1813** Victoire de Wellington à Vittoria, repousse Joseph en France et Suchet hors de la Catalogne **12 déc. 1813** Traité de Valençay. Les Bourbons peuvent rentrer en Espagne **27 fév. 1814** Wellington bat Soult à Orthez
Portugal	**16 oct. 1807** Junot se met en marche contre le Portugal	**28 nov. 1807** Fam. royale s'embarque pour le Brésil. Entrée de Junot à Lisbonne	**Août 1808** Capitulation de Junot à Cintra (Wellesley)	Anglais occupent le Portugal
Allemagne Autriche Suisse	**9 fév. 1801** Traité de Lunéville **Mai 1801** Constitution suisse (fédéraliste) **Mai 1802** Constitution suisse (unitaire) **19.2.1803** Acte de médiation de Bonaparte en Suisse (alliance et « garantie » de la France) **26.2.1803** Recès d'Empire transformant l'Allemagne	**9.8.1805** *3ᵉ coalition* **20 oct.** Mack capitule à Ulm **2.12.1805** Défaite d'Austerlitz **27.12.1805** Traité Presbourg Murat grand-duc de Berg **12.7.1806** Création de Confédér. du Rhin **6.8** François II renonce au titre d'empereur Allemand, reste empereur d'Autriche	**18 août 1807** Jérôme Bonaparte roi de Westphalie **avril 1809** *5ᵉ coalition* **22.5.1809** Essling **6.7.1809** Wagram **14.10** Paix de Vienne **12 nov. 1810** La France annexe le Valais **13 déc. 1810** La France annexe le littoral allemand de la mer du Nord	**Juin 1813** Napoléon rencontre Metternich à Dresde **12.8.1813** L'Autriche entre dans la *6ᵉ coalition* **16-18 oct. 1813** Bataille de Leipzig ou « des Nations » **29.12.1813** La Suisse abroge l'Acte de Médiation
Prusse Scandinavie Europe de l'Est Russie	**Août-déc. 1800** Ligue des neutres qui dure jusqu'à l'été 1801 **24.5.1801** Paul Iᵉʳ assassiné → Alexandre Iᵉʳ (1801-1825) **11.04.1805** Accord anglo-russe *3ᵉ coalition* **28.8.1805** Neutralité prussienne **2.12.1805** Défaite d'Austerlitz **Sept. 1806** La Prusse en guerre contre la France	*4ᵉ coalition* **14.10** Défaite à Iéna et Auerstadt **27.10** Napoléon à Berlin **1806-1812** Guerres russo-turques *4ᵉ coalition* **19.12.1806** Napoléon à Varsovie **8.2.1807** Eylau **14.6.1807** Friedland **8.7.1807** Paix Tilsit	**oct. 1807** Le Danemark adhère au Blocus continental **Sept. 1808** entrevue d'Erfurt **13.3.1809** Gustave IV de Suède détrôné → Charles XIII **28 mai 1812** Paix de Bucarest Russie-Turquie **Avril-août 1812** Bernadotte s'allie au tsar après conquête de la Poméranie suédoise par la France → *6ᵉ coalition*	**24.6.1812** Napoléon attaque la Russie **7.9.1812** Bataille de la Moskova (Borodino) **19.10.1812** Napoléon évacue Moscou Retraite désastreuse de Russie **30.12.1812** Convention de Yorck à Tauroggen. Prusse dans la *6ᵉ coalition*
Monde	**30 sept. 1800** Conv. France-U.S.A. à Mortefontaine	**3 mai 1803** Traité vendant la Louisiane aux U.S.A. Soulèvement de Saint-Domingue	Les Anglais conquièrent la Guadeloupe, l'Ile de France (1810), Java (1811)	

choisi d'être un César et il crée alors l'irréparable en faisant exécuter l'un des princes les plus en vue de la Maison des Bourbons, le duc d'Enghien, le 21 mars 1804. Auguste, il le sera, dans le langage romain, par le couronnement impérial du 2 décembre 1804. Il va tenter de créer une nouvelle dynastie et, dans cette politique, il laissera un seul membre de sa famille à l'écart, Lucien, chef du coup d'État du 18 Brumaire mais qui avait osé publier, en octobre 1800, une brochure intitulée *Parallèle entre César, Cromwell, Monk et Bonaparte*. Bonaparte avait dû choisir, entre-temps, entre deux formes de gouvernement : dès 1801, avec le Concordat, il tenta une union entre révolutionnaires et royalistes et catholiques. Ses rapports avec le pape montrent qu'il n'a jamais cessé de songer, comme à une solution de rechange possible, à une sorte d'Empire populaire.

II. Les caractères de la conquête

Une Grande Nation devenue Grand Empire ou un Empire universel : entre les deux, une union européenne ?

Les débuts de la conquête et la paix d'Amiens. Rappelons les débuts de la conquête. Au moment où il prit le pouvoir par le coup d'État du 18 Brumaire, Bonaparte se heurta à une situation difficile : l'Italie avait été perdue à l'exception de Gênes, l'Autriche attaquait vers le Rhin et vers le Var. La fin de la guerre arriva avec la deuxième campagne d'Italie (victoire de Marengo) et avec la campagne d'Allemagne (victoire de Hohenlinden, le 2 décembre 1800). Le traité de Lunéville du 9 février 1801 rétablit la paix avec l'Autriche. Restaient deux grands adversaires : l'Angleterre et la Russie. Le tsar Alexandre Ier renforça l'alliance avec l'Angleterre bien que celle-ci vît ses positions s'affaiblir tandis que celles de Bonaparte se consolidaient avec l'Espagne, avec le roi Bourbon de Naples qui lui céda l'île d'Elbe, avec les États-Unis, avec les beys et deys d'Alger, de Tunis et de Tripoli. Toutefois, en Méditerranée orientale, les Français durent capituler devant les Anglais en Égypte en août 1801.
Après de longues négociations, on parvint à la paix : cette paix d'Amiens du 29 mars 1802, saluée par toutes les populations avec enthousiasme. C'est le premier apogée de Bonaparte, alors même que le

363 *Napoléon Ier en 1812. Tableau de David. Napoléon était alors au sommet de son pouvoir. Rien ne paraissait pouvoir entraver son ambition de dominer toute l'Europe. Mais ce pouvoir, fondé sur l'autorité et la contrainte, s'effondra à la première secousse.*

Concordat apaisait largement la guerre civile de la chouannerie, dont l'inspiration était religieuse. La crise économique de 1801 était jugulée. Le Premier Consul atteignait les sommets de la popularité.

Grandes tendances à l'intérieur. Bonaparte se trouvait à nouveau placé devant

364

deux choix : sur le plan intérieur, le Premier Consul pouvait-il rester le symbole de la liberté révolutionnaire, devenir, comme on l'a dit, un « Washington couronné » ? Il avait trop le goût du pouvoir pour se contenter d'une telle situation : le 2 août 1802, après un plébiscite, il fut nommé Consul à vie – ce qui est tout à fait antidémocratique. Jean Tulard note qu'il y a « retour aux formes monarchiques du pouvoir ».

Mais Bonaparte, parallèlement, consolide les acquisitions de la Révolution bourgeoise par le Code civil du 21 mars 1804. Relevons qu'au début de l'Empire, les pièces de monnaie à son effigie portaient l'inscription : « République française-Napoléon Empereur ». Étrange ressemblance de l'État avec la *Res Publica* établie par Auguste (cf. chapitre IV) et du Code civil avec le droit romain.

Grandes tendances à l'extérieur. Reste l'extérieur. Et, pour une fois, dans l'histoire, l'extérieur commanda tout. La paix prit fin au bout de treize mois, le 17 mai 1803. Qui en fut responsable ? L'Angleterre ou la France ? On sait qu'il est souvent difficile de juger sereinement de la « culpabilité de guerre ». Nous verrons plus loin l'exemple fameux de 1914. Mais il faut noter ici que, pour l'Angleterre, la paix d'Amiens représentait le maximum absolu des concessions acceptables et que Bonaparte, enivré par ses victoires, se sentait incliné à considérer le traité d'Amiens comme un point de départ et non comme un point d'arrivée.

C'est l'Angleterre qui reprit les hostilités : le principal prétexte était le refus de Napoléon de signer avec elle un traité de commerce pourtant prévu à Amiens.

Il entendait réserver l'Europe continentale aux marchandises françaises, préface au futur blocus continental.

Comment se présentait, sommairement, l'Empire ? Il existait trois catégories de territoires : la France des départements, les pays vassaux, les pays alliés. La France des départements comptait au moment du coup d'État du 18 Brumaire quatre-vingt-dix-huit départements, y compris la Savoie, Nice, Avignon, les départements belges et suisses (Bâle et Genève). A la fin de l'année 1800, quatre départements de la rive gauche du Rhin sont incorporés. Ces cent deux départements constituent à peu près la France des « frontières naturelles » proposées, en février 1793, par Danton. Psychologiquement, cela représentait de grands dangers dans la mesure où la France, au moment où se développait le nationalisme, incorporait des mino-

364 *Espoir d'une « paix romaine » en Europe avec Napoléon en nouvel Auguste :* La Paix d'Amiens, *tableau allégorique d'Anatole Devosge (1770-1850).* **365** *Napoléon, au terme d'un immense travail de législateur, promulgua le 21 mars 1804* le Code civil des Français. *Première édition en velours noir avec des broderies dorées. Bibliothèque nationale, Paris.* **366** *Sous Napoléon se développa, à Paris d'abord, dans toute l'Europe ensuite, le style Empire. Salon, vers 1820. Dessin colorié. Ce nouveau style s'inspire de l'art antique romain et grec, et préfère les lignes droites, le solennel et le rigoureux.*

365

366

rités de langue non française. Mais c'est l'argument stratégique qui pesa dans cette décision, comme le confirmeront les revendications françaises de 1918-1919 et même celles de 1945 (cf. ci-dessous). En 1812, sur cent trente départements, quarante-quatre sont situés hors de France. Géographiquement, cette solution est absurde. Que signifie une France allant des bouches de l'Elbe au Tibre, en passant par les départements des Forêts (actuel Luxembourg), du Mont Terrible (Bâle) ? La principale explication des annexions à partir de 1806 est le Blocus continental que nous avons déjà évoqué et dont nous allons bientôt parler plus en détail. En effet, le contrôle est plus facile, contre la contrebande, si une zone côtière se trouve sous la souveraineté directe de la France, avec ses préfets, sa gendarmerie, ses douanes.

L'intérêt des départements pour l'histoire de l'Europe, c'est que, même pour un temps très bref, ils ont été *soumis à l'ensemble des institutions napoléoniennes,* lesquelles, pour la France proprement dite, restent encore largement la règle : le Code civil, le système des préfets, des sous-préfets, des cantons et des communes, le système financier (pesant surtout par les impôts indirects, les « droits réunis »), le système de maintien de l'ordre, avec une gendarmerie dépendant de l'armée et une police dépendant du ministère de l'Intérieur, l'organisation religieuse du Concordat, avec nomination des évêques par le pouvoir civil et investiture spirituelle par Rome, le système universitaire et scolaire. Dans certains cas, pour le Code civil en particulier, il restera longtemps en vigueur. Car, outre les départements, le Code civil a été adopté en Italie, dans une partie de la Pologne, en Hollande, dans quelques États allemands, tels le royaume de Westphalie ou le grand duché de Bade, enfin, dans les Provinces Illyriennes.

Les pays vassaux. Ceux-ci ne sont pas une invention de l'Empire. Les Républiques sœurs du Directoire en sont la préfiguration. Ce système n'a cessé de se développer, sauf à la fin du règne lorsque certaines de ces unités politiques furent absorbées dans l'Empire. Contentons-nous ici de voir l'essentiel : le royaume d'Italie administré à Milan, le royaume de Naples, la Confédération helvétique, État satellite depuis le « recès de 1803 », l'Allemagne qui représente un cas plus complexe et plus intéressant. Le 12 juillet 1806, Napoléon créa la Confédération du Rhin autour des souverains de Bade, Wurtemberg et Bavière et treize autres gouver-

367

368

367 *L'Europe des pays vassaux : « Tiddy-Doll » (Napoléon), fabricant de pains d'épices, sort du four une nouvelle série de rois. « Hopping Talley » (Talleyrand) pétrit la pâte. Caricature (1806) de James Gillray (1757-1815).* **368** *Jérôme Bonaparte, roi de Westphalie, et son épouse Katharina von Württemberg sur la terrasse de leur résidence, à Kassel. Tableau de François Kinson (1770-1839).*

nants. C'est le sud de l'actuelle Allemagne. Très vite s'y ajoutèrent des unités politiques de l'Allemagne du Nord : le Hanovre devenu royaume de Westphalie après l'entrevue de Tilsit, en 1807, entre Napoléon et Alexandre Ier, et confié à Jérôme Bonaparte.

La République batave fut transformée en royaume de Hollande donné à Louis Bonaparte, qui sera détrôné en raison de la politique laxiste qu'il mène en matière de blocus. A l'est de l'Europe, après la quatrième coalition, les victoires d'Iéna, d'Auerstedt, l'occupation de Berlin, les victoires d'Eylau et de Friedland, Napoléon occupa, avec ses troupes, toute l'Europe centrale jusqu'au Niémen. Il créa un nouvel État satellite : le grand-duché de Varsovie en 1807, dont il fera le royaume de Pologne en 1812.

A la fin de cette année, d'ailleurs, se produit le grand désastre de Russie et les armées du tsar envahissent le grand-duché. Au moment de son apogée territorial, l'Empire français – les départements – comprend quarante quatre millions de sujets, les États vassaux trente-huit : Napoléon domine donc quatre-vingt-deux millions d'âmes sur les cent soixante-sept que compte l'Europe, Russie comprise. Napoléon a eu des vassaux ou satellites, rarement des alliés. Ces derniers, même s'ils ont fourni des troupes, ne l'ont fait que contraints et forcés, ce qui explique les grands revirements de la Russie, de la Prusse, de l'Autriche et les malheurs de l'Espagne. L'Espagne, sortie de la première coalition, se rapprocha de la France par deux traités, l'un d'août 1796, l'autre de 1800, par lequel elle cédait la Louisiane à la France qui la vendit aux États-Unis. La flotte espagnole fut écrasée, en même temps que la flotte française, lors de la bataille de Trafalgar. Et, en octobre 1807, France et Espagne s'entendirent, par le traité de Fontainebleau, pour se partager le Portugal. Mais la faiblesse du roi d'Espagne, Charles IV, et de son Premier ministre, Manuel Godoy, entraîna une émeute. Ferdinand, fils aîné de Charles IV,

369

fut proclamé roi et Napoléon prit ce prétexte pour faire marcher Murat sur Madrid, le 2 mai 1808, date restée célèbre sous le nom espagnol de *Dos de Mayo*. Murat se montra très dur. Napoléon installa alors Joseph, son frère, sur le trône d'Espagne. La vigueur de la réaction espagnole fut grande, nous le verrons plus loin.

Des relations de maître à sujet. Dans les pays satellites, il n'est pas question de désobéir à l'Empereur. Cela vaut, naturellement, pour ses frères et sœurs. « Je ne puis plus avoir de parents dans l'obscurité, écrit-il à Joseph. Ceux qui ne s'élèveront pas avec moi ne seront plus de ma famille. J'en fais une famille de rois, *ou plutôt de vice-rois.** »

Certes, quelques étrangers de haut rang profitèrent du système mais un témoin déclare en 1809 : « Tous ces souverains attendent ses ordres comme un caporal de son colonel. »

Les désordres de l'occupation. Toute présence d'armée, même amie, est une charge pour les populations civiles surtout à cette époque où les soldats cantonnaient chez l'habitant. L'Espagne en souffrit particulièrement et ce fut une des causes de la révolte populaire. Plus dur encore était le financement des campagnes militaires, fondé sur le principe que « la guerre nourrit la guerre ». Les tributs exigés des vaincus étaient considérables. Ainsi, les campagnes de Prusse et de Pologne ne coûtèrent rien au contribuable français. En revanche, ce fut une charge énorme pour la Prusse.

*

III. L'échec d'une communauté économique européenne : blocus continental et système continental

L'égoïsme français de Napoléon. Faute d'une Europe politique égalitaire, on aurait pu penser à une communauté économique européenne. C'était le rêve des économistes, généralement disciples du grand penseur anglais Adam Smith, et notamment de son principal disciple français, Jean-Baptiste Say (1767-1832). Son *Traité d'économie politique* date de 1803, au moment où prend fin la brève période de la paix d'Amiens. En 1806, dans un ouvrage intitulé *Du commerce français dans l'état actuel de l'Europe,* J.-B. Dubois propose que le « système fédéral continental » soit également appliqué à l'économie. Napoléon, cela est généralement reconnu,

** Souligné par nous.*

était peu compétent en économie politique. Mais il n'était pas de ceux qui laissent à d'autres le soin de la gérer. Il s'en occupait sans cesse, et s'irritait de voir que les faits économiques résistaient souvent à ses ordres : « Il connaîtra, écrira André Fugier, la déconvenue de ne pouvoir mettre l'économie au pas cadencé ! » Au surplus, il était disciple de Colbert. C'était un mercantiliste. Il estimait qu'il fallait accumuler le plus d'or possible dans les caisses françaises, publiques ou privées grâce aux douanes avec leurs prolongements, prohibitions, contingentement, etc. En outre, Napoléon *a toujours fait en sorte que les progrès économiques soient réservés à la France seule, au détriment, s'il le fallait, de l'agriculture et de l'industrie des pays vassaux.* Ceux-ci ont acquis, par conséquent, un sentiment de plus en plus vif, qu'on travaillait pour le bénéfice de la France et non pour le bénéfice personnel.

369 Le 3 mai 1808 : *Exécution des rebelles à Madrid, sur la Montana del Principe Pio. Tableau de Goya (1746-1828), 1814.* **370** *La flotte anglaise commandée par l'amiral Nelson bat la flotte franco-espagnole commandée par l'amiral Villeneuve à Trafalgar, le 21 octobre 1805.* Le Redoutable, *tableau d'Auguste Étienne François Mayer (1805-1890).*

Ce sera, surtout en temps de crises économiques, comme en 1805, 1810-1812, un puissant ferment pour le développement du nationalisme antifrançais. Les routes elles-mêmes attestent qu'il existe un « franco-centrisme » : elles partent en rayonnement de Paris vers l'Allemagne, le Simplon, le Mont-Cenis, etc.

Blocus continental et Système continental. A partir de la victoire navale de l'amiral anglais Nelson à Trafalgar, le 21 octobre 1805, l'Angleterre est maîtresse des mers, ne cessant de renforcer sa supériorité en construisant de nombreux navires de guerre. Cette maîtrise lui permet de conquérir toutes les colonies françaises et néerlandaises et d'avoir le monopole des produits coloniaux. L'égoïsme économique des Anglais n'a d'égal que celui de Napoléon.

Dans le lacis extrêmement compliqué des règles du droit international, Anglais et Napoléon prennent des mesures commerciales de plus en plus sévères. Les Anglais déclarent en état de blocus les bouches des fleuves allemands puis les ports français, le 16 mai 1806, de l'Elbe à Brest. A la suite de sa victoire dans la quatrième coalition, Napoléon rend, le 21 novembre 1806, le Décret de Berlin qui inaugure le Blocus continental. L'idée est simple. *Tout commerce avec l'Angleterre est interdit.* Les pays vassaux, l'un après l'autre, sont obligés d'adhérer à cette mesure. Les Anglais ripostent, Napoléon aussi par les deux Décrets de Milan de novembre et décembre 1807.

Les pays neutres et notamment les États-Unis sont durement touchés par ces mesures mais l'Angleterre en souffre également au début. La contrebande va alors s'organiser : les Anglais ont besoin de l'Europe pour le blé, les vins, les soieries, des États-Unis pour le coton. Cette contrebande anglaise s'organise : une série de bases, d'entrepôts s'installent à proximité de points mal gardés, à Salonique, sur la mer Noire, sur la route du Danube, à Malte, aux Baléares, à Gibraltar, sur les côtes espagnoles, en Hollande, dans l'île de Heligoland, en mer du Nord, dans les détroits danois.

En 1810 et 1811, la France et surtout les pays vassaux sont secoués par la crise. Le commerce français recule. Le chômage se développe.

Aussi, Napoléon imagine-t-il de *gagner de l'argent* par la contrebande, c'est-à-dire de remplacer les bénéfices des contrebandiers par celui du trésor français. Ce serait un moyen de financer l'expédition qu'il

370

médite en Russie. Le Décret de Saint-Cloud du 3 juillet 1810 organise *la vente de licences* pour commercer avec les ports anglais (où l'on vendra, par exemple, du blé). Les denrées coloniales entrant en France seront frappées de droits énormes. En fait, cela ne fonctionne pas bien. Nombre de navires français, une fois sortis, ne rentrent pas et se livrent à un commerce hors blocus, c'est-à-dire au service de l'Angleterre.

Celle-ci connaît, elle aussi, une grave crise en 1811-1812. Elle a tant vendu de produits par contrebande que, pour certains, l'Europe en regorge et les ventes britanniques baissent considérablement.

La bourgeoisie capitaliste, les paysans s'éloignent de l'Empire. La crise prend fin en 1812 mais c'est aussi l'année du désastre de Russie.

Le Système continental. Toutes les mesures mentionnées ci-dessus constituent le Blocus continental. Ce sont des mesures de guerre. Mais on évoque parfois une organisation économique de l'Europe qu'on appelle le Système continental. On parle d'une Confédération commerciale continentale.

371

371 *Par le décret de Berlin du 21 novembre 1806, Napoléon institue le blocus continental : tout commerce avec l'Angleterre est désormais interdit. Les marchandises anglaises sont brûlées par des soldats d'occupation à Francfort-sur-le-Main. Aquarelle (1810).* **Carte 29 :** *L'Europe napoléonienne en 1812.* **Carte 30 :** *La réorganisation de l'Europe après le congrès de Vienne (1815).*

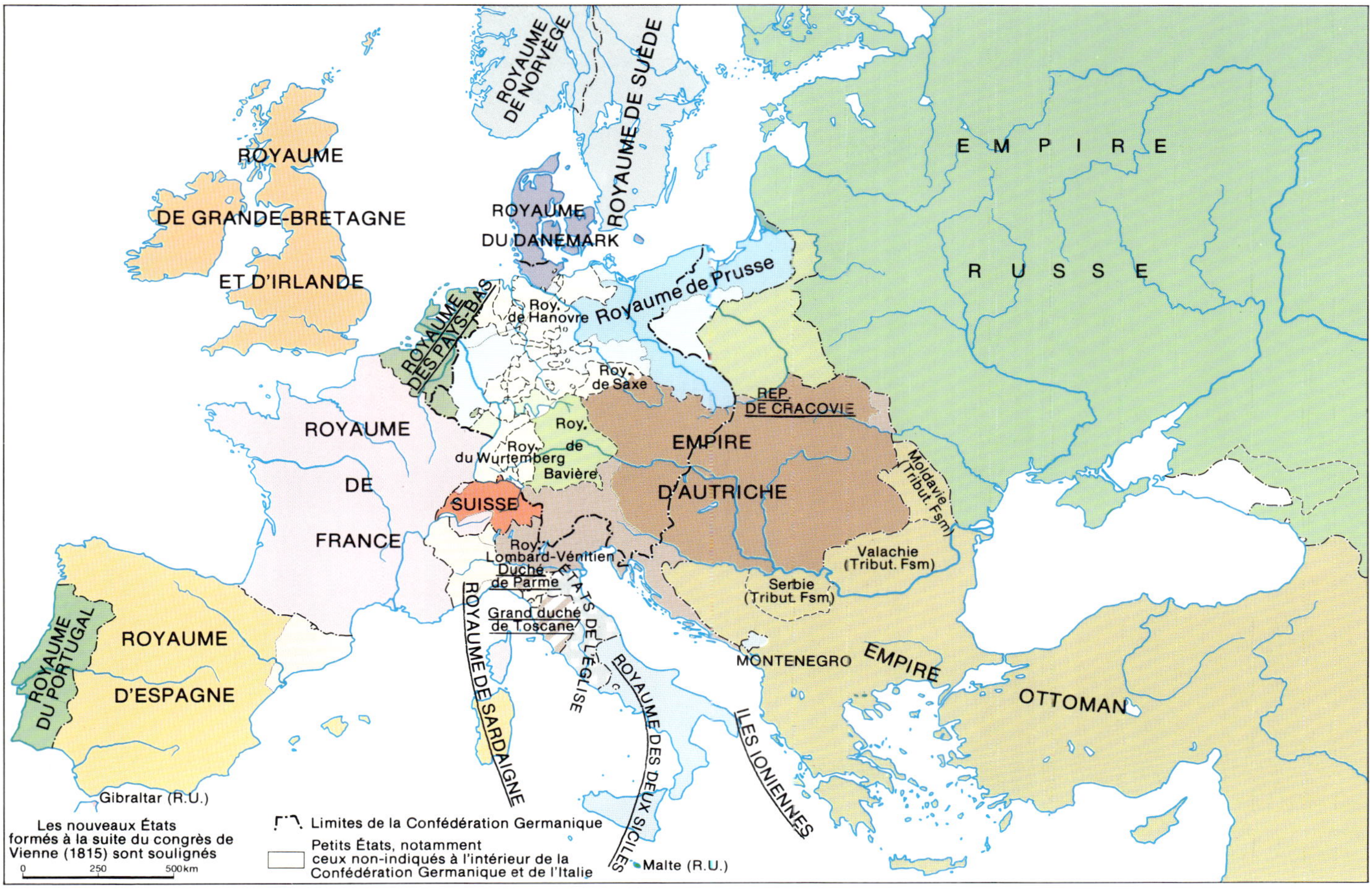

« Mais tel n'est point, il s'en faut, le dessein de Napoléon. A un esprit aussi étranger que le sien à la notion de collaboration dans l'égalité, une seule conception peut se présenter, celle d'une prédominance et d'une subordination. Il y aura une économie dominante, la française, et des économies dominées, celles des vassaux. La première fabriquera, usinera, et vendra ses produits finis. Les autres lui fourniront ravitaillement et matières premières et achèteront ses marchandises.

La domination politique ainsi, se fortifiera de l'économique*, *et les victoires des années impériales feront affluer cet or, en qui le mercantilisme place toute richesse »* (André Fugier).

Tout cela est le contraire d'une construction européenne. Celle-ci a-t-elle été rêvée par Napoléon ? Nous allons examiner ce problème.

** Souligné par nous.*

IV. Napoléon a-t-il voulu l'unité européenne ?

Commençons par une rapide description des actes de l'Empereur, avant d'en venir à certaines de ses idées et à certains de ses rêves.

L'Europe d'Amiens. On voit d'emblée une première Europe : celle de la paix d'Amiens (1802). L'Angleterre s'est résignée à accepter les « frontières naturelles » de la France. Bien plus, elle admet les Républiques sœurs – déjà profondément transformées – mais sans les reconnaître. En conséquence, la France garde sa zone d'influence, notamment en Italie (malgré la promesse faite au tsar d'évacuer Naples dans le futur). Au total la conception de Bonaparte est alors celle de la Grande Nation, avec des satellites voisins, qui perdent d'ailleurs pratiquement le bénéfice du droit des peuples à disposer d'eux-mêmes. Lors d'un plébiscite en Hollande sur une nouvelle Constitution, on compte 16 000 « oui » et 25 000 « non ». Bonaparte déclare la Constitution votée, car il compte pour des « oui » les 347 000 abstentions !

L'Europe des royaumes familiaux. A partir de 1805-1806, après Austerlitz et Iéna, c'est une deuxième Europe que constitue l'Empereur. Il s'agit cette fois d'une véritable Confédération, sous sa direction personnelle ; mais cette Confédération repose sur une donnée nouvelle : les liens familiaux.
On en a donné précédemment quelques exemples. Tout est réglé par l'Empereur qui n'accepte aucune manifestation d'indépendance et n'hésite pas à humilier sa famille.
Aux royaumes familiaux s'ajoutent les alliés. La grande réalisation en ce domaine est la Confédération du Rhin qui crée en Allemagne, entre la Prusse et l'Autriche, une troisième force – entièrement soumise à l'Empereur – et qui s'agrandit sans cesse. Le Saint Empire romain de la nation germanique, dans lequel Burke voyait l'un des éléments essentiels de l'équilibre européen - parce qu'il était faible, mais que l'Autriche, ni la Prusse, ne pouvaient se le partager - est dissous. Ainsi installé en Ita-

372

lie et dans toute l'Allemagne, Napoléon constitue encore des territoires vassaux jusqu'en pays slave : le grand duché de Varsovie en Pologne ; les Provinces Illyriennes chez les Slaves du Sud.

L'Europe du Système continental. A partir de 1809-1810, on voit se dessiner une troisième conception de l'Europe, celle du Système continental. Le Blocus continental exige un contrôle français plus direct, d'où les curieuses annexions à l'Empire de zones principalement côtières (cf. ci-dessus). Au-dehors de l'Empire et des royaumes vassaux, c'est le système de l'alliance imposée à la Prusse, écrasée, diminuée et qui, comme dit Metternich, « n'est plus rien », à l'Autriche, réduite par la défaite à l'« alliance de famille » qu'implique le mariage de Napoléon avec l'archiduchesse Marie-Louise. Enfin, la Russie, alliée depuis 1807, est considérée par Napoléon comme une proie possible. En tout cas, devait-elle devenir une alliée fidèle et obéissante.

Metternich, dès 1809, faisait à Stadion la peinture suivante de cette Europe de l'avenir :

« L'Europe subit une réforme totale. Un gouvernement central et monstrueux pèse sur de faibles tributaires, uniquement occupés à traîner une chétive existence en rivant leurs chaînes. L'Espagne est subjuguée, la Porte Ottomane reléguée au-delà du Bosphore ; la frontière du grand Empire s'étend de la Baltique à la mer Noire ; la Russie sera sous peu de mois refoulée en Asie, le plan constant de Napoléon a reçu son exécution. Il est le Souverain de l'Europe. »

Pour que cette fresque – que Metternich peint avec horreur – devînt une réalité, il fallait que la Russie fût vaincue. La Grande Armée qui, en 1812, franchit le Niémen, est le symbole de la quasi-réussite de Napoléon. Sur six cent onze mille hommes, il y avait des Français y compris les annexés, des Allemands, des Autrichiens, des Prussiens, des Suisses, des Polonais, des Lituaniens, des Italiens, des Illyriens, des Espagnols, des Portugais. Mais cette extraordinaire bigarrure masquait mal la fragilité du système.

Combien, parmi ces soldats, éprouvaient de l'enthousiasme à servir un maître étranger ? Combien souhaitaient la victoire du tsar ? Le désastre de Napoléon sera le signal de la débandade. Mais on pressent qu'en cas de victoire, le Système continental devait aboutir à une sorte d'Empire à la romaine, unifié au moins par l'adoption d'institutions communes, du Code Napoléon, soumis à la domination de l'Empereur. Telles ont été – avec d'incessants changements, dans le détail – les trois Europe successives élaborées par Napoléon. Examinons maintenant ce qu'il en a dit après coup, dans les divers écrits de Sainte-Hélène, et notamment dans le *Mémorial* de Las Cases.

Empire européen ou universel ? L'idée d'Empire universel apparaît souvent. Elle évoquait pour Napoléon, qui avait une certaine culture classique, surtout latine, l'Empire romain : « L'Empereur croyait à l'histoire romaine sinon dans tous ses détails, au moins dans ses résultats » (*Mémorial,* 6 novembre 1815). Elle évoquait aussi l'Empire de Charlemagne. Napoléon, nous dit Metternich, envisageait le succès dans la campagne de Russie « comme la clef de voûte de l'édifice que ses rêves lui montraient... une sorte d'Em-

373

374

372 *Le dernier empereur du Saint-Empire, François II (qui régna de 1792 à 1806), dans sa tenue de couronnement. Tableau de Ludwig Streitenfeld (1874).* **373** *« Le Plum-Pudding est en danger » : Napoléon et le Premier ministre William Pitt en train de partager le monde. Caricature de James Gillray (1805).* **374** *Napoléon reçoit la reine Louise de Prusse à Tilsit, le 6 juillet 1807. Tableau de Nicolas Gosse (1787-1878).* **375** *Napoléon à Sainte-Hélène. Dessin à la plume colorié.*

pire de Charlemagne sous une dysnastie bonapartiste ».

« Pour moi, dit Napoléon, je ne pouvais être qu'un Washington couronné. Ce n'était que dans un congrès de rois, au milieu de rois convaincus ou maîtrisés, que je pouvais le devenir. Alors, et là seulement, je pouvais montrer avec fruit sa modération, son désintéressement, sa sagesse : je n'y pouvais raisonnablement parvenir qu'au travers de la dictature universelle. J'y ai prétendu... Quel motif eût pu m'arrêter, moi qui n'aurais eu que des bénédictions à recueillir ? » (29-30 novembre 1815).

Qu'implique, dans ses vues, l'Empire universel ? Bien plus que l'Europe. D'abord, « il me fallait vaincre à Moscou » (*ibid.*). Pourquoi à Moscou ? Parce que la Russie était la pierre angulaire du système. « La Russie encore possède un avantage immense sur le reste de l'Europe ; elle a le rare avantage d'avoir un gouvernement civilisé et des peuples barbares » (6 novembre 1815). Outre la Russie, l'Orient. Parlant devant le comte de Ségur, avant Sainte-Hélène, il évoque ce qu'il aurait fait s'il avait pris Acre :

« Au lieu d'une bataille en Moravie, je gagnais une bataille d'Issus, je me faisais Empereur d'Orient, et je revenais à Paris par Constantinople ! »

Il le répète à Las Cases :

« J'aurais atteint Constantinople et les Indes. J'eusse changé la face du monde » (30-31 mars 1816).

Et qu'on ne croie pas qu'il nourrissait à cet égard des scrupules :

« Paris vaut bien une messe. Croit-on que l'Empire d'Orient et peut-être la sujétion de toute l'Asie n'eussent pas valu un turban... ? Cependant, voyez les conséquences ! Je prenais l'Europe à revers, la vieille civilisation européenne demeurait cernée, et qui eût songé alors à inquiéter le cours des destinées de notre France, ni celui de la régénération du siècle ! »

De l'Orient, de l'Asie, le rêve universel passe à l'Afrique. S'il était resté plus longtemps en Égypte,

« il allait pousser fort loin nos vérifications géographiques dans les parties septentrionales de l'Afrique (12 mai 1816). Quant à l'Amérique, elle n'est pas exclue de ses rêves. Il se voit, après Waterloo, s'établissant au nord de l'État de New York. C'était l'intérêt des États-Unis. Les réfugiés "devaient devenir bientôt un attrait naturel pour la population du Canada, déjà française, et former par la suite une forte barrière ou même un point hostile contre les Anglais" (26 mai 1816).

Ainsi, il faut placer toutes les réflexions de Napoléon sur l'Europe dans cette perspective d'ambition universaliste. Faire de lui un grand Européen avant la lettre, c'est oublier qu'il était avant tout un grand ambitieux et un impérialiste au sens plein du terme.

L'Europe de Sainte-Hélène. Néanmoins, il n'est pas inutile de voir comment il reconstitue l'Europe idéale, celle qu'il aurait, nous dit-il, voulu créer. Si les Anglais n'avaient pas rallumé la guerre après le traité d'Amiens, « je n'eusse rien perdu du côté de la gloire, mais beaucoup gagné du côté des jouissances ; j'eusse fait la conquête morale de l'Europe, comme j'ai été sur le point de l'accomplir par les armes ». Ce texte constitue le début d'un passage célèbre où l'Empereur décrit une sorte de Confédération européenne des nationalités préalablement reconstituées.

« Une de mes plus grandes pensées avait été l'agglomération, la concentration des mêmes peuples géographiques qu'ont dissous, morcelés, les révolutions et la politique. Ainsi, l'on compte en Europe, bien qu'épars, plus de trente millions de Français, quinze millions d'Espagnols, quinze millions d'Italiens, trente millions d'Allemands. J'eusse voulu faire de chacun de ces peuples un seul et même corps de nation [...]
« Après cette simplification sommaire, il eût été possible de se livrer à la chimère du beau idéal de civilisation : c'est dans cet état de choses qu'on eût trouvé plus de chances d'amener partout l'unité des codes, celle des principes, des opinions, des sentiments, des vues et des intérêts. Alors, peut-être, à la faveur des lumières universellement répandues, devenait-il permis de rêver, pour la grande famille européenne, l'application du congrès américain ou celle des amphictyons de la Grèce, et quelle perspective alors de force, de grandeur, de jouissance, de prospérité ! » (11 novembre 1816).

Ce texte, que ne désavoueraient pas les partisans contemporains d'une Europe fédérée, intégrée, doit, pensons-nous, être accueilli avec la plus extrême réserve. D'abord, tout ce qui suit indique qu'il n'envisage cette sorte de Confédération que sous son autorité. Les Espagnols ont été sur le point d'être soumis.

« Dans la crise où se trouvait la France, dans la lutte des idées nouvelles, dans la grande cause du siècle contre le reste de l'Europe, nous ne pouvions pas laisser l'Espagne en arrière, à la disposition de nos ennemis : il fallait l'enchaîner, de gré ou de force, dans notre système » (6 mai 1816).

Les annexions de plusieurs régions italiennes à la France « n'avaient été que tem-

375

poraires dans ma pensée et n'avaient pour but que de surveiller, garantir et avancer l'éducation nationale des Italiens ». D'ailleurs, ces régions « nous sont demeurées les plus attachées ».

Nationalités italienne et allemande. Pour l'Italie, toutefois – mais c'est un cas unique – nous avons la preuve que, durant son règne, il a réellement voulu en faire une nation unifiée. Recevant la couronne d'Italie en 1805, il dit à Melzi, ancien président de la République cisalpine : « J'ai toujours eu l'intention de créer, libre et indépendante, la nation italienne. J'accepte la couronne, je la garderai, mais seulement le temps que mes intérêts l'exigeront. » L'idée fut reprise par Murat. Le 10 novembre 1813, Murat propose à Napoléon d'unifier l'Italie – sous son sceptre – et d'en proclamer l'indépendance. Nous en verrons plus loin les dramatiques conséquences. Mais, faute d'un pouvoir centralisateur, comme en Angleterre, en France, en Espagne, l'Italie n'avait pas connu l'unité depuis l'Empire romain d'Occident. Encore celui-ci s'étendait-il bien au-delà de la péninsule. Ainsi, le pays qui avait créé la Renaissance et l'Humanisme sera-t-il un des derniers à devenir un État-Nation.

Pour l'Allemagne – dont Napoléon prévoit l'unification inévitable – il dit ceci : élu par ses habitants, « j'eusse gouverné infailliblement les trente millions d'Allemands réunis » (11 novembre 1816). Quant à la Russie, il estime qu'il eût pu la vaincre. Mais, lui battu et exilé, n'est-ce pas elle qui unifiera l'Europe ? « Qu'il se trouve... un empereur de Russie vaillant, impétueux, capable... et l'Europe est à lui » (5 novembre 1816).

Au total, si les idées que lui prête Las Cases sont bien les siennes, Napoléon se forme une image singulière de l'Europe. Comment peut-il concilier l'avènement des nations « compactes » et la domination de la France, ou plutôt sa domination personnelle ? Comment ne perçoit-il pas que le nationalisme s'exaspère précisément des conquêtes françaises ?

N'exagérons donc pas la portée des idées de Napoléon sur l'Europe unifiée. Ne confondons pas les conceptions réelles de l'Empereur avec les superstructures séduisantes qu'à édifiées, au-delà de la pensée, la légende napoléonienne. Le seul élément authentique, c'est que Napoléon envisage clairement l'Europe comme un tout – en y comprenant la Russie et en excluant l'Angleterre. Ce tout lui paraît devoir posséder des institutions communes, particulièrement sur le plan intellectuel et juridique. « Il eût voulu, pour toute l'Europe, l'uniformité des monnaies, des poids, des mesures, l'uniformité de législation. Pourquoi, disait-il, mon Code Napoléon n'eût-il pas servi de base à un code européen ? De la sorte, nous n'eussions réellement, en Europe, composé qu'une seule et même famille » (14 novembre 1816). « Il avait conçu l'idée, disait-il et regrettait fort de n'avoir pu l'exécuter, de faire composer toutes les histoires de l'Europe depuis Louis XIV » (5 août 1816). Metternich, dans ses Mémoires, nous confirme de curieuse façon cette ambition historique :

376 *Bonaparte fut sacré roi d'Italie en 1805, tandis que l'ensemble du pays devenait le « terrain d'essai du système familial ». Tableau d'Andra Appiani (1754-1817). Vers 1800.*

> *« En ce temps-là, un de ses projets favoris était celui de réunir toutes les archives de l'Europe à Paris. Il ferait, me disait-il, un édifice grandiose entre l'École Militaire et le Dôme des Invalides ; il n'entrerait dans la construction des bâtiments que la pierre et le fer, afin d'écarter tout danger d'incendie. »*

Metternich exprimant ses doutes quant à l'acceptation de ce projet par les autres États, « Eh bien ! me dit Napoléon, voilà des idées étroites dont les hommes d'État en Europe ne savent pas se défaire. J'exécuterai mon projet ».

Plutôt qu'un Européen, Napoléon est un ambitieux aux proportions démesurées. Cet esprit fécond a tout agité, l'idée de l'Europe unie comme mille autres conceptions différentes, voire contradictoires. Il reste qu'il a minimisé les réactions que ses conquêtes, sa domination, devaient nécessairement susciter. De la sorte, il a largement contribué, probablement sans s'en rendre compte, à alimenter la flambée nationaliste qui déjà couvait, et qui va, en peu d'années, devenir un brasier.

Les Italiens. Le sentiment national italien se développa pendant l'occupation française mais avec moins de vigueur qu'en Allemagne, sans soulèvements populaires et au niveau des États. Outre la *zone annexée* qui s'étendait sur la côte Nord-Ouest et jusqu'à Rome, l'Italie se trouvait divisée, rappelons-le, en royaume d'Italie et en royaume de Naples, avec, comme rois respectifs Napoléon et Murat. A partir de 1813, vont intervenir les Autrichiens et les Anglais qui soutiennent les Bourbons réfugiés en Sicile.

Eugène de Beauharnais, vice-roi du royaume d'Italie, doit capituler en même temps que lui, en 1814. A Milan, des aristocrates constituent le Parti autrichien . D'autres, plus nombreux, le Parti libéral italien favorable à l'indépendance du royaume d'Italie ou, du moins, du Milanais et de la Vénétie. L'Autriche s'y opposera.

Quant à Murat, il est soutenu par des révolutionnaires, les *carbonari* et par des patriotes révolutionnaires, bourgeois, intellectuels qui veulent l'indépendance italienne mais aussi la sauvegarde des libertés civiles et des réformes libérales de la France.

Murat veut proposer à Napoléon *de proclamer l'indépendance de l'Italie et de la réunir en une seule nation* dont il serait roi. N'y réussissant pas, il déclare la guerre à Napoléon le 3 février 1814 et occupe Rome, Ancône et Bologne. Murat se heurte aux alliés et à Metternich qui veulent le maintien du pape à Rome et non pas l'unité italienne mais une Confédération italienne ayant pour base le royaume lombard-vénitien, sous souveraineté autrichienne.

Les Cent Jours vont tout bouleverser. Murat se rallie à Napoléon et occupe la campagne romaine. Le 30 mars 1815, de Rimini, il lance une proclamation célèbre qui fait de lui l'un des pères de l'idée nationale italienne :

> *« Italiens, l'heure est venue où doivent s'accomplir les grandes destinées de l'Italie. La Providence vous appelle enfin à être une nation indépendante. Des Alpes au Détroit de Sicile, qu'un seul cri s'élève : l'indépendance de l'Italie... Quatre-vingt mille Italiens s'avancent sous les ordres de leur roi et jurent de ne prendre aucun repos avant que l'Italie soit délivrée. »*

Murat entre à Bologne et à Modène. Mais l'enthousiasme se borne aux milieux intellectuels, à la jeunesse, à quelques nobles et à quelques officiers. Le futur professeur au Collège de France, économiste et juriste, Rossi, est chargé d'administrer la province. Rossini compose un *Hymne de l'Indépendance*. Puis c'est l'échec. Murat doit abdiquer le 20 mars et sera fusillé. Pour de longues années, l'Italie découpée, rendue à ses princes « légitimes », longtemps dominée par l'Autriche, restera, selon la formule de Metternich, une simple « expression géographique ».

V. La défaite de Napoléon

Clausewitz, le célèbre théoricien militaire allemand, montrera plus tard dans son livre *De la guerre* qu'une grande puissance est celle qui peut assurer sa sécurité contre tout autre État pris isolément. La France étant une grande puissance, il fallait, pour la vaincre, des coalitions, aussi complètes que possible. Le tableau chronologique p. 266 montre bien leur évolution. Les seules qui ont réuni toutes les grandes puissances européennes ont été la sixième, conclue en 1813, avec l'Angleterre, la Russie et la Prusse, auxquelles se joint l'Autriche, qui entre en guerre le 11 août 1813, et la septième coalition, de même composition, qui mettra fin aux Cent Jours par la bataille de Waterloo.

Pour notre sujet, qui est « européen », on nous permettra de nous occuper surtout de la *résistance non des États, mais des peuples*.

Ce sont néanmoins des États, disposant de solides armées, qui emportent la victoire.

Les peuples ne veulent pas de Napoléon. En voici les principaux exemples.

377

Les Espagnols. On l'a vu, un formidable mouvement a été soulevé par l'abdication de Charles IV et de son fils et par la nomination de Joseph Bonaparte comme roi d'Espagne en juin 1808. L'événement tragique du 2 mai 1808 nous a valu un magnifique tableau de Goya. Il existait, certes, des milieux profrançais mais, Jean Tulard le souligne, la résistance est surtout venue des milieux populaires et de l'Église, « elle fut moins le résultat d'un sursaut patriotique que d'une réaction sociale née d'une crise économique » : le Blocus continental a gêné le trafic espagnol avec les colonies. Mais Jean Tulard n'en ajoute pas moins que « la fierté nationale a également joué un rôle déterminant ». En quelques semaines, se dressa une armée insurrectionnelle de cent mille hommes. Les Portugais se soulevèrent à leur tour et Junot, duc d'Abrantès, fut battu par un général anglais destiné à devenir célèbre, Wellesley, futur duc de Wellington. Le général Dupont avait dû se rendre à Baylen, en Andalousie : la Grande Armée n'était plus invincible.

Napoléon ne put sauver la situation, car, une fois arrivé à Madrid, il apprit que l'Autriche se disposait à faire la guerre et il dut revenir vers Paris puis vers l'Europe centrale.

Le soulèvement espagnol se poursuivait sur le modèle de la guerre civile de Vendée et de la chouannerie en France : la conviction que la « subversion » entrerait un jour dans l'arsenal stratégique prenait donc chaque jour plus de sens. Théoriciens et militaires n'en furent convaincus qu'au XXe siècle. Cette guerre suppose l'appui des masses et impose une impitoyable cruauté à l'égard de ceux qui pactisent avec l'occupant. Mais, avec le temps, avec l'usure, elle est souvent efficace.

Les Russes. La campagne de Russie de 1812 est largement postérieure à la révolte armée du peuple espagnol. Le désastre auquel elle aboutit est lié à plusieurs éléments : l'immensité russe, l'hiver russe, le fait que l'armée russe n'a pas été détruite à la grande bataille du 7 septembre, Borodino, ou la Moskova, enfin le soulèvement du peuple russe dans les zones traversées par les Français. Koutousov sut admirable-

377 *Le beau-frère de Napoléon : le maréchal Joachim Murat (1767-1815), grand-duc de Berg et de Clèves (1806-1808), roi de Naples (1808-1815). Tableau d'Antoine Gros (1771-1835). En 1815, il tenta en vain de soulever les nationalistes italiens après le congrès de Vienne qui rendait le royaume de Naples aux Bourbons.*

378

379

ment bien tirer parti de ces différents éléments. On sait quel épouvantable calvaire fut cette retraite de Russie.

L'historien soviétique Tarlé donna à la guérilla nationale la principale responsabilité de la victoire, c'est-à-dire aux « partisans ». Jean Tulard a bien montré que Napoléon avait découvert la « guerre nationale », celle qui « jette tout un peuple contre l'envahisseur... où tous les coups sont permis, où les règles cessent d'être respectées ».

Les Allemands. Le revirement des intellectuels. Sur le plan intellectuel, l'événement fut les quatorze *Discours à la Nation allemande,* prononcés par le philosophe Fichte du 13 décembre 1807 au 20 mars 1808, à l'Académie de Berlin, ville alors occupée par une garnison française. Fichte est profondément influencé par Herder mais si celui-ci se souciait peu que la nation allemande, définie par sa langue et son folklore, ait son propre État unique, Fichte veut un État allemand.

La culture populaire doit reposer sur une langue allemande originelle, la

378 *Guerre en Espagne :* la Défense de Burgos *(19 septembre-29 octobre 1812). Wellington assiégea en vain la fortification défendue par le général Dubreton. Tableau de François Heim (1787-1865). Vers 1815.*

379 *Défaite de Russie : la retraite de la Grande Armée, en 1812.* **380** *Le vainqueur de Napoléon, le maréchal Mikhaïl Koutouzov (1745-1813). Tableau de Roman Maximovitch Wolkow (1793).*

380

Ursprache ; il existe un « moi national » allemand, le peuple a une mission : il est la seule force de régénération dans le monde actuel.
Fichte ne croit pas à un « caractère national » ni à une « identité raciale » allemande. Il croit en l'aptitude allemande pour la liberté et le progrès.
Ces théories supplantent celles des patriotes partisans de la France révolutionnaire et celles des « carolingiens » qui souhaiteraient la fusion du monde germanique et du monde latin.
D'ailleurs, autour de Fichte, les disciples se multiplient et, en 1815 l'homme politique Stein fonde une collection célèbre, les *Monumenta Germaniae Historica :* les intellectuels réalisent alors un immense effort pour retrouver l'histoire, les légendes, les vieux textes littéraires allemands. Citons le pasteur Schleiermacher, Jahn, Arndt.

Les révoltes populaires en Allemagne. Origines. Le 12 octobre 1809, une tentative d'attentat se produit contre Napoléon au château de Schönbrunn, après la prise de Vienne, la même année des régiments se soulèvent, sans succès certes. D'avril à octobre 1809, un aubergiste bavarois, Andreas Hofer, aidé par un moine capucin, soulève et tient une partie du Tyrol. Mouvement plus populaire que ceux des militaires mais Hofer était un Autrichien et il ne s'agissait pas là d'une réaction de pur patriotisme allemand. En Prusse, des francs-maçons organisent la Ligue de la Vertu ou *Tugendbund* visant à dénoncer les collaborateurs français. Le gouvernement prussien, méfiant, la dissout en 1810.
C'est à la suite de la défaite de Russie que va se produire le véritable soulèvement allemand.

La révolte prussienne. La Prusse orientale fut la première à se révolter au moment du retrait des Français, en décembre 1812 du Niémen vers la Vistule ; en janvier 1813, l'ancien ministre prussien, Stein, appuya ce soulèvement et établit une sorte de gouvernement, avec la réunion des États provinciaux. C'était un véritable coup d'État. L'assemblée créa une « armée territoriale », la *Landwehr.*
L'insurrection s'étendit au Brandebourg. Le patriotisme prussien et le nationalisme allemand gagnaient en particulier la jeunesse étudiante. Puis, ce fut le tour de la Silésie, de la Bohême, de la Westphalie, du Tyrol, de l'Allemagne du Nord, de Hambourg et des villes hanséatiques.

Le reste de l'Allemagne. Stein, qui se sentait beaucoup plus allemand que prussien, essaya de provoquer une insurrection générale, une « guerre nationale » de toute l'Allemagne. Avec le chancelier russe Nesselrode, il lança un *Appel à l'Allemagne* (19 mars 1813). Celle-ci serait libérée des Français ; la Confédération du Rhin serait remplacée par une commission provisoire, avec un Conseil des délégués, présidé par Stein. Tout prince qui ne répondrait pas à cet appel perdrait ses possessions. Le général russe Koutousov lança quelques jours après un appel semblable.
Aussitôt, se développa un mouvement de lyrisme patriotique, dont le meilleur exemple est le recueil : *la Lyre et l'épée* du poète Théodore Koerner, qui sera tué à la bataille de Leipzig, ou Bataille des nations (16-19 octobre 1813).
Les princes furent un peu plus réticents (la Saxe seule restant longtemps alliée à Napoléon).
Peut-on parler de soulèvement populaire ? Oui, sous forme de volontariat ou de recrutement pour la *Landwehr.* Non,si l'on compare avec la guerre civile espagnole. De plus, le mouvement ne s'est pas étendu à l'Allemagne rhénane. Beugnot, administrateur du grand-duché de Berg, note que les hautes classes de Rhénanie se sont réjouies du désastre français en Russie, mais que la masse de la population en a été désolée. Dans l'ensemble, l'Allemagne s'est soulevée, d'un grand mouvement de passion patriotique, contre la France. Ce programme, fondé sur le nationalisme romantique, est très ambitieux quant aux limites de la nation allemande. Stein revendique comme frontière la Meuse, le Luxembourg, la Moselle et les Vosges. L'écrivain allemand Goerres, dans *le Mercure rhénan,* dénonce les frontière de 1792. Il écrira, pendant les Cent Jours, un article « La France partagée ou la France enchaînée » où il réclamera la frontière sur les Vosges et sur l'Ardenne. Il évoque la nécessité de briser la France. « Il n'y aura pas de sécurité possible contre ce peuple, sinon dans son impuissance, et dans notre supériorité écrasante, indis-

381

381 *Le baron Karl von Stein, réformateur et ministre prussien (1757-1831). En 1812 il rejoignit, comme conseiller, le tsar Alexandre Ier. Extrait d'un tableau de Johann Rincklake (1764-1813). 1804.*

382

382 *Un opposant à Napoléon : le philosophe Johann Gottlieb Fichte (1762-1814). Eau-forte de Friedrich Jügel, d'après un tableau de Heinrich Anton Dähling. 1808.*

383

cutable. Les Français sont incapables de moralité. »

Les Néerlandais. Là aussi, le soulèvement populaire joue un grand rôle. Cela tient à l'attitude du général français Bernadotte, devenu le successeur désigné du roi de Suède, combattant de ce fait avec les alliés contre Napoléon et commandant l'aile droite de la coalition. Au lieu de marcher sur la Hollande, il bifurqua vers le nord, afin d'envahir le Danemark et de l'obliger à céder la Norvège, possession personnelle du roi danois, à la Suède (ce qu'il réussira à faire). C'est donc un soulèvement national qui, à défaut de troupes coalisées, va libérer le pays, transformé, depuis 1811, en départements français. Le principal représentant de Napoléon, Lebrun, s'enfuit le 16 novembre 1813. Dès le 17, La Haye et Amsterdam se révoltèrent. Un triumvirat fut constitué sous la direction de Van Hogendorp. Aussitôt, le gouvernement provisoire fit appel au prince d'Orange, fils du stathouder Guillaume V, mort en 1806. Réfugié en Angleterre, le prince débarqua à Scheveningen, le 30 novembre, au milieu de l'enthousiasme général.

Les troupes prussiennes de Bülow entrèrent aux Pays-Bas au début de décembre. Le 21 juillet 1814, Guillaume d'Orange obtiendra des alliés le principe d'une union des Pays-Bas du Nord avec les ex-Pays-Bas autrichiens et l'évêché de Liège (actuelle Belgique), sous la dénomination de « royaume des Pays-Bas » et il en deviendra le roi sous le nom de Guillaume Ier. Cela faisait partie de la politique britannique, avide de voir Anvers soustraite à une grande puissance et tentant d'entourer la France de puissances moyennes, tel un cordon sanitaire.

Les Belges. Il n'y eut, en revanche, pas de mouvement révolutionnaire en Belgique. Ce pays, bilingue, avait été possession des ducs de Bourgogne, puis des Espagnols, puis des Autrichiens, puis des Français. Pour ses habitants, le problème national était donc complexe. Dans les débuts de la période française, et surtout après le Concordat de 1801, les Belges avaient paru satisfaits. Mais le mécontentement ne cessa de monter. Ce fut d'abord une opposition croissante à la politique religieuse de Napoléon, qui persécutait le pape Pie VII. La résistance fut menée par les évêques et les curés qui, à plusieurs reprises, tentèrent de soulever les paysans. La crise économique dérivée du Blocus continental fut tout à fait funeste pour les Belges. Les industries cotonnières, en 1813, durent licencier des milliers d'ouvriers. Les ports d'Anvers et Ostende étaient pratiquement fermés. Les prix montaient. Les faillites se multipliaient. Or, les impôts étaient lourds, la conscription terrible. Sur la population pourtant limitée, de la Belgique, elle leva cent dix mille hommes en 1811, cent vingt mille en 1812, cent soixante mille en 1813. Les gendarmes locaux et les municipalités favorisaient les désertions. Une Haute Police inquisitoriale multipliait au contraire les tracasseries. Le maire d'Anvers, lui-même, fut soupçonné de favoriser la contrebande et fut arrêté.

383 *Soulèvement en Allemagne en 1813 : l'armée de Prusse orientale part en campagne après une bénédiction dans l'église.* **384** *Le vainqueur de Napoléon : le 25 septembre 1814 l'empereur François Ier d'Autriche reçoit le tsar Alexandre Ier de Russie, ainsi que le roi Frédéric-Guillaume III de Prusse, près de Vienne. Lithographie en couleurs de l'époque.* **385** *La bataille de Waterloo (18 juin 1815) marqua la défaite définitive de Napoléon après les Cent-Jours. Rencontre entre le maréchal prussien Blücher et le maréchal anglais Wellesley, Le duc de Wellington, au soir de la bataille. Extrait d'une lithographie de l'époque.*

384

385

Aussi les nouvelles des défaites de 1812 et 1813 furent-elles accueillies avec des sentiments mêlés : grande satisfaction chez les uns, inquiétudes chez les autres. Au total, la population belge resta plutôt passive. L'idée se développait d'une indépendance de la Belgique. Il faudra attendre 1830 pour la voir réalisée.

Les Suisses. Neuf mille Suisses environ combattaient dans la Grande Armée. Mais les Suisses étaient las de la domination napoléonienne. Après la défaite de la Russie, la Diète (créée par l'Acte de médiation de 1803) décida que la Suisse garderait sa neutralité et se contenterait d'occuper la frontière. Metternich entendait utiliser le territoire suisse comme voie de passage, secrètement encouragé par un certain nombre d'aristocrates suisses. Lorsque cent cinquante mille Autrichiens franchirent la frontière, afin de traverser le Rhin (entre Bâle et Schaffhausen), les troupes suisses étaient trop peu nombreuses pour résister. Genève fut occupée. La présence des Autrichiens favorisa la suppression de l'Acte de médiation (29 décembre 1813), en faveur d'un futur Pacte fédéral.
Les Suisses, y compris les Genevois, seront représentés au Congrès de Vienne. Lors des Cent Jours, la Suisse - pourtant reconnue neutre par la déclaration de Vienne du 20 mars 1815 - décida de combattre Napoléon aux côtés des alliés, et ses troupes franchirent même la frontière pour participer au siège de Huningue, près de Bâle.

Conclusion. Donc, depuis Charlemagne, jamais on n'a semblé plus près d'une Europe politique qu'avec Napoléon Bonaparte. Et pourtant, cette Europe-là va s'attirer la haine de tous. Les Français eux-mêmes, qui sont les héros de cette épopée, en sortiront infiniment las. La majorité de la population française est composée de paysans. Ceux-ci, et les artisans des villes, constituent la substance même de la « conscription ». Si, dans ces conditions, s'ajoutaient encore les difficultés dues au Blocus, le mécontentement ne faisait que croître. Voilà pourquoi Louis a résisté à son frère, a essayé de tourner le Blocus continental dont nous reparlerons. Il a d'ailleurs été renversé par Napoléon qui a annexé les Pays-Bas à la France et les a transformés en département français, régime odieux à l'immense majorité de la population. De même, l'Empire a eu quelques réussites, en Rhénanie (par exemple, celle de l'ancien révolutionnaire Jean-Bon Saint-André, préfet de Mayence). De même, enfin, en Suisse, en Italie, en Pologne, on a compté de nombreux partisans du système napoléonien.
Cette expérience a démontré que *l'Europe ne peut pas se créer par la conquête.* La Révolution, puis Napoléon Bonaparte, ont été infiniment plus audacieux que Louis XIV. La rupture avec les principes de l'« équilibre européen », timide pour la France de Louis XIV, devient évidente avec Napoléon. Il essaie d'unifier l'Europe par la force, au profit des Français. Un siècle et quart plus tard, Adolf Hilter tentera à son tour d'unifier l'Europe au profit des Allemands par la force et, plus odieux encore, le génocide systématique. En tant que *conquérants,* les deux hommes ont été haïs de l'Europe entière.
Contre cette Europe de la conquête, les Européens ont réagi, par l'extension progressive des coalitions antinapoléoniennes et des mouvements populaires nationaux.
Il existe cependant une autre différence entre Napoléon et Hitler, et elle est caractéristique de certaines émotions étonnantes, mais caractéristiques de l'être humain. Il n'y aura pas de « légende de Hitler ». Il a existé, surtout en France, mais non exclusivement, une « légende de Napoléon ». Elle a commencé vers 1830, lorsque les Bourbons, symbole généralement détesté de l'Ancien Régime, ont été renversés par le peuple de Paris. Au lieu que la Révolution de Juillet 1830 ait abouti à la République, la France va connaître pendant dix-huit ans un régime hybride : la « Monarchie de Juillet », avec Louis-Philippe, « roi des Français » et non plus « roi de France ». Les poètes – et en particulier Victor Hugo – exaltèrent l'Empereur. Le retour des cendres de Napoléon de Sainte-Hélène aux Invalides, à Paris agitera toute l'Europe.
Cela permet de poser un problème redoutable. Quels hommes peuvent-ils être qualifiés de « grands » ? Si l'on excepte les savants (du type Pasteur, Koch, Flemming), les écrivains, les artistes, de Phidias à Rodin, des peintres étrusques à Picasso, d'Homère à Dante, Shakespeare, Camoens, Cervantes, Rousseau, Goethe, Tolstoï, tous ceux dont l'œuvre a marqué les sentiments des Européens, le « grand homme » n'est grand que par la guerre, par la victoire, par la violence et par le sang. Lorsque le souvenir global est celui de l'atrocité, comme pour Hitler, on ne cultive pas sa mémoire.
Pourquoi tous les pays européens ont-ils ainsi leurs « grands capitaines » ? Y-a-t-il un goût inné de la guerre chez l'homme ? Ou bien celle-ci résulte-t-elle de frustrations sociales ?
Thémistocle, Périclès, Marius, César, Justinien, Du Guesclin, Le Prince Noir, Don Juan d'Autriche, Condé, le Prince Eugène, Frédéric II : toute cette lignée aboutit à Napoléon.
La seule explication possible réside dans le lien entre la guerre et le courage. La vie est le bien le plus précieux de l'homme pris individuellemen. Le courage est l'acceptation du risque majeur, celui de perdre cette vie unique. « Il n'est pas de plus belle preuve d'amour que de risquer sa vie pour ceux qu'on aime. » Mais, même dans les cas moins nobles, l'acceptation du risque pour une cause est l'une des noblesses de l'homme. Et, comme on ne peut glorifier tous les braves, on concentre l'admiration sur certains chefs, symboles de la grandeur des autres. Mais les grands hommes sont les symboles du nationalisme, car chez l'ancien ennemi, on les déteste.
Aussi l'Europe doit-elle trouver une nouvelle espèce de grands hommes. Jean Monnet, Konrad Adenauer, Alcide de Gasperi, Robert Schuman, Paul-Henri Spaak sont probablement les prototypes de cette nouvelle catégorie.

15 Un phénomène européen : la révolution industrielle

I. L'Europe en tête de la création

Causes de la créativité. L'une des caractéristiques de l'Europe occidentale à partir du XVIIIe siècle est la multiplication des inventions. Les unes se font en *recherche fondamentale*, dont les résultats ne paraissent pas immédiatement utilisables. Les autres sont de *recherche appliquée*, avec un but concret de production. La technologie, la technique sont les réalisations les plus pratiques de la recherche appliquée.

La première question qu'on peut se poser est celle des causes : pourquoi les recherches se multiplient-elles en Europe ?

« Le XVIIIe siècle s'éveille d'abord en Angleterre et en France. Mais qu'est-il dans le monde ? Ni la Chine, ni l'Inde, ni ce qui subsiste dans les ruines d'Amérique indienne, ni l'Afrique n'ont le moindre sentiment alors d'appartenir au siècle XVIII.

« L'Amérique européenne, seule, a le calendrier d'Europe, et surtout l'anglaise. Hors d'Europe (et des Européens), la civilisation à fondements scientifiques n'est pas encore née : elle n'est pas même soupçonnée » (Charles Morazé).

Le développement de la curiosité est une motivation extraordinaire. La multiplication du nombre des intellectuels formés aux mathématiques plutôt qu'en théologie, l'existence de gens riches utilisant leurs loisirs à créer des laboratoires et à faire des expériences (Voltaire, Mme du Châtelet, le fermier général Lavoisier, qui découvre les « corps simples »).

A eux s'ajoutent des dynasties de savants (des Bernoulli : Jacques, Jean, Nicolas et Daniel – famille suisse originaire d'Anvers), des savants isolés comme le Suisse de Bâle Leonard Euler (mort en 1783), les Français Lagrange (mort en 1813), Monge (mort en 1818), Laplace (mort en 1827), les disciples britanniques de Newton, particulièrement attirés par la géométrie et par l'astronomie.

Ce ne sont que des exemples parmi quantité d'autres.

Le nombre des chercheurs potentiels, capables de découvertes, ne cesse de s'accroître, et toute découverte attise un peu plus la curiosité.

Charles Morazé a trouvé une belle formule pour caractériser l'avidité des Européens à des découvertes nouvelles : « Pour s'être emparée du monde, l'Europe a créé un raffinement de civilisation qui porte en lui-même le ferment du progrès. Ce progrès n'est pas celui de la pensée seule, c'est celui des exigences, du confort, du luxe, tout autant que de la raison. Tant de besoins, de désirs, d'aspirations, de recherches se rejoignent au cœur de la Science, et la Science, à son tour, nourrit le confort, le luxe, autant que la Raison. Et dans ce mouvement de perpétuel échange du corps de l'homme à son esprit est le moteur d'un nouveau progrès social dont l'outil essentiel se forge : l'Education. Ce progrès des mœurs, des sciences, de la

386 *La révolution industrielle : le marteau-pilon à vapeur (1839) de l'ingénieur écossais James Nasmyth (1808-1890). Tableau de Nasmyth (extrait). 1831.*

	XVIIIe siècle	*XIXe siècle*			*XXe siècle*
Énergie	**1784** Machine à vapeur à double effet Watt (G.-B.) **1795** Expériences électriques Galvani (Italien, mort en 1798)	**1801** Pile électrique Volta (Italie) **1802** Gaz d'éclairage Murdoch (G.-B.), Leblanc (France) **1827** Chaudière tubulaire Seguin (France) **1859** Accumulateur Planté (France)	**1859** 1ers puits de pétrole (Ohio, USA) **1860** Machine de Gramme produisant l'électricité (Belgique) **1870** Première chute de « houille blanche » Bergès (France) **1872** Dynamo Gramme (Belgique)	**1876** Moteur à explosion à 4 temps N. A. Otto (Allemagne) **1882** Transport d'énergie électrique à distance Desprez (France) **1892** Première voiture à essence Daimler (Allemagne) **1897** Moteur Diesel (Allemagne)	**1903** Motor-ship
Chimie et métaux	**1777** Eau de Javel Berthollet (France) **1784** Puddlage du fer (G.-B.) **1791** Soude « Procédé Leblanc » (France)	**1805** Zinc (première production) J.-J. Dany (Belgique) **1827** Aluminium isolé par Woehler (Allemagne) **1838** Soude à l'ammoniaque (G.-B.) **1841** Aniline **1842** Premiers superphosphates	**1847** Nitroglycérine **1854** Préparation industrielle de l'aluminium : Saint-Claire-Deville (France) **1856** Convertisseur Bessemer (G.-B.) **1861** Bicarbonate de soude Solvay (Belgique) **1867** Dynamite Nobel (Suède)	**1870** Engrais potassiques **1870** Celluloïd Wyatt (USA) **1878** Nitrates chimiques **1878** Acier Procédé Gilchrist Thomas (G.-B.) **1882** Électrolyse de l'aluminium **1892** Mélinite Turpin (France)	**1909** Bakélite (Bakeland) Belgique
Textiles	**1769** Water-Frame Arkwright (G.-B.) **1779** Mule-Jenny Crompton (G.-B.) **1785** Métier à tisser Cartwright (G.-B.)	**1805** Métier à tisser la soie Jacquard (France)	**1884** Soie artificielle, Chardonnet (France)		
Transports	**1769** Chariot routier Cugnot (France) **1776** Bateau de Jouffroy d'Abbans (France) **1783** Montgolfière (France) **1794** Télégraphe optique Chappe (France)	**1804** 1res locomotives sur rail D. Evans et R. Trewthick (USA) **1807** Le vapeur *Clermont* sur l'Hudson, Fulton (USA) **1825** 1er « Railway » (G.-B.) Stockton à Darlington **1829** Locomotive « fusée » Stephenson (G.-B.)	**1830** Train Liverpool à Manchester **1832** L'hélice Sauvage (France), Smith (G.-B.), Ericsson (Suède) **1832** 1re ligne de chemin de fer (France) **1844** Première ligne télégraphique Morse (USA)	**1866** Premier câble télégraphique sous l'Atlantique **1876** Téléphone Graham Bell (USA) **1885** 1er pneu de caoutchouc **1888** Dunlop (G.-B.) **1897** 1er vol d'Ader (France) **1898** Dirigeables	**1900** Vol des frères Wright (USA). **1902** 1er tracteur agricole (G.-B.) **1909** Vol de Blériot sur la Manche (France) **1912** Survol de la Méditerranée, Garros (France)
Mécanique	**1793** Machine à égrener le coton Witney (USA)	**1808** Presse à imprimer Stanhope (G.-B.) **1814** Presse à vapeur du *Times* (G.-B.) **1820** Premier bateau de métal sur la Manche (G.-B.)	**1830** Machine à coudre Thimmonier (France). Première moissonneuse Mc Cormick **1837** Charrue perfectionnée Mathieu de Dombasle (France)	**1867** 1re machine à écrire à clavier **1869** Rotative Walker (G.-B.) **1875** Moissonneuse-lieuse	
Divers		**1809** Stérilisation des conserves Appert (France) **1812** Sucre de betterave Delessert (France) **1822-27** Photographie Niepce (France) **1847** Premier emploi du chloroforme **1851** Exposition universelle Londres	**1855** Exposition universelle Paris **1862** Exposition universelle Londres **1867** Frigorifique Tellier (France). Méthode de la « pasteurisation » **1867** Expo. univ. **1873** Exposition universelle Vienne **1879** Lampe à filament Edison (USA)	**1882** Isolement du bacille de la tuberculose et du choléra en **1883** par Koch (Allemagne) **1885** Vaccin antirabique de Pasteur (France) **1894** Sérum antidiphtérique **1895** Premiers films de cinéma Lumière (France) **1899** Aspirine	**1907** Lampe à triode Lee de Forest (USA) → débuts de l'électronique. **1909** Lampe au néon **1912** Découverte des vitamines Hopkins (G.-B.)

387

société, de l'éducation, l'Europe, qui a tout pris au monde, l'apportera au monde. »

Nous examinerons surtout les découvertes de la science appliquée.

L'Europe de l'énergie. Il convient de constater que l'intelligence humaine a su, d'une part inventer des machines à donner de l'énergie, d'autre part des machines utilisant cette énergie pour réaliser des productions dix, cent, mille fois plus importantes que celle des hommes travaillant à la main avec de simples outils, ou avec des mécaniques très frustes.

Pour comprendre ce double mouvement, voici quelques faits concernant la machine à vapeur d'une part, les métiers à filer et à tisser d'autre part, et enfin la production de la fonte et du fer.

Une grande partie de ces inventions vient de Grande-Bretagne, suivie par la France. Mais celle-ci prendra du retard avec les guerres de la Révolution et de l'Empire. Très vite, la Belgique, l'Italie du Nord, l'Allemagne de l'Ouest rejoignent ou parfois dépassent les premiers modèles.

Il y a là un grand phénomène européen, d'autant plus que rien de réellement nouveau n'apparaît soit en Chine, soit dans les pays arabes, soit en Inde, soit en Afrique.

La première machine à vapeur fonctionnant paraît avoir été, au début du XVIIIe siècle, celle du huguenot français Denis Papin, réfugié en Angleterre, puis en Allemagne, qui réussit même à faire marcher un bateau à vapeur. C'est ensuite la pompe à vapeur de l'Anglais Newcomen, le chariot routier du Français Cugnot (1769), le bateau de Jouffroy d'Abbans (1776)... Mais l'étape décisive est celle où l'Anglais James Watt, en isolant le condensateur du cylindre, puis en obtenant que la force de la vapeur joue sur les deux faces du piston, rendit la machine vraiment utilisable (1792)

Aidé par Mathew Boulton, un industriel généreux et intelligent, Watt se mit à fabriquer et à vendre des machines.

En 1800, cinq cents de ses machines actionnaient des métiers textiles ou des marteaux-pilons.

L'Europe de la mécanique : l'exemple du textile. Quelle est, pendant ce temps, l'évolution de l'industrie textile ?

Vers 1700, un métier à tisser le coton utilisait la production de quatre fileurs. Il fallait dix fileurs pour un métier à laine. En 1733, un constructeur de métiers du Lancashire, John Kay, inventa la navette volante, qui doublait le travail. Les tisserands, qui déjà manquaient souvent de travail faute de fil, furent si furieux que Kay dut s'enfuir en France.

Il fallait que les progrès s'accomplissent aussi dans la filature. Ceux-ci prirent réellement forme en 1769 lorsqu'un barbier du Lancashire, excellent homme d'affaires, lança une usine utilisant des procédés déjà connus, mais mal exploités. Son usine à énergie hydraulique utilisait le *Water Frame,* qui donnait un beau fil de coton.

387 *L'ingénieur anglais James Watt (1736-1819). Inventeur de la machine à vapeur et cofondateur de l'usine de machines à vapeur Boulton & Watt, à Soho près de Birmingham. 1755. Tableau de Carl Friedrich von Breda (1792).* **388** *Exploitation de houille à l'aide de la vapeur vers 1800 : puits d'extraction dans les Midlands. Peinture de l'époque.*

A peu près en même temps (1770), Hargreaves, tisserand du Lancashire, fit breveter la *Spinning Jenny.* Celle-ci permettait à une seule personne de filer huit, puis seize, puis cent fils simultanément.

En 1779, combinant le *Water Frame* et la *Spinning Jenny* (dont les fils étaient trop peu solides), le fileur Crompton, également du Lancashire, fabriqua une machine hybride (d'où son nom de *Mule Jenny).*

Le métier Jacquard en France (1804) permit de fabriquer des tissus à dessins.

Entre 1779 et 1812, le prix de revient pour le fil de coton diminua de 90 %, d'où cette remarque de Usher : « Cela permit à la grande majorité de la population de se procurer des tissus meilleurs que ceux que les riches avaient pu s'offrir auparavant » (cité par Heaton). C'était aussi une excellente marchandise d'exportation.

Nous ne chercherons pas à analyser l'immense suite des progrès accomplis, ni l'application de l'énergie et l'invention d'instruments mécaniques aux autres produits. Le progrès est incessant et s'accélère. Notons seulement qu'Alfred Sauvy estime qu'un Européen, vers 1960, dispose de plusieurs centaines de fois plus d'objets courants que son ancêtre du XVIIIe siècle.

L'Europe du fer. Il faut toutefois dire un mot de ce qui devait faciliter à l'extrême la construction mécanique : les inventions relatives à la fonte et au fer. C'est là qu'on voit le mieux l'avance anglaise.

« En 1709, le maître de forges Abraham Darby, à Coalbrookdale (Shropshire), essaie d'utiliser le charbon de terre (sous forme de coke) à la place du charbon de bois pour produire de la fonte : la mise au point de ce procédé ne fut achevée qu'en

388

389

1830. Avec la récupération des gaz chauds pour réchauffer l'air soufflé à la base du haut fourneau et économiser la moitié de la consommation du coke, les Darby furent seuls jusqu'en 1753 à produire de la fonte au coke (20 t par semaine environ) ; puis leur procédé se généralisa : en 1806, 97 % de la fonte anglaise était obtenue au coke. Les hauts fourneaux anglais au coke étaient 60 en 1788, 227 en 1806, 305 en 1826. En France, François de Wendel fit les mêmes essais à Hayange (Lorraine) en 1769 ; il possédait en 1784 des hauts fourneaux au coke en marche régulière à Hombourg ; l'année suivante, il inaugurait avec l'ingénieur anglais Wilkinson les quatre hauts fourneaux au coke du Creusot. Mais, en 1805, 98 % de la fonte française était faite au charbon de bois, 50 % encore en 1850, 9 % seulement vers 1870 » (J.-A. Lesourd et C. Gérard).

389 *Les temps modernes, 1831 : « Le progrès de la vapeur est irrésistible. » Embouteillage dans Regent Park, à Londres. Lithographie en couleurs de Henry Alken.* **390** *En Allemagne, outre la région de la Ruhr, la Haute-Silésie devint un important secteur industriel. Une usine métallurgique fondée en 1798 fut à l'origine du développement de la ville de Kö-nigshütte, aujourd'hui Chorzow en Pologne. La « Coakplatz » à Königshütte. Lithographie en couleurs (vers 1850).*

En Espagne, la révolution industrielle sera tardive. Toutefois, à partir de 1850, on y découvre de très belles ressources minières. Elle prend le premier rang mondial pour le mercure, pour le plomb (jusque vers 1900). Elle produit du zinc. Elle atteint pour un temps le second rang pour le cuivre. Son excellent pyrite de fer du Nord-Ouest est exporté principalement en Angleterre.

390

En revanche, l'Espagne est pauvre en bauxite et en pétrole.

Les voies ferrées. En 1804, l'Américain Olivier Evans et l'ingénieur anglais Richard Trevithick font rouler les premières locomotives sur des rails. Les rails en bois, puis en fonte, puis en fer, étaient utilisés pour les chariots des mines.

En 1814, George Stephenson, ingénieur des mines, établit des rails de fonte et crée une locomotive, « la Fusée », perfectionnée ensuite par la chaudière tubulaire de l'ingénieur français Seguin (1817). Le 27 septembre 1825, des wagons de voyageurs, tirés par la locomotive de Stephenson, se rendent de Stockton à Darlington. En France, en 1832, c'est la ligne Lyon-Saint-Etienne ; en 1835, Paris-Saint-Germain.

La France ne possède que 3 500 km de chemins de fer en 1851, lesquels n'assurent que le cinquième des transports de marchandises. Le réseau britannique est alors de 10 500 km.

Le tableau suivant indiquera les progrès entre 1850 et 1914 en kilomètres.

Pays	1850	1914
Grande-Bretagne	10 000	38 500
Allemagne	6 000	63 000
Belgique	800	8 800
France	3 500	39 500
Italie	120	18 000

L'Espagne passe, de 102 km en 1852 à 5076 en 1866 et à 10 800 en 1914. Mais l'écartement des rails, de 1,67 m, rend les raccordements difficiles.

Outre cet énorme réseau qui permet désormais d'aller de toute ville européenne à toute autre (tous les pays ont accepté l'écartement anglais sauf la Russie et l'Espagne) il faut noter les gains de temps.

Lorsque Mme de Sévigné allait de Paris à Vitré, où elle possédait sa propriété des Rochers, elle allait en carrosse de Paris à Orléans. Le carrosse était embarqué sur un « coche d'eau » d'Orléans à Nantes. De Nantes à Vitré, par d'abominables chemins on allait en voiture. Le total prenait cent soixante-douze heures.

La construction de routes royales avait abaissé la durée à quatre-vingt-dix heures en 1782, à cinquante-six en 1814. En 1854, grâce au chemin de fer la durée fut réduite à neuf heures. On notera que les Etats-Unis, profitant de l'espace, des terrains à bon marché, acceptant la construction de lignes plus frustes sont passés de 14 500 km en 1850 à 386 000 km en 1916 (alors avec un quart de capitaux européens).

391

391 *La fameuse locomotive « Rocket » de George Stephenson (1781-1848). Gravure sur bois en couleurs.* **392** *Un train de la ligne Liverpool-Mancherster. Elle fut construite sous la direction de Stephenson entre 1826 et 1830. Lithographie en couleurs de l'époque.* **393** *L'ingénieur Rudolf Diesel (1853-1913), inventeur du moteur qui porte son nom, avec sa famille. Photographie (vers 1895).*

Le perfectionnement des locomotives à vapeur a diminué considérablement la consommation de charbon. Les prix des voyages ont énormément baissé. Les rails de fer, qui s'usent vite, sont remplacés après 1870 par des rails d'acier.

Un autre caractère européen des chemins de fer est le creusement de *grands tunnels* internationaux :

– le Mont-Cenis (de 1857 à 1871) = 12,800 km, de Modane (en France) à Bardonnèche (en Italie) ;
– le Saint-Gothard (de 1870 à 1880) = 15 km ;
– le Simplon (achevé en 1921) = 19,8 km, de Brigue (en Suisse) à Domodossola (en Italie) ;
– le Loetschberg (de 1900 à 1905) = 14,600 km, etc.

392

On notera que les transports de marchandises et notamment des denrées pondéreuses se font par des réseaux de fleuves et de canaux pour lesquels la Belgique, les Pays-Bas, l'Allemagne ont de grandes facilités.

L'Allemagne, à la différence de la Grande-Bretagne, n'a pas sacrifié ses canaux. Elle possède en 1903 14 500 km de fleuves aménagés et de canaux. Le Rhin en est l'axe principal.

Il est, avec le Danube, la grande voie européenne.

Nous arrêtons ce chapitre à 1914, aussi voit-on seulement apparaître les nouveaux rivaux du chemin de fer. Le pétrole commence à être utilisé à la place du charbon pour chauffer les chaudières des bateaux à vapeur ou *steamers*.

Mais à côté des *steamers*, naissent les *motorships*, avec le moteur de l'Allemand Diesel à huile lourde (1897).

Le plus prometteur, c'est le moteur à explosion.

Au début des années 1860, l'Allemand Nicolas-August Otto et le Français Joseph-Etienne Lenoir inventent une machine qui utilise les gaz produits par la combustion de l'essence. Adapter ce moteur, plus propre, plus léger que des moteurs à vapeur, à la circulation sur les routes, est l'œuvre de chercheurs et de techniciens de tous les pays européens : notamment des Allemands Siegfried Marcus (mort en 1898), Gottlieb Daimler (mort en 1900), Carl Benz.

La liberté facteur de création. L'examen de notre tableau nous révèle une donnée fondamentale. Sauf erreur de notre part (tous les peuples étant extrêmement chatouilleux sur la primauté de leurs inventeurs nationaux), les premières inventions sont fondamentalement britanniques (avec le prolongement américain), puis françaises, jusqu'en 1850.

393

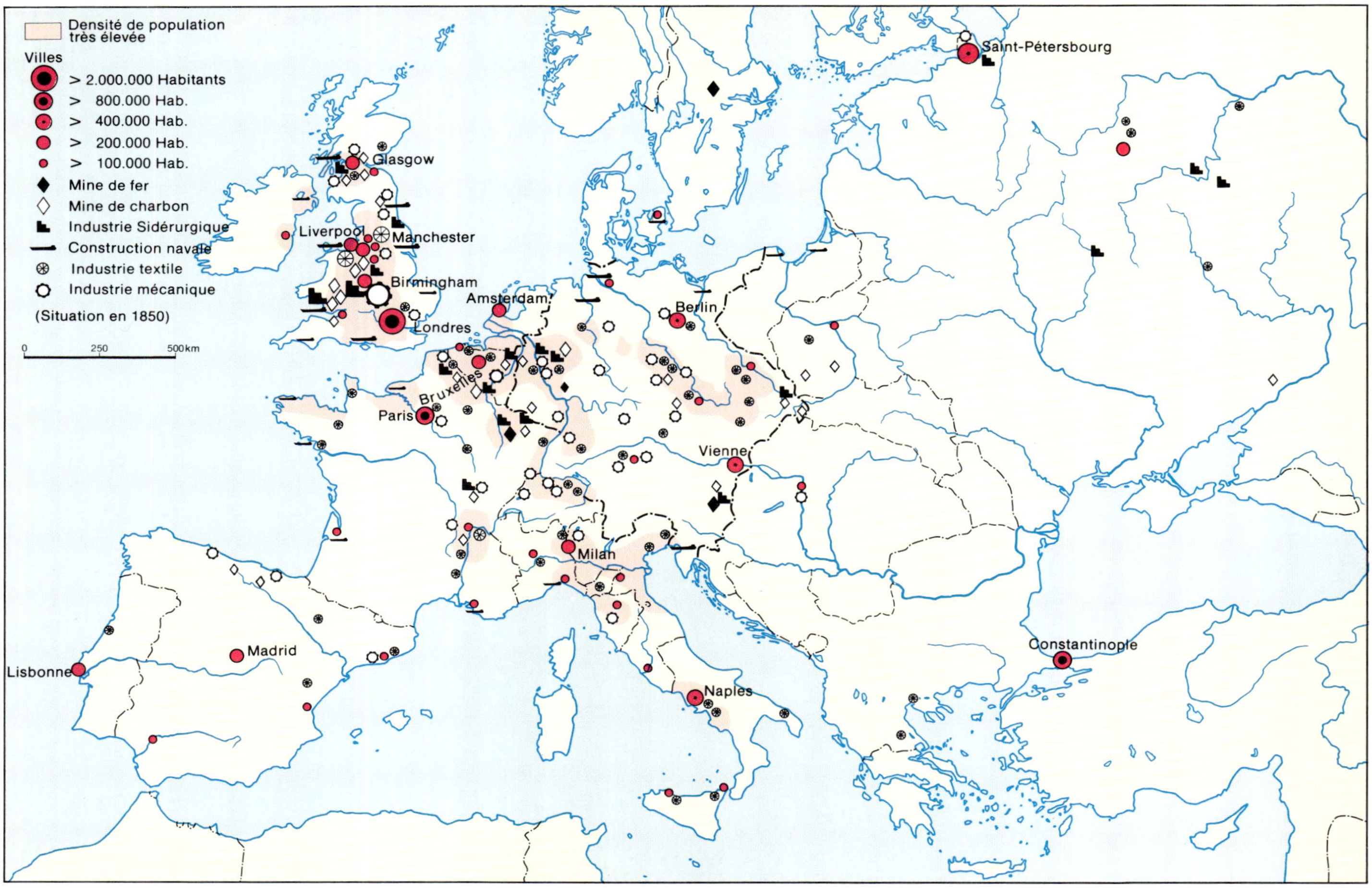

Carte 31 : *Les régions industrielles les plus importantes en Europe, vers 1850.* **394** *La première exposition mondiale eut lieu à Londres en 1851. Cérémonie inaugurale à Hyde Park, le 1er mai, en présence de la famille royale. Tableau de Henry Selous (1851).*

On voit ensuite, en nombre croissant, des Suisses, des Belges, des Allemands, des Néerlandais, des Suédois, des Danois, des Italiens, plus tard des Espagnols, des Portugais, etc. Comment expliquer ce phénomène ?

Nous avons déjà émis l'hypothèse selon laquelle *la création, à nombre égal d'intellectuels, est hautement favorisée par la liberté de pensée.* En admettant que cela n'explique pas tout, cette donnée reste vraie de nos jours et l'académicien soviétique Sakharov l'a naguère démontré. La recherche ne se fait pas sur inspiration gouvernementale.

Il est vrai qu'au XVIIIe siècle, la liberté religieuse est plus grande en Prusse qu'en France ou en Angleterre. Encore faut-il des *circonstances intellectuelles favorables.*

Le besoin d'autorisations gouvernementales pour se communiquer, de savant à savant, de laboratoire à laboratoire, est un frein insupportable à la découverte.

Or, l'Angleterre du XVIIIe siècle connaît l'*Habeas Corpus* depuis 1673, le contrôle parlementaire et la Déclaration des droits depuis 1689, l'apparition de la liberté de la presse sous George III (1760-1820), avec ce qu'on appelle « l'affaire Wilkes », du nom des démêlés du journaliste John Wilkes avec le pouvoir, démêlés qui se terminent par sa victoire finale.

Directeur du journal *North Briton,* condamné pour ses pamphlets, il se fit plusieurs fois élire député pour bénéficier de l'inviolabilité parlementaire. Il a été précédemment question de ce fougueux journaliste.

Les Etats-Unis sont les premiers à imiter cette liberté, et la renforcent même en adoptant dès l'origine la séparation des Eglises et de l'Etat.

La France, dès avant la Révolution, connaît une vague de tolérance. Son histoire, jusqu'en 1870, sera composée d'une alternance de liberté, de terreur, de despotisme.

De plus en plus, la liberté l'emporte. Deux pays à forte intelligentsia, politiquement plus libres que les autres, ont des raisons particulières de voir fleurir :

– les créations,
– les découvertes,
– les inventions.

La Confédération helvétique, la Belgique indépendante depuis 1830, l'Italie de Cavour, l'Allemagne partiellement démocratique de Bismarck (élection du Reichstag au suffrage universel) entrent l'une après l'autre dans le cercle des Etats libres.

Création et besoin. Ajoutons que la création est également liée au besoin. Lorsque la demande dépasse l'offre, elle suscite un intense effort intellectuel et pratique pour améliorer les moyens de production.

Edmund Cartwright, qui inventa le premier métier mécanique, était un pasteur de campagne. Il n'avait jamais vu un métier de sa vie et ne s'était jamais préoccupé des problèmes mécaniques, jusqu'au jour où il entendit les manufacturiers du Lancashire déclarer qu'on avait le plus urgent besoin d'un métier mécanique, mais qu'on ne pouvait pas le faire...

Le rôle de l'amateur prit une importance de plus en plus grande au cours du XIXe siècle, mais d'ordinaire l'inventeur était un professionnel ou un pur savant. Le type de l'*ingénieur* n'apparaîtra que peu à peu. Les inventeurs des métiers à filer furent un tisserand, Hargreaves, et un fileur, Crompton, tous deux du Lancashire.

II. L'Europe, centre mondial de la production

Y-a-t-il des cycles économiques ? Appliquées à l'industrie, au commerce, voire à l'agriculture, les inventions scientifiques permettent intellectuellement le *développement constant* de la production.
Il est difficile, dans un volume aussi général, d'apprécier le progrès *qualitatif.* Quant au progrès *quantitatif,* nous nous contenterons de commenter quelques tableaux qui, pour des produits ou services divers, convergent tous vers la même conclusion : un développement général. Certes, il y a des hauts et des bas.
Certains auteurs, tels François Simiand ou Kondratieff, pensent y voir des « cycles », liés notamment à la quantité d'or disponible dans le monde.
Lorsqu'elle devient insuffisante, le prix de l'or monte. Donc, les denrées payables en monnaies liées à l'or voient leurs prix baisser, ce qui gêne parfois même les producteurs. Alors, la production baisse (ou monte moins vite).
Ce sont les « phases B » de Simiand. Si, au contraire, l'or abonde, il baisse, et donc les denrées montent.
Ce sont les « phases A ». Bien entendu, quand la monnaie sera détachée de l'or (1971), de tels cycles disparaîtront automatiquement. De 1750 à 1940, ces phases – plus ou moins nettes – se répartissent, selon Kondratieff :

A : 1790-1815
B : 1815-1847
A : 1847-1873
B : 1873-1896
A : 1896-1920
B : 1920-1940

La découverte massive de l'or en Californie, au Klondike, et en Australie explique la période A de 1847-1873. Celle de 1896-1920 a pour origine les nouvelles mines sud-africaines.

Quelques chiffres de l'expansion économique. Mais le progrès global est manifeste.
– Aux anciennes zones industrielles européennes comme l'Angleterre, la Belgique et la France, s'ajoutent depuis le milieu du XIXe siècle le bassin de la Ruhr et la Haute-Silésie en Allemagne, ainsi que les foyers industriels d'Italie du Nord et de la Bohême (voir également la carte n° 288).
– La France, qui sous le Premier Empire, n'utilisait presque aucune machine à vapeur en a cinq mille trois cent vingt-deux en 1850, développant soixante-sept mille CV. Le chiffre est multiplié par quinze de 1850 à 1913, et le nombre de CV l'est par cinquante-trois.
– Les courbes d'utilisation de l'énergie pendant quarante ans attestent un bon progrès en Europe, mais surtout un développement fantastique aux Etats-Unis, qui, prolongement élargi de l'Europe, sont, dès 1900, en position de devenir la première puissance économique mondiale.
– La production de charbon augmente très rapidement dans les pays disposant d'importants gisements houillers : en Grande-Bretagne de 10 millions de t en 1800 à

394

395

290 millions de t. en 1913 ; en Allemagne (y compris le Luxembourg) de 1 million de t. à 277 pendant la même période. Les pays disposant de gisements de houille moins importants intensifient leur exploitation. En 1913 la France produit 41 millions de t. de charbon mais la *production* reste inférieure à la *consommation*.

– En 1913, les Etats-Unis sont le plus grand producteur de charbon (513 millions de t. de houille et lignite) ; suivent la Grande-Bretagne avec 290 millions de t., l'Allemagne avec 277 millions de t., la France avec 40,8 millions de t. et la Belgique avec 22,9 millions de t.,

– Vers 1900, les Etats-Unis sont le premier producteur d'acier, dépassant de justesse la production d'acier et de houille de la future communauté européenne (l'Europe des 6) : en 1913, les U.S.A. produisent 31 300 millions de t., l'Allemagne 17 320, la Grande-Bretagne 7860, la France 4610 et la Belgique 2430.

C'est entre 1870 et 1875 qu'on remplace un peu partout dans le monde, les rails de fer par des rails d'acier, beaucoup plus résistants.

– De 1850 à 1914, le réseau ferré britannique passe de 10 000 à 38 000 km, celui de l'Allemagne de 6 000 à 63 000 km, celui de la Belgique de 800 à 8 800 km, celui de l'Italie de 120 à 18 000 km, celui de la France de 3 000 à 39 500 km. L'Europe a moins de chemins de fer que les Etats-Unis, passés de 14 500 km en 1850 à 386 000 km en 1916.

– Tandis que le commerce mondial est multiplié par 7, celui de la Grande-Bretagne, très en avance en 1850, l'est par 5 pour les importations et 8 pour les exportations.

Le commerce global de la France est multiplié par 8. Celui de l'Allemagne et des Etats-Unis s'accroît beaucoup plus vite que le commerce britannique et français. De 1875 à 1913, il est multiplié par 3,5 pour l'Allemagne, par 4,7 pour les Etats-Unis, par 2 pour la Grande-Bretagne. Mais celle-ci reste en 1914 la première puissance commerciale du monde.

– Jusqu'en 1913, la part du commerce mondial faite par les principaux pays présente des fluctuations opposées, au profit de l'Allemagne et des Etats-Unis, au détriment de la France et de l'Angleterre.

– Le revenu national en Allemagne est multiplié par près de 4 entre 1871 et 1910, celui des Etats-Unis de près de 5. Pour avoir de pareils résultats en Angleterre, il faut remonter à 1851 comme base de comparaison. 1851-1911 représentent un revenu national quadruple pour la Grande-Bretagne.

L'Europe, centre des grandes banques.
La révolution industrielle s'explique par les *inventions* de plus en plus nombreuses, en matière de recherche fondamentale et de recherche appliquée, par les *besoins* croissants des populations, ce qui implique l'acquisition du minimum vital, une évolution psychologique mais aussi des capitaux.

Ceux-ci, depuis que les Européens sont devenus les maîtres de la mer, les colonisateurs, les grands négociants, se sont peu à peu accumulés. Encore fallait-il qu'ils puissent être utilisés de façon à la fois massive et flexible.

Tel fut le rôle des banques, rôle qui n'a cessé de s'élargir, depuis les « changeurs » du Moyen Age. Au XIXe siècle « le règne des banques commence », comme le dit Jacques Laffitte en 1830, peu avant de devenir le président du Conseil des ministres en France.

D'abord, chaque État a sa Banque nationale ; à l'imitation de la *Bank of England,* fondée en 1694, on voit apparaître la *Banque de France* (1800), la *Neder-*

landsche Bank (1814) aux Pays-Bas, la *Banque de Saint-Charles* à Madrid, la *Banque nationale d'Autriche* (1817).
A leurs côtés, de nombreuses banques privées, familiales. En Allemagne, les Mendelssohn, Bleichröder, Rothschild.
Cinq frères Rothschild, les « cinq gentlemen de Francfort », « se dispersèrent en Europe pour créer autant de banques travaillant dans chaque Etat : Salomon à Vienne, Charles à Naples, Nathan à Londres, James à Paris » (Lesourd et Gérard). A Londres, à leurs côtés, ce sont les Baring, les Lazard, les Schroeder, les Hambro. A Paris, souvent des protestants ou des israélites, la haute banque : Lazard, Hottinguer, Fould, d'Eichtal, Mallet (de Genève), Vernes, Mirabaud, de Neufflize, etc.
La grande transformation est la multiplication des petits dépôts, c'est-à-dire la clientèle d'un vaste public.
Escompte des effets de commerce, gestion de dépôts, placement de titres, etc., se multiplient. Les grandes banques de dépôt, aux comptoirs nombreux et disséminés, apparaissent principalement après 1850, et se distinguent des banques d'affaires. Par exemple en France le Crédit Lyonnais, la Société Générale, en Allemagne les « quatre D » (Darmstadter Bank, Diskontogesellschaft, Deutsche Bank, Dresdner Bank), en Angleterre les *Big Five* (National and Provincial, Westminster, Midland, Lloyds, Barclay) sont des banques de dépôt. Leurs succursales se multiplient.
Les banques d'affaires se lancent dans les investissements durables, l'appui à de grandes entreprises, les *affaires financières*.
Les banques de dépôt sont davantage attirées par les opérations courantes, dites *affaires bancaires*.

395 *Inauguration solonnelle du Canal de Suez, le 17 novembre 1869. Tableau d'Edouard Riou (1833-1900). Le diplomate et ingénieur français Ferdinand de Lesseps (1805-1894) construisit le canal d'après les plans de l'ingénieur autrichien Alois Negrelli.* **396** *Le baron James de Rothschild (1792-1868), fondateur de la banque Rothschild à Paris. Tableau provenant des archives Rothschild.* **397** *La Bourse de Londres vers 1820. Lithographie en couleurs de Thomas Rowlandson (1756-1827).*

397

396

L'Europe, banquier du monde. De cet extraordinaire développement bancaire – dont nous avons pu donner qu'une vue schématique – résulte un phénomène considérable. L'Europe devient, selon le titre d'un livre célèbre, le « Banquier du monde » (Herbert Feis, *Europe the World's Banker).*
Cela signifie que, disposant de ressources financières abondantes grâce à l'épargne, et désireux de trouver des taux d'intérêt plus élevés qu'à domicile, certains pays européens (et par-dessus tout, dans l'ordre de l'importance : le Royaume-Uni, la France et l'Allemagne) placent volontiers ces ressources à l'étranger.
Il s'agit d'opérations très diverses : crédits à court terme, emprunts étrangers conclus par les Etats, parfois par des autorités locales, achats d'actions, investissements dans des entreprises étrangères (chemins de fer, ports, phares, travaux publics, usines les plus diverses), ou création de filiales d'industries ou de banques métropolitaines à l'étranger.
Les zones qui reçoivent les plus abondantes ressources de ces trois fournisseurs de capitaux sont la Russie, l'Italie, l'Europe de l'Est, les Etats-Unis (qui sont globalement débiteurs de l'étranger avant 1914 et ne deviendront globalement créditeurs qu'après 1920), l'Amérique latine. Enfin, certaines colonies, et surtout l'Inde.
Les chiffres approximatifs sont en 1914 : 100 milliards de francs-or investis à l'étranger par l'Angleterre, 45 milliards par la France, environ 25 milliards par l'Allemagne.
Contentons-nous ici d'indiquer les caractères essentiels de leurs placements.
On notera que la théorie de l'« impérialisme économique », défendue en 1902 par le Britannique Hobson *(Imperialism, a Study)* et en 1915 par Lénine *(l'Impérialisme, stade suprême du capitalisme),* n'est pas historiquement vérifiée.
Lénine estime que l'impérialisme, et spécialement la conquête coloniale, est lié à l'ère du « capital monopoleur », c'est-à-dire de l'absorption du capital industriel par les banques. Celles-ci, et l'État qui, selon Lénine, est l'expression du « grand capital » chercheraient à conquérir des territoires, de façon à pouvoir y investir les capitaux excédentaires.
Or :
1) la plupart des pays ont conquis leurs empires *avant* d'atteindre à ce stade du capital « monopoleur » ;
2) sauf pour les Britanniques qui ont investi 50 % de leurs capitaux à l'étranger dans leur Empire colonial, ni les Français ni les Allemands n'ont beaucoup investi dans leurs domaines coloniaux.
Il est intéressant de montrer dans quelles directions s'orientent les placements à l'étranger.
L'Angleterre a investi 100 milliards de francs-or à l'étranger, soit le quart de sa fortune. Une cinquantaine de banques britanniques sont spécialisées dans ces investissements. Par exemple, la Banque impériale de l'Inde, la Banque de Hong Kong. 25 % seulement de ces investissements sont des emprunts d'Etats étrangers. 94 % sont investis hors d'Europe et près de la moitié dans l'Empire. Elle possède par exemple de nombreuses mines et chemins de fer en Amérique latine ou au Moyen-Orient.
Le gouvernement donne aux banquiers des consignes en fonction de l'importance politique que revêtent certaines affaires. Le revenu national anglais en 1913 est de 2,2 milliards de livres sterling, soit environ 55 milliards de francs-or. Un dixième de ce revenu vient des placements à l'étranger.
La France vient loin derrière, au deuxième rang, avec 45 milliards de francs-or investis. Les différences avec la Grande-Bretagne sont nombreuses. La France investit très peu dans ses colonies. La France prête beaucoup aux États étrangers, et cela depuis 1815.
Le gouvernement autorise ou non de tels emprunts, selon sa politique. C'est ce

qu'on appelle l'« admission à la cote » (de la Bourse). Ainsi, de 1871 à 1914, aucune valeur allemande n'est admise à la cote. Ensuite, bien qu'elle investisse hors d'Europe (en Asie, dans l'Empire ottoman, en Amérique latine), elle investit surtout en Europe.

Par exemple, les mines de Bor en Serbie, celles d'Agulas en Espagne, celles du Laurion en Grèce.

Elle a contribué au financement d'une grande partie des chemins de fer continentaux européens.

Depuis 1887, le pays le plus recherché par les Français est la Russie. Cela s'explique par le besoin, pour la France, d'une alliance de revers face à l'Allemagne plus peuplée, pour la Russie par le besoin d'argent pour pallier sa détestable politique financière. Ce qui est encore plus vrai après la défaite de la Russie par le Japon en 1905.

On assiste de plus en plus, d'ailleurs, à une diminution des investissements en emprunts d'Etat et à un accroissement des investissements privés dans l'industrie, les chemins de fer, les mines, le pétrole, le textile, la métallurgie, la chimie, et, bien entendu, les banques.

Les banquiers et les hommes d'affaires français disent volontiers que la Russie est le « Far West » de la France, ce qui n'est pas sans humilier et mécontenter les hommes d'affaires russes.

L'Allemagne investit beaucoup chez son alliée austro-hongroise, mais aussi en Espagne, Russie, Portugal, Roumanie, Afrique, Amérique latine. Elle finance un chemin de fer dans l'Empire ottoman, le Bagdad Bahn.

399

Elle possède aussi des intérêts en Chine, autour de sa concession de Kiao-tcheou, dans le Chantoung.

En Italie, elle profite de la « guerre économique » entre ce pays et la France pour supplanter durablement celle-ci et conquérir, grâce à la Banca Commerciale Italiana, un véritable contrôle sur les affaires italiennes. Notons aussi que les prêts allemands aux gouvernements étrangers sont « liés ».

Une clause du contrat oblige l'emprunteur à acheter des produits allemands. Au contraire, les Français ne s'en préoccupent pas, sauf pression du gouvernement, et l'on voit ainsi des pays européens utiliser l'argent français pour acheter des canons Krupp d'Essen et non des canons Schneider du Creusot.

L'Allemagne est un pays commercial, comme l'Angleterre et beaucoup plus que la France, cette dernière produisant beaucoup plus de produits agricoles. Ainsi voit-on la France au premier rang des investissements en Russie, mais l'Allemagne premier fournisseur et premier client de ce pays.

398 *Au tournant du siècle, l'Allemagne devint une puissance commerciale et industrielle en Europe. Coulage de l'acier pour une plaque de blindage, chez Krupp. Tableau de Heinrich Kley, vers 1900.* **399** *L'une des grandes réalisations techniques de l'époque impérialiste : la construction de la ligne Konya-Bagdad (3 200 km) : le premier coup de pioche. Photographie (1903).* **400** *La foire de Leipzig. Eau-forte aquarellée de Georg Emanuel Opitz (vers 1825).*

398

III. La brève expérience européenne du libre-échange

L'Europe de Napoléon III. Le centre de nos préoccupations est l'idée d'Europe. Lorsqu'il est au pouvoir, Napoléon III donne-t-il une impulsion à une organisation politique nouvelle ? Non. Il se contente, épisodiquement, de déclarations extrêmement vagues, qui expriment des espoirs plutôt que des intentions : « De tout mon cœur, déclare-t-il au Sénat le 21 novembre 1863, je souhaite qu'un jour vienne où les grandes questions qui divisent les gouvernements et les peuples pourront être réglées dans la paix par un tribunal européen. »

En 1867, il exprime son désir de voir se créer des « États-Unis d'Europe ». On a de la peine à voir là autre chose que de la rhétorique.

D'ailleurs, les réalistes, comme Bismarck, n'auront que dérision pour ces vagues velléités. Nous examinerons dans le prochain chapitre l'Europe de Bismarck, si différente de celle de son malheureux rival français.

Mais s'il n'y a pas beaucoup à tirer de Napoléon III sur l'Europe *politique,* il n'en va pas de même pour l'Europe *économique*. Il a existé, dans les années 1860, une véritable organisation économique européenne, et c'est l'action tenace de Napoléon III qui l'a mise en place.

400

Napoléon III, Cobden et Michel Chevalier. Remarquons d'abord que, comme le disent Gide et Rist, « au milieu du XIXe siècle, la doctrine d'Adam Smith a fait la conquête de l'Europe... La liberté du commerce international est acceptée comme un dogme intangible par les économistes de tous les pays. En Allemagne, en Angleterre, en France ou en Russie, l'accord est complet entre les autorités scientifiques. Les socialistes, ou négligent d'aborder ce sujet, ou, lorsqu'ils l'abordent, sont d'accord avec les économistes ». Des « autorités scientifiques » aux autorités gouvernementales, il y a un large pas à franchir. L'Angleterre, on le sait, donne l'exemple. L'action de l'*Anti-Corn-Law League* de Richard Cobden, celle du Premier ministre Robert Peel, aboutissent en 1846 à l'abolition des *Corn Laws,* lois protectionnistes sur les blés. Dans les années suivantes, d'autres mesures sont prises, et l'Angleterre devient réellement libre-échangiste.

En France, il est probable que les neuf dixièmes des hommes d'affaires, des industriels, sont protectionnistes. L'Association française pour le libre-échange, fondée par un économiste optimiste, Frédéric Bastiat, n'obtient aucun succès avant la mort de celui-ci (1851). Bastiat croit que le fonctionnement absolument libre des lois du marché, sans intervention de l'Etat, aboutira à un résultat favorable (sa principale œuvre est intitulée *les Harmonies économiques)*.

Cependant, Bastiat a converti au libre-échangisme militant une personnalité de poids, Michel Chevalier, professeur d'économie politique au Collège de France. Michel Chevalier avait été saint-simonien, et même le second du père Enfantin. Il s'était éloigné de lui lors du séjour qu'ils avaient fait en prison à Sainte-Pélagie en 1834. Réaliste, arriviste même, ses yeux s'étaient dessillés, et il avait compris qu'il ne ferait pas carrière s'il restait un adepte de la « religion saint-simonienne ».

Une mission aux États-Unis pour étudier les chemins de fer – Chevalier était sorti premier de l'École polytechnique et était ingénieur au Corps des Mines – l'avait en quelque sorte lavé des erreurs de sa jeunesse. Michel Chevalier avait écrit sur les chemins de fer et proposé un vaste réseau européen. Saint-simonien, il était implicitement libre-échangiste. Frédéric Bastiat acheva de le convertir et il devint le plus efficace et le plus dynamique partisan de cette doctrine.

Michel Chevalier n'était pas libéral en matière politique. C'est encore là l'une des caractéristiques de l'école saint-simonienne. Aussi accueillit-il avec satisfaction l'avènement d'un Empire autoritaire en France et reçut-il les faveurs du nouveau régime. Il employa à fond l'autorité croissante dont il disposait pour promouvoir le libre-échangisme en France, à l'imitation de l'Angleterre.

Ce faisant, il n'avait pas seulement en vue des buts économiques, l expansion de la richesse et de l'industrie. Profondément pacifiste, incroyablement peu nationaliste pour son époque, il voulait, par le développement du commerce, enchaîner si bien les Etats les uns aux autres que la guerre deviendrait impossible. En cela, il rejoignait pleinement les vues de Cobden, avec lequel il échangea une longue correspondance, sur un ton de plus en plus amical.

De son côté, Napoléon III était séduit par les idées libre-échangistes. D'une part, il admirait les saint-simoniens, écoutait leurs avis, ceux des banquiers Pereire et d'Eichtal, de Chevalier lui-même, professeur au Collège de France et futur sénateur. D'autre part, une de ses grandes idées consistait certainement à amener la France au niveau de la prospérité britannique tout en maintenant de bonnes relations avec Londres. Il avait séjourné en Angleterre après son évasion de 1846 du fort de Ham, précisément au moment où celle-ci adoptait le libre-échange. Mais la difficulté venait du Corps législatif élu, largement protectionniste.

401 *Michel Chevalier (1806-1879), économiste et conseiller d'État français. Défenseur du libre-échange, il contribua à la signature du contrat de Cobden en 1860. Tableau attribué à Léon Cogniet (1794-1880).*

Le traité franco-anglais de 1860. C'est Michel Chevalier qui suggérera à l'Empereur un moyen légal de tourner cette opposition. La Constitution de 1852 lui donnait le droit de signer des traités de commerce et de les ratifier sans les soumettre à l'approbation du Corps législatif. Michel Chevalier, en grand secret, fut chargé de négocier avec Cobden un traité de commerce franco-anglais qui aboutissait à une quasi-suppression, du moins à une très forte baisse des droits de douane entre les deux pays. Le 23 janvier 1860, *le Moniteur* publia le texte – ayant force de loi – de ce traité qui suscita de la part des industriels de violentes, mais vaines protestations.

Le traité franco-anglais n'est qu'un début. En ce qui concerne la France, dans les années suivantes, elle prit toute une série de mesures libérales, en particulier pour la libre entrée des matières premières industrielles, pour la simplification des lois de navigation, pour l'octroi aux entreprises étrangères s'installant en France des mêmes droits qu'aux entreprises françaises.

En ce qui concerne le reste de l'Europe, de nombreux pays signèrent avec la France des traités similaires au traité de commerce franco-anglais : 1861 Belgique et Turquie, 1862 le *Zollverein,* union douanière prussienne, signé avant l'arrivée de Bismarck au pouvoir, 1863 Italie, 1865 Suède et Pays-Bas, 1866 Autriche.
D'autre part, ces Etats conclurent entre eux des traités similaires. Ce n'est pas le libre-échange total, mais on n'en est pas loin.
Comme l'écrit l'historien américain Rondo Cameron : « A cause de l'incorporation d'une "clause de la nation la plus favorisée", et du fait de la négociation de traités suivant des principes similaires par les autres nations elles-mêmes, la France devint la pierre angulaire dans une structure de relations commerciales internationales qui amena le monde plus près qu'il ne l'avait jamais été du libre-échange complet » *(France and the Economic Development of Europe).* David Thomson dit de même que la France est alors le « foyer de l'économie européenne ».
Seule la Russie resta entièrement protectionniste.
Dans cette Europe quasi libre-échangiste, on s'approche aussi de l'unité monétaire, au moins sur le continent. Le franc-or est la monnaie de la France, de la Suisse. La Belgique le réadopte après 1830. C'est aussi, sous le nom de lire, celle du Piémont, qui l'étend à toute l'Italie, et, jusqu'en 1867, celle de la Rhénanie. Le franc sert également de base aux monnaies grecque, espagnole, serbe, roumaine et même finlandaise (la Finlande jouissant d'une certaine autonomie dans l'Empire tsariste).
En 1865, à cause de la dépréciation de l'or et des problèmes que cela pose, France, Belgique, Suisse et Italie constituent une Union monétaire latine où elles invitent d'autres pays.
La Grèce en devient membre en 1868. La Hongrie s'y associe en 1867, de même que l'Autriche. Mais en Allemagne, Bismarck est réticent, et malgré la pression de cercles commerciaux et financiers, il préfère l'adoption d'une nouvelle monnaie pour l'Allemagne, le mark.

Le libre-échange n'assure pas la paix. Libre circulation des marchandises, des personnes, des capitaux, unité monétaire, et même « conventions d'établissement » pour les entreprises, tout cela fait de l'Europe des années 1860 une sorte d'unité économique. Celle-ci évoque plus une « zone de libre-échange » qu'un « marché commun ». Elle présente cependant le plus haut degré d'intégration jamais atteint. Est-ce là un phénomène durable, prometteur ?
Cobden, Michel Chevalier ont-ils raison de voir dans l'interpénétration commerciale un facteur de paix ? Hélas ! ils ont trop peu tenu compte dans leurs calculs de la force irrésistible du nationalisme. Que pèse le commerce auprès de l'exaltation patriotique, de l'ambition territoriale, des considérations de prestige ? Napoléon III lui-même sacrifie largement à ces dieux menaçants. Bismarck, sous prétexte de cimenter l'unité allemande, ampute la France vaincue de l'Alsace et de la Lorraine malgré les protestations durables des habitants.
Au surplus, le rapprochement économique avait été favorisé par une phase de prospérité, de montée des prix. En 1873 se déclenche une grave crise économique. La tentation est forte d'abandonner le libre-échangisme. En France, le protectionniste Adolphe Thiers est au pouvoir de 1871 à 1873.
Mais c'est en Allemagne qu'en 1879 Bismarck prend la décision de rétablir des droits de douane élevés. Il y aura des contre-mesures françaises en 1881, une guerre douanière franco-italienne de 1887 à 1897 environ. En 1892, les tarifs français seront fortement élevés par Méline. Le rêve d'une Europe économique, devenu pour un temps réalité, se dissipe aux premiers orages. Michel Chevalier, dans une correspondance avec l'ancien ministre prussien von der Heydt, exprimera, dès 1871, son désespoir devant l'écroulement de ses rêves.
Si Bismarck a toléré entre 1862 et 1879 la libéralisation des échanges, cela dérive de considérations empiriques et non d'une attirance quelconque pour l'Europe. Ce monarchiste prussien, hostile en 1848 à l'unité allemande, a finalement réalisé celle-ci autour de la Prusse, et les auteurs ne sont pas bien d'accord pour décider s'il s'est *converti* à un certain nationalisme allemand, ou s'il a cyniquement exploité celui-ci pour la grandeur de la Prusse. Mais passer de là à l'unité de l'Europe, l'idée, lorsqu'il l'a entendu exposer, lui a paru grotesque. L'Europe, pour lui, c'est l'Europe historique, celle des rivalités d'Etats, celle aussi de l'équilibre – car ce grand homme d'Etat a su éviter après 1871 la poursuite des conquêtes.
L'Europe n'était même pas, à ses yeux, l'Europe du droit. Non qu'il ait jamais prononcé la formule « la force prime le droit », mais parce qu'il était convaincu que le droit dérive non de la morale ou de la justice, mais des traités, qui eux-mêmes sont souvent la conclusion d'une épreuve de force.

Le triomphe du protectionnisme. Sur le plan économique, Bismarck, qui était tout le contraire d'un doctrinaire, avait un doctrinaire à sa disposition s'il voulait justifier l'abandon du libre-échange. Friedrich List avait publié son *Système national d'économie politique* en 1841. Pour lui, l'économie politique classique est trop cosmopolite.
Elle raisonne comme si les hommes étaient réunis en une grande communauté où la guerre aurait été abolie. C'est une erreur, car la nation joue un rôle essentiel pour le développement des « forces productives ».
A ses yeux, « l'économie politique ou nationale » est « celle qui, prenant l'idée de nationalité pour point de départ, enseigne comment une nation donnée, dans la situation actuelle du monde et eu égard aux circonstances qui lui sont particulières, peut conserver et améliorer son état économique ». Il en dérive cette idée que pour se défendre contre la concurrence des nations industrielles plus avancées, un pays qui veut s'industrialiser doit être protectionniste. Telle est l'attitude des Etats-Unis d'Amérique, que List observe avec la plus grande attention. Dans le grand conflit d'idées entre l'économie libérale et l'économie nationale de List, cette dernière, à la fin du XIXe siècle, remporte la victoire décisive. C'est, pour l'Europe, un coup fatal dont on ne saurait s'exagérer les conséquences.

La « multiplication des choses ». Quelles que soient les données économiques, la révolution industrielle, en accélérant la fabrication des objets, modifie considérablement les sociétés. Et tout dérive d'une utilisation plus habile de l'intelligence. On ne saurait mieux faire que de citer un beau texte de Pierre Chaunu : « Les mots de révolution industrielle – en petites lettres – renvoient constamment à cet ensemble d'innovations techniques qui, en substituent des machines à l'habileté humaine et une énergie inanimée à la force humaine et animale, provoque un passage de l'artisanat à l'industrie, et, ce faisant, donne naissance à l'économie moderne. Révolution, certes, mais illusoire dans le prolongement de ce qui a été : les innovations sont plus nombreuses, ces machines et cette énergie domestiquée sont, en deux cent quarante ans, mises en service du cinquième des hommes ayant vécu ces trois millions d'années. Tout cela est dans le prolongement de l'outil, du galet éclaté, donc, premier artefact, dans le prolongement d'une main, donc d'un corps, du moulin, de l'eau, du vent et du muscle animal qui, déjà au XVIIIe siècle,

402 *L'économiste Friedrich List (1789-1846). Tableau de Caroline Hovemyer (1839). List préconise des mesures protectionnistes durant la période d'industrialisation d'un pays.*

403 *Louis Pasteur (1822-1895) dans son laboratoire. Tableau d'Albert Edelfelt, 1885. Pasteur développa entre autres la vaccination contre le choléra, le charbon et la rage.*

fournissaient à chaque homme, en Occident, l'équivalent de vingt esclaves en force déployée. Heureux Occident. Jamais tout n'a été dit « on the World » aussi totalement entraîné par l'Europe occidentale (l'ancienne chrétienté latine) et son bourgeon nord-américain. » Et Chaunu ajoute cette conclusion : « ces bouleversements affectent les pensées plus encore que les choses, ils sont l'essence de ce que nous avons appelé *le monde plein* et le passage du paradigme de la pensée antique logique dialectique au paradigme mathématique d'un univers déhiérarchisé, singulièrement un, dans les lois qui le régissent, de l'étoile au ciron, de la galaxie à la particule. » (Chaunu Pierre, *Trois millions d'années. Quatre-vingts milliards de destins,* Paris, Robert Laffont, 1990, 346 p. Cf. p. 292 et 294.)

IV. L'Europe et l'allongement de la vie

Les humains ont une immense aspiration à vivre.

Dans la préhistoire, l'espérance de vie était extrêmement brève par suite de diverses circonstances : les catastrophes naturelles (y compris le gel, l'inondation, la sécheresse), les maladies, avec une médecine presque inexistante, la famine, la violence et la guerre. Il va de soi que l'humanité n'a cessé de lutter contre tous ces facteurs de mortalité. Les lents progrès de l'agriculture, l'irrigation, la sélection des espèces, l'écobuage et le défrichage permettent de lutter contre la famine. La médecine empirique obtient quelques résultats contre la maladie. Et la lutte contre la guerre, si impuissante soit-elle en général, n'a jamais cessé de tourmenter les responsables politiques.

Révolution scientifique et espérance de vie. La révolution industrielle, et la révolution scientifique qui en est le fondement vont obtenir plus de résultats en deux siècles que pendant tout le reste de l'histoire humaine. Mais ces résultats sont différents pour les Européens auteurs de la révolution, et pour les autres. La principale donnée, pour une étude générale, est l'espérance de vie à la naissance. La natalité, par an, pour mille habitants et la mortalité, également par an et pour mille habitants, sont toutes les deux intéressantes dans notre perspective. Pour l'Angleterre en 1740, la natalité est de 39,2 %, la mortalité de 38,5 %. En 1800, la natalité baisse légèrement jusqu'à 38,4 % et la mortalité beaucoup plus puisqu'elle atteint le taux de 27,1 %. Les calculs ayant été effectués pays par pays, il est très difficile de donner des chiffres de natalité et de mortalité pour l'Europe entière. La France a été le premier pays dont la natalité a tant baissé qu'elle rejoindra ou même, dans les années 1930, tombera au-dessous du taux de mortalité ; d'où son vieillissement caractéristique, suivi par celui de toute l'Europe. En Espagne, la population passe de quinze millions et demi en 1857, date du premier recensement valable, à vingt et un

404

millions trois cent mille en 1920. Dans cet intervalle, la natalité a diminué de 36 % à 29,3 % et la mortalité de 31 % à 23,2 %. Il n'y a plus de famine globale en Europe de l'Ouest depuis 1715, à l'exception de l'Irlande, qui en a connu une terrible de 1846 à 1848. Quant à la maladie, la découverte et la diffusion de la vaccination antivariolique, après 1796, par le Britannique Jenner, réduisent nettement la mortalité. La variole représentait 10 % des décès (30 % pour les enfants de un à quatre ans). On peut résumer ce qui s'est produit avec ce texte de Jacqueline Beaujeu-Garnier *(Géographie de la population) :* « La découverte des vaccins, les recherches de Pasteur se marquent par la conservation de nouvelles vies. En 1888, l'Institut Pasteur est fondé. Parallèlement, reculent la maladie et la mort. En Angleterre, le nombre des décès par fièvre typhoïde passe de cinq mille huit cent en 1870 à deux mille quatre cent trentre-neuf en 1906. En Italie, de 1887-1892 à 1949, le taux de mortalité s'est abaissé de deux mille soixante-et-un à quatre cent quatre-vingt-douze par million d'habitants pour la tuberculose, de cinq cent soixante sept à 2 pour la malaria, de trois mille six cent quatre-vingt-seize à trois cent quatre-vingt-trois pour les autres maladies infectieuses... » Inversement, on voit s'accroître le taux de mortalité par maladies de l'appareil circulatoire et par cancer, c'est-à-dire des maladies liées à l'usure de l'organisme et dont le développement ne peut que croître avec l'allongement de la durée moyenne de la vie. La diminution de la mortalité a fait un nouveau bond avec la grande découverte de la période récente, celle des antibiotiques, et l'allongement de la durée moyenne de la vie est passé en France, de quarante ans en 1860, à cinquante ans en 1913, à cinquante-six ans en 1938 et à soixante-six ans en 1950.

Mais, tous ces progrès médicaux auraient été beaucoup moins efficaces, beaucoup plus lents à se répandre, et peut-être même dans certains cas, totalement vains, s'ils ne s'étaient pas accompagnés de progrès économiques particulièrement importants et s'ils n'avaient pas été largement diffusés. Le développement de l'instruction, des transports et l'accroissement des facilités commerciales ont joué leur rôle dans la généralisation et l'expansion des découvertes médicales. Le nombre des analphabètes est réduit de 13 % en Italie septentrionale entre 1861 et 1881. Mais le rôle fondamental est celui de l'*élévation du niveau de vie*. Si la santé de l'Européen moyen a pu s'améliorer, c'est en grande partie parce que les progrès de l'agriculture ont généralement précédé et accompagné les autres et les ont permis.

Les progrès de l'espérance de vie à la naissance vont être considérables. Certaines études ont permis d'évaluer ce chiffre :

– pour la fin de l'Egypte pharaonique à un peu moins de vingt-quatre ans ;

– pour la Hongrie au XIIIe siècle à vingt-sept ans ;

– en Suède, il est :

a) entre 1751 et 1790 de 33,72 ans pour les hommes et de 36,64 ans pour les femmes,

b) entre 1791 et 1815 de 33,35 ans pour les hommes et de 38,44 ans pour les femmes.

Pays		vers 1900	vers 1930	vers 1950
France	Homme	48,3	54,3	61,9
	Femme	48,7	59,0	67,4
Norvège	Homme	54,8	60,9	67,8
	Femme	57,7	63,8	71,7
Angleterre et Galles	Homme	—	58,7	66,5
	Femme	—	62,6	71,2
Italie	Homme	44,2	53,7	—
	Femme	44,8	56,0	—

Le tableau ci-dessus donne une idée de niveaux atteints plus récemment.
A ces chiffres européens, bénéficiaires de la révolution industrielle, donnons, à titre de comparaison, quelques chiffres de pays étrangers à l'Europe.
– En Algérie, en 1955, l'espérance de vie à la naissance est de quarante-cinq ans (le chiffre de la France en 1900),
– En Guinée (ex-colonie française), elle est de trente à trente et un ans dans l'intérieur et de trente-cinq à trente-six ans en ville.
– Dans l'ensemble de l'Afrique elle serait de quarante ans..
– En Corée, de 1926 à 1930, l'espérance de vie à la naissance est de 32,4 ans pour les hommes et de 34,9 ans pour les femmes.
– Au Japon industrialisé : quarante-cinq ans vers 1925-1930, mais cinquante en 1948, soixante-huit en 1956 = 67,2 ans pour les hommes et 70,2 ans pour les femmes.
– En Chine, vers 1933-1940 = 41,1 ans pour les hommes et 45,7 ans pour les femmes.

404 *Bien qu'il y ait eu au départ une certaine résistance à la vaccination, elle connut ensuite un développement rapide.* In der Impfstube *(« Dans la pièce de vaccination »), tableau de Zimmermann (1864).* **405** *Pauvreté et persécution politique provoquaient de nombreux exodes d'Europe. Déjeuner sur le gaillard d'avant d'un navire d'émigrants. (1849).*

405

Accroissement de la population européenne. Au total, ce qui frappe, c'est l'accroissement global de la population européenne. En 1789 l'Europe sans la Russie possède 141 millions d'habitants. En 1955, elle en a 396 millions. Sa superficie est de 3,8 % des terres émergées. Mais elle a 16,2 % des habitants du monde. De 1850 à 1900, le taux d'accroissement européen a été de 9,6 % par an, et la progression mondiale d'environ 6,5 %. Au début du XIXe siècle, du fait d'un ralentissement de la natalité en Europe, et d'une mortalité en baisse, face à une natalité énorme ailleurs, la progression de l'Europe devient plus faible.
Vers 1800, l'Europe représente environ un cinquième de la population mondiale. En 1950, à peine un sixième.

L'Europe, terre d'émigration. L'un des résultats de la misère ouvrière, ainsi que des luttes politiques au XIXe siècle a été une énorme émigration européenne. 50 millions d'hommes sont partis de 1815 à 1914 pour l'outre-mer, créant de vastes prolongements de l'Europe. Le plus important de tous est évidemment les Etats-Unis, qui ont reçu 32 millions. Viennent ensuite le Canada, 4,5 millions, l'Australie, la Nouvelle-Zélande, l'Afrique du Sud, mais aussi le Brésil, 4,6 millions et l'Argentine, 6 millions.
Les points de départ de l'émigration sont les suivants :
Grande-Bretagne et Irlande .. 17 millions
Allemagne ....10 millions
Italie .... 9,5 millions
Europe balkanique
et danubienne .... 4,5 millions
Espagne .... 4,4 millions
Scandinavie .... 2 millions
Portugal .... 1,6 millions
Belgique, Pays-Bas .... 0,5 millions

La France seule ne participe pas à ce courant. Sa seule émigration est destinée à l'Algérie, où d'ailleurs viennent aussi des Italiens, des Maltais et surtout des Espagnols, qui, une fois installés, deviennent citoyens français.
Taux d'accroissement annuel entre 1850 - 1900 :
Europe .... 9,1 %
Monde .... 6,5 %
Progression de la population
entre 1920 - 1952 :
Europe .... 22 %
Asie .... 28 %
USA, Canada .... 44 %
Afrique .... 46 %
Amérique latine .... 76 %

V. L'envers du décor : le prolétariat

Nous examinons dans ce livre tout ce qui apparaît comme communautaire, contribuant ainsi à renforcer l'originalité de l'Europe. Tel est bien le cas de la révolution industrielle, phénomène purement européen dans ses débuts, encore largement européen en 1914, malgré la montée des Etats-Unis – prolongement de l'Europe – puis du Japon.
Globalement, la révolution industrielle est destinée à transformer la surface du monde, et à provoquer un *enrichissement global,* une plus grande espérance de vie, un plus grand confort.

Vue générale sur le mouvement ouvrier. Pourtant, comme tous les grands événements humains, elle agit de façon différentielle.
1) Elle accroît la supériorité militaire, politique, économique de l'Europe sur le reste du monde, lequel en pâtit.
Nous avons déjà évoqué cet aspect de l'histoire, et nous y reviendrons.
2) Elle provoque une transformation sociale, par le bouleversement même des conditions de production.
Cette transformation aboutit à la création d'une classe nouvelle qu'on peut appeler le *prolétariat.* Celui-ci est composé de ceux qui, comme l'a dit Marx il y a plus de cent ans, ne possèdent rien d'autre que leur « force de travail ».
Cela signifie que le prolétariat, existant au XIXe siècle et vivant dans une misère épouvantable, est destiné à disparaître large-

ment dès qu'apparaissent les *garanties,* contractuelles ou législatives, contre la maladie, l'accident du travail, le chômage, la vieillesse ainsi que le minimum vital, la limitation de la durée du travail, les congés payés. Aussi a-t-on étendu – abusivement – ce terme au monde immense des petits salariés.

3) Les prolétaires étant des humains sont dotés de *l'esprit créateur.* Le « capitalisme sauvage » pratiquait tous les abus – salaires insuffisants, permettant tout juste de survivre, durée épuisante du travail, emploi des enfants dès leur jeune âge, risque d'accidents sans protection, misère absolue pour les vieillards, les infirmes, les malades, les chômeurs, que seule peut secourir la charité privée ou publique.

Face à cela, s'est dressé, empiriquement, puis de façon de plus en plus réfléchie et organisée, ce qu'on a appelé le *mouvement ouvrier.*

4) Par ailleurs, des intellectuels, des notables, constatant avec horreur l'apparition d'un phénomène nouveau, d'une nouvelle misère, beaucoup plus systématique que la pauvreté traditionnelle, ont inventé un système économico-social aux faces extrêmement variées, mais qu'on peut désigner légitimement comme le socialisme. Il s'agit de freiner le libéralisme absolu, essentiellement par deux méthodes : l'*association* (qui aboutit aux mutuelles, aux coopératives, aux syndicats, etc.) et la *législation :* le vote de lois sociales, donc l'intervention de la machine de l'Etat. L'Etat intervient soit pour empêcher la violence en faisant des concessions, dans un esprit de maintien de l'ordre public, soit par suite de la force, dans les Parlements élus, de groupes favorables aux ouvriers, qui vont apparaître dans la deuxième moitié du XIXe siècle.

5) Le socialisme est d'abord *utopique, romantique,* de ses débuts – vers 1830 – jusque vers 1850. Il est ensuite *réaliste, rationnel* et *réformiste,* avec des hommes comme Proudhon en France, Lassalle en Allemagne et la plupart des socialistes britanniques. Enfin, côte à côte avec le socialisme réformiste, apparaît le socialisme révolutionnaire, dont la principale tendance est le marxisme.

6) Les succès remportés – trop lentement à leurs yeux – par les prolétaires datent du moment où, après 1880, *on constate un rapprochement et même une union entre le mouvement ouvrier et le socialisme.*

Les socialistes se divisent principalement en réformistes, prédominants en Grande-Bretagne et en marxistes, prépondérants en Allemagne : le nom du parti allemand est social-démocrate. Parfois, les deux tendances sont de force comparable ; ainsi, en France, lorsqu'en 1905, une fusion est opérée entre la tendance réformiste de Jean Jaurès et la tendance marxiste simplifiée de Jules Guesde.

La formation du prolétariat. La destruction des corporations. Nous ne parlerons pas ici des pays extra-européens, qui, du fait de la totale suprématie européenne en matière d'armements, sont soumis à une colonisation parfois très brutale. Certes, la traite des Noirs est condamnée dès le Congrès de Vienne (1815).

L'esclavage est supprimé en 1833 dans l'Empire britannique, en 1848 dans les colonies françaises, en 1862-1865, dans l'ensemble des Etats-Unis. Mais l'exploitation des pays conquis se poursuit sous d'autres formes, et l'apport de certains éléments du progrès matériel (routes, ports, médecine, quelques écoles) ne suffit pas à compenser l'humiliation de la domination par l'étranger.

C'est en Europe même qu'il nous faut examiner l'envers du décor. On peut résumer l'essentiel en une expression : la révolution industrielle a provoqué la création d'une classe sociale nouvelle, le prolétariat industriel.

Certes, le travail des hommes était organisé. Depuis le haut Moyen Age s'étaient formées des corporations ou guildes, par métiers, ayant leurs propres règlements, groupant maîtres, compagnons et apprentis. Certains métiers étaient plus organisés que d'autres (« métiers jurés »). Ils bénéficiaient souvent d'un monopole et de la protection de l'Etat, ou au moins de la commune, en matière de règlements et de

406

407

406 *Le revers de la révolution industrielle : la misère des ouvriers dans les grandes villes. Une file d'attente devant un asile de nuit. Tableau de sir Luke Fildes, 1874, d'après Charles Dickens.*
407 *Distinctions de classes : la visite des patrons dans une aciérie. Peinture à l'huile, anonyme (1859).*

privilèges. En principe, le *compagnon,* ayant fait ses preuves par l'exécution d'un chef-d'œuvre, pouvait devenir *maître.*
L'accumulation de capitaux rendit cette ascension de plus en plus difficile, notamment au XVIIIe siècle. De plus en plus, le patron s'éloignait, socialement, de ses ouvriers. La concentration, encore bien rare au XVIIIe siècle, aboutissant à la création de manufactures, d'usines, séparait encore davantage un patronat bourgeois d'un groupe social ouvrier.

La coalition et la grève. Les idées révolutionnaires, exprimées par la bourgeoisie en plein essor, aboutirent à la dislocation des corporations ou guildes, au nom de la « liberté du travail ». Les hommes, certes, selon la Déclaration des droits de l'homme, étaient « libres et égaux en droit ». Mais ils ne l'étaient pas en fait. La dissolution des corporations aboutit à l'interdiction des *coalitions,* c'est-à-dire des groupements de patrons cherchant à imposer leur prix et des groupements d'ouvriers s'efforçant de défendre leurs intérêts par la grève.
Cette disposition fut prise en France par une loi de l'Assemblée constituante dite « loi Le Chapelier » (juin 1791), reprise par le Code pénal (art : 431, 432 et 433). En Angleterre, où existaient encore des corporations (le *Statute of Artificers),* des lois de 1800-1801 (dites *Combination Acts)* interdirent les coalitions. En Prusse, dans l'ancien royaume de Westphalie, le système français fut adopté. Le départ des Français aboutit au rétablissement des guildes *(Zunft, Körperschaft)* jusque vers 1845-1848. C'est seulement en 1819 que l'accès à tous les métiers devint libre.
Bien entendu, la coalition patronale, groupant un petit nombre de personnes, pouvait s'opérer aisément de façon clandestine. La coalition ouvrière, impliquant parfois un grand nombre de personnes, était très difficile à organiser, et plus sévèrement punie. Aussi, le phénomène historique de première grandeur, qu'on appelle mouvement ouvrier, a-t-il essentiellement consisté en grèves dangereuses et en efforts pour *organiser* coalitions et grèves. En Grande-Bretagne, les *Combination Acts* furent abolis en 1824-1825. La grève devint donc licite, au prix de nombreuses réserves que le mouvement ouvrier anéantirait l'une après l'autre. En France, il faut attendre une loi de 1864 inspirée par Napoléon III, et qui accordait le droit de coalition.

Les ouvriers face au « capitalisme sauvage ». Avant d'examiner l'organisation de la coalition et de la grève par des associations d'ouvriers, les syndicats *(Trade Unions),* il faut évoquer la naissance du prolétariat industriel. Dans une période où l'industrie se développe, avec une accélération croissante, l'appel à la main-d'œuvre est considérable.
Plutôt que de vivre dans une semi-misère à la campagne, nombre d'ouvriers agricoles, voire de petits propriétaires aux parcelles trop exiguës, croient pouvoir trouver une meilleure condition dans les villes. L'accroissement démographique de la population favorise le recrutement. Mais les ouvriers, non protégés, non organisés, trop nombreux, déracinés, sont

408

obligés de se plier aux conditions des patrons. Si l'on admet la définition du prolétaire donnée par Karl Marx, le vrai prolétaire est celui qui ne possède que sa force de travail. Le patron la lui achète aussi bon marché que possible, la limite inférieure étant la survie, puisque la main-d'œuvre est une nécessité. Comme il y a trop de travailleurs potentiels – l'« armée de réserve du prolétariat » – les patrons peuvent fixer les salaires au plus bas. En Angleterre, puis en France et en Belgique, puis en Italie du Nord et en Allemagne, on va ainsi assister à des abus horribles : travail jusqu'à quinze heures par jour, travail d'enfants dès l'âge de cinq ans, aucune protection contre les accidents du travail, aucun secours en cas de maladie ou de chômage, aucune retraite de vieillesse.

Vers 1850, en Grande-Bretagne, on estime qu'un ménage ouvrier consacre 60 % de son budget à la nourriture – où le pain joue un rôle prépondérant – 20 % au logement, 10 % à l'habillement, 10 % pour le reste. Il n'y a de repos qu'une fois par semaine, pas de congé. Les logements, parfois très éloignés d'un lieu de travail qu'on doit rejoindre à pied, sont d'innommables taudis (*slums* anglais, « courées » du nord de la France, etc.). La discipline est brutale. On peut être renvoyé au gré du patron. On ne survit alors que par la charité publique. Tout cela a été souvent et amplement décrit. Aussi n'insistons-nous pas. Mais on comprendra qu'à travers toute l'Europe, l'immense détresse du prolétariat, la rancune et la haine contre ceux qui l'exploitent, prennent une forme souvent violente et aboutissent à une organisation vigoureuse.

Les Trade Unions britanniques. D'abord à une petite échelle dans l'illégalité, puis légalement, les ouvriers se sont organisés. L'exemple vient d'Angleterre. Ce sont d'abord les mutuelles *(Friendly Societies)* qui ont déjà un million d'adhérents en 1815, quatre millions en 1872. Mais l'organisme de lutte est le syndicat, *Trade Union,* en Angleterre. On en trouve quelques-uns avant l'abolition de la loi sur les coalitions. Ils se développent après, atteignant sans doute cent mille adhérents en 1845, ne groupant que des ouvriers qualifiés (par exemple, mécaniciens). En 1868, les syndicats britanniques se rassemblent en un organisme, le *Trade Union Congress* (TUC). Il y a alors cent dix-huit mille syndiqués. Le chiffre monte en deux ans à sept cent trente-cinq mille et rechute. Mais en 1889, le syndicalisme va se développer chez les ouvriers non qualifiés, les manœuvres *(Unskilled Workers).* Alors que le « vieil unionisme » des ouvriers qualifiés pratiquait l'alliance avec l'un ou l'autre des deux grands partis bourgeois, conservateur et surtout libéral (on parlait de *Lib-Labs = Libéral-Labour ; labour* signifiant travail), les nouvelles *Unions* vont combattre avec méthode pour un salaire minimal, pour la journée de huit heures : *« Eight hours work, eight hours play, eight hours sleep and eight bobs a day »* (Huit heures de travail, huit heures de détente, huit heures de sommeil et huit shillings par jour).

Mais il n'y a chez eux qu'une avant-garde de révolutionnaires. Le nombre des syndiqués passe à 1,6 million en 1891, à 4 millions en 1914.

Les Chambres syndicales en France. En France, la classe ouvrière est plus violente qu'en Angleterre. Elle a servi de support principal à la Révolution de 1830, aux nombreuses et sanglantes Journées des années 1830, à la Révolution de février 1848. Dans l'un des cas, la révolte des canuts (ouvriers de la soie) à Lyon, en novembre 1831, ce n'est plus une révolution démocratique, politique, mais une révolution purement *sociale.* De même avec les Journées de juin 1848, qui font quatre mille victimes, et surtout avec la Commune de Paris de 1871, où dix-sept mille personnes sont tuées.

Pourtant, c'est seulement à partir de 1867 qu'apparaissent ce qu'on appelle les « Chambres syndicales ». Une délégation de deux cents ouvriers français ayant été envoyée à l'exposition universelle de Londres en 1862, ceux-ci reviennent pleins d'admiration pour les *Trade Unions.* Ils demandent au gouvernement de tolérer les syndicats. Une circulaire du 31 mars 1868, approuvée par l'Empereur, autorise les Chambres syndicales (il y en a déjà quatre-vingts à Paris).

Elles se fondèrent à Paris dès 1839, et des fédérations nationales se créent pour un nombre croissant de professions. Le principal militant ouvrier d'alors, Eugène Varlin, ouvrier relieur, cherche à organiser une Fédération des Fédérations. Mais la guerre, la Commune de Paris, où il meurt (1871), font échouer ce projet. Une loi de 1884 confirme la liberté syndicale. Il faut attendre 1895 pour que se crée la Confédération générale du travail (CGT) et 1919 pour la Confédération des travailleurs chrétiens (CFTC) ! Mais on ne compte en

408 *Enfants dans une houillère anglaise. Lithographie en couleurs (1844). Le travail des enfants posa un problème particulièrement grave au début de la révolution industrielle. Il fut peu à peu interdit au cour du* XIX*e siècle.* **409** *L'insurrection de la Commune à Paris (1871). Ce dessin à la plume d'Edouard Manet (1832-1883) représente les barricades à Paris. Pendant la « semaine sanglante », du 21 au 28 mai, l'insurrection fut réprimée : 17 000 communards environ périrent.*

1914 que six cent mille syndiqués sur 10 millions de salariés, dont la moitié dans l'industrie.

Le syndicalisme allemand. En Allemagne, en 1907, on compte une quinzaine de millions de salariés, dont 8,64 millions d'ouvriers de l'industrie. Le grand sociologue Werner Sombart estime que 67 à 68 % des Allemands appartiennent au prolétariat, mais ce n'est pas exact si l'on se rapporte à la définition très restrictive de Marx, citée plus haut. Les premiers syndicats allemands apparaissent en Saxe peu après 1860. Mais les caisses de secours mutuel *(Knoppschaften)* étaient déjà nombreuses. Les syndicats libres, socialistes, les syndicats chrétiens, les uns catholiques, les autres protestants, d'autres organisations encore, se développent. Malgré l'action de Bismarck contre les syndicats socialistes, ceux-ci groupent trois cent mille membres en 1890, et créent la Confédération générale des syndicats allemands (ADGB), qui a 2,5 millions d'adhérents en 1913, avant les syndicats catholiques (huit cent quatorze mille), les syndicats autonomes (sept cent soixante-cinq mille). Donc, 4 millions de syndiqués, sept fois plus qu'en France. Le mouvement ouvrier, dont le syndicalisme est l'expression la plus concrète et la plus efficace, produit des résultats d'ampleur croissante en utilisant massivement son principal outil, qui est la grève, avec toutes ses nuances : durée, proportion des participants, caractère plus ou moins violent de la grève, et de la répression, ampleur des manifestations et des cortèges, etc. Beaucoup de succès et d'échecs sont liés à la possibilité qu'ont les syndicats de donner aux ouvriers grévistes une somme qui leur permettra de vivre en une période où ils ne touchent aucun salaire. Cette efficacité syndicale est de caractère *social*, et concerne les *contrats de travail* – par entreprise, ou par sections professionnelles –, les contrats collectifs. Mais l'efficacité *politique* du mouvement ouvrier ne s'est véritablement manifestée que lorsqu'un autre courant, né en Europe à peu près à la même époque, le socialisme, a convergé avec le mouvement ouvrier.

Social et socialisme. Le mot « social » – très répandu – et le mot – « socialiste » – alors très rare – ont complètement changé de sens entre 1830 et 1832. C'était une phase de révolutions européennes : France, Belgique, Pologne, Allemagne, Italie, et de très forte agitation en Angleterre, où il fallut la réforme électorale de 1832 pour calmer les esprits. Aussi, l'historien britannique Cobban parle-t-il des « révolutions qui n'ont pas eu lieu », à cause des mesures prises à temps.

Dans cette atmosphère violente, marquée par la découverte d'une misère nouvelle, qui n'est plus la pauvreté traditionnelle, mais le malheur du nouveau prolétariat industriel, beaucoup d'esprits réagissent. Ils perçoivent le nouveau problème et en cherchent la solution. Et ils utilisent le mot « social » non plus dans le sens traditionnel : « qui défend la société ancienne », mais dans un sens nouveau : « qui veut réformer la société actuelle », pour assurer, comme le dit Saint-Simon (dont nous reparlerons dans le prochain chapitre), l'amélioration du sort « de la classe la plus nombreuse et la plus pauvre ». Socialiste, qui voulait à peu près dire traditionaliste, c'est-à-dire, en France, royaliste, équivaut désormais à « réformateur social ».

Le nouveau sens du mot *socialisme* apparut en Angleterre avec le réformateur Robert Owen, en 1830-1831 ; « socialisme », en France, avec Pierre Leroux en 1831-1832. Le mot allemand *sozialismus* est également attesté en 1831-1832. Il faut noter que deux grands penseurs, Saint-Simon (mort en 1825) et Charles Fourier (mort en 1837), n'utilisent pas le mot « socialisme » pour exprimer leurs théories.

A partir de 1840, le succès de ce terme est assuré.

Social s'oppose à *politique* en ce sens qu'il implique une préoccupation économique de niveau de vie.

Parfois égalitaire, parfois collectiviste, le socialisme devient le symbole même de l'ennemi pour la bourgeoisie industrielle, et beaucoup de paysans s'opposent à ceux qu'ils appellent des « partageux ».

Socialisme romantique ou utopique. Il y a donc, jusqu'à 1850 environ, un premier socialisme que l'on a appelé « romantique ». Il se fonde sur un sentiment de générosité, et les théoriciens sont des intellectuels étrangers à la classe ouvrière. Ils croient souvent que si, sur un point du

409

410

globe, on crée un microcosme social conforme à leurs vues, l'exemple en sera si tentant que, de proche en proche, cela transformera l'univers. En ce sens, le pionnier a été le manufacturier anglais Robert Owen. L'avance de la Grande-Bretagne dans la révolution industrielle explique que dès la fin du XVIIIe siècle, de nombreux écrivains aient envisagé des réformes en faveur des pauvres, ouvriers ou paysans. La guerre avec la France avait tout arrêté. C'est alors que l'industriel Robert Owen, propriétaire d'une grande et prospère usine à New Lanark, en Ecosse, entreprit de réformer la société en supprimant la religion (il était athée) et en créant des colonies communistes. Il se rendit aux Etats-Unis et fonda ainsi *New Harmony.* Ce fut un échec total. Mais Owen revenait en Europe avec un prestige accru. Au moment où se développaient de petites *Trade Unions,* il essaya de fédérer tous les ouvriers de Grande-Bretagne dans une vaste *Trade Union,* groupant tous les métiers.

En 1834, cette entreprise, ainsi que la société coopérative qui lui avait été jointe firent faillite. Ainsi, Owen marqua-t-il plus les *théories* socialistes que le *mouvement* ouvrier. D'autres socialistes utopiques et romantiques créèrent un vaste mouvement où le social était subordonné au politique, le *chartisme.* Celui-ci mené par des modérés comme Lovett, ou par des violents comme le pasteur méthodiste Stephens et l'orateur irlandais O'Connor, célèbre par ses poumons vigoureux, réunit beaucoup de membres, mais déclina, et ses dernières actions se déroulèrent en 1848. En France, Charles Fourier croyait qu'en créant une série de ses « phalanstères », composés d'un habile assemblage d'hommes et de femmes dotés des diverses « passions », on aurait la société idéale, et qu'en trois ans, jusqu'au Tibet, le monde serait couvert de phalan-stères. Théoricien des passions, il les considérait comme l'équivalent spirituel de l'attraction universelle dans la physique. Il en comptait huit cent quatorze ! Il va sans dire que les rares tentatives de créer des phalanstères n'aboutirent pas selon les plans de Fourier. Etienne Cabet, ancien membre de la Charbonnerie, société secrète républicaine, ancien procureur général et député, se réfugia en Angleterre où il connut Owen. Il publia en 1840 un *Voyage en Icarie,* où, lui aussi, il propose la création d'une colonie modèle.

Il alla en Amérique fonder une *Icarie* qui ne fonctionna pas mieux que la *New Harmony* d'Owen. Mais il faut noter que vers 1840-1850 on a compté jusqu'à une trentaine de colonies et phalanstères divers sur le territoire américain. La masse de l'opinion américaine resta indifférente.

Plus humblement, d'autres socialistes intellectuels : le socialiste chrétien Buchez, disciple de Saint-Simon, l'écrivain Pierre Leroux, ami de la romancière George Sand, le journaliste et historien Louis Blanc élaborèrent des doctrines, soit d'*association* (les « associations ouvrières de production » de Buchez), soit de *législation* (par exemple, l'idée du *droit au travail* qui sera proclamé dès les débuts de la IIe République française en 1848).

En Allemagne, le socialisme romantique eut moins de succès qu'en Angleterre et en France. On y trouve des disciples de Saint-Simon, grâce notamment aux écrits de Heinrich Heine, réfugié en France. La liberté de la presse n'existant à peu près pas, le mouvement ouvrier était faible. Pourtant, la grève des tisserands silésiens de 1846 se termina de façon sanglante, ce qui provoqua la publication par Heine d'un poème indigné. Les Allemands réfugiés en France fondèrent la Fédération des Bannis, puis la Fédération des Justes. Karl Marx, dont nous allons parler, se réfugia en France dont il fut expulsé en 1845. Seul, le groupe de philosophes qu'on appelle la Gauche hégélienne, avec notamment Moses Hess, a développé ce type de socialisme romantique.

On voit des socialistes apparaître en Italie, avec Buonarroti, qui avait été, en 1795-1796, disciple de l'ancêtre français du communisme, Gracchus Babeuf. Il est l'auteur de la *Conspiration des Egaux.* On trouve aussi des saint-simoniens à Florence et à Pise. La police découvrit une association communiste à Ferrare. Mazzini ne fut pas seulement un républicain politique. Il a joué un rôle comme socialiste romantique et ses conflits avec Marx et Bakounine ont été importants. En Espagne, Flores Estrada publia en 1839 *la Question sociale.* Tout cela nous montre la naissance d'un socialisme généreux, ré-

411

412

413

410 *La filature Lanark en Écosse. Champ d'action du réformateur socialiste et entrepreneur Robert Owen (1771-1858). Dessin en couleurs (extrait) de John Clark (ca 1771-1863).* **411** *Représentation d'un phalanstère d'après le socialiste utopique Charles Fourier. Lithographie (extrait).* **412** *Le socialiste Charles Fourier (1772-1837). Tableau de Jean Gigoux (1806-1894).* **413** Die schlesischen Weber *(« Les tisseurs silésiens »), tableau de Carl Wilhelm Hübner, 1844.*

formateur, peu réaliste, qui, lors des révolutions européennes de 1848, jouera un rôle, surtout en France et en Allemagne rhénane (ailleurs, les mouvements sont surtout nationaux et libéraux, comme nous le verrons dans le prochain chapitre).

Le socialisme rationnel et réformiste. Entre les utopistes romantiques et le socialisme dit « scientifique » des Allemands Karl Marx et Friedrich Engels, il y a des intermédiaires, à savoir des esprits plus rationnels, qui s'inspirent moins d'une effusion sentimentale que des principes de l'économie politique. Pierre-Joseph Proudhon (1809-1865), en France, est l'un de ces hommes, et l'un des plus importants, car son influence reste considérable sur les socialistes non marxistes.

Il fut l'un des guides de Marx, qui ensuite l'attaqua violemment. Il est l'un des seuls précurseurs socialistes à avoir attaché de l'importance à l'Europe, dont il souhaitait la fédération. Dès mars 1848 il écrit à un ami : « Comme je vous le disais, la confédération des républiques européennes se forme, et nous n'avons devant nous que la question sociale. C'est bien assez. » Ici, Proudhon est trop optimiste. Mais le voici plus clairvoyant : d'abord, il écrit en 1853 dans sa *Philosophie du progrès* : « Il est certain [...] que l'Europe est une fédération d'Etats que leurs intérêts rendent solidaires, et que dans cette fédération, fatalement amenée par le développement du commerce et de l'industrie, la priorité d'initiative et la prépondérance appartiennent à l'Occident. » Et, si on ne construit pas cette fédération ? Alors « la vieille Europe se précipite vers la ruine [...] Nous marchons à une formation de cinq à six grands Empires ayant tous pour but de défendre et restaurer le droit divin et d'exploiter la vile plèbe.

Les petits Etats sont sacrifiés d'avance, comme le fut autrefois la Pologne. Alors il n'y aura plus en Europe, ni droits, ni libertés, ni principes, ni mœurs. Alors aussi

commencera la Grande Guerre des six grands Empires ». Cela est tiré d'une lettre de 1860, exactement cinquante-quatre ans avant que n'explose la Grande Guerre prévue par Proudhon.
Proudhon eut de nombreux disciples. Mais il ne fut pas le seul socialiste réformiste influent : pensons, en particulier, à l'aile réformiste du socialisme italien illustrée par Filippo Turati.

Le socialisme marxiste. Dans notre évocation de la lutte contre les effets pervers de la révolution industrielle, il faut insister sur l'importance du marxisme, c'est-à-dire de la philosophie historique et économique de deux éminents penseurs allemands, Karl Marx (mort en 1883) et Friedrich Engels (mort en 1895).
Mais on notera que leur doctrine, à la différence de celle de Proudhon, n'agit absolument pas dans le sens d'une construction européenne. Bien au contraire, elle a été, pendant près de cent trente ans, l'un des principaux obstacles à toute forme d'unification. On a tant écrit, tant parlé de ces personnages que nous réduirons notre exposé à l'essentiel. Comme philosophe de l'histoire, Marx (qui a adopté le matérialisme de Feuerbach et les idées de Hegel sur la dialectique, présente celle-ci comme un vaste mouvement dont le moteur est la lutte des classes. D'abord la bourgeoisie, aidée par le prolétariat, brise le pouvoir des « féodaux » (c'est sous ce terme peu exact que Marx désigne l'aristocratie d'Ancien Régime, vaincue en France par la Révolution « bourgeoise » de 1789, complétée en 1830). Viendra ensuite – Marx et Engels croient que ce sera bientôt – la victoire du prolétariat contre la bourgeoisie. Marx pense que le prolétariat ne cessera de s'élargir en absorbant la plus grande partie de la petite-bourgeoisie et des classes moyennes, par un mouvement de constante « paupérisation ». Lorsque ce prolétariat aura pris conscience de son unité et de sa force, il prendra le pouvoir par la révolution en brisant les forces au service de la bourgeoisie (armée, police, etc.). Tout ce mouvement dialectique sera international.

Le *Manifeste du parti communiste*. Dans le célèbre *Manifeste du parti communiste* de 1847, imprimé en 1848, Marx et Engels lancent la célèbre formule « Prolétaires de tous les pays, unissez-vous ! » Donc, au découpage national, ils tentent de substituer un découpage social.
Marx, qui habite l'Angleterre après les événements de 1848-1850, contribuera à la fondation de la Iere Internationale, à Londres, en 1864 (avec l'appui du TUC britannique, des Français menés par Eugène Varlin, de nombreux Allemands). Celle-ci ne résistera pas à la défaite de la Commune de Paris en 1871, les chefs de l'Internationale ayant participé – avec bien d'autres révolutionnaires – à cette insurrection.
Une IIe Internationale socialiste, fondée en 1889, cent ans après le début de la Révolution française, sera active jusqu'en 1914. Nous reviendrons sur ces deux organisations dans un prochain chapitre.

Le *Capital*. Cette philosophie de l'histoire repose sur une théorie économique que Marx a exposée notamment dans le tome I de son principal ouvrage, *le Capital,* qui date de 1867. Tout dérive des « rapports de production ». Le prolétaire n'a rien d'autre à vendre que sa « force de travail ». Or, au lieu d'en recevoir tout le produit, le patron capitaliste ne lui verse qu'un strict minimum et garde la « plus-value ». Celle-ci est une véritable rapine. Elle permet l'accumulation des capitaux et leur concentration. Le « grand capital » sera de plus en plus riche et les « grands capitalistes » de moins en moins nombreux. Mais leurs ressources leur permettront de payer leurs défenseurs, leurs « valets ». Ce qui favorise les patrons, c'est qu'il existe un trop grand nombre de prolétaires, une « armée de réserve », qui permet d'abaisser les salaires. Le prix véritable des produits devrait être la quantité de travail qui y est incluse, en tenant compte du travail de longue préparation de ceux qui inventent et font marcher les machines. La révolution permettra aux prolétaires de prendre le pouvoir et, de ce fait, de supprimer le profit du capital. A ce moment, le mouvement dialectique de l'histoire cessera. Il y aura « dépérissement de l'Etat ». Ce sera aussi la fin de l'histoire, qui est faite de luttes, et le règne du communisme fondé sur le principe : « A chacun selon ses besoins », ce qui suppose l'abondance. Marx et Engels ont qualifié leur socialisme de « scientifique ». Naturellement, les partis issus de leurs idées ont utilisé cette expression dans leur propagande, en prétendant qu'eux seuls détiennent l'explication scientifique de l'histoire. En fait, leur explication repose sur toute une série de postulats que seule l'histoire pourrait démontrer. Au bout de plus de cent ans, la démonstration est loin d'être faite. Le caractère scientifique de leur explication réside dans le fait qu'ils ne cherchent pas à améliorer le sort de la classe ouvrière par sentiment, par pitié, par émotion, mais à trouver des lois inéluctables, selon lesquelles le sort du prolétariat se transformera par le mouvement dialectique décrit ci-dessus.

Aperçu sur l'importance historique du marxisme. *L'importance historique du marxisme* est la formidable influence qu'il exerce dans l'histoire du monde :
1) *par ses progrès au sein des partis socialistes* qui se fondent d'abord dans les pays européens ;
2) *par les conséquences qu'en tirera un autre théoricien, homme politique génial, le Russe Vladimir Oulianov – dit Lénine* – qui réussira à prendre le pouvoir dans son pays, en novembre 1917 ;

414

415

416

Manifest

der

Kommunistischen Partei.

Veröffentlicht im Februar 1848.

Proletarier aller Länder vereinigt euch.

London.

Gedruckt in der Office der „Bildungs-Gesellschaft für Arbeiter"
von J. E. Burghard,
46, Liverpool Street, Bishopsgate.

417

418

414 Proudhon et ses enfants. *Tableau de Gustave Courbet (1819-1877). Européen convaincu et socialiste avant l'heure, le Français Proudhon refuse la notion de propriété – « La propriété, c'est le vol » – mais il s'oppose à Marx et au communisme.* **415** *Friedrich Engels (1820-1895), théoricien socialiste ami et collaborateur de Marx. Affiche, d'après un tableau de G. Tscherbakow.* **416** *Karl Marx (1818-1883), fondateur du « socialisme scientifique ». Photographie (vers 1870).* **417** *Couverture du* Manifeste du parti communiste, *rédigé par Marx et Engels, février 1848.* **418** *Le marxiste français Jules Guesde à la tribune de la salle Wagram pendant le congrès socialiste international à Paris, en septembre 1900. Gravure sur bois.*

3) *par le fait que le vaste mouvement socialiste, qui occupe largement l'histoire du XXe siècle, multiforme, multifaces, s'est très tôt divisé entre une tendance marxiste (ou marxiste-léniniste, dite « communiste »)* plus systématique, plus révolutionnaire, plus violente, et *une tendance réformiste,* préférant l'introduction des réformes par une *législation de plus en plus poussée en faveur des ouvriers,* à la révolution dialectique. Les deux formes du socialisme ne sont pas compatibles.

Pour ce qui nous intéresse ici, seul le socialisme réformiste peut être européen.

Dans un article d'août 1915 intitulé « La formule des Etats-Unis d'Europe », Lénine écrit ceci « Les Etats-Unis d'Europe, en régime capitaliste, équivalent à un accord pour le partage des colonies. » Il y oppose les « Etats-Unis du monde », d'un monde qui serait au préalable conquis par les prolétaires.

Naissance et premiers développements des partis socialistes. Lorsque le mouvement ouvrier et le socialisme se rejoignent et se combinent, la politique en est profondément infléchie.

Nous avons évoqué l'avènement, l'importance des syndicats dans l'Europe de 1914. Faisons de même pour les partis socialistes. En Grande-Bretagne, la puissance du TUC dans l'ensemble réformiste par tradition a réduit à peu de choses l'influence marxiste. Les socialistes *(Labour)* se sont d'abord alliés avec les libéraux. On a vu apparaître en 1893 un premier parti socialiste l'*Independant Labour Party* (ILP). Mais c'est en 1900 que la création du *Labour Representation Committee* (Comité de représentation du travail), entre politiciens et *Trade Unions,* a permis la création d'un nouveau parti socialiste le *Labour Party.* Il obtient vingt-neuf sièges en 1906, quarante et un en janvier 1910, quarante trois en décembre 1910, dernières élections avant la guerre. L'influence marxiste est plus forte en France. Il s'y crée de petits partis socialistes dès les années 1880, et d'abord le parti ouvrier français de Jules Guesde, qui préconise un marxisme simplifié. Ils s'unirent pour les élections de 1893, où ils obtinrent quarante trois élus. En 1905, à la suite du

Congrès international socialiste d'Amsterdam, les deux partis socialistes existant alors fusionnèrent : ce fut le parti socialiste unifié, section française de l'Internationale ouvrière (SFIO), avec le marxiste Jules Guesde et le grand orateur Jean Jaurès, dont la philosophie était une synthèse entre le marxisme et les idées éclairées du XVIIIe siècle. Cette fusion permit aux socialistes des succès croissants : 55 députés en 1906, 74 en 1910, 104 en 1914, sur environ six cents députés. En Allemagne, un premier parti socialiste fut créé par Lassalle, en 1863. Mais celui-ci mourut en 1864. La social-démocratie allemande passa de plus en plus sous l'influence marxiste. Elle était le plus puissant des partis socialistes européens. Elle obtient 2 élus au Reichstag en 1871, 12 en 1881, 24 en 1890, 44 en 1893, 56 en 1898, 79 en 1903, 110 en 1912. En Italie, où le suffrage universel n'est voté qu'en 1912, le mouvement marxiste est représenté par un très remarquable théoricien, Antonio Gramsci. Il y eut des socialistes élus dès 1895. En 1900, ils sont 33 sur 480 députés. Les grèves sont alors particulièrement violentes. Il y a même une grève générale à Rome en 1903. Aux élections de 1912, les socialistes obtiennent 850 000 voix et 50 sièges. Aux Pays-Bas un nouveau parti socialiste, section de l'Internationale ouvrière, obtient 7 sièges en 1905 et 18 en 1913 sur 90 députés. En Belgique, un parti ouvrier fut fondé en 1885. Il adhéra ensuite à l'Internationale. Après une réforme électorale en 1893, dite du « vote plural », créant 1,350 million d'électeurs nouveaux disposant de 2 066 000 suffrages, les socialistes eurent 29 élus sur 152 députés. Après un élargissement électoral, ils passèrent à 33 en 1899. On ne peut les évaluer exactement en 1912, car ils établirent des listes communes avec les libéraux. En Suisse, un *parti social démocratique* sur le modèle allemand fut fondé en 1880. Il n'obtint aucun siège au Conseil national en 1893. Il en eut 7 en 1902, 15 en 1911, sur 182. Il fut renforcé par l'immigration d'ouvriers allemands et italiens.

Conclusion. Les Européens, dominés en matière technique jusqu'au XVIIIe siècle par les Chinois et les Arabes, ont avidement absorbé les inventions de ces deux grandes civilisations. Au XIVe siècle, et surtout au XVe siècle, ils les ont largement dépassés, ce qui se manifeste en matière scientifique pure, mais aussi pour la navigation, pour l'armement, pour la médecine, pour l'architecture.

La révolution commencée au XVIIIe siècle va ajouter à ces éléments un formidable progrès dans la fabrication des objets de toute sorte, dans les transports, puis dans la biologie et la médecine. De *l'invention,* on est passé à la *fabrication,* de plus en plus abondante, massive, qui engendre elle-même des perfectionnements techniques de détail, jusqu'à ce qu'une autre invention vienne surclasser la première.

L'accroissement des ressources combiné avec une meilleure alimentation et une meilleure médecine aboutit à diminuer la mortalité, avant que ne se fasse sentir le phénomène d'une baisse de la natalité.

Mais cette formidable expansion a ses revers. On peut énumérer à titre indicatif la misère ouvrière aux débuts du grand capitalisme, l'accroissement de l'inégalité avec les autres régions du monde, l'incitation à la conquête de peuples non européens. De même, une forte émigration, créant des « prolongements de l'Europe » : certains pays latino-américains, mais surtout Etats-Unis, Canada, Australie, Nouvelle-Zélande et, partiellement, Afrique du Sud. On ne peut que constater le succès de la production : on parle d'une deuxième révolution industrielle (1870-1950), avec le pétrole et l'électricité, d'une troisième révolution industrielle, avec l'électronique, l'énergie atomique, l'espace. Certains même parlent de quatrième révolution industrielle, avec la robotisation du travail et l'ordinateur. Mais ces progrès, loin de favoriser le rapprochement entre les Européens, qui se partageaient les inventions, ont stimulé des rivalités, empoisonnées par la crise nationaliste que nous étudierons dans les prochains chapitres. Et finalement, pour la période commençant en 1914, on peut parler de déclin de l'Europe – déclin tout relatif, certes, mais évident. Dès 1834, avant même Tocqueville, Michel Chevalier, dont nous venons de parler, en avait perçu l'éventualité : « En Europe, toutes les nations s'arrogent le premier rang [...] Le fait est qu'il n'y a pas de peuple prédestiné à qui la suprématie soit inféodée pour la série des siècles [...] Que serons-nous tous, Français, Anglais, peuple de Prusse et d'Autriche, dans trois siècles, dans cent ans peut-être ? Qui peut affirmer que quelque vent du Nord nous trouvant divisés, affaiblis par des luttes intestines, ne nous aura pas forcés alors de courber la tête que nous portons encore si haute et si fière ? [...] Qui peut dire que les deux grandes figures qui aujourd'hui se dressent aux deux bouts de l'horizon, la première à l'orient, un pied sur Moscou et l'autre prêt à se poser sur Constantinople, la seconde vers le couchant, à demi cachée par les immenses forêts du Nouveau-Monde, et dont les membres allongés s'étendent des bouches du Saint-Laurent à celles du Mississipi ; qui peut dire que ces deux jeunes colosses qui se regardent d'un bord à l'autre de l'Atlantique, et se touchent sur les bords de l'océan pacifique, ne se partageront pas bientôt la domination de l'univers ? » (Chevalier, Michel, *Lettres sur l'Amérique du Nord.* Paris, 1837, 2 vol. t.I, p. 139- 41 : lettre IX, datée du 24 avril 1834.)

419

419 *Ferdinand Lassalle, homme politique (1825-1864). Fondateur de la social-démocratie en Allemagne. Il mourut lors d'un duel.* **420** *Le socialisme comme héritage de la Révolution française : affiche éditée à l'occasion de la IIe Internationale. Lithographie. Allemagne (vers 1890).*

L'avenir apparaît sous une forme confuse et divergente. Voici ce que dit Lépine, commentant la correspondance entre Marx et Engels : « Le lecteur voit se dérouler devant ses yeux avec une étonnante vie l'histoire du mouvement ouvrier du monde entier, aux moments les plus importants et dans les points les plus essentiels. Plus précieuse encore est l'histoire de la *politique* de la classe ouvrière. Sous les prétextes les plus divers, dans divers pays du vieux monde et dans le nouveau monde, à des moments historiques différents, Marx et Engels débattent les principes essentiels touchant à la *manière de présenter* les tâches *politiques* de la classe ouvrière.

« Et l'époque recouverte par la correspondance est justement l'époque où la classe ouvrière se dégage de la démocratie bourgeoise. L'époque de la naissance d'un mouvement ouvrier indépendant, l'époque de la définition des bases de la tactique et de la politique prolétarienne. Plus nous avons l'occasion d'observer de nos jours comment le mouvement ouvrier de différents pays souffre de l'opportunisme, par suite de la stagnation et du pourrissement de la bourgeoisie, par suite de l'absorption de l'attention des chefs ouvriers par les vétilles quotidiennes, etc., et plus précieux sont les très riches documents qu'offre cette correspondance et qui révèlent la compréhension la plus profonde des buts transformateurs *cardinaux* du prolétariat et la définition singulièrement souple des tâches de tactique qui en découlent, du point de vue de ces buts révolutionnaires et sans la moindre concession à l'opportunisme…

« Si l'on essaie de définir en un mot le foyer de toute la correspondance, pour ainsi dire, ce point central vers lequel converge tout le réseau d'idées exprimées et débattues, ce mot sera la *dialectique*. L'application de la dialectique matérialiste au remaniement de toute l'économie politique, depuis son fondement, son application à l'histoire, aux sciences naturelles, à la philosophie, à la politique et à la tactique de la classe ouvrière, voici ce qui, plus que tout, intéresse Marx et Engels, voici où est leur apport le plus essentiel et le plus nouveau, voici en quoi leur pas en avant est génial dans l'histoire de la pensée révolutionnaire. » (Lénine, *Œuvres*, édition soviétique en langue française, t. IX, p. 593-594.) A l'hypothèse communiste, que Lénine décrit avec une belle certitude, va s'opposer l'hypothèse fasciste. Angelo Tasca, antifasciste italien, mais exclu du PCI en 1929 et réfugié en France, a écrit, sous le nom d'Aimé Rossi, nombre d'ouvrages qui éclairent l'histoire de Mussolini, mais aussi celle du communisme mondial. Son livre *Naissance du fascisme* démontre de façon lumineuse les liens entre l'entrée en guerre de l'Italie et la future « marche sur Rome ». « A beaucoup de points de vue, les « journées radieuses » de mai 1915 marquent la répétition générale de la marche sur Rome. La substitution de la volonté du roi et de quelques hommes à celle du parlement, l'impression que le gouvernement s'est laissé forcer la main par les manifestations d'une minorité à laquelle il a livré la rue, créent dans le peuple la sensation précise qu'on l'a trompé et violenté […] La légèreté, l'inconscience presque, avec lesquelles une partie de la classe dirigeante lance l'Italie dans la guerre préparent ces déceptions de la paix qui ont tant contribué à la naissance du fascisme. »

420

Enfin, quantité d'hommes d'État dans tous les pays, envisagent des progrès lents, mais sûrs, par la réforme et non par la révolution. Voici l'exemple de Clemenceau.

« Qu'est-ce donc que la démocratie ? Par définition, le gouvernement du peuple… Ce qu'on appelle le peuple, pour la commodité du discours, c'est apparemment la masse des intérêts changeants qui flotte au vent des préjugés, des rêves atomiques, des passions, des espérances. Qui oserait prétendre que ce peuple-là gouverne, ait jamais gouverné ? Qui ne sait que depuis les temps connus jusqu'à nos jours, il est, je ne dis pas conduit, mais poussé au hasard des caprices, des sophismes, des sentiments bons ou mauvais, d'une bruyante minorité d'action ? Soldats, prêtres et *parleurs* l'ont, de gré ou de force, bousculé aux batailles : et il y est allé, voilà toute son histoire.

« Empires, royautés, républiques, c'est le décor…

« Si les représentants du peuple, sultans, tsars ou députés : ne diffèrent pas autant que le voudrait la théorie, dans l'administration des intérêts qui lui sont confiés, si sous tous les régimes, l'ardente bataille des égoïsmes continue à sévir, il n'en est pas moins vrai que le mal humain sera d'autant plus atténué qu'on introduira plus de raison dans les relations des hommes…

« Et cette raison, qui donc l'apportera, sinon ces *raisonneurs* qui, sous des noms divers, sont venus s'adjoindre aux antiques oligarchies de la brutalité humaine ou divine pour essayer de reconnaître les lois de l'évolution sociale et en atténuer la souffrance par quelque effort de bonté ? Leur nombre va croissant. Qui ose s'en plaindre ?

« C'est avec eux qu'est apparue dans le monde la notion de droit, de liberté, de justice et, jusque dans les pays barbares, un peu du bien qui s'est dégagé d'eux se propage et adoucit les mœurs. »

(Clemenceau, Georges, *le Grand Pan*, Paris, édition de 1909, chapitre « L'agora », p. 316 et 318.)

16 L'Europe, le romantisme et les nations

I. Le Congrès de Vienne (1814-1815)

Le drame de vingt-deux ans a pris fin. Il n'y aura pas d'Europe unie gouvernée par la France, ce qui satisfait tout le monde, y compris nombre de Français, hostiles à la conscription, hostiles aux Bonaparte, las de la conquête et de la guerre éternelle.

Qui a gagné ? Assurément les hommes de la vieille Europe ; quatre rois légitimes et leurs ministres, qui imposent à la France vaincue le cinquième roi légitime, le Bourbon Louis XVIII, frère de Louis XVI.

Est-ce à dire qu'ils veulent, qu'ils peuvent rétablir la situation politique de 1789 ? Trop d'obstacles s'y opposent. On devine bien que les esprits sortent fort divisés de la tourmente. Distinguons Vieille Europe et Nouvelle Europe. Parmi les premiers, il y a d'abord ceux qui « n'ont rien appris ni rien oublié », par exemple les plus acharnés des émigrés français, qui rentrent en 1814 avec une perruque à la mode Louis XVI, ou encore de nombreux aristocrates, à travers l'Europe. Ainsi le jeune Otto von Bismark-Schönhausen, né en 1814, apprendra de sa famille que seule compte la monarchie prussienne, et que les Français sont l'ennemi principal des Prussiens. C'est seulement après 1850 qu'il se décidera à adopter une conduite plus souple.

Les plus intelligents des partisans de la Vieille Europe, en 1815, savent qu'il faut composer, que certains des acquis de la Révolution, diffusés par les conquêtes impériales, sont irréversibles : par exemple la nationalisation des biens du clergé. Les grandes institutions libérales ont des origines plus complexes : esprit de liberté américain et britannique, libre examen, etc. On va encore discuter pendant des décennies sur les autres libertés : presse, réunions, associations, liberté syndicale et droit de grève. Le symbole est la *Constitution* (écrite sauf dans le Royaume-Uni) : il y a des pays sans Constitution – donc autoritaires ; d'autres où la Constitution ou Charte est « octroyée » par le souverain – ce serait ainsi un geste de sa bonté envers ses sujets et non un « droit » de ceux-ci ; d'autres enfin où la Constitution est issue de la nation (souveraineté nationale) ou du peuple (souveraineté populaire), soit qu'elle provienne d'une assemblée constituante, soit qu'elle soit adoptée par référendum.

La frontière entre partisans modérés de la Vieille Europe et partisans modérés de la Nouvelle se situe entre le système de la Charte octroyée et celui de la Constitution issue de la souveraineté nationale.

Presque partout, le clergé, catholique ou protestant, se range dans la Vieille Europe. C'est l'Union du Trône et de l'Autel. Les partisans de la Nouvelle Europe sont beaucoup plus divisés. En Grande-Bretagne, la majorité des gens influents (nobles, bourgeois, négociants) n'a pas lutté contre la révolution et Napoléon parce qu'ils représentaient une nouvelle Europe, à laquelle ils adhèrent, mais par intérêt national. C'est peut-être ce que révèle l'extraordinaire accueil fait à Napoléon prisonnier, en 1815 à Tor Bay, puis à

421 *Guerre d'unification italienne contre l'Autriche : la bataille de Solferino, 26 juin 1859. Fresque (extrait) de Carlo Bossoli (1859). Devant le carnage qui fit des milliers de blessés, le Suisse Henri Dunant décida la fondation de la Croix-Rouge.*

Concert européen	**23.9.1815** Sainte-Alliance	**20.11.1815** Quadruple alliance	**1818** Congrès d'Aix-la-Chapelle	**1820-21** Congrès de Troppau, Laybach
Iles Britanniques	**1820** Mort de George III (60 ans de règne) → George IV	**1829** Émancipation des catholiques **1830** Guillaume IV	**1832** Réforme électorale Agitation « luddite » et chartisme	**1837** Début du règne de Victoria (meurt en 1901)
Belgique **Pays-Bas**	**1814** Guillaume Ier	**Août 1830** Rév. belge	**Juin 1831** Léopold Ier	**1831** Appui militaire français aux Belges contre les Pays-Bas
France **Italie**	**1815** 2e restauration de Louis XVIII **1819** Évacuation de la France **Juillet 1820** Insurrection à Nola contre Ferdinand Ier de Bourbon, puis à Palerme **1821** Révolte militaire à Alexandrie (Piémont) Les troupes autrichiennes rétablissent l'ordre	**1824** Charles X succède à Louis XVIII **27-29.7.1830** Les « Trois Glorieuses ». Louis-Philippe roi **Février 1831** Révolte en Italie centrale (Menotti). Intervention autrichienne. Français à Ancône Émeutes en France (1831, 1832, 1834, 1839)	**1846** Pie IX élu pape **Janvier 1848** Révolution en Sicile. Janv.-mars. Constitutions octroyées à Naples, Florence, Rome, Turin **22-24.2.1848** Révolution-République-Suffrage universel. Droit au Travail (France) **17-22 mars** Les « 5 jours de Milan »	**12 mars** Manin proclame la République à Venise **23 mars** : Charles-Albert de Piémont en guerre contre l'Autriche **Avril** Assemblée Constituante (France) **Juin** Sanglantes journées révolutionnaires (France) **24.7** Défaite de Custozza
Espagne	**1814** Retour des Bourbons Ferdinand VII **1820** Révolution libérale en Espagne (Riego) **1823** Une armée française rétablit l'absolutisme en Espagne	**1833** Ferdinand lègue son trône à sa fille Isabelle **Sept. 1833** Rétablissement de la Constitution **1833-39** 1re guerre carliste. Régence de la reine mère	**1834** « Quadruple alliance » Espagne (Isabelle), Portugal (Maria), France, Angleterre contre don Carlos et don Miguel **1839** Don Carlos expulsé d'Espagne	**1840** Christine doit abandonner la régence → Gal Espartero chef des progressistes nommés par les Cortes (renversé en 1843) **1842** Bombardement de Barcelone
Portugal	**1815** Régence du gal anglais Bedford	**1820** Retour de Jean VI. Constitution des « Cortès »	**1826** Mort de Jean VI → Don Pedro pour sa fille doña Maria. Guerre civile contre don Miguel jusqu'en 1834	
Suisse	**1815** Diète réunie à Zurich proclame le « Pacte fédéral » (**7.2.1815**) Neutralité perpétuelle	**1830** Agitation à Bâle et dans le Valais **1841** Troubles dans le Tessin	**1846** Troubles à Genève **1847** Courte guerre du « Sonderbund »	**12.9.1848** Constitution radicale Nouvelle Constitution suisse
Pays allemands	Agitation en Allemagne **1813** Conférence de Carlsbad (Princes allemands) **1820** Assemblées provinciales en Prusse	**1835** Mort de l'Empereur François II qui règne depuis 1806 → Ferdinand Ier (1835-1848) **1840** Mort de Frédéric-Guillaume III qui règne depuis 1797 → Frédéric-Guillaume IV (1840-1861)	**1847** « Parlement Uni » en Prusse **1848** Manifeste communiste de Marx **Mars 1848** « Vorparlament » à Francfort Prusse : **10-17.3.1848** Révolte à Berlin	Autriche **13 mars 1848** Révolte à Vienne. Fuite de Metternich. Avril : constitution **18 mai** Parlement élu au suffrage universel
Scandinavie	**1815** Frédéric VI roi de Danemark. Norvège unie à la Suède. Ch.-Jean Bernadotte roi de Suède (meurt en 1844)	**1818** Révolte paysanne en Norvège **1830-33** Réformes libérales au Danemark (assemblées provinciales)	**1844** Oscar Ier succède en Suède à son père Charles-Jean **1848** Agitation en Suède. Réformes libérales d'Oscar Ier	**Mars 1848** Frédéric VII de Danemark se proclame « roi constitutionnel »
Europe de l'Est **Russie** **Empire ottoman**	**1821** Insurrection grecque **1825** Mort d'Alexandre Ier. Révolte « décabriste » Nicolas Ier tsar **1827** Une flotte franco-anglo-russe bat les Turcs à Navarin	**1829** *Traité d'Andrinople* Russie-Empire ottoman. Autonomie Serbie. Autonomie, puis indépendance de la Grèce **1830** Nov. Insurrection polonaise	**1833** Traité d'Unkiar-Skelessi **11 mars 1848** Manifestation à Prague **15 mars 1848** Révolte de Budapest	**12 juin 1848** Insurrection de Prague. Échec **Janv. 1849** Occupation de Budapest par les Autrichiens **14.4.1849** République
Colonies	**1814-17** Succès espagnols contre les révoltes en Amérique latine	**1818-26** Perte de l'empire colonial (sauf Cuba, Porto Rico)	**1822** Indépendance du Brésil **Déc. 1823** Doctrine de Monroe	**1829** Dernier envoi de troupes au Mexique par Ferdinand

1822-23 Congrès de Vérone	**1830** Conférence de Londres sur la Belgique	**1840** Crise orientale	**1841** Convention des Détroits
1841-46 Ministère de Peel **1846-50** Établissement du libre-échange	**1846-48** Famine en Irlande **Avril 1848** Dernière grande manifestation chartiste	**1854-56** Guerre de Crimée **1859** Ministère de Palmerston **1860** Traité de commerce franco-anglais	**1867** Réforme électorale **1868-1874** Ministère Gladstone
1839 Statut de neutralité de la Belgique	**1840-44** Guillaume Ier roi des Pays-Bas	**1849** Guillaume IV roi des Pays-Bas	**1865** Léopold II succède à Léopold Ier comme roi des Belges
10.12.1848 Louis-Napoléon Bonaparte élu Président **Fév. 1849** République proclamée en Toscane, à Rome. Pie IX réfugié à Gaète **23 mars** Nelle guerre austro-piémontaise. Défaite de Novare. Ch.-Albert abdique → Victor-Emmanuel II (1849-1878) **Mai** Assemblée législative	**3 juillet 1849** Troupes françaises reprennent Rome **26.8** Troupes autrichiennes reprennent Venise **2.12.1851** Coup d'État de Louis-Napoléon **2.12.1852** Napoléon III Empereur **1852** Cavour Premier ministre du Piémont **1854** Guerre de Crimée **1856** Congrès de Paris	**1856** Cavour pose la « question italienne » au Congrès de Paris **1858** Entrevue Napoléon III-Cavour à Plombières **1859** Guerre d'Italie contre l'Autriche : annexion de la Lombardie au Piémont (traité de Zurich). Annexion après plébiscites des duchés et de la Romagne.	**Mai 1860** Garibaldi et l'expédition des Mille. Annexion Marches, Ombrie, les Deux-Siciles **Mars 1861** *Royaume d'Italie*. Mort de Cavour **1866** L'Italie alliée à la Prusse annexe la Vénétie **20.9.1870** L'Italie annexe Rome
1843 Ere de coups d'État militaire : Gonzales Bravo, Narvaez (chef de l'« Orden militar » des modérés). Création de la garde civile **1846** Affaire des « mariages » espagnols Isabelle épouse son cousin don François **1844-48** Le gal Narvaez renversé	**1848** Parti progressiste démocrate **1849** Narvaez revient au pouvoir **1851** Concordat **1854-56** Espartero (meurt en 1879) au pouvoir (le « bienio liberal »). **1856** Renversé par O'Donnell (Union libérale). Jusqu'en 1863	**1859-60** Guerre au Maroc **1864-68** Le général O'Donnell au pouvoir (1867) **1868** Fuite de la reine Isabelle vers Paris, après un pronunciamiento de la flotte à Cadix. Gal Prim, amiral Topete	**1869** Cortes constituantes **27.12.1870** Prim assassiné **1870** 1er Congrès ouvrier à Barcelone **1870** Règne d'Amédée de Savoie **1870-72** République espagnole
	1851 Révolte militaire rétablissant la Charte de don Pedro (1826)		
Déc. 1849 L'Assemblée fédérale élit le 1er conseil fédéral de 7 membres et choisit Berne comme capitale	**1860** Affaire de Savoie. Napoléon III l'annexe entièrement y compris Chablais et Faucigny	**22.8.1864** Convention de Genève sur les blessés de guerre	**1871** Tunnel du Mont-Cenis
Autriche **31.10.1848** Capitulation de Vienne **2.12.1848** Mort de Ferdinand → **1848-1916** François-Joseph **Mars 1849** Constitution octroyée **23.4.1849** Frédéric-Guillaume IV de Prusse refuse la couronne offerte par le Parlement de Francfort	**28.06.1849** Dispersion du Parlement. Union restreinte **29 novembre 1851** « Reculade d'Olmütz ». La Prusse abandonne l'Union restreinte Prusse **1858** Guillaume Ier régent Autriche **1859** guerre d'Italie Prusse **1861** Guillaume Ier roi	**1862** Bimarck ministre-président **1864** *La guerre des Duchés* (Autriche et Prusse battent le Danemark) **1865** Convention de Gastein sur le Slesvig et le Holstein **1866** Guerre : Autriche battue à Sadowa	Fin de la Confédération germanique Création de la Confédération de l'Allemagne du Nord sans l'Autriche Autriche : **1867** « Compromis » créant l'Autriche-Hongrie **Juillet 1870** La France déclare la guerre à la Prusse
1848-1851 Première affaire des duchés (Slesvig-Holstein) **juin 1849** Constitution danoise	**1852** Traité de Londres assurant la succession des duchés à Christian de Glücksbourg après la mort de Frédéric VII (1863)	**1859** Triomphe du radicalisme en Norvège (J. Sverdrup) + Frédéric VII de Danemark	**1863** Christian IX de Glücksbourg **1864** Début au Danemark de « l'ère de la grande réorganisation »
1849 Intervention russe contre la Hongrie **13.8.1849** Défaite hongroise. Fuite de Kossuth **1854** Guerre de Crimée	**1855** Mort de Nicolas II → Alexandre II **1856** Perte de la souveraineté sur les Roumains **1856-1858** Autonomie des Principautés roumaines	**1861** Abolition du servage en Russie **1862** Georges de Danemark devient roi de Grèce **1862** Roumanie unifiée	**1863** Révolte en Pologne **1863** Accord russo-prussien (Alvensleben) **1866** Soulèvement antiturc en Crète **1866** Carol de Hohenzollern roi de Roumanie
4.7.1830 Conquête d'Alger par la France **1839-42** Guerre anglo-chinoise dite de l'« opium »	**1857** Révolte des cipayes et fin de la compagnie des Indes Début des conquêtes françaises en Indochine	**1857-1860** Guerre franco-anglaise en Chine. Expéditions espagnoles au Maroc	**1861** Expédition française et espagnole au Mexique. Le général Prim rompt avec l'armée française

Plymouth : « Notre apparition en Angleterre y avait produit un étrange mouvement ; l'arrivée de l'Empereur y avait créé une curiosité qui tenait de la fureur ; c'étaient les papiers publics eux-mêmes qui nous apprenaient cette circonstance en la condamnant. Toute l'Angleterre se précipitait vers Plymouth... La mer se couvrait d'une multitude de bateaux autour de nous... A l'apparition de l'Empereur, le bruit, le mouvement, les gestes de tant de monde présentaient un singulier spectacle ; en même temps, il était aisé de juger qu'il n'y avait rien d'hostile dans tout cela...
On pouvait s'apercevoir même que ce sentiment allait visiblement en croissant : on s'était contenté de regarder d'abord, on avait salué ensuite, quelques-uns demeuraient découverts et l'on fut parfois jusqu'à pousser des acclamations... Mais toutes ces circonstances mêmes tournaient à notre détriment aux yeux des ministres et de leurs partisans » (Las Cases, *Mémorial de Sainte-Hélène)*.

De vrais partisans de l'Empereur, des bonapartistes, il n'en reste qu'en France, et quelques rares chez les vétérans étrangers. Mais les hommes de la Nouvelle Europe sont bien différents les uns des autres. Il existe toute une bourgeoisie « libérale » (le mot apparaît vers 1818-1819) qui, dans les pays soumis, est également « nationale ». Mais, dans le peuple des villes, artisans, ouvriers de la révolution industrielle naissante, commerçants, officiers, petits-bourgeois, étudiants (par exemple la *Burschenschaft* en Allemagne) on trouve des républicains révolutionnaires, qui croient que « le sang des martyrs ne coule jamais en vain » et, par exaltation, sont prêts à multiplier, contre les « tyrans », des tentatives d'émeutes en général mal préparées. Il y a ainsi des sociétés secrètes, dont la plus célèbre est la *Carboneria* italienne, qui se répand dans tout l'Occident (« Charbonnerie » en France).

Même en Russie, à un moindre degré, on trouve de ces exaltés, notamment chez les jeunes officiers (cf. les « décabristes » de 1825).

Quant aux masses paysannes, profondément pacifistes, souvent hostiles aux mouvements républicains du début, elles continuent leur lutte sourde pour l'abolition de ce qui reste de droits féodaux (en Autriche, par exemple), du servage (en Russie), et, ailleurs, pour la propriété paysanne contre les grands domaines.

On nous pardonnera, face à une si riche et si mouvante réalité, de présenter ici une simple esquisse.

422

423

422 *Le Congrès de Vienne (1814-1815) : séance des plénipotentiaires des huit puissances signataires du contrat de Paris. Gravure sur cuivre de J. Godefroy, 1819.* **423** *L'accablement du peuple français étouffé sous le monarchie absolue. Caricature française de l'époque (eau-forte) dénonçant le rétablissement de la monarchie sous Louis* XVIII, *en 1814.*

Elle nous est indispensable pour comprendre d'abord le Congrès de Vienne, ensuite les développements de la situation européenne.

On compte trois grands congrès dans l'histoire de l'Europe moderne : celui de Westphalie qui mit fin à la guerre de Trente Ans en 1648, celui de Vienne de 1815, celui de Paris en 1919. Chacun a eu sa propre individualité. Pour les deux premiers, ce furent des négociateurs qui traitèrent au nom de leurs souverains, ou des princes.

A Vienne, ce furent les souverains eux-mêmes avec leurs principaux ministres, tous gens de la très haute société, qui conduisirent les débats.

La présence sur place de tout ce qu'il y avait de plus haut en Europe, du 3 octobre 1814 au 9 juin 1815, aboutit à créer une atmosphère exceptionnelle de fête. Metternich, constatant que la campagne victorieuse contre Napoléon avait déjà permis aux trois souverains et à Castlereagh de se rencontrer, décrit ainsi le Congrès de Vienne :

« Grâce à un concours de circonstances unique dans les annales du monde, les principaux acteurs de ce drame se sont trouvés réunis dans les mêmes lieux ; [...] Le chef du Cabinet anglais s'est presque toujours trouvé en contact avec ses collègues d'Autriche, de Prusse et de Russie... les usages diplomatiques devront se plier aux circonstances. Les affaires les plus difficiles, les questions les plus compliquées se traitèrent en quelque sorte d'une salle à l'autre : pas de courriers, pas d'échanges de notes écrites, pas d'intermédiaires entre les Cours...

Les questions les plus graves étaient toujours agitées et discutées dans les entretiens familiers qui avaient lieu entre les trois souverains aussi bien qu'entre les chefs de cabinet. Ce n'est que lorsque ces questions étaient arrivées à un certain degré de maturité que les ministres tenaient des conférences régulières et dressaient des protocoles. »

Naturellement, autour des grandes puissances pullulaient les petites. Comme le but était non la paix avec la France (le premier traité de Paris avait été signé le 30 mai 1814), mais la distribution des dépouilles qu'elle avait abandonnées, tout ce qu'il y avait de princes plus ou moins légitimes était présent. Les principales victimes furent d'une part ceux qui étaient restés jusqu'au bout fidèles à Napoléon, d'autre part les anciens princes ecclésiastiques.

Nous n'allons pas donner ici une analyse des résultats obtenus, qui concernent les États particuliers, mais envisager l'Europe dans son ensemble.

Talleyrand, la légitimité et l'équilibre. Le plus remarquable des négociateurs était Talleyrand. Cet ancien évêque d'Autun, aux mœurs légères, qui avait célébré trois messes dans sa vie, était devenu révolutionnaire, mais sans être membre de la Convention nationale, puis avait joué un rôle capital sous le Directoire et sous Napoléon.

Tout paraît prouver qu'il ne s'est soucié que de ses seuls intérêts, prêt à se vendre, prêt à trahir : il l'avait d'ailleurs fait pour Napoléon. En 1814-1815, son intérêt était lié à celui des Bourbons. Il leur consacra son extraordinaire intelligence et son habileté.

Il fallait que la France, vaincue, figurât encore au nombre des grandes puissances. Tout le mal, disait-il, venait de Napoléon non des Français. D'où la déception lorsqu'en mars 1815, Napoléon, venant de l'île d'Elbe, débarquant au golfe Juan, souleva à son profit l'armée – bien plus que la nation – et se lança dans l'aventure des Cent Jours. Le deuxième traité de Paris (20 novembre 1815), plus dur que le premier, devait « punir » la France d'avoir accueilli l'Empereur.

En attendant, Talleyrand sut formuler les principes, et arriva même à diviser ses quatre grands vainqueurs en concluant, au mois de janvier 1815, une alliance de la France avec l'Angleterre et l'Autriche contre la Prusse et la Russie.

C'est donc chez lui que nous allons d'abord chercher les fondements intellectuels du système. Celui-ci repose sur deux grands principes : d'abord la *légitimité ;* ensuite *l'équilibre* européen. Autrement dit, pour tous les territoires européens, le premier devoir est de les rendre à leur souverain légitime. S'il n'y a pas à proprement parler de souverains légitimes – principautés ecclésiastiques, villes libres, anciennes républiques – on pourra les répartir selon les règles de l'équilibre.

Sincère ou non sur le plan personnel, Talleyrand est, en tout cas, le plus logique défenseur du système.

« L'équilibre ne sera donc qu'un vain mot si l'on fait abstraction, non de cette force éphémère et trompeuse que les passions produisent, mais de la véritable force morale, qui consiste dans la vertu. Or, dans les rapports de peuple à peuple, la première vertu, c'est la justice. »

Notons bien que la « justice » à laquelle se réfère Talleyrand n'est à aucun degré déterminée par le droit des peuples. C'est la justice de la légitimité.

Il s'indigne contre l'idée « que la confiscation, bannie dans leurs codes par les nations éclairées, doit être, au dix-neuvième siècle, consacrée par le droit général de l'Europe... que la souveraineté se perd et s'acquiert par le seul fait de la conquête ; que les nations de l'Europe ne sont point unies entre elles par d'autres liens moraux que ceux qui les unissent aux insulaires de l'océan Austral, qu'elles ne vivent entre elles que sous la loi de pure nature, et que ce qu'on nomme le droit public de l'Europe n'existe pas »... que « les coutumes qui se sont établies entre les nations de l'Europe et qu'elles ont universellement, constamment et réciproquement observées depuis trois siècles, ne sont point une loi pour elles ; en un mot, que tout est légitime à qui est le plus fort ».

On ne saurait exposer plus vigoureusement l'idée qu'il existe une solidarité européenne fondamentale, et que celle-ci, fondée sur la légitimité, puis sur l'équilibre, est le plus solide rempart de la paix.

La méthode d'action utilisée par Talleyrand consiste à mettre en branle le système de l'équilibre européen. Précisément l'Angleterre s'inquiète de voir la Russie s'agrandir excessivement en Pologne, l'Autriche de voir la Prusse conquérir la Saxe. Prusse et Russie sont d'accord entre elles pour cette solution.

424

425

424 *L'homme d'État français Charles-Maurice de Talleyrand-Périgord (1754-1838). Avec Metternich, il fut la personnalité dominante du congrès de Vienne Tableau de Pierre-Paul Prud'hon (1807).* **425** *Le vicomte Robert Stewart Castlereagh, homme d'État britannique (1759-1822), partisan et défenseur de la coalition européenne contre Napoléon. Tableau de sir Thomas Lawrence (1769-1830).*

Talleyrand réussit à convaincre Castlereagh, représentant le roi George III d'Angleterre à Vienne, et Metternich de conclure un traité d'alliance tripartite qui amènerait Russie et Prusse à céder.

S'il annonce cette bonne nouvelle dans une lettre du 4 janvier 1815 au roi Louis XVIII, il omet de dire que l'Angleterre, également soucieuse de l'équilibre face à la France, obtient pour la Prusse, en échange d'une partie de la Saxe (qui reste indépendante), une large partie de la Rhénanie et de la Westphalie. Il en fait un voisin de la France chargé de la « garde sur le Rhin » *(Wacht am Rhein).* En même temps, le royaume des Pays-Bas – Belgique et Provinces-Unies – monte la garde sur la Meuse. L'avenir montrera qu'il s'agit là d'une modification profonde de la *Balance of Power.*

Metternich. Le principal appui de Talleyrand fut un homme plus honnête, certes, moins cynique, mais aussi moins souple, le chancelier autrichien Metternich (on le comparait à une borne).

Nous avons vu pourquoi la France avait été la première à proclamer les principes.

Elle ne fut certes pas la seule. Mais les autres avaient moins d'illusions.
« Ceux qui, écrit le diplomate autrichien Gentz dans un mémoire du 12 février 1815, à l'époque de la réunion du Congrès de Vienne avaient bien saisi la nature et les objets de ce Congrès, ne pouvaient guère se méprendre sur sa marche, quelle que fût leur opinion sur ses résultats.
Les grandes phrases de "reconstruction de l'ordre social", de "régénération du système politique de l'Europe", de "paix durable fondée sur une juste répartition des forces", etc., se débitaient pour tranquilliser les peuples, et pour donner à cette réunion solennelle un air de dignité et de grandeur ; mais le véritable but du Congrès était "le partage entre les vainqueurs des dépouilles enlevées au vaincu".
Moins cynique que Gentz, Metternich est cependant plus sensible à l'argument de l'équilibre qu'à celui de la légitimité.
Dans sa note du 10 décembre 1814, où il s'oppose à l'annexion de la Saxe par la Prusse, il se place à ce point de vue :
« Nous le répétons, l'Autriche ne nourrit aucune jalousie contre la Prusse ; elle regarde au contraire cette puissance comme l'un des poids les plus utiles dans la balance des forces de l'Europe...
Placées également entre les grands Empires de l'Est et de l'Ouest, la Prusse et l'Autriche complètent leurs systèmes de défense respectifs ; unies, les deux monarchies forment une barrière inexpugnable contre les entreprises de tout prince conquérant qui de nouveau occuperait peut-être un jour le trône de France ou celui de Russie. » Ce que Metternich entend bien, c'est profiter de la disparition de la République de Venise, récupérer les Provinces Illyriennes, s'installer en Vénétie tout en rétablissant la vieille domination des Habsbourg sur la Lombardie.

Alexandre Ier. Le tsar se considérait comme le principal vainqueur de Napoléon, et de ce fait, il affectait de vouloir le protéger. Il fallut une manifestation royaliste fort artificielle à Paris, et l'insistance de Talleyrand pour qu'il se résignât à accepter le retour de Louis XVIII sur le trône de France.
Esprit changeant, parfois mystique, prétendant au libéralisme, il voulait surtout rejoindre le niveau d'influence de la Grande-Bretagne et il chercha – comme ses successeurs soviétiques à partir de 1960 – à transformer la Russie en puissance navale.
Par les guerres de l'Empire, la Russie a eu l'occasion de pénétrer profondément en Europe.
L'attirance de l'Occident reste vive et les contacts se multiplient. Le tsar Alexandre Ier se sent fondamentalement européen. Ses ambitions politiques l'attirent vers l'Europe centrale, en particulier vers le grand-duché de Varsovie.
Il n'obtiendra pas tout : à la chute de l'Aigle, il sera du moins le maître de Varsovie.
Notons cette étrange conversation entre le cynique Talleyrand, qui défend les principes, et le tsar soi-disant mystique, qui prêche pour la raison d'État :
– Je garderai ce que j'occupe.
– Votre Majesté ne voudra garder que ce qui sera légitimement à elle.
– Je suis d'accord avec les grandes puissances.
– J'ignore si Votre Majesté compte la France au rang de ces puissances.
– Oui, sûrement, mais si vous ne voulez point que chacun trouve ses convenances, que prétendez-vous ?
– Je mets le droit d'abord et les convenances après.
– Les convenances de l'Europe sont le droit.
Alors Talleyrand se détourne et s'écrie :
– Europe ! Malheureuse Europe !

426 *L'homme d'État autrichien Klemens Wenzel Lothar, prince de Metternich (1773-1850), défenseur de l'équilibre des puissances et du principe de légitimité. Tableau de sir Thomas Lawrence (vers 1815).* **427** *Le tsar Alexandre Ier régna de 1801 à 1825. Miniature de Karl Agricola sur un miroir pivotant. Autriche (1815).*

426

427

L'Angleterre. Du moment que Napoléon est mis hors d'état de nuire, sous son propre contrôle, dans une île lointaine, peu accessible, malsaine, et surveillée par un gouverneur à la mentalité mesquine, l'Angleterre ne poursuit que deux buts : en Europe, aucune ambition territoriale mais la volonté d'assurer l'équilibre, notamment contre le tsar.
Outre-mer, garder la plupart des possessions conquises sur la Hollande et sur la France et empêcher l'Espagne de reconquérir ses colonies américaines révoltées. Le commerce anglais s'y est en effet développé.
Castlereagh était non seulement préoccupé par la *Balance of Power,* déjà mentionnée, mais, de plus, il utilisait l'expression *Commonwealth of Europe* pour marquer l'idée de la solidarité générale entre les grandes puissances.

Un visionnaire : Saint-Simon. Lorsqu'on évoque ce grand événement européen que fut le Congrès de Vienne, il ne faut pas oublier qu'il est lié au passé le plus réactionnaire, le plus retardataire et que les participants furent inaptes à comprendre l'avenir.
Aussi est-il symbolique d'évoquer ici l'intervention du comte Claude-Henri de Saint-Simon.
Ce personnage alors obscur, né en 1760, qui avait servi sous Washington pendant la guerre d'Amérique et avait atteint à vingt-deux ans le grade de colonel, avait ensuite mené une vie bizarre, une vision lui ayant révélé qu'il serait « un grand philosophe régénérateur ». Il voyagea beaucoup en Europe, s'intéressa à la philosophie allemande, connut Mme de Staël, enthousiasma des hommes comme l'histo-

rien Augustin Thierry et le philosophe Auguste Comte.
En 1814, la réunion du Congrès de Vienne lui apparut comme l'occasion de faire connaître ses idées.
Il envoya à tous les négociateurs une brochure intitulée *Réorganisation de la société européenne, ou de la nécessité et des moyens de rassembler les peuples de l'Europe en un seul corps politique, en conservant à chacun sa nationalité.*
Comment procéder ?
On réunirait un grand Parlement européen, qui rédigerait un code de morale universelle. Le congrès ayant accueilli cette brochure avec indifférence, Saint-Simon et ses disciples rédigèrent eux-mêmes ce code.
Sa grande et féconde idée était d'avoir deviné l'importance et l'ampleur de l'expansion industrielle. Peu attiré par la démocratie, il en vint à proposer un gouvernement européen, puis universel, composé de savants et présidé par un mathématicien. Il écrit que la France, veuve de talents, « deviendrait un corps sans âme ».
Certes Saint-Simon, qui meurt en 1825, cesse d'être « européen » pour devenir « universaliste ».
Certes, son dernier livre, *le Nouveau Christianisme,* va entraîner ses disciples, pendant quelques années, vers la création d'une religion bizarre. Mais il reste que cet homme alors obscur a révélé à bien des esprits ce que serait le véritable esprit européen : chemins de fer, canal de Suez, tunnels alpins, grandes banques, grandes entreprises, intensification du commerce par le libre échange, tous ces points sont inclus dans les idées de ce précurseur. Il mourut trop tôt pour le savoir, mais ses disciples firent de lui le « grand philosophe régénérateur ».
Finalement, c'est l'organisation traditionnelle qui l'emporte. L'Acte final du Congrès de Vienne, le 9 juin 1815, constitue la Charte territoriale de l'Europe.

428 *« Le comte de Saint-Simon , fondateur de la nouvelle religion ». Lithographie de Gottfried Engelmann (1825). Le saint-simonisme en tant que mouvement intellectuel et moral fut en vigueur entre 1827 et 1831.*

II. Le « concert européen »

Ses Constitutions. Il s'agissait maintenant de « cristalliser » la situation créée par les traités de 1814-1815, en respectant l'esprit du principe de légitimité. D'abord, l'épisode des Cent Jours parut menacer le nouveau système européen. La coalition qui le jugula ne pouvait-elle devenir un organisme permanent qui « garantirait » la structure de l'Europe ?
Que veut dire alors « garantie » ? On peut se garantir contre la France, on peut aller plus loin et garantir les *frontières* de l'Europe en général telles qu'elles ont été fixées.
On peut, à l'extrême, garantir, outre le territoire, le *régime* des États européens.
A part quatre villes libres en Allemagne et la nouvelle Confédération helvétique, tous les États européens étaient des régimes monarchiques avec, dans certains cas, des Constitutions « octroyées » par les souverains.
En Prusse, en Autriche, Russie, Danemark, dans tous les États italiens, au Portugal, en Espagne, le pouvoir resta absolu. Ainsi, garantir les régimes serait garantir le principe de légitimité non seulement contre les républicains peu dangereux alors mais même contre les libéraux – terme qui allait faire son apparition contre tous ceux qui parlaient de volonté nationale ou populaire et qui cherchaient à limiter le pouvoir royal. Le champion de l'immobilisme, c'est Metternich.

La Sainte Alliance. Le 26 septembre 1815, à l'initiative du tsar Alexandre Ier, un traité fut signé, celui de la Sainte Alliance, « au nom de la très Sainte et Indivisible Trinité » entre le tsar orthodoxe, l'empereur d'Autriche, François II, catholique, et le roi de Prusse, Frédéric-Guillaume III, luthérien.
Ces souverains s'engageaient à « rester unis par les liens d'une fraternité véritable et indissoluble » et à se donner « en toute occasion et en tous lieux, assistance, aide et secours ».
Y adhérèrent ensuite les rois de France et d'Espagne pour plaire au tsar. Dans l'ensemble, cependant, tout le monde resta sceptique
La Sainte Alliance ne joua aucun rôle politique mais l'expression même allait servir à désigner la politique absolutiste, la compression de l'agitation libérale, des espoirs nationaux
L'Anglais Castlereagh, hostile à la Sainte Alliance, se trouve à l'origine de mesures plus concrètes. Le deuxième traité de Paris du 20 novembre 1815 en fournit l'occasion. Deux décisions furent prises.
La première est incluse dans l'article 6 du traité de Paris qui décida de pérenniser le système :
« Pour assurer et faciliter l'exécution du présent traité et consolider les rapports intimes qui unissent aujourd'hui les quatre souverains pour le bonheur du monde, les hautes parties contractantes sont convenues de renouveler, à des époques déterminées, soit sous les auspices des souverains, soit par leurs ministres respectifs, des réunions consacrées aux grands intérêts communs et à l'examen des mesures qui dans chacune de ces époques seront jugées les plus salutaires pour le repos et la prospérité des peuples et pour le maintien de la paix en Europe. »
La seconde fut la création à Paris de la Conférence des Ambassadeurs chargée de surveiller l'application du traité de Paris, notamment en ce qui concernait le paiement de l'indemnité de guerre et l'occupation militaire.

La Quadruple Alliance. La France restait la grande exclue du système, malgré l'appui du tsar.
Ce ne fut qu'après le règlement du problème de la lourde indemnité de guerre fixée en 1815, qu'un congrès fut réuni à Aix-la-Chapelle en 1818 pour mettre fin à l'occupation du territoire français et prononcer l'admission de la France dans le « concert des alliés ». Par crainte de mouvements révolutionnaires ou de complots bonapartistes, on opta pour un compromis. La France était admise à part entière dans l'Alliance mais les Quatre renouvelaient, secrètement, les dispositions antirépublicaines et antibonapartistes de 1815.
En fait, la Quadruple Alliance va tomber en désuétude.

La conférence d'Aix-la-Chapelle (1818). La conférence d'Aix-la-Chapelle eut un autre effet.
Elle aboutit au principe essentiel du « concert » : *toutes les grandes puissances mais rien que les grandes puissances ;* aucun plénipotentiaire des États secondaires y compris l'Espagne et pas davantage des États-Unis, fidèles, d'ailleurs, au *non-en-*

tanglement (non-engagement). Naturellement, le duc de Richelieu, Premier ministre français, avait lutté de toutes ses forces pour l'admission à part entière de son pays.

Le « concert », instrument favori de Metternich. Metternich distingue trois types de rencontres : 1) le *congrès* où les distractions prennent plus de temps que les négociations proprement dites ; 2) les *conférences*, généralement entre ambassadeurs, mais officielles et aboutissant à des « protocoles » ; 3) les *réunions* où les ambassadeurs discutent officieusement, sans rédaction de protocole.

Le « concert » dura jusqu'en 1914 mais il y eut peu de congrès réunissant de très hauts personnages sauf lors des congrès de Paris de 1856 et de Berlin en 1878.

Les congrès de 1820-1823 méritent une plus grande attention. Ceux de Troppau, en Silésie, fin 1820, et de Laibach (Ljubljana) en Carniole, début 1821, chargèrent l'Autriche de « rétablir l'ordre », c'est-à-dire l'absolutisme à Naples et au Piémont.

Plus grave fut la décision prise à la conférence de Vérone, en octobre-décembre 1822, concernant l'Espagne.

Voici un résumé rapide des faits. De 1819 à 1823, de violentes révoltes libérales éclatèrent en Espagne, au Portugal, à Naples et en Sardaigne. Elles avaient ce trait commun qu'elles étaient préparées et déclenchées par des officiers en liaison avec des sociétés secrètes (*carbonari,* francs-maçons, etc.).

Le but commun de ces quatre révolutions était le suivant : rétablir ou établir une Constitution semblable à celle que les Cortes espagnoles avaient votée en 1812 contre l'invasion française. Cette Constitution de 1812 proclamait les principes de la Révolution française mais était beaucoup plus réaliste que celle de la France de 1791 : en cela, elle resta un modèle. L'Espagne fut la première à lancer la révolution contre Ferdinand VII qui avait rétabli l'absolutisme. Le Portugal suivit et le roi Jean VI dut accepter une Constitution analogue à celle des Cortès de 1812. A Naples, la révolte fut le fait des officiers muratistes et des *carbonari* et, au Piémont-Sardaigne, la révolution fut libérale et nationale.

Or, à Vérone, il fut décidé qu'une expédition militaire française rétablirait le roi Ferdinand dans son pouvoir absolu. Cette affaire fut dramatique : elle explique largement l'isolement dans lequel l'Espagne va vivre, pendant plus d'un siècle, déchirée entre absolutistes (noblesse et large partie du clergé) et libéraux. Après une terrible répression, la guerre civile prit un

429

429 *L'ère Metternich, oppressive et réactionnaire. « Le club des penseurs. » Question importante à l'ordre du jour : « Jusqu'à quand aurons-nous le droit de penser ? » Caricature allemande de l'époque (1819).* **430** *Le roi Ferdinand VII d'Espagne régna en 1808, puis de 1814 à 1833. Tableau (extrait) de Goya (1746-1828).*

430

état larvé mais revêtira ses formes les plus tragiques entre 1936 et 1939. Ajoutons à cela le conflit de succession entre les partisans de Christine de Naples, dernière épouse du roi Ferdinand et Carlos, frère de ce dernier et les incessants *pronunciamientos* militaires, et rappelons l'affaire de la candidature Hohenzollern au trône d'Espagne, prétexte de la guerre franco-prussienne de 1870-1871.
L'Espagne vécut isolée, le Portugal encore plus. Là aussi, s'opposèrent constitutionnels et absolutistes.
Le Portugal, toutefois, appartient alors à l'Europe grâce à l'étroite influence qu'y exerce l'Angleterre depuis les traités de Methuen de 1703, et qu'elle conserve jalousement.
Au total, le concert européen, bien imparfait, image d'une vague union européenne, a joué, en ce qui concerne l'Espagne et le Portugal, un rôle destructeur. L'exclusion de l'Espagne de ce concert est une preuve de plus des faiblesses du système.

III. Le nationalisme, « hydre de la Révolution »

Hydre de la Révolution » : l'expression a été inventée par Metternich, d'après la mythologie grecque. Concrètement, Metternich voyait bien que si l'on brisait une révolution nationale, libérale, populaire, en un lieu donné, elle resurgissait ailleurs. Le danger venait à ses yeux des mouvements nationaux des peuples soumis.
On l'a vu précédemment, le nationalisme perturbe totalement la « légitimité » traditionnelle, celle du Congrès de Vienne qui n'a, pour se défendre, que le « concert européen ». Celui-ci ne sert que les intérêts des grandes puissances et, encore faut-il ajouter les intérêts mineurs. Pour les grands problèmes, il reste *la violence et la guerre*. La guerre entre Européens contredit tout esprit de communauté européenne.

Le cadre général. Les mouvements nationaux divers font partie d'un mouvement d'ensemble qui nous intéresse directement. Ce mouvement est multiforme et affecte toute l'Europe. Il existe désormais un lien indissoluble entre le *libéralisme politique* et *le principe des nationalités* et, parallèlement, une incessante friction entre les partisans du pouvoir absolu et ceux de la liberté.
Dans la première moitié du siècle, on assiste à trois grands mouvements successifs d'agitation révolutionnaire et nationale :
1) de 1818 à 1825 environ (Allemagne, Italie, Espagne principalement, mais aussi France) ;
2) de 1830 à 1834 environ (Belgique, France, Pologne, Italie, Allemagne principalement) ;
3) de 1848 à 1851, avec beaucoup plus d'ampleur, l'Europe entière est secouée, sauf la Russie.
Et pourtant, la réaction l'emporte partout ; mais tout est prêt pour de grands changements. Ce sont ces mouvements qui donnèrent une formidable impulsion au libéralisme politique et au principe des nationalités. D'où les créations d'États nouveaux par voie de *sécession,* la Grèce (1829), la Serbie (1829), la Belgique (1830), la Roumanie (1856-1859), la Bulgarie (1878), la Norvège (1905) ; puis à la suite des guerres balkaniques la Thrace, la Macédoine, l'Albanie quitteront l'Empire ottoman.

Le nationalisme par sécession. Comment expliquer ce vaste mouvement ? Depuis 1945, les historiens des pays situés de l'autre côté du Rideau de Fer ont tenté une interprétation fondée sur la lutte des classes : un exemple fameux en est Dimitrije Djordjevič.
Il y a eu, effectivement, résistance de masses, souvent paysannes, contre de grands propriétaires étrangers.
Le cas s'est présenté, par exemple, *landlords* britanniques en Irlande, propriétaires allemands à l'ouest de la Pologne, en Bohême, etc.
Mais cette explication semble excessivement simpliste.
Il faut y ajouter des motivations intellectuelles et morales qui paraissent parfois prépondérantes.
Ce sont les *philologues* et les *poètes* qui restaurent le respect dû à la langue, ce sont des *historiens* qui reconstituent l'histoire d'un pays et, ce faisant, rappellent les phases d'indépendance lointaine. Citons de grands historiens allemands du XIXe siècle comme Niebuhr, Mommsen, Ranke, etc.

Grecs. En Grèce, c'est un patriote thessalien, Rhigas, qui composa, en s'inspirant de *la Marseillaise,* un hymne national grec. Et, très vite, se créèrent dans toute l'Europe des associations de « philhellènes ».
Malgré les courts moments où la Morée (Péloponnèse) était passée sous le contrôle de Venise (1687 à 1715), la Grèce était depuis le XVe siècle sous domination turque. Il existait de petits groupes résistants (Klephtes, Klephtes de la mer), mais Rhigas et quelques autres entreprirent avec succès de soutenir la passion patriotique chez les autres Grecs. Rhigas fut livré aux Turcs par le cabinet autrichien et exécuté en 1798. Son œuvre fut continuée, et le blocus continental permit aux Grecs un remarquable développement du commerce et de la marine. Des écoles grecques furent créées (société des Philomuses). Au Congrès de Vienne, le tsar encouragea le mouvement grec. Une association secrète, l'*Hétairie amicale*, organisa à partir de 1815 un complot. Celui-ci fut déclenché par un Grec, général dans l'armée russe, Alexandre Ypsilanti (1821). Nous n'avons pas ici à raconter la lutte complexe qui se livra. L'intervention d'une armée française en Morée, celle du pacha de Janina, l'Albanais Ali de Tepelen, celle de chefs militaires remarquables (Markos Botzaris), celle de l'Église orthodoxe, celle enfin des Grandes Puissances, aboutirent à l'indépendance. Le 6 juillet 1827, la Russie, l'Angleterre et la France signèrent le traité de Londres, imposant une médiation. Une flotte des trois pays remporta à Navarin (septembre 1827) une victoire décisive qui assura l'autonomie, puis l'indépendance de la Grèce.

Slaves du Sud ou Yougoslaves. Chez les Slaves du Sud, où la petite Serbie seule devient à peu près indépendante entre 1805 et 1829, deux écrivains nationalistes peuvent être pris comme symbole. Vuk Karadzic, né en 1787 en Herzégovine, a véritablement restauré la langue littéraire serbe et simplifié l'écriture cyrillique, afin de la rendre accessible à la *nation* et non plus seulement à une élite. Son influence se manifesta sur le poète nationaliste Radicevic et surtout sur Louis Gaj. C'est ce dernier qui introduisit le serbo-croate dans les salons et utilisa les caractères latins. Peu à peu, on se mit à respecter et à admirer la langue nationale et à ne plus la considérer comme un patois.

Bulgares. En Bulgarie, un moine du mont Athos, Païssi, né en 1722, écrivit en 1762 une *Histoire slavique bulgare du peuple, des rois et des saints bulgares,* qui ne sera publiée qu'en 1844.
La première école laïque bulgare fut ouverte en 1835 et on notera que l'Église bulgare joua un rôle considérable dans le nationalisme. Elle devint autonome, en effet, par rapport à l'Église grecque par la création en 1870 de l'exarchat bulgare dont l'espace, plus grand que celui de la Bulgarie actuelle, constitue un idéal national pour le pays.

A côté de ces nouvelles nations, qui resurgissent après des siècles d'oubli, il faut insister sur les trois vieilles nations soumises :
- le royaume de Pologne, scindé en trois sous les dominations autrichienne, prussienne et surtout russe (Varsovie) ;
– le royaume de Bohême (Tchèques), détruit en 1620 par la bataille de la Montagne Blanche ;
– le royaume de Saint-Étienne (Hongrie), dont toute la partie Est a été lentement reconquise sur les Turcs.

La Pologne. La Pologne ne redeviendra indépendante qu'en 1919. Dans ce pays où a fleuri ce cosmopolitisme intellectuel du XVIIIe siècle dont nous avons parlé, il y revêtit un éclat sans précédent.
La Pologne avait accueilli les cultures française, anglaise, italienne, slave, sur « un fonds de civilisation latine et romane ». Significatifs à ce sujet sont les itinéraires du grand écrivain Mickiewicz, né en 1798, du prince Adam Czartoryski, de Frédéric Chopin, du traducteur de Voltaire Niemcewicz.
Des Français, des Anglais s'intéressèrent au problème polonais par le truchement d'un Comité polonais et d'une National League for the Independance of Poland.

Slaves du Nord. Tchèques. En Bohême, c'est un grand historien du XIXe siècle, Frantisek Palacky, qui joua le rôle dominant, en publiant l'*Histoire de la nation tchèque*.
Il fallut attendre la Grande Guerre pour que les leaders tchèques et, notamment, Tomáš Masaryk et Eduard Beneš, décident d'aller dans leurs revendications au-delà d'une simple autonomie au sein de l'Autriche.

431

432

La Hongrie. En Hongrie, le nationalisme dérive principalement de la noblesse hostile aux Habsbourg et désireuse de reconstituer la couronne de Saint-Étienne. Là aussi, un poète, Vörösmarty, publia en 1825 une épopée qui stimula le développement du nationalisme romantique. Ce nationalisme prit une forme modérée avec des leaders comme Eötvös ou Deak, ou violente avec l'avocat Lajos Kossuth. Une vraie guerre s'ensuivit.
La Hongrie obtint un statut d'égalité avec l'Autriche après la défaite autrichienne de 1866. C'est le « compromis » de 1867. Depuis lors on parle d'Autriche-Hongrie et de double monarchie. Désormais, par la Constitution autrichienne de 1867, les diverses nationalités qui composent l'Empire ont obtenu, sur de nombreux points, l'égalité des droits (*Gleichberechtigung*) mais il ne s'agit pas de fédéralisme.

Les vieilles nations. Le sentiment national existe au même degré dans les nations déjà constituées et provoque, çà et là, des querelles extrêmement violentes, en Espagne pour Gibraltar, en France, dans le Royaume-Uni, dans la masse des Irlandais catholiques qui obtiennent, en 1829, leur émancipation, chez les Irlandais qui réclament le *Home Rule,* sinon l'indépendance, à l'exception des protestants de l'Ulster.
La Norvège ne veut plus de l'union dynastique avec la Suède et devient totalement indépendante en 1905.
Insistons davantage sur la Belgique et la Suisse.

431 *La fin de la Pologne après l'écrasement de l'insurrection de 1830-1831 par les troupes russes. Lithographie de l'époque.* **432** *La révolution en Hongrie (1848-1849). Le héros de liberté Lajos Kossuth réunit ses troupes. Image de Neuruppin n° 1312.* **433** *La révolution de Juillet 1830 à Paris* : la liberté guidant le peuple. *Peinture d'Eugène Delacroix (1830). L'homme au fusil, en haut-de-forme, représente le peintre lui-même.*

La Belgique. Le cas de la Belgique est l'un des plus intéressants.
Composée des anciens Pays-Bas catholiques et de l'évêché de Liège, elle fut tour à tour bourguignonne, espagnole, autrichienne, française, et finalement, de 1815 à 1830, liée aux Hollandais protestants dont le roi Guillaume Ier devint ainsi roi des Pays-Bas, destinés à former un État tampon au nord de la France.
Ayant l'impression d'être dominés et traités inégalement, les catholiques belges – hostiles à la dynastie protestante d'Orange – et les libéraux belges – anticléricaux, mais hostiles au régime autoritaire – concluent en 1828 une *Union*. Poussés par l'exemple des journées libérales de juillet 1830 en France, les Belges se révoltèrent dès le 25 août.
Beaucoup de Français croyaient alors – bien à tort – que les Belges souhaitaient leur rattachement à la France. Ce n'était le cas que d'une minorité.
Le roi des Français Louis-Philippe et son ambassadeur à Londres Talleyrand comprirent que l'Angleterre, qui avait fait vingt

ans la guerre pour empêcher la France de tenir Anvers, la recommencerait si la France annexait la Belgique. L'État créé en 1830 tira principalement sa consistance nationale de l'*Union*.
En effet, une moitié environ des habitants, et parmi eux les catholiques les plus fidèles, avaient pour langue maternelle le néerlandais, sous sa forme flamande, qui était méprisée des élites intellectuelles et traitée comme un patois.
La Belgique de 1830, selon le grand historien belge Pirenne, apparaissait comme un « bloc francisé ».
Cette inégalité linguistique provoqua un « mouvement flamingant » que l'on voit naître vers 1840. Jusque vers 1860, il resta essentiellement linguistique et littéraire et adopta pour devise : *De taal is gansch het volk :* (la langue est le peuple tout entier). En 1856, il fut admis que dans les provinces flamandes, le français et le flamand seraient mis sur le même pied. On traduirait les pièces officielles, les lois, décrets, etc., en flamand. Les régiments flamands seraient commandés en flamand. A partir de cette date, les conquêtes juridiques flamandes se poursuivirent jusqu'à ce que se produise ce qu'un philosophe du mouvement flamand, Max Lamberty, appelle la « flamingantisation de tous les Flamands » (1914 à 1930). Il va de soi qu'une telle situation, avec toutes les frictions qu'elle provoque, constitue une menace contre l'unité nationale belge.

La Suisse. Le cas de la Suisse est tout à fait opposé.
Là, on ne peut absolument plus dire que la langue est tout le peuple.
L'historien Georges Andrey intitule le chapitre qu'il écrit dans la *Nouvelle Histoire de la Suisse et des Suisses* sur la période 1798-1848 : « La quête d'un État National ». De 1798 à 1814, la Suisse s'était trouvée placée sous influence française. Elle s'en débarrassa et ses soldats se joignirent aux alliés lors des Cent-Jours.
Le 20 novembre 1815, au deuxième traité de Paris, les cinq grandes puissances – suivies plus tard par le Portugal – firent « une reconnaissance formelle et authentique de la neutralité perpétuelle de la Suisse » et lui garantirent « l'intégrité et l'inviolabilité de son territoire dans les nouvelles limites ».
Les puissances reconnaissaient ainsi un principe que les Suisses avaient toujours proclamé
En 1832, le bourgmestre de Zurich, Jakob Hess, préconisa d'éviter toute réforme importante « jusqu'à ce que le peuple veuille devenir une nation ».
La Harpe écrivait en 1823 : « Quant à nous, pauvres Suisses, nous ne sommes plus une nation. »

433

434

434 *La reine Victoria d'Angleterre (qui régna de 1837 à 1901) reçoit Louis-Philippe (qui régna de 1830 à 1848) dans son wagon-salon. Tableau d'Edouard Pingret (1788-1875).* **435** *L'homme d'État italien Camillo Benso, comte de Cavour (1810-1861), principal artisan de l'unité italienne.* **436** *L'embarquement des Mille à Quarto près de Gênes (1860). Les troupes révolutionnaires, sous la conduite de Giuseppe Garibaldi (1807-1882), conquirent la Sicile et renversèrent les Bourbons dans l'Italie du Sud. Tableau de Tetar von Elven (1805-1879).*

435

En réalité, le patriotisme, le prestige de la neutralité et le pullulement des sociétés nationales, fédérales, patriotiques plurilinguistes (d'éducation, de chant, de littérature), le culte du souvenir (avec des grandes célébrations où Guillaume Tell joue un rôle prépondérant), l'influence de Mazzini (la « Jeune Suisse »), tout cela produisit réellement une nation particulièrement vigoureuse.

Dans un cadre territorial absolument stable depuis 1816, où l'on parle trois langues principales, où le cosmopolitisme est favorisé par la présence en 1848, de cinquante mille étrangers sur 2,4 millions d'habitants, les affrontements sont en général d'origine religieuse ou économique, rarement linguistique.

Seuls les cantons catholiques auront en 1847 la tentation d'une sécession, la « guerre du Sonderbund » (alliance séparée). Celle-ci dura du 4 au 30 novembre et ne provoqua qu'une centaine de morts. Le Sonderbund fut aisément vaincu.

Une nouvelle Constitution, vraie Charte de l'État fédéral moderne, fut adoptée en 1848.

A côté de ces anciens États et des nouveaux États-nations créés par sécessions toujours violentes (sauf le cas modèle de la Norvège par rapport à la Suède), deux grands États ont été créés par *fusion* des petits États tels qu'ils existaient en 1815 : le royaume d'Italie et l'Empire allemand.

La fusion : le royaume d'Italie. L'Italie était, aux yeux de Metternich, une simple « expression géographique ». Elle était composée de six États et d'une possession autrichienne, le royaume lombard-vénitien, avec Milan et Venise. Dès 1815, apparaissent les premiers signes d'un mouvement de résurrection nationale désormais connu sous le nom de *Risorgimento*.

Après l'échec du royaume de Piémont-Sardaigne devant les Autrichiens en 1848 et 1849, le roi Victor-Emmanuel II et son Premier ministre Camillo Benso di Cavour comprirent qu'il leur fallait l'appui d'une grande puissance dotée d'une forte armée.

C'est alors la guerre d'Italie de 1859 et la proclamation du royaume d'Italie en *avril 1861*.

Il annexera la Vénétie en 1866, Rome en 1870 et revendiquera les terres *irredente*, le Trentin et Trieste, qui resteront autrichiennes jusqu'en 1918.

La fusion : l'Empire allemand. Pour l'Allemagne, le Congrès de Vienne lui avait donné en 1815 une organisation peu contraignante, la Confédération germanique (le *Bund*), où rivalisaient d'influence les deux plus grands États allemands, Autriche et Prusse. La tentative libérale en vue de créer une assemblée élue, le Parlement de Francfort, fut brisée dès 1849-1850.

Pour réaliser l'unification réelle, l'homme qui devint ministre-président de la Prusse en septembre 1862, Otto von Bismarck-

436

437

438

437 *Manifestation pour la liberté et pour l'unité allemande · la fête de Hambach (du 27 au 30 mai 1832). Environ trente mille démocrates et républicains d'Allemagne ainsi que des délégués de Pologne et de France y participaient. Lithographie de l'époque.* **438** *La révolution de 1848 à Berlin. Construction d'une barricade dans la Grosse Friedrichstrasse pendant la nuit du 18 au 19 mars 1848. Lithographie d'après un tableau de Jean-Baptiste Isabey (1767-1855).*

Schönhausen, dut compléter son extraordinaire talent diplomatique par trois guerres : la guerre des duchés qui permit à la Prusse de compromettre l'Autriche ; la guerre prusso-autrichienne de 1866 où la célèbre victoire prussienne de Sadowa (ou Königgraetz), le 12 juillet 1866, permit à la Prusse de dissoudre la Confédération germanique et de créer une Confédération de l'Allemagne du Nord d'où l'Autriche était exclue ; enfin la guerre franco-prussienne qui permit à Bismarck d'aboutir à la création de l'Empire allemand, établi par la Constitution qui entra en vigueur en janvier 1871. La Confédération avait un parlement, le Reichstag et le titre d'empereur fut offert au roi de Prusse Guillaume Ier. On consolida le nouvel Empire en annexant l'Alsace et une large partie de la Lorraine sous forme d'un Territoire d'Empire, appartenant collectivement à tous les États qui constituaient la nouvelle Allemagne unifiée sous la prépondérance prussienne.
Le chancelier impérial (Bismarck le restera jusqu'en 1890) est presque toujours en même temps ministre-président de Prusse et dans les domaines où il n'y a pas de secrétaire d'État impérial, c'est le ministre prussien qui exerce les pouvoirs essentiels (par exemple le ministre prussien de la guerre).

IV. L'Europe romantique

Le vaste mouvement littéraire, artistique, sentimental, religieux qu'on appelle romantisme est assurément un phénomène européen. Certes, apporte-t-il peut-être une réaction « nordique » face à un classicisme « méditerranéen ». C'est ce que voulut faire croire l'Écossais Macpherson (1796), auteur d'une des plus belles supercheries de l'histoire. Il publia en 1760 *les Poésies d'Ossian,* traduction d'un prétendu barde gaélique de ce nom. Celtes, Scandinaves apparurent comme des privilégiés. Et pourtant, des Italiens comme Manzoni et Leopardi furent de très dignes représentants du romantisme. Celui-ci est surtout une attitude où l'émotion et le sentiment peuvent l'emporter sur la raison. Cela s'applique à une Europe de rêve.

Europe et patrie. Avant le milieu du XIXe siècle, le mythe nations-Europe est généralement envisagé sous des formes optimistes. Les deux idées qui nous paraissent constituer l'essentiel de ce mythe, au moins jusqu'en 1848, sont celles de la « mission » que chaque peuple – une fois rassemblé en une nation – doit accomplir, et de l'« harmonie » qui résultera de l'Europe des nations.
Dès avant 1830, on trouve mille preuves de cet état d'esprit, mais de façon encore imprécise, car les concepts d'État et de nation sont parfois mêlés. Béranger le symbolise de façon un peu fruste, mais extrêmement claire dans sa *Sainte Alliance des peuples,* qui date de 1818. Il évoque la Paix s'adressant aux hommes :

Ah ! disait-elle, égaux par la vaillance
Français, Anglais, Belge, Russe ou Germain
Peuples, formez une Sainte Alliance
Et donnez-vous la main.

Le grand philosophe allemand Hegel a appliqué son idéalisme dialectique aux concepts d'État et d'Europe. L'État est pour lui la vraie personnalité, l'absolu, la réalisation de l'Esprit du peuple. « L'État est l'Idée de l'Esprit dans la manifestation extérieure du Vouloir humain et de sa Liberté. » Mais, dans la phase atteinte par l'humanité, l'État est une expression de l'esprit occidental. « L'histoire universelle va de l'Est à l'Ouest, car l'Europe est absolument la fin de l'Histoire, dont l'Asie est le commencement » *(Leçons sur la philosophie de l'Histoire,* 1830-1831). Ainsi, l'évolution de l'histoire est une évolution de l'esprit. Son achèvement est l'Europe, dont l'essence est l'Allemagne. Il intitule la quatrième partie de son ouvrage : « Le monde allemand ». « Les nations allemandes, sous l'influence du christianisme, furent les premières à prendre conscience du fait que l'homme, en tant qu'homme, est libre : que c'est la liberté de l'esprit qui constitue son essence. »

Hegel est un théoricien de l'État, non de la nation. Jouffroy, comme lui spiritualiste et libéral, déclare dans l'*État actuel de l'humanité* (écrit en 1826) : « Les guerres civiles de l'Europe sont finies, la rivalité des peuples qui la composent va en s'éloignant, comme disparut, sous la domination d'Alexandre, la rivalité des cités grecques... et de même l'Europe commence à n'être plus qu'une nation depuis qu'il y a une Amérique, une Asie et une Afrique.

C'est de l'unité de l'Europe contre ces masses et de la balance de ces masses entre elles que l'homme doit à présent s'occuper. » De même que pour Hegel, l'essence de l'Europe est l'Allemagne, de même pour Jouffroy, la France est « l'avant-garde de l'Europe en tant que nation » (Denis de Rougemont). Guizot exprimera des idées semblables.

On voit apparaître, chez Hegel comme chez Jouffroy, la double idée de la « mission » des peuples et de l'unification européenne. L'idée de « mission » et de « primauté » est d'ailleurs fort répandue et s'exaltera dans la phase postérieure à 1830.

Ainsi, pour Michelet : « Ce qu'il y a de moins simple, de moins naturel, de plus artificiel, c'est-à-dire de moins fatal, de plus humain et de plus libre dans le monde, c'est l'Europe ; de plus européen, c'est ma patrie, c'est la France » *(Introduction à l'Histoire universelle,* 1831). Parallèlement, le célèbre abbé Vincenzo Gioberti intitule son principal ouvrage : *Il primato morale e civile degli Italiani.*

L'Italien Berchet parle de même et décrit l'actuel « état de souffrance où la douleur concourt avec la raison et les lumières à développer parmi eux ce sentiment de nationalité européenne qui commence à les rapprocher ».

439

Le développement de l'idée européenne. Le mot « Europe » apparaît dans les noms des périodiques. C'est le *Journal européen* que Muhrard publie à Berne en 1817, la *Revue européenne,* qui préfigure le *Correspondant.* On connaît la célèbre « Lettre à MM. les rédacteurs de la *Revue européenne* » de Chateaubriand. C'est *l'Européen* de Buchez, dont nous parlerons plus loin. On étudie la « civilisation européenne », tel Guizot dans son *Histoire générale de la civilisation en Europe* (1828), la « littérature européenne » : le premier article du très jeune Giuseppe Mazzini, dans le *Conciliatore* de 1829 est intitulé : « D'une littérature européenne ».

A partir de 1830, l'idée d'une Europe constituée par un faisceau harmonieux de nations devient plus pressante, plus générale. Fernand Baldensperger, dans son livre : *le Grand Schisme de 1830 : romantisme et « Jeune Europe »,* a bien montré la scission qui s'opère alors dans le courant romantique. Les uns restent fidèles à l'idéal purement littéraire de l'école. Mais d'autres, sans cesse plus nombreux, y associent un idéal politique radical et nationaliste. Comme l'écrit Pierre Renouvin : « La tendance émancipatrice domine dès lors chez les romantiques italiens, polonais et chez certains romantiques allemands, qui veulent se servir de la littérature pour exalter la conscience nationale » *(Histoire des relations internationales,* XIXe *siècle).*

L'éminent historien italien Carlo Curzio a posé avec force un problème qui nous hante encore aujourd'hui. La Russie est-elle européenne ? Un écrivain russe, Tchadéev, élève de Hegel, de Fichte, de Herder, de Schlegel, de Chateaubriand, avait tendance à exclure l'Europe slave de l'Europe « christiano-germanique ». De même, son contemporain Ivan Kirjeivsky, qui avait fondé en 1837 un journal, *l'Européen.* Selon lui les romantiques allemands et français, le droit romain, le christianisme, avaient créé l'Europe. Mais la Russie ne possédait pas l'héritage classique ni le droit romain. Elle était donc étrangère à l'Europe. Pourtant, elle constituait une réserve pour l'avenir. Après les hégémonies italienne, espagnole, allemande, anglaise, française, il faudrait une hégémonie russe. Ainsi, l'Europe classique aurait pour successeur une Europe russe. La Russie, écrivait-il en 1833 à Tourgueniev, est « l'héritière » de l'Europe.

Ce débat continuera pendant tout le XIXe siècle : « occidentaux » et « slavophiles » se disputeront la direction spirituelle des Russes. Quant aux autres Européens, ils constataient que la Révolution, puis Napo-

439 *Un paysage symbolique : « le naufrage de l'espoir »* (Die gescheiterte Hoffnung). *Tableau de Caspar David Friedrich (1774-1840). 1821. Des plaques de glace écrasent impitoyablement un fragile bateau en bois – image de l'existence humaine.* **440** *L'Europe de l'époque romantique.* Liszt am Klavier *(« Liszt au piano »). Tableau de Josef Danhauser (1840). Un buste de Beethoven se trouve sur le piano, au mur est suspendu un portrait de lord Byron. De gauche à droite on reconnaît Alexandre Dumas père, l'auteur des* Trois Mousquetaires, *l'écrivain George Sand, le violoniste virtuose Paganini et le compositeur Rossini. Aux pieds de Liszt, sa maîtresse Marie d'Agoult.*

léon, avaient fait venir les troupes russes jusqu'en Europe occidentale. La Russie, disaient en conséquence de nombreux écrivains, est en péril pour la liberté : c'était l'opinion par exemple des Allemands Laube, Fallmerayer, Guetzkow, Arndt, des Espagnols Donoso Cortès et Balmès, de l'Italien Gioberti. La Russie héritait de l'esprit byzantin, qui avait toujours « miné » l'Europe, et qui, écrasé, renaissait à Moscou, la « troisième Rome ». De 1917 à 1989, on trouvera sous une autre forme des perspectives analogues. Qu'en sera-t-il dans l'avenir ?

Mais le rêve romantique ne s'arrête pas à la nation. Il s'étend à l'Europe dont il croit possible l'harmonieuse réalisation – sans bien préciser quelles en seront les structures juridiques. En France, l'idée est d'essence saint-simonienne. Saint-Simon, nous l'avons vu, en a parlé. Réorganiser la communauté européenne était à son avis « le seul but philosophique digne de l'attention des gens instruits ». L'école proprement dite, la « Religion », avec son « Père », Prosper Enfantin, se soucie peu de ces problèmes et déborde vers un mysticisme pseudo-religieux auquel quelques réalistes – Michel Chevalier, d'Eichtal, les frères Pereire – associent curieusement l'expansion industrielle et la réalisation d'un vaste réseau européen de chemins de fer. Les effusions européennes viennent surtout des dissidents, Auguste Comte, et d'abord Buchez.

Buchez. Philippe Buchez, fondateur de la Charbonnerie en France, saint-simonien, converti au catholicisme, ancêtre du socialisme chrétien, grand admirateur de la Convention montagnarde, fut, de 1830 environ à sa mort en 1865, le chef d'une école philosophique, socialiste et chrétienne dont l'influence, par moments, fut notable. Il fut le premier président de l'Assemblée constituante, du 5 mai au 6 juin 1848, et par conséquent, pendant un mois, le véritable chef de l'État français.

Quoique ses préoccupations eussent été surtout tournées vers l'amélioration du sort des ouvriers, il était un fervent partisan de la Fédération européenne. On n'y accédera, à ses yeux, qu'après une « lutte longue et pénible », lorsque « l'égalité et la liberté proclamées par la loi chrétienne seront établies de fait et de droit comme bases de la société ».

L'influence de Buchez fut incontestable, en particulier sur Henri Feugueray qui sera l'un des pionniers de l'idée des « États-Unis d'Europe ».

Cependant, pour s'en tenir à la période antérieure à 1848, ce n'est pas en France mais en Italie que le mythe d'une Europe issue des nations est défendu avec le plus d'éclat. Cet éclat n'est pas dû à la précision ni à la vigueur de la pensée, mais à l'extraordinaire rayonnement de Giuseppe Mazzini.

Mazzini. Le héros par excellence du romantisme nationaliste et européen est en effet et sans aucun doute Mazzini. Aussi insisterons-nous quelque peu sur sa pensée, si vague, si mystique, si utopiste soit-

elle. « Rarement, écrit Carlo Curcio, on trouve chez un écrivain politique le mot Europe utilisé aussi fréquemment que chez Mazzini. »
Après avoir appartenu à la société secrète des *carbonari*, il rompt avec elle et fonde à Marseille *la Jeune Italie*. Son but est l'unification de son pays, but purement nationaliste, et l'avènement de la République.
C'est dans son périodique qu'il évoque l'idée du rôle de l'Italie dans une nouvelle Europe, et, idée chère à Buchez, il développe le thème de la « mission » de chaque nation en Europe.
De l'idée de la « mission » d'un peuple à celle de l'union des peuples européens, il n'y a qu'un pas que Mazzini franchit à la suite de ses échecs en Italie et en Savoie. Réfugié à Berne, Mazzini et seize autres révolutionnaires (italiens, allemands, polonais) signent, le 15 avril 1834, le pacte de la Jeune Europe dans lequel figurent, en exergue, les principes de Liberté, Égalité, Humanité, Fraternité des peuples, Progrès continuel.
Les signataires se déclarent convaincus que tout peuple a une mission *particulière* qui « concourt nécessairement à l'accomplissement de la mission générale de l'humanité ».
C'est un pacte de fraternité signé par diverses associations allemande, polonaise, italienne, suisse, française, autrichienne. Elles se réuniront sous la forme de la *Congrega* de la Jeune Europe. Mais Mazzini va plus loin : il pense à une sorte de fédération de républiques européennes qui seraient au nombre de quatorze. Pierre Renouvin souligne que cette « réfection de la carte de l'Europe... était au fond plus importante que le plan d'organisation future des rapports internationaux, puisqu'il était convaincu qu'entre ces républiques régnerait d'emblée un esprit fraternel ».
Notons que Mazzini et Buchez nourrissaient une autre ambition : le socialisme chrétien, inspirés qu'ils étaient l'un et l'autre par la religiosité romantique.
L'idée du passage de la nation à l'Europe a séduit de nombreux autres Italiens comme Gioberti et Cattaneo.
Cattaneo est l'un de ceux qui ont utilisé l'expression « États-Unis d'Europe » en 1848.

Les « États-Unis d'Europe ». Citons encore Heinrich Heine dont les idées manifestent, comme dit Denis de Rougemont, une « oscillation du nationalisme germanique au libéralisme universel ».
On va en effet de textes comme celui-ci : « Tous les peuples de l'Europe et du

441

monde devront traverser cette agonie, pour que la vie surgisse de la mort et pour qu'à la nationalité païenne succède la fraternité chrétienne » *(De la Pologne)*, à d'autres comme : « Oui, le monde entier sera allemand ! » Entre ces deux extrêmes, Heine paraît être partisan, comme le dit encore Denis de Rougement, d'une Internationale des nationalistes à la façon mazzinienne.
A partir de 1848, et pour un temps à vrai dire très bref, on va plus loin que l'Europe harmonieuse des nations, et des plans sont faits d'« États-Unis d'Europe ». L'expression apparaît dans un discours prononcé à Rouen, le 25 décembre 1847, par l'avocat Vésinet, puis dans *le Moniteur universel* du 28, dans deux articles du *London Telegraph* (28 mars et 1er avril) par le journaliste écossais Charles Mackay, dans un article d'Émile de Girardin (*la Presse* du 14 août 1848), enfin dans l'*Histoire de l'insurrection de Milan,* de Carlo Cattaneo, le 30 septembre.
Le buchézien Henri Feugueray, dans la *Revue nationale* du 23 mars 1848, met en valeur la solidarité économique, spirituelle et politique de l'Europe et préconise une confédération d'États – dont il ne fixe pas les règles juridiques.
Émile de Girardin se contente de demander : « Pourquoi n'y aurait-il pas des États-Unis d'Europe, comme il y a les États-Unis d'Amérique ? » Cattaneo, lui, reprend les idées de Mazzini : « Nous aurons la paix quand nous aurons les États-Unis d'Europe. »

Les Congrès de la paix. Des Congrès de la paix se réunissent à Bruxelles, en septembre 1848, à Paris, en août 1849, à Francfort en 1850. L'initiative vient du pacifiste américain Elihu Burritt. Le Congrès de Paris, présidé par Victor Hugo, est le plus intéressant.

441 *Giuseppe Mazzini (1805-1872), champion de la liberté italienne, membre des carbonari et fondateur de la Jeune-Italie, qui unie à des mouvements parallèles en Allemagne et Pologne, devint la Jeune-Europe (Junges Europa). Tableau de Luigi Zuccoli (1815-1876).* **442** *Heinri Heine et son épouse Mathilde. Extrait d'un tableau d'Ernst Benedikt Kietz (1851).* **443** *Victor Hugo plante l'arbre de la Liberté sur la place Royale à Paris (1848). Dessin au crayon aquarellé de Julius Vogel.*

442

443

Mais, si beau que soit le passage du grand poète que nous allons citer, le moins qu'on puisse dire est que le concept d'« États-Unis d'Europe » n'y progresse guère : « Un jour viendra où vous, France, vous Russie, vous, Angleterre, vous, Allemagne, vous toutes, nations du continent, sans perdre vos qualités distinctes et votre glorieuse individualité, vous vous fondrez étroitement dans une unité supérieure, et vous constituerez la fraternité européenne, absolument comme la Bretagne, la Bourgogne, la Lorraine, l'Alsace, se sont fondues dans la France [...]

Un jour viendra où l'on verra ces deux groupes immenses, les États-Unis d'Amérique, les États-Unis d'Europe, placés en face l'un de l'autre, se tendant la main par-dessus les mers, échangeant leurs produits, leur commerce, leur industrie, leurs arts, leurs génies, défrichant le globe, colonisant les déserts, améliorant la création sous le regard du Créateur » *(Douze discours,* 1850).

« Au vingtième siècle, écrit plus tard Victor Hugo (dans l'article l'*Avenir* en 1867), il y aura une nation extraordinaire. Cette nation sera grande, ce qui ne l'empêchera pas d'être libre.

Elle sera illustre, riche, pensante, pacifique, cordiale au reste de l'humanité... Cette nation aura pour capitale Paris, et ne s'appellera point la France, elle s'appellera l'Europe. Elle s'appellera l'Europe au vingtième siècle, et, aux siècles suivants, plus transfigurée encore, elle s'appellera l'Humanité. »

De grands et beaux projets, de grandes et belles prophéties, tel est l'apport des romantiques à l'idée d'Europe.

Dans le domaine des réalisations, sur la voie nationalités-Europe, on s'est arrêté aux nationalités. Du rêve à la réalité, le chemin est long et ardu.

V. L'ère des troubles et des guerres (1848-1871)

Dans son ouvrage *Diplomacy by Conference,* lord Hankey, éminent négociateur de 1919, écrit ceci : « Il est plutôt étrange que le régime du soi-disant "concert de l'Europe", le système de l'équilibre de la puissance, qui se développa le siècle dernier après la chute de la Quadruple Alliance, ait été couronné de succès, soit en empêchant les guerres, soit en les limitant. » Il insiste surtout sur la période comprise entre le traité de Berlin (1878) et la guerre italo-turque (1911), qu'il compare à l'âge des Antonins dans l'Empire romain.

Le problème nous paraît plus complexe. Est-ce le « concert européen » qui a empêché les guerres ? ou l'absence de guerre – due à de tout autres causes – qui a permis le développement du « concert » ?

Toujours est-il qu'après trente et un ans de paix entre les grandes puissances, viennent vingt-trois ans marqués par des révolutions puis par quatre grandes guerres (Crimée, Italie, guerre austro-prussienne, guerre franco-prussienne). Ces vingt-trois ans introduisent, dans l'histoire du XIXe siècle, une coupure marquée.

Napoléon III. Après la « réaction » de 1850-1851, Napoléon III paraît dominer la scène politique.

C'est une personnalité trop imaginative pour que l'union européenne échappe à ses rêveries politiques, et, sur le plan économique, ce quasi-disciple des saint-simoniens réussit, comme nous l'avons vu, à créer une sorte de « zone de libre-échange » où entreront tous les Européens sauf les Russes.

Examinons d'abord l'aspect *politique* de la question à partir de la brochure *les Idées napoléoniennes,* écrite en 1839.

Le thème central est qu'il faut constituer une sorte d'« association européenne ». Celle-ci exige d'abord la réalisation des aspirations nationales et la « mission européenne » de la France est de travailler à cette réalisation. Le texte s'apparente par plus d'un point aux idées de Buchez et de Mazzini que nous avons décrites ci-dessus mais il s'y ajoute l'ambition mystique et insatiable d'un homme qui croit en son étoile.

Devenu empereur en 1852, Napoléon III travaillera certes à réviser la carte de l'Europe pour la rendre plus conforme aux limites des nationalités. Il jouera un rôle essentiel dans la formation de l'unité italienne et favorisera – sauf dans son ultime étape – la formation de l'unité allemande. Il se brouillera avec la Russie en 1863 pour avoir proposé une conférence internationale qui statuerait sur le sort des Polonais révoltés, il protégera les Roumains, Serbes, Monténégrins mais cherchera, en même temps, à obtenir des « compensations » pour la France en direction des « frontières naturelles ».

Il annexera la Savoie et Nice et convoitera la Belgique et la Rhénanie, ce qui lui attirera des ennemis.

Un grand congrès à Paris. Le congrès de Paris débute le 1er mars 1856 pour mettre fin à la guerre de Crimée, régler les problèmes ottomans, neutraliser la mer Noire, donner l'autonomie aux principautés roumaines. Divers points de droit international sont évoqués et Cavour en profite pour poser la question italienne. Désormais, Napoléon va rêver de congrès : « L'idée chère à Napoléon III, celle qui l'obsède véritablement de 1859 à 1863, c'est l'idée de congrès et de conférences. » De ces projets, un seul réussit : la conférence de Paris qui se tint du 22 mai au 15 août 1858 sur l'union des deux principautés roumaines de Moldavie et de Valachie.

Bismarck, Napoléon III et les guerres. Bismarck est devenu ministre-président de la Prusse en septembre 1862, on l'a vu. Il connaissait Napoléon III et l'avait jaugé. Pour Bismarck, seuls comptaient la Prusse et son roi ; c'est pourtant lui qui unifiera l'Allemagne, sauf les Allemands d'Autriche, en 1866 et en 1871. Deux interprétations sont possibles : ou bien ce junker prussien s'est lentement converti au nationalisme allemand, ou bien il a utilisé le nationalisme allemand comme un moyen d'accroître la puissance de la Prusse.

Tous les actes de Bismarck ont servi la grandeur de la Prusse. Tous ont profondément nui à la cause d'une Europe solidaire et unie. Bien sûr, Napoléon III ne servait pas davantage l'Europe en favorisant la création et le développement d'États-nations mais, au moins se rattrapait-il par sa politique systématique des congrès. Bismarck, lui, va pulvériser l'Europe en cherchant à isoler ceux qu'il veut battre, l'Autriche – pour l'exclure d'Allemagne –, la France – pour qu'elle se résigne à l'unification allemande, qu'elle avait su éviter depuis Richelieu et la guerre de Trente Ans.

444

Rappelons rapidement quelques épisodes. Bismarck réussit à brouiller le tsar et Napoléon III au moment de la Révolution polonaise de 1863, on l'a mentionné. Il réussit à isoler l'Autriche lors d'une affaire essentiellement allemande, la « guerre des duchés » de 1864. Il manœuvra également très habilement pour avoir les mains libres et s'en prendre à l'Autriche : l'armée prussienne fut victorieuse à Sadowa le 4 juillet 1866. Avant la guerre, il avait su éviter la proposition française d'un congrès européen, après la guerre il déclara périmée, voire odieuse la « politique des pourboires », c'est-à-dire des compensations demandées par Napoléon III.

L'entrée en guerre en 1870. C'est en juillet 1870 que Bismarck attira la France dans la guerre. On connaît l'affaire de la dépêche d'Ems. Au Conseil des ministres du 14 juillet 1870, l'idée d'un congrès fut lancée, à laquelle Napoléon III adhéra aussitôt mais le courant belliqueux, la pression de l'impératrice, les provocations de Bismarck poussèrent la France à déclarer la guerre.

Le « splendide isolement » de l'Angleterre victorienne. L'Angleterre, à l'apogée de sa puissance économique, possédant un immense Empire, hésitant entre l'impérialisme ou l'accès des colonies à l'indépendance (le Dominion du Canada est créé en 1867), ne contribue pas plus que la France ou que l'Allemagne à une construction quelconque de l'Europe, si fragile soit-elle. Pays commerçant, ayant adopté pour sa part le libre-échange (entre 1846 et 1850), entrepôt mondial des principales matières premières, centre financier mondial, où l'or et les billets de banque sont librement interchangeables, elle est plus universelle, mondialiste qu'européenne. Mais surtout, elle se tourne davantage vers l'outre-mer que vers le continent européen.

Que cherche-t-elle en Europe ?

L'équilibre, d'abord, c'est-à-dire qu'elle contrôle discrètement la puissance militaire principale : c'est certainement la France de 1856 à 1866. Aucun des grands hommes politiques d'alors ne recherche les alliances. L'essentiel est de sauvegarder l'intégrité de l'Empire ottoman, de tenir énergiquement Gibraltar, Malte, plus tard Chypre (1878), l'Égypte (1882) et Suez. L'Angleterre se résigne mal aux divers démembrements territoriaux que valent à l'Empire multinational ottoman les sécessions successives des chrétiens orthodoxes. Tout cela, évidemment, a pour les dirigeants et l'opinion anglais infiniment plus de sens que des « États-Unis d'Europe » auxquels elle refuserait de participer et qui, créés sans elle, constitueraient une intolérable menace.

L'Irlande, la lente marche vers l'indépendance. Les longues réticences de la Grande-Bretagne à l'égard d'une construction européenne ne s'expliquent pas seulement par l'Empire. Le conflit séculaire avec les Irlandais joue un rôle majeur dans ce processus. Du XIIe au XIVe siècle, l'Angleterre a conquis l'Irlande, cette Irlande qui fut le refuge de la civilisation occidentale – le centre monastique par excellence, et l'un des bastions de la culture celte, qu'elle essaye d'ailleurs de restaurer à notre époque. Le drame fut qu'au XVIe siècle, les neuf dixièmes des Irlandais restèrent catholiques romains, alors que l'Angleterre devenait anglicane. Cette divergence religieuse s'accompagnait d'une inégalité sociale. Les « landlords », grands propriétaires, étaient pour la plupart anglais ou assimilés. Les paysans, très pauvres, n'avaient aucune sécurité quant à l'occupation de leurs terres. Les révoltes y furent innombrables. Une tentative d'autonomie interne, en 1782-1783, échoua. La Révolution française incita les Anglais à décréter l'« Acte d'union » de 1800, avec des députés au Parlement qui, de britannique, devenait *impérial*.

Certes les Irlandais, avec Daniel O'Connell, obtinrent la liberté religieuse. Mais la grande famine de 1846-1847 réduisit la population d'un tiers.

La lutte continue sous des formes soit parlementaires (avec Parnell), soit violentes (avec l'association Sinn Fein). Nous n'avons pas à en décrire les détails. Lorsqu'en 1911 la Chambre des communes vote le « Home Rule » (gouvernement autonome), les habitants en majorité protestants de l'Ulster (ou Nord) préparèrent la résistance dite « orangiste ». La guerre interrompit le processus. C'est une Irlande sans l'Ulster qui deviendra indépendante en 1938

44 *Napoléon III régna de 1852-1870. Tableau d'Hippolyte Flandrin (1809-1864). 1863.* **445** *La bataille de Sedan (1er septembre 1870) entre Français-Allemands, où Napoléon fut fait prisonnier. Le jour de Sedan* (Sedanstag) *devint fête nationale durant le gouvernement de Bismark. Eau-forte.* **Carte 32 :** *L'Europe nationaliste : peuples, frontières linguistiques, nouveaux regroupements nationaux.*

445

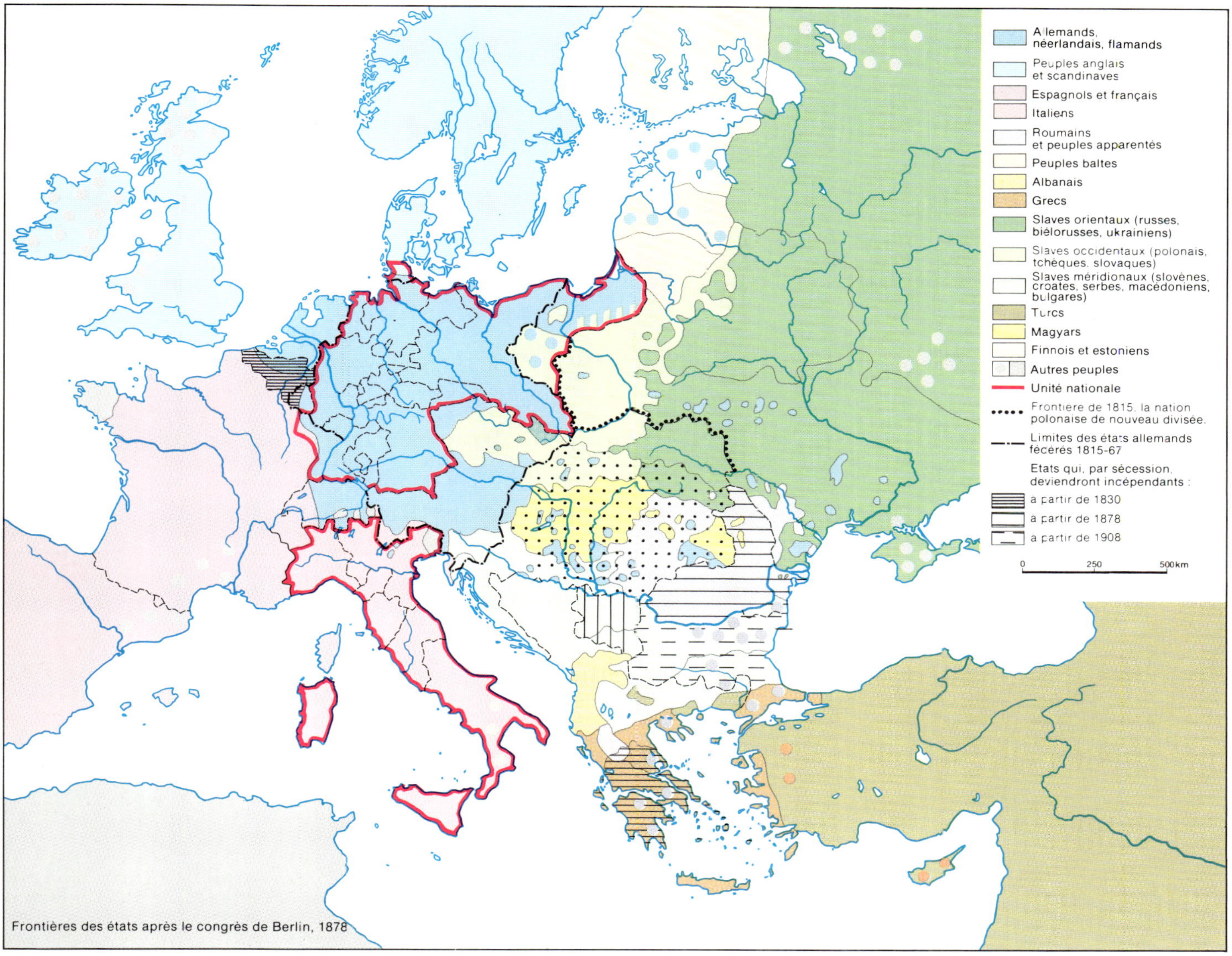

Frontières des états après le congrès de Berlin, 1878

(l'Eire). Il en résulta un conflit qui dure toujours au moment où nous écrivons.

Conclusion. Le XIXe siècle européen n'a pas seulement été celui des luttes pour les libertés et pour les nations. Il est aussi, pour quelques pays, celui de la révolution industrielle. Il en résulta l'apparition d'une classe nouvelle, le prolétariat. En l'absence de toute législation sur les salaires, sur la durée du travail, sur la protection physique des ouvriers, sur les pensions de retraite, sur le chômage, on a pu assister au développement d'une misère inhumaine : loger dans un taudis, travailler parfois plus de quinze heures par jour, se nourrir principalement de pain, tel fut le sort de millions d'hommes et de femmes. Ajoutons-y de pauvres enfants qui, parfois, travaillaient depuis l'âge de cinq ans. Au surplus, il existait des lois interdisant les « coalitions » ouvrières, et par conséquent les grèves. Le droit de coalition fut reconnu en 1824-1825 par les Britanniques, en 1864 par les Français. Mais, déjà, les ouvriers de tous les pays industrialisés avaient créé des « unions », des « syndicats ». La « lutte des classes » n'a peut-être pas joué le rôle que lui attribua le célèbre philosophe et économiste Karl Marx – qui écrivit ses principaux ouvrages en Angleterre. Mais le XIXe siècle a été marqué par un « mouvement ouvrier » de plus en plus puissant, au moins à l'ouest de l'Europe. Le socialisme, sous des formes diverses, en fut l'expression.

Nous allons entrer dans une période où l'Allemagne, la France, le Royaume-Uni – les trois pays les plus riches et les plus puissants – semblent se désintéresser de l'Europe. Comment ne pas voir là l'une des causes des affrontements du XXe siècle, aboutissant, hélas !, à un horrible bain de sang. A défaut de territoires européens disponibles, on va se disputer l'Afrique et l'Asie.

17 Vers la catastrophe européenne (1871-1914)

Discutant à Rome avec le ministre italien des Affaires étrangères l'ambassadeur de France, marquis de Noailles, écrivait, le 11 mai 1875 : « M. Visconti Venosta est convenu avec moi que l'une des causes principales des dangers actuels était l'absence de ce qu'on appelait naguère une Europe. »

Quelques années après, dans *le Tonkin et la mère patrie,* Jules Ferry exprimait une idée analogue : « Il n'y a plus d'Europe, dit-on, mais ne voit-on pas que c'est là justement notre faiblesse ? Notre intérêt est qu'il y ait encore une Europe, et d'être partout où elle se rassemble. »

Plus d'Europe ? Qu'est-ce à dire ? Il reste le cadre géographique où l'on inclut éventuellement la Russie.

Il subsiste certaines formes du « concert européen » : non seulement les conférences d'ambassadeurs, qui discutent de divers problèmes, mais encore des conférences à un niveau plus élevé : conférence de Berlin en 1878 à l'issue d'une guerre russo-turque, conférence coloniale, également à Berlin, en 1884-1885. On trouve encore, dans les milieux diplomatiques, cette homogénéité de recrutement, de niveau social, de conceptions, ce langage commun, ces méthodes semblables qui ont caractérisé l'ensemble du XIXe siècle.

446 *Des pressentiments de catastrophes futures assaillent l'Europe de la « Belle Époque » :* Paysage apocalyptique. *Tableau (extrait) de Ludwig Meidner (1884-1966).*

I. L'exaspération du nationalisme

Le nationalisme modéré, patriotisme affectif et attitude rationnelle quant aux frontières désirables, n'a rien de choquant. Les romantiques, excessivement optimistes, croyaient en une sorte d'harmonie nécessaire qui s'établirait entre nations satisfaites. Les « États-Unis d'Europe » seraient le produit de cette harmonie. Kant, Mazzini l'avaient pressenti.

Une nouvelle valeur. Malheureusement, les mauvais souvenirs des grandes guerres, les incertitudes concernant les frontières, l'exaltation romantique devaient produire un système de valeurs tout nouveau. Un certain déclin des valeurs religieuses permet à de nombreux Européens de placer, au sommet des valeurs, la patrie. Pour elle, on doit mourir, vaincre, conquérir, dominer, anéantir les autres patries. Les chants patriotiques sont pleins d'orgueil et de sang.

Le chauvinisme. Cette valeur nouvelle prit, curieusement, le nom d'un certain Chauvin, personnage de dessins populaires qui, sous l'Empire français, manifes-

Iles Britanniques	**1874-80** Ministère Disraeli. La reine Victoria impératrice des Indes	**1878** *Congrès de Berlin*	**1899-1902** Guerre des Boers **1901** Mort de Victoria Edouard VII	**1904** Entente cordiale
France	**1871** Traité de Francfort. Perte de l'Alsace-Lorraine. Assemblée nationale. **1875** Constitution républicaine	**1877** Crise **1886-1889** Boulangisme	**1888-1896** « guerre » commerciale franco-italienne **1890-93** Alliance franco-russe	**1898-1905** Delcassé aux Affaires étrangères
Italie	**20.9.1870** Prise de Rome	**1876** La gauche au pouvoir **1878** Mort de Victor-Emmanuel II → Humbert Ier	**1882** Triple Alliance	**1900** Humbert Ier assassiné → Victor-Emmanuel III
Espagne	**1873** République espagnole **3.1.1874** Fin de la République **1874-1885** Alphonse XII roi d'Espagne	**1876** N^{lle} constitution parlementaire Alternance conservateurs-libéraux (Canovas-Sayosta)	**1885** Alphonse XIII. Régence Marie-Christine d'Autriche. Canovas del Castillo	**1880** Début du catalanisme politique **1887** Liberté d'association
Portugal				
Suisse	**1873** Rupture des relations diplomatiques avec le Vatican	**1873** Fédération ouvrière suisse devenue en **1880** Union syndicale	**1882** Tunnel du Saint-Gothard	**1901** Prix Nobel de la paix à Henri Dunant
Allemagne Autriche-Hongrie	**18.1.1871** Proclamation de l'Empire allemand	**1872-73** Entente des 3 empereurs	**1879** « Duplice » entre l'Allemagne et l'Autriche-Hongrie	**1882** Triple alliance
Europe de l'Est	**1878** Congrès de San Stefano, puis Berlin. Création de la Bulgarie	**1886-87** Crise bulgare. Ferdinand de Saxe-Cobourg remplace Alex. de Battemberg	**1903** Coup d'État militaire en Serbie. Pierre Ier Karageorgévitch roi	**1908** Le prince de Bulgarie, Ferdinand, prend le titre de «tsar »
Russie	**1872-73** Entente des 3 Empereurs	**1876-78** Guerre russo-turque	**1881** Alexandre II assassiné → Alexandre III	**1904-05** La Russie vaincue par le Japon
Colonies		**1881** Protectorat français en Tunisie	**1884-85** Conférence coloniale de Berlin	**1896** Bataille italo-éthiopienne d'Adoua

31.08.1907 Rapprochement anglo-russe	**1911** Parliament Act Mort d'Edouard VII George V	**1912-1914** Crise du « Home Rule » irlandais	
1896, 1900 et 1902 Accords franco-italiens	**1904** Entente cordiale **1905** 1re crise marocaine **1906** Conférence d'Algésiras	**Juil. 1911** 2e crise marocaine (la *Panther* à Agadir) **Nov. 1911** Accord franco-allemand sur le Maroc et le Congo	
1903-1914 Ère de Giolitti	**1909** Le tsar en Italie (Racconigi)	**1911-12** Guerre italo-turque (Libye, Rhodes)	
1888 Création du syndicat U.G.T **1889** Code civil **1890** Débuts du nationalisme basque politique Suffrage universel	**1898** Guerre hispano-américaine « La génération de 1898 » **10.12.1898** Traité de Paris **1904** Accord franco-espagnol sur le Maroc	**Juillet 1909** → Semaine tragique à Barcelone après l'échec du Barranco del Lobo au Maroc **1910-1911** Débuts de la C.N.T. anarchiste	**27.11.1912** Traité espagnol sur le Maroc
		1911 Chute de la royauté. Ire République portugaise	**1914** Accord anglo-allemand sur les colonies portugaises
1911-1940 Giuseppe Motta conseiller fédéral (conservateur catholique)			
1890 Départ de Bismarck. Hohenlohe, puis Caprivi, chanceliers	**1900-1909** Bülow chancelier **1906** La « guerre des cochons » contre la Serbie	**1908** Annexion de la Bosnie-Herzégovine par l'Autriche-Hongrie **1909-1917** Bethmann-Hollweg chancelier allemand	**28 juin 1914** Attentat de Sarajevo
		1912-1913 Les deux guerres balkaniques. Agrandissements de la Serbie, de la Grèce, de la Bulgarie. Création de l'Albanie	
1905 Troubles révolutionnaires	**1907** Rapprochement anglo-russe		
			1912 Protectorat français au Maroc **1913** Marche des Indiens et de Gandhi au Natal

tait de façon outrée et ridicule son admiration pour les victoires de Napoléon. Ce mot a été adopté quasi universellement dans les langues occidentales : *chauvinism* en anglais, *chauvinismus* en allemand, *sciovinismo* en italien, *szowinizm* en polonais, etc. Si élémentaire soit-il, le chauvinisme engendre le *fanatisme*. L'insulte, même imaginaire, à la patrie est une cause de guerre : la dépêche d'Ems dont il vient d'être question en est une bonne illustration.

La méfiance. Plus grave encore que le chauvinisme, que l'hystérie nationaliste, est le développement de la *méfiance*. Étant donné la structure même du système étatique, il n'existe pas d'arbitrage obligatoire en cas de conflit et le réalisme cynique qui va devenir la clef de la diplomatie européenne conduira les peuples à se méfier radicalement l'un de l'autre, même entre alliés ou entre amis. Pour se protéger, il faut donc être fort.

Même si les gouvernements sont plus raisonnables que les groupes nationalistes, ils n'osent pas toujours leur résister, par crainte d'agitation ou d'être accusés de trahison. Dans les régimes parlementaires, un gouvernement peut être renversé par manque de patriotisme ; dans les régimes plus autoritaires l'armée, gagnée aux attitudes nationalistes intransigeantes, a son mot à dire et souvent les civils n'osent lui résister.

Par exemple, le gouvernement allemand accepte, en 1906, le plan Schlieffen pour le cas de guerre.

L'exaltation chauviniste peut même amener un régime où les militaires ont acquis une certaine autorité à transgresser un traité solennellement signé. Le phénomène est général : panslavisme russe qui s'oppose au panslavisme révolutionnaire du socialiste russe Bakounine, égalitaire et hostile au tsar, pangermanisme du *Alldeutscher Verband*, impérialisme ou *jingoïsme* britannique, nationalisme français axé sur la « revanche » avec la ligue des patriotes, le boulangisme, la ligue de la patrie française, le nationalisme intégral de Charles Maurras, nationalisme italien irrédentiste.

La raison d'État devient, pour les nationalistes, la valeur essentielle : ainsi, lors de l'affaire Dreyfus, des nationalistes ne manquèrent pas d'affirmer qu'il valait mieux maintenir au bagne un innocent que de ruiner le prestige et l'honneur de l'armée.

Au sujet du programme pangermaniste et des idées racistes qui en font partie, l'historien américain William Langer écrit : « Il n'y a rien, dans toute la période bismarckienne, qui puisse se comparer avec cette exagération de l'égoïsme national, avec cette brûlante passion de conquête. »

447

II. Bismarck, le « réalisme » et la « paix armée »

Jusqu'en 1890, la politique de l'Europe tourne autour de l'Allemagne et, par conséquent de Bismarck, parce que c'est un pays en pleine expansion démographique et industrielle et parce que ses victoires militaires de 1866 et de 1871 lui ont conféré prestige et puissance. Ensuite parce que la personnalité de Bismarck dépasse largement toutes les autres, comme le remarque Pierre Renouvin. Bon gré mal gré, l'Europe d'alors est l'Europe de Bismarck.

La *Realpolitik* de Bismarck. Bismarck, on l'a vu, nous apparaît d'abord comme l'homme de l'État prussien. Il est allemand aussi mais à condition que l'Allemagne soit dominée par la Prusse. Il tient pour négligeable le sentiment national, il n'a que mépris pour l'opinion publique. *L'État, par conséquent, est tout et non la nation.* Aussi veut-il absolument préserver un État « historique » comme l'Autriche-Hongrie ; aussi ne cherche-t-il pas à annexer les Allemands de langue qui vivent hors des frontières allemandes, et considère-t-il comme parfaitement normal la présence en Allemagne de minorités

447 *La proclamation de l'Empire allemand. La cérémonie a lieu dans la galerie des Glaces du château de Versailles le 18 janvier 1871 : le roi de Prusse Guillaume Ier est proclamé empereur (1871-1888). Peinture d'Anton von Werner (1885).* **448** *Otto von Bismarck (1815-1898). Le chancelier du Reich à Friedrichsruh. Photographie coloriée (1866).* **Carte 33 :** *Alliances européennes à l'époque de l'impérialisme. 1871-1914.* **Carte 34 :** *L'Europe avant le déclenchement de la Première Guerre mondiale.*

448

polonaise, danoise, voire française. Une telle attitude est bien résumée par les expressions *Realpolitik, Interessenpolitik* qui appartiennent au vocabulaire bismarckien. Que signifient-elles ? D'abord le mépris pour tout sentimentalisme. « Je tire la règle de ma conduite envers les gouvernements seulement du mal ou du bien que je les juge capables de faire à la Prusse » (Lettre du 2 mai 1857). « La seule base saine d'un grand État est l'égoïsme, non le romantisme. Il est indigne d'un grand État de combattre pour quoi que ce soit qui ne constitue pas une part de ses propres intérêts » (Discours de Bismarck, décembre 1850). « A mon avis, même le roi n'a pas le droit de subordonner les intérêts du pays à ses propres sentiments d'amour ou de haine à l'égard des étrangers. »

Il en résulte qu'il ne croit pas au droit européen. A un diplomate autrichien qui lui remémorait l'adage *Pacta sunt servanda* (les pactes doivent être respectés), base du droit international, Bismarck répondit : « L'Autriche et la Prusse sont de trop grands États pour être liés par le texte d'un traité. Elles ne peuvent être guidées que par leurs propres intérêts et leurs convenances. Si un traité barre la route à ces intérêts et à ces convenances, ce traité doit être brisé. »

D'ailleurs, seuls les grands États ont réellement des droits. En 1868, Bismarck déclare au prince Napoléon, cousin de Napoléon III : « L'importance d'un État se mesure au nombre de ses soldats [...] C'est la destinée des faibles d'être dévorés par les forts. »

Bismarck contre l'Europe. Dans une telle perspective, on se rend compte que l'Europe est destinée à disparaître. En 1876, sur la marge d'une dépêche de Saint-Pétersbourg dans laquelle Gortchakov avait écrit : « Le problème n'est ni allemand ni russe, mais européen », Bismarck note : « Qui parle d'Europe a tort, notion géographique. » On ne peut trouver plus admirable démonstration du déclin de l'idée d'Europe traditionnelle, en référence avec 1815.

Et Bismarck fait le commentaire suivant : « J'ai toujours trouvé le mot Europe dans la bouche des hommes d'État qui veulent obtenir d'une puissance étrangère quelque chose qu'ils ne risqueraient pas de demander en leur propre nom. » Bien plus tôt, en 1863, relevons cette conversation avec l'ambassadeur britannique à Berlin, sir Andrew Buchanan, à propos de la Pologne. Buchanan lui dit que l'Europe ne tolérerait pas une occupation de la Pologne par la Prusse. « Qui est l'Europe ? »

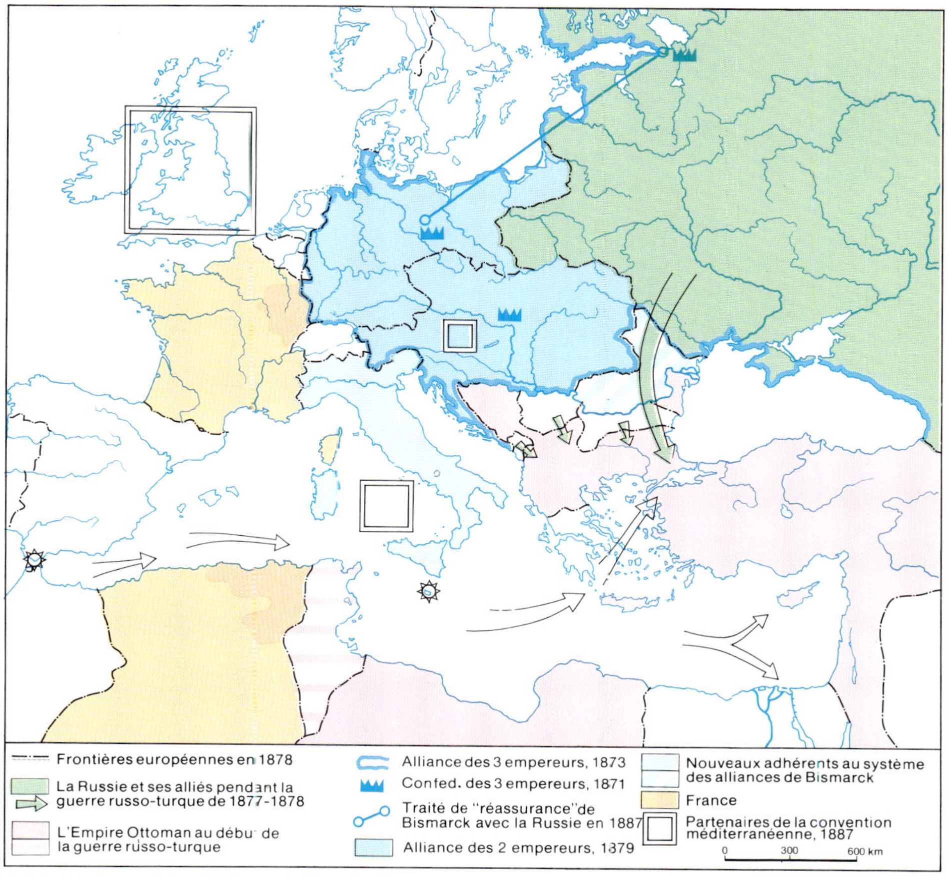

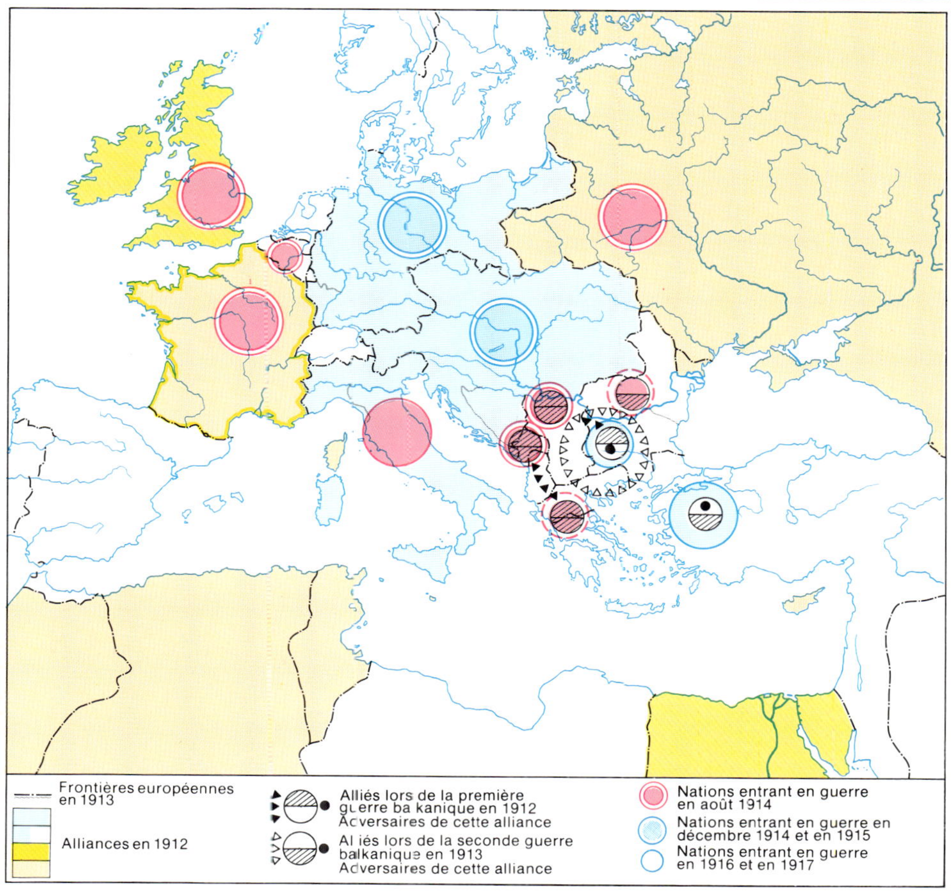

répond Bismarck. Il a toujours terriblement craint les interventions collectives de l'Europe, par exemple pendant les mois victorieux de 1870 en France. « Ma tâche était donc d'arriver à un règlement avec la France avant que les puissances neutres ne s'accordassent sur l'influence qu'elles devraient exercer sur la paix » (*Pensées et souvenirs,* ch. XXIII).

Ce sentiment ne correspond certes pas à celui de la plupart des autres gouvernements. Mais qu'y peuvent-ils ? La reine Victoria écrit au roi de Prusse : « J'ai, jusqu'à présent, considéré la Prusse comme une des grandes puissances qui [...] ont été les garants des traités, les gardiens de la civilisation, les défenseurs du droit, les arbitres véritables des nations [...] Si vous, cher Monsieur et Frère, abdiquez ces obligations, vous avez abdiqué cette position pour la Prusse. Et si un tel exemple trouvait des imitateurs, alors la civilisation de l'Europe serait livrée au hasard des tempêtes. » Max Müller, professeur à Oxford, d'origine allemande, parle en 1886 de « l'horrible et vraiment barbare situation dans laquelle nous vivons » ; et il ajoute : « Nous vivons comme les bêtes de proie dans les temps préhistoriques. Qu'adviendra-t-il de l'Europe quand aucun État ne se sent en sécurité s'il n'a pas plus de canons que son voisin ? » Telle était aussi l'opinion de l'homme d'État anglais Gladstone, « le professeur Gladstone », disait Bismarck avec un mépris total.

La relative modération de Bismarck. Pourtant, de l'Europe, il subsiste quelque chose dans l'esprit de Bismarck. Cette chose est la nécessité pratique de l'équilibre européen. Et là, on découvre le grand homme d'État. Ce qu'il a cherché, c'est à faire de la Prusse la première des grandes puissances. Mais il n'a jamais voulu qu'elle fût la seule. Il y a un abîme entre Bismarck et son lointain successeur Adolf Hitler.

Dans ses *Pensées et souvenirs* (ch. XXVI), il montre que jamais il n'a eu l'intention de faire une guerre préventive en 1875 contre la France, comme les Français le croyaient : « Une guerre de cette sorte n'aurait pu conduire, à mon avis, à des conditions définitivement stables, mais aurait suscité un accord entre Russie, Autriche et Angleterre, fondé sur la méfiance à notre égard, et provoquant éventuellement une action positive contre le nouvel Empire non encore consolidé et nous serions ainsi entrés dans la voie qui amena le Second Empire français à la destruction par une politique continuelle de guerre et de prestige. L'Europe aurait vu dans nos actes un mauvais emploi de notre puissance récemment acquise » – notons au passage l'utilisation du mot « Europe » lorsqu'il s'agit de l'équilibre de la puissance.

Et il conclut ainsi : « C'est seulement le caractère pacifique de la politique allemande après la stupéfiante démonstration de la force militaire de la nation, qui amena les puissances étrangères et les opposants de l'intérieur [...] à tolérer au moins le nouveau développement de la puissance allemande. » Il écrit aussi (*ibid.,* ch. XXIX) : « Il y a pour la politique russe une limite au-delà de laquelle l'importance de la France, en Europe, ne doit plus diminuer [...] cette limite fut atteinte, à ce que je crois, à la paix de Francfort. » Parlant d'alliances (*ibid.*) il évoque « les indispensables éléments de l'équilibre politique européen » et il ajoute que « sans eux, nous serions en danger ».

Enfin, il pousse le respect de la *Balance of Power* jusqu'à vouloir démontrer, par ses paroles et par ses actes, « qu'une hégémonie allemande en Europe est plus utile et moins partisane, et aussi moins dangereuse pour la liberté des autres que celle de la France, de la Russie ou de l'Angleterre ».

Le « respect pour les intérêts des autres » est plus aisé en Allemagne qu'ailleurs et cela est dû d'une part au « caractère allemand », d'autre part au fait que « nous ne demandons pas d'accroissement de notre territoire propre. Cela a toujours été mon but idéal, après que nous avons établi notre unité dans les limites possibles, de gagner la confiance non seulement des petits États européens, mais encore des grandes puissances, et de les convaincre que la politique allemande sera juste et pacifique, une fois qu'aura été réparée l'*injuria temporum,* la désintégration de la nation » (*ibid.,* ch. XXX). L'Allemagne, dit-il souvent, est maintenant « saturée ». Bismarck va même jusqu'à pousser la France à des entreprises coloniales, non seulement pour la brouiller avec d'éventuels rivaux, mais pour la détourner de « la ligne bleue des Vosges », et lui donner une sorte de compensation pour la perte de l'Alsace et de la Lorraine.

Cependant, la politique bismarckienne, par son réalisme cynique et son mépris total des sentiments, devait introduire dans la diplomatie européenne des germes dangereux avec des politiciens moins habiles. Donnons trois exemples, d'ailleurs liés : l'Alsace-Lorraine, les alliances, la course aux armements.

L'Alsace et la Lorraine. En annexant l'Alsace et une partie de la Lorraine, Bismarck n'a pas cru qu'il se heurtait à un sentiment national durable. Par ailleurs, il a largement tenu compte des arguments des militaires. Pour lui, la nationalité – si nationalité il y avait – se rattachait aux théories de Herder, et par conséquent, l'Alsace et la Lorraine n'étaient que des régions allemandes avec un « vernis français » qui s'écaillerait rapidement. Le fait que tous les députés de ces deux provinces, aux élections de 1871 pour l'Assemblée nationale française, de 1874 au Reichstag, et encore de 1887 aient été des « protestataires », ne faisait tout au plus que l'agacer. De même il s'irritait du vaste courant d'indignation qu'une telle annexion, accomplie en pleine période de nationalisme, suscitait à travers l'Europe entière. « J'ai l'appréhension, écrivait Gladstone à Granville, que cette mutilation et ce transfert violent va nous conduire de mal en pis, et va commencer une nouvelle série de complications européennes. »

Cette prophétie était exacte. Pendant plus de quarante ans, la France n'admit pas cette annexion. Et si la « revanche » pour récupérer les « provinces perdues » ne fut jamais l'un des éléments de sa politique – malgré la pression de groupes minoritaires – si ce problème n'explique nullement le déclenchement de la guerre en 1914, du moins est-elle la cause de la permanente mésentente entre France et Allemagne.

L'alliance en pleine paix. Bismarck le savait fort bien. Il s'exagérait même la volonté de revanche de la France, pensait que les Français ne pouvaient pas ne pas préparer une telle revanche. Aussi a-t-il vécu dans l'inquiétude ; toute sa politique, poursuivie par ses successeurs, a consisté *à isoler la France, à conclure des alliances contre elle,* à s'armer plus qu'elle – d'où la course aux armements.

Il prit l'initiative en concluant, dès 1879, la célèbre *Duplice* avec l'Autriche-Hongrie et en réalisant, en 1882, avec ce pays et l'Italie, une moins solide *Triplice* en Triple Alliance. Mais, dès août 1892, la France conclut une Convention militaire avec la Russie ; le 8 avril 1904, malgré toutes les complications coloniales, elle signa l'Entente cordiale avec l'Angleterre : le 31 août 1907, une entente similaire fut réalisée entre l'Angleterre et la Russie.

De la sorte, l'Europe fut divisée en deux systèmes opposés : Triple Alliance et Triple Entente, l'un et l'autre permanents en ce sens que l'alliance franco-russe devait durer « aussi longtemps » que la Triple Alliance, laquelle était renouvelée à cause de l'alliance franco-russe, etc. Jamais, dans l'histoire contemporaine de l'Europe,

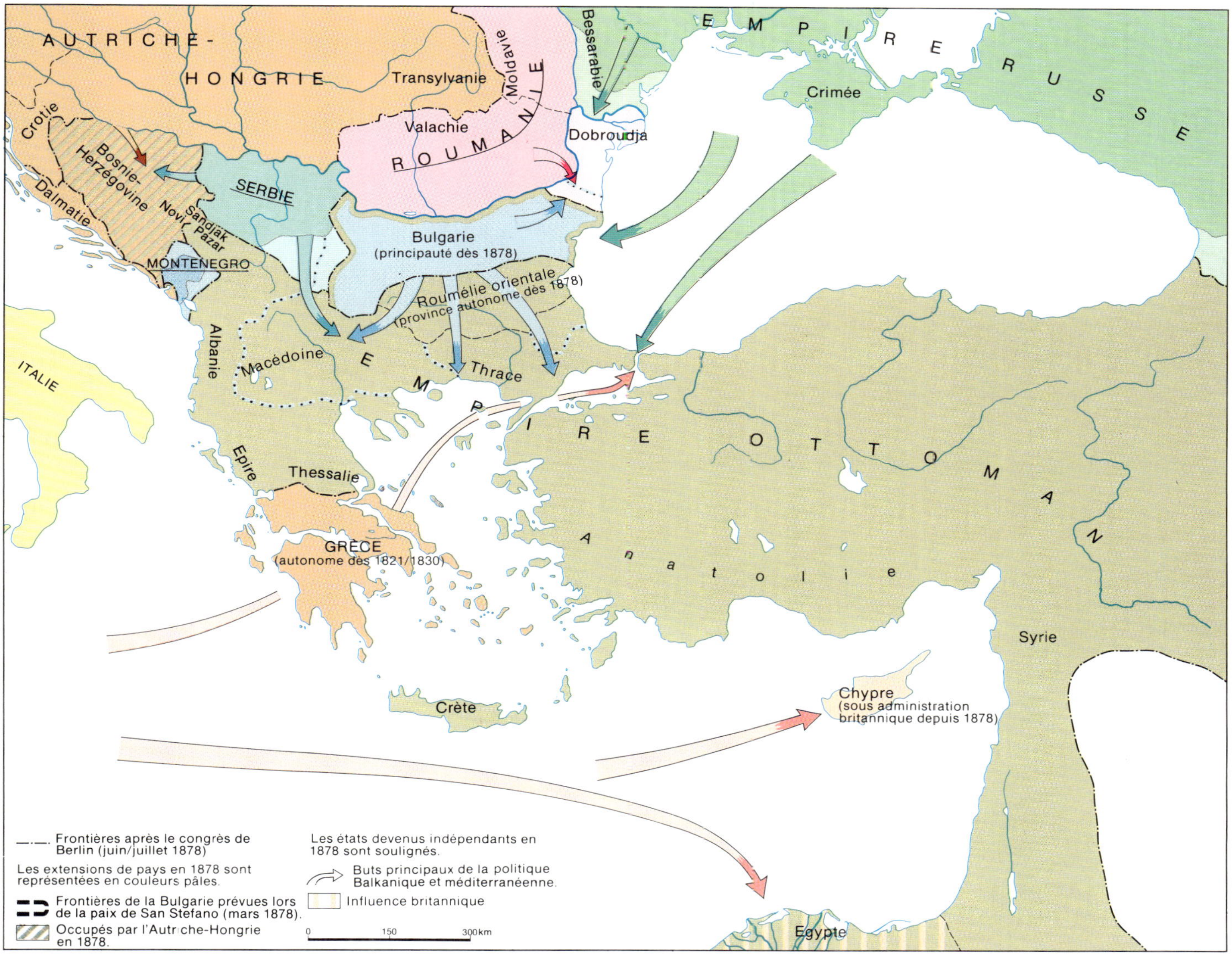

Carte 35 : *La poudrière balkanique. Aspirations vers l'indépendance nationale et sphères d'intérêts des grandes puissances.*

on n'avait vu d'alliances permanentes en pleine paix. Jamais les alliances n'avaient été autre chose qu'occasionnelles. Désormais, toute crise européenne, tout conflit qui naguère eût été mineur, suscita la possibilité d'une explosion générale. Et le malheur est que l'explosion s'est finalement produite.

Erich Eyck, le grand historien de Bismarck, n'hésite pas à lui en attribuer la responsabilité fondamentale : « Les annexions, dit-il, ont rendu impossible une paix réelle et durable entre l'Allemagne et la France. Le sommeil de Bismarck, la nuit, était troublé par le cauchemar des coalitions contre l'Allemagne. Le continent européen entier devint un camp armé. Le premier devoir de l'Allemagne semblait être de s'armer elle-même de plus en plus fortement. Personne ne semblait plus important que le soldat et l'officier, et le militarisme acquit une ascendance complète. » On trouve la même idée exprimée chez d'autres historiens allemands, tel Gerhard Ritter. En disant cela, ils ne minimisent nullement la grandeur de Bismarck, devenu pacifique, « saturé » de conquêtes, après qu'il eut réalisé cette chose prodigieuse, l'unification de l'Allemagne, si longtemps rendue impossible par la politique française. Mais ils montrent que cela pouvait se faire sans l'annexion de l'Alsace et de la Lorraine, que les considérations stratégiques qui ont guidé Bismarck lui ont caché le caractère irrésistible des poussées sentimentales collectives.

La « paix armée » et les crises. Attribuer à Bismarck toute la responsabilité dans la création d'une Europe de la « paix armée » serait injuste. Friedrich Meinecke, écrivant en 1924 son grand livre *Die Idee der Staatsräson,* est sans doute sous le coup de l'occupation française de la Ruhr de 1923 que, comme beaucoup de contemporains, il juge brutale et injuste.

Aussi évoque-t-il à peine l'Alsace et la Lorraine et nous paraît-il bien optimiste lorsqu'il voit dans Bismarck « la synthèse la plus sublime et la mieux réussie entre la vieille raison d'État des cabinets et les nouvelles forces populaires », lorsqu'il dit que « l'Europe fut consolidée et pacifiée entre 1871 et 1914 à un degré qui avait été rarement atteint au cours de l'histoire moderne ». Car après tout, la « paix armée » a dégénéré au XXe siècle en une succession de crises graves : première crise marocaine en 1905 (France et Allemagne), crise de Bosnie-Herzégovine en 1908 (Autriche-Hongrie et Russie) ; deuxième crise marocaine en 1911 (France et Allemagne), crise des guerres balkaniques en 1913 (Autriche-Hongrie et Russie). Auxquelles

449

s'ajoutèrent la crise de la course aux armements navals entre Angleterre et Allemagne, et finalement la crise de juillet 1914 où les grandes puissances entrèrent en guerre parce qu'elles crurent leur vie menacée.

La croyance en une guerre inévitable fut elle-même génératrice de guerre, et nous avons donc bien de la peine à saluer comme merveilleusement belle la « paix armée » de quarante-quatre ans qui a finalement abouti au massacre. Pouvait-on l'éviter ?

La raison d'État. Cependant, Meinecke a raison de montrer qu'il s'agit fondamentalement d'un « mécanisme » et que des forces profondes, sans doute irrésistibles, ont joué. L'une est la généralisation du service militaire, d'abord « idée défensive », mais que « les passions irrédentistes des nations » transformèrent « en une arme offensive qui menaçait la paix générale [...]

Il en résulta que le militarisme moderne, qui combinait l'esprit de vocation militaire avec le service militaire universel, en vint à constituer un danger réel de guerre pour l'ensemble de l'Europe – non seulement en lui-même, mais bien plutôt à cause du fait que s'y ajoutait le nationalisme moderne ».

Une autre de ces forces est le capitalisme moderne. « Il produisit ce résultat que l'Europe et les grandes puissances qui en faisaient partie furent capables pour la première fois d'atteindre un niveau monstrueux et inouï de réussite matérielle ; alors, débordant de force et d'énergie, elles entrèrent en conflit l'une contre l'autre et développèrent et exercèrent tous les moyens d'action possibles jusqu'à ce qu'elles eussent causé la ruine totale de l'organisme européen. Militarisme, nationalisme, capitalisme – on ne peut attribuer à aucun des trois pris séparément la responsabilité de nous avoir apporté le désastre. Ce fut seulement la fatale conjonction des trois qui permit d'abord aux grandes puissances européennes d'atteindre le sommet dans un abîme qui pourrait s'avérer fatal pour les vainqueurs eux-mêmes. »

Selon la définition, déjà mentionnée, qu'a donnée Clausewitz, deux nouvelles « Grandes Puissances » – les États-Unis et le Japon – sont venues rejoindre dans ce « club » très fermé les six « Grands » européens. Ils ne peuvent rien pour empêcher la catastrophe européenne.

Et pourtant celle-ci marquera la fin des principes caractérisant l'équilibre européen.

449 : *Acte final du congrès de Berlin le 13 juillet 1878. Bismarck serre la main du comte Pierre Andreiévitch Chouvalov. Peinture d'Anton von Werner (1881).* **450** *« Les trois empereurs, le ventriloque de Varzin ». La politique d'alliance de Bismarck. Caricature parue dans* Punch, *20 septembre 1884.* **451** *« Le monstre marin ». Tract français (1887).* **452** *La reine Victoria proclamée impératrice des Indes à Delhi le jour de l'an 1877. Tableau de M. E. Caddy.* **Carte 36 :** *La crise balkanique en 1912.*

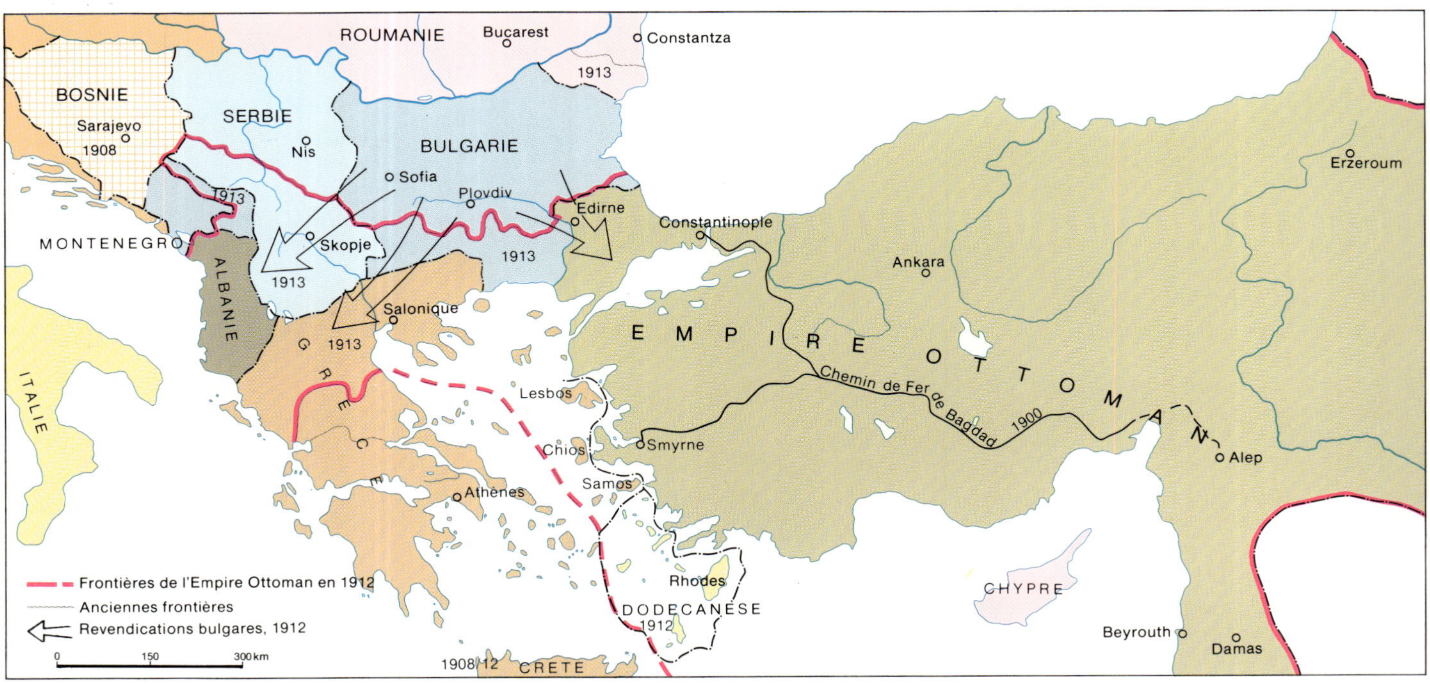

450

451

III. L'Europe poursuit la conquête du monde

La reprise de la colonisation. Il n'est pas de notre ressort de présenter ici la question fort controversée des causes de la grande « ruée » vers la colonisation qui affecte une large partie des puissances européennes après 1880.

La fin du quasi-libre-échange, le rétablissement des douanes par les pays en pleine expansion industrielle – l'Allemagne prenant l'initiative en 1879 – expliquent la volonté de s'assurer par la conquête des marchés privilégiés. La volonté de puissance, une fois les conquêtes en Europe interdites par les nationalismes, stimule l'ambition de trouver des territoires vacants au-dehors. Le développement de la marine à vapeur amène à rechercher des bases charbonnières. Le développement des armées invite à les renforcer par des troupes aisément recrutées outre-mer. L'ampleur des territoires elle-même paraît être un gage et un signe de puissance. Ce qui nous intéresse ici, c'est l'influence que cette « course au clocher », cette brusque et hâtive colonisation de l'Afrique, de l'Asie du Sud-Est, de l'Océanie, exerce sur l'idée d'Europe elle-même.

A première vue, la colonisation, quelle qu'ait été la violence des rivalités entre puissances coloniales, rétablit une certaine harmonie. On croit volontiers, après 1860, à une « mission » des nations civilisées à l'égard des « barbares », déchirés par les luttes tribales, ravagés par la maladie, par l'esclavage. Les terres ouvertes à la conquête sont gravement déclarées par les juristes *res nullius* (choses n'appartenant à personne).

Lorsque la France est en guerre contre la Chine, en 1885, l'Allemagne propose ses bons offices et ne cache pas qu'elle est du côté de la « civilisation » contre les « barbares ». En 1900, lorsque les légations sont assiégées par les Boxers à Pékin, toutes les puissances européennes – auxquelles se joignent les États-Unis et le Japon – s'unissent en un vaste mouvement de solidarité.

Cet accord est si unanime que, malgré toutes les querelles, les puissances – y compris la France – acceptent que le commandement soit confié à un général allemand, Waldersee.

La « mission civilisatrice ». On aurait pu penser, avant la grande ruée, que l'Europe se mettrait d'accord pour faire de cette mission une entreprise collective. Telle paraît être – mais ce n'est qu'une apparence – l'attitude du roi des Belges, Léopold II, lorsqu'il convoque à Bruxelles en septembre 1876 trente-cinq géographes et explorateurs anglais, allemands, français, russes, italiens, autrichiens et belges. « Le sujet qui nous réunit aujourd'hui, dit-il dans son discours d'ouverture, est de ceux qui méritent au premier chef d'occuper les âmes de l'humanité.

Ouvrir à la civilisation la seule partie du globe où elle n'ait point encore pénétré, percer les ténèbres qui enveloppent des populations entières, c'est, j'ose le dire, une croisade digne de ce siècle de pro-

452

Alaska
Canada
Groenland
(dan.)
Islande
(dan.)
Féroé
(dan.)
GRANDE
BRETAGNE
BELGIQUE
FRANC
Terre Neuve
ÉTATS
UNIS
MEXIQUE
Açores
(port.)
PORTUGAL
ESPAGNE
Maroc espag
Madère
(port.)
Agadir
(esp.)
Maroc
Iles Canaries
(esp.)
Algér
Bermudes
(brit.)
Bahamas
(brit.)
CUBA
HAITI
RÉP. DOM.
Porto Rico
Guadeloupe (fra.)
Martinique (fra.)
Trinité (brit.)
Jamaïque
Belize
HONDURAS
GUATEMALA
EL SALVADOR
NICARAGUA
COSTA RICA
PANAMA
zone du canal (E.-U.)
Hawaii
(E.U.)
Rio de Oro
Afrique occidental
Iles du Cap-Vert
(port.)
Gambie
Guinée port.
Sierra Leone
LIBERIA
Côte-de-l'Or
Togo
VÉNÉZUELA
Guyane
brit.
néerlandaise
française
COLOMBIE
ÉQUATEUR
Iles Galapagos
(éq.)
BRÉSIL
PÉROU
BOLIVIE
PARAGUAY
URUGUAY
CHILI
ARGENTINE
Tuamotu (fra.)
Ile de Pâques
(chili)
Iles Juan Fernadez
(chili)
Ile de l'Ascension
(brit.)
Saint-Hélèn
(brit.)
Tristan da Cunha
(brit.)
Gough
(brit.)
Iles Falkland
(brit.)
Géorgie du Sud
(brit.)
Puissances coloniales (ex : Fra
Colonies
États non soumis aux gouvernements coloniaux

Carte 37 : *Les empires coloniaux européens avant le déclenchement de la Première Guerre mondiale.*

grès. » Il faut se réunir pour « régler la marche, combiner les efforts [...] éviter les doubles emplois ».

De la conférence sortit une Association internationale africaine. Mais celle-ci ne fit pas grand-chose, les Français, puis les Anglais, se méfiant des desseins de Léopold II. D'ailleurs le roi, dont l'ambition était strictement belge et surtout personnelle, devait par la suite créer une Association internationale du Congo, composée presque exclusivement de Belges. En fait, l'idée de mission des civilisés à l'égard des barbares, paravent commode pour toutes les ambitions et tous les appétits, devait prendre immédiatement une forme purement nationale. En France, on se réfère volontiers à l'idée, lancée par Albert de Mun, des devoirs des races supérieures : « Il y a pour les races supérieures un droit, parce qu'il y a un devoir pour elles, dit Jules Ferry le 28 juillet 1885, à la Chambre. Elles ont le devoir de civiliser les races inférieures. » Ce à quoi Clemenceau répondra que l'argument lui paraît faible, les Prussiens l'utilisant pour expliquer pourquoi ils ont vaincu la France. Charles Depincé, dans la *Quinzaine coloniale* en 1900, brandit la Déclaration des droits de l'homme : « La conquête [...] n'a qu'une excuse : l'amélioration par les soins de la nation conquérante de la condition matérielle et morale de la race conquise. » Le gouverneur général Merlin en 1910, est plus net encore : « Nous sommes allés en vertu du droit qu'a une race civilisée [...] d'occuper les territoires qui sont laissés en jachère par les populations attardées par la barbarie. »

En Angleterre, même son de cloche. On connaît le célèbre poème de Kipling : *The White Man's Burden* (le fardeau de l'homme blanc).

N'oublions pas qu'au début des années 80, on ignore à peu près tout du cerveau humain. Comment expliquer l'éclatante supériorité scientifique, technique, industrielle – et militaire – que les Européens ont développée depuis quatre siècles, sinon par une hypothétique « inégalité raciale », une supériorité supposée des Blancs ? On saura bientôt qu'il n'en est rien. Mais on comprendra l'explosion de joie, chez beaucoup d'hommes « de couleur », lorsque les Japonais ont vaincu les Russes.

La transposition en Asie et en Afrique de l'équilibre européen. En fait, le partage de l'Afrique affecte d'une autre façon l'idée d'Europe.

Tout se passe en effet comme si les Européens avaient décidé de transposer sur les terres lointaines les divers mécanismes de l'équilibre européen. Examinons rapidement les principaux d'entre eux : système des compensations, maintien d'États tampons, « concert ». Comme l'écrit Hinsley dans la *Cambridge History of the British Empire* (t. III, p. 90) : « Les rivalités et anxiétés européennes, restreintes à l'intérieur du continent, furent projetées sur le cadre extérieur du monde sous-développé [...]

Dès le commencement de la période, les politiques des gouvernements, sinon tous les éléments agissant dans les États, furent dominées par des motifs stratégiques plutôt qu'économiques et financiers, par des considérations d'équilibre et de position relative, en Europe tout autant qu'à travers le monde. » Il n'est donc pas surprenant que l'initiative soit partie de France avec la conquête de la Tunisie en 1881. Pour Jules Ferry, il était question de « rayonner sans agir, sans se mêler aux affaires du monde, en se tenant à l'écart de toutes les combinaisons européennes, en regardant comme un piège, comme une aventure toute expansion vers l'Afrique ou vers l'Orient, vivre de cette sorte, croyez-le bien, c'est abdiquer et, dans un temps plus court que vous ne pouvez le croire, c'est descendre du premier rang au troisième ou au quatrième ».

Dans le même discours, il se défend toutefois d'avoir négocié avec l'Allemagne des « compensations » coloniales pour la perte de l'Alsace et de la Lorraine. L'opinion est trop sensible à ce sujet, et suivait volontiers Paul Déroulède : « Vous me prenez deux enfants, et vous me donnez vingt domestiques. »

Bismarck, qui a longtemps déclaré qu'il n'était pas un « homme colonial », raisonne finalement de façon identique. Il en est de même de Crispi en Italie, d'innombrables impérialistes britanniques regroupés dans

453

454

453 *La « génération des petits-fils » ne fait plus les « cauchemars de coalition » de Bismarck : l'empereur Guillaume II d'Allemagne en uniforme d'amiral. Tableau de Carl Bublitz (1900).* **454** *Conscience de mission et sentiment de supériorité des Européens : « Peuples d'Europe, protégez vos biens les plus sacrés ! » Tableau d'Hermann Knackfuss d'après une esquisse de l'empereur Guillaume II (1895).* **Carte 38 :** *Conflits entre les puissances coloniales, 1871-1914.*

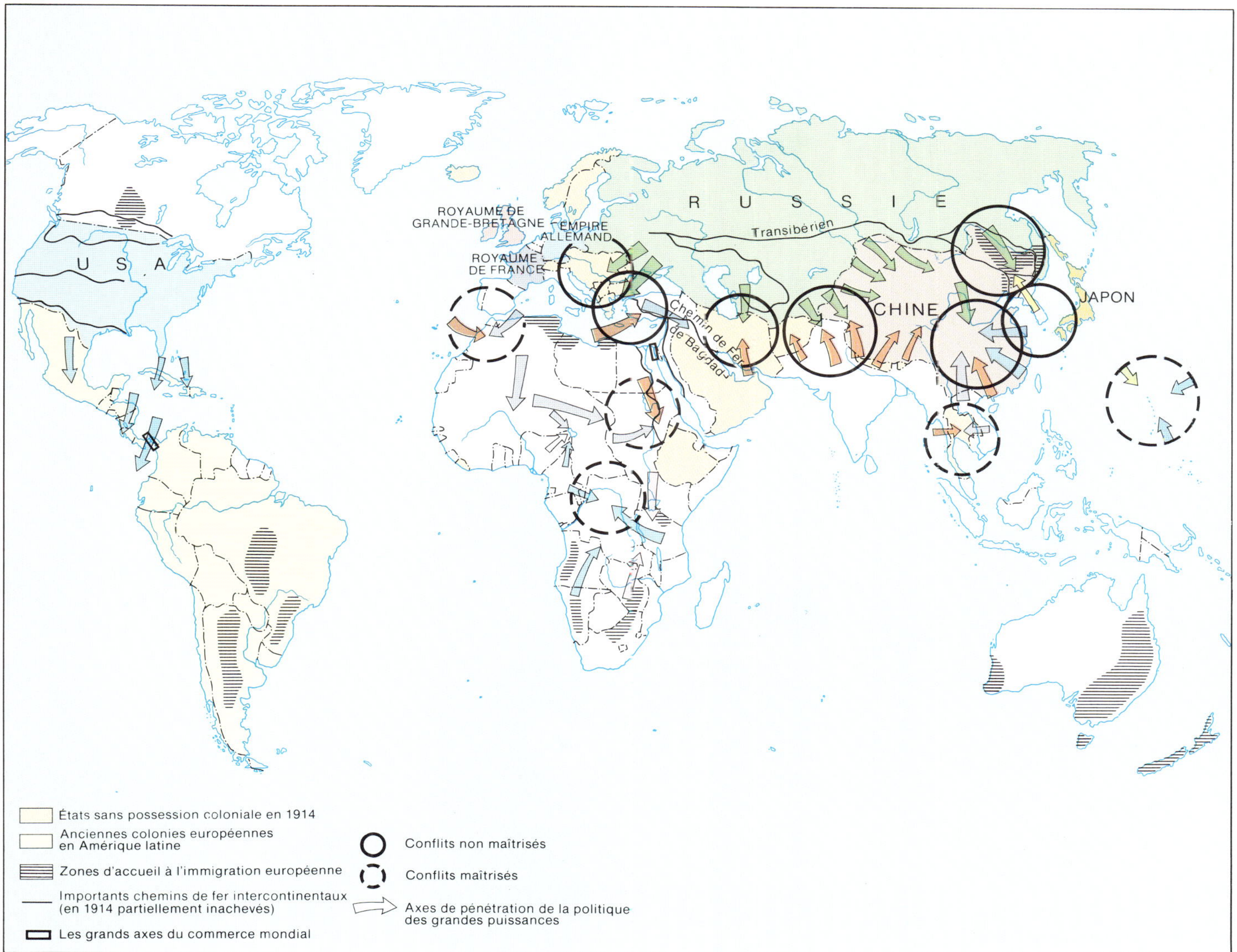

la *Primrose League,* l'*Imperial Federation League,* etc.

Partage : compensation, États tampons. Au partage, à la compensation mutuelle se substitue parfois (comme en Europe) la décision de maintenir à peu près indépendants des États tampons. Toute l'histoire singulière de la création d'un État indépendant du Congo, ayant pour souverain le roi des Belges, dérive de là. De même, on assiste à une série d'accords pour maintenir l'indépendance du Siam, de l'Iran, de l'Afghanistan qui reçoit même, au nord-est, une longue et étroite bande de territoire peu peuplé pour éviter que l'Asie centrale russe et l'Inde n'aient une frontière commune.
Enfin, la Chine, en 1900, échappe au partage grâce au ralliement des Européens à une doctrine formulée aux États-Unis, celle de la « porte ouverte », de l'*open door.* Quoique la plupart des questions coloniales soient réglées par des accords bilatéraux, le « concert européen » y a son mot à dire.
Sa principale manifestation est la conférence coloniale de Berlin qui, en 1884-1885, pose des règles sur les conditions de l'annexion en Afrique centrale. Le « concert » exerce son autorité, principalement lorsqu'on veut maintenir un certain degré de liberté commerciale dans un territoire convoité par une puissance. C'est ainsi que deux conférences, celle de Madrid en 1880, celle d'Algésiras en 1906, proclament le principe de l'égalité commerciale au Maroc.
Au total, on peut se demander si la grande expansion coloniale européenne, entre 1880 et 1914, a davantage servi la cause de l'unité européenne, ou celle des rivalités nationales. Bien que les conquêtes coloniales aient été le prétexte de crises graves, il est tout à fait inexact de prétendre comme l'a fait Lénine que la « loi de l'inégalité de développement » imposait un repartage du monde et que la guerre de 1914 en résulta. En fait, les Européens avaient beau transposer leur compétition à d'autres continents, ils voyaient rarement, dans ces territoires éloignés, des intérêts vitaux ; or la Grande Guerre s'est déclenchée parce que certains de ceux-ci ont paru menacés. Bien plus, pris deux à deux, tous les grands pays ont réglé leurs différends coloniaux avant 1914.
Dans le concert européen, nous l'avons vu, seules les grandes puissances ont leur mot à dire. Et leurs accords bilatéraux escomptent parfois la disparition des colonies à métropoles faibles : Belgique, Portugal par exemple. Le rêve allemand d'une « Mittelafrika », englobant le Congo belge, se heurtait au rêve du célèbre colonisateur britannique Cecil Rhodes : une voie ferrée « du Cap au Caire ». Pour l'essentiel, en tout cas, la France et la Grande-

Bretagne avaient résolu leurs problèmes par l'« Entente cordiale » du 8 avril 1904. La Grande-Bretagne et la Russie s'étaient mises d'accord pour l'Asie le 31 août 1907. La France et l'Allemagne avaient réalisé un accord Maroc-Congo en novembre 1911. Enfin, Angleterre et Allemagne s'étaient entendues au début de 1914 sur un éventuel partage des colonies portugaises.

IV. La faiblesse de l'européisme

Face à ces mouvements parallèles, qui emportent les nations vers les plus extrêmes passions, se dressent les tendances pacifistes et l'internationalisme de classe des socialistes. Nous savons maintenant que leur importance était quelque peu exagérée par les contemporains car, en août 1914, les socialistes de tous les pays, y compris la France et l'Allemagne, partirent à la défense de leurs patries menacées. Néanmoins, sur le plan intellectuel, les adversaires du nationalisme débordaient d'activité. C'était une des raisons pour lesquelles le tsar Nicolas II proposa, le 24 août 1898, la réunion d'une conférence internationale sur le désarmement. Il répondait ainsi à un courant pacifiste réel malgré un certain déclin entre 1870 et 1890.

Parmi les défenseurs énergiques de la paix, citons William T. Stead, directeur de la *Review of Reviews* de Londres, et moins vigoureusement le radical Léon Bourgeois en France.

L'internationalisme prolétarien. L'internationalisme prolétarien est certainement la principale des forces qui luttent contre l'exaspération du nationalisme. « Les prolétaires n'ont pas de patrie », avait dit Marx. La négation absolue de la patrie a eu ses partisans, dont le plus connu, en France, fut Gustave Hervé, ancien professeur au collège de Sens : « Nous détestons nos patries, nous sommes des antipatriotes. » Moins exaltés en général, les socialistes authentiques sont antimilitaristes, hostiles à la « caste militaire » et aux armées permanentes.

Pour Jaurès, il faut empêcher la guerre par tous les moyens mais lui-même comme beaucoup d'autres défendent l'idée de patrie, acceptent la guerre contre « l'agresseur, l'ennemi de la civilisation, l'ennemi du prolétariat », c'est-à-dire l'État qui refusera l'arbitrage.

455

456

455 *Socialistes et internationalistes convaincues : Rosa Luxemburg (à droite) et Clara Zetkin (à gauche). Photographie (1910).* **456** *Le leader socialiste Jean Jaurès (deuxième de gauche) à Berlin. Photographie (Printemps 1914).* **457** *Le père de l'historiographie allemand : Leopold von Ranke (1795-1886). Tableau de Fritz Hummel (1885).* **458** *Friedrich Nietzsche. Philosophe allemand (1844-1900). Peinture de Rudolph Köselik d'après une photographie de 1883 (1901).* **459** *Henri Dunant. Philanthrope suisse (1828-1910), prix Nobel de la paix, fondateur de la Croix-Rouge. Gravure d'époque, exécutée après 1901.*

457

458

459

Au Congrès international de Stuttgart, en 1907, Lénine, Rosa Luxemburg et Martov font voter le paragraphe suivant : « Au cas où la guerre éclaterait néanmoins, ils ont le devoir de s'entremettre pour la faire cesser promptement et d'utiliser de toutes leurs forces la crise économique et politique créée par la guerre pour agiter les couches populaires les plus profondes et précipiter la chute de la domination capitaliste. »
Entre ces deux courants, nationalisme chauvin et pacifisme internationaliste, ce qui nous intéresse le plus, c'est la persistance d'une tendance intellectuelle européenne. Fait remarquable, ce sont quelques-uns des meilleurs esprits de la période qui ont écrit les textes les plus vigoureux sur la nécessité de dépasser le nationalisme et de prendre conscience de la solidarité continentale. Ces textes peuvent être classés par pays.

Ranke et Nietzsche. Commençons par l'Allemagne. Le grand historien Leopold von Ranke – peut-être le plus grand de tous les historiens de son siècle – n'est pas un mauvais Allemand, certes, et il éprouve un grand amour pour sa patrie. Mais il redoute « l'importance de plus en plus grande que prennent les souverainetés nationales ». Au-dessus des nations, il y a l'Europe. Il conçoit « le complexe des États chrétiens d'Europe [..] comme un ensemble, en quelque sorte comme un État. » Il y a un « germe de l'Occident ». Ranke est un grand Allemand optimiste et chrétien. Friedrich Nietzsche est pessimiste et antichrétien. Il constate d'abord un phénomène physiologique qui grandit chaque jour : celui du « rapprochement des Européens ». Pour lui, malgré la « folie des nationalités », malgré les politiciens à courte vue et menant une politique de désunion, « on méconnaît ou on déforme mensongèrement les signes qui prouvent de la manière la plus manifeste que l'Europe veut devenir une » (*Par-delà le bien et le mal,* 251, 252, 256).
D'autres écrivains allemands ont parlé d'unité européenne : Constantin Frantz, par exemple, partisan d'une « Grande Allemagne » fédéraliste, hostile à l'hégémonie de l'État prussien dont il était pourtant fonctionnaire. En fait, Frantz était un théoricien du fédéralisme mondial. Comme tel, il n'insiste guère sur l'ensemble de l'Europe, passant aisément de l'Europe centrale à l'univers. Citons encore Julius Fröbel dont le livre *Amerika, Europa und die politischen Gesichtspunkte der Gegenwart* date de 1859.

460

460 *Johann Kaspar Bluntschli. Jurisconsulte suisse (1808-1881). Gravure sur bois (vers 1875). Libéral, Bluntschli est membre de la Première Chambre du Bade et du Parlement douanier allemand. A partir de 1873 député, puis président de la Deuxième Chambre du Bade.*

La Suisse. En Suisse, où l'on a sous les yeux l'exemple concret du fédéralisme, les partisans de l'unité européenne ne manquent pas. L'un des plus remarquables est Johann Kaspar Bluntschli, de Zurich. « La Suisse, dit-il, a émis et réalisé des idées et principes qui sont pour l'ensemble des États européens une source de prospérité et de développement et qui seront un jour destinés à assurer la paix en Europe. » Il propose une union de dix-huit États souverains européens (*Die Organisation des Europaïschen Staatenvereines,* publié en 1878 dans le journal *Gegenwart*) dirigée par un Conseil fédéral représentant les États et un Sénat représentant les peuples. Mais il ne veut pas aller jusqu'à un organisme supranational car « les États européens se considèrent comme des personnes souveraines. On ne peut donc aller, dit-il, au-delà de la coopération, de la collaboration ». « Toute constitution européenne instaurant un nouvel État européen unique, auquel les États jusqu'alors souverains devraient s'incorporer, est irréalisable » (*Die Schweizerische Nationalität,* 1875). Le célèbre historien Jacob Burckhardt, de Bâle, estime qu'il existe une certaine unité européenne. « Il est une chose que nous n'avons pas à désirer, puisque nous l'avons à notre disposition (on peut s'en réjouir ou le déplorer, peu importe), c'est l'Europe en tant que foyer, à la fois vieux et nouveau, d'une vie aux mille aspects, lieu de naissance des plus riches créations, patrie de tous les contrastes qui se résorbent en la seule unité. » Mais il redoute l'évolution des régimes vers des « dictatures militaires prétendues républicaines [...] Ma vision de ces "terribles simplificateurs" que l'Europe va connaître, est loin d'être agréable ».

L'Italie. En Italie, l'idée des « États-Unis d'Europe » est l'apanage des successeurs et disciples de Cattaneo. C'est Angelo Brofferio qui, dès 1851, déclare qu'il faut réaliser non seulement « les États-Unis d'Italie », mais encore « les États-Unis d'Europe ». Même vues développées par Mauro Macchi au Congrès de la paix de Genève en 1868. Se référant lui aussi à Cattaneo, Alberto Mario, en 1878, estime que seule une guerre contre les oppresseurs « nous conduira aux États-Unis d'Europe, c'est-à-dire à la ligue des peuples souverains ». Tullio Martello publie, en 1905, un livre sur le *Zollverein* italo-français et les « États-Unis d'Europe ». Stefano Jacini, en 1899, écrit « sur le besoin impérieux de constituer un corps semi-fédéral d'États, capable de tenir tête aux deux géants qui surgissent à l'horizon du siècle futur, la Russie irrésistible en Asie et les États-Unis d'Amérique septentrionale, avec la centaine de millions d'habitants que chacun de ces deux colosses comptera alors ».
En dehors du courant issu de Cattaneo, d'autres écrivains italiens ont pensé à ce problème, Terenzio Mamiani. Guglielmo Ferrero, jeune historien qui visitait à la fin du XIXe siècle les principaux pays de l'Europe, publia en 1896 *L'Europa giovine,* où il insiste sur l'importance des races germaniques, plus fortes à son avis que les latines. Dans un autre livre, *Tra i due mondi* (1913), il oppose l'Amérique, qui est « quantité », à l'Europe qui est « qualité ».

L'Espagne. Après le marasme et l'isolement du XIXe siècle, où l'Espagne a perdu presque tout son Empire d'Amérique, elle va connaître un nouveau désastre. La guerre de 1898 contre les États-Unis, terminée par le traité de Paris (10 décembre 1898) lui enlève Cuba, Porto Rico et les Philippines. La guerre a coûté cher en hommes et en argent. La « génération de 1898 » ou « génération du désastre » va tenter de réagir.
Ce sont les milieux militaires, politiques et intellectuels. Ils veulent « régénérer » l'Espagne et ils participent à l'ultra-nationalisme qui gagne alors toute l'Europe. Mais, pour eux, c'est par le modernisme, par l'ouverture sur le monde. Elle représente, écrit José Martínez Ruiz Azorín, « une réaction violente contre l'Espagne funèbre, livrée au plaisir des spectacles de cruauté et de mort ». L'Espagne produit alors une belle génération de romanciers et de poètes. Nous retiendrons les noms des philosophes et essayistes qui se sont intéressés à l'Europe, Miguel de Unamuno (1864-1936), « Basque envoûté par la Castille », professeur de grec et recteur à l'université de Salamanque, José Ortega y Gasset (1883-1955), qui a passé cinq ans en Allemagne où son influence est restée considérable. Il est l'auteur, en 1926, d'un livre célèbre, *la Révolte des masses*. Salvador de Madariaga est l'auteur du *Grand Dessein* en 1939, mais aussi, dès 1929, d'un article *United States of Europe, a spaniard object* ; un peu plus tard, dans une revue américaine, il a parlé de « *The disunited States of Europe* ».
Un brillant disciple d'Ortega y Grasset, Luis Diez del Corral, a bien montré dans un livre de 1954, *El rapto de Europa,* que la génération de 1898 avait toujours balancé entre la nation et l'Europe : « Notre histoire, écrit-il, depuis ses plus lointaines origines, est soumise à un mouvement de pendule : isolement et œcuménisme. » Hispanité de l'Empire romain, repliement sur soi-même, avec les Goths. C'est l'alternance que décrit le grand historien Menéndez Pidal entre courant « casticiste » ou nationaliste et courant européiste « avec prédominance de l'européisme aux époques d'Alphonse VI, Alphonse X, Charles Quint, Charles III, etc. ».
Mais en même temps, l'Espagne, par sa position d'extrême occident, est nettement distante de l'Europe, dont cependant elle est un abrégé géographique plus complet, à certains points de vue, que nul autre pays. Et Madariaga l'appelle « Europe en miniature ». Enfin, l'Espagne offre « une exceptionnelle collection de reliques d'histoire » : antiquités préromanes, Moyen Age, arabe et chrétien, Renaissance, baroque, ville moderne la plus industrialisée, des côtes méditerranéennes (Barcelone) et urbanisme américanisé.

La France. Nombre d'auteurs ont écrit sur l'Europe, aussi différents que Proudhon, socialiste et fédéraliste, et que l'économiste Frédéric Le Play qui préconisa le retour à des règles familiales paternalistes qui restaureraient la grandeur de l'Europe médiévale.
Des géographes, Vivien de Saint-Martin, Vidal de La Blache ont cherché à définir l'Europe par rapport au reste du monde. Charles Lemonnier, « austère et dans l'ensemble contradictoire figure de rationaliste humanitaire », publia, à partir de 1872, une revue intitulée *les États-Unis d'Europe* qui devait avoir une longue existence. Esprit abstrait, il croyait possible que, sous la pression des peuples, les États pussent passer pacifiquement de l'« état de guerre » à l'« état juridique ».

461

462

Ernest Renan. Mais, à côté de ces écrivains, trois noms ressortent, Ernest Renan, Georges Sorel et Romain Rolland.
Dans une lettre, après la guerre (15 septembre 1871), Renan écrit : « Les nations européennes telles que les a faites l'histoire sont les pairs d'un grand sénat où chaque membre est inviolable. L'Europe est une confédération d'États réunis par l'idée commune de la civilisation. L'individualité de chaque nation est constituée sans doute par la race, la langue, l'histoire, la religion, mais aussi par quelque chose

de beaucoup plus tangible, par le consentement actuel, par la volonté qu'ont les différentes provinces d'un État de vivre ensemble.. » Renan a tiré de la perte de l'Alsace et de la Lorraine quelques-unes des plus belles réflexions que l'on ait faites sur le nationalisme (dans *Qu'est-ce qu'une nation ?* publié en 1887). Nul n'a mieux que lui défendu la thèse « française » ou « classique » de la nation fondée sur la volonté, face à la thèse « allemande » ou « romantique », où la nation est fondée sur la langue. « La langue invite à se réunir, elle n'y force pas [...] Il y a dans l'homme quelque chose de supérieur à la langue : c'est la volonté.
La volonté de la Suisse d'être unie, malgré la variété de ses idiomes, est un fait bien plus important qu'une similitude de langage souvent obtenue par les vexations. » De même rejette-t-il la nation fondée sur la race.

461 *Miguel de Unamuno, philosophe espagnol (1864-1936). Il est l'un des représentants de la génération de 98 luttant pour le renouvellement de la civilisation hispanique. Tableau de Juan Echevarria Zuricalday (1875-1931).* **462** *José Ortega y Gasset, philosophe et essayiste espagnol (1883-1955). Tableau de Socrates Quintano.* **463** *Ernest Renan, historien et écrivain français (1849-1935). Tableau de Jean Béraud (1849-1935).* **464** *Romain Rolland, romancier français (1866-1944), pionnier de la communauté des nations européennes. Photographie (Villeneuve, 1935).*

De même la « frontière naturelle », la « frontière stratégique ». Mais il va plus loin. L'hégémonie, dit-il, doit être éliminée.

Georges Sorel. Georges Sorel, écrivant au début du XXe siècle, prévoit la catastrophe prochaine. « L'Europe, dit-il en octobre 1908, est, par excellence, la terre des cataclysmes guerriers. Les pacifistes sont ou des imbéciles qui ignorent des lois élémentaires, ou des malins qui font de la démagogie et vivent de leurs mensonges. » « En Amérique, on a fédéré des gens tous pareils les uns aux autres, vivant dans des États tous pareils... La belle affaire ! Mais comment ferez-vous pour fédérer des Slaves, ou religieux ou mystiques révolutionnaires ; des Scandinaves assagis ; des Allemands ambitieux ; des Anglais jaloux d'autorité ; des Français avares ; des Italiens souffrant d'une crise de croissance ; des Balkaniques braconniers ; des Hongrois guerriers ?
Comment calmerez-vous ce panier de crabes qui se pincent toute la sainte journée ?
Malheureuse Europe ! Pourquoi lui cacher ce qui l'attend ? Avant dix ans, elle sombrera dans la guerre et l'anarchie, comme elle a toujours fait deux ou trois fois par siècle. »
Et le 18 décembre 1912 : « l'Europe, ce cimetière, est peuplée par des peuples qui chantent avant d'aller s'entre-tuer. Les Français et les Allemands chanteront bientôt. »

Romain Rolland. On ne peut imaginer pessimisme plus terrible et, hélas ! mieux justifié. Un des intérêts de ce texte est que Sorel pense sans cesse en termes d'Europe. Il en est de même de Romain Rolland.
L'auteur de *Jean-Christophe* est le moins nationaliste des hommes. Il est si profondément sensible au caractère international de la culture qu'il proteste avec indignation contre les conséquences du délire patriotique. Il fallait du courage pour publier en septembre 1914 un article intitulé *Au-dessus de la mêlée*. Rolland y parlait « du crime contre l'Europe et la civilisation, où les peuples avaient été conduits par la politique de leurs gouvernements et la faillite des puissances chargées de défendre la paix : socialisme et christianisme ».
La crise de 1914 va tout emporter. La « guerre européenne » va anéantir non seulement des millions de vies humaines mais encore tous les restes délabrés de la vieille Europe.

Conclusion. 1815-1914

Ce siècle étincelant pour la science et l'industrie est l'un des plus mouvementés de l'histoire politique européenne. Et pourtant, *tout paraît y travailler contre l'Europe :* la guerre, le nationalisme, les systèmes d'alliance, et même certaines

463

464

formes de pacifisme fondées soit sur l'universalisme, soit sur une référence à la lutte des classes, par définition contradictoire avec une référence géographique.
Pendant un siècle, l'histoire des nations est extraordinairement riche ; au contraire, l'histoire de l'Europe se réduit à une vague organisation des grandes puissances entre elles et au détriment des petites : le « concert européen ». Elle prend aussi – seul signe d'espoir – la forme d'une réflexion intellectuelle sur l'union européenne.
Il suffit d'analyser quelques notions pour constater qu'on est aussi loin que possible de la « belle époque », titre par lequel certains désignent la fin de ce siècle.

La nation ? Le concept en est né. Sous la passion du romantisme, alimenté par les idées « catastrophiques » issues des révolutions, la nation quitte le raisonnable pour devenir *chauvine*.
D'une part, naît entre les nations une méfiance structurelle source de guerres ; d'autre part, apparaît l'idée que « ma nation étant supérieure aux autres, elle a le droit de les brimer, voire de les écraser ».

Les États ? Certes, on marche vers l'État national qui consiste à être gouverné par soi-même et non par l'étranger – d'où la progressive dislocation des États multinationaux (Empire ottoman, Autriche-Hongrie). D'où aussi le rassemblement en un seul État des membres dispersés de l'Italie, de l'Allemagne.
Mais l'État n'est soumis à rien. Il a tous les droits, y compris celui de déclarer la guerre.

La guerre ? Ces cent ans se divisent en quatre phases :
a) De 1815 à 1854, en apparence, pas de grande guerre, mais beaucoup d'« expéditions », en général punitives, antilibérales, coloniales.
b) De 1854 à 1871 – en seize ans cinq grandes guerres européennes (Crimée, Italie, guerre des duchés, guerre austro-allemande, guerre franco-allemande).
c) De 1871 à 1914 – en apparence, pas de guerre. Cela est vrai des grandes puissances européennes (seule la Russie est vaincue par le Japon en 1904-1905). Mais pourtant, quelle inquiétude constante, que de crises ! Par ailleurs, on constate une sorte d'embrasement des guerres coloniales. Il ne s'agit plus, comme Bonaparte en 1796, de lancer des troupes misérables à l'assaut de riches régions que l'on pillera, mais de guerres « inégales », où la nation « nantie » s'octroie des victoires faciles au détriment de populations mal armées, le seul obstacle étant la rivalité des autres puissances.
d) Et la dernière des crises aboutit à la guerre mondiale, mais surtout européenne, affreusement sanglante, et qui ne résout rien.

Les alliances. Elles ont pour but d'assurer la sécurité. Pour la première fois, on intaure à partir de 1879 les alliances en pleine paix : résultat, deux forces opposées de plus en plus hostiles l'une à l'autre.

Les Empires ? C'est, surtout après 1881, la ruée vers les colonies. Au moment où les Européens ne peuvent plus se disputer des territoires devenus « nationaux », ils vont transposer leurs disputes territoriales en Afrique, en Asie du Sud-Est, et dans le Pacifique.

L'échec du pacifisme. Face à la forte tendance nationaliste des principaux pays européens, était-il possible de maintenir la paix ? Il y avait certes, des pacifistes. Les uns étaient des intellectuels bourgeois, qui se réunissaient en congrès et votaient des motions en faveur de la sécurité collective, laquelle remplacerait les alliances, si dangereuses. D'autres étaient des anarchistes antipatriotes, qui préconisaient la grève générale contre la guerre. Enfin, les partis socialistes, membres de l'Internationale créée en 1904 à Amsterdam, préconisaient une solidarité de classe, celle des prolétaires, contre les gouvernements « capitalistes », « bourgeois ». Mais, tant en Allemagne qu'en France, la majorité des socialistes restaient patriotes, estimant que l'ennemi éventuel (le tsar pour les sociaux-démocrates allemands, le gouvernement « militariste » du Kaiser pour les socialistes français) détruirait, s'il était vainqueur, tous les espoirs de révolution sociale. Enfin, les Églises étaient divisées. Aucune force sérieuse ne se dressait contre la guerre, destructrice de l'Europe.

465

Les mythes. Mentionnons, pour terminer, quelques « mhytes ». La guerre aurait été voulue par « le grand capital » pour détourner le mouvement ouvrier de la révolution interne. Mais n'est-elle pas le meilleur

466

467

465 *Chef-d'œuvre de la modernité industrielle et symbole de la foi inébranlée en le progrès : la tour Eiffel.* Les ouvriers descendant de la tour, *gravure sur bois (1889).* **466** *Le Paris de la « Belle Époque » : « Dame promenant ses chiens au bois de Boulogne », photographie de Jacques-Henri Lartigue (1911).* **467** *La fascination de la modernité. Énergie, vitesse, mouvement :* La rue pénètre dans la maison. *Tableau du peintre futuriste italien Umberto Boccioni.*

moyen de déclencher les révolutions ? – La guerre aurait été provoquée par les « marchands de canons ». Or ceux-ci sont pour la plupart de gros producteurs d'acier, et ils savent bien qu'ils en vendent beaucoup plus pour les travaux pacifiques : ponts, rails, charpentes. – La guerre serait l'œuvre des groupes nationalistes exaltés. Or les travaux des historiens ont amplement prouvé que, si les exaltés sont nombreux dans les villes, les paysans ont partout accueilli la mobilisation avec une infinie tristesse. Croire que des groupes limités ont voulu et pu déclencher le guerre, c'est oublier la structure même d'une Europe morcelée, déchirée et impuissante.

18 L'Europe se détruit elle-même (1914-1945)

I. La Grande Guerre européenne et son issue extra-européenne

La première guerre mondiale ou « grande guerre » est caractérisée par l'existence de deux camps de civilisations semblables – « Puissances centrales » (Allemagne, Autriche-Hongrie, puis Empire ottoman, puis Bulgarie) – et « Entente » (Russie, France, Royaume-Uni et dominions), ainsi que Belgique, Serbie, Japon, puis Italie, Roumanie, Portugal, Grèce et Chine, de nombreux pays latino-américains, enfin, comme associé et non comme allié, Etats-unis d'Amérique.

Les champs de bataille essentiels de la première guerre ont été européens : *front franco-belge, front de l'Italie du nord-est, front serbe jusqu'en 1915, front de Salonique, front roumain, front Est – jusqu'à la capitulation russe.*

En dehors de l'Europe on se battit en Syrie, en Transcaucasie et en Iran, en Sibérie extrême-orientale et dans plusieurs régions d'Afrique. Mais c'est sur le front franco-belge que se déroulèrent les événements décisifs.

On ne saurait résumer ici les épisodes diplomatiques qui ont conduit à la guerre, ni les événements militaires qui l'ont marquée. Par contre, une histoire de l'Europe se doit de rechercher quelles ont été les causes profondes de la guerre, de montrer qu'elle a été *l'achèvement catastrophique d'un système dépassé, l'équilibre européen*, et qu elle ne s'est terminée par la victoire de l'un des camps que par *l'intervention d'une puissance non-européenne, les Etats-Unis d'Amérique.*

468 *L'autodestruction de l'Europe : soldats anglais dans une forêt détruite dans les Flandres (1917). A cette époque, l'enthousiasme initial de la mobilisation a depuis longtemps disparu dans l'enfer des « batailles de matériel ».*

Causes profondes de la guerre. L'assassinat, dans la ville herzégovinienne de Sarajevo (slave du Sud, mais annexée à l'Autriche-Hongrie depuis 1908), de l'archiduc François-Ferdinand, héritier du trône autrichien, et de sa femme, incita le gouvernement d'Autriche-Hongrie à « en finir avec les Serbes ». Ceux-ci, depuis un coup d'Etat de 1903, défendaient résolument la thèse du regroupement *national* de tous les Slaves du Sud ou Yougoslaves : la Serbie déjà agrandie par les guerres balkaniques de 1912-1913 voulait ainsi annexer les Slovènes (sujets autrichiens), les Croates (sujets hongrois), les Bosniaques et Herzégoviniens (sujets communs de l'Autriche et de la Hongrie). Ce serait la fin de la vieille domination des Habsbourg, Etat historique multinational ; du côté *autrichien* : Autrichiens de langue allemande, Tchèques, Polonais et Ukrainiens de Cracovie et de Galicie, Italiens du Trentin et de Trieste, Slovènes, Dalmates ; du côté *hongrois* : Hongrois, Slovaques, Roumains, Croates.

Pour défendre sa propre existence, comme tous les Etats cherchent par définition à le faire, le vieil Etat historique croyait à son bon droit, convaincu qu'il était que le gouvernement serbe avait une responsabilité dans le meurtre de Sarajevo. D'autre part, l'Allemagne a décidé de soutenir à fond son alliée.

	1920	1925	1930
Iles Britanniques	**1922** Affaire de Tchanak. Chute de Lloyd George **1924-1925 :** 1er gouvernement MacDonald (L.P.)	**1925** Rejet du Protocole de Genève. Locarno **Août 1928 :** Pacte Briand-Kellogg de renonciation à la guerre, signé à Paris	**1929-sept. 1931 :** 2e gouvernement MacDonald (L.P.) **Sept. 1931-1935** Gouvernement d'union nationale de MacDonald (majorité conservatoire)
Pays-Bas Belgique	**Sept. 1920** Convention militaire secrète Belgique-France **Janv. 1923** Troupes belges dans la Ruhr		**1934** Mort du roi des belges Albert Ier → Léopold III
France	**Janv. 1923** Occupation de la Ruhr **1924** Cartel des gauches. Herriot. Rejet du Protocole de Genève	**Avril 1925** (→ janv. 1932) Briand ministre des Affaires étrangères. Locarno **1926** Alliance franco-roumaine **1929** Démission de Poincaré	**Juin 1932** Gouvernement Herriot **1934** Barthou aux Affaires étrangères Doumergue président du Conseil
Italie	**Oct. 1922** Marche sur Rome. Mussolini au pouvoir		
Espagne Portugal	**1919-1923** Grèves, attentats terroristes, répression **1923** Dictature (Miguel Primo de Rivera cap. général de Catalogne et Berenguer)	**1926-1974** Dictature portugaise (g[al.] Gomez da Costa, Salazar)	**30 janv. 1930** Démission de Primo de Rivera **1931** République, abdication d'Alphonse XIII (Alcala Zamora président, gouvernement Azana) **1933** Insurrections en Catalogne, Levant **1933** Fondation de la Phalange par J. Primo de Rivera. Élections **1934** Insurrection des Asturies
Suisse	**16.05.1920** La Suisse adhère à la S.D.N.		
Allemagne Autriche	**1919** Ebert président **1922** Mgr Seipel chancelier. Protocole de Genève. Aide de la S.D.N. **1923** Occupation de la Ruhr. Inflation galopante	**1925** Hindenburg président. Plan Dawes. Locarno (oct.-déc. 1925) **1929** Plan Young	**1930** Évacuation de la Rhénanie **1931** Échec du projet d'union douanière Allemagne-Autriche (Curtius, Schober). **30.01.1933** *Hitler* chancelier **Mars 1933** Nouveau Reichstag **Juin 1933** Élimination des autres partis **1934** Nuit des longs couteaux. Mort d'Hindenburg **1934** Assassinat de Dollfuss
Europe de l'Est	**1920-21** Échec de l'ex-empereur Charles Ier en Hongrie Guerre russo-turque. Les Grecs évacuent Asie Mineure et Thrace orientale *Petite Entente* (Tchécoslovaquie, Yougoslavie, Roumanie) **1923** Traité de Lausanne	**1925** Alliances de la Pologne et de la Tchécoslovaquie avec la France à Locarno **1925-1939** Semi-dictatures en Pologne (Pilsudski), Lituanie, Lettonie, Grèce (g[al] Pangalos, puis Metaxas), Turquie (Mustapha Kemal), etc.	
URSS	**Avril 1922** Accord de Rapallo avec l'Allemagne **1924** Année de la « reconnaissance »		**1930** Litvinov aux Affaires étrangères **Sept. 1934** l'URSS à la S.D.N.
Colonies	**1919** Nouveau statut de l'Inde		**1930** Indépendance de l'Irak

Été 1932 *Annulation des réparations*
Fin 32-Début 33 *Arrêt du remboursement des dettes de guerre*
1935 *Échec de la conférence du désarmement*
1936 Non-intervention en Espagne

1935-1938	*1939*
29-30 sept. 1938 Munich	
oct. 1936 La Belgique s'isole	
1936 Élections du Front populaire (L. Blum) **29-30 sept. 1938** Munich	
1935-1936 Guerre italo-éthiopienne. Sanctions. Intervention en Espagne	
20.10.1935 Création du « Frente Popular » **16.2.1936** Élection « Frente Popular » **13.7.1936** Meurtre de Calvo Sotelo **17.7.36** Début de la guerre civile Sanjurgo (mort le 20.7) et Franco **Oct. 1936-fév. 1937** Bataille de Madrid **Avril 1937** Guernica **Mars 1938** Offensive nationaliste en Aragon	**28 janv. 1939** Chute de Barcelone **28 mars 1939** Chute de Madrid
1935 La Suisse opposée aux sanctions contre l'Italie **1938** Retour à la neutralité intégrale	
Mars 1935 Réarmement de la Wehrmacht **Mars 1936** Réoccupation de la zone démilitarisée de Rhénanie Intervention en Espagne (Guernica, Almeria) **11 mars 1938** Anschluss **29-30 sept. 1938** Munich (Allemagne annexe la région des Sudètes)	**15 mars 1939** Occupation de Prague
Mai 1935 Traité d'assistance mutuelle franco-soviétique. *Idem* avec Tchécoslovaquie	**Mai 1939** Molotov aux Affaires étrangères
1935 Statut de dyarchie dans l'Inde	

469

470

469 *L'assassinat, le 28 juin 1914, à Sarajevo, de l'archiduc François-Ferdinand, héritier des trônes d'Autriche et de Hongrie, marque le début de la Première Guerre mondiale : l'arrestation de l'assassin Gavrilo Princip.* **470** *En 1914, Giovanni Giolitti, homme d'État italien (1842-1928). Une voix de la raison : il veut épargner la guerre à son pays.*

Ceci explique la préparation d'un ultimatum autrichien à la Serbie, approuvé par l'Allemagne, inacceptable si la Serbie voulait rester indépendante. Le 24 juillet, cet ultimatum fut révélé au monde et ce fut soudain la crise. La Serbie accepta l'ultimatum sauf une clause.

Dès le 24 juillet le chancelier allemand Bethmann-Hollweg envoyait à toutes les puissances une note essentielle : « *Il s'agit dans le cas actuel d'une affaire à régler exclusivement entre l'Autriche-Hongrie et la Serbie. Nous désirons instamment la localisation du conflit, parce que toute intervention d'une autre puissance, vu la diversité des obligations d'alliance, entraînerait des conséquences incalculables.* » Le 28 juillet, l'Autriche-Hongrie déclara la guerre à la Serbie.

Il apparut au gouvernement russe qu'il ne pouvait laisser réduire la Serbie, Etat slave, à l'état de satellite. Alliée depuis 1892 à la France, la Russie proclama la première la mobilisation générale, le 31 juillet (elle n'avait aucun plan de mobilisation partielle). « La mobilisation n'est pas la guerre », disaient les Russes. Les Allemands, au contraire, estimèrent que cette mobilisation était un acte de guerre et, après un ultimatum, déclarèrent la guerre à la Russie le 1er août. Mais, comme leur plan militaire (le plan Schlieffen de 1906) prévoyait que les hostilités seraient menées d'abord contre la France, et impliquerait, malgré les traités, le passage par la Belgique neutre afin d'encercler les troupes françaises, les Allemands :

1) déclarèrent la guerre à la France le 3 août sans attendre qu'elle le fît elle-même ;

2) envahirent la Belgique, ce qui provoqua dès le 4 août, la déclaration de guerre de l'Angleterre à l'Allemagne. Les accords navals franco-anglais de 1912 qui confiaient aux seuls Anglais la défense de la Manche-Est donnaient aussi en Royaume-Uni une quasi-obligation morale d'intervenir. Face à ces événements, les contemporains crurent à des « culpabilités » personnelles. Guillaume II ? L'Etat-major allemand avec le maréchal von Moltke ? L'Etat-major autrichien avec le maréchal Conrad von Hötzendorff ? – ou bien le Président de la République française, le Lorrain Poincaré, et les Russes, notamment Isvolsky, l'ambassadeur à Paris ? Après la guerre, la « question de la culpabilité de guerre », la « Kriegschuldfrage », continuera longtemps à empoisonner l'atmosphère. En France, une partie de la gauche, par opposition à Poincaré, soutint le point de vue de sa culpabilité. En tout cas, *Français et Allemands avaient bonne conscience.*

Les Allemands, pensaient les Français, envahissent périodiquement la France ; il faut défendre le sol de la patrie.

Les Français et les Russes nous encerclent, nous assiègent et veulent nous détruire, pensaient les Allemands. Comme tous les assiégés c'est notre devoir le plus strict de faire des « sorties » à l'extérieur de notre forteresse.

Le mécanisme infernal. Il nous paraît clair, après plus de soixante-dix ans et une meilleure connaissance des sources, que *la Grande Guerre n'a pas été déclenchée par la volonté de l'un des deux camps (à la différence des guerres de Bismarck), mais par une sorte de mécanisme, que les hommes d'Etat d'alors ont été incapables d'arrêter.*

Ce mécanisme est le suivant : étant donné la méfiance structurelle, qui divise les Etats européens d'alors, et la violence des sentiments nationalistes, les gouvernements face à un avenir incertain et redoutable, ont pris d'avance des décisions « pour le cas où », « plutôt que »...

1) L'Allemagne a décidé d'entrer en guerre *pour le cas où* elle risquerait d'être abandonnée par son alliée austro-hongroise.

2) La France a décidé d'entrer en guerre *plutôt que* de rompre l'alliance franco-russe.

3) La Russie a décidé d'entrer en guerre *plutôt que* de laisser de nouveaux Slaves balkaniques (en l'espèce les Serbes) passer sous la domination autrichienne.

4) L'Angleterre a décidé (dès 1793 !) d'entrer en guerre *plutôt que* de laisser une grande puissance s'installer à Anvers.

5) L'Autriche-Hongrie, très différente des autres pays, car multinationale, est déci-

471

471 *Woodrow Wilson (1856-1924), 28e président des États-Unis, de 1913 à 1921. Ses « Quatorze Points » du 8 janvier 1918 sont une réaction au caractère mondial de la révolution bolchevique de Lénine.* **472** *L'ossuaire de Douaumont : 700 000 soldats français et allemands sont tués à Verdun en 1916.*

dée à la guerre *plutôt que* d'être dissoute par la force d'un mouvement national chez ses propres peuples yougoslaves, mouvement soutenu par la Serbie.

Or des événements se produisent qui amènent, par un enchaînement implacable, à prendre la grave décision actuelle, celle d'appliquer la décision « pour le cas où ». Si on ne l'applique pas, on a l'impression d'être condamné à périr.

On notera que pour les autres pays entrés plus tard dans la lutte ce ne fut pas un mécanisme, mais une décision réfléchie, liée à ce qu'un ministre italien appela l'« égoïsme sacré ».

Par exemple, le Japon pour prendre les îles allemandes du Pacifique, l'Italie pour reconquérir les « terres irrédentes » de Trente et de Trieste. *Là il s'agit de volonté et non de mécanisme.* Mais pour le noyau initial et essentiel, c'est le mécanisme qui a joué.

La guerre comme échec de l'équilibre européen. La guerre a explicité un phénomène remarquable : à savoir que l'organisation traditionnelle de l'Europe, fondée sur *l'équilibre* et le *concert* européen, pouvait aboutir à une situation dramatiquement sanglante.

Examinons, en effet, les principes stratégiques qui ont marqué la guerre. On a d'abord cru qu'elle serait courte, parce qu'économiquement on ne pouvait payer une guerre longue. Or, en amputant sur le capital existant et sur l'avenir, on a découvert que tout pouvait être financé si la population l'acceptait. On avait mobilisé les ouvriers des industries d'armement, en Allemagne comme en France. A partir de novembre 1914, on se met à rappeler du front les ouvriers qualifiés. On sait en effet, dès lors, que la guerre sera longue, voire totale.

Les Français, efficacement aidés par « les cinq divisions professionnelles du célèbre B. E. F (British Expeditionary Force) », empêchèrent la manœuvre allemande du plan Schlieffen d'aboutir. L'encerclement n'ayant pas eu lieu, et la « course à la mer » n'ayant permis à aucune des deux armées de déborder l'autre, elles s'installèrent sur des positions de campagne, les célèbres *tranchées*, qui dessinent en France une ligne nord-sud jusqu'à Soissons, puis ouest-est jusqu'aux Vosges. Cette ligne ap-

472

1re guerre mondiale

1914
28 juin Assassinat de l'archiduc héritier d'Autriche-Hongrie François-Ferdinand.
28 juillet L'Autriche-Hongrie déclare la guerre à la Serbie.
31 juillet Mobilisation générale russe.
1er août Mobilisation générale en France et en Allemagne. L'Allemagne déclare la guerre à la Russie.
3 août L'Allemagne déclare la guerre à la France.
3-4 août Les troupes allemandes entrent en Belgique.
4 août Le Royaume-Uni déclare la guerre à l'Allemagne.
23 août Le Japon déclare la guerre à l'Allemagne.
26-30 août Victoire allemande de Tannenberg (Prusse orientale) sur les Russes.
5-12 septembre Bataille de la Marne.
10 octobre-10 novembre « Course à la mer », guerre de position.
7 novembre Le Japon conquiert les possessions allemandes de Chine et du Pacifique.

1915
Février Offensive allemande en Masurie.
19 février Début opération des Dardanelles.
23 mai L'Italie déclare la guerre à l'Autriche-Hongrie.
Mars-octobre Offensives françaises en Champagne et Artois.
5-8 septembre Conférence socialiste de Zimmerwald.
5 octobre Français et Anglais à Salonique.
14 octobre La Bulgarie déclare la guerre à l'Entente.

1916
21 février Début bataille de Verdun (Falkenhayn et Pétain).
31 mai-1er juin Bataille navale du Jutland.
24 juin Début offensive franco-anglaise sur la Somme.
24-30 août Conférence socialiste de Kienthal.
27 août La Roumanie déclare la guerre à l'Autriche-Hongrie. L'Italie déclare la guerre à l'Allemagne.
Octobre Venizelos à Salonique.
12 décembre Déclaration de paix de l'Allemagne.
Décembre Propositions de paix de Wilson.
26 décembre Nivelle remplace Joffre.

1917
22 janvier Wilson propose la paix sans victoire.
1er février Guerre sous-marine à outrance de l'Allemagne.
12 mars 1re Révolution russe. Chute du tsar Nicolas Ier.
6 avril les U. S. A. déclarent la guerre à l'Allemagne.
26 avril L'Allemagne laisse passer Lénine de Suisse à Pétrograd.
Mai Pétain remplace Nivelle.
Juin La Grèce entre en guerre avec l'Entente. Le Portugal entre en guerre, ainsi que la Chine.
Mai-juin Mutineries dans l'armée française.
9 août grève générale en Espagne.
Octobre Front italien rompu à Caporetto (jusqu'au Piave) : Ludendorff.
Novembre Grève générale en Suisse.
7 novembre « Révolution d'octobre » (Bolcheviks.
16 novembre Ministère Clemenceau.
Décembre Armistice de Brest-Litovsk.

1918
8 janvier « Quatorze points » de Wilson.
3 mars Paix de Brest-Litovsk.
21 mars-6 avril 1re offensive de Ludendorff en Picardie.
26 mars Conférence de Doullens Foch et le commandement uni.
8 avril 2e offensive de Ludendorff (Avre-La Basse).
26 mai 3e offensive (Chemin des Dames).
15 juillet dernière offensive allemande près de Reims.
18 juillet Contre-attaque Mangin-Degoutte (Villers-Cotterêts).
8 août « Jour de deuil » pour l'armée allemande.
4 octobre Demande d'armistice allemande à Wilson.
Septembre Grande offensive alliée dans les Balkans.
4 novembre Armistice de Villa Giusti.
11 novembre Armistice de Rethondes.

paraît vite comme intangible, malgré la fureur des assauts. *C'est, dessiné sur le terrain, de la façon la plus cruelle qu'il soit possible d'imaginer, l'équilibre européen traduit dans une physique et sanglante réalité.*

Les Américains face à l'équilibre européen des tranchées. Deux camps face à face et réussissant à peine à créer des « poches » dans la ligne des tranchées, c'est assurément *une démonstration d'un équilibre européen, équilibre entre les deux camps de l'Europe.*
Si cet équilibre risque d'être rompu par le général allemand Ludendorff entre octobre 1917 et juillet 1918, c'est parce que les Russes, en proie aux révolutions, cessent de lutter, puis quittent le combat (armistice, décembre 1917 et traité de Brest-Litovsk, 3 mars 1918). C'est l'intervention des Etats-Unis qui explique la rupture définitive de l'équilibre. Car, entrés en guerre le 6 avril 1917 sans avoir une armée puissante, les Américains, menés par un Président énergique, Woodrow Wilson, envoient en Europe, principalement à partir de mars 1918, une armée qui, le 11 novembre, jour de l'armistice, dépasse déjà deux millions d'hommes.
L'histoire de l'entrée des Américains dans la guerre montre bien que les Etats-Unis, gigantesque prolongement de l'Europe, grâce à l'émigration, ne sont pas entrés dans la guerre *pour l'Europe.* On pourrait presque dire : « bien au contraire ».

473

474

En 1914, conscient des liens subsistant entre Américains d'origine étrangère (le Foreign White Stock : Américains nés à l'étranger, ou de deux parents nés à l'étranger) et leur patrie d'origine, Wilson proclame que les Américains doivent rester neutres *non seulement dans leurs actions, mais aussi dans leurs cœurs.* Puis, gêné par la stratégie navale de l'Entente qui pratique sinon un blocus, du moins ce qu'on appelle la saisie de la « contrebande de guerre », gêné par la stratégie allemande de la guerre sous-marine (qui a coûté plus de cent vies américaines dans le naufrage du paquebot anglais *Lusitania*, en mai 1915), le président Wilson propose, le 22 janvier 1917, une « paix sans victoire ». Mais un coup de théâtre se produit alors. Les Allemands croient qu'ils pourront vaincre l'Entente par étouffement, en coulant tous les navires de commerce, non seulement de leurs ennemis, mais aussi des neutres, et notamment des Etats-Unis. C'est la « guerre sous-marine à outrance » (1er février 1917). En effet, pour un commandant de sous-marin, qui sait qu'il n'y a en haute mer aucun navire ami, couler tous les navires en vue sans vérifier d'abord qu'ils sont ennemis ou neutres, réduit considérablement les risques. Wilson ne peut pas supporter cela. Les principe de la « Liberté des mers » est en jeu. Lorsque les premiers cargos américains sont coulés, il fait voter par le Congrès le 6 avril 1917 l'entrée en guerre des Etats-Unis. Le Président américain, convaincu que le « régime militaire » allemand est détestable, se prépare à jouer le rôle d'arbitre dans ce gigantesque conflit.

En janvier 1918, il expose ses *buts de guerre*, les « Quatorze points » du président Wilson, qu'il complète ensuite par quelques autres points abstraits. (Notons au passage que, même s'il constitue le fond de l'idéologie wilsonienne, le principe des nationalités n'est pas mentionné.) Il imposera ses buts d'abord aux Allemands qui, le 4 octobre 1918, lui demandent l'armistice sur cette base, ensuite à l'Entente. Retenons en conclusion que l'affreuse guerre qui déchire l'Europe n'a sa conclusion que grâce aux Américains. Supposons que l'armistice n'ait pu être signé en 1918 et que la guerre ait continué, c'est la moitié du front ouest qui aurait été

473 *Scène de rue à Berlin (1918). Des hommes affamés dépècent le cadavre d'un cheval. La faim en Allemagne est surtout une conséquence du blocus britannique.* **474** *Le traité de Versailles : le 28 juin 1919, la délégation allemande signe le traité dans la salle des Glaces du château de Versailles, lieu même où Guillaume Ier fut proclamé empereur en 1871. Tableau de William Orpen, 1921.*

tenue par les Américains. Arrivés très tard dans la guerre, ils ont perdu 55 000 hommes en tout – à comparer avec 800000 Britanniques, 600 000 Italiens, 1393000 Français, dont 83 000 des troupes coloniales. Mais, sans l'armée des États-Unis, l'Entente était surpassée en effectifs, financièrement ruinée. L'Amérique leur apporta par-dessus tout l'espérance. (Il y eut plus de 1 600 000 morts allemands.) On comprend que, dans ces conditions, Wilson, qui connaît mal l'Europe, l'ait négligée dans la « nouvelle diplomatie » qu'il entend appliquer.

Wilson attribue la guerre à la *balance of power* en Europe et ne songe pas à l'Europe dans le monde qu'il veut reconstruire. Nous allons bientôt le constater.

II. Les traités de paix et leurs faiblesses

« Les misérables Européens, écrit Paul Valéry, ont mieux aimé jouer aux Armagnacs et aux Bourguignons que de prendre sur la terre le grand rôle que les Romains surent prendre et tenir pendant des siècles dans le monde » (*Regards sur le monde actuel*).

Huit millions et demi de tués, tel est le bilan. Sur le plan économique, les destructions n'ont affecté que des zones étroites. L'Allemagne, le Royaume-Uni par exemple n'en ont pratiquement pas subies. Mais l'Europe centrale et orientale est plongée dans la famine, la misère, le désordre.

Le mondialisme de Wilson. La conférence de la paix de 1919 est aussi importante que le Congrès de Vienne de 1815. Mais quelle différence ! On doit en discuter les termes sur la base d'un plan américain, et le président américain qui veut faire triompher ce qu'il appelle la *New Diplomacy* va y jouer activement le rôle d'arbitre. Il éprouve, pour ses collègues européens, à ses yeux dangereux impérialistes, une méfiance qu'il a de la peine à dissimuler. Bien plus, il est convaincu qu'il représente, plus encore que les États-Unis, l'opinion mondiale, qu'il peut en conséquence s'adresser directement aux peuples. Profondément universaliste, on a vu qu'il ne pense pas en termes européens mais selon des perspectives mondiales. La clef de voûte de son système est la Société des nations, organisme *mondial* et non *européen* qui serait chargé de la responsabilité de maintenir la paix. Il veut *the World Safe for Democracy,* un monde où la sécurité amènerait le développement normal du régime démocratique. On remarquera que la « nouvelle diplomatie » de Wilson est inspirée par les philosophes du XVIIIe siècle et par les libéraux européens. Son mérite est d'avoir été l'inspiration politique concrète d'un grand État.

L'Europe en proie à la haine. Parmi les incalculables conséquences du conflit, le plus lamentable est la haine, qui paraît indestructible. Chaque camp, vainqueur comme vaincu, croit fermement qu'il a été victime de la volonté de guerre de l'autre. La distinction établie par Wilson entre la funeste « clique militaire » allemande, responsable de la guerre, et le bon peuple allemand pacifique, est accueillie sans aménité de part et d'autre. Les alliés croient en effet le peuple allemand aussi coupable que ses chefs. Les Allemands sont convaincus que ni eux-mêmes ni leurs chefs ne sont coupables. De la haine naît évidemment l'idée de la punition. Les « réparations » que doit payer le vaincu apparaissent comme le symbole de cette punition. « L'Allemagne paiera », dit-on en France. Elle paiera « jusqu'au dernier penny », surenchérissent les Anglais. Lors de la campagne électorale de 1918, un ministre britannique emploie même la charmante formule : « Il faut presser le citron jusqu'à ce que les pépins craquent. » Le célèbre article 231 du traité de Versailles déclare que l'Allemagne et ses alliés « sont responsables, pour les avoir causés, de toutes les pertes et de tous les dommages subis par les gouvernements alliés et associés et leurs nationaux en conséquence de la guerre qui leur a été imposée par l'agression de l'Allemagne et de ses alliés ».

Quoique ses auteurs n'aient pas voulu y introduire l'idée de culpabilité morale, aux yeux des Allemands, cet article, qu'on les a obligés à signer, implique une reconnaissance de cette culpabilité.

L'Allemagne s'estime victime d'une injustice abominable et sa haine pour les alliés redouble.

Le désir de revanche empoisonne sa vie publique. Les groupes ultra-nationalistes qui se constituent et notamment le « parti national socialiste allemand des travailleurs », d'Adolf Hitler, en seront les principaux bénéficiaires.

Il est bien vrai, en 1918-1919, qu'il n'y a plus d'Europe. Peut-on cependant la *reconstruire*?

La nouvelle Europe. Essayons de nous faire une idée de l'Europe de Versailles, par comparaison avec le système de l'Europe de Vienne, un siècle plus tôt.

D'abord, les deux grands États historiques, Empire ottoman et Autriche, ont disparu.

Pour le premier, cela s'est opéré tout au cours des cent années écoulées et la guerre n'a fait que confirmer ce processus. Pour le second, l'éclatement a été brutal, dans l'automne 1918, et est la conséquence de la défaite. Un éparpillement d'États successeurs balkanise l'Europe centrale, et, comme au nom du principe des nationalités ces États sont absolument indépendants, ils se divisent rapidement en groupes et factions rivaux, « satisfaits » et « insatisfaits », les premiers s'alignant sur la France, les autres sur l'Italie, soit d'une part Pologne, Tchécoslovaquie, Yougoslavie, Roumanie, d'autre part Bulgarie et Hongrie. La Grèce ne se range pas dans ces camps. Elle a été obligée par les Turcs d'évacuer la côte ouest de l'Asie Mineure et la Thrace orientale, avec Andrinople (traité de Lausanne, 1923). La disparition

475

475 *Les années folles ne sont qu'une façade qui cache la misère et la détresse dans l'Europe de l'après-guerre : les anciens combattants attendent en vain le « remerciement de la patrie » tant invoqué. Peint en 1927-1928, le panneau de gauche du triptyque* Métropole, *d'Otto Dix (1891-1969), montre des mutilés de guerre réduits à la mendicité.* **Carte 38 :** *Le nouvel ordre européen après les « traités de la banlieue parisienne » de 1919 et de 1920.*

de l'Autriche-Hongrie bouleverse les données de l'équilibre européen : c'était une barrière contre l'Allemagne qui disparaissait ainsi. Hitler saura en profiter.
La carte politique de la nouvelle Europe est beaucoup plus proche que l'ancienne de la carte des nationalités, mais la plupart des États nouveaux ont sur leur territoire d'importantes minorités ! En outre, ces États ne réussissent pas à conclure les arrangements économiques qui les auraient rendus viables. L'excès de la politique nationaliste aboutit à des contradictions insurmontables.
La Tchécoslovaquie est un État totalement nouveau, la Pologne est reconstituée après une éclipse de cent vingt-trois ans. Aux dépens de la Russie, apparaissent des États nouveaux ou ressuscités, la Finlande, l'Estonie, la Lettonie, la Lituanie.
C'est une véritable « pulvérisation » de l'Europe, d'autant plus dangereuse que ces États, stratégiquement indéfendables, sont situés aux frontières mêmes de deux grandes puissances affaiblies, mais disposant, à long terme, du potentiel qui leur permettrait d'anéantir leurs voisins : la Russie soviétique et l'Allemagne.
N'oublions pas que le traité a été imposé aux Allemands (c'est le *Diktat*) et qu'il a été négocié en dehors de la Russie bolchevique. Or, il est évident qu'un traité conclu en l'absence de deux grandes puissances, contre elles, ne constitue pas un « droit public européen », pour employer l'expression de Talleyrand en 1815.
La Société des nations ? D'emblée, elle est frappée à mort par le refus du Sénat américain d'approuver les traités. Sur sept grandes puissances mondiales, trois n'en font pas partie : États-Unis, URSS, Allemagne (l'URSS sera admise en 1934, l'Allemagne, entrée en 1926, en démissionnera en 1933). Le Japon et l'Italie n'y resteront pas non plus. D'ailleurs dans *aucun* des conflits qui surgissent, la Société des nations n'osera agir de façon efficace.

476

477

478

476 *Le comte Richard de Coudenhove-Kalergi (1894-1972), fondateur du mouvement paneuropéen. Discours au conservatoire de musique de Berlin (années 20).* **477** *Gustav Stresemann, ministre des Affaires étrangères (1878-1929), le partenaire allemand de Briand.* **478** *Aristide Briand, homme politique français et grand Européen (1862-1932), ministre des Affaires étrangères de 1925 à 1932. En 1926, il partage le prix Nobel de la paix avec Stresemann.* **479** *« Photo de groupe » de la S.D.N. à Genève (septembre 1926) : au premier rang, troisième à gauche : Briand ; à sa gauche : Stresemann, Émile Vandevelde et Josef Austen Chamberlain.*

III. Le projet Briand d'Union européenne

Aristide Briand a dirigé la politique étrangère française en 1921 et de 1925 à 1932. Habile et souple conciliateur, sensible à l'évolution de l'opinion publique, il avait inauguré avec l'Allemagne une politique de rapprochement, de concessions, qui avait notamment abouti au pacte dit de Locarno (1925) et à l'entrée de l'ancien ennemi à la SDN (1926). Mais Briand était aussi peu doctrinaire que possible, et adaptait son action aux circonstances, aux mouvements d'idées. Ressentant profondément l'absence de toute organisation européenne, connaissant l'existence et le développement de tendances politiques pro-européennes, il fit savoir dès juillet 1929 qu'il avait l'intention de proposer une forme d'union. Il parla d'« États-Unis d'Europe » dans sa déclaration ministérielle. Enfin, le 7 septembre 1929, il présenta à la SDN le projet dont nous allons parler.

Coudenhove-Kalergi et Paneurope. On peut sans doute situer l'origine de l'action de Briand à la *Lettre ouverte aux parlementaires français* que le comte Coudenhove-Kalergi publia en juin 1924. Des élections venaient d'avoir lieu en France. Elles amenaient au pouvoir le Cartel des gauches favorable à la SDN et à une attitude plus conciliante à l'égard de l'Alle-

479

magne. Poincaré, l'homme de l'« exécution » du traité, président du Conseil depuis janvier 1922, venait de démissionner. Le comte de Coudenhove-Kalergi, de nationalité autrichienne, avait, depuis 1922, utilisé la presse allemande et autrichienne pour lancer l'idée d'une Paneurope. En 1924 parut un *Manifeste paneuropéen*. « La question européenne, la voici : Est-il possible que sur la petite presqu'île européenne, vingt-cinq États vivent dans l'anarchie internationale sans qu'un pareil état de choses conduise à la plus terrible catastrophe politique, économique et culturelle ? »
Coudenhove-Kalergi montrait dans sa lettre aux parlementaires français que l'Europe devait s'unifier pour être à même de faire face à trois grands ensembles : l'URSS, l'Empire britannique et les États-Unis. Tout en faisant l'éloge de « la grandeur d'âme du peuple russe », l'auteur disait que « tout Européen doit reconnaître le danger russe, et l'indépendance de l'Europe ne peut être sauvegardée que d'une seule façon, les États-Unis d'Europe ». Le « monde britannique », autrefois « simple État », était alors « partie constitutive de l'Europe. Il n'en est plus maintenant qu'un voisin... L'entrée de l'Angleterre dans une confédération paneuropéenne ne serait possible que si ses Dominions se détournaient de Londres ». Il proposait un « programme paneuropéen ». « Alliance politique, économique et militaire, traités d'arbitrage et de garantie entre tous les États démocratiques de notre continent ; entente avec l'Angleterre et l'Amérique ; paix avec la Russie et l'Extrême-Orient. »
De nombreuses personnalités soutinrent ce projet, l'Italien Carlo Sforza, les écrivains Thomas et Heinrich Mann, Selma Lagerlöf, Sigmund Freud Paul Claudel, Paul Valéry, Jules Romains, Lucien Romier, Miguel de Unamuno, Ortega y Gasset, Salvador de Madariaga, le grand savant Einstein, etc.
Briand fut un bon président. « Marchez vite, vite, vite », avait-il dit à Coudenhove-Kalergi dès 1926. C'est en ayant présentes à l'esprit les directives paneuropéennes qu'il prononça son discours de septembre 1929 à Genève, avec la chaleureuse approbation du ministre allemand des Affaires étrangères, Gustav Stresemann, qui devait mourir quelques semaines après.

Le discours de Briand. Il s'agit, en fait, d'un passage particulier d'un long discours. Il aborde son sujet, dit-il, « avec timidité ». « Je me suis associé pendant ces dernières années à une propagande en faveur d'une idée qu'on a bien voulu qualifier de généreuse pour se dispenser peut-être de la qualifier d'imprudente. » Citons le paragraphe essentiel : « Je pense qu'entre des peuples qui sont géographiquement groupés comme ceux d'Europe, il doit exister une sorte de lien fédéral. Ces peuples doivent avoir la possibilité, à tout moment, d'entrer en contact, de discuter leurs intérêts, de prendre des résolutions communes, d'établir entre eux un lien de solidarité qui leur permette de faire face, au moment voulu, à des circonstances graves si elles venaient à naître. C'est ce lien que je voudrais m'efforcer d'établir. Évidemment, l'association agira surtout dans le domaine économique, c'est la question la plus pressante. Mais je suis sûr aussi qu'au point de vue politique, au point de vue social, le lien fédéral, sans toucher à la souveraineté d'aucune des nations qui pourraient faire partie d'une telle association, peut être bienfaisant. »
Rien de révolutionnaire par conséquent : pas d'assemblée élue ou désignée par les Parlements ; pas de représentation des « intérêts », pas de « haute autorité » supranationale.
Toujours est-il qu'une réunion de vingt-sept États européens membres de la SDN se tient alors et charge Briand d'établir un mémorandum. Celui-ci est soumis aux vingt-six partenaires le 1er mai 1930, avec prière d'envoyer les réponses dans un délai rapproché. Dans l'intervalle, entre septembre 1929 et mai 1930, un événement considérable s'est produit : le déclenchement de la crise économique par la panique de Wall Street en octobre 1929.
Ce très beau et très prophétique document devait jouir en Europe d'un retentissement notable. C'était la première fois, dans l'histoire, Napoléon III mis à part, qu'un chef de gouvernement en fonction se déclarait en faveur des États-Unis d'Europe.
En octobre 1926, un premier Congrès paneuropéen se réunit à Vienne. En 1927, Briand en devint le seul président d'honneur.
Parmi les membres les plus notoires : Herriot, Painlevé, Albert Thomas, Léon Blum, Édouard Daladier, Paul-Boncour du côté français ; Noël Baker du côté britannique ; Schacht, Wirth du côté allemand, les Grecs Venizélos et Zaïmis, etc.
Aussi Briand et les services du Quai d'Orsay avaient-ils, dans le mémorandum du 1er mai, multiplié les précautions : ils évoquaient le « sentiment très précis d'une responsabilité collective en face du danger qui menace la paix européenne, au point de vue politique aussi bien qu'économique et social », ils certifiaient que l'égalité des droits et la souveraineté des États resteraient entières.
Notons, dès 1930, l'utilisation des expressions « Marché commun », « Communauté européenne » et que le dilemme « politique d'abord » ou « économique d'abord », qui a fait couler tant d'encre dans les vingt dernières années, est apparu dès l'époque de Briand.
Pour le reste, le mémorandum propose une structure : la Conférence européenne, dont la formule est calquée sur l'organisation de la SDN.

Le rejet. Les réponses des vingt-six partenaires qui arrivèrent toutes entre le 25 juin et le 4 août 1930 montrent surabondamment à quel point l'idée d'*organisation* européenne, *a fortiori* celle d'*unité* européenne, étaient étrangères aux préoccupations gouvernementales.

Il faut souligner, à la lecture de ces textes, à quel point Briand fit alors figure de précurseur, que l'attitude générale fut celle d'un refus poli, à l'exception de la Yougoslavie, de la Bulgarie et, avec quelques réserves mineures, de la Norvège, de la Grèce et de la Tchécoslovaquie. Il faut insister sur les différentes critiques qui furent faites, car elles montrent bien que l'« éparpillement » européen, œuvre de Versailles, correspondait à la réalité psychologique.

Les critiques. 1) Insistance sur la *souveraineté absolue* des États. Seuls les Pays-Bas, dont les critiques sont par ailleurs assez vives, mettent l'accent sur la nécessité d'aller au-delà de la souveraineté.
2) *Idée que l'organisation européenne nuira à la SDN ou que le cadre universel de cette dernière est préférable au cadre européen.* Tous les États se déclarent favorables à la SDN, mais certains refusent pratiquement le projet de Briand à cause d'elle. Ce sont, par exemple, les Pays-Bas, l'Italie, le Danemark, la Suède, le Royaume-Uni, l'Irlande, la Suisse, la Pologne.
3) *Structure trop lourde de l'organisation.* Certains estiment qu'on peut se contenter des réunions de la SDN. C'est le cas de la Suède, de la Suisse, de l'Irlande et surtout du Royaume-Uni.
4) *Critique de la priorité du politique sur l'économique.* Elle est émise par les Pays-Bas, par l'Autriche, par la Roumanie, par l'Allemagne qui, pensant sans doute au *Kohlensyndikat* créé en 1926, déclare : « L'entente directe entre certaines branches économiques fondées sur l'entreprise privée reste un champ d'activité auquel il convient de réserver une place importante dans la nouvelle organisation de l'économie européenne. » Par la Norvège : « Il serait plus naturel de baser avant tout la coopération européenne sur une solution des problèmes économiques, car il semble plus aisé d'atteindre des résultats sur ce terrain où les défauts du régime actuel se montrent avec le plus d'évidence. » Par le Portugal. Par la Hongrie. Par la Suède. Par le Luxembourg. Par l'Albanie. Par la Belgique : « Sans être subordonnés l'un à l'autre, les deux mobiles principaux de l'activité des peuples, le politique et l'économique, exercent l'un sur l'autre une action réciproque. » Enfin la note britannique présente ce côté comique de faire dire au projet français le contraire de ce qu'il exprime. « Le gouvernement de Sa Majesté est aussi d'accord avec le gouvernement français pour penser que c'est avant tout dans le domaine des relations économiques qu'une coopération plus étroite entre les nations de l'Europe est urgente. »
5) *Extension de l'association aux États européens non membres de la SDN* (URSS et Turquie). L'Italie « fait remarquer [...] l'utilité qu'il y aurait à proposer aux autres gouvernements intéressés que le gouvernement de l'Union des Républiques socialistes des Soviets et le gouvernement de la République turque soient invités à prendre part à la procédure d'élaboration du projet d'Union fédérale européenne ». L'Estonie veut y voir collaborer « tous les peuples de l'Europe ». L'Allemagne se prononce contre l'exclusion de la Russie et de la Turquie, la Hongrie et la Grèce proposent la participation turque, la Lituanie, le Luxembourg, la Bulgarie pensent à faire admettre à la SDN le plus d'États européens possible, voire tous les États européens.
6) *Insistance sur certaines responsabilités extra-européennes.* C'est le cas de l'Espagne qui songe à la fois à ses « relations particulières avec les pays hispano-américains » et à ses positions en Afrique ; des Pays-Bas qui ne comprennent pas que des territoires en Europe ; de l'Allemagne et du Danemark qui insistent pour que l'on prenne en considération les relations politiques et douanières de certains Etats européens avec des territoires extra-européens. C'est aussi l'avis du Portugal mais, encore une fois, voilà le Royaume-Uni qui prend le plus ses distances. Le rôle négatif de l'Allemagne, dirigée alors par le chancelier catholique Brüning, mérite d'être souligné. Au total, jamais, en effet, dans l'histoire, on n'avait encore « pris le pouls » du sentiment européen. Vers 1930, comme on le voit, ce pouls est bien faible.

IV. La grande crise économique et les égoïsmes nationaux

Déclin de l'Europe par rapport aux États-Unis.

La guerre a brusquement mis en lumière le déclin économique relatif de l'Europe, par rapport aux Etats-Unis. Déjà première puissance économique mondiale en 1914, l'Amérique accentue son avance. Centre d'impulsion, elle déclenche la prospérité dans les années 1925 à 1929 et la grande crise de 1929 à 1933. C'est elle, enfin, qui, en décidant de résoudre la crise par ses moyens propres et non par une collaboration internationale, contribue le plus au compartimentage économique du monde, qui est de règle après 1933.
Lorsque, le 6 avril 1917, les Etats-Unis sont entrés dans la guerre, l'Entente était financièrement à bout de souffle. Les alliés avaient obtenu des prêts privés américains, mais leur crédit était à peu près anéanti. Dès avril 1917, une loi votée par le congrès leur permit de puiser dans le Trésor américain, et cela se fit à une tout autre échelle.
Mais cela est moins important qu'un autre phénomène : en 1914, les investissements américains à l'étranger étaient de 2 500 millions de dollars et les investissements européens aux Etats-Unis de 4 500 à 5 000 millions. Or, grâce à leurs immenses fournitures à l'Entente, les Américains virent se résorber à leur profit une bonne partie des capitaux européens investis, et en revanche, ils purent, grâce à leurs énormes bénéfices, investir plus de 9 000 millions de dollars à l'étranger.
Que les Etats-Unis se soient considérablement enrichis pendant la guerre peut nous être révélé par d'autres chiffres, celui du revenu national, celui du gonflement de la demande en biens de consommation. On assiste alors à un véritable boom économique. Le plus spectaculaire est l'accroissement des biens de consommation durables, comme les automobiles, les maisons, les réfrigérateurs, les postes de radio. On atteint ainsi ce stade que Walt Rostow appelle « haute consommation de masse » (*High Mass Consumption*), qui fait que les Américains devancent désormais les Européens pour toutes les commodités privées. Certes, la misère demeure dans des groupes étendus de la population

480

481

480 Occupation de la Ruhr en 1923 : soldat français sur un train de charbon réquisitionné. Photographie en couleurs. **481** *Réforme monétaire en Allemagne. 1924 : des enfants jouent avec des liasses de billets de banque.* **482** *L'emprunt : « Mon Dieu, il va falloir rembourser tout cela ! » Caricature de Th. Heine parue dans* Simplicissimus *(3 novembre 1924) à propos du plan Dawes.*

(Noirs, petits Blancs du Sud, chômeurs, épaves des grandes villes). De plus, les *farmers* profitent relativement peu de l'expansion. Néanmoins, une forme de vie humaine nouvelle fait son apparition, que les Européens regardent avec un mélange d'envie et d'ironie.

Les réparations. Grâce à cette prospérité et à cette prépondérance, les Etats-Unis vont, jusqu'à 1929, imposer leur volonté sur le marché financier international. Après 1929, ils y exporteront la crise et ses désastres.

Pour bien comprendre le système à vrai dire absurde qui va régner pendant dix ans, il faut partir des grandes dettes interétatiques créées par la guerre. La première catégorie est constituée par les *réparations allemandes,* dont le principe a été imposé par le traité de Versailles. La seconde catégorie comprend les *dettes* que les pays de l'Entente ont contractées entre

482

eux (l'Angleterre étant la principale créancière) et surtout vis-à-vis du Trésor des Etats-Unis (l'Angleterre en étant la principale débitrice).

Le montant des réparations allemandes ne fut fixé que par l'état ces paiements du 1er mai 1921, soit 126 milliards de marks-or nets. Chiffre illusoire car il était représenté symboliquement par des obligations A, B et C. C'était un moyen de camoufler grossièrement aux Français, hantés par le slogan « L'Allemagne paiera », que l'on renonçait en fait à 76 milliards sur les 126 dus.

Les principaux créanciers étaient la France, l'Angleterre, l'Italie et la Belgique en ordre décroissant. Quelques esprits, dont le député français André Lebon, le 22 décembre 1918, étaient convaincus de l'aberration d'un tel système : comment contraindre au travail, pendant cinquante ou soixante ans, une population de 70 millions d'habitants, « avec la seule perspective comme récompense de son labeur, que tout son gain passerait à payer des dettes contractées par des générations antérieures ? ». C'est pourtant dans cette illusion qu'on entretint l'opinion publique française. Les Anglais, fortement influencés par le brillant petit livre de John Maynard Keynes, *les Conséquences économiques de la paix,* publié en novembre 1919, devinrent vite moins intransigeants et se montrèrent prêts à ranimer l'économie de l'Allemagne, excellent client pour les exportations britanniques.

Les Allemands, unanimement hostiles aux réparations, hésitèrent entre deux politiques : le refus (préconisé par les ultranationalistes, et certains gros industriels de la Ruhr, tel Hugo Stinnes) ou l'*Erfüllungspolitik,* politique d'« accomplissement », qui fut celle de Walther Rathenau, en 1921 et 1922, et celle de Stresemann à partir d'octobre 1923. Cette dernière consistant à payer pour donner confiance aux alliés et, une fois la confiance rétablie, à négocier pour obtenir une réduction de la dette.

Les alliés, en 1921, pratiquèrent une politique de contrainte (occupation de trois villes de la Ruhr) reprise par Poincaré, les Belges et les Italiens et malgré les Anglais lors de l'occupation de toute la Ruhr en 1923.

Le plan Dawes de 1924, prévu pour cinq ans, fixait les paiements à opérer par l'Allemagne à des annuités s'élevant de 1 à 2,5 milliards de marks-or (dont le transfert en devises ne serait plus opéré par l'Allemagne, mais par un Agent général des réparations siégeant à Berlin). C'était une nouvelle réduction du capital.

Les dettes de guerre. Les Américains avaient pratiquement renoncé à toute réparation pour eux-mêmes. Considérant les réparations comme des « dettes politiques », ils envisageaient avec faveur l'idée de les supprimer. Cette attitude était certainement sage, mais la sagesse américaine s'arrêtait là. Car les Américains ne voulaient pas l'annulation parallèle de leurs créances. « Dettes commerciales », celles-ci, à leurs yeux, étaient sacrées. La morale internationale, telle qu'ils la concevaient, exigeait que ces dettes fussent payées, même si ce remboursement

constituait une contribution minime à la prospérité du pays.
Face aux exigences américaines, les Européens furent tour à tour obligés de signer des accords de paiement. Les Britanniques furent les premiers à le faire par l'accord dit Baldwin-Mellon du 18 juin 1923.
L'Italie aboutit en 1925, le 14 novembre, à un accord plus avantageux.
La France résista plus longtemps. La crise du franc qui coïncida avec les gouvernements successifs du Cartel des gauches, de 1924 à 1926, rendit à la fois urgent d'obtenir un appui financier américain et difficile d'aboutir à un accord. Neuf ministres des finances se succédèrent en deux ans. C'est seulement le 29 avril 1926 que fut signé l'accord dit « Mellon-Béranger ». Mais la Chambre des députés refusa de la ratifier et cela provoqua une longue querelle entre les opinions publiques française et américaine. Le plus clair de l'affaire, c'est que, depuis 1925, date de la mise en application du plan Dawes, l'Allemagne payait régulièrement ses réparations. Est-ce un miracle ? une justification de la capacité de paiement allemande ? En réalité, Stresemann, en 1925, écrit au Kronprinz que le paiement des réparations serait impossible dès 1927. Le démiurge qui a empêché cette prédiction raisonnable de se réaliser, c'est une nouvelle fois l'Amérique.

Les prêts américains. En pleine prospérité, les États-Unis disposaient de capitaux excédentaires qu'ils cherchaient à placer à l'étranger. Or, Hoover avait convaincu ses collègues, le secrétaire d'État Hughes et le secrétaire au Trésor, le richissime banquier Andrew Mellon, que l'exportation des capitaux privés devait être contrôlée. Les trois ministres, dans l'été 1921, s'étaient entendus avec le banquier Morgan lequel s'était engagé, au nom de ses collègues, à ne pas investir à l'étranger sans avoir consulté le département d'État. On ne prêterait pas aux gouvernements ni aux citoyens de pays qui n'avaient pas satisfait à leurs obligations envers les États-Unis. Ainsi, les Américains refusèrent-ils de prêter au Japon, à l'URSS, à la France. Au contraire, l'Allemagne qui n'avait pas de dettes de guerre à leur égard – et pour cause – devint l'objectif principal des investisseurs américains.
Grâce à l'afflux des capitaux américains vers l'Allemagne, celle-ci disposa, entre 1925 et 1930, d'une appréciable quantité de devises qui permirent de payer les réparations. Comme l'écrit dans ses Mémoires le Dr Schacht, alors président de la Reichsbank, les frais des réparations « furent, en définitive, supportés par les étrangers qui nous ouvrirent des crédits ».
Ainsi, sous l'impulsion désordonnée du *Business* américain, contemplé par un gouvernement impavide, s'organisa l'étrange manège où l'argent tournait follement. Les Américains prêtaient à l'Allemagne. Celle-ci payait les réparations aux alliés. Les alliés remboursaient leurs dettes à l'Amérique. « Quand donc ce petit jeu finira-t-il ? » disait un politicien français. Le monde, emporté par la griserie d'un apparent succès, n'apercevait pas la fragilité de ce mécanisme insensé.

Vues sur l'économie des autres puissances. A une échelle moins vertigineuse, avec moins d'audace, empêtrées dans des difficultés plus nombreuses, les principales puissances européennes (URSS exceptée) adoptèrent le rythme américain.
Le revenu national britannique est de 2 021 millions de livres en 1913. Il descend à 1 804 millions en 1921, et remonte à 2 319 en 1929. Celui de la France, calculé en francs 1938, est de 328 milliards en 1913, 250 en 1920. Il atteint son maximum, 453, en 1929. Celui de l'Allemagne est de 45,7 milliards de marks-or en 1914, de 57,5 en 1931.

1929. Déclenchement de la grande crise. Le système économique mondial, conçu sur le modèle américain, reposait, jusqu'en 1929, sur le postulat de l'optimisme. Aucun frein politique ne limitait la production et, par conséquent, le danger de surproduction se faisait de plus en plus menaçant. On développa donc les crédits aux particuliers pour écouler les stocks et les banques en tiraient de gros bénéfices. A partir du moment où, pour quelque raison que ce soit, le crédit devrait être brusquement freiné, alors les achats diminueraient, les stocks s'accumuleraient, les prix s'effondreraient, alors ce serait la catastrophe, compte tenu du rôle dominant des États-Unis dans le monde. C'est un tel mécanisme qui se produisit : le phénomène moteur fut une brusque crise de confiance liée à l'excès de spéculation boursière. La date symbolique est le Jeudi noir, 24 octobre 1929, où se déclencha le terrible krach de Wall Street.

La crise atteint l'Europe. Les premiers pays atteints par la crise américaine furent ceux qui fournissaient aux États-Unis à peu près exclusivement des matières premières. L'Amérique latine, déjà misérable, vit sa misère s'accroître. Une image familière est celle des stocks de café brésilien utilisés comme combustible dans des locomotives. Dès décembre 1929, l'Argentine, l'Uruguay, l'Australie abandonnèrent l'étalon-or, c'est-à-dire dévaluèrent pour essayer – en vain – de ranimer leurs exportations.
Les capitaux américains placés à l'étranger, notamment à court terme, parurent d'abord résister ; jusqu'au printemps 1930, certains nouveaux prêts furent faits. Mais, dès la fin de l'année, ils s'interrompirent pratiquement et ne dépasseront plus 60 millions de dollars par an, comparés à 200 millions environ en 1929.
Les investissements directs se poursuivirent, mais à faible rythme en 1930 et 1931, et disparaîtront en 1932. Inversement, pour faire face à leurs paiements, les Amé-

483

ricains rapatrièrent massivement leurs capitaux placés à l'étranger (l'étranger faisant de même aux États-Unis mais à une plus petite échelle).
Ces rapatriements affectèrent surtout l'Allemagne, qui en avait absorbé 40 %, l'Autriche, puis le Royaume-Uni. De fin mai à mi-juillet 1931, la Reichsbank perdit 2 milliards de dollars en or et en devises.
Concurremment avec ce rapatriement de capitaux va jouer la difficulté croissante à exporter vers les États-Unis. Non seulement les Américains achetèrent moins, mais encore ils crurent devoir dresser, le 17 juin 1930, l'une des plus formidables barrières douanières de tous les temps, le tarif Hawley-Smoot, qui accroissait les droits du tarif précédent (Fordney-McCumber). La moyenne des droits passa de 26 % à 50 %. Inquiète et troublée en 1930, l'économie européenne s'effondra en 1931.
Le grand événement fut la faillite, en mai 1931, de la grande banque autrichienne *Kreditanstalt für Handel und Gewerbe* suivie par celle de banques allemandes – notamment la *Danatbank*. En juin, juillet, août, l'Angleterre fut atteinte. La France, la Belgique, les Pays-Bas, l'Italie, pays du « bloc-or » (cf. ci-dessous), parurent pour un temps mieux résister (la structure archaïque d'une partie de l'économie française estompait les coups). Mais, dès la fin de 1931 et le début de 1932, la situation y devint catastrophique. Si l'on appelle 100 la production industrielle de 1928, en Allemagne, l'indice atteignait 100,1 en 1929 87 en 1930, 70,1 en 1931, 58 en 1932. En Angleterre, 86,5 en 1933. En France, 109,9 en 1929 et en 1930, 95 en 1931, 81 en 1932. Les conséquences politiques de la crise furent totalement différentes selon les pays. En Allemagne, elle explique certainement l'énorme progrès nazi aux élections de juillet 1932, partant la prise du pouvoir par Hitler et l'établissement d'une dictature totalitaire et expansionniste. En Italie, où la dictature existait déjà, elle se traduisit par la volonté de Mussolini de trouver une colonie de peuplement habitable par les Italiens, et de réaliser en Éthiopie ses rêves expansionnistes. Il en fut de même au Japon.
En Angleterre, en revanche, elle produisit ce curieux effet de précipiter la population dans les bras du parti conservateur (sous le couvert d'une prétendue Union nationale dont le leader travailliste Ramsay MacDonald devint le chef, malgré son parti).
En France, la crise accentua la désagrégation du pouvoir exécutif, l'instabilité ministérielle et les divisions entre Français. Aux États-Unis, elle parut prendre en 1932 une allure révolutionnaire : émeutes de chômeurs, d'anciens combattants, grèves de fermiers. Mais en fait, c'est l'élection de novembre 1932 qui servit d'exutoire. Le malheureux président Hoover, l'homme de la prospérité et de l'optimisme, impuissant face à la crise, fut écrasé par son concurrent démocrate Franklin Delano Roosevelt, avec 15 762 000 voix face à 22 822 000.

La lutte contre la crise. La solution internationale. Les hommes d'État et les financiers du monde entier ont été déconcertés par la crise et surtout par son ampleur.
Quelle méthode pouvait-on alors adopter ? Un premier problème se posait, qui était de savoir si chaque pays devait tenter de résoudre individuellement sa propre crise, ou s'il n'y aurait pas une solution internationale. Celle-ci fut timidement tentée avant 1933. C'est Franklin Delano Roosevelt qui y mit délibérément fin à la conférence de Londres de 1933.
Avec l'irruption de la catastrophe en Europe, le problème des règlements internationaux devenait à peu près insoluble.
L'idée de supprimer une bonne fois pour toutes les réparations et dettes de guerre fleurit à nouveau. Face au désastre qui submergeait l'Allemagne en mai-juin 1931, le président Hoover en vint, à la suite d'une conversation avec l'ambassadeur américain en Allemagne, Frederic M. Sackett, à l'idée d'un moratoire d'un an sur les dettes interétatiques. L'appel du président allemand Hindenburg acheva de le décider. Le 20 juin, Hoover publia son plan de moratoire. Pendant un an, le paiement de toutes les dettes interétatiques serait suspendu. Une conférence financière s'ouvrit à Londres le 20 juillet, et, malgré une certaine résistance de la France, non encore atteinte par la crise, le moratoire fut adopté. Il s'appliquait évidemment aux réparations comme aux dettes de guerre. Mais Hoover, fidèle à la politique traditionnelle des États-Unis, entendait maintenir une distinction absolue entre ces deux catégories.
Lorsque le moratoire expira, en juin 1932, le secrétaire d'État américain, Henry Stimson, qui avait voyagé en Europe dans l'intervalle, en était venu à l'idée, qu'on devait abolir dettes et réparations. Pour éviter de heurter l'opinion américaine, ne pouvait-on prolonger le moratoire d'une nouvelle année ? Hoover s'y opposa formellement : « Il me dit, écrit Stimson le 11 juillet 1932, qu'il était fondamentalement en désaccord avec moi, qu'il pensait que les dettes devaient être et pouvaient être payées. »

Fin des dettes et des réparations. Simultanément, les Européens s'étaient réunis en conférence à Lausanne, et avaient décidé – toujours malgré les résistances françaises – d'abolir les réparations allemandes. Toutefois, par une sorte de *gentlemen's agreement,* les signataires de la conférence de Lausanne se promettaient

484

483 *Déclenchée par le krach de Wall Street (25 octobre 1929), la crise mondiale gagne rapidement l'Europe. Des centaines de Parisiens font la queue devant la soupe populaire. (Hiver 1930-1931).* **484** *Fin des réparations allemandes : la signature du traité de Lausanne le 9 juillet 1932. Photographie d'Erich Salomon.*

de ne pas ratifier l'accord avant d'avoir obtenu des États-Unis la renonciation aux remboursements des dettes. C'était se faire bien des illusions. L'immense majorité de l'opinion américaine, le congrès et le président s'indignèrent du *gentlemen's agreement,* véritable « conspiration européenne ».

Au nom de la morale, croyant aussi que les annuités des dettes aideraient à résoudre la crise, ce qui était absurde, les Américains exigèrent l'impossible, à savoir que les pays européens ruinés continuassent leurs paiements. Le résultat fut que les débiteurs européens décidèrent unanimement de ne plus payer, à l'exception de la « brave little Finland ». L'isolationnisme américain n'en fut que renforcé. On peut dire que la tentative de solution *internationale* de la crise était désormais bien menacée.

En décembre 1932, Hoover avait souscrit à l'idée de réunir à Londres, au printemps 1933, une conférence économique mondiale convoquée par la SDN. Hoover avait quitté le pouvoir en mars 1933 et son successeur, le démocrate Franklin Delano Roosevelt, nomma comme secrétaire d'État le libre-échangiste Cordell Hull, sénateur du Tennessee, connu pour ses idées de « désarmement économique ». Lorsque la conférence de Londres s'ouvrit, le 12 juin 1933, c'était précisément Cordell Hull qui présidait la délégation américaine. Mais Roosevelt mit un coup d'arrêt à toute velléité internationaliste de règlement des problèmes. Enfin, par le Johnson Act du 13 avril 1934, les États-Unis achevèrent de se couper du monde en interdisant tout emprunt même privé en faveur des États n'ayant pas payé leurs dettes de guerre.

Ainsi, face à des Européens hésitants, ce sont les États-Unis qui, clairement, imposèrent d'adopter, pour résoudre la crise, des solutions *nationales.* Les trois types principaux de solutions adoptées furent la déflation et le bloc-or, la dévaluation et le contrôle des changes.

Déflation et bloc-or. Pour y parvenir, la première méthode, tentée en Allemagne à l'époque de Brüning (1930-1932), en France jusqu'à 1936, fut la *déflation.* On ne manipulerait pas la monnaie, dont le cours resterait lié à l'or selon un rapport fixe. On risquait ainsi d'avoir des prix trop élevés pour le marché mondial. Il fallait donc abaisser coûte que coûte les prix de revient. Diminution des dépenses de l'État, compression des salaires et des traitements permettraient d'y parvenir. Une telle méthode, logique en apparence, devait fatalement aboutir à une crise sociale. Les décrets-lois de Brüning en 1930 expliquent l'élection de cent sept nazis et soixante-dix-sept communistes, le 14 septembre 1930. Les décrets-lois de Laval expliquent le triomphe du Front populaire en 1936.

De 1931 à 1935, le bloc-or comprit la France, la Belgique, l'Italie, la Suisse, les Pays-Bas.

Dévaluation. La seconde méthode consistait à manipuler la monnaie. C'est la *dévaluation.* Elle fut adoptée avec succès par l'Angleterre (septembre 1931), les États-Unis (avril 1933), sans succès par le Front populaire français (en septembre 1936). Son but principal fut de stimuler les exportations en abaissant le prix de vente national par rapport à celui du marché mondial.

Pour réussir, elle implique que les prix internes restent à peu près stables. Comme les denrées importées deviennent plus coûteuses, il faut ou bien en limiter l'entrée par de hauts droits de douane (système américain) ou bien s'assurer des sources de matières premières privilégiées (système britannique de la « préférence impériale » : accords d'Ottawa de 1932).

Contrôle des changes. La troisième méthode, à la différence des deux premières, consistait à s'isoler du marché mondial. C'est le *contrôle des changes.* Il fut adopté par l'Allemagne dès avant Hitler (juin 1932), par la plupart des pays d'Europe centrale et balkanique, par certains pays d'Amérique du Sud. Dans ce cas, l'État contrôle les entrées et sorties de devises. Lorsqu'un producteur étranger vend à un producteur allemand une certaine quantité de produits, la somme qu'on lui paye ne peut pas sortir d'Allemagne (ce qui décourage l'importation).

De deux choses l'une, ou bien il dépense en Allemagne ce qui lui est dû, ou bien il essaie de bénéficier d'un « accord de clearing », c'est-à-dire qu'il se fera payer sur les sommes gagnées dans son pays par des exportateurs allemands, lesquels sont payés en Allemagne.

Ce système est défavorable au commerce extérieur. Il implique initialement un refus de payer les dettes extérieures, faute de pouvoir transformer la monnaie nationale en devises. Son avantage, pour un grand pays comme l'Allemagne, est qu'il peut ainsi établir son emprise économique sur les États (d'Europe centrale et balkanique) qui ont besoin de lui vendre leurs produits (pétrole roumain, blé hongrois, tabac grec, etc.).

Ces pays, pour rentrer dans leurs fonds, n'ont qu'un moyen : acheter des produits allemands. Nous verrons que le contrôle des changes peut être considéré soit comme un expédient provisoire, nécessaire pour ranimer en vase clos une économie affaiblie par la crise (idée du Dr Schacht), soit comme une solution définitive tendant à organiser l'autarcie (idée de Goering et de Hitler).

V. Démocraties, bolchevisme, fascisme

Au moment où Wilson croit que la démocratie est appelée à triompher partout dans le monde (*A world Safe for Democracy*) voici qu'apparaissent en Europe ou à ses confins deux grands systèmes à la fois politiques, économiques, sociaux et idéologiques. D'un côté, *le bolchevisme* (le parti bolchevique) a été créé en 1905 par le révolutionnaire russe Lénine, disciple de Marx, et champion de la « lutte des classes ». De l'autre, *le fascisme,* créé par le journaliste d'origine socialiste Benito Mussolini. Les bolcheviques prennent le pouvoir à Petrograd en novembre 1917. Mussolini agit de même par la « marche sur Rome » d'octobre 1922.

Plus caractéristique encore est la prise légale du pouvoir dans le plus grand État industriel de l'Europe, l'Allemagne, par un ancien combattant, à la fois illuminé, orateur et génial meneur de foules, Adolf Hitler, le 30 janvier 1933.

Les totalitarismes. On trouvera dans la chronologie les principales étapes de ces conquêtes entre les deux guerres. Ce qui nous importe, ici, c'est de montrer comment les deux totalitarismes ont tenté, avec des succès momentanés, de détruire cette Communauté européenne dont nous avons suivi la longue et riche histoire.

Le totalitarisme consiste à tout sacrifier à une valeur suprême, y compris la vie, la liberté, les droits des individus. La « cause » justifie tout, y compris la trahison, le mensonge, la cruauté, le génocide, le massacre. Tout repose sur une doctrine, obligatoire, seule idéologie de l'État. Alors que dans la démocratie, la fin ne justifie pas les moyens.

La seule vraie cause est la personne humaine, chaque personne. Le meilleur sym-

485 *Vladimir Ilitch Oulianov, dit Lénine, chef des bolcheviks (1870-1924). Pendant la Révolution de 1905, il séjourne à Saint-Pétersbourg. Tableau de Valentin A. Serov (1851-1918).*

485

bole en est la notion de « droits de l'homme ». Tout homme a le droit de faire ce qu'il veut, à condition que cela ne nuise pas à autrui. Dans un État totalitaire, la raison d'État seule compte, et non les droits de l'homme. Dans une démocratie, toute personne a le droit de choisir sa propre idéologie.

Le bolchevisme a pour cause sacrée la victoire du prolétariat ouvrier, dans le monde entier. Mais, subtilement, l'État-nation réapparaît à partir du moment où la Russie devient la « patrie des prolétaires ». Le fascisme de Mussolini est moins dur que le nazisme d'Hitler. Pour celui-ci, la doctrine, c'est l'inégalité des races, la supériorité des grands Aryens blonds (les Indo-Européens), mieux conservés en Allemagne qu'ailleurs. Il s'agit donc d'un ultra-nationalisme raciste.

Staline, sous prétexte de la lutte des classes, fait massacrer plusieurs millions d'adversaires (notamment les koulaks ou paysans aisés). Hitler, sous prétexte de pureté raciale, fait massacrer plusieurs millions de Juifs. L'un et l'autre ont créé d'horribles camps de concentration où des bourreaux disciplinés faisaient de leur mieux pour abolir la dignité humaine des prisonniers.

Les trois « camps » de l'entre-deux-guerres, bolchevique, fasciste, démocrate, ont joué de ces différences – les démocraties avec beaucoup moins d'efficacité, de courage, de rapidité. On a vu des rapprochements entre bolcheviques et démocrates (dans les années 1930) et, brusquement, un rapprochement entre bolcheviques et nazis (en 1939).

Origines générales de la guerre civile espagnole. Nous nous contenterons d'évoquer ici l'une des conséquences les plus dramatiques de cette division tripartite, en attendant la guerre européenne. Il s'agit de la *guerre civile espagnole,* terriblement longue (près de trois ans) et meurtrière (1 million de tués pour un pays de 25 millions d'habitants).

La guerre d'Espagne est d'abord un phénomène intérieur espagnol. Depuis 1824, le pays est constamment déchiré entre la tendance progressiste, démocratique, libérale, et une tendance ultra-conservatrice. Aucun des gouvernements ne réussit à maîtriser durablement cette scission. Elle est d'autant plus déplorable que l'Espagne aspire à sortir de son isolement. Nous l'avons vu avec la génération de 1898. Et cela continue.

486 *Le Duce de l'Italie fasciste : « Benito Mussolini salue la bataillon revenant de Civita Vecchia ». Photographie en couleurs (1927).*
Carte 39 : *Effondrement de la démocratie en Europe et montée des dictatures autoritaires et fascistes de 1922 à 1938.*

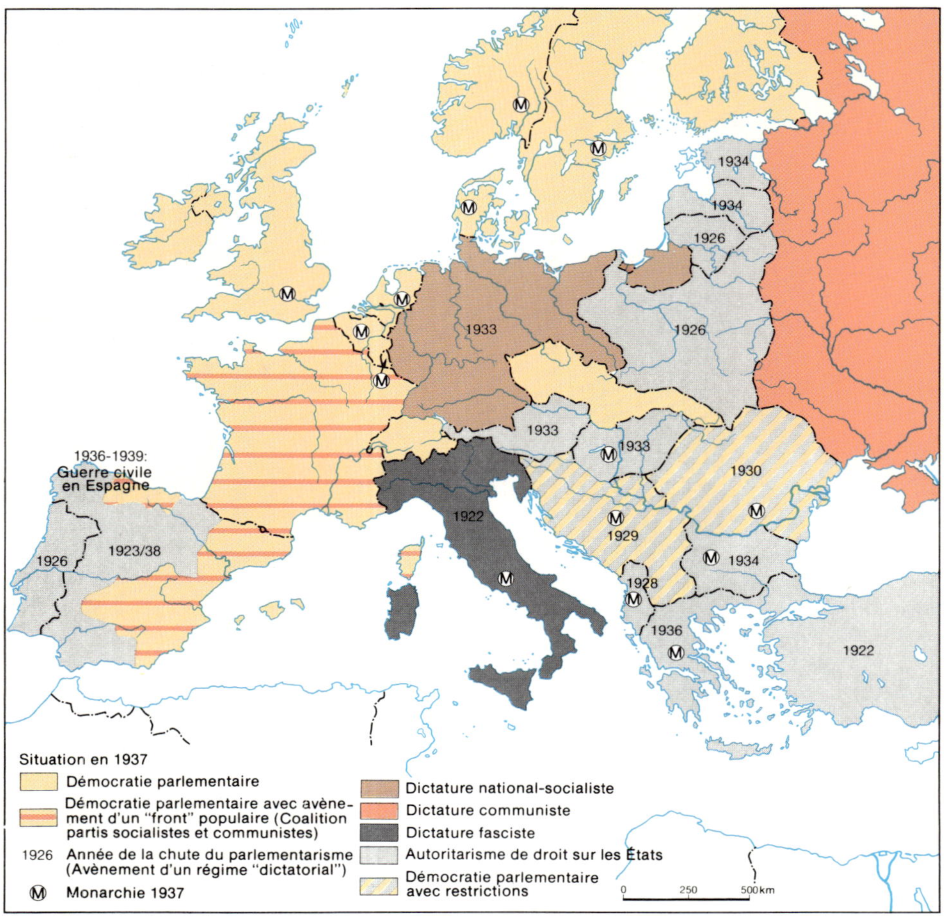

Des écrivains de premier plan, quelques-uns des meilleurs compositeurs tels Manuel de Falla ou Pablo Casals, de très grands peintres, et avant tout Picasso, rayonnent dans le monde entier, mais souvent, ils vivent à l'étranger, dans une atmosphère non agitée.

De même, l'économie est retardataire, malgré l'existence de ressources minières remarquables, et de centres industriels tout à fait compétitifs. La grande crise économique mondiale prend en Espagne un tour révolutionnaire.

Après le renversement de la monarchie, en 1931, les années 1931-1936 sont très mouvementées. En février 1936, le Front populaire arrive au pouvoir avec un nombre restreint de voix. Cela explique la préparation d'un nouveau *pronunciamiento* par des généraux dont Franco, par de nombreux officiers, par la Phalange, parti créé en 1933 et dirigé par José Primo de Rivera, fils du dictateur des années 1920.

L'insurrection éclate à la suite de l'assassinat d'un royaliste, Calvo Sotelo. C'est le 17 juillet 1936. Elle ne réussit pas partout. Sans entrer dans les détails, retenons que cette horrible guerre civile est révélatrice d'une Europe déchirée. L'Italie fasciste enverra des volontaires, l'Allemagne nazie également et donnera l'appui de son aviation. Hitler utilise l'Espagne comme un la-

487

488

487 *Atrocités de la guerre d'Espagne (1936-1939) :* Guernica. *Tableau de Pablo Picasso (1881-1973).* **488** *Le défilé des vainqueurs, le 28 mars 1939 à Madrid : des troupes nationalistes défilent devant le caudillo Francisco Franco (1892-1975).*

boratoire pour expérimenter ses armes. En face, le gouvernement républicain est soutenu par la France et par la Grande-Bretagne, du moins en théorie, puisqu'il s'agit de régimes démocratiques. Mais la Grande-Bretagne est conservatrice, et Léon Blum craint une guerre civile en France. C'est l'URSS qui aidera massivement les Républicains.

Ainsi, fascistes, démocrates, bolcheviques se trouvent confrontés. Les plus déterminés sont les premiers : Staline, quant à lui, attend son heure, cyniquement, celle où un rapprochement avec Hitler lui serait utile pour récupérer les territoires cédés par le traité de Brest-Litovsk de mars 1918. Le moins que l'on puisse dire est que la faiblesse des démocraties ne l'encourage guère à maintenir avec elles une politique de rapprochement.

N'oublions pas, non plus, que l'URSS avait, avant 1934, considéré les socialistes comme les plus grands ennemis du communisme.

La chute de Barcelone, puis, en mars 1939, de Madrid met fin à la guerre par la victoire du général Franco, dictateur, mais non fasciste à proprement parler. Il va s'efforcer de calmer les deux puissances fascistes qui l'ont aidé, et il évitera à tout prix que l'Espagne, ensanglantée, couverte de ruines, en proie à la haine, avec des centaines de milliers de réfugiés accueillis en France dans des conditions catastrophiques, ne soit engagée dans la guerre mondiale.

VI. L'angoisse des intellectuels

Dans les années 1920 et 1930, on ne trouve rien de semblable à l'immense influence d'Adam Smith ou des philosophes du XVIIIe siècle.

Prenons les plus grands noms. Mais n'oublions pas que des centaines d'autres auteurs, ayant publié des centaines de livres, des milliers d'articles, pourraient être ajoutés.

Oswald Spengler qui publie *le Déclin de l'Occident,* Paul Valéry, dont on retient la formule célèbre, écrite en 1919 et publiée dans *Variété I :* « Nous autres, civilisations, nous savons maintenant que nous sommes mortelles. » Le grand philosophe espagnol Ortega y Gasset publia en 1930 la *Révolte des Masses.* C'est un Russe réfugié, Nicolas Berdiaev, qui intitule le plus célèbre de ses livres *Un nouveau Moyen Age*. Dès 1918, l'économiste italien, futur président de la République, Luigi Einaudi, écrivit des « Lettres politiques » dans le *Corriere della Sera,* analysant le déclin de l'Europe. Son compatriote, l'historien et essayiste Guglielmo Ferrero, publie *la Vecchia Europa e la nuova* (la Vieille Europe et la nouvelle), le médecin et philosophe allemand Karl Jaspers écrit *l'Esprit européen,* et plus tard, en 1931, *la Situation spirituelle de notre époque*. Le géographe français Albert Demangeon publie en 1920 *le Déclin de l'Europe,* l'écrivain catholique anglais Hilaire Belloc, *The Crisis of our Civilization,* le Français Julien Benda, *la Trahison des clercs,* en 1927 ; Henri Massis, *Défense de l'Occident,* la même année.

Drieu La Rochelle publie *le Jeune Européen* en 1928, René Guenon, *la Crise du monde moderne,* également en 1928, l'historien néerlandais Johan Huizinga, *la Crise de la civilisation*.

Citons encore *Pour que l'Europe soit,* un essai de Jules Romains publié en 1931, *Europe,* de l'homme politique français Édouard Herriot.

Nous verrons plus loin quelques écrits des années 1930.

Cette liste a pour but de montrer, en ne citant que des auteurs connus, qu'en Allemagne, France, Espagne, Autriche, Hollande, Italie, on a été convaincu de vivre une crise dramatique. En Angleterre, les titres seraient moins nombreux. Les Britanniques sont encore peu conscients de leur décadence ce qui ne les conduit pas à penser en termes d'Europe. Curieusement, ce sont deux écrivains catholiques, Hilaire Belloc et Chesterton, qui voient le mieux le problème. Pour eux, une seule solution : « Dans cette crise, un seul choix demeure : la guérison par la restauration de la foi catholique. » Le catholique français Jacques Maritain, plus réaliste, demande simplement « une suffisante unanimité morale ».

Ces tourbillons intellectuels touchent peu les masses qui sont cependant animées par des mouvements profonds comme le communisme. Si le communisme dérivait des écrits et des actes de penseurs de premier plan, Marx, Engels, Lénine, après la mort de ce dernier, en 1924, et pendant toute la période stalinienne, il n'attire pas par son ingéniosité intellectuelle ni par la finesse de la pensée. Il séduit parce qu'il offre aux pauvres gens une solution claire, un ordre nouveau qui se substituerait au désordre et à la contradiction.

Le fascisme n'est pas non plus attirant par sa philosophie. Mussolini n'est pas un doctrinaire, c'est un journaliste avide de

489

490

sensationnel et qui exalte toutes les exagérations du nationalisme chauvin.

Le nazisme, au contraire, est une doctrine que Hitler a formulée dans *Mein Kampf,* et Rosenberg dans *le Mythe de l'Occident*. Mais quelle piètre doctrine, fondée sur un postulat, l'inégalité des races – postulat évidemment faux – et exaltant les plus bas instincts de la « race supérieure », domination, brutalité, goût de la guerre et du massacre ! Vienne une crise économique, les électeurs – en Allemagne surtout – se ruent vers les partis extrêmes, communiste et nazi, abandonnant les libéraux de diverses tendances qui représentaient, si médiocres qu'ils fussent, les vieilles traditions européennes de plus en plus déconsidérées.

Pessimisme intellectuel. Dans le domaine psychologique et moral, les intellectuels constatent un trouble profond. Qui ne s'en rendrait compte ?

Valéry, par exemple, voit dans la civilisation européenne trois grandes influences : celle de Rome, « majesté des institutions et des lois », celle du christianisme qui « atteint progressivement le profond de la conscience » et fait des hommes des égaux devant Dieu ; celle de la Grèce, qui fait que « l'homme se devient à soi-même le *système de référence* auquel toutes choses doivent enfin pouvoir s'appliquer ». Développement du corps et de l'esprit. « Quant à l'esprit même, il se défendra de ses excès, de ses rêveries, de sa production vague et purement imaginaire par une critique et une analyse minutieuse de ses jugements, par une division rationnelle de ses fonctions, par la régulation des formes. » Or, précisément, les Européens abandonnent, par pans entiers, ces solides murailles qui les protégeaient.

489 *Karl Jaspers, philosophe allemand (1883-1969), exprime son inquiétude au sujet de la « situation spirituelle de notre époque ». Photographie (vers 1933).* **490** *Paul Valéry, écrivain français (1871-1945), s'inquiète des incertitudes de l'Europe. Photographie (vers 1920).* **491** *Antonio Gramsci, socialiste italien (1891-1937), l'un des chefs spirituels de la gauche européenne.* **492** *Benedetto Groce, écrivain et philosophe italien (1866-1955), lance un avertissement prophétique contre l'avènement de la barbarie.* **493** *Pour un humanisme militant : Thomas Mann (1875-1955) et Albert Einstein (1879-1955). Photographie de Lotte Jacobi, Princeton (N.J.) (1938).*

L'idée de la loi disparaît à partir du moment où la guerre, c'est-à-dire la force et la rapine, se substitue à un certain « ordre européen », à un certain « droit public européen », si imparfaits soient-ils.

L'égoïsme national absolu du fascisme, l'hostilité irréductible de l'État socialiste à l'égard des États bourgeois, sa volonté de les détruire, rendaient impossible toute marche vers la *pax romana*. Le christianisme, de plus en plus menacé par la déchristianisation, ne servait plus de digue contre les appétits des prétendus surhommes.

Quant à l'humanisme issu des Grecs, écoutons Thomas Mann, dans son *Avertissement à l'Europe* de 1937 : « Dans tout humanisme il y a un élément de faiblesse qui vient de sa répugnance pour tout fanatisme, de sa tolérance et de son penchant pour un scepticisme indulgent, en un mot de sa bonté naturelle [...]

« Ce dont nous aurions besoin aujourd'hui, ce serait un humanisme militant, un humanisme qui affirmerait sa virilité et qui serait convaincu que le principe de la liberté, de la tolérance et du libre examen n'a pas le droit de se laisser exploiter par le fanatisme sans vergogne de ses enne-

491

492

493

mis. L'humanisme européen est-il devenu incapable d'une résurrection ? »
Le pessimisme général est la caractéristique dominante de la pensée européenne entre les deux guerres. « Pour l'instant, écrit Carl J. Burckhardt, il semble néanmoins que le monde croulerait plutôt que l'une des grandes nations européennes renonce à son exigence de primauté... Encore une guerre européenne fratricide, et l'on en sera au point où nous ne pourrons plus que contaminer le reste du monde avec nos miasmes. »
Le pessimisme était justifié, puisque cette « guerre fratricide » a effectivement eu lieu. Mais le pessimisme engendre parfois un certain optimisme. « Est-il aussi certain qu'on le dit, écrit Ortega y Gasset, que l'Europe soit en décadence et abandonne le commandement, en un mot, abdique ? Cette apparente décadence ne serait-elle pas la crise bienfaisante qui permettrait à l'Europe d'être véritablement l'Europe ? L'évidente décadence des *nations* européennes n'est-elle pas *a priori* nécessaire au cas où les États-Unis d'Europe seraient possibles quelque jour et la pluralité européenne remplacée par sa réelle unité ? »
Peut-être, mais l'historien doit rétrospectivement admettre qu'un tel accouchement se ferait dans d'immenses douleurs. Julien Benda le constate dès 1946 en écrivant : « Dans l'ordre spirituel comme dans l'ordre politique, le XXe siècle, qui, encore une fois, verra peut-être la réalisation de l'Europe, débute par l'affirmation la plus farouche et la plus consciente qu'on vît jamais de l'anti-Europe [...] Aujourd'hui, l'idée de nation semble avoir terminé sa carrière, être devenue malfaisante aux Européens, l'idée d'Europe apparaît. Mais ne nous berçons pas d'illusions ; n'allons pas croire que cette idée va triompher naturellement, sachons qu'elle va trouver de la part de celle qu'elle veut détrôner, une forte opposition, une résistance nourrie, de très sérieux obstacles. »
Il n'en est que plus émouvant de voir l'obstination avec laquelle, dans les années 1930 encore, certains intellectuels, certains militants ont combattu pour l'idée des « États-Unis d'Europe ».

Les optimistes. C'est le cas, par exemple, de Coudenhove-Kalergi. En 1939, il publie *l'Europe unie*. Alors, dit-il, que les Américains, les Russes, les Africains, les Asiates, les Australiens considèrent comme familiers les concepts d'Europe et d'Européen, « les seuls hommes du monde qui ne sachent rien de l'Europe et qui ne se considèrent, ni personnellement ni mutuellement, comme des Européens, sont les Européens eux-mêmes ». Face à l'« ordre » des États-Unis d'Amérique, il n'y a que l'« anarchie » des « États désunis d'Europe », « trente-quatre États entre lesquels il n'existe plus ni droit, ni organisation, ni Constitution, ni tribunal, ni police, ni la forme la plus vague de solidarité sur un plan quelconque [...] Ici, la force prime le droit [...]
Le droit du plus fort nous ramène aux époques les plus sombres d'un certain Moyen Age où les villes et les châteaux s'épuisaient en guerres ». Or, l'Europe, contrairement à ce que veulent les racistes, ne doit pas se faire par la force. Cela amène la course aux armements. Quant à « la parcellisation du marché européen en vingt-huit territoires économiques », elle oblige au dumping « et ceci au détriment des classes laborieuses [...] Seul un grand marché européen de 400 millions de consommateurs offre un moyen de sortir de l'impasse ».
Évidemment, « la Paneurope n'est pas réalisable tant que de larges portions de l'Europe seront entre les mains de dictateurs ». Coudenhove-Kalergi ne perd pas espoir pour autant. Il pense que l'opinion publique finira par comprendre ce qu'il y a d'absurde dans la multiplication des frais inutiles qu'implique le morcellement. Il estime aussi qu'il existe une Paneurope en petit format, la Suisse.

Le mouvement Paneurope a trouvé son expression lors d'une conférence agraire paneuropéenne qui s'est tenue à Vienne en 1936.
Autre exemple d'écrivain militant moins connu mais très significatif : Gaston Riou, auteur de plusieurs ouvrages, *S'unir ou mourir* (1929), *Europe ma patrie*. Il suggère que « le grand homme de demain » oblige tous les États à élire une Assemblée constituante qui créera un « sur-État armé financièrement, juridiquement, diplomatiquement, militairement... un véritable État, avec une unité douanière, monétaire, juridique, diplomatique, militaire et navale ». Riou est aussi un militant. Il organise un grand Congrès de la jeunesse européenne en 1937. Ni lui ni Coudenhove-Kalergi ne sont isolés. La revue *États-Unis d'Europe* continue à paraître, les livres sur ce thème foisonnent dans les années 1930. Citons par exemple le Suisse William Rappard : *Uniting Europe* (1930) ; les Italiens V. Quartara, *Gli Stati uniti di Europa e del mondo* (1930) et A. d'Alia : *Confederazione Europea* (1934) ; l'Anglais Arthur Salter, grand ami et collaborateur de Jean Monnet depuis 1916 : *The United States of Europe* (1933) ; l'Américain W.H. Curry : *The Case for Federal Union* (1939) ; les Anglais Jenning : *A Federation for Western Europe* (1940) ; M. A. Bingham : *The United States of Europe* (1940). L'un des plus célèbres est celui de Sforza, Italien exilé, ancien et futur ministre des Affaires étrangères : *les Bâtisseurs de l'Europe* (1931).
Ce courant intellectuel n'est qu'un filet d'eau impuissant à détourner la tempête que le nationalisme raciste de Hitler va déchaîner en Europe.

VII. L'Europe monstrueuse d'Adolf Hitler

Hitler, nous l'avons vu, fonde sa politique étrangère sur une doctrine simpliste : les races sont inégales. Les grands Aryens blonds et dolichocéphales, mieux conservés en Allemagne qu'ailleurs, sont une race supérieure, la seule réellement créatrice, la seule, par conséquent, qui ait la vocation de dominer l'Europe, puis le monde.
Le néo-darwinisme consiste à croire que dans la vie, seuls les plus forts subsistent. Les plus forts étant les grands Aryens blonds et dolichocéphales – c'est-à-dire les Allemands – ceux-ci ont le droit de dominer les autres et de détruire ceux qui nuisent à la pureté de la race.
Pour nous qui avons observé, à la lumière des études des spécialistes, que dès l'époque néolithique, les races européennes étaient mêlées, cette théorie – qui ne repose que sur les vues d'un autodidacte trop sûr de lui – apparaît comme grossière. Mais Hitler a réussi à s'emparer du pouvoir dans une nation admirablement organisée et qui, parmi quelques autres, tenait la tête de la culture mondiale. Il a donc disposé d'une force immense pour appliquer dans la réalité les absurdités de ses thèses. Le pouvoir d'un doctrinaire fanatique et simpliste peut aboutir à un immense désastre.

La Grande-Bretagne face à Hitler. L'incontestable génie diplomatique de Hitler a contribué largement à des succès qui, jusqu'à 1941, ont été constants. La méthode qu'il a suivie jusqu'en 1942 n'est pas du tout celle de la « guerre totale ». Hitler et ses généraux ont su adapter les préparatifs de chaque étape aux nécessités locales. La conquête territoriale hitlérienne a commencé en 1938. Elle s'est poursuivie jusqu'au dernier trimestre de 1942, moment auquel on peut situer le grand tournant de la guerre.
Pendant un an, de l'armistice français de juin 1940 à l'attaque nazie contre l'URSS, le 22 juin 1941, la Grande-Bretagne s'est trouvée pratiquement seule face à l'Allemagne et à l'Italie. Elle a perdu tout le continent sauf Gibraltar mais la Royal Air Force a rendu impossible une invasion de son sol. L'Angleterre a ainsi acquis un prestige unique. De plus, malgré les brouillages, les pays occupés pouvaient recevoir les émissions de la BBC. Certes, l'Angleterre ne pouvait gagner la guerre seule mais elle apparut comme « le sauveur de l'Europe ».
L'Europe continentale fut aux mains de Hitler du front russe à l'est jusqu'aux Pyrénées au sud-ouest. Seules, la Suisse et la Suède sont totalement neutres mais n'en trafiquent pas moins avec l'Allemagne. Cette Europe de 1942, c'est à la fois la « forteresse Europe » que Hitler déclare inexpugnable et l'« Europe nouvelle » qu'il prétend pouvoir façonner pour les mille années à venir. Deux pays neutres, dirigés par des dictateurs, jouent un rôle particulier : l'Espagne de Franco et le Portugal d'Antonio de Oliveira Salazar. Ni l'un ni l'autre n'entrent en guerre aux côtés de l'Allemagne : il y eut même des concessions aux résistants français et aux pilotes

494

495

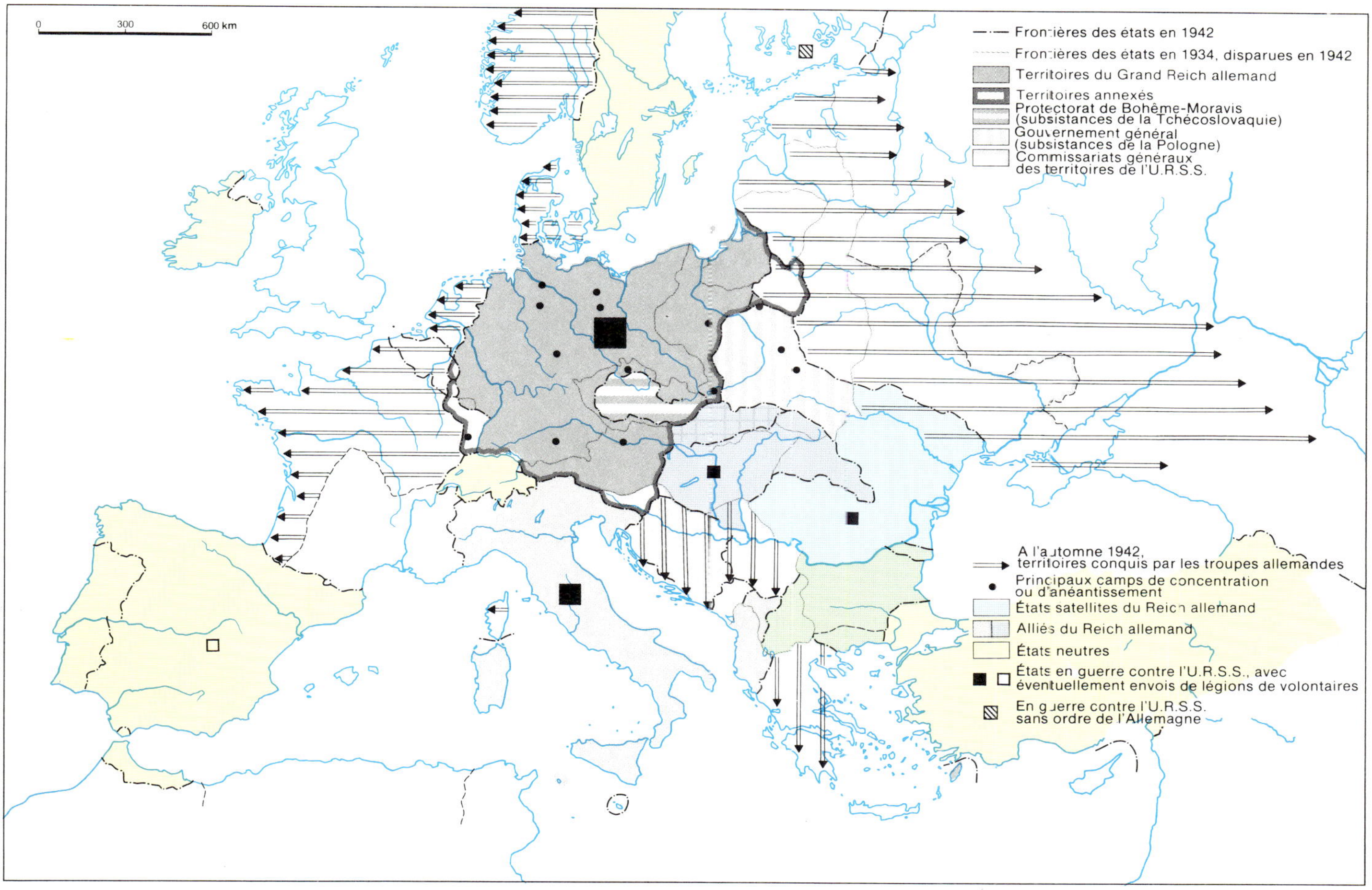

494 *Adolf Hitler, führer et chancelier du Reich (1889-1945). Discours au palais des Sports à Berlin (1935). Photographie en couleurs.* **495** *Famille « aryenne » de paysans montagnards. Tableau de Rudolf Otto. Grande exposition de l'art allemand à la Maison de l'art allemand de Munich en 1944.* **496** *Jusqu'à la « crise des Sudètes » en 1938, le mot « paix » est l'un des mots les plus utilisés de la propagande nazie : discours de Hitler le 24 octobre 1933 au palais des Sports à Berlin.* **Carte 40 :** *L'Europe à l'heure allemande.*

alliés cherchant à gagner l'Afrique du Nord. En juin 1943, l'Angleterre obtint du Portugal l'autorisation d'installer une base aérienne aux Açores.

L'« Europe nouvelle » d'Adolf Hitler. Au centre, la Grande Allemagne, de près de 100 millions d'habitants, va de l'Alsace-Lorraine et du Luxembourg à l'ouest, à Memel à l'est, du Schleswig au nord à la Slovénie au sud (bientôt, *de facto,* jusqu'à Trieste sur l Adriatique).

Hitler n'y a annexé que les territoires où l'on parle allemand, avec une curieuse exception pour les Slovènes en qui il voit des Germains à qui les malheurs de l'histoire ont fait perdre leur langue.

Directement soumis au Grand Reich se trouvent les protectorats. Le premier a été celui de Bohême-Moravie, puis on a créé le « gouvernement général de Pologne », le « gouvernement général des territoires de l'Est » et le « gouvernement général de l'Ukraine », embryon de l'espace vital (*Lebensraum*). Ces protectorats sont confiés à de hautes personnalités nazies qui gouvernent de façon impitoyable, surtout en Russie avec Rosenberg. Directement soumis également, mais sous l'autorité des militaires, sont les « territoires occupés »,

496

	1937-1940	*1941-1942*	*1943 à 1945*
Nations unies	**3 sept. 1939** La France et l'Angleterre déclarent la guerre à l'Allemagne **10 mai 1940** Gouv. Churchill en Grande-Bretagne **16.6.1940** Pétain président du Conseil **18.6.1940** Appel du général de Gaulle **25.6.1940** Armistice	**Août 1941** Rencontre et charte de l'Atlantique (Churchill-Roosevelt) **7.12.1941** Pearl Harbor et entrée en guerre du Japon contre les U.S.A. **Déc. 1941-janv. 1942** Conférence d'Arcadie **Janv. 1942** Déclaration des Nations unies	**Janv. 1943** Conférence de Casablanca **Mai 1943** Conférence Trident **Août 1943** Conf. Quadrant **Oct.-nov. 1943** Conf. des ministres des Affaires étrangères à Moscou **28.11-2.12.1943** Téhéran **Oct. 1944** Churchill à Moscou **Déc. 1944** Alliance franco-soviétique **4.11-février 1945** Yalta **Avril 1945** Mort de Roosevelt → Truman **17 juillet-2 août 1945** Potsdam **Déc. 1945** Conf. Moscou
Axe	**Mai 1939** Pacte d'Acier entre l'Allemagne et l'Italie **1er sept. 1939** Hitler attaque la Pologne (vaincue en 1 mois) **10.6.1940** Entrée en guerre de l'Italie **Avril 1940** Hitler conquiert le Danemark et la Norvège **7.9.1940** Pacte tripartite : l'Allemagne, l'Italie, le Japon + Slovaquie, Roumanie, Hongrie	**11 nov. 1942** La Wehrmacht occupe la « zone libre » en France	**25.7.1943** Chute de Mussolini **8.9.1943** Capitulation italienne Mussolini, libéré, crée la République de Salò **28 avril 1945** Exécution de Mussolini
Neutres	**23 oct. 1940** Entretien Hitler-Franco à Hendaye	**Avril-mai 1941** Les nazis prennent la Yougoslavie et la Grèce	
Front occidental	**Sept. 1939** Offensive française très limitée « Drôle de guerre » **10.5.1940** Attaque allemande sur la Hollande, la Belgique et la France **14.5.1940** Percée de Sedan **13.6.1940** Prise de Paris par les Allemands **25.6.1940** Armistice	**8 nov. 1942** Débarquement en Afrique du Nord	**Mai 1943** Conquête de la Tunisie **Juillet 1943** Débarquement en Sicile **Sept. 1943** Capitulation Italienne *Campagne d'Italie* **4 juin 1944** Prise de Rome **6.6.1944** Débarquement en Normandie **15.8.1944** Débarquement en Provence **25-26.8.1944** Libération de Paris, puis de la France sauf les « poches » et la France de l'Est **30.4.1945** Suicide de Hitler **8-9 mai 1945** Capitulation allemande (Reims et Berlin) **5 juin 1945** Gouvernement Dönitz supprimé
Front russe	**1939** Échec des négociations franco-anglaises avec l'URSS **23.8.1939** Pacte germano-soviétique **28 sept. 1939** Nouveau pacte **30.11.1939-mars 1940** Guerre d'hiver contre la Finlande Gouvernement général en Pologne et annexions russes **Juin-juillet 1940** L'URSS annexe les pays baltes	**22 juin 1941** Attaque nazie sur l'URSS **Juin 1942** 2e attaque allemande **1942** Alliance anglo-soviétique	**Juillet 1943** 3e attaque allemande. Bataille de Koursk. Contre-offensive soviétique **Juillet 1944** Création d'un comité polonais pro-soviétique **Janv. 1945** Offensive vers l'Oder **Avril 1945** Offensive vers Berlin
Front du Pacifique	**Juillet-sept. 1940** Les Japonais s'établissent au nord de l'Indochine	**Juillet 1941** Japonais au sud de l'Indochine **7.12.1941** Pearl Harbor **Déc. 1941-avril 1942** Conquête japonaise de l'Asie du Sud-Est y compris les possessions américaines, Philippines, Guam, Wake + Indes néerlandaises, Indochine française, Singapour, Malaisie, Birmanie	**6 et 9 août 1945** 1res bombes atomiques Hiroshima, Nagasaki **2 sept. 1945** Intervention soviétique. Capitulation japonaise (2.9.1945)
Front chinois	**1937** Guerre depuis juillet **1938** Stabilisation en décembre **1940** depuis septembre, installation de contingents japonais en Indochine		**1944** Reprise de l'offensive japonaise en Chine (Chang-Chou)
Front africain	**Fin 1940** Attaque italienne repoussée	**Avril 1941** Contre-offensive germano-italienne (Rommel) **Sept. 1942** El-Alamein **8 nov. 1942** Débarquement en Afrique du Nord	

Norvège, Danemark, Pays-Bas, Belgique, zone occupée de la France, Yougoslavie, sauf la partie « italienne » et Grèce (avec la même réserve). L'autorité suprême est le *Militärbefehlshaber* (commandant militaire).

Dans ces territoires, ou le gouvernement ancien subsiste comme au Danemark, et cherche à avoir le moins de relations possible avec l'occupant, ou, comme en Norvège, en Grèce le gouvernement légal s'est réfugié à Londres ou au Caire. Il est remplacé par un gouvernement favorable aux nazis, avec Quisling en Norvège. En Belgique et aux Pays-Bas, il n'y a pas de gouvernement collaborateur à proprement parler.

En France, c'est un vénérable vainqueur de la Première Guerre mondiale, le maréchal Pétain, qui gouverne. L'armistice découpe la France en plusieurs tronçons. L'Alsace et la Lorraine sont *de facto* annexées à l'Allemagne. Le Nord et le Pas-de-Calais dépendent du commandant militaire en Belgique jusqu'en février 1943. Surtout, la France est coupée en deux : il existe une zone occupée et une zone non occupée. Dans la première, l'administration française subsiste, contrôlée étroitement par le *Militärbefehlshaber*. Dans la seconde, le gouvernement est en principe libre mais l'Allemagne a, sur lui, d'énormes moyens de pression. Les relations entre France et Allemagne sont en principe réglées par une Commission allemande d'armistice qui siège à Wiesbaden. Mais diverses autorités allemandes ont voulu avoir leurs propres organismes à Paris : von Ribbentrop y nomme un ambassadeur, Goebbels y crée une section de propagande, la Gestapo s'y infiltre.

La dernière catégorie de pays soumis est constituée par les alliés qui, en fait, sont tous devenus des satellites. Le signe de l'alliance, c'est l'adhésion au pacte tripartite du 27 septembre 1940 (Allemagne, Italie, Japon) qui prévoyait la constitution d'un « nouvel ordre européen ». Y adhèrent la Hongrie, la Slovaquie, la Roumanie en 1940, la Bulgarie, la Croatie en 1941. L'Espagne se contente de promettre son adhésion.

D'autre part, l'Italie, la Slovaquie, la Finlande, la Hongrie et la Roumanie déclarent la guerre à l'URSS. L'Espagne y envoie une Légion « bleue » de volontaires. La satellisation des alliés se manifestait par diverses méthodes : présence de troupes allemandes, existence autonome de partis nazis pour les minorités allemandes (par exemple, les soixante mille Allemands de Hongrie), prise de pouvoir au moins partielle par des partis fascistes (Garde de fer en Roumanie, Oustachis en Croatie, Croix fléchées en Hongrie) et une importante législation antisémite.

L'Europe économique. Parallèlement à cette hiérarchie politique, l'« Europe nouvelle » constitue un vaste ensemble économique dirigé par l'Allemagne à son profit. Sur le plan de la production, elle pouvait prélever les ressources agricoles et industrielles, et elle le fit par diverses méthodes. D'abord, le taux de change établi arbitrairement favorisait les achats des troupes d'occupation et des soldats pris individuellement (en France, le taux de 1 mark pour 20 francs était double du taux réel). Ensuite, l'Allemagne importait beaucoup plus qu'elle n'exportait, mais comme elle pratiquait le contrôle des changes, le *clearing* ne se faisait que partiellement. Ainsi, au mois d'août 1944, la France avait en dépôt à Berlin 163 327 millions de francs, qu'elle ne pouvait évidemment utiliser et qui devaient être considérés comme perdus. Il avait fallu que l'État français en fît l'avance à ses propres exportateurs. Une troisième méthode était l'indemnité d'occupation.

Pour la France, elle fut de 400 millions de francs par jour, puis 300, puis 500 (en novembre 1942) et même 700 en juin 1944. La France a ainsi versé 681 866 millions de francs. On a calculé que les frais réels d'occupation avaient été de 74 000 millions, soit un huitième. La France, dit un de ses représentants, « avait payé de quoi entretenir une armée de 18 millions d'hommes ». Une quatrième méthode était, sous divers prétextes, la saisie de l'or, des stocks, de parts dans certaines usines (ou même entreprises de presse), de parts possédées par les nationaux d'un pays occupé dans une industrie étrangère. Ainsi, la France a dû céder ses parts dans les mines de Bor en Yougoslavie, dans les

497 *Neville Chamberlain Le Premier ministre rentre de Munich avec le fameux « papier » de la déclaration de non-agression entre l'Allemagne et l'Angleterre (30 septembre 1938) : « Je crois que c'est maintenant la paix pour notre époque. »*
498 *Les Allemands ne sont pas les seuls à se laisser tromper par Hitler : l'entrée de l'équipe française aux jeux Olympiques de Berlin en 1936.*

497

498

499 L'Émigration des intellectuels. *Triptyque d'Arthur Kaufmann (1866-1971), commencé en 1938, achevé en 1965. Parmi les personnes représentées :* panneau de gauche, de gauche à droite, *George Grosz, Arnold Schönberg, Josef Floch ;* au dernier rang, de droite à gauche, *Ernst Bloch, Günther Anders, Berthold Viertel ;* au centre, *Fritz Lang ;* panneau du centre, en bas, *Albert Einstein, Erika Mann ;* derrière, de gauche à droite, *Arnold Zweig, Klaus Mann, Thomas Mann, Ludwig Renn ;* derrière, de gauche à droite, *Heinrich Mann, Paul Zucker, Otto Klemperer, William Stern, Ferdinand Bruckner ;* au fond, à gauche, *Paul Tillich ;* panneau de droite, en bas, de gauche à droite, *Kurt Weill, Max Reinhardt, Helene Thimig, Ernst Toller ;* derrière, *Benedikt Fred Dolbin, Kurt Goldstein ;* derrière, *Erwin Piscator, Bruno Frank, Lotte Goslar, Oskar Maria Graf.*

pétroles roumains, dans les banques hongroises. Enfin, une cinquième méthode était, dans un régime de restrictions, l'autorisation donnée à certains groupes allemands de pratiquer, à une grande échelle, le marché noir.

Au total, il s'agissait de pillage, et Goering, commissaire au plan de quatre ans, le déclare formellement le 6 août 1942 aux commissaires des territoires occupés : « Auparavant, on appelait cela du pillage. Mais aujourd'hui, on est beaucoup moins brutal. N'empêche que j'ai l'intention de piller, et de piller à fond. »

Le chef de la section économique du commandement militaire en France, Hemmen, a dit en décembre 1944 : « Une partie de plus en plus grande de la force économique française fut attirée pour couvrir les besoins allemands. De sorte qu'en fin de compte, l'économie française, y compris la production des matières premières et l'industrie française d'armement, fut dans une large mesure presque exclusivement utilisée pour les besoins allemands. »

Naturellement, ce pillage fut beaucoup plus poussé dans les pays de l'Europe orientale où les dirigeants nazis ne cachèrent pas qu'ils étaient indifférents à la mort, par la famine, de millions de Polonais ou de Russes.

Les pays alliés n'étaient pas à l'abri de l'appétit allemand, surtout vers la fin de la guerre. Ainsi, la Hongrie, déjà gros fournisseur de vivres, fut contrôlée à partir de 1943 de telle sorte qu'on assurât « le meilleur rendement possible des capacités de l'industrie hongroise, conformément aux besoins allemands » (déclaration du ministre des Armements, Speer, en mars 1944). Elle fut, comme la France, soumise au paiement de frais d'occupation et à des accords de *clearing*. Pendant les neuf premiers mois de 1944, elle exporta 692 000 t de bauxite vers l'Allemagne, sur 760 000 produites, 641 000 t de pétrole sur 825 000.

Les travailleurs étrangers. Une autre méthode d'exploitation économique dans l'Europe nouvelle fut la réquisition de main-d'œuvre pour travailler soit localement aux fortifications construites par l'Organisation Todt, soit surtout en Allemagne même.

Cette préoccupation n'apparut vraiment qu'en 1942. Auparavant, les nazis laissèrent mourir de faim 2 millions de prisonniers soviétiques dont ils auraient pu utiliser le travail. Encore en mars 1943, Koch, commissaire du Reich en Ukraine, déclarait : « Nous sommes une race de seigneurs et nous ne devons jamais oublier que le plus humble des ouvriers allemands est racialement et biologiquement mille fois plus précieux que la population d'ici. » En fait, l'ouvrier allemand fut souvent mobilisé pour combler les vides du front, et il fallait le remplacer. En février 1942, un jeune architecte habile et compétent, Albert Speer, fut nommé ministre de l'Armement et des Munitions, et un gauleiter, Fritz Sauckel, ancien marin, membre du parti nazi depuis 1921, reçut le titre de plénipotentiaire général à la Main-d'œuvre. Avec une extrême brutalité, Sauckel mo-

bilisa une véritable armée de travailleurs civils étrangers qui s'ajoutaient aux prisonniers de guerre et aux prisonniers politiques et raciaux des camps de concentration. (Pour les malheureux Juifs, on exterminait d'emblée femmes, enfants et vieillards, mais on faisait travailler les hommes jusqu'à l'épuisement.)
A la fin de 1944, on comptait 4795000 travailleurs étrangers en Allemagne, dont 200000 volontaires : 1900000 Russes, 851000 Polonais, 764000 Français, 264000 Néerlandais, 630000 Yougoslaves, 227000 Italiens, etc.
Mais il y avait une querelle entre Speer et Sauckel.
Ce dernier estimait qu'il fallait faire travailler les étrangers en Allemagne : les temps de travail seraient plus longs et l'ennemi pourrait hésiter à bombarder certaines usines. Speer – il le fit en France – voulait maintenir les travailleurs dans leurs pays. Sinon, une grande partie échapperait au « Service de Travail Obligatoire » (STO) et rejoindraient les « maquis », les « partisans ». Hitler pencha finalement pour Sauckel. Mais il était trop tard. Au total, on peut estimer que l'Europe nouvelle a été pour l'Allemagne – et pour elle seulement – une réussite économique. Malgré les bombardements alliés, la production de 1943 s'accrut. Le niveau de vie des Allemands resta convenable alors que les pays occupés se trouvaient réduits à la misère, ou même à la famine (Grèce, Russie occupée en particulier).
Sur le plan psychologique, les nazis, et principalement le docteur Goebbels, ministre de la Propagande, s'efforcèrent de cimenter l'unité de l'Europe nouvelle. Mais la tâche n'était pas simple lorsque l'avenir que l'on proposait était la domination d'une race de seigneurs. Aussi, Goebbels s'attachait-il surtout au présent. Toute la presse était strictement contrôlée, sinon possédée par l'occupant, lequel payait grassement les journalistes locaux qui acceptaient d'être ses porte-parole. Mais, surtout à partir de Stalingrad et du débarquement en Afrique du Nord, les adversaires de l'Allemagne surent lire entre les lignes.

La croisade antibolchevique. Comme il fallait trouver une cause commune, c'est la Croisade antibolchevique qui en tint lieu. « Je souhaite la victoire de l'Allemagne, disait Pierre Laval, parce que, sans elle, le bolchevisme s'installerait partout. »

500

501

500 *« Le rebut de l'humanité ? » — « L'assassinat sanglant des ouvriers ? » Caricature anglaise à propos du pacte de non-agression germano-soviétique (1939).* **501** *Main-d'œuvre polonaise en Allemagne. 1943.* **502** *Les rêves hitlériens de puissance en pierre : le « grand palais » à Berlin, le futur « Germania ». Maquette d'Albert Speer (1937). A côté, pour comparer : la porte de Brandebourg.*

502

Ce slogan n'était pas sans avoir quelque effet sur une partie de la population, mais seuls les activistes d'extrême droite traduisirent en action leur anticommunisme. C'est ainsi qu'en France, une Légion des volontaires français contre le bolchevisme réussit à recruter trois mille à quatre mille soldats qui revêtirent l'uniforme allemand. Une Légion tricolore, plus faible encore, fut constituée et envoyée en Russie, cette fois avec l'uniforme français. Il en fut de même dans les autres pays occupés. Partout une propagande active vantait les exploits de la Waffen SS et on cherchait à recruter quelques bons éléments « raciaux » dignes d'en faire partie. Tous les mouvements de résistance étaient uniformément qualifiés de « communistes ». Les États-Unis et l'Angleterre étaient décrits comme des pays vieillis, les premiers, en particulier, corrompus par les Noirs et les Juifs. On ravivait les anciennes haines entre États : on ne manquait pas de parler de Waterloo, de Fachoda et même de Jeanne d'Arc. Les Juifs étaient accusés de tous les maux, mais rappelons que l'antisémitisme remonte au Moyen Age. Toutefois, l'horreur du système hitlérien est d'avoir adopté le génocide. La presse et la radio bafouaient la démocratie, elle-même œuvre des Juifs. Les libertés furent abolies, surtout la liberté individuelle : chacun pouvait être arrêté à tout instant, fusillé comme « otage ».

Les camps de concentration et le massacre des Juifs. En fait, désespérant d'obtenir l'adhésion à l'Europe nouvelle, les nazis se fiaient davantage à la répression. Celle-ci apparaît finalement à l'historien comme la clef de voûte du système.

Hitler, qui avait créé des camps de concentration pour interner les leaders et militants politiques allemands, et notamment les communistes, étendit cette méthode avec l'aide de Himmler et des SS à tous les pays, de manière à en faire l'une des caractéristiques de son système.

De l'Estonie aux Vosges, un épouvantable « univers concentrationnaire » se constitua. On a trop souvent décrit ces raffinements pour que nous insistions.

Quand on songe que 6 millions de Juifs furent exterminés par les nazis (2,5 millions dans les chambres à gaz, 2 millions assassinés en Ukraine et en Bessarabie, quatre cent mille au ghetto de Varsovie, etc.), on se rend compte que l'Europe nouvelle de Hitler reposait sur la négation de toute humanité, à une échelle jusqu'alors inconnue dans l'histoire du monde.

« J'aimerais, aurait dit Hitler dans les *Propos de table,* ne voir souffrir personne, ne faire de mal à quiconque. Mais quand je discerne que l'espèce est en danger, c'est chez moi la raison la plus froide qui se substitue au sentiment. » Massacrer 6 millions de Juifs, et des millions d'autres, au nom d'une doctrine pseudo-scientifique, telle était la « froide raison » d'Adolf Hitler. Certes, il a voulu réellement constituer une Europe nouvelle, fondée sur le *Lebensraum* et l'autarcie économique.

« Les générations suivantes accepteront certainement, sans le moindre commentaire, l'unification de l'Europe que nous sommes sur le point de réaliser, de la même façon que la majorité de nos contemporains ne voient dans la fondation de l'Empire par Bismarck qu'un simple épisode de l'Histoire. On aura vite oublié l'immense labeur qu'implique la fusion de l'Europe septentrionale, occidentale, centrale et orientale en une seule entité. » Cette Europe, ajoute-t-il, ne sera pas faite « par les efforts de nombreux politiciens dévoués à la cause de l'unification, mais par la force des armes ».

Beaucoup se réjouiront que la force d'autres armes ait empêché la réalisation d'une pareille monstruosité.

Les attitudes des Européens. Dans chaque pays, on peut, pour simplifier, distinguer trois attitudes : la collaboration, l'attentisme, la résistance.

A l'exception de quelques pays alliés de l'Allemagne, les collaborateurs ont toujours été minoritaires, ou se sont efforcés, tels les Finlandais (qui voyaient dans l'URSS l'ennemi et avaient besoin de l'aide allemande), de maintenir une organisation démocratique.

Les collaborateurs, dans les divers pays, se recrutaient ou bien dans les milieux d'extrême droite, idéologiquement convertis au fascisme, terrorisés par le bolchevisme, ou bien parmi ceux qui croyaient en la victoire de l'Allemagne et estimaient habile de la flatter, ou parmi ceux qui étaient prêts à se vendre au plus offrant.

Dans la plupart des pays, les masses furent en majorité attentistes. Après un moment de stupeur, à l'arrivée des Allemands qui, en tant que soldats, étaient disciplinés et « corrects », l'occupant ne tarda pas à être détesté. Mais, pour des raisons diverses, on n'entreprenait rien de sérieux contre lui. On affectait souvent d'ignorer sa présence.

D'ailleurs, la vie quotidienne donnait suffisamment de soucis pour occuper tout le temps des hommes et des femmes. Un rationnement de plus en plus sévère était imposé non seulement par la coupure

503

504

505

La « Nouvelle Europe ». **503** *Affiche de propagande, d'origine hollandaise, incitant à s'engager au « service germanique de la campagne ».* **504** *L'idéologie hitlérienne : « Derrière les puissances ennemies : le Juif ». Affiche de propagande (1942).* **505** *Soldats de la Légion des volontaires français à Smolensk (novembre 1941).* **506** *Le génocide des Juifs : « Serrés et à moitié étouffés, nous voyagions dans des wagons plombés [...] Nous savions que les fours crématoires et les chambres à gaz nous attendaient. Quand nous sommes arrivés le soir à Auschwitz, on nous a conduits à Birkenau. De loin le ciel était rouge comme un incendie. » Témoignage d'un rescapé.* **507** *Enfants et femmes derrière les barbelés à Auschwitz-Birkenau. Photographie (1944).* **508** *L'horreur de l'enfer sur terre : Auschwitz. Photographie (1986).*

avec les pays tropicaux – plus de café, de chocolat, de thé, de bananes, d'arachides, etc. – mais surtout par les prélèvements allemands. Si la ration alimentaire normale est de 2 400 calories par jour, si au-dessous de 1 600 calories on meurt en quelques mois, on ne peut s'étonner de voir un pays comme la France, où le ravitaillement officiel donne à peine 1 200 calories dans les villes, être obsédé par la nourriture. Il n'y a pas eu en France, comme en Grèce, une famine caractérisée avec des rues parsemées de cadavres qu'on n'avait pas la force d'enterrer, ou comme en Hollande où, durant l'hiver 1944-1945, on mangea les oignons de tulipes. Mais beaucoup de vieillards, de malades, de pauvres, d'isolés, moururent de faim. Les paysans, dans les pays de polyculture, furent les plus favorisés.

Une minorité des populations occupées ne voulut pas tolérer d'attendre passivement la fin de la guerre et se lança dans la résistance. Les résistants furent d'abord des idéalistes, nationalistes exaspérés par la défaite et l'oppression, antifascistes résolus à abattre les régimes totalitaires.

Après le 22 juin 1941, les divers partis communistes entrèrent massivement dans la résistance – que certains communistes avaient déjà entreprise à titre individuel. Mais on peut dire que, partout en Europe, la résistance ne prit une forme massive qu'à partir de 1943. Résultat de Stalingrad, disent beaucoup d'historiens soviétiques – et cela est certainement vrai pour l'URSS elle-même et pour une partie de l'Europe orientale. Résultat des réquisitions de main-d'œuvre du gauleiter Sauckel, surtout. Plutôt que d'aller en Allemagne, des centaines de milliers d'ouvriers, de jeunes gens, se cachèrent, entrèrent dans la vie

506

507

508

clandestine. Or, comment vivre sans carte d'alimentation ? Les organisations de résistance déjà existantes eurent là une source de recrutement dont elles n'avaient pas bénéficié jusqu'alors. La guérilla a besoin de hors-la-loi.

La résistance prend des formes diverses, dont la guérilla est en quelque sorte l'achèvement. Aussi les considérations géographiques jouèrent-elles un rôle aussi grand que les situations politiques. Plus un pays est montagneux, boisé, moins les routes y sont denses, plus les fermes y sont isolées, plus l'implantation des groupes de partisans (en France, on disait des « maquis ») y est aisée. C'est ainsi qu'en Italie, la résistance fleurit davantage dans l'Apennin et les Alpes que dans la plaine du Pô, en France, davantage en Bretagne et dans la moitié sud, que dans les plaines du Nord. La Yougoslavie fut une terre d'élection pour les partisans, grâce à ses montagnes. De même, la Grèce, la Slovaquie. De même encore les immenses forêts russes et biélorussiennes.

Le risque était la mort ou au moins le camp de concentration, et cela après d'odieuses tortures. Les représailles collectives se multiplièrent, tel le massacre de la population d'Oradour par la division *Das Reich*, harcelée par les maquis. Il en résulta l'apparition d'un type d'hommes durs, inflexibles pour les faiblesses, obligés de punir sans pitié et qui parfois, à la libération de leur pays, établirent une vraie terreur. Mais ces nuages n'obscurcissent pas le rôle admirable de ceux qui osèrent lutter pour la liberté contre l'« Europe nouvelle ». Outre les effets matériels de leur combat, ils furent des symboles.

Après la guerre, l'importance stratégique de la guérilla, grâce aux écrits de Mao Tsétoung et à bien des expériences, allait être mieux comprise.

509

510

La libération. Face à la forteresse européenne, solidement tenue par les nazis, les alliés occidentaux, États-Unis et Royaume-Uni, avaient le choix entre plusieurs stratégies possibles. Mais, à moins de laisser les Russes supporter le poids de la guerre, avec toutes les conséquences politiques et psychologiques que cela comporterait, il fallait bien envisager, tôt ou tard, l'ouverture d'un second front. D'ailleurs, depuis leur première rencontre sur l'Atlantique, au large de Terre-Neuve, du 9 au 12 août 1941, avant même Pearl Harbor, Américains et Britanniques s'étaient mis d'accord pour donner la priorité à la lutte contre l'Allemagne ; les Américains parce que, disciples de Clausewitz, ils entendaient attaquer l'ennemi le plus fort là où il est le plus fort, les Britanniques parce qu'ils n'étaient séparés de l'Europe nouvelle que par les trente kilomètres de la Manche.

L'Europe a en effet été libérée depuis l'extérieur.

D'une part, l'Armée rouge, au prix de peut-être 20 millions de morts soviétiques, militaires et civils, a, selon l'expression de Churchill, « cassé les reins » à l'armée allemande, la Wehrmacht. A partir de la bataille de Koursk (juillet 1943), elle marche vers l'ouest, atteint la Vistule dans l'été 1944, l'Oder en janvier 1945, Berlin en avril, au moment où, le 30 avril, Hitler meurt dans son blockhaus, près de la porte de Brandebourg.

Les pays de l'Ouest sont libérés par les débarquements anglo-américains qui se produisent en Sicile (juillet 1943), au sud de l'Italie (septembre), en Normandie (6 juin 1944), sur les côtes de Provence (15 août 1944).

511

512

Collaboration et résistance. **509** *Réunion du Rassemblement national de Vidkun Quisling, 8 janvier 1941.* **510** *Tito, chef des partisans yougoslaves (1944).* De gauche à droite : *Vladimir Bakaric, Iwan Milotinovic, Edvard Kardelji, Alexander Rancovic, Swtozar Unkmanovic, Milovan Djilas.* **511** *Représailles des SS le 10 juin 1944 à Oradour-sur-Glane : le bourg est brûlé, presque tous les habitants sont tués.* **512** *Devant le « tribunal du peuple » à Berlin, le 10 janvier 1945 : le comte Helmuth James von Moltke, fondateur du cercle de Kreisau.*

Bien pire que l'Europe de Napoléon, l'Europe de Hitler était inacceptable.

Conclusion. Maîtresse du monde, plus riche, plus forte, plus développée scientifiquement que les autres peuples, l'Europe s'est en quelque sorte détruite elle-même, entre 1914 et 1945, dans une période de trente ans, marquée par une Première Guerre mondiale (1914-1918), par une période de « paix illusoire » (1918-1939), par une Seconde Guerre mondiale (1939-1945). Certains parlent d'une « guerre de trente ans » – tels le général de Gaulle, ou Winston Churchill.

Cette période de trente ans est probablement la plus triste de l'histoire européenne. Les intellectuels de tous les pays l'ont constaté et déploré. Toutes les grandes forces politiques et économiques s'exercent à l'encontre de l'esprit communautaire. Nous avons constaté que :

1) Celui qui a fait pencher la guerre en faveur de l'Entente, *le président américain Woodrow Wilson, est un mondialiste,* adversaire de l'« équilibre européen » où il a vu la principale cause de la guerre.

2) La Russie devenue bolchevique – URSS en 1922 – se considère comme opposée dialectiquement à tous les autres gouvernements, même et surtout, socialistes. Le « socialisme dans un seul pays » l'entraîne à une forme originale, mais énergique de nationalisme. Sa politique, isolationniste jusqu'en 1939, s'accompagne d'un rapprochement tactique avec l'Allemagne. Rompant avec l'hitlérisme dans les années 1930 et se présentant en championne de la Société des nations, l'URSS, gouvernée dictatorialement par Staline, qui pratique une terreur comparable à celle de Hitler – plusieurs millions de victimes –, s'accorde brusquement avec l'Allemagne nazie le 23 août 1939, et restera près de deux ans favorable aux nazis, jusqu'à l'agression de Hitler (22 juin 1941).

3) Face aux démocraties, découragées (France), favorables à l'*appeasement* (céder aux exigences de Hitler pour éviter la guerre = Royaume-Uni), isolationnistes (Etats-Unis), naissent des régimes efficaces et brutaux – le fascisme italien de Benito Mussolini, antidémocrate, dictatorial, ultra-nationaliste, qui s'empare du pouvoir par la Marche sur Rome d'octobre 1922. Plus tard, le nazisme. Son chef, Adolf Hitler, prend légalement le pouvoir le 30 janvier 1933 et transforme en quelques semaines l'Allemagne en une dictature, qui, au fascisme italien, superpose le racisme. L'un et l'autre se caractérisent par leurs formations paramilitaires : chemises noires italiennes, chemises brunes des SA en Allemagne, et finalement les SS.

De 1933 à 1943, Hitler, par une politique de coup de force :

– *détruit les clauses du traité de Versailles* créant des servitudes pour l'Allemagne ;

– *réunit tous les Allemands en une Grande Allemagne ;*

– détruit en 1940 la puissance de la France, *« ennemi héréditaire »* ;

– commence à s'emparer d'un *« espace vital » ou Lebensraum.*

513

C'est lorsqu'il attaque l'URSS, le 22 juin 1941, qu'il s'engage dans la voie qui le conduira à sa perte. Son Europe nouvelle, fondée sur le racisme et le massacre, aurait réduit nos pays à l'esclavage.

On a beaucoup parlé, en 1945, d'une « victoire des démocraties ». Ceci est lié à une ambiguïté grave, qui se dissipera peu à peu mais ne prendra vraiment fin qu'en 1989. Le mot démocratie, dans le sens « occidental », défini par Montesquieu, Rousseau, par Jefferson, enrichi par l'introduction du suffrage universel d'abord masculin, ensuite ouvert aux deux sexes, signifie que le pouvoir appartient au peuple. Chaque citoyen a une parcelle de pouvoir. On suit la majorité après une élection libre, multipartite, au suffrage secret. Mais les communistes, surtout depuis les années 30, ont adopté ce terme dans un tout autre sens : le courant de l'histoire, affirment-ils, amènera partout le pouvoir au prolétariat. Par conséquent, l' « avant-garde du prolétariat » – en fait le parti

514

515

516

L'Europe en lutte contre Hitler. **513** *Deux jours après le débarquement des Alliés en Normandie (8 juin 1944), la tête de pont est consolidée.* **514** *Paris libéré (1944). Charles de Gaulle et Winston Churchill au défilé traditionnel du 11 novembre aux Champs-Élysées.* **515** *Les vainqueurs : Winston Churchill, Franklin D. Roosevelt et Josef Staline à la conférence de Yalta, du 4 au 11 février 1945.* **516** *La fin de l'Allemagne nazie : soldats russes et américains se rencontrent le 16 avril 1945 à Torgau, sur l'Elbe.*

communiste – a toujours raison. En conséquence, la conquête du pouvoir par les PC est l'essentiel. C'est généralement un phénomène minoritaire (Union soviétique, Vietnam, Chine) ou imposé par l'étranger (l'Armée rouge en Corée du Nord et en Europe de l'Est). La majorité n'a aucune valeur. La pluralité des partis n'est admise que s'ils sont soumis au PC Le vote n'est pas secret.

De 1917 à 1989, ce système a affronté l'histoire. De 1944 à 1975 environ, il a semblé courir de succès en succès territoriaux et de nombreux intellectuels ont mimimisé :

1) ses difficultés économiques ;

2) l'étendre et la brutalité de ses répressions – Staline n'a t-il pas fait mourir des millions d'humains comme Hitler ? N'a-t-il pas créé comme lui des camps de concentration ?

3) le caractère totalitaire véritable d'un régime où l'État – en fait le parti – possède à la fois le pouvoir politique, le pouvoir économique et impose une philosophie unique, sans discussion possible.

Ces deux types de « démocraties » ne pouvaient pas ne pas se heurter dès 1945. Et on a pu vivre pendant un certain temps dans la crainte d'une « troisième guerre mondiale ».

Qu'elle ne se soit pas déclenchée provient sans doute de la révolution produite par la bombe atomique ou à hydrogène, créant ce que Raymond Aron a appelé l' « équilibre de la terreur ».

De même, les deux « super-puissances » issues de la guerre sentirent qu'elles n'avaient aucune raison valable de courir le grand risque.

Nous sommes donc au moment où l'on passe – très rapidement – de la guerre proprement dite à la « guerre froide ». Gagner des partisans, conclure des alliances, tenter de profiter du mouvement national, de la décolonisation, cela va caractériser quarante-cinq ans de diplomatie mondiale. Entre les « deux camps », le neutralisme, le « non-engagement » paraissent bien tentants.

Mais n'appartiennent-ils pas aux idéaux inaccessibles, à l'utopie ?

19 La résurrection et les espoirs de l'Europe

I. Les premiers effets du désastre : les propositions de juillet 1948

Le partage de l'Europe. Le spectacle des ruines est parfois stimulant. Pour beaucoup d'Européens, dès la guerre et la Résistance mais surtout après la capitulation nazie, l'immensité de la destruction imposait en quelque sorte l'idée du remède : ressouder les membres désunis, accomplir cette profonde réforme qui serait l'une des plus spectaculaires de l'histoire, et qui consisterait à unifier – je choisis à dessein ce terme vague, car les modalités sont innombrables – les divers États européens.

L'Europe, en 1945, se trouvait déjà partagée. Non pas, comme on le dit trop souvent, par la conférence de Yalta (4-11 février 1945) mais bien par l'extension de l'Armée rouge, complétée par les accords de décembre 1944 sur les limites des zones d'occupation en Allemagne. On peut même affirmer que ce qui restait de l'« esprit de Yalta », dernière flambée d'amitié entre alliés qui s'étaient unis pour la même cause, contribua à retarder les efforts d'unification. Il semble qu'une des règles de la politique soviétique soit d'empêcher par tous les moyens la création de blocs compacts à proximité de ses frontières et d'inculquer cette idée aux partis communistes français et italien, bien sûr, mais aussi à ceux du Moyen-Orient. Jusqu'à la fin de 1947, alors qu'associations, mouvements, comités, articles de presse ne cessaient de promouvoir le grand dessein d'une union européenne, certains pays où les partis communistes étaient puissants, en France et en Italie surtout, affectèrent une position de neutralité, d'arbitrage entre les États-Unis et l'URSS, entre l'Ouest et l'Est. La France du général de Gaulle jusqu'en janvier 1946, celle de Georges Bidault de 1944 à juillet 1948, prétendit pratiquer une politique d'équilibre. Négativement, cela se manifesta par le refus des Français d'insérer leur zone d'occupation en Allemagne dans la « bizone » proposée le 6 septembre 1946 par le secrétaire d'État américain James Byrnes à Stuttgart. Positivement, le seul grand succès fut le choix de la ligne française pour déterminer la frontière yougoslave dans la région de Trieste. Mais ce choix s'explique moins par le caractère grandiose de la diplomatie française que par la position médiane de ladite ligne, à l'ouest de la ligne américaine, à l'est de la ligne soviétique. Comment jouer le rôle de médiateur quand la puissance est brisée ? Quant aux communistes, hostiles, on l'a vu, à toute idée de « bloc occidental », ils sapaient à la base toute politique d'union lorsqu'ils étaient présents au gouvernement, comme en France et en Italie. Dans la Constitution d'octobre 1946 – adoptée par une bien faible majorité des votants, soit un peu plus d'un tiers des inscrits – une phrase du Préambule dit que « sous réserve de réciprocité, la France consent aux limitations de souveraineté nécessaires à l'organisation et à la défense de la paix ».

Mais cela concernait bien plus l'ONU, organisation mondiale, qu'une organisation européenne à créer.

Quant à l'Italie, où, par référendum, la République avait été instituée, elle entra pleinement dans la communauté occidentale, où elle joua un rôle majeur, après les élections d'avril 1948 qui virent l'effondrement du *Fronte Democratico Popolare* prosoviétique ou, du moins, neutraliste.

517 *L'Europe se bâtit ensemble : le Parlement européen réuni à Strasbourg remet le prix Sakharov à Alexandre Dubcek, en raison de son action pour les Droits de l'Homme. 1er janvier 1990.*

L'opinion publique et l'Europe. Alimentée par tous ces événements politiques, préoccupée surtout par la pauvreté et par la crise, l'opinion, malgré l'effort systématique des communistes, attacha alors une partie de ses espérances à une éventuelle union européenne. Nous avons perdu la « grandeur » ? Comment la retrouver ? Par un renforcement des liens impériaux ? En 1948, ils semblaient bien menacés, au moins pour la France, les Pays-Bas, le Royaume-Uni et l'Italie. Alors, ne pourrait-on retrouver cette grandeur (ou simplement cette indépendance à laquelle on était habitué) en transcendant les petites patries pour créer une patrie européenne ? La variété des nuances était extrême. Certains voulaient une Europe fédérale, tels certains résistants, les socialistes belges et néerlandais. En juin 1944, fut fondé à Lyon un comité parlementaire européen. Il y eut les propositions du général de Gaulle à Alger, inspirées notamment par Jean Monnet et par le futur président du Conseil René Mayer. D'autres mouvements furent créés dès la fin de la guerre comme l'Union européenne des fédéralistes, constituée en décembre 1946, regroupant une cinquantaine de mouvements. Son congrès à Montreux, en août 1947, « fut la première manifestation européenne de l'après-guerre », a souligné Pierre Gerbet. D'autres préférèrent insister sur la nécessité de réaliser à la fois l'Europe et le socialisme. Les démocrates chrétiens créèrent, en mars 1947, « les Nouvelles Équipes internationales ». Les libéraux ne voulaient pas aller au-delà d'une confédération, d'un *Commonwealth*. Churchill était l'inspirateur de ce mouvement et, pour la France, on voyait à ses côtés Raoul Dautry, André Siegfried, Paul Bastid, Paul Ramadier, Paul Reynaud, Pierre-Henri Teitgen, etc.

La conférence de La Haye. L'ensemble, tel un faisceau, se rassembla à la conférence de La Haye, du 7 au 10 mai 1948. Qu'il suffise de dire qu'on ne verra plus jamais pareille manifestation européenne. On put, pour un temps très bref, croire que tout était possible. Ce Congrès de l'Europe fut présidé par Winston Churchill et réunit plus de huit cents personnalités, venues de tous les pays d'Europe occidentale : parlementaires, ministres, anciens ministres, dirigeants syndicaux, écrivains, journalistes, universitaires. Notons la présence du président de la démocratie chrétienne allemande, Konrad Adenauer. On émit le vœu de voir créer une Assemblée européenne. Mais les tendances étaient multiples : fédéralistes et unionistes, libre-échangistes et dirigistes, etc. On préconisa aussi une charte des droits de douane. La commission culturelle était présidée par le grand écrivain espagnol Salvador de Madariaga et le Suisse Denis de Rougemont en était le rapporteur.

Le Congrès de La Haye créa un comité de liaison qui devint, le 25 octobre 1948, le Mouvement européen. Les présidents d'honneur furent au nombre de quatre : le Britannique Winston Churchill (dont le gendre, Duncan Sandys, était la cheville ouvrière du mouvement) ; le Français Léon Blum (puis Robert Schuman), le Belge Paul Henri Spaak, l'Italien Alcide de Gasperi. Il y avait un Conseil national dans chaque pays.

La déclaration de Bidault. On peut certainement attribuer au congrès de La Haye – qui était privé – l'entrée en scène de l'autorité *publique,* des gouvernements. C'est le moment où, même en Italie, à la politique d'équilibre et de neutralisme allait succéder une politique d'alliances occidentales. L'événement décisif se produisit le 20 juillet 1948. Dans une conférence qui se tint à La Haye entre les cinq gouvernements signataires en mars du traité d'alliance de Bruxelles (France, Royaume-Uni, Pays-Bas, Belgique, Luxembourg), Georges Bidault déclara ceci : « C'est un moment, peut-être unique dans l'histoire, où il est possible de faire l'Europe. Il faut donc que les gouvernements soutiennent

518

519

ce mouvement et réalisent les aspirations qu'il représente. » Suivaient deux propositions. La première consistait à créer entre les cinq nations une *union économique et douanière* ouverte à toutes les nations européennes désireuses de s'y joindre. La deuxième tendait à créer une Assemblée européenne « dans laquelle seraient représentés, outre nos Parlements, ceux des autres États qui désireraient participer à cette grande et noble entreprise ».

Cette date du 20 juillet 1948 doit être considérée comme un véritable tournant de l'histoire européenne, ou, si l'on préfère, comme un point de départ. Pour la première fois, un gouvernement présentait officiellement un projet tendant à la construction de l'Europe (« faire l'Europe »).

Encore que l'idée de supranationalité ne fût pas clairement marquée, il semble que le projet Bidault y tendait.

Or, avant 1914, l'Europe ne se concevait qu'en termes d'« équilibre », de *Balance of Power*. Georges Bidault n'avait été que le porte-parole d'une tendance fortement inspirée par les puissants mouvements démocrates chrétiens, influents sur la politique de nombreux pays, Italie, Belgique, Luxembourg, Autriche, Allemagne, France.

Nous examinerons ci-dessous tout l'enchaînement des conséquences politiques. Mais il est intéressant de montrer ici quels furent les éléments favorables à ces débuts, limités strictement à l'Europe *occidentale*.

Le Rideau de Fer. Le Rideau de Fer a été ainsi nommé par Churchill. Les avancées de l'Armée rouge et les décisions relatives aux lignes de démarcation eurent pour résultat imprévu de couper l'Europe en deux par une frontière quasi infranchissable. Le Coup de Prague du 24 février 1948 ne permettait pas d'en douter. Désormais, l'Occident se trouvait isolé de l'Europe centrale et orientale, à l'exception partielle de la Finlande et d'une Grèce en proie à la guerre civile d'inspiration communiste. Une menace d'un type tout à fait nouveau pesait sur l'Occident.

La misère des Européens. Le principal problème qui se posa aux Européens occidentaux dès 1945 fut celui du *dollar gap*. Affamés, leur équipement à demi détruit, tous ces pays avaient un besoin vital de nourriture et de machines. Le seul pays ayant échappé à ce drame, était les États-Unis d'Amérique. Comment leur acheter

518 *Après la catastrophe : des millions d'hommes – Juifs, Polonais, Allemands – condamnés à s'expatrier. Un convoi de réfugiés quittant la Silésie. Photographie couleurs. Janvier 1945.* **519** *Quantité de villes en Europe, furent dévastées : vue de Dresde en ruine. 1945.* **Carte 42 :** *le partage de l'Europe en 1945 et la tentative de réunification à l'ouest.*

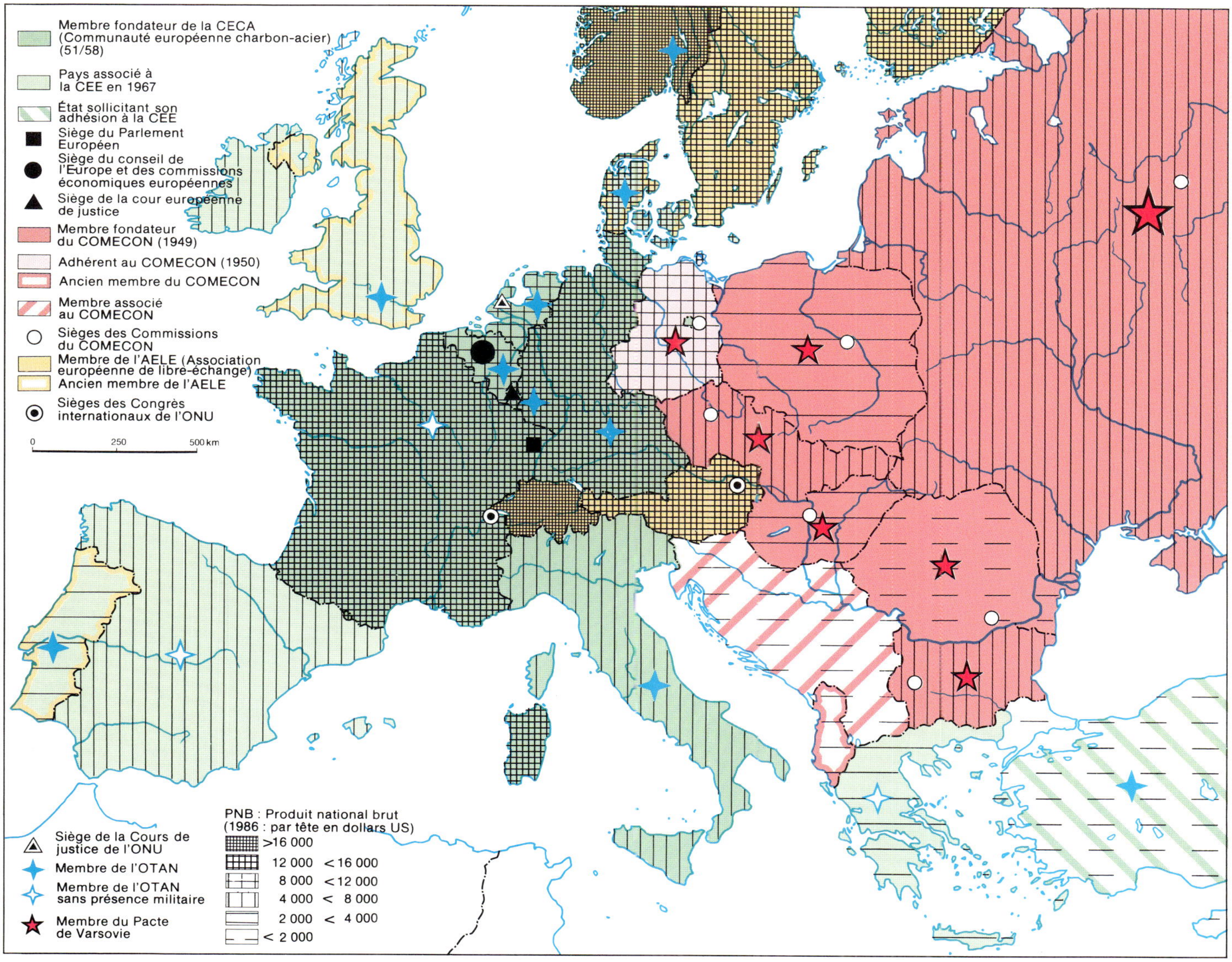

les vivres et les outils alors que l'on ne possédait à peu près plus de devises ni d'or ? Et comment se procurer des devises si l'industrie restait incapable d'exporter puisqu'elle n'avait pas été remise sur pied ?

Hantés par l'idée du plein emploi, les Américains sentirent le besoin de fournir des dollars aux peuples européens par des méthodes artificielles. Ils utilisèrent d'abord l'aide au coup par coup, qui ne permettait pas de planifier la reconstruction mais empêchait au moins le malade de s'asphyxier, sous la forme de prêts divers, de liquidation à très bas prix des surplus de l'armée américaine en Europe, etc.

Puis, face à la menace croissante, au retrait des Britanniques de leur position prédominante en Méditerranée orientale, les Américains proposèrent une aide organisée de plusieurs années, consistant principalement en dons : doctrine Truman du 12 mars 1947, d'aide économique et militaire à la Grèce et à la Turquie ; plan Marshall du 5 juin 1947, d'aide à toute l'Europe, même – si elle l'eût acceptée – à l'URSS. Et pourtant, la crise suprême et décisive se produisit à l'automne 1947. Le vote du plan Marshall n'interviendra qu'en avril 1948 *(European Recovery Program)*. Dans l'intervalle, qu'allait-il advenir notamment de la France et de l'Italie qui avaient révoqué leurs ministres communistes et se trouvaient en proie à des grèves ?

Les Européens voyaient leurs réserves s'épuiser et demandaient avec insistance une « aide intérimaire ». La misère menaçait, le climat prérévolutionnaire se développait. Pour Georges Bidault, la période critique commencerait le 15 octobre 1947. Le général Marshall obtint alors une convocation exceptionnelle du congrès de la part du président Truman et une aide intérimaire considérable fut accordée à la France et à l'Italie qui purent ainsi attendre l'*European Recovery Program* et se trouvaient à l'abri du basculement. Ce qui explique le résultat des élections italiennes d'avril 1948 dont nous avons déjà parlé.

L'influence prépondérante des États-Unis. Considérant qu'une Europe unie se défendrait mieux contre l'obsédante menace communiste qu'une poussière d'États trop petits, les États-Unis, qui se souvenaient de leurs origines, fédération de treize colonies, poussaient à la fédération européenne, en minimisant sans doute les différences : la longue histoire des Européens, les rancunes mal effacées de guerres impitoyables, la pluralité des langues. Cette pression émanait plus du congrès que de l'exécutif. Le congrès tentait de subordonner son aide à la réalisation de l'unité. La tentative ouverte par le plan Marshall d'obliger les Européens à se concerter pour se répartir les crédits proposés provenait de cette pression, qui ne manquait pas, à l'occasion, d'embarrasser l'exécutif. On sait que les résultats, économiquement importants – Union européenne de paiements (OECE) –, furent minces sur le plan politique. On ne peut que souligner la vision toujours grandiose et toujours simplificatrice de ce peuple qui a de la peine à comprendre que le cas de l'Europe n'est pas celui des treize colonies de 1776, mais qui saisit la nécessité des vastes espaces.

C'est d'ailleurs le plan Marshall qui développera cette tendance. Les jeunes et brillants technocrates américains de l'*Economic Cooperation Administration* (ECA), c'est-à-dire de l'organisme gérant le plan Marshall, eurent pour principal interlocuteur le haut commissaire au Plan français, Jean Monnet. Il s'établit entre nombre d'entre eux et lui des liens extraordinairement solides. Les admirateurs américains de Jean Monnet, sous la IVe République, puis sous la présidence de De Gaulle, favoriseront l'immense influence qu'il exercera sur certains présidents américains, et surtout sur J. F. Kennedy. Mais en 1948, cela n'apparaît pas encore.

La menace soviétique. L'année 1947 est celle où l'on prit conscience de la Guerre froide. Les grands alliés de la guerre étaient devenus des ennemis potentiels. En raison du coup de Prague, le mois de mars 1948 fut, probablement, dans l'après-guerre, celui où l'on crut le plus à une troisième guerre mondiale. Les militaires occidentaux estimaient que les Soviétiques pouvaient atteindre Brest en quinze jours. Le général Clay, commandant militaire américain en Allemagne, avait envoyé, le 5 mars, au chef du service de renseignements, un télégramme traduisant son impression « que la guerre pourrait éclater avec une soudaineté dramatique ».

On sait que le 31 mars 1948, le maréchal soviétique Sokolovski établit un contrôle militaire des relations entre l'Allemagne occidentale et Berlin Ouest (le « petit blocus ») et qu'en juillet fut décidé le « grand blocus » qui ne permettait plus de communications autres qu'aériennes.

Il n'est pas surprenant que ces divers événements aient développé, en Occident, l'idée d'alliance. Il en résulta le pacte de Bruxelles du 17 mars 1948, qui n'eut pas pour origine le coup d'État communiste de Prague. Puis le ministre britannique, chef du Foreign Office, Ernest Bevin, proposa d'élargir le pacte et de prévoir un plan pour la sécurité atlantique. La « résolution Vandenberg », qui annonça d'avance l'accord du Sénat pour un tel pacte, fut votée le 11 juin. C'est donc à un moment de crise mais avec l'espoir précis d'un renforcement de l'Occident que Bidault lança son projet du 20 juillet.

La création des deux Allemagnes. Jusqu'à la conférence de Yalta incluse, tous les alliés se déclaraient favorables au démembrement de l'Allemagne. Lorsque, le 9 mai 1945, Staline, dans un célèbre discours, annonça que l'Allemagne serait un jour réunifiée, les Anglais et les Américains en déduisirent aussitôt que l'Allemagne devenait un enjeu, et qu'en conséquence, on ne pouvait se placer dans la situation défavorable, vis-à-vis des Allemands, de maintenir la division ou de partager en plusieurs États le territoire du pays vaincu. Seule la France maintint son point de vue. Comme Foch, le général de Gaulle réclama le détachement de la Rhénanie de l'Allemagne.

Georges Bidault, après la démission du général, allait maintenir ce principe jusqu'à la fin de 1947. C'est ainsi qu'après le discours du secrétaire d'État américain, Byrnes, à Stuttgart, le 6 septembre 1946, le Royaume-Uni accepta la fusion économique de sa zone avec la zone américaine. La France refusa. Il y eut donc une « bizone », non une « trizone ». Toutefois, en mars 1947, à la conférence des quatre ministres des Affaires étrangères, Georges Bidault constata que les Anglo-Saxons toléraient la politique de démembrement à une petite échelle, permettant le rattachement économique de la Sarre à la France, sous la réserve d'une révision du statut lors d'un éventuel traité de paix. L'URSS au contraire s'y opposait absolument. Combinée avec la menace militaire, cette disposition provoqua une profonde évolution de la politique française. Le 5 décembre, à la conférence de Londres, Georges Bidault annonça que la France acceptait de traiter l'Allemagne comme une unité économique, à condition que la Sarre fût rattachée économiquement à la France. Dès le 15 décembre, on parla de la « trizone ».

De là, on passa à l'idée de créer une Allemagne de l'Ouest, vu le refus soviétique

520 *Le pont aérien organisé par les Alliés vers Berlin-Ouest durera du 26 juin 1948 au 12 mai 1949 : un bombardier sur le point d'atterrir à Tempelhof.* **521** *Le 1er juin 1953, la population d'Allemagne de l'Est se soulève. A Berlin-Est, on jette des pierres contre les Panzer soviétiques.*

520

521

de se rallier aux dispositions précédentes. Tel fut l'objet de la célèbre conférence de Londres. Les accords de Londres de juin 1948 mirent en place le programme selon lequel la constitution d'un futur État d'Allemagne de l'Ouest serait élaboré par des représentants des Länder et soumis à l'approbation des trois commandants militaires. Lorsqu'il fit sa déclaration du 20 juillet, Georges Bidault était donc conscient d'une possible réapparition d'un État allemand. On ne saurait trop insister sur le caractère essentiel du problème allemand dans une perspective communautaire européenne. Nous y reviendrons.

II. Trente années de prospérité européenne

Une expansion économique spécifiquement européenne. Avant d'étudier les décisions politiques successives concernant la construction européenne, il faut tracer le cadre dans lequel elles se déroulent. De nombreux problèmes pourraient être abordés, notamment celui du conflit Est-Ouest, avec son corollaire, le degré d'influence des partis communistes – antieuropéens par principe. Nous pensons qu'il vaut mieux retenir deux grands mouvements qui, jusqu'à 1974-1975 environ, soit pendant trente ans, vont favoriser dans l'ensemble l'idée européenne : le *formidable développement économique de l'Europe occidentale* – et la fin des rivalités coloniales par *la fin des Empires,* autrement dit par extinction.

Trente années de prospérité : l'économiste et sociologue français Jean Fourastié leur a trouvé un nom : « les trente glorieuses » : c'est une allusion à un épisode célèbre de l'histoire de France : la Révolution de 1830, qui chassa la branche aînée des Bourbons, réussit, en trois jours, les 26, 27 et 28 juillet. Ces trois journées ont été baptisées du surnom « les trois glorieuses ». Ici, il s'agit de 30 et non de 3, d'années et non de jours. Toutefois, la croissance quantitative prolongée n'assure pas le bonheur de tous. Elle dissimule les inégalités parfois extrêmes.

Par ailleurs, les économistes distinguent, dans cette phase de trente ans, une alternance de prospérité éclatante et, sinon de crises, du moins de récessions. L'allure du développement n'est pas identique dans tous les pays, bien que globalement, il y ait peu de différence dans les résultats. Un seul pays reste alors à la traîne, la Grande-Bretagne.

522

523

522 *Soulèvement en Hongrie en 1956. Des combattants pour la liberté parcourent les rues de Budapest.* **523** *Imre Nagy (1896-1958), le nouveau Premier ministre, entouré de supporters enthousiastes. Octobre 1956. Nagy, ainsi que d'autres dirigeants du mouvement révolutionnaire, furent exécutés par les Soviétiques le 16 juin 1958.* **524** *La reconstruction de l'Europe de l'Ouest. Le Plan Marshall. Allemagne, 1949.* **525** *Une rue de Rotterdam en 1958.* **526** *L'Amérique a dépassé l'Europe sur le plan technique et scientifique. Arrivée sur la lune. Edwin Aldrin plante le drapeau des Etats-Unis, le 20 juillet 1969. Photographie de Neil Armstrong.*

En vingt-trois ans, la production industrielle britannique n'a fait que doubler. Celle de l'Allemagne a quintuplé, celle de la France a quadruplé. C'est, a-t-on dit, une « accentuation du retard ». On a parlé du « mal anglais », qui dériverait de la réalisation trop rapide du Welfare State : l'État du bien-être, celui de l'homme protégé, assisté, au point d'endormir sa capacité inventive. De même l'Angleterre, première puissance commerciale du monde au début du siècle, est passée vers 1973, au cinquième rang, après les États-Unis, la RFA, le Japon et la France (au quatrième rang devant la France en 1976).

L'économiste américain Charles P. Kindleberger, dans son livre *Economic Growth in France and Britain, 1851-1950,* estime que la France s'est développée à la même allure, et qu'à partir de 1945, un nouveau saint-simonisme a donné à la France une volonté d'expansion et de développement la promettant à de hautes destinées. A partir de la crise de 1974-1975, on verra s'éteindre ce bel élan. Une certaine reprise britannique a incité un éminent historien économiste français, François Crouzet, à intituler un livre récent : *De la suprématie de l'Angleterre sur la France. L'économique et l'imaginaire XVIIe-XVIIIe siècle.*

L'un des cas les plus intéressants est celui de l'Espagne.

Après une période de marasme économique dans la première moitié du XIXe siècle, elle avait connu un notable essor, sur le plan minier, dans sa seconde moitié. La guerre civile, la « quarantaine » établie autour de l'Espagne franquiste, avaient maintenu le pays dans un état de faiblesse économique. Divers facteurs, notamment l'aide argentine et américaine, l'ouverture des frontières, le développement du tourisme, aboutirent à ce que l'on peut appeler « la grande mutation de 1958-1965 ». L'Espagne adopte alors le modèle occidental, entre au Fonds monétaire international et à l'OCDE. L'entente se développe avec les États-Unis (économistes formés à Harvard), avec la France relativement autoritaire du général de Gaulle (Mission de Jacques Rueff). Une importante réforme bancaire, la mise en œuvre d'un « plan » indicatif de développement, l'appel aux capitaux étrangers, stimulent l'essor. Depuis 1960, l'Espagne a connu un taux moyen de croissance industrielle de 9 %, progrès qui n'est dépassé que par le Japon et la Corée du Sud. Les résultats ont été particulièrement spectaculaires en sidérurgie, construction navale, automobile et matériel électrique. On parle désormais de l'Espagne comme de la dixième puissance économique du monde. Cela explique son admission dans la Communauté économique européenne en 1985.

Déclin de la créativité européenne. L'accélération des progrès techniques et scientifiques, combinée avec le très fort accroissement du pouvoir d'achat qui a plus que doublé en Europe occidentale de 1955 à 1973, transforme la vie humaine et démontre comme il faut se méfier des âges d'or du passé. Mais, pour notre point de vue européen, il faut reconnaître que si l'Europe a eu le monopole des inventions au XIXe siècle, elle est surclassée dans la seconde moitié du XXe siècle : les Soviétiques ont été les premiers à lancer un satellite, le Spoutnik, autour de la terre, puis le premier vaisseau spatial habité, les Américains ont marché les premiers sur la Lune. L'Europe occidentale dépasse l'Europe orientale dans le domaine de la recherche scientifique, freinée par l'abus du secret et du contrôle en URSS mais, dans le secteur des inventions, elle reste très en deçà des découvertes américaines et japonaises.

Nous ne saurions ici énumérer des ensembles d'inventions qui transforment à une allure accélérée les conditions de la vie humaine.

Tous les domaines méritent l'attention : multiplication des produits synthétiques, développement de l'électronique, appareils de transmission des informations à distance, comme la télévision, miniaturisation, générations successives d'ordinateurs, robots, machines-outils qui en dérivent, etc.

L'une des plus prodigieuses découvertes, antérieure à la guerre, est la fission de l'atome. Les applications sont d'abord militaires, dès 1945, et font peser sur le monde une effroyable menace. Puis, apparaissent, entre 1950 et 1960, des réacteurs nucléaires qui permettront la production d'électricité plus économique. La crise pétrolière qui commence en 1973 a largement contribué à ce succès. Succès ambigu puisque la destruction accidentelle ou guerrière d'une centrale atomique peut être une catastrophe à grande échelle.

Progrès également dans l'aéronautique, dans les moteurs à réaction, dans la médecine et dans la biologie, ce qui a permis d'accroître notablement l'espérance de vie des hommes. L'étude de la génétique ouvre des possibilités de mutations humaines qui peuvent, à un certain niveau, devenir effrayantes.

On ne peut exposer le problème humain qui dérive de cette grande mutation de façon simpliste. Disons seulement qu'autrefois, la lenteur des changements permettait aux humains d'acquérir de nouvelles habitudes, lesquelles exigent du temps. Aujourd'hui, par exemple, la télévision a conquis le monde en vingt ans et accélère son emprise. Qui peut dire quelles en seront les conséquences sur les esprits des hommes et sur les pouvoirs politiques ?

524

III. Trente années de décolonisation

La brusque décolonisation. L'effondrement des Empires coloniaux, à partir de 1945, a quelque chose de stupéfiant. Il faut laisser à part les conquêtes de la Russie, qui avaient été opérées par terre, et s'étendaient à un monde immense, certes, mais compact : la Sibérie, jusqu'au Kamtchatka, avec, au sud-est du lac Baïkal, la Province maritime, prise à la Chine en 1858-1860, et où les Russes avaient fondé Vladivostok, « la perle de l'Orient » ; l'Asie centrale, jusqu'aux frontières de l'Iran et de l'Afghanistan – prolongé vers l'est pour éviter tout contact avec l'Inde anglaise ; la Transcaucasie, entre la Caspienne et la mer Noire, composée de l'Azerbaïdjan, de la Géorgie et de l'Arménie. Mais cette énorme masse géographique est étrangère à notre propos. Seul l'avenir dira si la Russie sera européenne.

Le reste du monde avait été colonisé par les Européens directement ou indirectement, à l'exception de la Chine et du Japon, ainsi que de territoires relativement petits possédés par les États-Unis et le Japon. Le phénomène qui affecte d'abord les vaincus, s'étend très vite aux autres. L'Allemagne avait perdu ses colonies en 1919, l'Italie en fait dès 1943, en droit en 1949. La France, de 1945 à 1962, voit disparaître le contrôle des mandats, protectorats et colonies. Seuls restent quelques minuscules résidus : Djibouti, îles Comores. Pour la Grande-Bretagne, de 1945 à 1957, deviennent indépendants tous les territoires du Sud-Est asiatique, Inde, Pakistan, Birmanie, Ceylan et finalement Malaisie. Les Pays-Bas durent accepter, en 1949, l'indépendance de l'Indonésie. A partir de 1957, c'est l'Afrique qui commence à devenir indépendante : l'Espagne, la Belgique, le Portugal y perdent leurs territoires.

Ainsi, en trente ans, les « territoires dépendants » ne sont plus que poussières d'îles ou de dominations minuscules, destinées, soit à une indépendance de principe tout à fait artificielle lorsqu'elles n'ont que quelques milliers d'habitants, soit à l'assimilation (îles Hawaii pour les États-Unis, Martinique, Guadeloupe et Guyane en Amérique et île de la Réunion dans l'océan Indien pour la France).

L'Europe et la fin des rivalités coloniales. Ces effets sont considérables. *Pour l'avenir de l'unité européenne, ils*

525

526

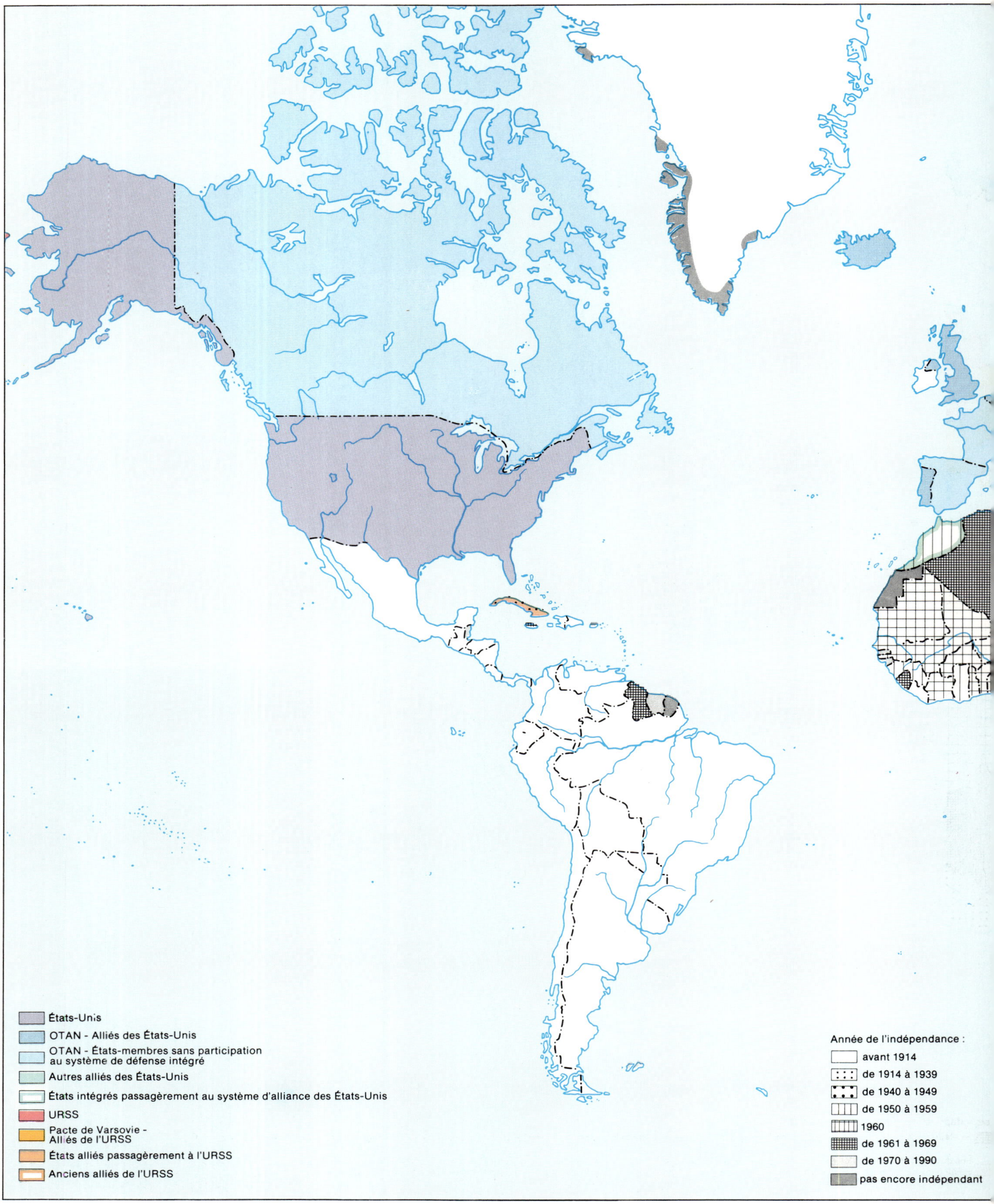
États-Unis
OTAN - Alliés des États-Unis
OTAN - États-membres sans participation au système de défense intégré
Autres alliés des États-Unis
États intégrés passagèrement au système d'alliance des États-Unis
URSS
Pacte de Varsovie - Alliés de l'URSS
États alliés passagèrement à l'URSS
Anciens alliés de l'URSS
Année de l'indépendance :
avant 1914
de 1914 à 1939
de 1940 à 1949
de 1950 à 1959
1960
de 1961 à 1969
de 1970 à 1990
pas encore indépendant

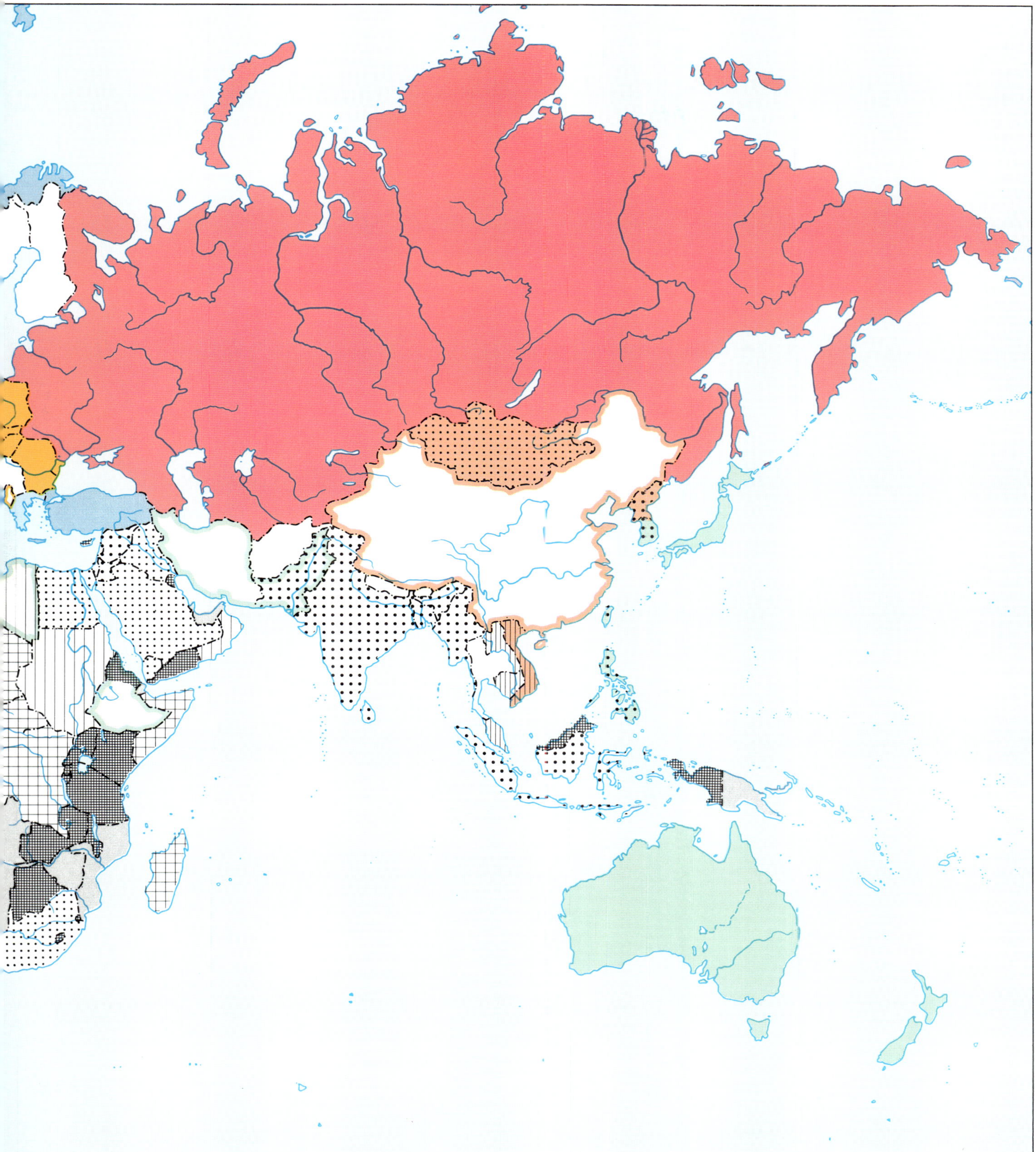

ats indépendants non représentables sur la carte :

Ile Maurice (Afrique), Iles Maldives, Singapour (Asie), Jamaïque, Trinité-et-Tobago, La Barbade (Ile des Petites Antilles), Les Samoa occidentales, Nauru (Océanie)

Iles du Cap Vert, Iles Comores, São Tomé et Principe, Iles Seychelles (Afrique), Bahrein, Brunei (Asie). Bahamas, Grenade, Dominique, Sainte-Lucie, Saint-Vincent et Iles Grenadines, Antigua et Barduba, Saint-Kitts-Nevis (Antilles), Iles Fidji, Iles Tonga, Iles Salomon, Iles Tuvalu, Iles Kiribati, Iles Vanuatu (Océanie) *constituent un bienfait.* Pendant quatre siècles et demi nous avons vu une Europe, militairement supérieure aux autres peuples, leur imposer sa domination. Peut-être était-ce une nécessité historique. L'existence de zones faibles attire les forts, et aboutit à un étrange raisonnement : si je ne m'y installe pas, d'autres le feront. On peut trouver, à ce sujet, des textes de Cecil Rhodes, Jules Ferry, Crispi, Léopold II de Belgique, etc.

Or, la colonisation par les Européens a représenté au maximum ce qu'on pourrait appeler l'« anti-Europe ». La conquête de l'outre-mer n'a pas provoqué un effort solidaire des pays les plus « civilisés » (juridiquement on disait que les territoires africains étaient *res nullius,* chose n'appartenant à personne), mais une rivalité acharnée entre voisins d'Europe qui, ayant à peu près fixé leurs frontières, trouvaient au-delà des mers de nouveaux sujets de disputes. Entre Portugais et Espagnols, puis entre Hollandais et Portugais, puis entre Hollandais et Anglais, entre Anglais et Français, les colonies, jusqu'à 1815, ont donné lieu à des guerres féroces et sans merci.

Depuis 1815, les rivalités coloniales ont provoqué nombre de crises, mais non des guerres, si l'on excepte la guerre de Crimée (1854-1856) où les Anglais voulaient protéger contre les Russes la « route des Indes », la guerre hispano-américaine de 1898 à propos de Cuba, de Porto-Rico, et des Philippines, et la guerre russo-japonaise de 1904-1905 à propos de la Mandchourie. Lorsque Lénine, dans sa brochure *l'Impérialisme, stade suprême du capitalisme* (1915), voyait, dans le « repartage » entre pays dont l'industrialisation ne s'était pas produite à la même allure, une des causes de la Grande Guerre, assurément il se trompait, tous les grands colonisateurs ayant conclu des accords d'ensemble, bilatéraux, à peu près satisfaisants pour tous (cf. ci-dessus, ch. 17). Mais la perte de ses colonies par l'Allemagne en 1919, l'insatisfaction coloniale italienne à la même date, entraînèrent les dictateurs fascistes de ces deux pays à des revendications. Mussolini, surtout, plus ou moins évincé d'Europe centrale par Hitler, voulut conquérir l'Éthiopie, menaça l'Égypte, mais aussi la Tunisie et le Tchad. Même entre alliés ou amis de principe, les colonies provoquaient des querelles. Ainsi pour le Moyen-Orient arabe entre Anglais et Français, jusqu'en 1945 où un ultimatum britannique obligea les Français à abandonner ce qui subsistait de leurs mandats en Syrie et au Liban.

Or, voici que *brusquement l'ennemi du colonisateur cesse d'être l'autre colonisateur.* C'est maintenant le colonisé qui, tout d'un coup, regimbe. Ses élites découvrent que le principe de *Self Determination,* qu'on leur enseigne dans les universités européennes, s'applique à leurs propres concitoyens. Lorsque Winston Churchill signe avec Roosevelt, en août 1941, la célèbre Charte de l'Atlantique, il pense que le principe de libération des peuples qu'elle implique ne s'étend pas *a priori* aux colonies anglaises. Pourtant, les Anglais ont déjà l'expérience de la décolonisation. Les successeurs travaillistes du conservateur Churchill retrouvent l'idée de Gladstone dans les années 1860, à savoir que tôt ou tard les colonies deviendront indépendantes, et ils en hâtent le processus. On n'a pas cette tradition du côté français, et l'on entend tout garder. La conférence de Brazzaville (1944) organisée par la France combattante avant la victoire exclut formellement de ses plans pour l'Empire français toute idée d'indépendance, de sécession, voire d'autonomie. Cette attitude ultra-conservatrice explique qu'aux révoltes nationales, les Français aient répondu, pendant dix-sept ans (1945-1962), par la répression et par la guerre. Outre les troubles du Levant, de Madagascar, de Tunisie et du Maroc, les Français durent mener deux guerres coloniales de huit ans, en Indochine (1945-1954) et en Algérie (1954-1962).

On peut donc dire que l'expérience de l'après-guerre finit par imposer aux colonisateurs – on parlait maintenant de « colonialistes » – l'idée que l'indépendance des colonies était nécessaire. Il fallut, pour y parvenir, des réalistes, violemment attaqués par une partie de l'opinion. Le cas du général de Gaulle constitue un excellent exemple, car seul son prestige permit d'aboutir, pour l'Algérie – où 10 % de la population était d'origine européenne – au référendum d'avril 1962 au terme duquel 90 % des Français se prononcèrent pour l'indépendance. En Rhodésie du Sud, seule colonie britannique à avoir 10 % de colons européens, le Royaume-Uni n'admit pas l'indépendance proclamée par un gouvernement des Blancs (1962).

Cette évolution s'explique peut-être par les bons sentiments de quelques-uns, mais surtout par la nécessité : les deux super-puissances de l'après-guerre, États-Unis et URSS, anticolonialistes, la première par souvenir de sa « guerre d'indépendance » et par tradition, la seconde par doctrine. On découvre que la possession de colonies, loin d'être un élément de puissance, comme elle avait pu

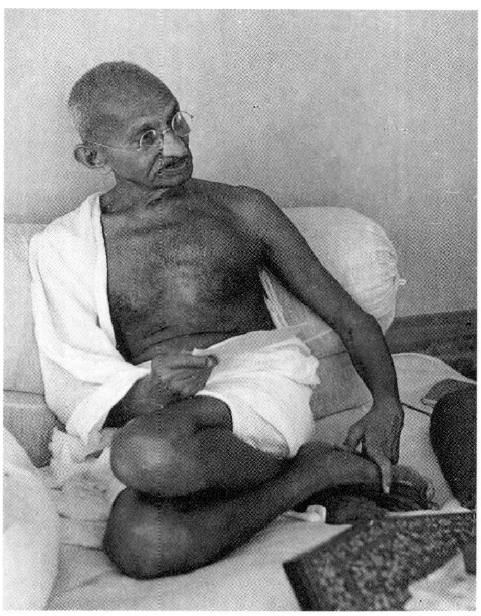

527

528

l'être dans le passé, devenait une source de faiblesses s'il fallait envoyer des troupes nombreuses pour maintenir la domination, et mener d'interminables guerres de plus en plus critiquées par l'opinion mondiale.

L'Europe et les conséquences économiques de la décolonisation. Avec les colonies, les Européens pensaient avoir un terrain de développement, de bénéfices économiques, un espace stratégique pour le temps de guerre – ce qui fut vrai pour la France de 1940 à 1944 – une réserve de soldats. Or, l'émancipation des colonies les priva de tout cela. *Ils furent donc amenés à orienter leur action dans une direction toute nouvelle.*
Certains pays, comme la Suisse, ont toujours eu « le dos au mur », c'est-à-dire qu'ils n'ont pas eu le choix pour survivre. Le Japon, qui avait conquis des territoires par la violence, se trouva, après la défaite, dans cette position où seul l'effort et non la force physique permet de vivre. La conséquence en fut éblouissante.
Pour les anciens colonisateurs, bien des causes de querelles ont définitivement disparu. Aux anciennes solidarités entre colonisateurs et colonisés, se substituent des solidarités européennes. Il est certain que les liens anciens demeurent sur le plan culturel et, dans une certaine mesure, sur le plan économique. Mais à l'aide directe d'une métropole à ses anciens sujets fait place désormais une aide *multilatérale,* celle des organismes européens à des pays africains, puis à ce qu'on appelle l'ACP (nouveaux États d'Afrique, Caraïbes, Pacifique).
Disparition des conflits entre métropoles et organisations multilatérales sont des éléments favorables à l'Europe.

Les colonies accèdent à l'indépendance.
527 *Le Mahatma Gandhi (1869-1948), chef du mouvement indien pour l'indépendance.* **528** *Le dernier vice-roi des Indes, le comte Louis Mountbatten of Burma remet au Pandit Nehru les emblèmes de l'indépendance indienne, le 15 août 1947.* **529** *La France renonce difficilement au Vietnam : la bataille de Diên Biên Phu, 1954.* **530** *L'Algérie a conquis son indépendance : manifestations de joie populaire à Alger, 2 juillet 1962.*

IV. L'ère des créateurs de l'Europe

Le Conseil de l'Europe. La proposition faite par Georges Bidault en juillet 1948 fut aussitôt soutenue par le ministre belge Paul-Henri Spaak, par le ministre des Affaires étrangères néerlandais, Dirk Stikker, et par celui du Luxembourg, Joseph Bech. Robert Schuman, qui succéda alors à Georges Bidault à la direction des Affaires étrangères de la France, approuvé par son gouvernement, proposa donc une négociation « en vue de réunir une assemblée européenne composée de représentants des Parlements ». Mais il se heurta à la volonté britannique, exposée par Ernest Bevin, chef du Foreign Office. Celui-ci n'était pas hostile à une association avec l'Europe continentale, mais il craignait une assemblée dont pourrait émaner un exécutif européen.
Aussi fit-il une contre-proposition : réunions périodiques d'un simple Comité des ministres, nommé par les gouvernements. Bevin, travailliste, craignait aussi de voir les conservateurs représentés à l'Assemblée européenne, et lutter contre sa propre politique. Finalement, on aboutit à un compromis le 28 janvier 1949 : on décida la création d'un Conseil de l'Europe, composé de deux organes : 1) *Le Comité des ministres* dont les séances seraient privées et 2) *L'Assemblée consultative européenne* dont les séances seraient publiques. Chaque pays y désignerait ses représentants. Les pouvoirs de l'Assemblée seraient très limités. Son ordre du jour serait fixé par le Comité des ministres. On était donc plus proche du point de vue restrictif des Britanniques que du point de vue supranationaliste des quatre autres. On comprendra que l'Angleterre, l'un des trois grands vainqueurs, ait donné d'abord la préférence à une politique traditionnelle tournée vers le *Commonwealth.* D'autre part, la langue anglaise, profitant du formidable développement de la puissance américaine, paraissait privilégier les liens anglo-américains « atlantiques » par rapport aux liens avec le continent.
Le statut fut signé le 5 mai 1949. L'Italie avait été immédiatement admise. Il était entendu que le Conseil de l'Europe serait ouvert à tous les membres de l'OECE (17). En fait, lors de la première session, qui s'ouvrit à Strasbourg le 8 août 1949, étaient membres : France, Grande-Bretagne, Italie, chacune avec dix-huit sièges ; la Belgique, les Pays-Bas et la Suède, chacun avec six sièges ; le Danemark, l'Irlande et la Norvège, avec quatre sièges, le Luxembourg avec trois sièges – soit dix membres en tout.
On invita ensuite l'Islande, la Grèce et la Turquie.

529

530

La réapparition politique de l'Allemagne. Mais un problème d'une tout autre importance allait se poser. C'est en septembre 1949 qu'après un long processus, l'entente entre les trois puissances occupantes occidentales aboutit à la création de la République fédérale d'Allemagne, dont le maire de Cologne, Konrad Adenauer, fut immédiatement élu chancelier. Cela provoqua, du côté soviétique, la création d'une autre Allemagne, communiste celle-là, la République démocratique allemande – non reconnue par la République fédérale, laquelle se prétendait seule héritière légitime de l'ancien État allemand, dissous en 1945. Les années 1948 et 1949 avaient été marquées par une intensification de la crise entre l'Est et l'Ouest, par les « purges » staliniennes en Europe de l'Est, par le « blocus de Berlin » (mars 1948-juin 1949).

Ce fut aussi la signature du Pacte atlantique, le 4 avril 1949, alliance entre les États-Unis, le Canada, et dix pays européens. Tous ces événements concernent l'Europe mais, également, le resserrement des liens entre Occidentaux et Américains, tant militairement qu'économiquement.

La résurrection de l'Allemagne comme « sujet » de la politique ne facilita pas la marche vers la construction européenne. Un exemple : l'affaire sarroise. La première réaction nationale allemande de la RFA fut de protester contre la politique française consistant à détacher économiquement, voire politiquement, la Sarre de l'Allemagne.

Admettre cela serait admettre également, sur le plan des principes, la perte de l'Allemagne de l'Est et des territoires situés à l'est de la ligne Oder-Neisse.

Le Conseil de l'Europe devait pâtir de cette affaire : ses pouvoirs s'avérèrent si limités que l'opinion et la presse, qui avaient suivi avec passion les débats de 1949, cessèrent de s'y intéresser.

Jean Monnet. C'est dans cette phase décourageante de la construction européenne que l'on allait voir intervenir quelques hommes remarquables. D'abord Jean Monnet. Né en 1888 à Cognac, n'ayant fait aucune étude universitaire, ayant appris à bien connaître les pays anglo-saxons en vendant chez eux le cognac que produisait son père, il avait été nommé représentant du ministre français du Commerce à Londres où il joua un rôle éminent dès 1916. Secrétaire général adjoint de la SDN, puis banquier, il devint, en 1939, président du Comité d'achats franco-britanniques. Lors de la défaite de la France, il ne suivit pas le général de Gaulle, et préféra aller servir la cause des pays libres en Amérique, où il fut l'ami du président Roosevelt et de son conseiller Harry Hopkins.

Envoyé à Alger en 1943 après le débarquement anglo-américain, il réussit à faire créer un « Comité français de libération nationale » avec les généraux Giraud et de Gaulle – ce dernier ne tardant pas à prendre la première place.

En 1945, il proposa au général de Gaulle l'élaboration d'un Plan de développement français. De Gaulle le nomma haut commissaire au Plan. Il y resta jusqu'en 1950. Le plan Monnet symbolisait l'annonce de la résurrection économique française.

Le plan Marshall d'aide américaine et le plan Monnet provoquèrent une extraordinaire coopération franco-américaine, et un nouveau réseau d'amis pour Jean Monnet.

Or, le rôle historique tout à fait original de Jean Monnet s'explique par deux dons extraordinaires : *celui de se faire des amis* et notamment des amis haut placés, *celui de trouver à de nombreux problèmes des solutions originales* qu'il méditait lentement avec son entourage de collaborateurs et d'amis et qui étaient lancées avec vigueur et énergie.

Le plan Schuman. En 1949-1950, Jean Monnet contemplait avec préoccupation divers problèmes : la querelle de la Sarre, pays minier et grand centre métallurgique, qui empêchait la réconciliation franco-allemande. L'Allemagne protesta avec force contre de nouvelles conventions franco-sarroises. Le manque de charbon pour l'industrie occidentale. La lenteur de la construction européenne, avec la semi-paralysie du Conseil de l'Europe.

Aidé de ses collaborateurs, le juriste Paul Reuter, les économistes Étienne Hirsch et Pierre Uri, il élabora un plan extraordinaire qu'il ne réussit pas à faire adopter par Georges Bidault, alors président du Conseil, mais qui séduisit aussitôt Robert Schuman (ministre des Affaires étrangères de juillet 1948 à décembre 1952). Au lieu d'envisager une intégration « institutionnelle » de l'Europe, il proposait « des réalisations concrètes créant d'abord une solidarité de fait ». Comment y parvenir ? En plaçant « l'ensemble de la production franco-allemande de charbon et d'acier sous une Haute Autorité commune dans une organisation ouverte à la participation des autres pays d'Europe ».

Ainsi, grâce à cette Haute Autorité *supranationale* gérant la production et le commerce du charbon et de l'acier, toute guerre franco-allemande deviendrait impossible. Le fait que ces deux productions constituent l'essentiel de l'économie sarroise permettrait aussi de résoudre à terme le problème politique. *Réconciliation. Autorité européenne.* C'était faire d'une pierre deux coups. Robert Schuman réussit, le 9 mai 1950, à faire adopter ce plan de Jean Monnet par le gouvernement français. On appellera ce plan le plan Schuman, et, bien que le ministre français n'en fût pas l'inventeur, on peut dire que

531

532

533

534

Les bâtisseurs de l'Europe. 531 *Le Premier ministre Winston Churchill, le ministre italien des Affaires étrangères Alcide de Gasperi dans le jardin du 10, Downing Street, en 1953.* **532** *Carlo Graf Sforza (1872-1952), ministre des Affaires étrangères italien entre 1947 et 1951.* **533** *Le ministre des Affaires étrangères français Robert Schuman et le Chancelier Adenauer à Paris, en avril 1951.* **534** *Le premier « citoyen d'honneur européen », Jean Monnet, président du Comité d'action pour les Etats-Unis d'Europe.*

seule son énergie allait permettre de vaincre les très fortes oppositions : celle des communistes, mais aussi celle du puissant organisme patronal de l'acier, le « Comité des forges de France », celle de certains nationalistes, celle de l'Angleterre. Le traité fut signé par six partenaires : Allemagne occidentale, Belgique, Pays-Bas, Luxembourg, Italie, France, le 18 avril 1951 (la France signa au nom de la Sarre).

Pourquoi la Grande-Bretagne n'en faisait-elle pas partie ? Parce que, forts de l'exemple du Conseil de l'Europe, où sa participation aux négociations avait effacé toute possibilité d'autorité supranationale, Schuman et Monnet exigèrent que, pour négocier, on adoptât d'abord le principe de supranationalité. Les travaillistes et les conservateurs, pour une fois entièrement d'accord, rejetèrent cette condition. Une brochure du Labour Party, *Unité européenne,* publiée le 12 juin 1950, refusait catégoriquement l'abandon même d'une parcelle de la souveraineté nationale.

Voilà donc constitué l'embryon d'une Europe des six. Elle allait durer, avec des formes successives, jusqu'en 1971-1972. La Communauté européenne du charbon et de l'acier (CECA) constitue sa première manifestation. Elle se compose :

1) d'une Haute Autorité de neuf membres nommés pour six ans. Huit sont désignés d'un commun accord (il ne peut y avoir plus de deux membres appartenant à la même nationalité). Le neuvième est coopté ;

2) un Conseil des ministres où chaque gouvernement est représenté par un de ses membres. Son but est de coordonner l'action de la Haute Autorité et celle des gouvernements membres ;

3) une Assemblée de la communauté : dix-huit membres pour France, Italie, Allemagne, dix pour Belgique et Pays-Bas, quatre pour le Luxembourg. L'Assemblée peut renverser la Haute Autorité par une motion de censure à la majorité des deux tiers.

4) une cour de justice avec sept juges nommés pour six ans d'un commun accord. La ratification du traité obtint trois cent soixante dix sept voix contre deux cent trente trois en France, deux cent trente deux voix contre cent quarante trois au Bundestag allemand.

Schuman, Adenauer, de Gasperi. Nous avons là une réalisation spectaculaire. Jean Monnet et Robert Schuman avaient compris la nécessité de voir grand et d'agir vite. Les Américains se montrèrent pour la plupart enthousiastes. Mais le projet eut également la chance d'être soutenu, outre Schuman, par d'autres Européens de premier plan, Konrad Adenauer en Allemagne, Alcide de Gasperi en Italie. Schuman, Adenauer, de Gasperi étaient tous trois des démocrates chrétiens convaincus.

Tous trois étaient originaires de régions frontières : Adenauer de Cologne, Schuman de Lorraine, Alcide de Gasperi (1881-1954), était un homme du Trentin. Il était né sujet autrichien. Il fut député au Parlement autrichien avant le fascisme et, après le fascisme, il fit partie, en 1944, du gouvernement Bonomi.

Il sera ensuite Premier ministre. Il contribua fortement à la construction de l'Europe, qui, par moments, dépendit largement de son action.

Adenauer fut président du parti catholique allemand, le Zentrum.

Ayant souffert du régime nazi, il fut, en 1945, protégé par les Américains, redevint maire de Cologne, et fut cofondateur de la CDU, parti démocrate chrétien. Membre

535 *Signature des accords de la Communauté européenne du charbon et de l'acier, au ministère des Affaires étrangères à Paris, le 18 avril 1951. De gauche à droite : Paul von Zeeland, Josef Bech, Carlo Graf Sforza, Robert Schuman, Konrad Adenauer et Dirk Stukker.*

du Conseil parlementaire, il participa à l'élaboration de la Constitution de la RFA. Ce fut l'homme de la réconciliation. Européen, il préféra l'insertion dans une Europe unie d'une Allemagne rénovée à la réunification sous le couvert d'un nationalisme suspect.

L'élaboration d'une Communauté européenne de défense. Le succès même des idées lancées par Jean Monnet allait contribuer à une crise de l'idée européenne. En effet, puisque la Communauté à six paraissait répondre à un besoin, ne pouvait-on l'utiliser pour résoudre des problèmes en apparence insolubles ? Or, la guerre de Corée, qui éclata le 25 juin 1950 (la Corée du Nord communiste attaquant la Corée du Sud), un peu plus d'un mois après l'annonce du plan Schuman, évoquait irrésistiblement un autre pays coupé en deux, l'Allemagne. Tous les engagements pris par les occupants de désarmer ce pays disparaissent devant l'idée que l'Allemagne de l'Ouest devait participer à sa défense si l'Allemagne de l'Est attaquait. Or, parmi les douze membres de l'Alliance atlantique, un seul, la France, mettait son veto au réarmement de l'Allemagne.
Cela provoqua une vive tension entre alliés.
Le président du Conseil français, René Pleven, fortement poussé par Jean Monnet, proposa d'adopter le cadre des six et de réarmer les Allemands sans créer d'armée allemande, mais en constituant une Armée européenne.
Les Américains, d'abord hostiles à cette curieuse méthode, s'y rallièrent lorsque le général Eisenhower, ancien commandant en chef allié, accepta de prendre le commandement de la force intégrée du Pacte Atlantique : SHAPE *(Supreme Headquarters of Allied Powers in Europe).*
Il devint très favorable à une armée européenne, et, élu président des États-Unis en novembre 1952, lui-même et son secrétaire d'État John Foster Dulles se posèrent en enthousiastes partisans du projet.
Les négociations pour créer une Communauté européenne de défense (CED), parallèle à la CECA, traînèrent en longueur. D'une incorporation des armées nationales au niveau du bataillon (environ mille hommes) on en vint à l'idée plus réaliste d'adopter le niveau des divisions. L'accord ne sera signé que le 27 janvier 1952 à Paris. En même temps, et à condition que le traité soit ratifié, l'Allemagne recouvrait sa pleine souveraineté. Tout cela se compliquait de l'éternelle affaire sarroise (sur laquelle l'opinion publique française restait à peu près indifférente, tandis que l'Allemagne s'y passionnait, preuve de la force persistante du sentiment national).

L'échec de la CED. Dès lors, le problème allait être celui de la ratification de la CED. On notera que ses institutions étaient relativement peu supranationales, que l'armée européenne, composée, théoriquement, d'une quarantaine de petites divisions nationales de treize mille hommes, avec uniforme européen, dépendait de SHAPE et donc d'un général américain. Pourtant les débats de ratification aboutirent en Allemagne (printemps 1953), aux Pays-Bas (juillet 1953), en Belgique (novembre 1953), au Luxembourg (avril 1954). En France, les adversaires de la CED étaient les communistes et une partie des socialistes, hostiles à tout réarmement allemand, même sous cette forme européenne.
Hostiles aussi, des nationalistes traditionnels et modérés, Vincent Auriol, président de la République, Édouard Herriot et surtout le général de Gaulle.
Face aux Européens convaincus, la critique portait sur la crainte que, pour éviter une armée allemande, on détruise l'armée française, que cette armée, placée sous commandement américain, ne soit même pas européenne. On objectait aussi que la France avait besoin d'utiliser une grande partie de ses ressources militaires pour mener la guerre coloniale dans laquelle elle était engagée en Indochine, menacée, en outre en Tunisie, au Maroc, en Algérie. On faisait remarquer, enfin, que le seul pays de dimension comparable à la France, la Grande-Bretagne, se gardait bien d'accepter toute participation à l'armée européenne.
La France rejeta la CED le 30 août 1954 par un vote de procédure de l'Assemblée nationale. Avaient voté contre les communistes, les gaullistes, la moitié des radicaux, la moitié des socialistes.
Lorsqu'on parlait à Jean Monnet de cet échec, plusieurs années après, sa réponse était que la CED avait échoué parce que le projet n'était pas bon. *La construction de l'Europe, en effet, n'est pas la réalisation intellectuelle d'un rêve, mais l'adaptation de ce rêve à la réalité.* Or, si une Haute Autorité peut décider sur des problèmes touchant au charbon ou à l'acier, par exemple, ce système ne pouvait être transposé à ces *groupes d'hommes* que sont les armées. *On ne peut dénationaliser une organisation militaire avant d'avoir surmonté l'attachement de l'opinion nationale à son armée. C'est une longue entreprise. En 1954, elle était, sans doute, prématurée.*

La solution de rechange à la CED. Nous n'insisterons pas sur le premier des deux problèmes qui se posent, et qu'on appelle la « solution de rechange à la CED », mais sur le second, connu sous le nom de « relance européenne ».

La solution de rechange à la CED, que John Foster Dulles avait déclarée impossible, fut trouvée en deux mois par le président du Conseil français Pierre Mendès France avec l'active participation de Konrad Adenauer. On décida de renforcer le traité de Bruxelles de 1948 en créant l'Union de l'Europe occidentale, composée des signataires de 1948, plus l'Italie et l'Allemagne occidentale.

D'autre part, dans des rencontres épuisantes à Londres (28 sept.-3 oct. 1954) et à Paris (20-23 octobre), Mendès France et Adenauer décidèrent de donner à la RFA ce qu'elle souhaitait : une *armée nationale*, au sujet de laquelle il apparaissait que l'opinion publique française lui était beaucoup moins hostile que les gouvernements ne l'avaient cru ; *l'égalité, et la fin du statut d'occupation ;* et enfin *l'admission dans le Pacte atlantique,* comme membre égal aux quatorze autres (la Grèce et la Turquie ayant en 1952 rejoint les douze premiers signataires).

D'autre part, un accord sur la Sarre fut péniblement élaboré : un premier plébiscite déciderait si les Sarrois accepteraient l'européanisation de la Sarre – leur territoire devenant le siège d'une capitale fédérale des « États-Unis d'Europe » (plan du Hollandais Van der Goes Van Naters), comme Washington et le *District of Columbia* aux États-Unis. Au moment – tout à fait hypothétique, étant donné l'attitude soviétique – où l'on signerait le traité de paix sur l'Allemagne, un deuxième plébiscite aurait lieu.

Notons tout de suite que le référendum d'octobre 1955, les partis proallemands ayant été autorisés, donna 423 000 voix hostiles à l'Européanisation contre 201 000.

Le gouvernement français en tira aussitôt les conséquences logiques, sinon juridiques. Il décida qu'il fallait laisser la Sarre revenir à l'Allemagne. Cette attitude supprimait tout contentieux de caractère *politique* entre les deux pays, puisque sur l'autre problème qui s'était posé, l'Alsace et la Lorraine, les deux principaux allemands SPD et CDU avaient proclamé que, par la volonté de leurs populations, ces provinces étaient définitivement françaises.

La relance européenne. Le problème de la relance européenne nous intéresse davantage ici. Là encore, Jean Monnet, qui mérite bien son surnom de Père de l'Europe, joua un rôle essentiel. On ne pouvait rester sur l'échec de la CED. Jean

536 *Mouvement populaire en République fédérale allemande refusant toute forme de réarmement (« Ne sois pas un âne, sois un être civilisé »).* *Document montrant une des nombreuses manifestations de protestation.*

Monnet, qui avait été depuis 1951 le premier président de la CECA à Bruxelles, la quitta dès 1955 pour créer, à titre privé, le Comité d'action pour les États-Unis d'Europe.

Celui-ci, composé de représentants – au niveau le plus élevé – des partis et syndicats européens (communistes et nationalistes, notamment gaullistes, exclus), avait pour but de lancer les grandes idées. Or, Jean Monnet et son comité préconisaient 1) *d'européaniser les problèmes d'énergie atomique non militaire,* pour laquelle l'engouement se développait ; 2) *d'européaniser des branches de l'économie* beaucoup plus larges que le charbon et l'acier ; 3) de ne pas insister sur le caractère supranational des futures organisations. Au lieu de la Haute Autorité de la CECA, créer une simple commission et laisser à un Conseil des ministres l'autorité principale.

De ces idées, abondamment discutées dans toute l'Europe, où on avait déjà créé le 1er juillet 1953 le Conseil européen pour la recherche nucléaire (CERN), à Genève, devait sortir la conférence de Messine.

Le nouveau ministre italien des Affaires étrangères, depuis octobre 1954, Gaetano Martino, qui était recteur de l'université de Messine, convoqua tous ses collègues des six pays dans cette ville sicilienne.

Le Luxembourgeois Joseph Bech, éminent Européen, présidait cette réunion. Les autres présents, outre Martino, étaient le Français Antoine Pinay, l'Allemand Walter Hallstein, le Belge Paul-Henri Spaak, le Néerlandais Johan Wilhelm Beyen. La réunion nomma René Mayer, Français, président de la Haute Autorité de la CECA, pour remplacer Jean Monnet. Puis on décida que le moment était venu « de franchir une nouvelle étape de la construction européenne ».

La Résolution de Messine proposa la création d'un organisme important : « Les six gouvernements reconnaissent que la construction d'un Marché commun européen exclusif de tout droit de douane et de toute restriction quantitative est l'objet de leur action dans le domaine économique. Ils considèrent que ce marché doit être réalisé par étapes. »

D'autre part, un rapport émanant du Comité Spaak tendait à l'intégration dans le domaine atomique. Le Néerlandais Dirk Spierenburg, les Français Félix Gaillard, Pierre Uri et Paul Delouvrier, l'Allemand von der Groeben, le diplomate belge Albert Hupperts étaient mêlés de près à cette négociation. Les Français étaient surtout intéressés par l'énergie nucléaire : Euratom. Les autres par le Marché commun.

En réalité, l'énorme influence des Américains contribua à éliminer pratiquement l'Euratom, et à maintenir le Marché commun. En effet, pour créer un organisme

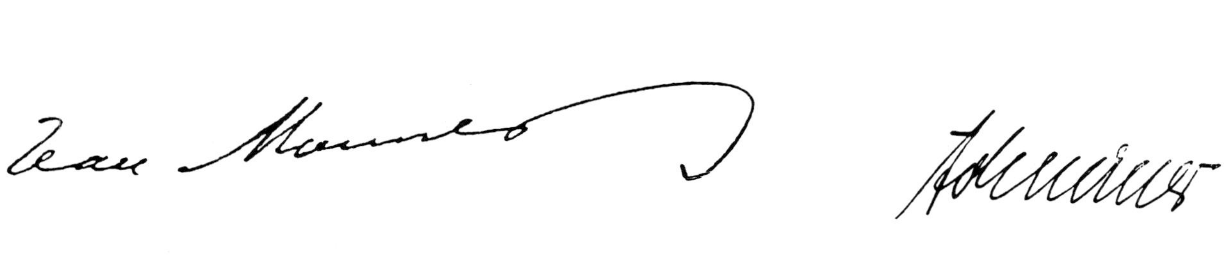

Jean Monnet, le « père de l'europe » et Konrad Adenauer

537

538

537 *La RFA devient membre de l'OTAN. Signatures des accords de Paris, le 23 octobre 1954. En bout de table, Anthony Eden. A sa droite, le secrétaire général de l'OTAN, lord Ismay.*

538 *Fondation de la Communauté économique européenne. Signature des traités de Rome, 25 mars 1957. A partir de la gauche : Konrad Adenauer, Walter Hallstein, Antonio Segni, Gaetano Martino, Josef Bech.*

européen sur l'utilisation pacifique de l'énergie atomique, il fallait que les Européens s'unissent et créent une *usine de séparation isotopique* permettant de fabriquer l'uranium légèrement enrichi utilisable dans les centrales. Or, les Américains, qui avaient pratiquement en Occident le monopole de la séparation isotopique, avaient à leur disposition un moyen très simple de tuer ce projet : abaisser massivement le prix de l'uranium 235. C'est ce que le président Eisenhower proposa le 20 février 1956. Après cette décision, construire une usine européenne de séparation isotopique devenait absurde. L'Euratom, certes, allait être créé. Mais ce qui comptait, dans la relance européenne, c'était le Marché commun.

Les traités de Rome. Marché commun et Euratom. Le 25 mars 1957 furent signés, après de difficiles négociations, les traités de Rome. Le président du comité intergouvernemental qui en avait établi le texte était l'homme d'État belge Paul-Henri Spaak.

Après la signature, les traités de Rome furent ratifiés sans difficulté dans les six pays.

Les deux communautés, Communauté économique européenne et Euratom, avaient la même Cour de Justice et la même Assemblée parlementaire (élargie de 78 à 142 membres). L'exécutif, nous l'avons vu, ne comportait pas de Haute Autorité. Les ministres des États les gouverneraient. Mais la concertation serait assurée par une commission de neuf membres pour la CEE, de cinq pour Euratom. Mais on ne put trouver l'unité de lieu. Bruxelles fut choisi comme siège provisoire pour la CEE et l'Euratom. Mais la CECA et la Cour de Justice restèrent à Luxembourg.

Les institutions furent installées au 1er janvier 1958. L'ouverture du Marché commun devait se faire au 1er janvier 1959, les baisses douanières entrèrent en vigueur par tranches à partir de cette date.

Allait-on aboutir ? Les Britanniques étaient inquiets et proposaient la création d'une grande zone de libre-échange européenne. Le 1er juin 1958, après un coup d'État en Algérie, le général de Gaulle arrive au pouvoir en France : c'est un ardent champion de la nation contre l'internationalisme et la supranationalité.

V. La construction européenne face au gaullisme

Charles de Gaulle dans la perspective française. Devenu le symbole de la France combattante après son appel du 18 juin 1940, par son action à la tête de la France libre appelée ensuite « France combattante », de Gaulle avait brusquement démissionné de la présidence du gouvernement provisoire le 19 janvier 1946. Peut-être croyait-il que les Français, lassés par le « gouvernement des partis », allaient le rappeler. Il n'en fut rien. Il dut attendre le 13 mai 1958 pour qu'il revienne au pouvoir. Il exigea cependant qu'une nouvelle Constitution, présentée par lui, fût soumise au référendum.

Le 1er juin 1958, il devenait président du Conseil de la IVe République. Le 28 septembre, par près de 80 % des Français, la Constitution de la Ve République était adoptée, instituant un pouvoir exécutif plus stable et plus fort.

Adenauer et le général de Gaulle. Mais de ce que de Gaulle installait ainsi son pouvoir en France, l'histoire de l'Europe allait être affectée, et affectée de façon complexe.

La première action du Général fut, en accord avec le chancelier allemand Adenauer, de sauver le Marché commun, qui risquait d'être « noyé » dans la « zone de libre-échange » que les Anglais proposaient. Les négociateurs français et allemands luttaient énergiquement contre un système qui aurait privilégié la Grande-Bretagne, laquelle appartenait déjà à la zone économique du *Commonwealth*. Mais qu'allait faire de Gaulle, lui qu'on savait opposé à la supranationalité et qui avait fortement contribué à faire échouer la CED ? Or, après une rencontre très cordiale avec Adenauer en septembre 1958, le Général apparut comme rallié au Marché commun. Les deux pays rejetèrent la grande zone de libre-échange. Une petite zone, périphérique, sera créée, n'englobant pas les six pays du Marché commun : l'*European Free Trade Association* (EFTA ou AELE en sigle français) (Royaume-Uni, Suisse, Autriche, Portugal, Danemark, Norvège, Suède, puis Finlande). Les Américains, après bien des hésitations, décidèrent de soutenir le Marché commun, et, en avril 1961, ils convainquirent les Anglais de poser leur candidature à cette organisation.

Les partenaires de la France contre le plan Fouchet. L'Europe de De Gaulle n'était pas du tout celle de Jean Monnet ni celle de ses grands fondateurs. Contrairement à Jean Monnet, il ne croyait pas que l'union économique « produise » nécessairement l'union politique. Il se satisfaisait d'un Marché commun *économique* mais refusait un *gouvernement* européen. Son Europe, c'était l'Europe des États qui devait *devenir une confédération, mais où chacun conserve sa souveraineté*. C'était l'Europe européenne, laquelle serait créée pour résister à la puissance non seulement de l'URSS, mais aussi des États-Unis.

Cette confédération adopterait une politique étrangère harmonisée. Une commission de représentants des gouvernements, présidée par le gaulliste Christian Fouchet, présenta en octobre 1961 un projet de traité qu'on a appelé le « plan Fouchet », proposant une simple Union des États et non des « États-Unis d'Europe ». Ce projet fut adopté comme base de discussion par l'Allemagne, l'Italie et le Luxembourg. Les Belges (Paul-Henri Spaak) et les Néerlandais (Joseph Luns) s'y opposèrent. Ils voulaient l'entrée de l'Angleterre dans la Communauté, et refusaient toute discussion d'une union politique sans elle. Par ailleurs, la politique de défense européenne suggérée par de Gaulle ne risquait-elle pas d'affaiblir le Pacte atlantique ? Précisément, le 13 août 1961, la Crise de Berlin, lancée par les Soviétiques en novembre 1958, était brutalement résolue par la construction d'un mur qui rendait à peu près impossible toute fuite des Allemands de l'Est vers l'Ouest.

La querelle était profonde, car deux conceptions de l'Europe et de ses relations avec les États-Unis se trouvaient en jeu. Le président Kennedy, ami de Monnet, le soutenait.

Le « grand dessein » du président Kennedy. En 1962, le général de Gaulle se trouva libéré de la guerre d'Algérie, et bien décidé à se lancer dans la grande po-

539

540

541

539 *Le partage de l'Europe semble se confirmer : construction du mur de Berlin, 13 août 1961. Un vopo saute par-dessus les fils de fer barbelés dans la partie ouest de la ville.* **540** *Réconciliation et réunion franco-allemande : Charles de Gaulle et Konrad Adenauer dans la cathédrale de Reims, 8 juillet 1962.* **541** *« Je suis un Berlinois » : le président américain John F. Kennedy, constructeur de l'« alliance atlantique », à Berlin-Ouest le 26 juin 1962.*

litique mondiale. Au même moment, Kennedy, fortement appuyé et inspiré par Jean Monnet, proposa son « grand dessein ». Dans son discours de l'*Independence Day* du 4 juillet 1962, il proposa que les États-Unis d'Amérique et les futurs États-Unis d'Europe *(y compris la Grande-Bretagne)*, s'unissent par ce qu'il appelait un *Partnership* atlantique : égalité totale sur le plan politique, social, intellectuel, et, comme nous allons voir, économique. Sur un seul point, les Américains ne proposaient pas l'égalité : l'armement nucléaire et thermo-nucléaire.

Pourquoi les Européens se donneraient-ils la peine inutile de fabriquer un tel armement puisque leurs alliés indéfectibles d'outre-Atlantique possédaient déjà la panoplie ?

Sur le plan économique, Kennedy présenta au congrès – pour une fois d'accord avec lui – le *Trade Expansion Act*, voté en octobre 1962. Il portait sur l'abaissement des barrières douanières dans certaines conditions.

Par ailleurs, les Américains ne calculaient pas les droits de douane sur le prix réel d'un produit étranger mais sur son prix de vente aux États-Unis, *American Selling Price*. Tout cela laissait augurer de discussions fort âpres. C'est ce qu'on appellera le *Kennedy Round*.

Mais là n'est pas l'essentiel. C'est dans le domaine nucléaire que le général de Gaulle fut le plus enclin à réagir. La première bombe atomique française explosa en janvier 1960 à Reggane, dans le Sahara. Elle était essentiellement française dans sa technologie. Au contraire, les Américains, lorsqu'ils avaient décidé de soutenir le Marché commun plutôt que la Zone de libre-échange anglaise, avaient voulu compenser cela par un « transfert de technologie » atomique militaire aux Anglais. Que pensaient ceux-ci ? Étaient-ils pieds et poings liés soumis aux États-Unis ? Ou bien, avec leur Premier ministre MacMillan, adhéraient-ils au plan français d'une Europe européenne ? Précisément, la grande affaire dite des fusées soviétiques à Cuba avait amené le président Kennedy, en octobre 1962, à prendre un risque pour exercer la dissuasion. Il avait gagné, et dans son enthousiasme, il avait alors déclaré que plus que jamais, les Américains devaient exercer leur leadership en Occident. Or, ce mot est fort utilisé en français, mais dans le sens de « direction », alors que

Kennedy avait certainement entendu « leader » dans le sens de « modèle », de « guide ».

Le refus du « grand dessein » par de Gaulle. Le général de Gaulle crut que le Premier ministre MacMillan, qu'il reçut à Rambouillet les 15-16 décembre 1962 se ralliait à ses positions. Aussi réagit-il avec colère lorsque le même MacMillan, rencontrant Kennedy à Nassau dans les Bahamas (18-21 décembre 1962), accepta pratiquement le projet américain d'une « force multinationale » qui absorberait le petit arsenal nucléaire britannique dans l'énorme force américaine. On proposait à la France une solution analogue.

Comment réagit le général de Gaulle face à l'ensemble du « grand dessein » proposé par Kennedy ? Sa réponse fut donnée dans une conférence de presse du 14 janvier 1963. Elle était négative. Il rejeta d'abord formellement la candidature de l'Angleterre au Marché commun. Il ne la considérait pas encore prête pour une association avec le continent. D'autre part, de Gaulle rejetait l'idée d'une quelconque intégration de la future force nucléaire française dans la force américaine ou dans le commandement atlantique : « Je répète, après l'avoir dit souvent, que la France entend avoir en propre sa défense nationale... »

L'antiaméricanisme gaulliste. Cette célèbre conférence de presse suscita chez les partenaires de la France ainsi qu'en Grande-Bretagne et aux États-Unis de très vives réactions. Les Allemands exprimèrent ouvertement leur méfiance. Un traité franco-allemand signé le 22 janvier et mettant fin à des siècles d'hostilité, ne fut ratifié en Allemagne qu'avec un commentaire très restrictif.

Le comité de Jean Monnet prit également position contre l'attitude du général de Gaulle.

On entra alors dans une période de cinq années étranges. D'une part, l'atmosphère des débats européens changea du tout au tout. De l'enthousiasme initial et de la bienveillance, de l'esprit de relance, on passait à une âpre discussion, où l'intérêt national des États membres venait au premier plan. Était-ce, comme le prétendaient ses adversaires, uniquement la faute du général de Gaulle ? Ou bien le fait même que l'union économique progressait n'engendrait-il pas des tensions et des rivalités ?

Tout cela était sous-tendu par la politique nettement antiaméricaine du Général. Après le refus du « grand dessein » de Kennedy, il faut mentionner :

– la reconnaissance de la Chine populaire sans consultation préalable avec les États-Unis (janvier 1964) ;

542

– l'annonce faite le 7 mars 1966 que la France quittait les organisations militaires de l'OTAN, tout en restant alliée (d'où l'installation à Bruxelles du commandement intégré) ;

– également le 7 mars 1966, la demande aux Américains de retirer de France leurs bases et dépôts de matériel avant avril 1967 ;

– la lutte entreprise contre le système monétaire mondial qui privilégiait le dollar (« étalon de change-or » ou *Gold Exchange Standard) ;*

– le voyage amical du Général en URSS du 20 juin au 1er juillet 1966 ;

– le discours de Phnom Penh au Cambodge (1er septembre 1966) accusant les seuls Américains d'être responsables de la guerre du Vietnam et proposant la neutralisation de ce pays ;

– l'embargo mis sur les avions commandés – et payés – par Israël lors de la Guerre des six jours entre ce pays et les Arabes (juin 1967) ;

– le discours du 24 juillet 1967 à Montréal où le Général paraissait prendre le parti des indépendantistes québecois en prononçant leur phrase de ralliement : « Vive le Québec libre ! »

Ces divers épisodes ont une caractéristique commune : le général de Gaulle *refuse* les propositions américaines. Il n'a pas réussi à faire adopter les siennes – dans les cas à vrai dire assez rares où il les a explicitées.

La progression de la Communauté économique et ses limites. Le Marché commun fut ouvert le 1er janvier 1959. La Communauté économique européenne est caractérisée d'abord par la libération interne des échanges et la disparition de toutes barrières : contingentements, embargos, douanes, installation des personnes. Cela se fit par étapes, à partir du 1er janvier 1959. Seules subsistaient des frontières *fiscales,* signe du maintien de l'intérêt national.

Par suite de l'insistance française, une politique agricole commune fut mise en œuvre, mais avec énormément de difficultés. La France exigeait que la libération de plus en plus rapide des échanges industriels coïncidât avec l'élargissement de ses débouchés agricoles. Dans ce domaine complexe et technique, la méthode utilisée fut celle des « marathons agricoles », notamment de décembre 1961 à janvier 1962 et décembre 1963 à janvier 1964.

En 1965, la commission de la Communauté ayant proposé une forte augmentation de son budget, et le passage à une étape prévue par le traité de Rome, mais franchement supranationale, à savoir le remplacement des décisions prises à l'unanimité par les décisions prises à la majorité, le général de Gaulle réagit avec une extrême énergie. Le 1er juillet, le Conseil des ministres français décida que la France ne siégerait plus dans les réunions communautaires de Bruxelles. Il fallut attendre la réélection du général de Gaulle à la présidence en décembre 1965, pour qu'une solution fût trouvée. Les 28-30 janvier 1966, un *modus vivendi* fut adopté qui permit à la France de revenir au sein de la Communauté.

La décision était extrêmement subtile. On maintiendrait, bien entendu, le principe des décisions à la majorité. Mais s'il s'agis-

542 *La communauté européenne au quotidien : les agriculteurs manifestent chaque année – ici, à Paris – contre les prix agricoles qu'ils estiment inacceptables.* **543** *Le goût du public européen évolue : les Beatles, en scène au cirque Kronz-Bau à Munich, 1966.* **544** *« L'imagination au pouvoir » : la révolution étudiante en France, en mai 1968. Travailleurs et étudiants manifestent ensemble contre l'ordre établi.*

543

544

sait « d'intérêts très importants », « la discussion devra se poursuivre jusqu'à ce qu'on soit parvenu à un accord unanime ». Il va de soi que cela signifiait, conformément aux thèses du général de Gaulle, l'échec total de la procédure supranationale.

Cette crise institutionnelle influa sur l'évolution des Communautés. Un coup d'arrêt avait été donné au développement politique proposé par la commission.

La France rejeta une seconde fois la demande britannique d'admission au Marché commun faite par Harold Wilson, en novembre 1967.

Malgré la paralysie des réformes politiques, les résultats économiques du Marché commun furent très remarquables, le commerce intracommunautaire fut multiplié par six de 1958 à 1970. La part des échanges intracommunautaires dans le commerce extérieur des six pays passa de 30 % en 1958 à 52 % en 1972, etc. Cela ne signifie pas, et de loin, que tous les problèmes fussent résolus. Les graves mouvements qui agitèrent les universités dans un grand nombre de pays, compliqués, comme en France, d'une grève générale, attestent qu'une nouvelle forme de mécontentement faisait son apparition. Cela coûta le pouvoir au général de Gaulle en avril 1969.

Son départ allait ramener à de plus modestes et de plus justes proportions les initiatives françaises et, par conséquent, faciliter quelques pas en avant vers la construction de l'Europe.

VI. Les vingt dernières années, ou les débuts de la transmutation

La grande mutation. Il est toujours difficile à un historien de présenter une étude solide sur une période récente. Certes, on peut lutter contre les passions pour viser au maximum possible d'impartialité. Mais l'obstacle vient d'ailleurs : il est qu'on a de la peine à mesurer, faute de perspective l'importance relative des événements. Ainsi n'allons-nous pas entrer dans le détail, mais essayer de dégager, pour notre point de vue européen, les traits essentiels des vingt dernières années.

Science. Le premier est *l'extraordinaire développement des sciences naturelles* – sinon des sciences humaines – et par conséquent le développement de leurs applications techniques et pratiques. Pour donner quelques exemples : depuis dix ans, l'utilisation de télescopes dans les satellites a permis de connaître mille fois plus d'étoiles, de nébuleuses que jusqu'alors.

Progrès également prodigieux dans la connaissance du cerveau humain et dans la datation des origines de l'homme, etc.

Mœurs. Le second est la *transformation des mœurs*. Elle a pour signe avant-coureur les troubles d'une nature nouvelle qui se produisirent, de 1967 à 1969, dans un certain nombre d'universités et dont nous avons dit quelques mots. Il y eut libéralisation des mœurs, le caractère sacré donné, par l'Église, au mariage et à la famille est violemment attaqué. Liberté sexuelle, multiplication des divorces, unions libres, planning familial, remboursement de l'avortement, voilà un phénomène surtout occidental dont il est encore trop tôt pour prévoir les conséquences *mondiales*. Il risque de diminuer encore une natalité européenne qui a brusquement fléchi à partir de 1965. Comme l'accroissement naturel reste important pour les pays du tiers monde, la situation actuelle est d'autant plus explosive que ces pays se développent moins vite sur le plan économique que les pays industrialisés. L'accroissement démographique absorbe une bonne partie des progrès réalisés.

Idéologie. Un autre phénomène est ce qu'on pourrait appeler la transformation de l'*idéologie dominante*.

Les sacrifices et les victoires de l'URSS, le rôle de nombreux communistes dans la résistance à l'Axe, avaient provoqué, dans les décennies qui suivirent l'après-guerre, un vaste courant à la fois intellectuel et social, très favorable au marxisme, et convaincu de la supériorité du régime soviétique sur le capitalisme et l'impérialisme américain. Lors des événements universitaires de 1968-1969, cette tendance paraissait triomphante. Le symbole en était la guerre du Vietnam du Nord, communiste, contre les États-Unis.

Or cette idéologie dominante paraît avoir été remplacée largement par une idéologie très hostile à l'absence de liberté que l'on constate en URSS et – bien malgré eux – dans ses satellites. La tentative de créer

545

546

547

548

545 *Les tanks russes entrent à Prague, 1966. Le « printemps de Prague » est réprimé dans la violence.* **546** *Alexandre Soljénitsyne, l'auteur de* l'Archipel du Goulag, *expatrié d'Union soviétique. Heinrich Böll lui offrira le premier accueil dans sa maison de campagne à Langenbroich, près de Cologne. Février 1974.* **547** *Des citoyens soviétiques et le physicien André Sakharov retour d'exil, 23 décembre 1986* **548** *Combat pour la liberté et la démocratie en Pologne : ouvriers en grève aux chantiers navals Lénine de Gdansk, 1980.*

en Tchécoslovaquie, en avril 1968, un communisme libéral, le printemps de Prague, valut à ce pays une intervention militaire massive en août 1968 et finalement, au printemps 1969, la liquidation des derniers restes du libéralisme. L'Occident se vit littéralement révéler l'existence de vastes camps de concentration soviétiques qui, du fait d'un grand écrivain réfugié en Occident après avoir vécu dans un de ces camps, Soljenitsyne, sont connus sous le nom de « goulag ». D'autres dissidents soviétiques dont le plus célèbre est l'académicien et savant atomiste Sakharov, firent connaître le manque de liberté, les abus de la police politique, la médiocrité du niveau de vie. Les progrès économiques ne suivaient même plus ceux de l'Occident, l'invention scientifique étant beaucoup moins développée qu'aux États-Unis, au Japon ou en Europe de l'Ouest, pour beaucoup, une grande illusion se dissipa. L'invasion de l'Afghanistan par l'Armée rouge, en 1980, la répression, ordonnée évidemment par Moscou, du mouvement syndical *Solidarnosc* en Pologne dont le succès contredisait toute la doctrine léniniste contribuèrent encore à faire s'effondrer cette idéologie dominante. Si les grands principes de la doctrine sont démentis par l'histoire, que reste-t-il, sinon une force militaire expansionniste ?
Électoralement, cela se manifesta dans toute l'Europe mais surtout en France, où le PC, qui bénéficiait de 28 % des suffrages exprimés en 1946, descendit à moins de 10 % en mars 1986.

L'illusion d'un eurocommunisme. On crut, dans les années 1975-1976, que pouvait se créer en Europe occidentale un communisme d'un type nouveau dit « eurocommunisme ». Le PC italien, qui avait atteint son maximum, 34,7 % des voix en juin 1976, les PC espagnol et, beaucoup plus timidement, français, parurent pour un temps favorables à un communisme plus libéral, moins dépendant de l'URSS. Cette idée fut assez vite démentie par le PC français. Pour le PC italien, le Département d'État américain publia en janvier 1978 une note condamnant l'éventuelle participation de communistes au gouvernement de ce pays. Seule la majorité socialiste que la France connut de juin 1981 à mars 1986 décida de nommer trois ministres communistes (sur une quarantaine de ministres et secrétaires d'État). Mais les divergences politiques entre socialistes et communistes étaient extrêmes, et en juillet 1984, lors d'un changement de gouvernement, les communistes ne purent faire admettre leurs conditions, et rentrèrent dans l'opposition.

L'achèvement de la démocratisation en Europe. Le recul en Occident de l'influence idéologique et politique du communisme peut apparaître comme favorable à une union européenne, puisque les PC et l'URSS y avaient toujours été fermement hostiles. Mais un autre événement, également important, vint favoriser l'espoir, à plus ou moins long terme, d'une construction européenne : *le retour à la forme démocratique du gouvernement en Grèce, et surtout au Portugal et en Espagne*.
En Grèce, c'est la rivalité avec la Turquie à propos de Chypre – devenue indépendante – qui renversa le régime dit « des colonels » : voulant camoufler leurs difficultés intérieures par un succès extérieur, les colonels déclenchèrent à Chypre un coup d'État contre Mgr Makarios, président. Mais le résultat fut catastrophique pour eux. Les Turcs débarquèrent et s'installè-

549

550

549 *Après l'effondrement du régime des colonels, la Grèce retrouve la démocratie : Constantin Caramanlis, Premier ministre et président de la « Nouvelle Démocratie », 1974.* **550** *La démocratie victorieuse au Portugal : élections libres, 15 avril 1975. Le Portugal et l'Espagne sont membres de la Communauté européenne depuis 1986, la Grèce depuis 1981.*

rent sur 40 % du territoire cypriote. La dictature des colonels s'effondra. Un régime démocratique fut établi.

La royauté, complice des colonels, aux yeux de l'opinion, fut remplacée par la République, avec une majorité de 70 % lors du référendum.

Au Portugal, dont le régime était dictatorial depuis 1926 (Salazar, puis Marcello Caetano), un groupe d'officiers convaincus que les combats contre les nationalistes des colonies étaient vains et dangereux, prirent le pouvoir en avril 1974 sous la conduite des généraux Antonio de Spinola et Francisco da Costa Gomes. Ils s'appuyaient sur le Mouvement des forces armées, mené par de jeunes officiers. Le parti communiste fut autorisé. Il était dirigé par un stalinien convaincu, Alvaro Cunhal. Deux communistes furent admis dans le gouvernement provisoire – cas exceptionnel en Europe occidentale.

Pendant un an et demi, l'atmosphère fut révolutionnaire. Le général de Spinola fut écarté. Un coup d'État de droite échoua en mars 1975. En avril, aux élections, le parti socialiste de Mario Soares obtint 38 % des voix (13 % pour les communistes). En novembre 1975, ce fut l'échec d'un coup d'État gauchiste, et le retour à l'ordre, un ordre dont l'état économique délabré du pays rendait le rétablissement essentiel. En juin 1976, l'élection de l'amiral Eanes comme président de la République consacra le triomphe de la démocratie occidentale au Portugal.

En Espagne, contrairement à bien des prévisions, le retour à la démocratie se produisit dans l'ordre.

Depuis le déclenchement de la guerre civile, en juillet 1936, l'Espagne avait vécu très à l'écart. Soutenu dans sa lutte par Hitler et par Mussolini, le général Francisco Franco eut bien du mal à résister aux fortes pressions de l'Axe et à rester à peu près neutre pendant la guerre. Il dut cependant envoyer une division, dite *Azul* (bleue), aux côtés des Allemands en URSS. Bien que son régime autoritaire ne fût guère comparable aux systèmes fascistes, il apparut à toute la gauche européenne comme le seul résidu de l'Axe en Europe.

Le gouvernement français, en particulier, avec le général de Gaulle et surtout son ministre des Affaires étrangères Georges Bidault tenta de le faire tomber, en fermant la frontière, et en essayant sans guère de succès d'obtenir des Nations unies des sanctions économiques contre lui. L'Espagne n'entra qu'en 1959 à l'OECE. Elle ne faisait pas partie de l'Association européenne de libre-échange, ni, bien entendu, du Marché commun. Elle signa avec ce dernier un accord préférentiel en 1970. Elle n'adhéra au Conseil de l'Europe qu'en 1977.

Mais dans l'intervalle, le général Franco mourut, le 20 novembre 1975. Tout avait été prévu pour le rétablissement de la monarchie des Bourbons. Juan Carlos, le prétendant, devint roi d'Espagne. Lors des premières élections, le parti communiste, à nouveau autorisé, et dirigé alors par un antisoviétique, Santiago Carrillo, n'obtint que 11 % des voix.

Lors du congrès communiste international qui se tint à Berlin en juin 1976, il condamna nettement l'idée d'une primauté soviétique dans le mouvement communiste international, et il réclama l'évacuation de la Tchécoslovaquie par l'Armée rouge.

La démocratisation totale de l'Europe occidentale est, pensons-nous, le phénomène majeur dans une histoire communautaire de l'Europe. En effet, on ne peut imaginer de progrès dans la voie de l'association intime entre des pays de langues différentes, de cultures riches, anciennes, et remarquables, d'intérêts économiques parfois rivaux, sans un consensus général, lequel ne peut être élaboré que lentement et patiemment.

Les divers pays européens oscillent maintenant entre deux tendances principales, l'une *socialiste ou sociale-démocrate,* de moins en moins marxiste, mais qui croit aux vertus de l'État et veut accroître l'influence des syndicats. L'autre plus modérée et libérale, qui veut développer l'initiative privée.

On est très loin des extrêmes dialectiquement opposés d'une lutte des classes qui dominerait l'histoire, car la tendance socialiste est attachée aux libertés, et la tendance libérale respecte la Sécurité sociale. La répartition entre ces deux courants change constamment pour les quinze pays occidentaux, et il est inutile d'en donner un tableau.

Des Six aux Neuf. Dans ce vaste cadre, le développement de la construction européenne se poursuit lentement. Les succès furent plus grands dans l'élargissement de la Communauté des Six que dans l'accès à la supranationalité.

La démission du général de Gaulle, le 27 avril 1969, permit un premier élargissement. Son successeur, Georges Pompidou, davantage attiré par l'unification de l'Europe, décida de mettre fin au veto que le général de Gaulle avait opposé à l'admission britannique.

Dès le 10 juillet 1969, il affirma qu'il n'avait « pas d'objection de principe à l'adhésion éventuelle de la Grande-Bretagne ou de tel autre pays à la Communauté ». Le gouvernement français proposa une réunion des chefs d'État et de gouvernement.

Celle-ci eut lieu en décembre 1969, peu après les élections allemandes qui avaient amené au pouvoir Willy Brandt, social-démocrate, allié avec les libéraux. Cette élection marqua dans les rapports Est-Ouest le début d'une politique systématique de détente, l'*Ostpolitik,* qui allait susciter un *modus vivendi* entre les deux Allemagnes, et la signature d'un vaste traité à Helsinki entre les deux camps.

A la conférence de La Haye, à laquelle participait le Belge Jean Rey, président de

la commission, Willy Brandt apparut comme le champion le plus décidé de l'Europe. Il fut décidé d'adopter, le 1er janvier 1970, un règlement agricole définitif qui achèverait la construction du Marché commun.
Mais on ne put aller bien loin dans le sens d'un approfondissement de la politique monétaire ou atomique commune. La règle de l'unanimité était renforcée, c'est-à-dire qu'on était plus loin que jamais du supranational. La principale décision fut *l'élargissement*.
On invita la Grande-Bretagne, l'Irlande, le Danemark et la Norvège, et un traité fut signé à cet effet le 22 janvier 1970. Dès le 10 mai 1972, un référendum eut lieu en Irlande, qui donna 83% de voix à l'adhésion, avec une participation électorale de 70%.
Au Danemark, le référendum eut lieu le 2 octobre ; la participation fut de 89,4% et il y eut 56,7% de « oui ».
En revanche, en Norvège, le référendum des 24 et 25 septembre, avec une forte participation, donna une majorité de 54% aux « non » – nationalistes, petits agriculteurs, pêcheurs, artisans, traditionalistes s'étaient joints aux communistes et aux neutralistes.
Restait la Grande-Bretagne.
Le gouvernement travailliste de Harold Wilson affirmait sa volonté d'adhérer à la Communauté, mais entendait être très ferme dans la négociation, la Grande-Bretagne exigeant nombre d'amendements réduisant sa part dans le financement du budget commun, et posait de nombreuses conditions transitoires. Le 18 juin 1970, les conservateurs gagnèrent les élections, et le proeuropéen Edward Heath devint Premier ministre.
Les négociations furent longues et très techniques. Elles aboutiront, nous l'avons vu, au traité de Bruxelles du 22 janvier 1977.
Il y aurait une période transitoire de cinq ans. La Chambre des communes donna son accord. Mais Harold Wilson et les travaillistes, étant revenus au pouvoir le 28 février 1974, demandèrent une « renégociation », qui dura jusqu'à mars 1975. Un référendum fut organisé le 5 juin 1975, où le « oui » obtint 67,2% de voix contre 32% de non, mais avec une participation faible au scrutin (65,5%).
L'Angleterre, tout autant que la France gaulliste, rejetait toute Union européenne politique, et affirmait la primauté de ses rapports avec le *Commonwealth* et avec les États-Unis.
En France aussi, le président Pompidou crut devoir organiser un référendum. Mais il y avait là sans doute une manœuvre politique interne, le but étant de séparer les

553

551

552

551 *Une nouvelle politique à l'Est pour la R.F.A. : le chancelier Willy Brandt, en voyage officiel en Pologne, rend hommage aux victimes du ghetto de Varsovie, 7 décembre 1970.* **552** *Consultation franco-allemande à Paris, le 5 février 1981 : Helmut Schmidt et Valéry Giscard.* **553** *De l'Europe des 6 à l'Europe des 9 : le 5 juin 1975, la Grande-Bretagne décide, par référendum, de se maintenir dans la Communauté.*

deux partenaires de l'Union de la gauche, socialistes, favorables à l'Europe, et communistes hostiles. En fait, cela fit long feu, car les communistes votèrent contre et les socialistes s'abstinrent. Il y eut à peine 60 % de votants et une large majorité de « oui ».

Voici donc en 1975 une Europe des Neuf au lieu des Six. On notera qu'à ce moment une crise économique d'un type nouveau s'abattit sur le monde et notamment sur l'Europe.

Elle avait pour principale origine une décision prise par l'Organisation des pays exportateurs de pétrole (OPEP) d'augmenter considérablement les prix du pétrole brut, de façon à soutenir les Arabes dans leur lutte contre Israël (après la guerre du Kippour d'octobre 1973). C'est par ailleurs en 1975 que Jean Monnet décida de dissoudre son Comité d'action pour les États-Unis d'Europe.

Ce grand champion de la construction européenne allait consacrer ses dernières années à élaborer des Mémoires où il essaya de dégager la signification profonde de son action au cours d'une vie bien chargée.

Vers le Conseil européen. Avant d'examiner la deuxième phase d'élargissement des Communautés européennes, il faut constater que la politique commune progressa peu. Certes, sur le plan institutionnel, deux grandes réformes furent réalisées.

D'abord, aux « sommets européens » préconisés par Georges Pompidou, à six (La Haye), à neuf (Paris, octobre 1972) allait succéder une institution, très fortement inspirée par Jean Monnet, et soutenue par Pompidou, Heath et Brandt : la création du Conseil européen.

C'est toutefois sous la présidence de Valéry Giscard d'Estaing en France (depuis le 19 mai 1974) et avec Helmut Schmidt comme chancelier allemand (le 14 mai) que l'on put aboutir, Le Premier ministre belge Léo Tindemans encouragea vivement le président français.

Trois fois par an, les chefs d'État et de gouvernement se réuniraient en Conseil de la Communauté pour organiser une coopération politique. Au moment où le Conseil des ministres, lequel avait éclaté en conseils spécialisés, agricole, économique, financier, etc., se trouvait submergé par des problèmes extrêmement techniques, le Conseil européen réintroduisait des vues synthétiques.

Au moins, il réalisait des arbitrages, il donnait des directives. La création d'un Système monétaire européen en 1979 en fut un signe.

Le Parlement européen élu au suffrage universel. L'autre réforme institutionnelle, plus importante encore, fut *l'élection du Parlement européen au suffrage universel.* Cette décision émanait précisément du Conseil européen du 15 juillet 1976.

Il fut décidé qu'il y aurait 410 députés, élus pour cinq ans : 81 chacun pour Allemagne, Italie, Grande-Bretagne, France ; 25 pour les Pays-Bas, 24 pour la Belgique (12 Flamands et 12 Wallons), 16 pour le Danemark, 15 pour l'Irlande, 6 pour le Luxembourg.

554

555

556

554 *Simone Veil, premier président du Parlement européen, 1979.* **555** *L'Espagne entre dans la Communauté : le 25 décembre 1985, le drapeau espagnol flotte à Bruxelles.* **556** *Sur le chemin de l'union politique européenne : sommet à Dublin, le 24 avril 1990. A partir de la gauche : Helmut Kohl, François Mitterrand, Charles J. Haughey, Margaret Thatcher, Giulio Andreoti.*

Les modes de scrutin de chaque pays seraient maintenus. Bien accueillie par l'opinion, selon les sondages, cette réforme donna lieu à deux élections : du 7 au 10 juin 1979, avec une majorité modérée. En comptant 24 députés grecs après l'admission de ce pays, on y trouvait 48 communistes et apparentés, 125 socialistes, tous les autres appartenant à divers groupes modérés.

Aux élections européennes de juin 1984, on n'eut plus que 42 communistes au lieu de 48 (1 Danois, 10 Français, 4 Grecs et 27 Italiens), en revanche 132 socialistes au lieu de 125.

La proportion des modérés restait à peu près la même, mais il y avait désormais 16 élus d'extrême droite (dont 10 pour la France).

Des Neuf aux Dix et aux Douze. Le second élargissement de la Communauté opéra vers le sud. La Grèce était candidate depuis 1961. Elle renouvela sa candidature en juin 1975, et elle fut admise en 1981.

L'Espagne fit sa demande d'admission le 27 juillet 1977, sous le gouvernement modéré de Suárez.

Le Portugal l'avait devancée le 28 mars précédent. On notera qu'il s'agit d'un fort mouvement de ces pays, qui avaient enfin reconquis la liberté démocratique, en direction de l'Europe. Le Portugal avait été admis en 1976 au Conseil de l'Europe et l'Espagne en 1977.

La difficulté venait des secteurs concurrents des pays membres, notamment de l'Italie et de la France méditerranéenne, craignant de voir les deux nations de la péninsule Ibérique vendre moins cher qu'eux vin, fruits et légumes. La négociation fut retardée moins par eux que par les dix États déjà membres. Elle n'aboutit qu'au 1er janvier 1986.

Ni autorité supranationale, ni défense commune, ni monnaie totalement commune (en cette phase nouvelle de « monnaies flottantes » l'« Écu » n'est qu'une monnaie de compte, et le « serpent monétaire européen » ne regroupe pas toutes les monnaies des Douze), ni communauté économique totalement achevée : telle est aujourd'hui la situation d'une Europe trop étroitement réduite à l'Occident.

Certes, la confrontation est constante, et une institution communautaire au moins, la Cour de Justice européenne, voit ses décisions presque toujours exécutées. Mais les États restent souverains.

*

Ce livre avait pour but de rechercher si l'Europe unie – quelle que soit la forme de l'union – serait une création artificielle *ex-nihilo,* ou bien si elle serait l'aboutissement d'une longue période historique, créatrice d'une personnalité déterminée, unique, différenciée par rapport aux autres grandes régions du monde. Nous allons, dans notre conclusion, tenter de donner notre réponse à cette question essentielle.

Conclusion. Les quarante années qui ont suivi la fin de la Seconde Guerre mondiale présentent, avec les millénaires, avec les siècles, une différence essentielle. Pour la première fois dans l'histoire, les gouvernements des pays européens vont se lancer officiellement dans un « processus d'unification », selon une méthode d'accord mutuel, et non de conquête ni d'hégémonie.

On peut se placer au point de vue des idéologues, et considérer que le grand événement d'après-guerre est le conflit Est-Ouest, sous ses formes psychologique, doctrinale, économique, politique et militaire.

On peut se placer au point de vue du « droit des peuples à disposer d'eux-mêmes », et constater qu'en trente ans tous les Empires territoriaux - sauf le soviétique, mais qui donne des signes de désagrégation - se sont écroulés, et que la décolonisation, l'accès des peuples dépendants à l'indépendance constitue le phénomène essentiel.

On peut enfin examiner cette phase d'histoire d'un point de vue européen, et constater qu'un grand nombre de facteurs objectifs se sont associés à des efforts de création volontaire, et qu'un premier pas a été franchi dans la direction d'une construction européenne.

Ce troisième point de vue nous a naturellement occupé davantage, encore qu'on ne puisse évidemment pas le dissocier des deux autres.

Quantité de livres ont été consacrés à la construction européenne, et à tous ses aspects les plus détaillés, politiques, économiques, juridiques et techniques. On ne s'étonnera pas que nous l'ayons présentée en ce dernier chapitre de façon schématique.

Notre propos dans ce livre est de montrer qu'une certaine Europe a existé depuis cinq mille ans au moins, qu'elle s'est enrichie d'apports incessants à travers les déchirements, les guerres, les haines, les violences.

Qu'on aboutisse à la période où naît l'harmonie nous paraît être la résultante de cet immense passé.

Au surplus, il ne faut pas, par illusion ou par excès d'optimisme, considérer que l'œuvre est achevée et qu'elle est irréversible.

Elle ne sera irréversible que si, profitant de circonstances favorables, les Européens décident massivement d'appuyer une politique d'union.

Postface

Ce volume était à peu près achevé en 1986. Nous avons indiqué dans le dernier chapitre, sous le titre « les débuts de la transmutation », que de nombreux signes paraissaient annoncer des événements tout à fait nouveaux dans les pays communistes. Déjà en 1980, Hélène Carrère d'Encausse, écrivant sur l'U.R.S.S. avait donné à son livre le titre *L'Empire éclaté*. J'ai moi-même publié peu après cette date un ouvrage de théorie intitulé *Tout Empire périra*. S'agissant de ce qu'on peut bien appeler l'« Empire Soviétique », mon hypothèse était qu'il disparaîtrait dans quelques décennies. Mais l'histoire nous surprend toujours. L'année 1989 – et les mois qui suivent – a brusquement apporté un formidable bouleversement.

Tout y a été complexe, divergent, variable, touffu, mais la ligne générale apparut avec une extraordinaire clarté.

Pour notre sujet, l' *Europe*, il va de soi que cette nouvelle situation mérite un incessant examen, et un ardent effort de pénétration

557 *La révolution tranquille en Allemagne : dans la nuit du 9 au 10 novembre, le mur de Berlin est tombé, ce symbole de la coupure de l'Allemagne et de l'Europe. Ce jour-là, les Allemands se sentirent « le peuple le plus heureux du monde ».*

Nous ne rappellerons pas ici les événements eux-mêmes : partout on voit se déclencher des mouvements populaires, encouragés par la persistance de « Solidarnosc » en Pologne, et par la « perestroïka » de Gorbatchev en U.R.S.S. Essayons d'inventorier ces événements sans tenir compte de la chronologie, si serrée depuis un an.

L'Europe doit-elle « punir » la Chine ?

1) Dans un cas au moins, un très vaste mouvement de masses, à Pékin, Shangaï et d'autres villes, a abouti à la victoire totale d'une sanglante répression. La Chine, malgré les réformes économiques qu'elle a entreprises, reste un État totalitaire. Avec son poids (1,2 milliard d'habitants), elle porte en elle une partie de l'histoire du monde et par conséquent de l'Europe. Faut-il « punir » la Chine de son totalitarisme violent ou l'utiliser dans notre développement économique ? Les puissances économiques les plus avisées ne s'y sont pas trompées.

2) Les deux pays « satellites » dont la religion est orthodoxe, Bulgarie et Roumanie, ont renvoyé leurs dictateurs (le Bulgare Jivkov) ou les ont exécutés (le Roumain Ceausescu). Mais lors d'élections à peu près libres, ils ont donné la majorité aux ex-communistes qui s'étaient contentés de changer de nom. La Ser-

558

559

560

561

bie, en Yougoslavie, réagit de même.

Retour vers l'Ouest de l'Est catholique et protestant.

3) Les pays où dominent catholiques et protestants, Pologne, Hongrie, Tchécoslovaquie (ainsi que les Slovènes et Croates en Yougoslavie ont profité de leurs premières élections libres depuis 1946 pour donner la majorité à l'opposition contre les communistes. L'exemple de la Tchécoslovaquie où le président est l'écrivain Vaclav Havel, en prison politique il y a seulement un an, nous paraît très significatif. Or ces trois pays n'ont pas un seul instant caché leur désir de revenir à une économie de marché – contrôlée comme elle l'est de nos jours dans tous les pays du monde –, et souvent de se rapprocher intimement des Européens occidentaux, et notamment de la Communauté économique européenne. Toutefois, le retard dans la productivité – y compris le niveau extrêmement élevé de la pollution industrielle – va rendre difficile l'entrée progressive de ces pays dans la Communauté. Pour nous, Occidentaux et autres Européens démocrates, ne cachons pas qu'il s'agit là pourtant d'une immense espérance.

4) L'un de ces pays – fondamentalement luthérien sur le plan religieux –, la « République démocra-

tique allemande », a réagi exactement de la même façon : se débarrasser des communistes et donner la majorité à leurs adversaires – ici les Chrétiens-démocrates. Mais la situation est d'autant plus favorable que la R.D.A. était le plus prospère des pays « satellites », et surtout qu'il s'agit d'un morceau de l'Allemagne, isolé depuis plus de quarante ans par une frontière purement artificielle. Ici, les Allemands de l'Ouest sont prêts à un gros effort économique pour réabsorber politiquement et économiquement ces frères injustement séparés. Au surplus, il y a eu le mur d'août 1961 et son émouvante destruction (fin 1989). Nous en parlerons plus loin.

L'Est rejoint l'Europe : **558** *Mikhail Gorbatchev. L'instigateur du changement en Europe centrale et en Europe de l'Est, le 7 octobre 1989, devant la chambre du peuple à Berlin-Est.* **559** *Deux représentants de la nouvelle Tchécoslovaquie : Vaclav Havel et Alexandre Dubcek, le 26 novembre 1989.* **560** *Tadeusz Mazowiecki, le premier président polonais désigné librement, et le leader populaire Lech Walesa, le 20 août 1989.* **561** *Cérémonie pour la réhabilitation d'Imre Nagy et d'autres victimes de la rébellion hongroise.* **562** *La révolution populaire : manifestation sur la place Wenceslas, à Prague, dans la nuit du 24 novembre 1989.*

U.R.S.S. : l'explosion des nationalités.

5) Vient alors le problème de l'U.R.S.S. et de Gorbatchev. Longtemps populaire en Occident par l'étendue de ses réformes, celui-ci ne semble pas avoir trouvé le moyen de faire passer l'économie soviétique du système « socialiste », fondé sur le « plan », à un système de marché contrôlé. Les observateurs tirent en général cette conclusion que la situation « intermédiaire » à laquelle on a abouti a produit un désordre extraordinaire, un refus généralisé de la discipline, et surtout une crise alimentaire stupéfiante. Mais comme l'a dit en France un ministre soviétique, « nous sommes un pays sous-développé », ce que soixante-dix ans de propagande triomphaliste avaient soigneusement masqué. Il en résulterait une baisse extrême de la popularité de Gorbatchev, alors que celui-ci possède encore les sympathies de l'Occident.

6) L'U.R.S.S. est une fédération de peuples conquis par les Russes (Transcaucasie, Asie Centrale), puis par Staline (Pays Baltes). Tout ébranlement central réagit sur les « nationalités » que Lénine craignait, mais qu'il refusait d'introduire dans sa théorie fondée sur la prépondérance de la lutte des classes – par définition transnationale. Ayant perdu à coup

562

sûr quatre « satellites » (R.D.A., Pologne, Tchécoslovaquie et Hongrie), l'U.R.S.S. risque-t-elle de perdre unes de ses républiques fédérées ? De nombreux signes tendent à le prouver. D'abord, on constate à peu près partout une vive agitation (en Transcaucasie, la Géorgie, mais surtout l'Arménie Chrétienne, en conflit ouvert avec l'Afghanistan musulman), sans que l'armée soviétique, interposée, réussisse pleinement à séparer les combattants. Il en va de même entre Ouzbeks et Kirghizes en Asie Centrale, où l'évacuation de l'Afghanistan a créé une profonde émotion. Un peu partout, on souhaite que des P.C. nationaux soient créés, remplaçant les branches locales du P.C.U.S. Le plus grave est la déclaration d'indépendance de la Lituanie (qui isolerait le territoire de Kaliningrad – ex-Prusse orientale), suivie, avec un peu plus de précautions, par les deux autres pays Baltes, Estonie et Lettonie. Là, Gorbatchev se déclare opposé à toute sécession et tente de l'empêcher par un blocus et par l'agitation des Russes habitant ces régions.
La Russie elle-même (République soviétique fédération socialiste de Russie. R.S.F.S.R.) énorme territoire qui englobe toute la Sibérie, s'est donné pour président un opposant à Gorbatchev, Boris Eltsyne, et revendique son autonomie par rapport au gouvernement fédéral. Qu'en sera-t-il des deux grandes républiques proches, Ukraine et Russie blanche ?

563

564

563 *A Bucarest, on fête la chute du dictateur Ceaucescu, 22/23 décembre 1989.* ***564*** *Manifestation pour l'indépendance de la Lituanie, à Vilnius, le 11 janvier 1990.* ***565*** *Bonn, 11 avril 1990 : Hans-Dietrich Genscher, ministre des Affaires étrangères appelle à la constitution d'un espace économique élargi à l'Europe entière.*

La fin du communisme conquérant.

On a peine à énumérer toutes les conséquences de ces événements. Par-dessus tout, on a vu disparaître la possible certitude que le communisme avait le vent en poupe, qu'il ferait la conquête du monde, et que les pays dits « capitalistes » étaient condamnés à la ruine. Désormais les problèmes qui se posent ne sont plus ceux du « grand-frère », conduisant les autres P.C., les « petits frères », à la victoire. En liaison avec cela, on assiste à un fléchissement très marqué des suffrages et de l'influence communiste en Europe. De même la course aux armements va probablement s'atténuer. Les énormes dépenses militaires nuisent davantage à un pays économiquement en ruine, l'U.R.S.S., qu'aux États-Unis et à leurs alliés. Le « pacte de Varsovie » qui unissait militairement les « républiques socialistes » se désagrège. Certes, l'union des deux Allemagnes pose un grave problème : neutralité, disent les Russes ; adhésion au pacte atlantique et évacuation des garni-

565

sons soviétiques, répondent les Américains. La Pologne, seule pour protéger sa frontière de l'Ouest contre d'éventuelles ambitions allemandes, paraît tenir à l'appui russe.

Un grand espoir : l'Est, nouvelle frontière pour l'Europe.

Philosophiquement, pour l'observateur, le spectacle le plus admirable est l'évident triomphe, partiel ou total, de la liberté. L'ouverture des frontières inaugurée par les Hongrois, symbolisée par la destruction du mur de Berlin, marque ce besoin qu'ont les humains de se sentir libres. La fin de cette « religion d'État » qu'était le marxisme-léninisme autorise désormais chacun à choisir sa propre doctrine. Et cela se manifeste par l'étonnant renouveau des Églises, qui ont de plus participé activement au vaste soulèvement populaire. L'ombre, c'est la misère économique qui nécessitera de longues et difficiles réformes. Si la tendance de l'Europe communautaire est bien d'associer une aide efficace à l'Est dans la mesure où celui-ci se démocratise si la misère ne déclenche pas, çà et là, des coups d'État militaires, des interventions de l'Armée Rouge, alors un grand espoir est permis, celui qui a sous-tendu tout ce livre : celui de voir la vraie frontière de l'Europe reculer sans cesse vers l'est. Soixante-douze ans de communisme apparaîtront ainsi comme une expérience, comme une épreuve, comme une démonstration par l'absurde qu'on ne peut pas détruire par l'oppression les tendances profondes de la nature humaine.

Crédits photographiques

Archiv für kunst und Geschichte, Berlin 33, 50, 73, 98, 142, 144, 153, 163, 195, 197, 207, 209, 213, 219, 234, 239, 240, 243, 252, 256, 260, 263, 270, 271, 275, 278, 285, 287, 289, 290, 291, 293, 294, 302, 308, 309, 312, 316, 323, 324, 325, 326, 327, 329, 334, 335, 339, 341, 343, 344, 345, 347, 348, 349, 350, 352, 353, 354, 356, 357, 358, 359, 360, 361, 362, 363, 365, 369, 370, 371, 374, 376, 377, 378, 381, 382, 384, 385, 391, 398, 403, 406, 408, 415, 416, 419, 420, 422, 423, 429, 437, 441, 444, 446, 447, 448, 449, 450, 451, 452, 453, 454, 455, 460, 465, 469, 471, 481, 485, 488, 493, 508, 519, 520, 521, 534, 535 ; Archivo Luis-Agromayor, Madrid 147 ; Badische Landesbibliothek, Karlsruhe 215 ; Bavaria-Verlag, Gauting 205, 342 - Archiv v. Saint Denis-Parigi 157 - Berberich 27 - Füllenbach 49 - Jeiter 220 - Leidmann 12 - Nägele 13 - Nationalbibliothek, Turin 154 - Theißen 48 ; Bayer. Staatsbibliothek, Munich 158, 192, 233 ; Beeldbank en Uitgeefprojekten BV, Amsterdam 299 ; Bertelsmann Lexikon Verlag, Gütersloh 164, 190, 393 ; Bibliotheca Apostolica Vaticana 198 ; Bibliothèque Nationale, Paris 151, 165, 191 ; Bildarchiv Preußischer Kulturbesitz, Berlin 1, 25, 30, 32, 84, 112, 150, 161, 189, 254, 273, 336, 355, 366, 380, 399, 405, 407, 417, 418, 440, 456, 473, 477, 478, 479, 480, 482/YG Bild-Kunst Bonn, 489, 490, 494, 501, 504, 509, 510, 511, 512, 514, 515, - Albertina, Vienne 379 - Bibliothèque Nationale, Paris 149, 162, 203 - Braun 390 - Braun/Galerie Weber, Munich - 404 - Braun/Pinakothek, Munich 265 -Braun/ Prado, Madrid 303 - British Museum, Londres 166 - Bygdöy/Museum 170 - Deutsches Literaturarchiv, Marbach 337, 338 - Freies Deutsches Hochstift Francfort 330, 351 - Galerie der Stadt Stuttgart/Otto-Dix-Stiftung 475 - Giraudon 317 Goethe-Nationalmuseum, Weimar 458 - Grimm 486, 505, 518 - Handschriftenabteilung 155, 236, 311, 431, 438, 445 - Heimatmuseum, Neuruppin 432 - Heimatmuseum, Reutlingen 402 - HeinrichHeine-Institut, Düsseldorf 442 - Horburg, 372 - Hubmann 533 - Imperial War Museum, Londres 474 - Istituto Mazziniano, Genua 436 - Kartenabteilung 274 - Kelten-Museum, Hallein 63 - King's College Cambridge 248, 306, 307 - Kraft 28, 55 - Kraft/Rheinisches Landesmuseum, Trier 101 - Kunstbibliothek 305, 400 - Kunstgewerbemuseum SMPK 427 - Kunsthistorisches Museum, Vienne 128 - Kunstmuseum, Düsseldorf 413 - Kupferstichkabinett SMPK 253 -Kupferstichkabinett, Budapest 409 - Liepe/Landesarchiv, Berlin 502 - Louvre, Paris 328 - Musée Cantonal, Lausanne 292 - Musée Carnavalet, Paris 346, 424 - Musée Dobrée, Nantes 237 - Museo de America, Madrid 264 - National Gallery, Londres 300 - National Portrait Gallery, Londres 340, 387 - National-Museum, Neapel 74 - Ostdeutsche Galerie, Regensburg 383 - Ottria/ Kapitolinisches Museum, Rome 116 - Remmer/Glyptothek, Munich 93, 94 - Remmer/Louvre, Paris 433 - Richter 507 - Rijksmuseum Amsterdam 272 - Salomon 484 - Versailles 268 - Schwartzkopf 457 - Science Museum Library, Londres 386 - Staatsarchiv, Hambourg 231 - Staatsbibliothek, Brême 156 - Universitätsbibliothek, Leipzig 315 - Vatikanische Sammlungen 79 - Victoria & Albert Museum, Londres 394 - Walker Art Gallery, Liverpool 388 - Westermann-Archiv 426 ; Bridgeman Art Library, Londres 230 ; The British Museum, Londres 143, 211 ; J.E. Bulloz, Paris 395 ; Bundesbildstelle, Bonn 540, 552, dpa Francfort/Düsseldorf - Wimmer 21, 530, 531, 537, 538, 541, 542, 543, 544, 546, 547, 548, 551, 555, 557, 559, 560, 565, 517, 526 ; Explorer, Paris - Bohin 320 - Wole 313 - Labat 244 ; Fabbri-Editore. Mailand 532, 470, 492, 506 ; Werner Forman Archive Londres - British Museum 57 - 110, 120, 181, 60 - Statens Historiske Museet/Stockholm 177 ; Peter E. Frankenstein, Marbach 59 ; Archiv Gerstenberg, Wietze 121, 130, 146, 148, 425, 524 ; Dr Tim Gidal, Jérusalem 537 ; Giraudon, Paris 204, 218, 267, 375, 401, 412, 414, 428, 430, 435, 463, 464 ; Bridgeman 434 - Lauros 301, 319, 364 - Hamburger Kunsthalle Hambourg 439 ; Claus & Liselotte Hansmann, Munich 39, 40, 42, 46, 47, 67, 85, 117, 119, 169, 176, 184, 210, 246, 286, 367, 373 ; Robert Harding, Londres 226, 269, Hirmer Verlag, Fotoarchiv, Munich 129, 188 ; Michael Holfort Photo Library, Londres 137 - British Museum 125 ; IFA-Bilderteam, Munich - Frima 6 - Koch 7 - Möller 4, 5 ; Imperial War Museum, Londres 468 ; Instituut voor Oorlogsdocumentatie 503 ; Jürgens Ost + Europa-Photo, Köln 202, 558 ; Keystone, Hambourg 472, 495, 500 ; Bildkunstverlag Gerhard + Waltraud Klammet, Germering 2, 8, 36, 38, 96, 123, 140, 186, 223 ; Kalheinz Klubescheidt, Rheda-Wiedenbrück 127 ; Kunsthistorisches Museum, Vienne 102, 175 ; Helga Lade, Francfort - Arand 35 - Scharf 9 ; Laenderpress, Düsseldorf 18 - Lessing 37, 41, 44, 45, 52, 53, 54, 56, 58, 61, 62, 64, 65, 66, 75, 76, 78, 80, 86, 87, 88, 100, 104, 105, 109, 124, 224, 284, 298 ; Landesdenkmalamt Baden Württemberg, Stuttgart 132 ; Larsen, Lennart/Nationalmuseum, Copenhague 43, Franz-Karl Linden, Waldsee/Pfalz 70, 71 ; Mansell Collection, Londres 410 ; MAS, Barcelone 228, 255, 258, 259, 261, 266, 461, 462, 487/ VG Bild-Kunst Bonn ; Bildagentur Mauritius, Mittenwald - Dietl 17 ; Federico Arborio Mella, Mailand 81 ; Minirel Création, Chenove - Bibliothèque Publique de Dijon 194 ; MM-Vision Multimedia, Mathias Michel, Munich 145, 180, 182, 133 ; Ann Münchow, Aachen 187 ; Musée de l'Homme, Paris 29 ; National Portrait Gallery, Londres 318 ; Nationalmuseum, Copenhague 179 ; Werner, Neumeister Munich 199, 206, 225, 229, 247 ; Niedersächs. Landesmuseum, Städt. Galerie, Hannover 467 ; Österr Nationalbibliothek, Wien 159, 459 ; PCI, Rom 491 ; Axel Poignant Archive, Londres 172 , Giustino Rampazzi, Turin 421 ; Rheinisches Bildarchiv, Museum Ludwig, Sammlung Gruber, Cologne 466 ; Rijksmuseum, Amsterdam 333 ; Roger Viollet, Paris 483 ; Scala Florence 22, 23, 24, 31, 69, 72, 77, 82, 89, 91, 92, 97, 99, 103, 106, 107, 108, 111, 113, 114, 118, 122, 131, 135, 138, 167, 168, 174, 183, 193, 196, 200, 212, 217, 222, 235, 241, 242, 245, 251, 262, 277, 279, 280, 281, 282, 283, 288, 295, 296, 297, 304, 310, 331, 332, 441 ; Schleswig-Holsteinisches Landesmuseum für Vor-u. Frühgeschichte, Schleswig 136 ; Marco Schneiders, Lindau 314 ; Toni Schneiders, Lindau 26, 51, 68, 90, 115, 126, 134, 141, 147, 152, 160, 178, 185, 208, 249, 250, 257 ; Ulrike Schneiders, Lindau 201 ; Elke Schwender, Bielefeld 221 ; Sipa-Press, Paris 389, 392, 397, 443, 545, 549, 550, 554, 556, 562, 563, 564 - Archives Rothschild 396 - Kinson 368 ; Stadt Kronach 216 ; Städtisches Museum, Mülheim 499 ; Statens Historiska Museum, Stockholm 171 ; Bildarchiv Steffens, Mainz 83 - Vierkotten 20 ; Stern-Syndication, Hambourg - Feurer 10 - Moldvay 561 ; Süddeutscher Verlag, Bilderdienst, Munich 476, 497, 513, 516, 523, 536, 553 ; Topkapi Saray Museum, Istanbul 276 ; Transglobe Agency, Hambourg - Feature Synd. 19 ; Ullstein Bilderdienst, Berlin - Camera Press 528 - Leibing 539 - 496, 522, 525, 529 ; ZEFA, Düsseldorf 15, 139, 214 - Borrengergen 14 - Damm 321 - Goebel 173 - Hackenberg 95 - Helbig 34 - Kaper 232 - Rosenfeld 16 - Scheinders 238 - Tom 322 - Woebbeking 11.

Le réalisateur des cartes est Eckart Schwalm. Carte 1 : d'après Charles Morazé: "Das Gesicht des 19. Jahrhunderts", Düsseldorf/Cologne 1959 ; Carte 19 : d'après l'ouvrage "Erinnern und Urteilen", Klett Verlag ; Carte 21 : d'après l'ouvrage "Grundriß der Geschichte", Klett Verlag ; Carte 32 : d'après l'ouvrage "Geschichte und Geschehen", Klett Verlag.

INDEX

A

B

C

POTENTISS. AC INVICTISS. PRINCIPIBVS ET DOMINIS D. CAROLO QVINTO ET FERDINANDO SAC
EVROPÆ
OCEANVS
Die Nord See
HYPERBOR
OCEANVS OCCIDEN.
Die groß West See
Das Hoch Meer
Das Englisch Meer
MARE BRITANICVM
OCEANVS HISPANICVS Die Hispanische See
MARE GALLICVM
OCEANVS CANTABRIC
OCEANVS OCCIDVVS See zur Nidergang
OCCIDENS West
CELTICA
HISPANIA
MARE GALLICVM
MARE HISPANICVM
ATLANTICVM Das Atlantisch Meer
MARE
OCEANVS
OCCIDVVS
MARE Wendelmeer
M. BALEARICVM
Balearisch Meer
SARDOVM PE.
Sardinisch Meer
Corsica
Sardinia
M. Tirelcum
MARE TYR
RHENVM
Sicilia
MEDI
MARE AFRI
MAVRITANIA
Die Mauren MAVRITANIA
Barbarey
BARBARIA
CÆSARI
Affrica
Barbarey
Sud AVSTER
ET LIBYÆ INTERIO. PARS
Nord See
SCANDIA
BALTIA
GER
BELGI
SINUS